U0450392

本书为国家社科基金青年项目"冷战时期美国对韩政策研究"
（项目编号：11CSS018）成果

马德义 著

二战后美国对韩政策研究

US Policies towards
ROK after WWII

中国社会科学出版社

图书在版编目（CIP）数据

二战后美国对韩政策研究／马德义著．—北京：中国社会科学出版社，2017.8
ISBN 978-7-5203-1211-0

Ⅰ.①二… Ⅱ.①马… Ⅲ.①美国对外政策—研究—韩国—现代 Ⅳ.①D871.20

中国版本图书馆 CIP 数据核字（2017）第 250049 号

出 版 人	赵剑英	
责任编辑	安　芳	
责任校对	张爱华	
责任印制	李寡寡	

出　　版	中国社会科学出版社	
社　　址	北京鼓楼西大街甲 158 号	
邮　　编	100720	
网　　址	http://www.csspw.cn	
发 行 部	010-84083685	
门 市 部	010-84029450	
经　　销	新华书店及其他书店	
印　　刷	北京明恒达印务有限公司	
装　　订	廊坊市广阳区广增装订厂	
版　　次	2017 年 8 月第 1 版	
印　　次	2017 年 8 月第 1 次印刷	
开　　本	710×1000　1/16	
印　　张	28.25	
插　　页	2	
字　　数	463 千字	
定　　价	116.00 元	

凡购买中国社会科学出版社图书，如有质量问题请与本社营销中心联系调换
电话：010-84083683
版权所有　侵权必究

目　录

序　论 ··· 1
  一　研究意义 ·· 1
  二　研究现状概览 ·· 2
    （一）国内研究状况 ·· 2
    （二）国外研究状况 ··· 12
  三　研究对象、内容及主要观点 ······································· 38
    （一）研究对象 ··· 38
    （二）研究内容 ··· 38
    （三）主要观点 ··· 41
  四　理论基础及研究方法 ··· 41

第一章　19世纪至20世纪早期美国朝鲜半岛政策概观 ··············· 44
  一　美朝接触的肇始阶段 ··· 45
  二　美国成功叩关朝鲜及其影响 ······································· 52
  三　甲午战争至日俄战争前后美国对朝政策变化 ······················· 56
    （一）甲午战争期间美国对朝"不干涉"政策 ······················· 56
    （二）日俄战争及日据时期的美朝关系 ····························· 61

第二章　冷战爆发前后美国的朝鲜半岛政策 ·························· 68
  一　二战后期美国对朝"托管"政策的酝酿 ····························· 68
  二　美苏分歧及美国对朝政策调整 ···································· 71
    （一）"三八线"的出现 ··· 71

（二）美苏在东亚政治问题上的矛盾 ………………………………… 76
　　（三）美国的政策评估及结果 …………………………………………… 77
　三　撤军问题及其影响 ……………………………………………………… 80
　　（一）撤军问题的产生与发展 …………………………………………… 81
　　（二）美国对朝局势评估及撤军政策的实施 …………………………… 84
　　（三）撤军政策对相关各方的影响 ……………………………………… 91
　四　朝鲜战争爆发与美国政策大调整 ……………………………………… 94
　　（一）战争爆发前夕美国的政策评估 …………………………………… 95
　　（二）战争的爆发及美国重返朝鲜半岛 ………………………………… 101

第三章　朴正熙军事政变及韩国政权过渡时期美国对韩政策 …………… 108
　一　军事政变前的美国对韩政策 ………………………………………… 109
　二　"五一六军事政变"发生后美国的政策变化 ………………………… 111
　　（一）反对态度立谈之间 ……………………………………………… 112
　　（二）观望政策显露端倪 ……………………………………………… 114
　　（三）支持政策复还故态 ……………………………………………… 115
　三　美国从"观望"到"认可"政策变化之缘由 ………………………… 118
　　（一）美国对苏战略及其东北亚战略的需要 ………………………… 118
　　（二）"五一六军事政变"为美国在韩另觅代理人提供契机 ………… 121
　　（三）军事政权治下的国内局势稳定与美之期望一致 ……………… 123
　　（四）朴正熙本人及军事集团的言行令美国释疑 …………………… 125
　四　美国对韩国"文官政府"问题的评估及对策 ………………………… 131
　　（一）韩国国内政治经济状况 ………………………………………… 132
　　（二）韩国"政权过渡"中美国的作用 ……………………………… 139
　　（三）美国与韩国"文官政府"的出现 ……………………………… 144

第四章　美国与日韩邦交正常化 ………………………………………… 149
　一　日韩敌对态度历史概览及双边谈判焦点问题 ……………………… 150
　　（一）历史上的相互认知 ……………………………………………… 150
　　（二）日韩关系正常化谈判中的焦点问题 …………………………… 153
　　（三）日韩会谈的三个阶段 …………………………………………… 155

二　日韩邦交正常化过程中美国的作用 …………………………… 157
（一）美国在预备会议及第一阶段会谈期间的态度 ………… 157
（二）美国与第二阶段日韩会谈 ……………………………… 162
（三）日韩会谈第三阶段美国的调解 ………………………… 164
三　美国积极斡旋原因何在 …………………………………………… 173
（一）维护美国在东北亚地区的国际政治利益 ……………… 174
（二）减轻美国经济负担 ……………………………………… 176
四　相关各方对日韩关系正常化的反应 …………………………… 178
（一）日韩两国民众的反应 …………………………………… 178
（二）美国的反应 ……………………………………………… 182
（三）中国和朝鲜的反应 ……………………………………… 183
五　日韩关系正常化的国际影响 …………………………………… 183

第五章　美国对韩政策与韩国出兵越南 …………………………… 188
一　美国拒绝李承晚出兵越南的要求 ……………………………… 188
二　朴正熙出兵越南及美国的政策变化 …………………………… 191
（一）"特种战争"时期的区域国际环境 ……………………… 191
（二）韩国出兵及"局部战争"前期的美国对韩政策 ………… 202
（三）"局部战争"后期美国的政策调整 ……………………… 216
（四）越战后期美国对韩政策 ………………………………… 233
三　韩国出兵越南的缘由 …………………………………………… 236
（一）朴正熙政权反共思想的支配和引导 …………………… 237
（二）朴正熙摆脱国内困局的需要 …………………………… 239
四　美国促韩出兵动机何在 ………………………………………… 239
（一）美国在越南问题上缓压减负的需要 …………………… 240
（二）将越战国际化、合理化的要求 ………………………… 242
（三）美国反共战略的客观要求 ……………………………… 243
五　韩国海外出兵活动的影响 ……………………………………… 244
（一）从经济层面看对韩国的影响 …………………………… 244
（二）在外交层面上对美韩的影响 …………………………… 248
（三）因韩国出兵而造成的历史遗留问题至今依然存在 …… 253

第六章　冷战时期美国撤出驻韩美军政策之行止因由 ············ 256

一　美国海外驻军的理论依据及驻韩军事力量的出现 ············ 257
　（一）对美国海外驻军行为的分析 ············ 257
　（二）美国海外军事存在的出现 ············ 259
　（三）驻韩美军的形成与发展 ············ 260

二　20世纪70年代中期前美国对韩政策中的撤军问题 ············ 264
　（一）尼克松政府之前的美国撤军问题 ············ 264
　（二）尼克松主义对韩国防务的影响 ············ 267
　（三）福特政府的撤军政策 ············ 271

三　卡特政府撤军政策的出台及各方反应 ············ 275
　（一）卡特政府撤军政策的依据 ············ 276
　（二）卡特政府撤军计划的酝酿与出台 ············ 279
　（三）各方对美国撤军政策的反应 ············ 282

四　卡特政府撤军政策的中止 ············ 296
　（一）美国政界、军界及民众的反对 ············ 297
　（二）来自国会的反对 ············ 299
　（三）"韩国门事件"的掣肘 ············ 302
　（四）"最新情报评估"的影响 ············ 304

五　撤军政策对韩国核武选择的影响及美国的对策 ············ 308
　（一）美国的撤军政策促使朴正熙政府走向核武之路 ············ 309
　（二）美国对朴正熙核武选择的遏制策略 ············ 319
　（三）对朴正熙核武选择的再思考 ············ 325

六　驻韩美军的作用与驻军的撤留问题 ············ 328
　（一）驻韩美军的制衡及威慑作用 ············ 328
　（二）驻韩美军的撤与留 ············ 330

第七章　美国人权观念及对韩人权政策 ············ 336

一　韩国民主与人权状况及美国的政策 ············ 338
二　20世纪60年代的美国对韩人权政策 ············ 343
　（一）20世纪60年代初期韩国人权状况及美国的态度 ············ 343

（二）约翰逊时期美国对韩人权政策 ·············· 347
　三　20世纪70年代美国对韩人权政策 ················· 351
　　（一）朴正熙"维新宪法"下的韩国人权状况 ·············· 352
　　（二）尼克松—福特时期对韩低调的人权政策 ············· 355
　　（三）卡特对韩国强硬的人权政策及其变化 ·············· 360
　四　20世纪70年代美国政府与国会之间围绕对韩人权问题的关系 ······ 372
　　（一）美国政府与国会围绕对韩人权政策的分歧 ············ 373
　　（二）"阋墙之争"与国家利益 ················· 382
　五　关于美国对韩人权政策的历史分析 ················ 383

第八章　里根政府对韩政策的变化 ··················· 388
　一　里根政府对外政策概观 ····················· 388
　二　朴正熙后的韩国国内状况及美国的分析 ·············· 390
　　（一）20世纪70年代末韩国国内政治状况 ·············· 390
　　（二）韩国"双十二政变"及美国的政策 ··············· 391
　三　美国与韩国"光州事件" ···················· 393
　　（一）事发前夕美国对韩国状况的评估 ··············· 394
　　（二）"光州事件"爆发及美国的政策 ················ 394
　四　美国与"第五、第六共和国"时期的韩国 ·············· 401
　　（一）"光州事件"后的美韩关系发展 ················ 401
　　（二）美国对全斗焕政权的认可 ·················· 403
　　（三）美国对韩国第六共和国的政策变化 ·············· 409
　五　20世纪80年代韩国反美主义运动的发展 ·············· 412

结　论 ······························· 416

参考文献 ······························ 427
　（一）中文资料 ························· 427
　（二）外文资料 ························· 429

大事记 ······························ 441

序　论

一　研究意义

　　作为"东亚之轴"（East Asian Pivot）[1]及"风暴之眼"（the eye of storm）[2]，朝鲜半岛国际地缘政治地位的重要性不言而喻。近代以来，东北亚地区逐渐成为大国折冲樽俎之地，朝鲜半岛则首当其冲，甲午战争及日俄战争等历史事件无一例外对当事国及东北亚国际政治格局产生深远影响。冷战时期，朝鲜半岛成为美苏为首的两大阵营纵横捭阖之所。朝鲜半岛分裂后，作为美国反共"肩并肩的兄弟"[3]、作为美国实施东亚进攻性战略"第一梯队成员"[4]的韩国跃然于东北亚国际舞台，美国"对韩政策"在很大程度上是其东北亚政策的缩影。二战结束至今，对朝鲜半岛的影响力罕有与美国相匹敌者，"华盛顿的足迹"可见于朝鲜半岛国际事务的各个层面。[5] 深入研究冷战时期美国对韩政策的演绎过程对于正确认识当今美国的朝鲜半岛政策及其东北亚政策大有裨益。

　　从历史角度看，美韩合作是二战以来同盟国之间合作较为成功之例。美韩

---

[1] Jonathan D. Pollack, *Korea: The East Asian Pivot*, Department of Navy (US), 2006: Face.

[2] 语出美国政治观察家、哥伦比亚大学教授詹姆斯·莫雷（James Morley）。参见 James Morley, *Japan and Korea: America's Allies in the Pacific*, Walker and Company (NY), 1965: 54.

[3] 肯尼迪语："brothers-in-arms, standing side by side", President Concludes Talks With General Park of Korea. Department of State Bulletin, December 4, 1961: 928.

[4] 原文为："the first echelon" of its aggressive strategy in Far East, 参见 Valentin Petukhov, "The US-Japan-South Korea—NATO's Double in the Pacific." *Asia and Africa Today*, No. 2, 1984: 12.

[5] B. C. Koh, Donald Stone Macdonald. *US-Korea Relations from Liberation to Self-Reliance: The Twenty-Year Record*. Boulder Colo.: Westview Press, 1992. 该书评见于 *The Journal of Asian Studies*, Vol. 53, No. 1, Feb., 1994: 244–245.

联盟关系肇始于20世纪50年代早期,历经几乎整个冷战时期,这种关系随着国际政治的变化不断得到调整且延续至今,这一组跨地域的不对等联盟关系深深地影响着区域政治的走向。二战后美国对朝鲜半岛的影响"造成了远东地区紧张状况经常性存在的局面"[1],朝核危机问题究其根源就是美国对朝鲜半岛政策发展变化的直接结果。世纪之交出现的驻韩美军问题、韩国反美主义、韩日关系走向及美国东北亚政策等问题,都可以从冷战时期美国对韩政策变化中得到诠释。我国外交部发言人秦刚指出:"中国和朝鲜是近邻,我们对朝鲜半岛局势的发展当然有着特别的关切。这一点也许是远在欧洲和太平洋彼岸的国家所体会不到的。我们希望有一个稳定、和睦、共同发展的周边环境,希望看到朝鲜半岛以及我们所在的东北亚地区实现和平与稳定,这不仅符合中国的利益,也符合包括朝鲜在内的有关各方的共同利益。"[2] 针对朝核问题,外交部发言人华春莹直截了当地表示:"朝核问题的由来和症结不在中方而在美方。朝核问题的实质是朝美矛盾,也许美方应该全面回顾半岛核问题演变过程,认真思考切实有效的解决方案。解铃还须系铃人,美方应承担起应有责任。"[3] 这一问题是新时期朝鲜半岛危机的重要内容,对这个问题的理解也需要重新审视冷战时期的美国对韩对朝政策。无论从维护地区安全角度看还是从保证国家安全角度看,研究大国对朝韩政策变化,尤其研究美国的朝鲜半岛政策,其实际意义不问可知。

二 研究现状概览

(一) 国内研究状况[4]

19世纪中期以来的朝鲜半岛一直是个多事之地,《高丽虎 VS 花旗鹰——

---

[1] 语出阿尔巴尼亚部长会议声明(1960年12月),笔者以之为然。参见《阿尔巴尼亚部长会议发表声明支持朝鲜政府和平统一祖国建议》,《人民日报》1960年12月24日。

[2] 2009年6月2日外交部发言人秦刚举行例行记者会,新华网:http://www.qh.xinhuanet.com/2009—06/03/content_ 16696783. htm。

[3] 2016年9月12日外交部发言人华春莹主持例行记者会,中国外交部网站:http://www.fmprc. gov. cn/web/wjdt_ 674879/fyrbt_ 674889/t1396827. shtml。

[4] 关于新中国成立以来,尤其是90年代以来中国对朝鲜半岛研究状况的综合介绍可参见朴键一和马军伟编著的《中国对朝鲜半岛的研究》一书(民族出版社2006年版)。

朝美百年恩仇录》①一文就此解释道：朝鲜半岛问题自古以来就不是半岛内部问题，从朝美关系百年以来嬗变过程来看，更直接地反映了大国在东北亚地区乃至在全球范围内的利益角逐，两极格局结束以来半岛的冷战特征依然表现明显，这种情况主要是由于朝鲜半岛的地缘政治特点决定的。文章最后指出，朝美敌对状况一日不消则半岛太平无日可待。笔者以之为然。

对美国的朝鲜半岛政策进行研究应首先将其置于国际关系领域、至少需从东北亚国际关系的大视野中去研究，《国际关系史》《远东国际关系史1840—1949》《东亚与太平洋国际关系：东西方文化的撞击（1500—1923）》《近代东北亚国际关系史研究》《远东国际关系史》《东北亚国际关系史》《东北亚史研究导论》《折冲樽俎　纵横捭阖：东北亚国际关系专题研究》②等专著是本课题研究的基础性参考资料。这些著作运用不同资料从多个角度阐述了东北亚国际关系演变的同时提出了颇有见地的观点，为此后的专题性研究奠定了良好基础。刘德斌教授的《国际关系史》是研究国际关系史的大作，对此进行研读有利于从整体上把握大国关系的变化经纬。《折冲樽俎　纵横捭阖：东北亚国际关系专题研究》是一部近四十万字的专题文集，对东北亚国际关系史中的重大问题进行了专门论述，一手资料比重较大且说理性强，对具体问题的研究达到很高水准。从东北亚国际关系演变的视角来研究本课题，以上专著是必不可少的参考资料。还有一些专著部分论及美国对韩政策问题。在《战后日本外交史（1945—1994）》③中，作者讨论了韩日邦交正常化问题，这对认识美国在该过程中的作用有很大参考价值。但此著于1995年付印发行，故而此后大量解密档案资料未能得以利用。《美日关系史（1791—2001）》④一书指出了20世纪60年代中期美国亚洲政策的变化状况：在对日政策上主要表现为美国转而要求其东亚盟国日本来分担责任，"在军事安全问题上亚洲有赖于美

---

① 赵博渊：《高丽虎VS花旗鹰——朝美百年恩仇录》，《南风窗》2005年第10期。
② 刘德斌：《国际关系史》，高等教育出版社2003年版；[苏]耶·马·茹科夫：《远东国际关系史1840—1949》，世界知识出版社1959年版；曹中屏：《东亚与太平洋国际关系：东西方文化的撞击（1500—1923）》，天津大学出版社1992年版；崔丕：《近代东北亚国际关系史研究》，东北师范大学出版社1992年版；[美]马士、宓亨利：《远东国际关系史》，上海书店出版社1998年版；黄定天：《东北亚国际关系史》，黑龙江教育出版社1999年版；宋成有：《东北亚史研究导论》，世界知识出版社2011年版；黄定天：《折冲樽俎　纵横捭阖：东北亚国际关系专题研究》，吉林大学出版社2012年版。
③ 宋成有、李寒梅：《战后日本外交史（1945—1994）》，世界知识出版社1995年版。
④ 刘世龙：《美日关系史（1791—2001）》，世界知识出版社2003年版。

国，而在经济方面（美国）却开始指望日本"。① 这对认识美国调整其对韩政策的背景有很大参考作用，同时也体现出美国与日韩东亚盟国之间的"互补"关系。

《双重规制——冷战后美国的朝鲜半岛政策》② 一书是"美国对韩政策"方面的专著，如文题所示其侧重点为"冷战后"。作者运用美国外交学家理查德·哈斯的"规制主义"观点，提出美国的朝鲜半岛政策具有双重性的特点，在冷战时期和冷战后均如此，唯形式不同而已。《亚太大国与朝鲜半岛》③ 是另一部围绕朝鲜半岛国家关系方面的著作，其重点也在"冷战后"，文中既有历史回顾也有对时政的分析和对将来局势的预测。《战后美国对朝鲜政策的起源》④ 一文从"托管政策设想""军事占领"及"撤军"等方面探讨了罗斯福政府的朝鲜半岛政策。尽管美国对韩政策方面的专论较为罕见，但关于美国宏观对外政策方面的成果则较多。对韩政策是美国整体对外政策的组成部分，美国对其他国家的政策变动尤其是对朝鲜半岛周边国家政策的变动必然波及韩朝两国。《意识形态与美国外交政策——以20世纪美国对华政策为个案的研究》⑤ 从文化层面对20世纪的美国外交政策及对华政策进行了探讨，强调了"自由主义"和"民族主义"这两种因素在美国外交中的重要作用。《美国外交思想史（1775—2002）》⑥ 从外交思想层面分析了美国外交政策的缘起、演化及其历史发展趋势，作者对美国建国以来至新千年伊始之际的外交政策做了历史定位，同时对美国历届政府外交政策之特点、性质、成就及存在问题做了分析。《美国文化与外交》⑦ 一书指出，美国文化价值观对美国对外政策的产生与发展的影响一直存在，文化因素在美国外交活动中的印痕很明显。作者以美国文化为切入点进行论述，这是美国外交史研究的新范式。《文化如何影响

---

① 池田勇人语，参见《日美关系资料集》，东京大学出版会，1999年，第595—596页；转引自刘世龙：《美日关系史（1791—2001）》，世界知识出版社2003年版，第459页。
② 王传剑：《双重规制——冷战后美国的朝鲜半岛政策》，世界知识出版社2003年版。
③ 陈峰君、王传剑：《亚太大国与朝鲜半岛》，北京大学出版社2002年版。
④ 牛军：《战后美国对朝鲜政策的起源》，《美国研究》，1991—02。
⑤ 王立新：《意识形态与美国外交政策——以20世纪美国对华政策为个案的研究》，北京大学出版社2007年版。
⑥ 王玮、戴超武：《美国外交思想史（1775—2002）》，人民出版社2007年版。
⑦ 王晓德：《美国文化与外交》，天津教育出版社2008年版。

对外政策》^① 以冷战后的美国为个案，运用哲学、文化学以及国际关系学的研究成果，从"文化"与"对外政策"之间关系的视角进行研究。关于战后美日关系演变问题时可见于《美国对日政策研究（1945—1972）》^②，同时也可在其中了解到美国在日韩关系正常化过程中的斡旋作用。《美国外交史和国际关系理论的现实主义学派》^③ 选取美国外交史中若干案例做了宏观论述，研究美国外交政策史可研读此作。

《朝鲜近代史1863—1919》和《当代韩国史（1945—2000）》是研究朝鲜半岛历史的专题性论著。^④ 作者赞同"世界文化多元性""相互交流与相互碰撞是世界文化发展基本表现形式"的观点，同时还强调东方文化，尤其是东亚文化对近代西欧文化的巨大影响作用。其结论是，西方近代文明属于整个世界，而其中东亚文化的积极影响也功不可没。《美日、美韩同盟比较研究——兼论美日韩安全互动与东北亚安全》^⑤ 一文从同盟的缘起、对美战略意义、联盟的非对称性等方面着眼对美国与日韩两国的同盟关系进行了综合分析。此文认为，美日、美韩两大同盟自形成时期起即存在不均衡性特点且至今依然如此，而且会对此后朝鲜半岛及东亚安全存在着结构性影响。

进入21世纪以来，国内学界对美韩关系问题的最新研究成果可枚举一二：《韩国政治发展中的美国因素》^⑥ 从韩国政治发展角度论述了其中的美国因素，提出了"美国对韩国政治发展的影响是以美韩关系为基础"的观点。美韩关系就实质而言是军事联盟性质的，因此驻韩美军问题是美韩安全关系的重要组成部分和历史表象。《20世纪70年代驻韩联合国军司令部存废问题》^⑦从"美国决策"角度研究了驻韩联合国军司令部的存废问题。作者认为，驻韩联合国军司令部存在至今，其部分原因在于美国政策决策者未从根本上调整其朝鲜半岛政策，依旧片面追求国家利益的最大化。围绕1968—1969年朝鲜

---

① 邢悦：《文化如何影响对外政策》，北京大学出版社2011年版。
② 于群：《美国对日政策研究（1945—1972）》，东北师范大学出版社1996年版。
③ 任东来：《美国外交史和国际关系理论的现实主义学派》，《史学月刊》2005年第6期。
④ 曹中屏：《朝鲜近代史1863—1919》，东方出版社1993年版；曹中屏、张琏瑰：《当代韩国史（1945—2000）》，南开大学出版社2005年版。
⑤ 石源华、汪伟民：《美日、美韩同盟比较研究——兼论美日韩安全互动与东北亚安全》，《国际观察》2006年第1期。
⑥ 王菲易：《韩国政治发展中的美国因素》，《当代韩国》2016年第2期。
⑦ 梁志：《20世纪70年代驻韩联合国军司令部存废问题》，《世界历史》2014年第3期。

半岛出现的系列危机有较多研究成果：《1968年朝鲜半岛危机与美韩关系》《协调与猜忌：1969年EC—121事件前后的美韩关系》以及《冷战时期美韩同盟信任危机析论：以1968年美韩外交政治为中心》①都提出了比较有见地的看法。后者指出，美韩双方处理危机的表现不一，揭示了两国产生分歧的深层次原因。作者认为，美韩互不信任的深层次根源在于双方的不对称性关系及对危机的看法不同，提出了美国"受牵连"以及韩国"被抛弃"等说法。《美韩关系中的驻韩美军地位问题》②一文论述了冷战期间及其后围绕"驻韩美军"问题美韩关系的变化。该文指出，"驻韩美军是影响美韩同盟关系的关键因素之一，而《驻韩美军地位协定》（Status of Forces Agreement）则是美韩双方争论的焦点"。同时，作者还指出了"驻韩美军"与"出兵越南"两个事件之间相互联系的问题。

朴正熙执掌韩国政权长达18年之久，这个时期也正是美韩关系变化最为纷繁复杂的阶段，所以对于此人物的了解是推进本研究的重点之一。国内已有关于朴正熙这个历史人物的专著（译本）问世，《朴正熙：经济神话缔造者的争议人生》和《总统：朴正熙传》③是较新近的朴正熙人物传记。从名称上即可看出，两部传记视角不同：前者从经济角度立论；后者则从综合角度撰文。《总统：朴正熙传》的作者赵甲济是韩国"朴正熙研究会"的理事，此书在韩国出版时其内容得到韩国前总统朴槿惠的认可和授权。

《当代日韩关系研究1945—1965》④是国内研究日韩关系代表性成果，此作利用日、美、韩三方史料，以日韩双方7次会谈为中心线索，对日韩关系正常化这个历史问题进行了专题研究，这在国内学界比较罕见。该书作者还在2013年出版了《戰後初期における日本と朝鮮半島の關系》⑤一书，论及战后初期美国对朝鲜半岛占领政策的变化、在日朝鲜人问题以及日韩会谈问题。

---

① 冯东兴：《1968年朝鲜半岛危机与美韩关系》，《辽东学院学报》2012年第4期；梁志、孙艳姝：《冷战时期美韩同盟信任危机析论：以1968年美韩外交政治为中心》，《东北师大学报》2013年第3期；梁志：《协调与猜忌：1969年EC—121事件前后的美韩关系》，《华东师范大学学报》2014年第5期。
② 冯东兴：《美韩关系中的驻韩美军地位问题》，《当代韩国》2011年第2期。
③ ［韩］丁满燮：《朴正熙：经济神话缔造者的争议人生》，王艳丽、金勇译，民族出版社2016年版；［韩］赵甲济：《总统：朴正熙传》，李圣权译，江苏文艺出版社2013年版。
④ 安成日：《当代日韩关系研究1945—1965》，中国社会科学出版社2007年版。
⑤ 安成日：《戰後初期における日本と朝鮮半島の關系》，東京星雲社2013年版。

学界对于冷战时期美国如何对韩国产生巨大影响已有专著问世,《冷战与"民族国家构建":韩国政治经济发展中的美国因素(1945—1987)》①除"前言"外共六个章节内容,作者利用多种解密档案资料对上述时间段内的"韩国政治经济发展中的美国因素"进行论述,作者对此所做的评价是"推动了亚洲冷战史的研究"。《冷战同盟及其困境——李承晚时期美韩同盟关系研究》②一书论述了朝鲜半岛"光复"到李承晚政权倒台这一时间内的韩美关系问题,作者对冷战时期作为"自由世界盟主"的美国与被纳入西方同盟体系的韩国之间的关系进行了研究,展示出这一同盟体系中地区性国家内政演变及外交活动与美国的价值观及其全球战略之间矛盾性一面,种种情况经常置美国于两难之境。《韩国外交与美国》③是研究美韩关系方面的专著,分析了美国因素在朝鲜外交中的作用。作者还通过"日韩关系正常化""出兵越南"及"北方政策"等具体案例将韩美互动关系展现出来。作者突出指出,不能简单地用"主仆关系"来概括美韩关系,同时也对今后美韩关系的发展及其可能对东北亚和平局面的影响进行了评测。《朝鲜半岛与东北亚国际关系史研究》④按照"古代""近代"和"现代"的编年顺序分五个部分论述了半岛与相关大国之间的关系。作者认为,东北亚地区是一个独特的政治区域,任何外部施压都会对该地区的发展产生不利影响。还有些专著涉及美国的东北亚政策问题,如《战后美国史(1945—2000)》⑤和《战后美国外交史》⑥等。这类著作是从整体论述美国外交的,所以其中并没有独立章节来论述美国对韩政策,但对于研究战后美国对韩政策提供了背景认知环境。

以"韩国政治""韩国经济"及"韩国历史"为主题的研究成果较多,研读这类专著为推进本课题研究提供另一视角,可以从"韩国"自身角度来分析美国对韩政策与韩国政治经济变化之间如何形成一种互动关系。《演进与

---

① 梁志:《冷战与"民族国家构建":韩国政治经济发展中的美国因素(1945—1987)》,社会科学文献出版社2011年版。
② 陈波:《冷战同盟及其困境——李承晚时期美韩同盟关系研究》,上海人民出版社2008年版。
③ 沈定昌:《韩国外交与美国》,社会科学文献出版社2008年版。
④ 王东福:《朝鲜半岛与东北亚国际关系史研究》,延边大学出版社2002年版。
⑤ 刘绪贻:《战后美国史(1945—2000)》,人民出版社2002年版。
⑥ 资中筠:《战后美国外交史》,世界知识出版社1994年版。

超越：当代韩国政治》①通过追溯韩国政治演变历史及对"宪法""国会""总统"及"政党"等八个方面的研究，分析了韩国政治发展与经济现代化之间的内在联系。《透过事件解读韩国现代史》② 一书通过对具有重大影响的历史事件来解读整个韩国现代史，作者注意将历史与现实联系起来，此著具有学术性但又通俗易懂，有助于进一步了解韩国现代史。在关于韩国当代史的著作中，《当代韩国史（1945—2000）》③ 应该是具有代表性的。作者从"半岛分裂"论至"全斗焕"，贯穿整个冷战时期，从学术角度对所提问题作了细致分析，还有专论对美国对韩政策加以探究。以历任总统为线索来观察分析韩国的政治经济状况可以达到以点带面的效果，读《韩国六大总统》④ 这部专著即有如此感觉，关于美国对韩政策也可从中管窥一二，在了解他们政治活动的同时也对其不寻常的生涯颇为感慨。《韩国现代史》⑤ 1979 年首版发行并在此后多次再版本，首版关注的是日治期间到美国军统时期的历史，1997 年版的内容扩充到 80 年代晚期韩国民主转型时期的历史。《揭开韩国神秘的面纱》⑥ 主要探讨了韩国现代政治的发展历程，涉及"对外贸易（美日）""出兵越南"及"越战对韩国经济的影响"等具体内容，通过大量统计数据对"经济外交"在韩国现代化进程中的作用做了有力论证。

人权问题是冷战时期美国用以推行其对外政策的手段之一，卡特就任总统后突出强调"人权"在美国对外政策中的重要地位并成为其对韩政策的重要内容之一，美韩关系也一度因此趋于紧张。《美国人权外交政策》有一章的内容涉及卡特时期美国的人权外交政策问题。⑦ 作者指出，越南战争、"水门事件"、国内民权运动及公众舆论等是美国推行人权外交的直接原因。⑧ 这部分内容从整体上对卡特时期美国人权外交的缘起及其在美国外交政策中的地位和特点等进行了说明，在此基础上可更加深入地认识卡特政府对韩人权政策的基

---

① 龚克瑜：《演进与超越：当代韩国政治》，知识产权出版社 2014 年版。
② 朴泰均：《透过事件解读韩国现代史》，复旦大学出版社 2014 年版。
③ 曹中屏、张琏瑰：《当代韩国史（1945—2000）》，南开大学出版社 2005 年版。
④ 黄兆群：《韩国六大总统》，人民出版社 2004 年版。
⑤ ［韩］姜万吉：《韩国现代史》，社会科学文献出版社 1997 年版。
⑥ 赵虎吉：《揭开韩国神秘的面纱》，民族出版社 2003 年版。
⑦ 参见周琪《美国人权外交政策》，上海人民出版社 2001 年版，"第二章　冷战时期美国的人权外交政策"。
⑧ 周琪：《美国人权外交政策》，上海人民出版社 2001 年版，第 67 页。

本脉络。

军事联盟关系是美韩关系的实质，涉及这方面的研究成果也为数不少。20世纪70年代的"撤军问题"对美韩关系产生巨大影响，《七十年代美韩安全关系中的撤军问题》[①] 一文对此进行了考察。此文有助于认识该时期两国军事联盟关系的变化情况，但文中对韩方更为激烈的一个反应——"开发核武"着墨不多。当时朴正熙政府对此很是恼火甚至表示说，"美国如果撤销对韩国的核保护，开发核武器则必然成为韩国的一种选择"。[②] 这种表态已公开表明韩国开发核武的意愿，这种想法在美国撤军政策刺激下得到进一步加强。《美韩同盟及未来走向》[③] 一文重点在"冷战后"的美韩关系状况，文章对美韩同盟的历史做了概要回顾。《继承还是超越》[④]《驻韩美军重新部署之意义》[⑤] 等文分析了冷战后驻韩美军调整情况的同时也对这种军事调整活动的影响进行了研究，作者通过简要回顾美韩军事同盟确立后约30年的历程，着重探讨了冷战结束后驻韩美军的发展情况及其地区性影响，具有突出的时政性。《从"双重遏制"到"双重规制"——战后美韩军事同盟的历史考察》[⑥] 一文指出，美国的朝鲜半岛政策由"遏朝遏共"的双遏战略转向了"规制朝鲜及周边大国"的双重规制战略，分析了美韩军事同盟自二战以来在结构和作用上的变化——通过对这种变化及其后续发展状况的再认识可有助于理解当今美国对韩政策调整的历史依据。《美韩越南军事合作析论》[⑦] 一文将冷战时期美韩在越南地区的军事合作以尼克松主义出笼为界分为两个阶段加以研究——前期默契合作、后期合作终结。《"同盟"视野下的美韩中立国监察委员会争端

---

① 孙茹：《七十年代美韩安全关系中的撤军问题》，《太平洋学报》1998年第4期。
② 语出朴正熙。参见 Kim Hyung-A, *Korea's Development under Park Chung Hee: Rapid Industrialization, 1961—1979*. Routledge Curzon Fancies, London and New York, 2004：193。另外，韩国国民大会在1977年6月30日讨论"美国将从韩国撤出大约3.3万名地面部队"问题时，韩国外交部长朴东镇也对韩国发展核武器的可能性发表了评论，"虽然韩国是核不扩散条约缔约国之一，但当其安全受到威胁时，它将独立做出自己的决定"。参见 *Official Hints South Korea Might Build Atom Bomb*. New York Times, 30 June, 1977：4。
③ 王帆：《美韩同盟及未来走向》，《外交学院学报》2001年第2期。
④ 李华：《继承还是超越》，《美国研究》2004年第1期。
⑤ 王传剑：《驻韩美军重新部署之意义》，《当代亚太》2004年第5期。
⑥ 王传剑：《从"双重遏制"到"双重规制"——战后美韩军事同盟的历史考察》，《美国研究》2002年第2期。
⑦ 冯东兴：《美韩越南军事合作析论》，《当代韩国》2013年第3期。

（1954—1956）》[1] 一文就"中立国监察委员会"问题提出了美韩同盟内部难以建立互信的原因：美国从地区和全球战略角度考虑朝鲜半岛问题，极力避免受到韩国单边行动的掣肘，而韩国则不愿意被美国"抛弃"。此文内容从一个侧面说明了美韩两国之间的不对等同盟关系。从同盟角度分析美韩关系的成果还有《美韩同盟调整的动力、现状与前景》《从韩国角度看美韩联盟前景》《韩国反美主义浅析》《试析冷战后美韩同盟关系的变化》等。[2]

专题性研究的成果较多，且多属微观个案研究，因此研究也很有深度。《卡特政府从韩国撤军政策变化初探》[3]对此届政府关于撤出驻韩美军问题的政策制定到部分执行再到后来中止撤军计划的整个过程进行了论述，突出分析了卡特政府撤军政策中止的原因：来自政府内部、军界和国会的反对以及卡特政府对日对苏政策的综合考量的结果，加之同期出现的"韩国门事件"的发酵和美情报部门对朝鲜实力的再分析等因素，共同促使卡特政府放弃了撤军政策。《论卡特政府的对韩政策》[4] 以"人权"和"撤军"问题为切入点对该时期美国对韩政策进行论述，其结论是美国对韩政策的变化难以摆脱美韩安全关系为核心的同盟关系的束缚，而美国对韩政治民主建设目标的实现也需时日。《尼克松政府撤退驻韩美军问题述论》[5] 就美韩关系核心问题之一——撤军问题进行了研究，作者认为美国实施撤军计划进一步强化了"韩国在美韩同盟中的独立倾向"。《"威慑"与"禁忌"：艾森豪威尔政府在韩国的核武部署》[6]论述了美国在朝鲜战争后作出在韩国部署核武器重大决策的来龙去脉。《美国

---

[1] 梁志：《"同盟"视野下的美韩中立国监察委员会争端（1954—1956）》，《华东师范大学学报》2011年第6期。
[2] 杨红梅：《美韩同盟调整的动力、现状与前景》，《现代国际关系》2005年第8期；[韩]金顺韩（Kim Sung Han）：《从韩国角度看美韩联盟前景》，《现代外国哲学社会科学文摘》1997年第1期；孙俊华：《韩国反美主义浅析》，《太平洋学报》2005年第3期；王传剑：《试析冷战后美韩同盟关系的变化》，《国际论坛》2001年第4期。
[3] 马德义：《卡特政府从韩国撤军政策变化初探》，《世界历史》2011年第1期。
[4] 冯东兴：《论卡特政府的对韩政策》，《史学月刊》2016年第4期。
[5] 冯东兴：《尼克松政府撤退驻韩美军问题述论》，《军事历史研究》2015年第4期。
[6] 陈波：《"威慑"与"禁忌"：艾森豪威尔政府在韩国的核武部署》，《历史研究》2012年第2期。

对韩国的援助政策：缘起、演进与结果》[①] 一文指出，美国发展与盟国关系、同苏联进行争夺的重要手段之一即为"援助"，美国对韩政策中的"援助"就是这种手段的具体运用，除论及对韩援助政策五次大调整以外还分析了美国经济军事援助对韩国的总体影响。作者认为，尽管二战后的韩国对于美国而言经济利益并不大，但美国还是对其提供了大量援助，因为它看中的是韩国的国际政治意义，通过这种方法使韩国军事力量"美国化"了。此文还提出，仅从经济效果和社会效果方面来分析美国对韩援助问题是不够的，更应结合韩国此后发展的实际情况来加深对这个问题的了解。在特殊历史条件下，韩国不可能在没有美援情况下得到快速发展，这是符合历史逻辑的结论。福特时期美国的朝鲜半岛政策与其前任比较变化不大，主要特点是"继承"大于"发展"。关于福特时期的美韩关系的研究可见于《1976年板门店事件的缘起与美国的反应》[②] 一文，作者探讨了该偶发事件出现的原因。文中指出，由于美国对朝鲜存有固定思维模式，未能从其自身方面深刻检视事件发生的缘由，易对朝鲜的举动产生错觉进而也容易使自己在处理朝鲜半岛问题时陷入困局。笔者也同意这种观点，在很多情况下美韩方面是戴着有色眼镜看问题的，当然这是由于当时的具体国际政治环境决定的，此窠臼不易摆脱。专题性研究成果还有《韩国出兵越南对其国家发展的影响》《韩国对越参战问题初探》《韩国5·16政变与肯尼迪政府的反应》等文。[③]

国内学界关于朝鲜半岛问题的大型研究中心主要集中在高校，其研究领域很广。"延边大学朝鲜韩国研究中心"（1989年成立）主要研究方向是朝韩政治、经济、法律、语言文学、历史和哲学及教育等方向。"北京大学韩国学研究中心"（1991年成立、1993年使用现名）是在"朝鲜历史文化研究所"基础上发展而来的，下设"历史""当代政治经济""语言文化""社会文化"

[①] 董向荣：《美国对韩国的援助政策：缘起、演进与结果》，《世界历史》2004年第6期。
[②] 邓峰：《1976年板门店事件的缘起与美国的反应》，《世界历史》2015年第6期。
[③] 郑成宏、陈宝媛：《韩国出兵越南对其国家发展的影响》，《东北亚论坛》2009年第3期；毕元辉：《韩国对越参战问题初探》，《史学集刊》2008年第6期；冯东兴：《韩国5·16政变与肯尼迪政府的反应》，《史学月刊》2009年第7期。

和"编译"五个课题研究组,研究范围较广。① "复旦大学朝鲜韩国研究中心"(1992年成立)主要研究方向除"半岛问题及东北亚国际关系"问题外,还涉及"当代韩国研究""近代中韩关系及韩国独立运动""韩国宗教哲学文化"等方面,中心还编辑出版《韩国研究论丛》并在2014年入选教育部CSSCI来源集刊。该中心有国内外基金支持,对外合作与交流非常频繁,加之管理模式具有"敞开"和"滚动"的特点,科研活动很显活力。

另外,在研究过程中韩国国内网络资源也可提供一些资料,这方面的信息可参见《韩国(朝鲜)近代史网络资源概述》一文,② 文中列举了很多关于韩朝历史研究的数据库连接和简要描述。其中韩国国史编纂委员会的韩国史数据库比较具有代表性,文中还对韩国国家图书馆、首尔图书馆及韩国期刊网(RISS)等数据库的利用做了介绍。

(二) 国外研究状况

(1) 美欧研究现状③

美国人曾一度认为朝鲜半岛是"亚洲大陆上一片遥远的、陌生且怪异的

---

① 主要成果有:沈仪琳:《大韩民国——中国的近邻》,东方出版社1994年版;徐万民:《中韩关系史——近代卷》,社会科学文献出版社1996年版;金渭显:《韩中关系史研究论丛》,香港社会科学出版社2004年版;[美]格拉德:《日本殖民地时代之台湾与朝鲜——真相》,香港社会科学出版社2006年版;宋成有:《中韩关系史——现代卷》,社会科学文献出版社1997年版;刘金质等:《当代中韩关系》,中国社会科学出版社1998年版;沈定昌:《韩国对外关系》,香港社会科学出版社2003年版;沈定昌:《韩国外交与美国》(韩文版),韩国小学社2006年版/(中文版),社会科学文献出版社2008年版;姜万吉:《韩国现代史》,社会科学文献出版社1997年版;沈定昌、刘大军:《朝鲜半岛相关文献目录》,辽宁民族出版社2008年版;尹保云:《民主与本土文化》,人民出版社2010年版;陈文寿:《从战争走向和平:第一次朝鲜战争后日本与中国和朝鲜关系研究》,香港社会科学出版社2013年版。

② 王建宏:《韩国(朝鲜)近代史网络资源概述》,《图书馆理论与实践》2016年第8期。

③ 关于1977年到1996年间北美地区对朝韩的研究状况有专门博士论文(北得克萨斯大学)对此作了详介,作者主要根据《韩国研究》(*Korean Studies*)、《韩国研究杂志》(*Journal of Korean Studies*)、《哈佛亚洲研究杂志》(*Harvard Journal of Asiaatic Studies*)中的文章以及文章中引文而做出统计。研究工作很细致,比如在研究方法上按出版年代、形式、语种、地点及主题等不同标准进行分类。参见Kyungmi Chun, *Korean Studies in North America 1977—1996*, Unversity of North Texas, December, 1999.

土地",① 但此看法在二战后期开始明显变化。美国开始积极地制定和推行对朝政策,朝鲜战争及其后的美韩(朝)关系的基本模式也随之形成。美国学界的研究成果较多,主要关注的是美国的东亚政策或美韩联盟关系问题。了解冷战时期美国对外政策大背景可参见《苏联时代的美国 1945—1991》②,这是一部综合研究美中苏三方资料基础上而编撰的一部关于冷战时期美国对外关系的著作,涉及美苏冷战时期所有重大问题。普林斯顿大学教授吉尔伯特·罗兹曼(Gilbert Rozman)主编了《美国在东北亚的领导、历史及双边关系》③,该文集作者大都是具有很大影响的人物,如日本前驻荷兰大使、京都大学教授、斯坦福大学亚太研究中心主任、首尔大学教授等。全书分三个部分:其一,综述美韩、美日双边关系发展的历史;其二,日韩关系及美国的战略选择;其三,中韩关系与美国的角色。从论述内容看,一是对问题的研究切中要害;二是突出对时政问题的分析。美韩关系方面的研究多侧重于国际政治角度,比如 2010 年斯坦福大学出版社出版的《两国镜头中的同一联盟——新时期美韩关系》④。这部专著与众不同之处在于它从一个新角度来阐述美韩关系:通过统计美韩两国关于双方关系的文章数量以及新闻媒体出现该主题的频次等方式从一个侧面来说明两国关系的发展状况,以丰富的统计数字和表格资料来解释美韩关系,写法较新颖。

　　美国威斯康星大学教授乌克·赫奥是研究韩国政治与安全问题的专家并已形成很多成果,他担任过"韩国政治研究协会"主席之职,《1980 年以后的韩国》是其在 2010 年出版的一部新著。他提到"朴正熙为何发动军事转变的原

---

① 语出杜鲁门:"…other than that it was a strange land in far-off Asia." 见于 *Korea and World Affairs*. Vol. 12, No. 3, Fall, 1988:581。普林斯顿大学教授吉尔伯特·罗兹曼(Gilbert Rozman)主编的论文集中也有类似引文:甚至直到朝鲜战争爆发前"朝鲜(半岛)依然是一个遥远的、不为人所知的怪异之所(Korea remained a remote, unknown, alien place),在诸如防备共产主义方面具有战略重要性,但本质上对美国人而言没有意义(intrinsically meaningless to Americans)。参见 Gi-Wook Shin, *One Alliance, Two Lenses: U. S. -Korea Relations in a New Era*. Stanford University Press, 2010:19。

② Warren I. Cohen, *America in the Age of Soviet Power, 1945—1991*, Cambridge University Press, 1993.

③ Gilbert Rozman, *U. S. Leadership, History, and Bilateral Relations in Northeast Asia*. Cambridge University Press, 2011.

④ Gi-Wook Shin, *One Alliance, Two Lenses: U. S. -Korea Relations in a New Era*. Stanford University Press, 2010.

因",其解释明显倾向于军事集团方面:"前届政府难以改进国内政治纷乱和经济凋敝局面、军政两界的贪污腐化问题只能以军事政变手段来解决……"①这些观点令笔者耳目一新,因为在其他学者的著作中虽有类似表述,但其倾向性没有这么明显。美国海军作战学院(US Naval War College)的特伦斯·罗黑里格(Terence Roehrig)是研究国家安全事务方面的专家,其许多成果都是关于朝鲜核危机、半岛与东亚安全问题以及美韩联盟等问题的,也曾担任过"韩国政治研究协会"主席的职务。他在2006年出版了《从威慑到和解:美国对韩国的防务承诺》②一书,在"威慑理论"(Deterrence Theory)框架中对1945年以来美韩防务关系的发展变化问题进行了阐述。

朝鲜战争时期美国对韩政策可参见以"朝鲜战争"冠名的数量众多的研究成果,笔者在此着重提一下1997年普林斯顿大学出版社出版的《朝鲜战争国际史》一书,③ 其作者是美国佐治亚大学教授威廉姆·斯托克(William Stueck)。该作者是研究朝鲜战争和美韩关系的重要代表性人物之一,他在这部著作中利用七国资料及联合国档案资料对朝鲜战争当事国的外交活动进行了深入研究。作者突出强调了联合国的作用,在这场冲突的几个关键阶段联合国在其制度框架内使一些弱国抑制了美国的进攻。威廉姆·斯托克在2002年还出版了另一部专著《朝鲜战争再思考:新外交战略史》。④ 正如其副标题所示,这是一部关于外交和战略方面的历史新著。有关中国与朝鲜战争的关系方面的研究可见于《走进中国龙:中国对美不宣而战的战争(1950—1951)》,⑤ 作者在五年左右时间通过在中韩两国的调查取证研究,对1951年1月战争进入相对停滞状态前大约六个月内的战况从中国角度进行了分析,这个研究视角在美国学界比较新颖。

直接研究美韩"双边关系"或"同盟关系"的成果也可举例说明。第一,

---

① Uk Heo, Terence Roehrig, *South Korea since 1980*, Cambridge University Press, 2010:21.

② Terence Roehrig, *From Deterrence to Engagement: The US. Defense Commitment to South Korea*, The Lexington Books, 2006.

③ William Stueck, *Korean War: An International History*, Princeton University Press, 1997.

④ William Stueck, *Rethinking the Korean War: A New Diplomatic and Strategic History*. Princeton University Press, 2002.

⑤ Russell Spurr, *Enter the Dragon: China's Uncleared War Against the US in Korea 1950—1951*, New Market Press, 1988.

《美韩联盟》。① 作者在这部专著中翔实论述了美韩联盟的发展过程，最值得一提的是在文中有大量关于美韩关系方面的相关统计数据，如"美国对韩军事供给（1950—1968）""美国对韩军事援助（1949—1968）"及"美国对韩安全援助（1971—1975）"等，此著作在数据资料方面以及在研究方法上都有可资借鉴之处。第二，《朝美关系（1866—1997）》。② 纵览此著可以发现，这是一部关于两国关系发展的通史性成果，内容涵盖美朝两国"外交""安全"及"社会文化"等几组关系，同时也探讨了美国对半岛统一问题的态度等内容。此著分八个章节细致地分析了一个多世纪的朝美关系的演进过程，读者很容易了解朝美关系的总体轮廓。第三，《美韩联盟（1961—1988）》。③ 这是关于肯尼迪到里根政府时期美韩关系问题的专著，是按照编年顺序进行研究的，在这一点上与上述两点相同。联盟成员国应尽之责是什么、比重如何，在这个问题上它们之间往往会产生纠葛，美韩关系中有很多事例能够说明这一点。第四，《20 年间的记录：从解放到自立时期的美韩关系》。④ 作者麦克唐纳曾在驻韩美军中服役 10 余年，是很多具体历史事件的见证人，他为了这部著作搜集了五千件左右档案资料，分八个章节的篇幅对二战后约 20 年的韩美双边关系进行了研究。第五，《美韩安全关系》。⑤ 这篇学术论文从四个方面对"美国的东北亚利益"进行概要分析，而后分论"美国在韩利益"——维护这种利益是美国东亚政策表现形式之一。

从联盟角度论述美、日、韩三方关系的著作可以参见 2015 年出版的《亚洲的三角联盟：处于动荡时期的美日韩关系》，⑥ 这是美日韩学者的论文集汇

---

① Gerald L. Curtis And Sung-Joo Han, *The US-South Korea Alliance*, Lexington Books, USA and Canada, 1983.

② Yur-Bok Lee, Wayne Patterson, *Korean-American Relations*, State University of New York Press, 1999.

③ Jong-Setlee and Uk Heo, *The US-South Korean Alliance, 1961—1988*, The Edwin Mellen Press, 2002.

④ Donald Stone MacDonald, *US-Korea Relations：From Liberation to Self-Reliance：The Twenty-Year Record*, Boulder, Colo.：Westview Press, 1992.

⑤ William J. Taylor Jr., Michael J. Mazarr. *ROK-US. Security Relations*, Korea and World Affairs. Vol. 13, No. 2, Summer, 1989：263 – 277.

⑥ Gilbert Rozman, *Asia's Alliance Triangle：US-Japan-Korea Relations at A Tumultuous Time*, Palgrave Macmillan, 2015.

编，重新探讨了美、日、韩三方关系的问题。《美韩日：构建真正的联盟》[①]提出，美、日、韩三方关系对于更广意义上的地缘政治环境及其他相关各方都会产生深远影响。"马萨诸塞外交政策研究院亚太研究所"副主任詹姆斯·斯霍夫（James L. Schoff）在《三边主义的手段：如何改进美日韩合作应对复杂突发事件的能力》[②]中指出，最有效的途径就是充分利用美日韩"三方对朝政策协调监督小组"（Trilateral Coordination and Oversight Group），将其作为三方联盟建设的途径。该作者在编纂过程中通过对美、日、韩三国政策制定者的采访获得大量信息，因此该著作可信度较高。宾夕法尼亚林肯大学教授安东尼·狄菲利波（Anthony Difilippo）的《美日朝安全关系》[③] 一书主要关注的虽然是时政问题但也有很多历史回顾内容，同时还对中、俄、韩的安全利益进行了阐述，其主要目标是客观分析美、日、朝三方就核武器及其他重要的安全问题进行政策抉择的过程，最终提出缓和东北亚地区安全环境的可行性方案。

入江昭（Iriye Akira）和孔华润合作的《战后世界的美国与日本》[④] 是专论战后美日关系问题的著作，从历史角度和全球角度研究了日美关系的发展。入江昭在1961年获得哈佛大学博士学位，是美国外交史、美国与东亚关系研究的专家，也是曾经担任过"美国历史学会"主席的唯一日裔学者，他同时还是"美国对外关系历史学家协会"主席。他还曾获得日本国内最高荣誉之一的"瑞宝章"，《大国在东亚1953—1960》[⑤] 和《剑桥美国对外关系史》[⑥]也是此二人合作成果并已有中译本。

"凯托研究中心"（CATO）美国智库之一，它以研究时政问题及对策为中

[①] Cossa A. Ralph, *US-Korea-Japan Relations：Building Towards A "Virtue Alliance"*, Center for Strategic & Intl. Studies, 1999.

[②] Christian Hoffman, *Tools for Trilateralism：Improving US-Japan-Korea Cooperation to Manage Complex Contigencies*, Potomac Books, 2005.

[③] Anthony Difilippo, *US-Japan-North Korea Security Relations：Irrepressible Interests*, Routledge, 2013.

[④] Iriye Akira, Warren I. Cohen, *The United States and Japan in the Postwar World*, University Press of Kentucky, 1993.

[⑤] Iriye Akira, Warren I. Cohen, *The Great Powers in East Asia, 1953—1960*, Cambridge University Press, 1990.

[⑥] ［美］入江昭、孔华润：《剑桥美国对外关系史》第三卷，王琛等译，新华出版社2004年版。

心任务。该中心高级研究员班铎（Doug Bandow）在《韩国：脱身之例》[①] 一文中表达了他对美国撤军政策的支持态度："不但应立即从韩国撤军，而且还应立即废除美韩两国之间的防务条约。"班铎是美国科普里新闻机构（Copley News Service）专栏作家、美国前总统里根的特别顾问，他从1983年起首次撰文研究朝鲜半岛问题，韩美之间很多历史事件他都是当事人。关于冷战前后美国对外政策的对比，他在《绊网：变动世界中的韩美对外政策》[②] 一书中给出其结论："尽管冷战结束了，但美国对外政策及军事部署相当大程度上与此前保持一致。"他在《新瓶装旧酒：五角大楼的东亚安全战略》[③] 的报告中提道，"尽管东亚安全威胁减小，美国的东亚政策似乎仍与其冷战时期的政策极为类同，世界发生了变化而华盛顿之见未变"。这说明，冷战虽已结束但冷战思维依然存在。众多研究成果多强调韩国对美国的战略意义，而在凯托研究所的一篇名为《韩国对美国的双重依赖》[④]的政策分析中则提出相反观点："许多美国政要以前都夸大了韩国对美之战略意义，而实际上这种作用仅在一定程度上存在而已，美日关系远比美韩关系重要"，此看法迥异于其他学者。关于1980年后的美国朝鲜半岛政策还可以在《1980年以来的韩国》[⑤] 中看到，该书论述了1980年以后韩国政治、经济、社会以及外交政策的变化，重点讨论了韩国民主化进程在何种程度上对其自身发展产生了影响。

东北亚地区的朝鲜半岛与东南亚的越南是冷战时期美国东亚政策的重要对象，美国在这两个地区都有着极大的战略利益。韩国积极出兵越南支持美国在该地区的活动，美国为换取韩国出兵对韩国进行大量的军事经济援助，上述两个地区和美国之间形成了"两点"加"一线"的格局，《20世纪50年代美国、韩国和南越之间军事关系的影响》[⑥] 一文对韩国出兵越南问题做了较深入

[①] Doug Bandow. "Korea: The Case of Disengagement", *Cato Policy Analysis*, No. 96, December 8, 1987.

[②] Doug Bandow, *Tripwire: Korea and U. S. Foreign Policy in A Changed World*, Cato Institute, 1996.

[③] Doug Bandow. "Old Wine In New Bottles: The Pantagon's East Asia Security Strategy Report." *Cato Policy Analysis*, No. 344, May 18, 1999.

[④] Doug Bandow. "Free Rider: South Korea's Dual Dependence on America", *Cato Policy Analysis* No. 308, May 19, 1998.

[⑤] Uk Heo, Terence Roehrig, *South Korea since 1980*, Cambridge University Press, 2010.

[⑥] Haruka Matsuda, *The Consequences of Military Exercises Among the US. South Korea, and South Vietnam in the 1950's*, 8th Annual South East Asian Studies Graduate Conference, Cornell University, 2006.

的研究。作者还运用了很多新资料来说明朝鲜半岛南北双方除在东北亚地区有规模不等的军事摩擦以外,在越南地区双方也存在着对峙情况。朝鲜曾向北越地区提供两百架左右的战机以抗击南越及美韩等国军事力量,这个秘密直到进入 21 世纪才被披露,而且得到朝鲜官方的认可。

"韩国成立"和"朝鲜战争"都是里程碑式的事件,故而将其作为研究的上下限是合理的,《战争与和平中不平等的伙伴关系:1948—1953》[①] 一书就是这样的写法,很少有学者把美韩关系中这关键的"五年"作为独立区间加以研究的,这是此著新颖之处。作者还在书中提到了"美韩关系"与"东西方文化"之间的关系问题,笔者非常赞同其观点。20 世纪 60 年代中后期,美韩朝在朝鲜半岛的紧张对峙局面有不断升级的趋势,这些冲突是敌对双方矛盾积累的结果,其特点是美国竭力遏制事态扩大,而韩国则将美国的态度视为一种"示弱",力图促使美国发动对朝鲜的报复行动,之所以出现这一局面是因为美韩双方的政治目标不同使然。关于这一时期的代表性研究成果[②]从整体上勾勒了美国对朝鲜半岛政策的框架,如《至关重要的十年外交》《全球主义的代价》及《林登·约翰逊所面对的世界:美国对外政策(1963—1968)》等。其中马里兰大学教授孔华润(Warren I. Cohen)等人主编的《林登·约翰逊所面对的世界》[③] 集中讨论了约翰逊时期的美国外交政策。文中不仅体现了美国对苏联、欧洲以及核问题的"关注",而且对"越南问题"也十分关切。在约翰逊任内,美国政府还必须面对"刚果骚乱""中东战争""加勒比海地区共产主义的挑战"以及"人质危机"等一系列问题,而且这些外交困境也使其"伟大社会"的内部发展计划作罢。尼古拉·E. 萨兰塔克斯(Nicholas Evan Sarantakes)、万顿·詹尼莱特(Vandon E. Jenerette)以及丹尼尔·博尔格

---

① Jongsuk Chay, *Unequal Partners in Peace and War: The Republic of Korea and the United States, 1948—1953*, Praeger, 2002;该作者此前还出版了《文化与国际关系》(*Culture and International Relations*, Praeger, 1990)一书。

② (1) H. W. Brands, *The Wages of Globalism: Lyndon Johnson and the Limits of American Power*, Oxford University Press, 1994; (2) Diane B. Kunz, ed., *The Diplomacy of the Crucial Decade: American Foreign Relations During the 1960s*, Columbia University Press, 1994; (3) Warren I. Cohen and Nancy Bernkopf Tucker, eds., *Lyndon Johnson Confronts the World: American Foreign Policy, 1963—1968*, Cambridge University Press, 1995.

③ Warren I. Cohen and Nancy Bernkopf Tucker, eds., *Lyndon Johnson Confronts the World: American Foreign Policy, 1963—1968*, Cambridge University Press, 1995.

（Daniel Bolger）在这方面做了相对细致的研究，其成果分别是《寂静的战争：1966—1969年朝鲜半岛非军事区附近的军事行动》《被遗忘的DMZ》和《未尽战争之战场：1966—1969年的低烈度战争》。[①] 这三篇学术论文就这三四年间的美国对朝对韩政策从不同角度运用多种资料进行了梳理，这是对美韩关系史进行的一种微观研究。詹尼莱特是陆军少校，他有便利条件接触大量军事文件，这是其研究成果的可称道之处，但在撰文过程中往往显示较多主观臆断色彩。他声称，朝鲜此间在非军事区发动的武装冲突是它针对美国而发起、是要建立"第二战线"的一种尝试、是打算通过此举分散美国在越南的注意力。60年代后半期，敌对双方在"三八线"附近的明争暗斗一直未终止，而美国军事力量的存在又使局势复杂化。1966—1969年间在非军事区的军事摩擦屡见不鲜，存在诱发大规模军事冲突的可能性。韩美双方在对待危机的态度上有所不同——前者的态度及其行动既有可能扩大危机局面，而后者则极力避免局势恶化，因此美韩双方在进行外交交涉过程中时常产生分歧。这些都是《寂静的战争：1966—1969年间三八线附近的战役行动》[②] 一文当中的看法。

历史事件当事人的传记等是研究该历史事件的重要资料，有些可完全视为一手资料。

迪恩·腊斯克（Dean Rusk）以"国务卿"之职在1961—1969年间历经肯尼迪和约翰逊两届政府，这个时期也正是美苏冷战对峙不断升级的时期。作为冷战对峙前沿的朝鲜半岛必然是国务卿关注对象，因此对此人的研究是了解美国对外政策及对韩政策的窗口，孔华润的《迪恩·腊斯克》[③] 就是这样一部著作。类似的人物传记有很多，通过《里根一生》[④] 可以对里根政府时期美国的内政外交政策加以了解，该书作者得克萨斯大学（奥斯汀分校）教授布兰茨（H. W. Brands）将罗纳德·里根视为20世纪美国最伟大的总统之一。作者

---

① Nicholas Evan Sarantakes. "The Quiet War: Combat Operations along the Korean Demilitarized Zone", *The Journal of Military History*, Vol. 64, No. 2, April, 2000, pp. 439 – 457; Vandon E. Jenerette, "The Forgotten DMZ", *Military Review* 58, May 1988: 32 – 34; Daniel Bolger, "Scenes from an Unfinished War: Low Intensity Conflict Korea, 1966—1969", Leavenworth Paper No. 19 (Fort Leavenworth, Kans.: Combat studies Institute, U. S. Army Command and General Staff College, 1991).

② "The Quiet War: Combat Operations Along The Korean Demilitarized Zone, 1966—1969", *The Journal of Military History*. April, 2000: 439.

③ Warren I. Cohen, *Dean Rusk*, Cooper Square Pub, 1980.

④ H. W. Brands, *Reagan: The Life*, Anchor Books, 2016.

以七章的内容叙述了里根的一生,其中第四到第六章是关于里根两度担任总统时期的内容。

朴正熙担任韩国总统长达18年之久,美韩关系中的很多重大事件均发生在其任期内,所以关于他的传记或者讲话是非常重要的参考资料,分别于2011年和2012年出版的《朴正熙时代:韩国的转型》①和《朴正熙:从贫穷到权力顶峰》②这两部著作非常具有代表性。朴正熙夺取政权时的韩国积贫积弱,在1979年10月岸谷之变之际韩国已跃然为经济强国,将朴正熙称为韩国的政治地标绝对名副其实。这部著作是美韩两国学者联合编辑的,他们分别是韩国高丽大学教授金炳国(Byung Kook Kim)和哈佛大学教授、曾担任过费正清中心主任的傅高义(Ezra Feivel Vogel)。第二部是宾夕法尼亚大学教授、韩国庆熙大学名誉教授李崇植(Chong-Sik Lee)的著作,勾勒了朴正熙一生的轨迹。这部著作除对朴正熙执政时期进行研究外还对此前的历史进行追溯,通过对19世纪90年代到20世纪60年代历史的研读了解了朝鲜半岛和后来的韩国发生重大变化的历史背景,同时也能进一步深化对"朴正熙"这个历史人物的认识,也可以从整体上使人们更加清楚地明白朴正熙发动政变之前的韩国是什么样一种状况,实际上也就是"五一六军事政变"的背景,这也表明该书作者对政变必然发生的一种认可。朴正熙出生在一个贫苦农民家庭,而后成为掌握韩国最高权力的人物;韩国作为一个国家也经历了一个与此类似的经历——正是在朴正熙掌权时期才把韩国从贫困境地中拖出来并走向腾飞。笔者认为,这部著作的名称一语双关,在说明一个"个体人"发展历程的同时也展现出他所在的那个"国家"的发展过程。这两部专著共同之处不言而喻,其差别在于:前者是以论文集形式编撰的,研究的是韩国在复杂的政治现代化进程中如何发展的,论文集中的文章将韩国从贫穷到经济高速发展的过程中的一些重要问题——加以解析,尽管朴正熙时期的韩国为经济发展付出很多政治代价,但毕竟引领韩国走出了贫穷和落后。后者所研究的时段与第一部不同,其中关于朴正熙掌权前的历史也有论及。关于朴正熙的思想可以从其自传中加

---

① Byung Kook Kim, Ezra F. Vogel, *The Park Chung Hee Era*: *The Transformation of South Korea*, Harvard University Press, 2011.

② Chong-Sik Lee, *Park Chung-Hee*: *From Poverty to Power*, The KHU Press, 2012.

以了解：《朴正熙言论集》① 是研究冷战时期美韩关系变化的一手资料，这两部著作涉及朴正熙执政时期在"半岛南北合作""国家统一""民族意识"及"民族文化"等问题上讲话内容。《国家、革命与我》《国家建设》和《我们国家的道路》也是这方面的资料。②

美韩联盟是军事同盟性质的，其典型表现之一就是美国在此设置了军事基地有其军事存在。驻韩美军及驻韩美军基地问题至今仍然是困扰两国关系的关键所在。对于美国海外军事基地整体发展状况的了解有助于透彻地分析驻韩美军及其军事基地问题的发展和演变历史。美国是军事大国，所以学界对这方面的研究比较活跃，代表性成果主要有以下几种：《日不落：面对美国海外军事基地网》③ 论述了20世纪美国海外军事基地逐渐发展成一个全球网络的过程。此文同时指出，这种活动已然瓦解了美国的民主价值观，并给包括美国在内的相关国家和地区社会经济及环境可持续发展带来负面影响，持有类似观点的研究成果还有2015年出版的《"基地"国家——美国海外军事基地如何殃及美国和世界》。④ 文中提道，即便在冷战结束后的今天，美国在全球范围内仍保有上千处规模不等的军事基地，但从长远看恰恰是这种情况使美国国家安全时常受到威胁，因为海外军事基地数量庞大覆盖范围广很容易引发问题。海外军事基地出现的美军性暴问题、环境破坏问题和影响当地经济发展等情况已经引发当地的反感情绪，这种行为与美国在国际社会所倡导的民主理念背道而驰，有时甚至将其推向独裁者一面。的确，美国的这种政策不断受到世界范围内的批评和指责，《帝国的基地：美国军事基地遇全球反对》⑤ 对此问题有详细阐述。

---

① Park Chung Hee, *Major Speech by Korea's Park Chung Hee*, The Samhwa Publishing Co., Seoul, 1973.

② Park Chung Hee, *The Country, The Revolution and I*, Hollym Corporation Publishers, Seoul, 1970; Park Chung Hee, *To Build A Nation*, Acropolis Books, Wahshington, DC., 1971; Park Chung Hee, *Our Nation's Path: Ideology of Social Reconstruction*, Hollym Corporation Publishers, Seoul, 1970.

③ Joseph Gerson, Bruce Birchard, *The Sun Never Sets…: Confronting the Network of Foreign US Military Bases*, South End Press, 1999.

④ David Vine, *Base Nation: How US Military Bases abroad Harm America and the World*, Metropolitan Books, 2015.

⑤ Catherine Lutz, *The Bases of Empire: The Global Struggle Against US Military Posts*, NYU Press, 2009.

自二战结束以来，对美国军事基地及相关政策的反对活动在亚洲若干地区频现，这些反对声音和抗议活动对美国的"基地"政策影响几何？此类问题可在《反对美国在亚洲的军事基地政策》[1]中找到答案。作者以菲律宾、日本冲绳和韩国为例，选取了二战以来亚洲出现的12次抗议活动为案例做了详析。《美国海外驻军——全球军事存在》[2]对美国全球军事网络形成进行了综述，而后分述美国在德菲日韩等国军事基地的情况。作者在论述驻韩军事基地时还提到了"慰安妇问题"，至今这依然是个非常敏感的政治问题，也是韩国反美思想的历史原因。更为具体研究美国驻韩军事力量的研究是《驻韩美军：时代之误？》，[3] 文中指出美国对韩军事承诺限制了其战略灵活性，与此同时还会刺激韩国反美主义思想的发展。美国智库兰德公司的《矛盾的联盟：韩国对美态度研究》[4] 围绕"韩国对美态度是否已经恶化"这一问题，分析了20世纪90年代到21世纪初韩国公众的观点，分析了反美情绪的起因，提出改进韩国对美看法的一些方法。对韩国反美主义的考察还可参见《韩国民主化进程中的反美主义》一书，[5] 作者戴维德·斯特拉斯博（David Strsub）是美国国务院负责韩国事务的职业外交官，自2008年起担任斯坦福大学沃尔特·肖伦斯特（Walter H. Shorenstein）亚太研究中心韩国研究副主任，他还曾在美国驻韩大使馆工作过3年，因此非常了解韩国国内政治及美韩关系问题。他在这部著作中对韩国这个"亲美国家"1999—2002年间出现的"反美主义"进行了深入研究。韩日邦交正常化问题在两国都引发极大的抵触情绪，韩国的反日情绪在这一问题上经常伴随着反美主义思想，这在《韩日邦交正常化及韩国反美主义》[6] 一文中可见一斑。1965年6月，韩国高丽大学约3000名学生举行了

---

[1] Yuko Kawato, *Protests Against US Military Base Policy in Asia: Persuasion and Its Limits*, Stanford University Press, 2015.

[2] Anni P. Baker, *American Soldiers Overseas: The Global Military Presence*, Praeger Publishers, 2004.

[3] Tommy R. Mize, "US TroopsStationed in South Korea, Anachronistic?" *US Army War College*, 2012.

[4] Eric V. Larson, *Ambivalent Allies?: A Study of South Korean Attitudes towards the US*, RAND Corporation, 2004.

[5] David Strsub, "Anti-Americanism in Democratizing South Korea", *Shorenstein Asia-Pacific Research Center*, 2015.

[6] Mark Mobius, "The Japan-Korea Normalization Process and Korean Anti-Americanism", *Asian Survey*, Vol. 6, No. 4, April, 1966: 241-248.

示威游行活动，其标语中就有反美口号："美国佬，老实点儿！"（Yankee, Keep Silent!）韩国反美情绪也表现在年轻一代中，在《山姆大叔的年轻反对者：韩国》[①] 一文中能反映出这个内容。

美韩关系中有很多重要的具体问题，其研究也很到位。

关于朴正熙核武开发等专题性研究是美国"东西方研究中心"研究员穆泰·阿拉格帕（Muthiah Alagappa）[②] 的《长长的阴影：核武器与21世纪亚洲安全》一书，朴正熙在1970年成立"防务开发署"（Agency for Defense Development）和"武器开发委员会"（Weapons Expoltation Committee）以后就开始研发核武系统，"到1973年年末，其核武开发计划已基本形成"，"从美国立场看，韩国拥有核武的事实是不可接受的，因为这会使美国东亚战略中的安全与稳定受到威胁"。[③] 作者肯定了美国是朴正熙核武开发计划中止的重要外部力量这一观点。但在1976年年初，朴正熙将核武开发计划中的一些项目改名易姓暗中继续进行，这也是为何20世纪90年代，尤其21世纪之初美韩两国围绕核问题继续进行交涉的历史根源。肯塔基大学的文正仁（Chung-in Moon）就韩国"院外游说"问题从理论上和实例上进行了较为详细的分析，其中的"韩国在美院外游说战略"一节内容很具有吸引力。[④]

专题研究涉及的问题较多。《美国从韩国撤军》[⑤] 一文研究了卡特撤军政策的背景、计划内容及撤军计划的中止等环节。文章认为，保留驻韩美军对美国而言既可以向韩国方面表明美国信守对韩军事承诺，同时更是为了发挥对中苏朝的制衡作用。笔者认为，此文所提到的"制衡"作用在冷战后期乃至今日一直是驻韩美军的实际作用。韩国"五一六军事政变"以后的两年多时间

[①] "Uncle Sam's Young Opponents: South Korea", *The Economist* (US), V331 N7866. June 4, 1994: 40.

[②] 阿拉格帕（Muthiah Alagappa），1962—1982年间任职于马来西亚陆军，所从事活动与马来西亚国防部密切关联。他曾在美国"东西方中心"（2006—2010年）及马来西亚吉隆坡战略与国际关系研究所（2012年1月—2013年12月）从事亚洲安全问题研究工作，其成果带有明显时政性特点。

[③] Muthiah Alagappa, *The Long Shadow: Nuclear Weapons and Security in 21ˢᵗ Century Asia*, NUS Press, 2009: 376 – 377.

[④] Chung-in Moon, "Complex Interdependence and Transnational Lobbying: South Korea in the United States", *International Studies Quarterly*, Vol. 32, No. 1, March, 1988.

[⑤] Larry A Niksch, "US. Troop Withdrawal from South Korea: Past Shortcoming and Future Prospects", *Asian Survey*, Vol. 21, No. 3, March, 1981: 325 – 341.

内，韩国处于朴正熙军事集团掌控之下，美国力促其尽早将政权移交文官政府，《1963年韩国大选之重要性》[①] 一文对此有较详尽的说明。韩国对半岛南北双方的态度问题可参见《朝鲜半岛内部关系：汉城的观点》，[②] 本文重点叙述朴正熙政权的灵活政策及在外交上对韩国的积极影响，论述中体现了半岛关系缓和的迹象并同时签订多项双边协定，在很大程度上为半岛"南北对话"创造了有利条件。朴正熙军事政变以后的韩国在向文官政府转变过程中一直伴随着"日韩关系正常化"问题，美国政府在日韩两国恢复邦交之前极力斡旋。在研究这一问题前首先要弄清楚"日韩关系基本问题"到底是什么？同名文章[③]较全面地回答了这个问题，而且对日韩各自基本立场进行了分述。此文成文时（1962年）即做出预判：日韩两国关系发展过程中尽管存有多重障碍，但双方实现关系正常化乃为迟早之事。作者预言，韩方很有可能与日本达成妥协以实现目标，一语言中。相关文章还有《检视日韩关系》[④] 一文，作者对美国努力推进双方关系发展的迫切心情进行了描述，同时对"在日朝鲜人"问题也做了分析，这是日韩谈判焦点之一。

电子数据库资源在美国对外关系研究中越来越为学界所关注。约翰·霍普金斯大学的"美韩研究所"（USKI）[⑤] 是一个国际开放性美韩关系高级研究机构，在其网站中的"特别报道"及"研究论文系列"可接触到关于朝韩问题以及美朝关系问题的前沿动态和最新研究成果，还可加深了解该领域学者及其研究动态。若干韩国官方网站的信息是研究韩国与大国关系的重要信息源，这些网站大都是韩英双语网站，利于研究者获取资料。在"韩国国家情报局"（National Intelligence Service）[⑥] 网站能够了解到关于朝鲜、反恐及反谍报活动

---

① C. I. Eugene Kim, "Significance of The 1963 Korean Elections", *Asian Survey*, Vol. 4, No. 3, May, 1964: 765 – 773.

② B. C. Koh, "Inter-Korean Relations: Seoul's Perspective", *Asian Survey*, Vol. 20, No. 11, Nov. 1980: 1108 – 1122.

③ Donald C. Hellmann, "Basic Problems of Japanese-South Korea Relations", *Asian Survey*, Vol. 2, No. 3, 1962: 19 – 24.

④ Chong-Sik Lee, "Japanese-Korea Relations in Perspective", *Pacific Affairs*, Vol. 35, No. 4, Winter, 1962—1963: 315 – 326.

⑤ US-Korea Institute (USKI) at John Hopkins School of Advanced International Studies (SAIS): http://uskoreainstitute.org/.

⑥ National Intelligence Service: http://eng.nis.go.kr/EAF/1_4.do.

等方面的信息。"韩国统一部"网站通过韩、英、中三种语言发布关于"半岛统一"问题的相关信息及政策,比如在该网站上的"韩半岛信息"专栏就有关于"南北关系""北韩信息"以及"统计资料"等方面的资料。"朝鲜官方网站"(Official Webpage of DPR of Korea)[①]设有"电子图书馆"栏目,可全文阅览这里的电子文献,其内容绝大部分是关于"领袖"或"政府公报"一类的资料。华盛顿大学的"朝鲜历史在线"(Korea History Online)是一个包括官方文件、学者著述、历史网站及人物专题等内容的极为丰富的韩朝研究资料库。美国夏威夷大学的韩朝研究尤其值得一提,这里有数以千计的关于朝韩研究的英文版电子书目备查,同时还提供其他与之有关的资源。"亚细亚信息"(AsianInfro)是一个关注亚洲历史的网站,[②]分国别介绍亚洲各国历史及对外关系的内容。美国杜克大学数字图书馆"韩国研究:网络资源"[③]是一个关于朝韩研究的庞大的数据库,涵盖历史语言文化等方面内容,其中与"历史"主题相关的有"早期传教士""殖民时期""解放后"及"朝鲜战争"等方面的史料,还有《東亞日報》(1920—1999年)、《京鄉新聞》(1946—1999年)和《每日經濟新聞》(1988—1999年)等报纸资料库,同时还提供了上千种关于朝鲜半岛各方面的研究成果,笔者选择了与本课题相关的论文和专著列于参考文献中。"朝鲜战争在线"(Korean War on Line)是关于朝鲜战争信息非常全面的网站,[④]其文字资料绝大部分是建立在美国官方解密文件基础上的,同时还有大量的历史图片——既有战地图片,还有很多关于飞机、汽车等军事装备技术性能分析的图片。类似网站还有"朝鲜战争研究中心"(The Center for the Study of the Korean War)[⑤]和"抗美援朝战争50周年"(50th Anniversary of the War to Resist US Aggression and Aid Korea)等。

另外,"美国外交(史)研究"内容之一是"美国对韩政策研究",美国学界关于美韩双边关系或对韩政策方面的研究机构和人员数量多且成果丰富。

[①] Official Web page of DPR of Korea:http://www.korea-dpr.com/e_library.html.

[②] AsianInfo:http://asianinfo.org/asianinfo/korea/history.htm.

[③] Korean Studies:Online Resources,Duke University Library,网址:http://guides.library.duke.edu/c.php?g=289317&p=1933940.

[④] "朝鲜战争在线(研究)":http://www.koreanwaronline.com/history/mlr.htm。

[⑤] 网址分别为:(1)http://www.koreanwararchives.com/index.html;(2)http://www.china.org.cn/e-America/index.htm。

但正如英国著名国际关系史学家、英国科学院院士、苏塞克斯大学教授克里斯托弗·索罗恩（Christopher Throne）所言，美国的外交史研究充满了狭隘地方主义色彩，一切研究主题皆以美国为主并逐渐形成"美国与某某国"的研究范式。的确，笔者在所收集的材料中的确发现了这个特点。"美韩关系""美韩联盟"及"汉城与华盛顿"如此冠名的研究成果比重很大。

（2）韩日等国研究概况

朝美关系开启于19世纪下半期，双方在1882年通过签署条约正式确立外交关系。《早期朝鲜与美日的不期而遇》[①] 一书中用四个章节的内容论述早期美朝关系的发展。作者指出，"尽管关于早期美朝关系方面的成果已出版很多，但在描述韩国人观点方面却普遍缺乏兴趣"，[②] 这是为数不多的韩国学者明确指出了本国研究成果的不足之处。美韩关系的实质是什么呢？这个问题在韩国学者的论文中也可以找到答案。《韩美关系的基本实质》[③] 认为，美国是首个与朝鲜签约的西方大国，但它在与朝鲜的最初接触中其经济利益诉求微乎其微，与朝鲜签约主要是为了保护美国人在这一区域范围内商贸利益，尤其是要保证对华贸易的便利性，这一点从双方条约文本中有明显体现。作者指出，早期美朝关系的主要表现形式是非直接的、非正式的贸易活动，贸易量十分有限。另外，此文还提到了在朝传教士活动十分活跃的情况，这也是早期韩美关系的重要内容。

韩国高丽大学等科研院所是韩国研究冷战时期美韩关系及美国对韩政策的主要机构。韩国国防研究院高级研究员金昌秀（Kim Chang Su）的《改善南北关系过程中的美韩安全问题》[④] 一文论述了美韩安全关系中的多个问题，文章重点在"冷战后"的情况。作者认为，对冷战后美韩安全问题的认识仍需从冷战期间美国对韩政策延续性这个角度加以认识。文中也提到美国已关注当时

---

① Young Ick Lew, "Early Korean Encounters with the United States and Japan", *The Royal Asiatic Society* (Seoul), 2008.

② Ibid., p. 1.

③ 此文原稿为作者于1987年6月在汉城召开的"朝鲜战争国际研讨会"上提交的论文。参见 Chang Il Ohn, "The Basic Nature of US-ROK Relations", *Korea and World Affairs*. Vol. 12, No. 3, Fall, 1988: 580 – 604.

④ "South Korea-US Security Issues Amid Improving Inter-Korean Relations", *Korea Focus*, May-June, 2001.

"韩国倒向中国的可能性"和"中国对美韩联盟的影响"等问题,若中美关系遇到麻烦则韩国必然在中美两大国之间陷入困境。"韩国和平统一研究中心"是韩国研究"半岛统一"问题的机构之一,其研究成果中有很多涉及美国对韩政策方面的内容,代表性的有《走向统一》《朝鲜统一探究》及《朝鲜与主要大国》[①] 等,《朝韩与世界事务》(Korea and World Affairs)是该中心主办的大型季刊。《聚焦韩国》(Korea Focus)是研究韩国对外关系的双月刊,所刊载论文的作者多来自韩国外交安保研究院、国防大学、庆熙大学及高丽大学等机构,在韩国对外政治经济关系问题方面进行广泛的研究。《韩国外交40年》和《韩国与美国》[②] 是关于韩国建国以来对外关系方面的重要研究资料,也是了解美国对韩政策颇具价值的资料。

由于美国在近代,尤其冷战以来的朝鲜半岛历史发展中有着巨大影响,美韩关系及美国对朝鲜半岛政策变化问题成为韩国学界研究的重要内容,具有代表性的研究成果中有相当一部分有英译本或直接以英文版出版发行,非常便于国际学者更好地了解韩国学界就此问题的研究状况。《发展的独裁体制与朴正熙时代》[③] 一书2003年在韩国首版,2006年在美国发行英文版,作者主要论述了朴正熙时期的韩国如何塑造其"现代性"(modernity)的问题,其间也论及美国在该过程中的作用。韩国高丽大学"亚洲研究中心"主任韩升洲(Han Sung-Joo)的《韩国与美国:联盟的存续》[④] 一文对韩美关系中"撤军""韩国门事件"及"半岛关系"等重点问题做了概述,同时还从大国关系角度对韩美关系的发展进行了评测,其结论是"韩美联盟关系会毫无疑问地存在下去"、"双方关系不会发展到一种对称性联盟阶段"。《汉城与华盛顿》[⑤] 和

[①] Young Jeh Kim, *Toward A United Korea*. Research Center for Peace and Unification of Korea. 1987; Jong-Chunbaek, *Probe for Korean Reunification*, Research Center for Peace and Unification of Korea. 1988; Myung Hyun Cho, *Korea and Major Powers*, Research Center for Peace and Unification of Korea, 1989.

[②] 《韩国外交40年》,韩国外交通商部1990年版;具永禄:《韩国与美国》,汉城博英社1983年版。

[③] Lee Byeong-cheon, *Developmental Dictatorship and the Park Chung-Hee Era: The Shaping of Modernity in the Republic of Korea*, Home & Sekey Books, 2006.

[④] Han Sung-Joo, "South Korea and the United States: The Alliance Survives", *Asian Survey*, Vol. 20, No. 11 (Nov., 1980).

[⑤] Yu-Namkim, Hoyt H. Purvis, *Seoul and Washington*, Seoul Press, 1993.

《转型中的美韩关系》① 两部著作从双边关系着眼进行研究,中心内容是美韩关系在冷战后的发展趋势。韩国梨花女子大学的金恩美(Eun Mee Kim)教授在《韩国发展之经验》② 中通过对韩国从一个不发达国家发展为一个现代工业化的民主国家这一历程的研究,揭示了韩国发展的历史经验,其侧重点不在"古"而在"今"。朝鲜半岛的分裂是历史原因造成的,半岛南部地区在二战后并没有走上社会主义道路,这是冷战的结果,学界还罕有从韩国内部因素进行研究的,金沄泳(Kim Yunjong)的《南朝鲜社会主义的失败1945—2007》③ 一书在这方面做了尝试。文中对"朝鲜半岛社会主义思想为何在战后南部地区未发展成为一种社会民主运动"这一问题进行了详细分析,同时引用拉美和西欧左翼运动进行对比,并对"南朝鲜左翼力量失败而导致社会主义运动失败"这一普遍接受的观点提出异议。

专题性研究有以下代表性成果。韩国出兵越南是冷战时期美韩关系中的重要问题,此活动对韩国的影响可参见《韩国介入越战及其政治经济影响》④ 一文。韩国派出的正规军总人数达到30万左右,战场上保有量最多时达到5万人,是除美国以外最大的一支外国军事力量。韩国出兵越南极大缓解了美国在越南地区的负担,美国也给韩国很大回报,文章从三个方面对韩国出兵对其自身的影响进行了说明。这篇文章除了详论主题以外,还述及韩方非军事人员在越南的活动,这些人主要是工程技术人员和具体工作人员,人数在1.5万左右,主要供职韩美公司企业。《驻韩美军与韩国空军的发展》⑤ 一文研究的是驻韩美军的发展问题,作者对卡特时期美国撤军政策及韩国空中力量发展过程中的美国因素进行了分析。《東北亞國際秩序、核武器그리고韓國》⑥ 一文从"东北亚国际秩序变化与核问题""韩国核力开发与对美关系"及"核产业及核武发展阶段"等方面对韩国核武器问题进行了说明。《在变动的世界中调整

---

① Jong-Chunbaek, Sang-Hyunlee, *Korea - U. S. Relations in Transition*, The Sejone Institute, 2002.
② Eun Mee Kim, *The South Korean Development Experience*: *Beyond Aid*, Palgrave Macmillan, 2014.
③ Kim Yunjong, "The Failure of Socialism in South Korea: 1945—2007", Routledge, 2015.
④ Se Jin Kim, "South Korea's Involvement in South Vietnam and Its Economic and Political Impact", *Asian Survey*, Vol. 10, No. 6, June, 1970: 519–532.
⑤ 高丽大学教授姜声鹤的文章:"US Forces in Korea and Development of ROK Air Force", *Korea Focus*, March-April, 2003。
⑥ 李昊宰:《國際政治論叢(第17輯)》,1977年12月,第147—164页。

驻韩美军之角色》一文侧重对冷战后驻韩美军军事调整问题的探讨。①《韩国反美情绪的过去与现在》②一文从驻韩美军在韩犯罪活动论起,以"光州事件"为典型追溯韩美历史嫌怨。

关于联盟关系的研究是韩国学界的另一个关注点。《日美联盟关系的开启及其发展》③一文认为,美国为在东亚地区应对苏联威胁而产生美日联盟,这是美国冷战遏制政策的内容,该联盟的作用并非为韩国安全利益服务。相反,驻韩美军的存在恰恰是为日美同盟服务、遏制中苏两国的手段。作者认为,美国介入朝鲜战争的真正目的是防止韩国陷落后会产生多米诺骨牌效应进而影响到日本,韩国仅是保护美日联盟的一个前哨而已。文中也非完全否定美日同盟对韩国的积极意义,因为美日同盟关系的存在为美国在朝鲜半岛的活动提供了合乎逻辑的理由。韩国外交安保研究院学者所研究的主题多是与时事政治关联,金圣翰(Kim Sung-Han)教授的《美韩关系:问题与前景》④一文以冷战后的美国对韩政策变化为核心,讨论了美韩联盟与美、日、韩三角联盟之间关系问题,作者所做的前景预测也值得思考。

朝鲜出版的《今日朝鲜》(英文版)⑤对于美韩联盟的态度不言而喻——几乎一律是斥责性语气加以抨击。比如关于"美韩经济技术协定"的描述是(韩国)以所谓的"法律"形式将南朝鲜出卖给了美帝,在第62、64、67、74期里,标题为《美帝破坏"朝鲜停战协定"》《美帝必须撤出南朝鲜》《美帝滚出南朝鲜》《南朝鲜军事法西斯团伙》及《南朝鲜和日本的对话充满危险》

---

① Yong-Sup Han, "Readjusting the Role of US Forces In Korea in a Changing World", *Korea and World Affairs*, Spring 2004.

② 반미, 그 때를 아십니까? 반미운동의 '어제와 오늘'…광주항쟁에서 두 여중생사건까지, [http://www.ohmynews.com/articleview/article_view.asp?menu=c10100&no=90804&rel%5Fno=1&back%5Furl=2009-02-08].

③ Oknim Chung, *The Origins And Evolution of The Japanese-American Alliance:A Korean Perspective*, 1998-09. 该文来自美国斯坦福大学"亚太研究中心",网址:http://www.stanFord/.edu/grop/APARC, [2005-10-28]。

④ "South Korea-US Relations:Concerns and Prospects", *Korea Focus*, November-December, 2000.

⑤ Treacherous "ROK-US. Agreement", *Korea Today* (Monthly) No.58, 1961(3),朝鲜人民民主主义共和国·平壤。

等带有明显政治色彩的檄文式的文章占了主要篇幅。① 苏联出版的国际性刊物《新时代》② 也有韩国是"美国殖民地"等说法,不过这些文章所使用的某些数据资料对于研究这一时期的半岛实况有很大参考价值,比如有文章引用日本经济学家的评估数据来说明1961年韩国工业领域所面临的危机局面:"中小企业处于开工状态的不到总数的一半、糖加工业只发挥了20%的产能、66个火柴厂不到一半开工、家具工业产能只能维持在15%",等等。③ 用这些数据与研究同期的其他研究成果进行比照而后得出结论,如此会更加接近历史事实。

也有韩国学者的著述被译为日文发行,这种情况在国际化程度发达的韩日两国越来越普遍。韩国现代史研究家韩洪九在这方面有一定的研究成果,他在2012年1月到次年6月间通过报纸连载形式用通俗易懂的语言向日本人介绍韩国历史,其专著已被译为日文发行。④

朝鲜半岛自近代以来一直是日本学界特别关注的对象,相关学术成果颇丰。

五百旗头真（Makoto Iokibe）在《战后日本外交史》⑤ 中利用日本解密文件、备忘录和日记等资料,通过对战后日本领导人及政界人物性格特点的研究来分析战后日本外交实践。该书作者是日本国防学院校长、日本政府外交顾问,曾任神户大学历史学教授,对于日本外交及国际关系方面的研究颇有见地。关于冷战时期美韩关系演变对日本的影响,可借助《东亚冷战中的美韩

---

① 柳倩的《美国掠夺下的南朝鲜经济》(《世界知识》1954年第23期)也是如此。在其表述中,诸如"韩国工业的厄运""财政面临破产"和"美'援'加深苦难"等措辞明显地体现了意识形态色彩,但其中许多统计数字还是值得参考的。

② 《新时代》（New Times）是苏联《劳动报》出版发行的关于全球事务方面的专题性周刊,分别用俄语、英语、法语、德语、西班牙语、波兰语和捷克语刊发,俄语版先发行,其他语言版本随后发行。

③ V. Dalnov, "Report on South Korea", New Times, No. 4, January 24, 1962: 10.

④ 韩洪九（著）、李泳采（著译）、佐相洋子（译）:《韓国・独裁のための時代:朴正熙「維新」が今よみがえる》,彩流社2015年版。类似的韩—日文译著还有:曹喜昖（著）、李泳采（著译）、牧野波（译）,《朴正熙 動員された近代化:韓国、開発動員体制の二重性》,彩流社2013年版。

⑤ Makoto Iokibe, The Diplomatic History of Postwar Japan, Routledge, 2011.

关系与日本》①获得更多信息。2015年出版的《新韩国现代史》②是关于二战后70年间朝鲜半岛发展史的专著，作者详述半岛分裂、朝鲜战争、朴正熙军事政权、民主化运动及经济困局等主题，下限到朴槿惠时期，是一部较新版本的韩国现代史通史著作。日本山梨大学教授斋藤直树的《北朝鲜危机的历史构建1945—2000》③主要论述了自二战到金日成政权结束这个时间段内的朝鲜的历史发展状况，尤其提及弹道导弹研发的问题。和田春树的《北朝鲜现代史》④是一部关于朝鲜民主主义人民共和国的通史，从1948年建国开始直到金日成时代结束。以上研究成果均属于通史性研究成果，对于从整体上把握这一时期的国际背景有很大作用。

《日韩政治：辐辏抑或背离》⑤从日韩双方视角对两国政治进行检视，着眼于"日韩双边外交关系"问题，分析了日韩两国近在咫尺却远在天边的原因。崔基镐是日本中央大学和韩国东国大学教授，同时也是韩国加耶大学客座教授，他致力于从民间层面改善日韩关系的活动，对萨哈林朝鲜人问题、原子弹受害者治疗问题及在日朝鲜人法律地位问题都有研究，就日韩并合问题他出版了专著。⑥日本现代史料出版社出版的《日韩国交正常化问题资料》⑦总计九卷、4300页，涉及"会谈经纬""事先准备""预备会议及基本关系问题""在日朝鲜人国籍问题""请求权""船舶"及"渔业"等内容，其资料来自美、日、韩三方，主要是日韩会谈相关的外交文书，⑧通过这九卷本的资料集可以了解日韩关系正常化谈判的全貌。这套资料集的主要作者及编辑者是浅野豊美和吉澤文寿，前者是日本中京大学教授，主攻日本政治外交史和东亚国际

---

① Jong Won Lee, *US-Korean Relations and Japan in East Asia's Cold War*, University of Tokyo Press, 1996.
② ［日］文京洙：《新・韓国現代史》，岩波書店2015年版。
③ ［日］斎藤直樹：《北朝鮮危機の歴史的構造1945—2000》，論創社2013年版。
④ ［日］和田春樹：《北朝鮮現代史》，岩波新書2012年版。
⑤ Takashi Inoguchi, *Japanese and Korean Politics: Along and Apart from Each Other*, Palgrave Macmillan, 2015.
⑥ ［韩］崔基鎬：《歴史再検証日韓併合—韓民族を救った「日帝36年」の真実》，祥伝社2007年版。
⑦ ［日］浅野豊美、吉澤文寿：《日韓国交正常化問題資料》（全9卷），现代史料出版社2010年版（新版本2015版）。
⑧ 其中韩方资料在2005年公开，日方资料在2006年8月到次年5月期间陆续公开。

关系史，后者是一桥大学博士、新潟国际情报大学教授，主要研究朝鲜现代史。

关于二战后对朝鲜半岛实施国际托管政策的研究可见于《美国的太平洋战略与国际托管》，[①] 20世纪40年代美国国务院从美国军事战略出发、以反殖民主义为口号积极主张国际托管政策，朝鲜半岛是当时美国积极主张实施国际托管的对象之一，此著对于了解美国对朝托管政策的大背景有很大参考价值。在《霸权的演变——美国的亚洲政策》[②] 中利用美国外交文件解读东亚政治中的难题，特别分析了越南问题、对华关系问题等尼克松时期的亚洲政策。作者石井修是广岛大学教授，同时在日本明治大学、帝京大学兼职教授，同时还是澳大利亚国立大学、普林斯顿大学、得克萨斯大学和夏威夷大学的客座研究员，他在美国亚洲政策研究方面成果较多。日本埼玉大学教授有贺夏纪专门从事美国史及美国问题研究，他在《美国的20世纪（1890—1945）》[③] 一书阐述了19世纪末以来的美国国内状况，还有"美苏对立""越南战争""国内民群运动"及"冷战终结"等问题。由于对外政策是对内政策的延续，所以对此著的研读有助于理解20世纪美国对外政策的国内背景。东京大学政治学研究科教授久保文明专攻美国政治及外交史，他在《同盟对美国的含义》[④] 一书中对人权外交等问题进行了论述。日本国际问题研究所的有贺真在"美国外交与人权"中对美国人权外交的历史及对各国实施此政策的情况进行了论述。[⑤]

关于日韩两国历史认识问题上，日本神户大学教授木村幹著有《日韩历史认识问题为何》[⑥] 一书。作者从日韩两国政治发展角度进行了探究，尤其指出在两国民主主义情绪不断高涨的情况下两国政治精英阶层不断陷入"期待"和"失望"的往复过程中，这依然是一个难以解决的问题。日韩建交是一个非常复杂的过程，经七轮谈判历时14年才最终达此目标，但正如谈判过程所

---

① ［日］池上大祐：《アメリカの太平洋戦略と国際信託統治：米国務省の戦後構想1942—1947》，法律文化社2013年版。
② ［日］石井修：《覇権の翳り—米国のアジア政策とは何だったのか》，柏書房2015年版。
③ ［日］有賀夏紀：《アメリカの20世紀1890年—1945年》〈上、下〉，中央公論新社2002年版。
④ ［日］久保文明：《アメリカにとって同盟とはなにか》，中央公論新社2013年版。
⑤ ［日］有賀貞：《アメリカ外交と人権 現代アメリカ》，日本国際問題研究所1992年版。
⑥ ［日］木村幹：《日韓歴史認識問題とは何か》，ミネルヴァ書房2014年版。

反映的那样，和解谈判异常艰难，其中有很多问题只是暂时蛰伏而非彻底解决。在日韩恢复邦交50周年之际，有学者著书立言对这段历史进行重新阐释。东京大学出版会在2015年出版了三卷本的《日韩关系史1965—2015》，① 这套专著从"政治""经济"和"社会与文化"三个方面对日韩关系正常化50年间两国关系的发展进行梳理并对未来两国关系走向进行了预测。这套专著是日韩学者联合编辑的，对于有争议话题也有深入探究，相对比较客观，因而被日本学界认为是一部可信赖的通史。类似的还有《日韩外交史：50年的对立与合作》② 一书，正如本书副标题所示，"50年间"的日韩关系尽管存在正常的外交关系但双方关于战后补偿、"慰安妇"、领土以及教科书等问题依然矛盾频现，日韩关系发展依然是东亚国际政治的主要内容。

对于政府首脑的研究是了解日韩关系历史变化的便捷之法，这些核心人物在各自国家对外政策形成过程中起到决定性作用，因此十分有必要对其进行细致分析。从罗斯福到奥巴马总计13届美国政府的对外政策及国际关系问题可见于《战后美国国际关系》③ 一书，通过对65年来美国国际关系及国际政治格局变化的研究，作者认为世界未来的发展可在这些历史中汲取经验教训，尤其提到了总统个性特点可影响对外政策的观点。《战后日本首相的外交思想》④ 一书具体研究了吉田茂到小泉纯一郎时段内17位日本首相的外交思想，同时也非常有助于研究战后日本史及日本对中日韩等国外交政策的变化经纬。20世纪70—90年代是日美安保关系发生重大变化的时期，《安保政策与战后日本1972—1994》⑤ 对这一主题进行了探讨，作者通过对史料的研究和历史当事人证言的整理，着重研究了日本安全保障政策的思想渊源。韩国"世宗研究所"外交安保研究室负责人、韩国海洋战略研究所负责人、韩国经济研究院研究员和梨花女子大学的李春根的《凛然待美之韩国总统们》⑥ 将韩国总统对美政策

---

① 《日韓関係史1965—2015》，東京大学出版会，2015年。"Ⅰ政治"编者：木宫正史、李元德；"Ⅱ経済"编者：安倍诚、金都亨；"Ⅲ社会・文化"编者：礒崎典世、李鍾久。
② [韩]赵世瑛、姜喜代：《日韓外交史：対立と協力の50年》，平凡社2015年版。
③ [日]浅川公纪：《戦後米国の国際関係》，武藏野大学出版会2010年版。
④ [日]增田弘：《戦後日本首相の外交思想：吉田茂から小泉纯一郎まで》，ミネルヴァ書房2016年版。
⑤ [日]河野康子、渡边昭夫：《安全保障政策と戦後日本1972—1994—記憶と記録の中の日米安保》，千倉書房2016年版。
⑥ [韩]李春根：《米国に堂々と対した大韓民国の大統領たち》，統一日報社2014年版。

展现在读者面前。《韩国现代史——总统们的荣光与挫折》① 是日本学者木村幹关于韩国历届总统的专著，作者从"李承晚"写到"李明博"。通过对历届总统的研究完整再现了韩国现当代史，如我国学者黄兆群的专著。②《引领韩国走向强国之路的人——朴正熙那些罕为人知的思想和生涯》③ 是关于朴正熙个人思想变化的一部著作。通过对日治时期到执掌韩国最高权力的各不同历史阶段"朴正熙"这个人物的研究，作者认为朴正熙是一个具有多面性的充满矛盾性格的历史人物，他曾被人称为"亲日派""卖国贼""民族主义者""共产主义者""激进反共者""变节者"以及"信念坚定之人"等，笔者认同此观点。《朴正熙时代——韩国的近代化与经济发展》④ 是由韩美两国多位学者共同编辑的论文集，主要论述了 20 世纪六七十年代从朴正熙军事政变到"汉江奇迹"时期的韩国政治经济状况。该文集内论文作者均为美、日、韩三方研究"韩国问题"的专家。赵利济出生于京都，后成为夏威夷朝鲜人，曾获芝加哥大学、东京大学和庆应义塾大学博士学位。在芝加哥大学、首尔大学、夏威夷大学和密歇根大学担任教授，并长期任美国"东西方中心"人口问题研究所所长，还担任过"东西方中心"负责人。渡边利夫是庆应义塾大学博士，历任日本筑波大学和东京工业大学教授和拓殖大学校长。卡特·埃克特（エッカート・カーター，即 Carter J. Eckert）是哈佛大学朝鲜/韩国史教授、华盛顿大学（西雅图）日本史及韩国史博士。他从 1985 年起在哈佛大学任教"韩国现代史"课程，1994 年起担任哈佛大学"韩国研究中心"主任。埃克特教授还曾历任"伍德罗·威尔逊中心"研究院和"美韩关系发展委员会"咨询委员，目前是韩国梨花女子大学名誉教授。这部论文集不但在时间上与本书研究范围大体相当，而且都是研究韩国问题的国际学者，很有参考价值。比如赵利济在上述专著的序章"韓国の近代化"中通过十个小节论述了从"殖民"时期到"朴正熙"时期的韩国；埃克特则从历史角度论述了"五

---

① [日] 木村幹：《韓国現代史—大統領たちの栄光と蹉跌》，中央公論新社 2008 年版。
② 黄兆群：《韩国六大总统》，人民出版社 2004 年版。
③ [韩] 河信基：《韓国を強国に変えた男 朴正熙—その知られざる思想と生涯》，光人社 NF 文库 2004 年版。
④ [韩] 趙利済、[日] 渡辺利夫：《エッカート，カーター・J.》，《朴正熙の時代—韓国の近代化と経済発展》，東京大学出版会，2009 年。

一六军事政变"问题，他指出，美国对此事件的态度是"默认"①。所有这些或给笔者提供了新的写作素材或佐证了自己的观点，在撰文过程中获得很大启发。

还有一些日本学界的成果涉及本书的研究内容，以下试集中加以评说。《韩国现代史入门》② 按编年体例对韩国重大历史事件进行梳理，是掌握韩国现代史基本脉络的较为适合的专著。《战后日本外交史》③ 及《战后日本对外政策》④ 单设章节研究日韩关系和美国的韩日政策。《朝鲜半岛论》⑤ 一书研究了从半岛分裂到 1994 年朝核危机约 50 年间的历史，文中还对朴正熙政权及驻韩美军问题进行了论述。驻韩美军问题的来龙去脉在《韩军与驻韩美军》⑥ 中有比较详细的论述。还有《朝鲜半岛对话之界限》《朝鲜半岛政治力学》及日本每日新闻社情报调查部副部长前天康博的《解读朝鲜半岛》⑦ 等著作从国际政治角度分析了朝鲜半岛的政治发展概况。《现代日本史——外交简史》⑧ 一书当中有日本学者关于日韩关系正常化的研究。韩国统一研究员咨询委员、韩国高丽大学名誉教授李昊宰主要从事国际政治研究，他与高丽大学亚细亚问题研究所客座研究员的长泽裕子合作，在 2008 年出版了《韩国外交政策的理想与现实：李承晚外交与美国对韩政策的反思》⑨ 一书。本书主要聚焦两个主题：其一，李承晚时期的韩国外交；其二，美国对其对韩政策的反省。中野亚里在其《现代越南政治和外交：国际社会准入之路》⑩ 一书从越南自身角度分析了战争时期的越南面临的意识形态与现实之间矛盾，借助于此可从一个侧面

---

① ［韩］赵利济、［日］渡辺利夫：《エッカート，カーター・J.》，《朴正熙の時代—韓国の近代化と経済発展》，東京大学出版会，2009 年。
② ［韩］高峻石：《韓國現代史入門》，東京批評社 1987 年版。
③ ［日］山本剛士、石丸和人：《戰後日本外交史》，三省堂 1985 年版。
④ ［日］渡边昭夫：《戰後日本の對外政策》，有斐閣選書，昭和六十年。
⑤ ［日］神谷不二：《朝鮮半島論》，PHP 研究所 1994 年版。
⑥ ［韩］韓桂玉：《韓國軍與駐韓美軍》，かや書房 1989 年版。
⑦ ［韩］白善烨：《朝鮮半島對話の限界》，草思社 2003 年版；［韩］玉城素：《朝鮮半島の政治力學》，論創社 1981 年版；［日］前天康博：《朝鮮半島を讀む》，教育社 1987 年版。
⑧ Morinosuke Kajima, *History of Modern Japan：A Brief Diplomatic*, Charles E. Tuttle Co.：Publishers, Rutland, Vermont &Tokyo, Japan. 1965.
⑨ ［韩］李昊宰、［日］長澤裕子：《韓国外交政策の理想と現実：李承晚外交と米国の対韓政策に対する反省》，法政大学出版局 2008 年版。
⑩ ［日］中野亜里：《現代ベトナムの政治と外交：国際社会参入への道》，暁印書館 2007 年版。

了解越战期间意识形态斗争的一些情况。同时，作者也对越战后越南共产党及越南政府的对外政策转换过程进行了评说。

日韩等国学界的研究成果涵盖了美、日、韩双边及三方关系的所有方面，与美国学界的研究共同之处在于服务现实的研究比重较大，研究成果多具有研究历史服务时政的特点。

(3) 其他地区研究状况

由于朝鲜半岛事务国际化程度日益加深，很多国家和地区都设立了相关研究中心。除中国外的其他国家依托大学或非政府机构等也都设有朝韩研究中心，如哈佛大学（美）、加州大学（美）、芝加哥大学（美）、哥伦比亚大学（美）、俄亥俄大学（美）、宾夕法尼亚大学（美）、华盛顿大学（美）、耶鲁大学（美）、夏威夷大学（美）、密歇根大学（美）、利兹大学（英）、谢菲尔德大学（英）、大韩民国研究中心（法）、东京大学（日）、天理大学（日）、民族学国家博物馆（日）、远东联邦大学（俄）、不列颠哥伦比亚大学（加）、多伦多大学（加）以及越南国立大学等都设立了专门研究朝鲜韩国的研究中心。其中夏威夷大学"朝韩研究中心"设立于1972年，拥有20多名研究人员，其研究涉及语言文化、政经和人文历史等领域，该中心规模之大以及历史之悠久在世界范围内罕有。剑桥大学于2000年6月宣布，经韩国时任总统金大中同意成立了"金大中研究中心"，附属于剑桥大学"东亚研究所"。该中心与此前已有的中国和日本两个"研究中心"共同开展东亚问题研究，侧重当代问题、语言和文化研究，类似的"东亚研究中心"在美国斯坦福大学也有。"韩国研究基金会"支持世界范围内的朝鲜半岛问题研究，该基金会2000年6月与澳大利亚新南威尔士大学合作成立"韩朝—澳大利亚研究中心"。马德里大学是西班牙研究朝韩问题具有代表性的研究机构，中心主任阿方索·欧叶德（Alfonso Ojeda）主要从事西班牙与韩国之间双边关系的研究。

欧洲（含苏联）的韩朝研究也取得很大成果，概览以下论文题目即可对其基本研究状况管窥一二：《从历史观点看苏联的韩朝研究》《西欧的朝韩研究及机构》《捷克和波兰的韩朝研究》《今日德国韩朝研究》《欧洲韩朝研究的繁荣》《法国韩朝研究一百年》《丹麦的韩朝研究》《英国的韩朝研究》《意大利的韩朝研究》《斯堪的纳维亚的韩朝研究》《谢菲尔德大学韩国研究十年》

《俄罗斯韩朝研究的过去与现在》及《韩国—西班牙关系——从过去到现在》等。① 上面所提及的这些文章和著述的内容笔者并未有幸全部拜读,但以下几点毋庸置疑:其一,欧洲几乎所有国家都不同程度地进行着韩朝问题研究。其二,不同时期的研究已形成大量成果并有成果总结。其三,从已拜读文章看,多侧重民族语言文化研究。

《朴正熙时期韩国的发展》② 一书是澳大利亚亚洲研究协会东亚系列丛书之一,主要研究朴正熙时期韩国的社会经济状况。其副标题为"迅速发展的工业化(1961—1979)",顾名思义,这部著作是以该时期快速发展的韩国工业化为研究对象,同时讨论了朴正熙"维新体制"及20世纪70年代中后期韩国军事现代化的进程。另外,印度学者也撰文论述美朝关系问题——《美

---

① 这些综述性文章分别是:1. Chey, Youn-cha Shin, "Korean Studies in the Soviet Union: A Historical Perspective", *Korea Journal* 29: 2. February 1989: 4 – 14; 2. Guillemoz, Alexandre, "Korean Studies in Western Europe and the Institutions Involved (1976—1988)", *Korea Journal* 29: 2. February 1989: 15 – 36. 3; Kim, Youn-soo, "Korean Studies in Czechoslovakia and Poland", *Korea Journal* 14: 12. December 1974: 38 – 42, 49; 4. Kim, Youn-Soo, "Korean Studies in Germany Today", Koreanische Studien 2: 3. September 1977: 33 – 38; 5. *Korean Studies Booming in Europe*, Korea Journal 17: 6. June 1977: 52 – 53; 6. Li, "Ogg and Pyong-geun Lee, 100 Years of Korean Studies in France", Korea Journal 26: 6. June 1986: 17 – 26; 7. Lidin, Olof G., *Korean Studies in Denmark*, In Simon B. Heilesen, ed. Symposium on Korea. Copenhagen: East Asian Institute, University of Copenhagen, 1988; 8. Michell, Tony, "Korean Studies in the U. K", *Korea Journal* 24: 4. April 1984: 76 – 77; 9. Santangelo, Paolo, *Korean Studies in Italy*, In Hangukhak ui kwaje wa chonmang: Che-5 hoe kukche haksul hoeui segye Hangukhak taehoe nonmunjip I (Kijo yonsol-yoksa-omun p'yon): Korean Studies, Its Tasks and Perspectives I: Papers of the 5th International Conference on Korean Studies. Songnam: Hanguk Chongshin Munhwa Yonguwon, 1988; 10. Shin, Huy-dong, *Korean Studies in Scandinavia: Study and Research*, In Che-1 hoe Hangukhak Kukche Haksul Hoeui Nonmunjip: Papers of the First International Conference on Korean Studies. Songnam: Hanguk Chongshin Munhwa Yonguwon, 1980; 11. *Ten Years of Korean Studies at the University of Sheffield, 1979—1989*, Sheffield, Eng.: School of East Asian Studies, Centre for Korean Studies, University of Sheffield, 1991; 12. Vanin, Yuri, "Russian Korea Studies in the Past and Present", Far Eastern Affairs 3. 1999: 3 – 23; 13. Vos, Frits, *Korean Studies in the Netherlands: Past and Present*, In Che-1 hoe Hangukhak Kukche Haksul Hoeui Nonmunjip: Papers of the 1st International Conference on Korean Studies. Songnam: Hanguk Chongshin Munhwa Yonguwon, 1980; 14. Alfonso Ojeda, *Korean-Spanish Relations: From Past to Present*, http://www.docin.com/p-810797121. html.

② *Korea's Development Under Park Chung Hee*, Routledge Curzon, Tylor & Francis Group, 2004.

帝在朝早期历史（研究）》,① 此文作者克里斯南（R. R. Krisnan）是印度贾瓦哈拉尔尼赫鲁大学"东亚研究中心"教授。他在文中引用1982年里根会晤全斗焕时所做的"美韩建交百周年"讲话内容指出，美韩关系并非开启于百年前那个时间，里根是在"歪曲"（distorting）美韩关系的历史，他认为里根所言"1882年条约开辟了东北亚历史新篇章"也是错误的，该条约的缔结和其他帝国主义国家的行径一样都是"炮舰政策的结果"。全文可以看出作者的立场非常鲜明，就是以美国为例批判了该时期帝国主义国家的侵略行径。

三　研究对象、内容及主要观点

(一) 研究对象

美国对韩政策的发展演变是本书研究的具体目标对象，侧重二战末期到20世纪80年代初的美国对韩政策研究。

(二) 研究内容

本书按照美韩关系发展的编年顺序以专题形式加以研究，通过对典型个案研究以期达到以点带面之效。本书除"序论"和"结论"外正文共八章内容：

美国与朝鲜半岛间的早期接触可追溯到19世纪中期并于1882年确立外交关系，但由于美国在朝利益甚微，刚刚建立不久的外交关系旋即降格，这也明显表明朝鲜半岛在美国东亚政策中地位的下降。美国对朝鲜半岛外交诉求不高并由于日本在东亚的迅速崛起以及其自身实力尚不足以与之抗衡，因此美国在甲午战争和日俄战争过程中的朝政策要么"漠然视之"要么"中立"，尽管朝方屡次尝试争取美国外交帮助以缓解其面临的紧张局势但皆枉费心机。20世纪初，随着日本在朝鲜半岛侵略程度的加深，美朝官方关系不复存在。以上为本书"历史回顾"一章的主要内容。

---

① R. R. Krishnan, "Early History of the U. S. Imperialism in Korea", *Social Scientist*, Vol. 12, No. 11, 1984: 3–18.

20世纪40—50年代的美国对韩政策问题是本书第二章内容。美国在二战结束前一直将朝鲜置于其对外政策边缘，其对朝政策系统化过程始自二战末期，这是国际大环境使然。美苏矛盾骤然升级，大国合作基调已难以维系，美国在朝鲜事务上与苏联之间矛盾加剧，双方进行较量并在半岛上留下了一条深深的裂痕且至今难以弥合。二战与朝鲜战争相隔仅5年时间，这两次战争肩臂相望而美国也是战不旋踵，诉诸战争形势帮韩国挽回败局。朝鲜战争后的韩国陷入极度困难时期，美国不得不对其提供大量援助。李承晚政权在1960年被张勉政府取代，面对国内凋敝丛生的局面新政府无以应对，韩国国内对实现"工业化"的期待以及美国在韩国推行"民主化"的希望皆显现为镜中花、水中月的趋势。美国力图将韩国塑造成亚洲"民主"国家的典型，但由于东西方文化差异的存在而引发多种矛盾，韩国发展实况常与美国意愿背道而驰。

　　20世纪50年代末60年代初，韩国政治动荡经济凋敝。在美国看来，韩国成为其东亚防御网中的一个不安全因素，因此迫切地要扭转这种局面，韩国"五一六军事政变"后上台的朴正熙给美国带来了希望。本书第三章主要研究了朴正熙军事政变后美国的政策变化及其原因。美国反对通过军事政变手段获取政权的做法，韩国发生"岸谷之变"，美方倍感"此事体大"，在调整政策的每个阶段都非常审慎。总体而言，美国在这个问题上其政策变化经历了三个阶段："反对—观望—认可"，在不到半年时间里就承认了朴正熙政权，这是美国通过对该军事集团言行的观察与分析做出的政策选择。另外，朴正熙军事集团控制国家权力后韩国国内紧张局势好转，但美国认为必须尽早在韩国实现文官政府理政之实。本章在最后讨论了朴正熙军事集团向文官政府转变的历史过程以及美国在其中的作用问题。对这个问题以往并无很多研究，认为这并非美国对韩政策的主要方面，但实际上美国对韩国政权移交问题一直处于焦思苦虑的状态中，尽管向文官政府转变的过程苍黄反复，但最终还是在1963年年底实现了目标。

　　自"大韩民国"成立到1965年前，日韩两国在地缘上近在咫尺但在双边关系上却又远在天边，这种局面是两国及两国国民间的历史隔阂使然。日韩两国均为美国在东北亚地区的盟国，是东亚冷战前哨的重要环节，两国关系僵化之状削弱了美国东亚防御网的作用，于是美国便积极从中斡旋，终于促使日韩双方实现邦交正常化，同时也使美国如释重负，上述内容均可见于本书第四章。美国成功撮合其东北亚两个盟友的关系进而完成了在该地区战略布局的关键部署，而在这同时它在东南亚地区又陷入了另一场纷争。美国四处出击战线过长，在这一地区很快陷入难以自拔之境地。随着越战的升级，美国逐渐产生"邀请"盟国助力的想法，在其释放此信号后，响应最为积极的就是韩国。在美国作用下以及朴正熙积极努力下，韩国出兵计划得以实现。于是，美国在东南亚和东北亚的具体政策得到有效整合，实现了以美国为"轴"、韩越为"点"的"两点一线"战略。以上这些内容均可见于本书第五章，这部分内容梳理了韩国自从李承期到朴正熙时期要求出兵越南的历史，分析了美国对韩国这两次出兵请求的不同态度，重点论述了朴正熙出兵越南的前因后果以及该事件对美韩双方的重大历史影响，比如在越南的韩国遗孤问题就是时至今日依然有待进一步研究的课题。越战期间也是韩国经济快速发展时期，随着经济实力的增强以及工业的发展，尤其是出兵越南之举极大提高了其国际地位，韩国在美韩联盟体系中的地位随之提升。这种情况促使联盟成员关系发生若干明显变化，"搭车型"联盟关系开始转为"讨价还价型"，韩美之间向实现"平等"伙伴关系迈进了一步。

关于撤军和人权问题是卡特政府时期对韩政策的重要内容，也正是因为这两个问题而使美韩关系跌至低谷，此为本书第六章和第七章的内容。美国从60年代末起在亚洲实施战略收缩政策，韩国出于对其自身安全的考虑极力反对美国撤军政策，美韩矛盾升级。在这期间，韩国院外集团加紧在美国活动并引发"韩国门事件"，该事件不单是美韩两国关系问题，同时因其涉及美国国会而影响到美国国内政治，美韩关系复杂化程度加深。也是在卡特政府时期，美国将人权问题正式纳入其对外政策范畴，朴正熙威权政治之下的韩国成为美国人权外交目标所指。韩国面临着美方"撤军"与"人权"政策的双重压力做出应激反应，其"国防自立思想""开发核武计划"及推行"维新体制"等情况相继出现。美国对韩政策因卡特的系列政策而恶化但远未破裂，其各自国家利益是维系两国联盟关系的链条。

本书第八章对20世纪80年代的美国对韩政策进行了研究。里根政府与其前任卡特时期的对韩政策不可等量齐观，在诸多问题上采取了完全相反的做法。这主要是由于里根上台以后在国内后致力于发展经济、对外加强与苏联的较量，在对内对外政策上的所做的决定与卡特时期相比判若云泥。"全斗焕政权的认可问题""光州事件"及"实现民主政权"等重大事件均发生在这个时期，而且这些历史事件直至今日依然对韩国政治及美韩关系有着很大的影响。

总体来看，里根政府改善了与盟国之间的关系，很大程度上剔除了卡特时期发展对韩关系的不利因素，尤其是在1987年韩国实现民主政权以后，美韩关系发展又步入了快车道。

(三) 主要观点

通过对典型问题的分析可得出以下结论：冷战时期美国对韩政策反映了非对称性联盟中国际关系行为主体的活动形式、明显体现矛盾性及普遍联系的特点、表明了国家利益至上原则是美国对韩政策的出发点和归宿、展现了东西方文化差异性及矛盾性。笔者认为，无论从历时角度还是从共时角度分析，上述内容都是美国总体对外政策所具有的特点。

四　理论基础及研究方法

关于理论指导方面的著作（含译著），笔者认为以下几部成果可资借鉴：《国际关系学入门》[①] 一书对国际关系的基本概念进行了解释，同时提出了研究方法及基本发展方向，这部专著是国际关系学系列教材之一，撰写体例非常便于非该专业研究者轻松掌握国际关系学的基本理论。同类型的还有《国际关系分析》[②] 一书，这是一部简明国际关系方面的研究成果，对国际关系基本概念和基本原理进行了论述，还选取很多案例对某些概念进行辅助说明。20世纪以来，国际学界出现很多国际关系理论及研究方法，对此进行总结和并提出利用方法的研究可见于《国际关系理论方法论研究》。[③]《当代西方国际关系理论》[④] 一书以西方国际关系理论发展过程中的三次论战为线索介绍了西方国际关系理论的发展历程，涉及十几个学派、几十种观点。我国学界关于美国学者思想的研究近年来有很大发展，译著数量不断增加就是其表现。美

[①] 邢悦：《国际关系学入门》，北京大学出版社2011年版。
[②] 阎学通、杨原：《国际关系分析》，北京大学出版社2013年版。
[③] 胡宗山：《国际关系理论方法论研究》，世界知识出版社2007年版。
[④] 倪世雄：《当代西方国际关系理论》，复旦大学出版社2009年版。

国学者汉斯·摩根索认为，联盟是当事国图强对敌应付外来威胁的手段，联盟关系能否持续取决于成员国间的共同利益能否始终如一，其思想可以在《国家间政治：权力斗争与和平》①中得到体现，这部著作被称为"现实主义理论的里程碑"。《联盟理论与美国的联盟战略——以美日美韩联盟为例》②以新现实主义和新古典主义作为框架，通过对"利益平衡论"的分析提出"威权式联盟"理论，除"权力"和"威胁"等常用变量外又引入"制度"及"认同"等要素。作者认为，联盟是国家应对外来威胁、维护和扩大利益的一种经常性手段。"联盟"是两个或两个以上主权国家间的安全合作活动，这是《联盟的起源》③一书对"联盟"做出的另一种概念解释，此著作者斯蒂芬·沃尔特是新现实主义理论代表者，他通过中东地区结盟实例回答了国家结盟的目的等问题，突出强调"制衡威胁"是联盟的主要动机的说法。兰德·施韦勒是新现实主义的另一个代表人物，其"利益平衡论"也很受认可。关于国际关系理论方面的著作《理解国际冲突与合作》④论述了一战、恐怖主义及全球治理等方面内容，将历史事实与理论体系有机结合起来对国际关系行为主体间的冲突与合作进行解释。被称为新现实主义的重要代表作的《国际政治理论》⑤利用跨学科知识体系从"排列原则""单元功能"和"权力分配"三方面对国际关系理论进行论说。

笔者在学习和研究过程中主要从以下几个方面进行思考：

首先，有关国家联盟方面的理论。笔者认为，国家结盟的主要目的一为自保、二为图强对敌、三为制衡，此三者无主次之分。冷战时期美韩联盟成员国美国的主要目的是打算通过联盟达到"制衡 + 图强对敌"的目的，其中前者为主或者说是前提，而且不完全是"制衡"敌国及敌国集团的势力，更是为了"制衡"其巨大的战略威胁；对韩国而言则是分阶段的，初期为"自保 +

---

① ［美］汉斯·摩根索：《国家间政治：权力斗争与和平》，徐昕等译，北京大学出版社2012年版。

② 汪伟民：《联盟理论与美国的联盟战略——以美日美韩联盟为例》，世界知识出版社2007年版。

③ ［美］斯蒂芬·沃尔特：《联盟的起源》，周丕启译，北京大学出版社2007年版。

④ ［美］小约瑟夫·奈、［加］戴维·韦尔奇：《理解国际冲突与合作》，王浦劬译，中国人民大学出版社2012年版。

⑤ ［美］肯尼思·华尔兹：《国际政治理论》，信强译，上海人民出版社2008年版。

图强对敌",随着实力的上升逐渐开始要求提高在联盟中的地位和话语权,其最终目标是朝着"平等伙伴关系"方向发展,进而改变最初那种不对等的联盟成员关系。一国与其敌对对象之间的实力相差越悬殊,与第三国结盟共同对敌的意愿则越强烈。而一旦结盟实现接下来的便是索价还价过程的开始,目的很明了,就是为了使己方利益最大化,韩国在冷战时期美韩结盟框架中的状况就是如此。

其次,国际关系及国际政治理论。国家利益受国家实力强弱程度制约,各相关国家在国际政治舞台上必然会主动地追取与其实力相应的国家利益,但尤为重要的是,该过程更是一个相关国际关系行为主体各自利益相互磨合相互适应的过程,如果背离这一点必然导致国际政治紊乱局面随之出现。同时,在国际社会中不能将所谓的"普世价值观"及"道德标准"等不加区别地运用到对外政策之中,否则会恶化国家间关系,比如卡特对韩人权外交就产生了此类结果,美韩关系在卡特政府后期步入低谷的原因之一即为此。他将其个人理想化的想法在很大程度上转为国家意志,但似乎没有注意到其个人的"道德准则"往往与国家道德不同轨。只要有主权国家存在,国际政治舞台上的矛盾分歧就也必然存在,主权国家尽量创造利于合作的条件,这是弥合分歧的方法但不应认为矛盾可彻底消弭,这也可以用于解释冷战以来美韩关系缘何总以"矛盾—缓和—再矛盾—再缓和"这个模式发展,这也是现实主义国际政治理论的体现。

最后,还有比较重要的一个方面就是历史分析法在本研究中的利用,这是本研究的主要方法。"信以传信、疑以传疑",对历史资料的分析采用科学分析甄别利用的科学态度。各领域科学研究必有其研究对象,对其本源、发展及变化过程进行研究是认识这一具体研究对象的基本环节,在这个研究过程中还必然涉及矛盾分析法和联系的普遍性等理论。例言之,美国对韩政策有其"源起"阶段而后才能有其"发展"阶段。在分析每个阶段发展变化时需侧重研究同期的国内国际环境,即横向的思考;在纵向研究美国对韩政策时,则需更多研究其历史变化经纬。如果要使研究结果更加接近历史事实,则需要将此两个维度的研究有机结合起来,这实际上就是在历史研究过程中必须使用的方法,即从历时发展和共时发展角度来分析研究对象。

第 一 章

19世纪至20世纪早期美国朝鲜半岛政策概观

  19世纪中晚期的东北亚地区，大国纷至沓来。随着一系列不平等条约的签订，东亚文明圈的核心国家大清帝国已步入呜呼哀哉之境，并很快影响到其属国朝鲜半岛。进入19世纪末20世纪初，美、日、英、俄等国随即染指于鼎并成为影响该地区政治发展的主要外部因素。日英同盟的形成排除了日本插手英国在华利益的可能性，而英国则"放弃朝鲜将其交给日本"（abandoned Korea to Japan），[①] 而且日英同盟的形成还极大牵制了俄国在印度和欧洲对英国的威胁。美国势力从19世纪早期既已渗入北太平洋地区，40—60年代其在东亚地区的进展更为迅速。就美国和朝鲜半岛而言，它在19世纪晚期介入半岛事务，但在日本不断扩大侵略并独占朝鲜半岛后，美朝关系变得十分微弱并近乎中断。1910年前的美国在朝利益非常有限，日韩"并合"后美朝官方关系中断。尽管李承晚曾一度认为"美国是朝鲜的唯一希望"（the only hope of Korea），[②] 但美国"认真"（in earnest）关注朝鲜半岛问题并非始自此时而是在

[①] A. Whitney Griswold, *The Far Eastern Policy of the United States*, Yale University Press, 1966：91.

[②] 李承晚还指出："我的三千万同胞一直以来都认为美国人民是其唯一的朋友。他们知道，美国正如朝鲜一样是热爱和平的国家，是不怀有帝国主义野心的。"这是李承晚在《朝鲜：一个被遗忘的国家》这部著作前言中提到的，他认为这部书是"一个美国人写给美国人"的关于朝鲜的著作。详见 Robert Oliver, *Korea：Forgotten Nation*, Public Affairs Press, 1944：7.

二战末期。①

一 美朝接触的肇始阶段

西方与朝鲜的接触可追溯至 16 世纪中期,最早来到朝鲜半岛的西方人是荷兰人。② 到 18 世纪末 19 世纪初,罗马教廷通过中国向朝鲜半岛渗入,但朝鲜坚持儒教思想严格排斥异质文化。与此同时,法国传教士也在该地区进行活动。1839 年法国传教士与当地民众发生矛盾并造成 3 名传教士死亡事件,法国方面对此反应强烈,要求朝鲜作出解释。1866 年,俄国炮艇驶入朝鲜半岛北部地区,要求朝鲜开埠通商,持类似要求的美国人也同年至此。

美国总统里根在纪念美韩建交百周年纪念讲话中指出:"当我们两国在极大程度上孤立于世界大潮之外的时候,我们之间的关系就已经开始了。"③《海国图志》和《瀛环志略》等世界地理志方面的著作于 19 世纪下半叶传入朝鲜半岛,朝鲜借此对美欧国家有了初步认识。朝鲜最初并非有意识地去了解美

---

① Gilbert Rozman, *U. S. Leadership, History, and Bilateral Relations in Northeast Asia*, Cambridge University Press, 2011: 47. 美国总统约翰逊在 1968 年 4 月有如下评说:"我们与太平洋西岸国家的关系可以追溯至至少 120 多年以前——那时正是我们开始与中国和日本进行接触之时,但我们只是在最近的 27 年时间里才认识到,美国的命运与亚太地区各民族的命运紧密相连。美国直到'二战'结束时几乎未考虑朝鲜的历史及相关问题,但那以后我们与世界许多国家一样突然发现已被朝鲜走出殖民主义并获得独立的历史事实所吸引。"参见 Remarks at the Korean Consulate in Honolulu, April 17, 1968. APP (Johnson). http://www.presidency.ucsb.edu/ws/index.php?pid=28806&st=south+korea&st1=。另外,美国远东事务助理国务卿塞缪尔·伯格也指出,"虽然美朝之间在 1883 年就有了外交关系,但直到 20 多年前我们才开始认识了解它"。见于 Department of State Bulletin, Vol. LIV. No. 1405, GPO. May 30, 1966: 860。

② 19 世纪中期,一艘荷兰海船在朝鲜海岸附近失事。幸存者被带到汉城,他们获准停留但却不准离开。他们后来设法逃离朝鲜中转日本长崎返抵荷兰。他们当中的亨德里奇·哈迈尔(Hendrik Hamel)将在朝鲜的历险经历记录下来,向西方世界较为详细地介绍了朝鲜半岛的情况。参见 Yong Hum Kim, *East Asia's Turbulent Century: With American Diplomatic Documents*, Appleton-Century-Crofts, Division of Meredith Publishing Company, 1966: 14。

③ 语出罗纳德·里根。原文为:"Our relationship began when both of our nations were largely isolated from the main currents of world life." 参见 Ronald Reagan, *A Proclamation: United States-Korea Centennial* (May 10, 1982), The American Presidency Project (下文简为 APP) (Reagan), http://www.presidency.ucsb.edu/ws/index.php?pid=42508&st=korea&st1=。

国，虽偶尔有失事美船及船员漂至朝鲜海岸，同时也带来关于美国的若干信息，但都未激起朝鲜的兴趣，自不必言建交问题。美国于19世纪40—50年代先后叩关成功中日两国，60年代起又不断进行打开朝鲜国门的尝试。故步自封的思想及与世隔绝的做法严重制约着朝鲜对外关系的发展，而时局变化又使其闭关思想不断强化。

自从1784年美国第一艘商船"中国皇后号"抵达中国广东进行贸易活动以来，美国便逐渐开始与东亚国家的接触。① 美朝之间的最早接触始于18世纪末期的人参贸易，但直到19世纪早期它对朝鲜半岛依然知之甚少，搜遍石缄金匮亦罕有文献资料记述评说朝鲜。在1820年波士顿出版一部书中仅只言片语就"打发了"（dismissed）这个"隐士王国"（Hermit Kingdom）："朝鲜乃附属中国一小王国，但知之者甚少，汉城仅一个大镇矣。"② 19世纪30年代偶有欧洲传教士踏访朝鲜半岛，③ 但此状罕见。美国官员在同期也提到美朝贸易问题，美国船只同时来到朝鲜半岛沿海地区直接提出贸易要求，④ 美国外交代办艾德穆德·罗伯斯（Edmund Roberts）在给国务卿的一份报告中指出，发

---

① "中国皇后号"于1783年在波士顿完工，是当时新独立的美国第一艘抵华船只。1784年在几名美国富商资助下，此船在美国首任总统华盛顿生日（2月22日）离开纽约，随船有一贸易代表团。当年8月28日经1.8万英里航行抵达广州。该船与代表团在广州逗留至同年12月28日，然后满载丝绸、茶叶、陶瓷器皿等物资返航；1785年5月11日回到纽约，运回的货物使之获得25%的利润。参见美国驻广州领事馆网站：http://guangzhou-ch.usembassy-china.org.cn/canton-witnesses-the-226th-anniversary-of-the-empress-of-chinas-arrival-and-us-china-trade-relations-kickoff.html。另参见 Mary A. Giunta & J. Dane Hartgrove, *Documents of the Emerging Nation*：*U. S. Foreign Relations*, 1775—1789, Rowman & Littlefield, 1988：237。

② 语出 "An Epitome of Modern Geography", Boston, 1820。转引自 John Edward Wilz, *United States Policy Vis-a-vis Korea*, 1850—1950, USAFA Harmon Memorial Lecture #351992。引文原文为：In a volume entitled, published in, the author dismissed the Hermit Kingdom in two sentences："Corea is a small kingdom tributary to China, but is little known. King-kitao [Seoul] is the chief town." 另外还有与此类似的"隐士之国"（Hermit Nation）的称呼。参见 William Elliot Griffis, *Corea*, *The Hermit Nation*, Chales Scribner's Sons，该著作在1882年、1888年、1897年、1904年和1907年多次再版。也有资料称朝鲜为"晨曦之地"（The Land of Morning Calm），参见 *U. S. and Korea Pledge Continued Friendship and Cooperation*, Department of State Bulletin, Vol. LVI, No. 1449, GPO, April 3, 1967：549。

③ 1832年普鲁士传教士谷茨拉夫（Gutzlaff）来到朝鲜半岛并在此停留一个月左右时间。见于 Sungho Lee, "The Emergence of the Modern University in Korea", *Higher Education*, Vol. 18, No. 1, From *Dependency to Autonomy*：*The Development of Asian Universities*, 1989：88。

④ 1832年美国东印度公司派遣商船进入朝鲜黄海、忠清两道沿岸要求订约通商。见黄定天《东北亚国际关系史》，黑龙江教育出版社1999年版，第150页。

展美日贸易关系必然涉及美朝贸易问题,但却缺乏详细的对朝贸易计划,① 美国官方直到1845年才在国会首提开启对朝贸易之议。来自纽约州的国会议员扎德克·普拉特(Zadock Pratt)在众议院提议,美国应采取有效措施同日朝两国签署贸易协定。② 虽然该计划在美国国会和政府并未引起重视,但海军方面却表现出不同态度,之所以海军领导层注意这个问题是因为英法两国在东亚地区的活动触动了其敏感的神经。③ 美国最初打算与朝鲜建立联系的主要目的是为其商船寻找物资补给地并保护其商业利益,而后对开港问题表现得兴复不浅,然而朝鲜的锁闭状态成为美国实现这一目标的障碍。

"黑船事件"后美国在日本成功开港,加之美国在东亚贸易范围和规模的扩大以及为商船提供必要补给的需要等因素,进一步刺激了美国在朝鲜的叩关活动。19世纪50年代上半期美国捕鲸船不断出没于朝鲜海域,朝鲜地方官员试图弄清其详细情况,但与这些美国人的交涉由于语言障碍而无果。1855年6月从日本函馆出发的"两兄弟号"(Two Brothers)漂流到朝鲜东海岸元山附近,船上4名美国水手被认为是最初踏上朝鲜半岛的美国人,④ 他们受到当地人善待,不久被转送到美国驻华使馆。1866年,另一艘美国商船"惊奇号"(Surprise)于1866年在朝鲜西北黄海海域失事,船员获救且同样得到善待,而后经鸭绿江被送至美国驻华使馆。⑤ 随着美国对东亚国家贸易活动的快速发展,朝鲜半岛周围海域的美国商船数量也随之增加。1866年8月,美船"舍门将军号"驶入大同江,⑥ 要求与朝鲜进行贸易,遭到拒绝并被要求立即撤

---

① Kwang-Il Baek, *Korea and the United States*, Research and Center for Peace and Unification of Korea, 1988: 21.

② John Edward Wilz, *United States Policy Vis-a-vis Korea, 1850—1950*, USAFA Harmon Memorial Lecture #35. 1992. 这种说法还可见于 Earl Swisher, "The Advanture of Four Americans in Korea and Peking in 1855", *The Pacific Historical Review*, Vol. 21, No. 3. Aug., 1952: 237。

③ [韩]朴正熙:《我们国家的道路》,陆琦伟译,华夏出版社1988年版,第100页。

④ 这4个人有两个"第一":他们除了是"第一批踏上朝鲜半岛的美国人"以外,还被认为是"第一批进入北京的美国人"。见于 Earl Swisher, "The Adventure of Four Americans in Korea and Peking in 1855", *The Pacific Historical Review*, Vol. 21, No. 3. Aug., 1952: 237。

⑤ John Edward Wilz, *United States Policy Vis-a-vis Korea, 1850—1950*, USAFA Harmon Memorial Lecture #35. 1992.

⑥ "舍门将军号"是一艘载重80吨的纵帆船,当时船上载有棉花以及其他一些货物。随船人员有3个美国人、2个英国人以及19个马来人和中国人。参见 Jongsuk Chay, *Unequal Partners in Peace and War: The Republic of Korea and the United States, 1948—1953*, Praeger, 2002: 9。

离。由于该船搁浅并随之与当地朝鲜人产生分歧并导致船只被焚、24 名船员被杀（另有 13 名朝鲜人死亡），① 美国叩关尝试失败。同年在朝鲜半岛又发生法国传教士被杀事件，且由此引发法国军事进攻。1866 年 10 月法国为对朝鲜进行报复发兵江华岛，即"丙寅洋扰"。法国惨败于汉江口，故而放弃了用武力解决问题的尝试。② 这两起暴力事件极大加深了朝鲜对"洋人"的负面印象并刺激朝鲜进一步强化闭关锁国之策。美国不断寻找迫使朝鲜开关之机，它在 1867 年和 1868 年两度遣使赴朝对"舍门将军号"事件进行调查，均未果，③ 朝方只是将其解释为"当地暴徒所为"。④ 而美国并未就此罢休，随后几年间它为打开朝鲜大门又进行了一系列活动。

斯坦福大学教授汤姆斯·贝利（Thomas A. Bailey）指出，朝鲜这个"隐士王国"（Hermit Kingdom）到 19 世纪 70 年代初就已陷入"西方人的阴谋"之中。⑤ 确实如此，在日本强迫朝鲜签订《江华条约》以后，美（1882）、英（1883）、德（1883）、意（1884）、俄（1884）等西方国家纷纷效仿，欧美大国与作为一个"独立国家"⑥ 的朝鲜通过签署条约建立了贸易和外交关系。朝鲜半岛进而成为西方国家角力之所，美国在此表现活跃。

美国总统格兰特和国务卿汉密尔顿·费西（Hamilton Fish）决定以武力方式打开朝鲜国门，他指示美国驻华公使娄斐迪（Frederick F. Low）和海军上将约翰·罗杰斯（Admiral John Rogers）与朝鲜进行谈判但未达到预定目标，于是便决定通过武力加以解决。

---

① 由于英国安利甘教教徒罗伯特·汤姆斯（Robert J. Thomas）在船上充当翻译和向导，朝鲜人将该船当作英船。

② Yong Hum Kim, *East Asia's Turbulent Century*: *With American Diplomatic Documents*, Appleton-Century-Crofts, Division of Meredith Publishing Company. 1966：15.

③ 分别指 1867 年 1 月舒菲尔特（Robert W Shufeldt）船长率"瓦舒塞特号"（Wachusett）和 1868 年 4 月约翰·费比格（John C. Feibiger）船长率领的"舍南多号"（Shenandoah）进行的调查活动。

④ Yong Hum Kim, *East Asia's Turbulent Century*: *With American Diplomatic Documents*, Appleton-Century-Crofts, Division of Meredith Publishing Company, 1966：15.

⑤ 原文为 "Korea, the Hermit Kingdom loosely attached to China, had long fallen prey to disorders which, unhappily, involved the murder of Westerners." 参见 Thomas A. Bailey, *A Diplomatic History of the American People*（7th Edition）, Appleton-Century-Crofts, Division of Merredith Publishing Company, NY, 1964：314。

⑥ Seiji George Hishida, *The International Position of Japan as a Great Power*, The Columbia University Press, 1905：166.

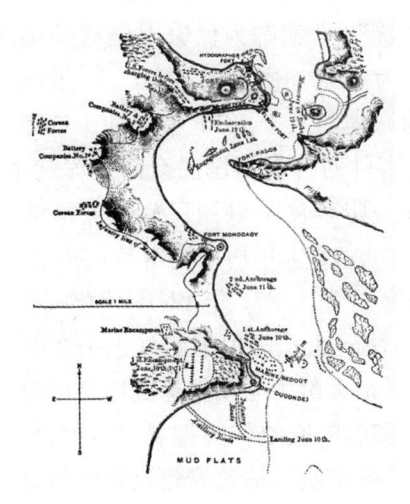

第一章　19世纪至20世纪早期美国朝鲜半岛政策概观　　49

图1—1　"光华岛地图"　　　　　图1—2　1871年登上美国
　　　　　　　　　　　　　　　　　　　"科罗拉多号"的朝鲜人

图1—1来源：美国海军部图书馆Carolyn A. Tyson, *History Branch*, *G-3 Division Headquarters*, *U. S. Marine Corps*, Naval History Foundation Publication（http：//www. history. navy. mil/library/online/marine_amphib_korea. htm）.

图1—2来源：美国海军历史基金会（Naval Historical Foundation），https：//www. navyhistory. org/marine-amphibious-landing-in-korea-1871/.

美军约1230人[1]参加了1871年5月的军事行动，他们分乘"科罗拉多号""阿拉斯加号""帕罗斯号""门诺卡西号"和"贝尼西号"5艘舰只在江华岛登陆开始侵扰活动。朝鲜军民在鱼在渊率领下进行了激烈抵抗，全国范围内都可见刻有"洋夷侵犯、非战则和、主和卖国、戒我万年子孙"的石碑。[2] 罗杰斯等人摧毁5座朝鲜要塞，[3] 击毙约243名朝鲜人、俘获20人，美

---

[1] Bae Kichan, *Korea at the Crossroad：The History and Future of East Asia*. Happy Reading Books, Seoul, Korea, 2007：196.
[2] 黄定天：《东北亚国际关系史》，黑龙江教育出版社1999年版，第152页。
[3] 该数字见于耶鲁大学教授塞缪尔·比姆斯（Samuel Flagg Bemis）的 *A Diplomatic History of the United States*（4th Edition），Henry Holt and Company（New York），1955：480。同一数字还可另参见Thomas A. Bailey, *A Diplomatic History of the American People*（7th Edition）. Appleton-Century-Crofts, Division of Merredith Publishing Company, New York, 1964：314。

方死亡3人、10人受伤。① 抗击"辛未洋扰"是朝鲜为保家卫国与美国之间进行的一场激烈的流血冲突,有人将其称为"第一次朝鲜战争"。② 虽然美国取得军事胜利,但朝鲜依然拒绝与之签约。美国人于1871年7月3日撤至美国驻华使馆。约一个半世纪后的今天,此事件对许多美国民众而言浑然不知,对多数朝鲜人而言则达地知根,这足以在一定程度上刺激民族主义情绪的发展,有人认为目前美军在朝鲜半岛的存在"是1871年历史的继续"。③ 美国不断尝试打开朝鲜国门,决策层一直在紧密筹划着。1871年12月,美国总统格兰特在给参众两院代表的信中指出:"为尽快阻止我国失事船只水手在朝鲜海岸受到野蛮待遇,我已指示我国驻华公使尽最大努力与朝鲜达成协议以保证其安全并可得到人道主义待遇。"④ 日本于1876年迫使朝鲜签署《江华条约》,朝鲜闭关政策走向终结。为遏制日本在朝扩张势头,清政府建议朝鲜与美国缔约,这也是其"以夷制夷"政策之体现。⑤

1873年,美国经济陷入动荡之境。当时美国最大私人银行之一克拉克银行(E. W. Clark & Company Bank)倒闭并引发连锁反应进而引发经济大恐慌,大批银行倒闭并致使纽约股票交易活动从当年9月20日起连续十天中止正常运转,美国经济由此进入萧条期。1878年上台的美国总统拉瑟富德·海斯(Rutherford B. Hayes)力图挽回经济颓势而采取了多种措施,国务卿威廉姆·埃瓦茨(William Evarts)及海军部部长理查德·汤普森(Richard W. Thompson)在此间成为其有力助手,他们在拓宽美国外贸途径方面做出积极努力且

---

① *United States Expedition to Korea*, http://en.wikipedia.org/wiki/United_States_Korean_expedition#cite_note-1, [2008 - 12 - 18]. 另说朝鲜人被杀人数为253名。参见 James Morton Callahan, *American Relations in the Pacific and the Far East, 1784—1900*, BiblioBazaar, LLC, 2008: 111。另一说有朝鲜方面死伤人数总计为350人左右。参见 Lawrence H. Battistini, *The Rise of American Influence in Asia and Pacific*, Michigan State University Press, 1960: 176; 关于"350人"的说法, 另参见 Martin Hart Landsberg, *Korea: Division, Reunification, and U. S. Foreign Policy*, Monthly Review Press, 1998: 21。

② John Edward Wilz, *United States Policy Vis-a-vis Korea, 1850—1950*, USAFA Harmon Memorial Lecture #35. 1992.

③ Thomas Duvernay, *The 1871 U. S. -Korea Conflict: Cause and Effects*, http://www.shinmiyangyo.org/nsynopsis.html, [2009 - 07 - 02].

④ *Third Annual Message to the Senate and House of Representatives*, APP, December 4, 1871.

⑤ 崔丕:《近代东北亚国际关系史研究》,东北师范大学出版社1992年版,第8页。

不同程度地取得了一些成果。① 在上述美国政府核心人物支持下，海军准将薛斐尔（Robert Wilson Shufeldt）在1878—1880年间到非洲、中东及东亚等地拓展贸易渠道。此行确实引起上述地区对美国及其产品的注意，但缔结商约的目的却无果而终，只是在1879年10月与昂如昂（Anjouan）②签署了一个商约（美国参议院未予批准）。③ 此间薛斐尔还试图通过日本接近朝鲜，但因日本的阻挠而徒劳无功。④

图1—3　第27任美国国务卿威廉姆·埃瓦茨（William Evarts）

图片来源：Biographies of the Secretaries if the States：William Evarts，Office of the Historian，US Department of States，http：//history. state. gov/departmenthistory/people/evarts-william-maxwell.

---

① 美国总统海斯和国务卿埃瓦茨对于朝鲜的兴趣都没有多大兴趣，"对朝鲜缔约谈判的动机主要来自薛斐尔"，而他的动机则是"为其个人扬名的目标"而产生的（motivated by his own ambition for fame）。同时他还十分确信，实现与朝鲜缔约"将对美国十分有利"（the treaty would redound to the advantage of United States）。具体参见Lawrence H. Battistini，*The Rise of American Influence in Asia and Pacific*，Michigan State University Press，1960：178。

② 当时位于印度洋西部的法国自治领。

③ *Commodore Robert W. Shufeldt's Voyage to Africa，the Middle East，and Asia（1878—1880）*，美国国务院历史文献办公室（Office of the Historian in Department of States）. http：//2001—2009. state. gov/r/pa/ho/time/gp/107292. htm［2016 – 08 – 20］.

④ Samuel Flagg Bemis，*A Diplomatic History of the United States（4th Edition）*，Henry Holt and Company（NY），1955：481.

图 1—4　罗伯特·威尔逊·薛斐尔

图片来源：Kalman Lambrecht, "In Memorial: Robert Wilson Shufeldt, 1850—1934", *The AUK: A Quarterly Journal of Ornithology*, Vol. LII, No. 4, October 1935.

二　美国成功叩关朝鲜及其影响

朝鲜被迫对日开港后，美国更加积极地进行外交活动以图早日打开朝鲜大门，它先后尝试通过日本和清政府与朝鲜缔约的努力并最终达到目的，1882年5月双方通过签署《韩美修好通商条约》建立了外交关系。

西方国家迫使朝鲜签约后陆续派出其外交代表，他们大都由驻华使节充当，此举可以使之避免在朝鲜是"附属国"还是"独立国"这个问题上明确表态，只有日美两国直接向朝鲜派出了外交代表。国务卿弗雷德里克·富里林胡森（Frederick T. Frelinghuysen）在美国第一任驻朝公使卢修斯·福德（Lucius Foote）赴命前对其使命做了详细说明，令其"密切关注中日朝三方关系问

第一章　19世纪至20世纪早期美国朝鲜半岛政策概观　53

图 1—5　朝鲜赴美特别使团①（1883）

图片来源：http：//www.samuelhawley.com/maninkorea1.html.

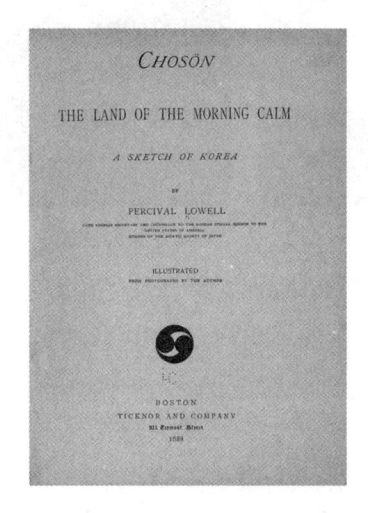

图 1—6　随行美国人波西瓦·洛威尔的著作②（1888）

图片来源：https：//www.wdl.org/en/item/2377/view/1/12/.

---

① 图中外国人是波西瓦·洛威尔（Percival Lowell），美国商人、作家、天文家，也是"日本亚洲学会"成员，此际已在日本住过很长时间，朝鲜特别使团邀请他加入此次外交活动。该代表团在1883年9月2日抵达旧金山，9月18日到达纽约见到美国总统阿瑟（Chester A. Arthur），使团代表递交了朝鲜国王的信件和国书。

② 这是一部较早的关于朝鲜的著作，体例是游记，是研究20世纪晚期朝鲜半岛社会政治经济状况的有效途径。具体信息如下：Pervival Lowell, *Choson*：*The Land of Morning Calm*：*A Sketch of Korea*, Ticknor and Comapany（Boston），1888。

题，此亦非易事（a subject not without difficult）"。① 美国当时叩关朝鲜主要出于对东亚商业利益考虑，② 而朝鲜在缔结商约问题上则看重其政治意义，更多强调条约中关于斡旋和援助的条款，但并未意识到该约与1858年中美《天津条约》如出一辙，并未规定美国应确保朝鲜政治独立的义务。在美国的政治天平上，打开朝鲜国门的意义远没有成功叩关日本那么重要，但对朝鲜则不然。1888年朝鲜向美国派驻公使，美国总统克利夫兰将朝鲜公使视为"一个独立国家的外交代表"。③ 朝鲜国旗首次在美国升起，朝鲜被动地卷入了正处于一体化进程中的世界大潮当中。

图 1—7　美国驻朝公使馆

图片来源：https：//en.wikipedia.org/wiki/Embassy_of_the_United_States._Seoul.

---

① 关于国务卿弗雷德里克·西奥多·富里林胡森（Frederick Theodore Frelinghuysen）给福德的指示，详见 Document 12：Instruction to American Minister Foote to Korea（March 17, 1883），Yong Hum Kim, *East Asia's Turbulent Century*：*With American Diplomatic Documents*, Appleton-Century-Crofts（Division of Meredith Publishing Company），1966：242。

② 美国为了避免加深与中国的矛盾而不打算在政治上介入朝鲜事务，美国人只是希望与朝鲜签署的条约能够使之从朝鲜政府那里获得商业特权并允许在朝鲜传教的权利。在这两个方面美国都得到了满足：其一，1895年，朝鲜国王将 Unsan 金矿开采的特权给了美国商人，他还在1898年给与美国商业公司在修建铁路、安装街道照明系统、建造车厢等方面特权。其二，美国传教士在美朝条约生效后的第二年就获准进入朝鲜进行传教活动。参见 Marn J. Cha, *Koreans in Central California 1903—1957：A Study of Settlement and Transnational Politics*, University Press of America, 2010：187；到1900年年末，清教传教士（含妻子）为141人，在教堂"领受圣餐者"（communicants）为8288人；到1909年，两个数字分别增加到248人和50089人，"拥护者"（adherents）人数则达到111379人。参见 James S. Gale, *Korea in Tansition*, Laymen's Missionary Movement（NY），1909：273。

③ Seiji George Hishida, *The International Position of Japan as a Great Power*, The Columbia University Press, 1905：169。

19世纪80年代的东北亚国际关系变得越发复杂，欧洲强国间的矛盾在这里有明显体现。清政府对朝影响力趋日薄西山之势。80年代上半期法国和俄国从南北两个方向对大清王朝形成严重威胁。俄国对朝野心日增，企图最终吞并此地以便与日英等国争夺东亚利益。英国倾向于使朝鲜留在清政府势力范围内，希望朝鲜在可能出现的大国冲突中站在中国一边。以上情况也说明，英法俄等大国在欧洲的相互矛盾在东北亚地区也得到体现。相对这些欧洲大国而言，美国此时在朝鲜半岛除若干贸易活动外并不存在无法割舍之利，因而在此际大国染指之地其政策并没有表现得那么富有进攻性，美国国务院强调"在保持朝鲜主权和独立前提下与这些大国保持良好关系"①，这是这一时期比较明确的美国对朝政策。美国的这种态度正符合日本的心愿，因为一个"独立的"朝鲜非常便于日本实现其在朝政策目标。1883年美国在汉城设立外交公使，与其在日本和清政府的外交机构级别相同，尽管次年降格为"总领事"级可还是遭到了清政府的反对，要求将其置于美国驻华公使之下，但美国予以拒绝。中日关系复杂化的同时朝鲜倾向于求助美国，它请求美方向其派出外交顾问、教师及军事教官等人员，美国顾及日本的反应，所以朝鲜部分得到满足——美国官方只向朝鲜差遣了寥寥几个教员，美国军事教官（3名）是在朝鲜提出请求几年后才得以派出。② 尽管双方联系并不十分活跃，但美国在朝鲜半岛的影响的确在增加。为表明其"独立"的身份，朝鲜在1886年向与朝鲜有条约关系的国家派出了外交代表团进行外事活动。清政府极力加以阻止，美国国务卿贝亚德（Thomas Francis Bayard）对此提出反对并说清政府此举是"令人惊讶和令人遗憾的"。③ 朝鲜在美国的支持下成功地在1887年2月向其派出外交代表团，但赴欧代表团只抵达了香港而后便折返回国。

美国最终打开朝鲜大门是一种历史必然，但并非仅仅由于美国的坚船利炮这种表面因素使然，而是由于开启于16世纪初的全球化浪潮已波及此东方"隐士王国"了。在与欧美国家较量中，落后的朝鲜在先进的资本主义生产方

---

① Lawrence H. Battistini, *The Rise of American Influence in Asia and Pacific*, Michigan State University Press, 1960: 181.

② Lawrence H. Battistini, *The Rise of American Influence in Asia and Pacific*, Michigan State University Press, 1960: 182.

③ Lawrence H. Battistini, *The Rise of American Influence in Asia and Pacific*, Michigan State University Press, 1960: 182.

式面前折戟沉沙。所以，朝鲜被迫开关的同时也就等于被动地登上了近代国际政治舞台。

三 甲午战争至日俄战争前后美国对朝政策变化

(一) 甲午战争期间美国对朝"不干涉"政策

朝鲜半岛是中日甲午战争的焦点之一，美国对朝鲜半岛的态度是何种状况呢？战争爆发前，若干大国曾商讨共同反对日本，然而美国表示反对参与联合抵制日本的任何行动，朝鲜政府在同年6月向美寻求帮助的要求也被断然拒绝。1894年6月初，美国国务卿格雷沙姆（Walter Quintin Gresham）向朝鲜驻华盛顿外交代表提出，美国打算采取"不偏不倚的中立"立场来对待朝鲜问题，将以"友好方式"对待日本，在任何情况下绝不与其他国家一同干预日本的活动。同时，格雷沙姆还"认真地"告知日本驻美公使，他本人希望日本能"友善公平地"对待其"虚弱的"邻国。[①]

甲午战争期间，美国的态度依然如此。1894年10月，英国建议美国加入战争与美俄德法共同行动，结束战争后可以迫使清政府赔偿军费、由多国共同安排朝鲜独立问题，美方未允。11月清政府呼吁美国总统克利夫兰进行斡旋，但他却表示只有在敌对双方均提出要求时美国才会出面。同时，国务卿格雷沙姆指示美国驻日公使探寻日本方面是否需要美国斡旋，日本对此表示拒绝并明确表明其立场——这场冲突只能在中日直接协商基础上解决。英国的政策最初是反日的，后来转为对日有利的中立态度。战争结束后日本明治天皇致信克利夫兰总统，对于他在战争中表现出的人道主义态度及美国外交代表在中日两国之间为结束战争所做的外交努力表示感谢，"美国在战争中的举动进一步拉近了两国友谊并加深了两国兄弟情谊，进而把两国家紧紧团结在一起"。[②]

---

① 引文中先后出现的关键词分别是：…impartial neutrality…in a friendly way…under no circumstances intervene jointly with other powers…consciously…friendly and fairly…feeble. 参见 Lawrence H. Battistini, *The Rise of American Influence in Asia and Pacific*, Michigan State University Press, 1960：185。

② Lawrence H. Battistini, *The Rise of American Influence in Asia and Pacific*, Michigan State University Press, 1960：186。

图1—8 甲午战争中的日本军官

图片来源：韩裔美国人非政府组织网站：http://www.koreanamericanstory.org/arirang/flash/main/index.htm.

美国政府在朝鲜问题上采取表面中立实则偏袒日本的立场，但在汉城的若干美国外交官员则与此相反。驻朝鲜领事约翰·希尔（John M. B. Sill）是典型之一，他在1894—1897年任职期间几乎是唯一一个反对日本并合朝鲜的美国人，甚至经常与国务卿发生矛盾。国务卿理查德·奥尔尼（Richard Olney）针对其言行在1895年11月提出，"干预朝鲜政治事务非你职责所在、是不允许的"[①]。希尔最终被解职，1897年由哈罗斯·安连（Dr. Horace N. Allen）接任。安连同时接到关于美国对朝政策的指示："凡可被解释为支持或反对相关国家之事，禁言不为。违背中立原则之举对外交官而言非但不合适且将导致不良后果，因其可能误导朝鲜将美国视为其天然唯一盟友"[②]；反之，尽管美朝之间存在条约关系，但并非朝鲜的"天然盟友"。

[①] 原文为"…intervention in political concerns of Korea is not among your function and is forbidden"，关于美国驻朝鲜公使约翰·希尔1894—1897年任职间支持朝鲜反对日本的具体情况，参见：Jeffery M. Dorwart, "The Independent Minister: John M. B. Sill and the Struggle against Japanese Expansion in Korea, 1894—1897", *Pacific Historical Review*, Vol. 44, No. 4, Nov., 1975: 499.

[②] Lawrence H. Battistini, *The Rise of American Influence in Asia and Pacific*, Michigan State University Press, 1960: 189.

19世纪末美国在亚洲的一个重大收获就是实现了对菲律宾的占有,这个极富军事价值的群岛是其日在亚太地区扩张的重要屏障。有西方学者指出,菲律宾群岛是"上天赐给美国的一种令人费解的礼物"(a perplexing gift from heaven),[1] 笔者认为这个结果并不"令人费解"。因为从历史上看,美国作为一支新兴的非欧势力而崛起是一种历史必然,西班牙这个老牌殖民国家的败阵也同样是个必然,言其"令人费解"不过是想说明美西战争的结局在当时是出人意料的。相对英法等国,美国没有突出其"炮舰政策",这使其获得了相对有利的国际地位,通过"最惠国待遇"等条件也获得与其他欧洲强国同等的利益,所以它是一种典型的"搭便车型的帝国主义国家"(hitch-hiking imperialism)。[2] 在其自身实力尤其是海上力量不济之时,利用强国的影响从中渔利,这是美国19世纪中后期在东亚地区的利益迅速扩大的原因之一。美国这一时期在维护其亚洲贸易利益过程中追求一种与欧洲强国合作的政策,但也不难看出美国对欧洲国家实行的是"孤立主义"和"互不纠葛"之策,而对朝鲜和日本等地正好相反,通过条约关系促成"合作"局面。到19世纪末,美国发现自己在东亚的利益无法得到进一步保证,于是"门户开放"之意越来越强。

早期美朝关系的发展很大程度上表现在美国传教士的活动方面。朝美建交后,美国人随之不断出现在朝鲜半岛,其中大都是传教士。到1897年,在朝美国人约250人,其中150人是传教士,[3] 大部分来自美国和加拿大。[4] 朝鲜对外国传教士的态度是矛盾的,一方面担心外来宗教会冲击儒家思想;另一方面又打算利用西方力量来制衡日本的扩张。美国传教士在朝鲜的活动并未遇到很大阻力,因为他们建教堂、学校、医院及孤儿院等活动基本都属于社会公益性质,韩国现今很多著名大学都源自该时期。首任美国驻朝公使福德(Lucius

---

[1] Thomas A. Bailey, *A Diplomatic History of the American People* (7th Edition), Appleton-Century-Crofts (Division of Merredith Publishing Company, New York), 1964: 315.

[2] Thomas A. Bailey, *A Diplomatic History of the American People* (7th Edition), Appleton-Century-Crofts (Division of Merredith Publishing Company, New York), 1964: 315.

[3] Kenneth B. Lee, *Korea and East Asia: The Story of a Phoenix*, Praeger, 1997: 129.

[4] 1884年首批来自北美的传教士踏上了朝鲜半岛,其突出特点是不乏女性传教士,在1884—1907年间来到该地区的美国传教团中女性比例在55%—70%之间。这方面的情况可见于Katherine Hyunjoo Lee Ahn, *Pioneer American Women Missionaries to Korea, 1884—1907*, Pasadean, California, 2004 (Abstract)。

H. Foote)、使馆随员弗克（Ensign George C. Foulk）以及长老会教派传教士哈罗斯·安连（Horace N. Allen）等人在美朝条约缔结后即来到朝鲜半岛，他们在说服朝鲜对美国保持友好态度方面做了很大努力。还有一些基督徒在日本占领朝鲜期间不同程度上参加了争取朝鲜独立的活动，这与冷漠的美国政府的态度大相径庭，美国传教士在朝鲜现代化过程中表现较突出积极作用。美国传教士在汉城设立总部，辐射周边的大邱、釜山及平壤等地，朝鲜基督徒数量增加也很快。这些传教士大多素质较高，其中较出名者是安连，他曾在东亚政治格局最为扑朔迷离的 8 年里（1897—1904 年）任美国驻朝总领事，对朝鲜以及美国对朝政策产生极大影响。①

图 1—9　"困境中的朝鲜"

图片来源：*Korea's Political Situation in 1905 and Japan's Annexation of Dokdo*, Historical Facts about Korea's Dokdo Island, http：//www.dokdo-takeshima.com/koreas-political-situation-dokdo.html.

---

① 哈罗斯·N. 安连（Horace Newton Allen），1858 年 4 月 23 日出生于美国新英格兰，1932 年 12 月 11 日卒于俄亥俄州的托莱多。1883 年他被美国"基督教卫理公会对外传教团"指定为传教士，次年与其妻一同来到朝鲜。后来，因其医术高超而与朝鲜王室建立了密切联系。1887 年，他陪同第一个朝鲜赴美外交使团前往华盛顿。他积极推动美国在朝鲜扩大商业利益，在 1897 年成为美国驻朝总领事后继续坚持这种政策的同时还极力维护朝鲜主权。由于外交思想与总统罗斯福相左，安连在 1905 年被召回国并转而在托莱多从事医疗活动。

由于美国当时在日俄大国之间奉行"中立"政策，因而约翰·希尔及安连等外交代表在朝鲜问题上的表态和做法时常受到美国政府的申斥。安连就职不久，国务卿约翰·谢尔曼（John Sherman）在给他的信中明确提出了美国对朝政策：第一，美国驻朝外交代表对任何大国应持"不支持、不反对"（中立——笔者）的态度；第二，不能使美国受制于既定之美朝条约；第三，在事涉有关"朝鲜命运问题"时，美国不希望承担顾问角色。① 这种表态词约明确勾勒出这一时期的美国对朝政策。

在19世纪晚期东亚政治环境日趋复杂的局势下，朝鲜一厢情愿地希望能在美朝条约框架下获得美国帮助以抵消其面临的外来压力。朝鲜高宗非常倾向于拉近与美国的关系，一方面是出于其"制衡思想"；另一方面也是由于他与安连的个人关系使之形成对美国的良好印象造成的。高宗非常信任他，这位早期的美国传教士在朝鲜政治与外交方面的话语权很大，尤其是在他担任美国驻朝鲜总领事以后。高宗在安连建议下给予美国商人筑路及开矿等许多特许权，安连在多个方面力图扩大美国在朝鲜的政治经济利益，打算通过这种方式引起美国政府对朝鲜的兴趣。他积极推动朝鲜人向夏威夷移民也是这种努力的内容之一。高宗也希望美国对朝鲜采取积极政策，因为他将其视为一个"没有对外进攻性的民族"（a people so lacking in foreign aggressiveness）。② 他打算"使自己的王国远离中国并能与美国形成一种密切关系"，他认为美国"是一个典型的与人为善的国家，它可以保证朝鲜的独立与完整"，他本人及其部分臣属还将《美朝条约》视为"把朝鲜从中华帝国解脱出来的一种工具"。③ 高宗与美国的关系很大程度上是建立在他与安连个人友谊基础上的，而这种友谊又是以高宗对美国"非进攻性"的个人印象为基础的。美国在美朝关系发展初期获取很多优待，但对维护朝鲜独立问题却漠然处之，及至20世纪初和日俄战争时期美国对朝政策的这种态度发展到莫兹为甚之程度。

---

① Kenneth B. Lee, *Korea and East Asia: The Story of a Phoenix*, Praeger, London, 1997: 129.

② Fred Harvey Harrington, *God, Mammon and the Japanese: Dr. Horace N. Allen and Korean-American Relations, 1884—1905*, Wisconsin University Press, 1944: 133.

③ Yur-Bok Lee & Wayne Patterson, *One Hundred Years of Korean-American Relations, 1882—1982*, The University of Alabama Press, 1986: 17.

(二) 日俄战争及日据时期的美朝关系

由于军事羸弱、① 政治衰败及经济乏力的缘故，更是由于日本侵朝策略蓄谋已久等因素，所以朝鲜在日俄战争爆发不久便被日本实际占领。19 世纪晚期的一系列事件表明，朝鲜这个东方"隐士王国"在各方面已明显衰落了，李氏朝鲜的表现及所面临的外部环境暗示着这个东方封建王国的兴衰轮回业已开始。19 世纪 80 年代到 20 世纪初的朝鲜半岛上各种战乱踵趾相接，壬午兵变、东学党起义、甲午战争及俄日等列强在半岛的争夺终于使朝鲜发展到了关乎国家民族存亡的关键历史时刻。朝鲜经济不断受到外国资本控制，极大加重了普通民众的负担。《江华条约》后，朝鲜国门洞开，列强先后迫其签署不平等条约，外国资本随即渗入并鲸吞蚕食朝鲜有限的经济资源，严重冲击着朝鲜社会。日本商品大量涌入，名义上只针对开放口岸，但实际上日本经济已逐渐渗透到朝鲜各地。从 1893 年朝鲜进出口情况看，日本在朝鲜进出口总量中的占比分别达到 50.2% 和 90.9%，较之中俄两国同比数字占绝对优势。② 日本利用其政治经济特权近乎垄断朝鲜商业，朝鲜商人受到极大排挤甚至破产。到 1896 年，朝鲜的外国商店总数为 258 个，其中日本人经营者达 210 个左右。③ 1901—1904 年的朝鲜进口商品总额中日本所占比例由 60% 多增加到 70% 左右。④ 到日俄战争前，日本在朝鲜开设的工厂已多达 222 家。⑤

---

① 美国媒体就朝鲜军队状况做如下报道和评论："到 1904 年，朝鲜'名义上'（nominally）有 7000 人的军队，实际只是一种'笑料'（a laughing stock）而已。"参见："Korea the Prize for Which Japan and Russia Will War", *The Salt Lake Tribune*, February 7, 1904 (22)。

② 中国同比为 49.1% 和 7.9%；俄国为 0.7% 和 1.2%。参见"朝鲜历史信息网"（Korean History Information）：The Tonghak (Donghak) Rebellion 1894. http://koreanhistory.info/Tonghak.htm。

③ 金光洙、金龟春：《朝鲜近代史研究》，延边大学出版社 1992 年版，第 200 页。

④ 俄国财政部办公厅：《韩国志》，《圣彼得堡》，1900 年；转引自李清源《朝鲜近代史》，生活·读书·新知三联书店 1955 年版，第 124 页。

⑤ 曹中屏：《朝鲜近代史》，东方出版社 1993 年版，第 207 页。

图1—10　日本出口物资大量涌入朝鲜

图片来源：The Tonghak (Donghak) Rebellion 1894. http://koreanhistory.info/Tonghak.htm.

美国和其他西方列强并未对日本侵略掠夺朝鲜的行径进行激烈反对，相反美日关系却被明显拉近了——《桂太郎—塔夫特协定》的出台最具代表性。美国承认日本对朝鲜的宗主权，而日本则认可美国对菲律宾的占领。这是两个帝国主义国家之间典型的外交补偿协定——"日本的"朝鲜和"美国的"菲律宾。美国总统西奥多·罗斯福对这笔"交易"表示完全赞同："你（塔夫特）和桂太郎阁下的会谈在每个方面都是正确的，希望你能向其转达我的意思——我完全同意你对他所说的每个字。"① 罗斯福在朴茨茅斯和谈期间会见了日本代表团成员之一、也是其在哈佛大学结识的好友金子坚太郎（Baron Kanedo Kentaro），他在谈及朝鲜问题时指出："日本迟早接管朝鲜，此事为善。为了朝鲜人民也为亚洲，日本应接管朝鲜——非为当下但应很快。"② 根据

---

① 罗斯福在1905年7月31日电报中所言。参见：Jim Elliott, *Theodore Roosevelt Gives Korea to Japan*, http://www.geocities.com/Athens/Olympus/2460/korea.html。

② Junkab Chang, *United States Mediation in South Korean-Japanese Negotiations, 1951—1965: A Case Study in the Limitations of Embassy Diplomacy*, Mississippi State University, 1998, UMI Number: 9906940, 1998: 22. 在该文第23页还有如下表述：1905年8月罗斯福在写给洛克希尔（Rockhill）的信中说，"以前我是倾向日本的，但是在我与日本谈判代表团接触以后我比以前更加倾向于日本了"。

1905年11月《乙巳保护条约》，朝鲜统监府随之成立，朝鲜成为日本的保护国。

朝鲜为维护其独立也曾做出努力但却徒劳。当1905年10月日本的意图暴露无遗之时，朝鲜委派在朝美国人赫尔伯特（Dr Homer B. Hulbert）返美寻求帮助，但并未见到罗斯福。12月朝鲜特使明永澶（Yong-chan Min）抵达华盛顿再次向美国求援，虽然他得以与国务卿路特（Elihu Root）进行会谈，但却无功而返。不但如此，连被称为"朝鲜的乔治·华盛顿"（George Washington of Korea）[①]的李承晚的努力也未获积极结果。美国对朝"中立政策"一直持续到1905年11月，国务卿路特命令驻朝鲜公使艾德文·摩尔根（Edwin V. Morgan）回国。于是在1882年《美朝条约》签署23年后，美国第一个承认了日本对朝鲜的"保护"。由于朝鲜半岛的地缘政治位置非常重要，任何大国只要控制了朝鲜半岛就很容易控制东亚。从此后的历史来看，无论是日本在朝鲜的肆虐侵犯还是在中国及亚洲其他地区的猖獗扩张，诸多历史剧变无一不说明，美国容忍日本在朝扩张活动是一种冒险，实际是在纵容日本将朝鲜当作侵略亚洲大陆的桥梁，为进一步侵略中国做准备。这种纵容政策必然如同二战前夕英法绥靖政策一样，使当事国自食恶果。

图1—11　《日朝保护条约》签署以后日本
军官及政府官员合影

图片来源：http://www.dokdo-takeshima.com/koreas-political-situation-dokdo.html.

[①] Syngman Rhee, *The Spirit of Independence*, University of Hawaii Press, 2001：XI.

图1—12 1905年11月17日《乙巳保护条约》
签订地点：德寿宫内建筑之一重明殿

图片来源：http：//chinese.joins.com/gb/article.do?method=detail&art_id=135222.

日本在对俄战争后加紧控制朝鲜，重要表现之一就是迫使朝鲜聘用外国顾问。在日本安排下，美国人杜汉姆·斯蒂文斯（Durham W. Stevens）成为朝鲜对外事务顾问——一个曾为日本政府效力多年的美国人，很明显是日本政策的代言人。1908年3月10日，斯蒂文斯在从东京返华盛顿途经旧金山，他发表了强烈刺激朝鲜民族主义情绪的讲话："朝鲜人处于日本统治之下乃为幸事，因其政府是个无能政府，且对其民众十分凶蛮。正如同美国在菲律宾的角色一样，朝鲜人将极大受益于日之统治——日本在朝鲜为朝鲜民众所进行的活动正如同美国在菲律宾为菲律宾民众所做的事情一样。"[1]

19世纪末，中朝关系发生质的变化。直到19世纪末，中国一直是朝鲜在亚洲唯一的可依靠力量。美国著名东亚历史学家帕特森（Wayne Patterson）和康罗（Hilary Conroy）就此指出，朝鲜在甲午战后感到有另觅外援之必要以维

---

[1] 1908年3月22日，旧金山朝鲜移民中的民族主义者要求斯蒂文斯收回其所言，他拒绝并重申坚持这一观点。次日斯蒂文斯从旧金山准备动身去华盛顿时遭暗杀，伤后两天去世。详见：Marn J. Cha, *Koreans in Central California 1903—1957: A Study of Settlement and Transnational Politics*, University Press of America, 2010: 196。

护自身独立,因为朝鲜已认识到江河日下的清政府已不再是其可仰息者,朝鲜也正是从此时开始向其他国家派驻外交代表。① 笔者认为,朝鲜当时只能在日俄美之间做选择,最终选择美国是因为它此前从未威胁过其领土安全和内部统一,朝鲜在诸害之中取其轻者而从之,这也是朝鲜为何与如此西方国家缔结商约的原因。在与朝鲜接触的最初阶段美国就断定它"在朝鲜半岛的利益是微乎其微的",所以此刻羽翼未丰的美国迫于东北亚地区的实际情况不得不暂时接受这样的现实,即"其他国家在该地区占据优势是较好的选择"②。美国当时在朝鲜并未真正下赌注,其朝鲜政策就是使日本"照顾好"朝鲜,③ 因为中国在这一地区的影响已渐去渐远。

从美朝建交到日俄战争结束这段时期内的美朝关系是一种不对称的利益关系,朝鲜在其中充满错觉。在对美交往中,朝鲜不断碰壁的同时也逐渐被唤醒但却为时晚矣。在中国为中心的朝贡体系崩塌之际,高宗首先试图寻求日本的保护而后是俄国,均属徒劳之举且适得其反引狼入室,在此状况下高宗求诸美国。但美国此时在朝鲜并无至关重要的军事及外交利益,即便在此有些商业利益,但也无法和美国在中日两国的商业利益相比,因此美国不会冒险卷入事涉朝鲜的冲突。朝鲜人既没有完全明白帝国主义时代的国际政治,也看不清其间的利益分歧。从19世纪末20世纪初的国际政治角度来看,美国的政策是要支持日本成为亚洲具有影响的大国抗衡中俄两国。这时美国对东亚的政策目标是维持力量均衡,如果美国倾向朝鲜对抗日本,其过程必然是荆棘塞路,其结果必将徒劳无益,因为这时的日本已成为东亚强国。对美国来说,日本此时对朝鲜的控制似乎是不可避免的。

1910年日本正式吞并朝鲜,自此至二战结束的美朝官方关系不复存在,但美国对朝鲜还是保持了一种秘密的非官方联系,这期间又是美国传教士的表

---

① 中国清政府对此进行过警告,袁世凯甚至计划利用曾接受中国训练的朝鲜士兵发动政变,以促使朝鲜停止此类外交活动。参见 Syngman Rhee, *The Spirit of Independence*, University of Hawaii Press, 2001: 176。

② Wayne Patterson, Yur-Bok Lee, *One Hundred Years of Korean-American Relations, 1882—1982*, University of Alabama Press, 1986: 3.

③ Junkab Chang, *United States Mediation in South Korean-Japanese Negotiations, 1951—1965: A Case Study in the Limitations of Embassy Diplomacy*, Mississippi State University, 1998, UMI Number: 9906940, 1998: 23.

现比较活跃。日韩合并以后美国代理国务卿威尔逊（Huntington Wilson）指令美国驻日大使奥布林（Thomas J. O'Brien）打探日本对美国在朝传教士的态度，日本外相小村寿太郎（Jutaro Komura）答复道，"日本将不会改变对在朝美国传教士的保护政策"。① 日本最初做出如此许诺，可后来还是出现了一些意外事件，于是朝鲜半岛又成为美日关系发展变化的舞台。

总体来看，美朝关系在日占期间主要以传教士活动为主要内容，他们对朝鲜半岛以及朝鲜人的态度与美国官方有所不同。在日本殖民统治时期，美国传教士无法将其全部时间都用于传教，一方面，由于儒家思想对朝鲜社会的影响根深蒂固，且对基督教这种西方宗教并不熟悉；另一方面，他们还得尽力避免日本殖民当局的干扰。所以这些传教士多从事医生及教师等工作，正是通过这种形式美国传教士将一些现代西方文明传到朝鲜。对朝鲜而言，传教士成为其对外交流的连接点，尤其成为对美交往的一条纽带。美国传教士在朝鲜接受西方文化过程中发挥了思想启蒙作用，给那些处于日本殖民统治下的朝鲜基督徒以很大希望，这部分人对朝鲜的贡献是现代韩国民众亲美感情的主要原因之一。② 直到1945年，美国非官方人员在朝鲜一直发挥着积极作用，很大程度上为美国政府赢得朝鲜民众的认可。相比较而言，日本对于朝鲜民族及文化进行了极端的破坏。

日本完全占有朝鲜后，美国在朝鲜的矿山及其他产业活动也最终落入日本手里，美国在朝商业活动明显随之减少。1911年朝鲜进口总量的7%来自美国，到1939年降为1.7%（约770万美元），同期朝鲜对美国出口从5.1%降至0.4%（约120万美元）。到1939年，日本已完全垄断朝鲜的贸易。30年代美国到朝鲜的来访者数量也骤减，到1941年6月，在朝美国白人仅为126人，其中109人是传教士及其随员。③ 珍珠港事件爆发后，日本警察逮捕、审问和拘禁了在朝传教士和从事教育活动的人员。1942年夏，日本最终驱逐了朝鲜

---

① Akifumi Nagata, "American Missionaries in Korea and U. S.-Japan Relations 1910—1920", *The Japanese Journal of American Studies*, No. 16. 2005：161.

② Junkab Chang, *United States Mediation in South Korean-Japanese Negotiations, 1951—1965: A Case Study in the Limitations of Embassy Diplomacy*, Mississippi State University, 1998, UMI Number: 9906940. 1998：25.

③ 以上数字转引自：Chae-Jin Lee, *A Troubled Peace: U. S. Policy and the Two Koreas*, JHU Press, 2006：17.

半岛及日本本土的所有美国人。

图 1—13　"韩国光复阵线青年工作队"留影（1939）
图片来源：History of Korea，https：//en.wikipedia.org/wiki/History_of_Korea.

"日韩并合"后，朝鲜半岛开始处于日本殖民统治之下，同时也开启了朝鲜半岛民众争取民族和国家独立的运动。1919年4月，"大韩民国临时政府"在上海成立，在朝鲜半岛以外继续进行抗日复国活动，二战的爆发及美国参战为朝鲜提供了争取独立的新机遇。

第 二 章

冷战爆发前后①美国的朝鲜半岛政策

二战末期到朝鲜战争结束这段时间是美国对朝政策重大转变期。罗斯福对大国合作持有乐观态度，但在他1945年4月辞世后接替总统职位的哈里·杜鲁门则改变了美国对外政策的走向。杜鲁门在20世纪30年代担任参议员时便积极主张美国应在世界事务中发挥更积极的作用，但其外交经验十分有限，在不足百日的"副总统"任期内，他几乎未在罗斯福外交事务决策中发挥作用。在《雅尔塔协定》以后的两个月内，苏联持续做出努力强化其在保加利亚、罗马尼亚和波兰影响。杜鲁门在接任总统职务后在对外政策方面主要接受其高级政策顾问的建议，而这些人往往都更倾向于关注苏联问题。这使美国对外政策重心在二战接近卷甲韬戈之时很快转向苏联，对朝政策也是在这个框架下发展变化的。②

一 二战后期美国对朝"托管"政策的酝酿

二战期间朝鲜爱国主义者借机采取行动，积极从事反日活动以早日实现解

---

① 在本章节中指代二战尾声至朝鲜战争结束这段时间。
② 杜鲁门接任美国总统的最初阶段，其智囊团在讨论美苏两国关于中朝问题的美国官方文件中有如下记载："美苏中英将参加朝鲜占区内民政事务，四国将在朝鲜行政机关中具有等同的代表权；在军事活动期间建立的联合行政事务管理机关中，最大限度地充分利用有能力的可信任的朝鲜人担任行政事务官员来管理民政事务；以四国为主确立一个在军事、行政和司法等方面具有同等代表权的为期五年的'托管期'；托管机构一旦设立，四大国应立即从朝鲜撤出各自的海陆空军事力量，四国中每国在朝军事力量不得超过五千人。"详见：The Acting Secretary of State to the Secretary of Navy (Forrestal) [Washington, May 21, 1945], FRUS, 1945, Vol. VII (The Far East, China), GPO, 1969: 878 – 883.

放。1941年6月6日,"大韩民国临时政府"领导人金九写信给罗斯福总统,向其表明"为共同的利益恢复友谊关系"的愿望。次年2月,李承晚给美国助理国务卿阿道夫·博利(Adolf A. Berle)递送信件,同时附带了金九给罗斯福的信。3月,李承晚在给美国国务卿的信中说明了"大韩民国临时政府"的身份问题,指出这是基于1882年美朝双边条约之上而成立的。"临时政府"在1942年春争取美国支持的努力未取得任何积极成果,但与此同时美国驻华外交代表与华盛顿政策制定者的交流却十分活跃,美国在二战期间对朝政策的重要内容之一形成于此时,即"不承认大韩民国临时政府"。

  美国在二战前对朝鲜民族解放运动持支持态度,但在二战后期转而推行对朝实行"托管"政策,但同时对朝鲜反日游击活动也予以支持。这两种政策之间存在明显矛盾:支持朝鲜游击活动就会促使美国承认当时在中国重庆的"大韩民国临时政府",而推行"托管"政策则正与此相反,不能过早承认这个临时政府。美国对朝政策顾问威廉姆·朗顿(William R. Langdon)在1942年拟定美国对朝政策备忘录中指出,"朝鲜在走向独立的道路上存在诸多困难,朝鲜人聪颖好学且爱国,但经过37年的日本殖民统治,他们缺乏自治和自卫能力",因此"至少在一代人的时间里应对其实施引导、保护和援助的政策"。[①] 朝鲜半岛自从近代以来一直是大国逐鹿之所,对其实行大国联合"托管"政策可防止因朝鲜问题而引发地区冲突。美国打算借助中英两国来平衡苏联在该地区的影响,所以罗斯福坚持认为,"像朝鲜和印度支那等曾遭受殖民统治的地区在学会如何自治之前需加以引导和保护"[②],"朝鲜人无能力建立和维持独立的政府,应接受一个为期40年的托管"。[③]

[①] Langdon Memorandum, February, 1942, DS Records, 895.01/79, Box 5928, RG59. NA. 转引自:Seung-young Kim, *American Diplomacy and Strategy toward Korea and North Korea and Northeast Asia*, *1882—1950 and After*: *Perception of Polarity and US Commitment to a Periphry*, Palgrave Macmillan, 2009:75。

[②] Cordell Hull, *The Memoirs of Cordell Hull*, New York Macmillan, 1948:1595.

[③] 在《开罗宣言》中,罗斯福、丘吉尔和蒋介石代表三国宣称,"在适当时间(in due course)朝鲜将获得自由与独立",但在开罗会议和德黑兰会议的相关协定中并无关于对朝鲜"托管40年"的相关条款。Minutes of a Meeting of the Pacific War Council, Washington, January 12, 1944, FRUS, The Conferences at Cario and Teheran 1943, GPO 1961:868. 美方在1945年2月明确提出中国关于托管朝鲜问题的态度:"不论哪国军队进入朝鲜半岛,可能出现的军事和行政机构都应该由中美英三方共同组建。如果苏联参加对日作战,那么苏联也加入此列。"参见:Memorandum of Conversation, by the Director of the Office of Far Eastern Affairs (Ballantine) [Washington, February 17, 1945], FRUS, 1945, VI GPO, 1969:1021。

德国投降以后，美苏关系中原来蛰伏的矛盾逐渐凸显。为尽快结束战争及更好地安排战后国际秩序，美苏有必要做进一步协商。1945年5月，美国总统特别顾问霍普金斯访苏，此举主要目的是澄清各自立场协调双方意见，为波茨坦会议的召开做准备。霍普金斯访苏后，美国方面积极准备波茨坦会议内容，国务院再次提出要与苏联详细讨论有关朝鲜未来的问题，以便战后在盟国联合托管体制下解决朝鲜问题。从历史来看，罗斯福政府对朝实行"托管"政策是美国在二战期间对朝政策的主要内容，一方面是由于美国当时对于朝鲜是否具备自治能力依然心存疑虑，同时更是为了避免因推行"托管"政策而有可能导致大国矛盾升级，因此美国一直坚持这项政策。朝鲜独立运动力量也做出很多努力并提出很多建议，① 但大都被美国拒绝——即便是"大韩民国临时政府"，美方认为也不能代表朝鲜国民。②

---

① 朝鲜问题是大国安排战后国际秩序的重要内容之一，其中不乏暗中交易。李承晚在获悉雅尔塔秘密协定的消息后对杜鲁门指出，"最近暴露的有悖于《开罗宣言》中关于朝鲜问题规定的秘密协定对总统先生和我而言都毫无疑问是一个令人震惊的事件。总统先生一定不会忘记这并不是朝鲜首次成为秘密外交的牺牲品——1905年朝鲜被'买给'日本的秘密直到20年后才暴露出来。所幸之事，这个雅尔塔秘密协定现在就被发现了。我们呼吁总统先生应对此加以干预，这是纠正过去错误的唯一途径，也是防止3000万（朝鲜）人再受奴役的唯一办法"。李承晚除向美国表达以上观点外，还提出了"大韩民国临时政府""朝鲜联合国席位"和"出兵参加对日作战"等问题。参见 The Chairman of the Korean Commission in the United States（Rhee）to President Truman（San Francisco，May 15，1945），FRUS，1945（VI），GPO，1969：1028。对李承晚提出的以上意见要求，美方在6月5日的答复中——婉拒。参见 The Acting Secret of State to the Chairman of the Korean Commission in the United States（Rhee），（Washington，June 5，1945），FRUS，1945（VI），GPO，1969：1029。

② 李承晚曾在1945年7月25日给美方的信中强调了"大韩民国临时政府"的合法性问题并要求美国予以认可。他说，该政府是"由来自当时朝鲜13个道的代表于1919年在汉城共同组建的，非在上海也非其他地方。当这个政府在朝鲜半岛组建之际，在上海和西伯利亚又出现了两个类似政权，后来这两个政权自愿加入汉城政权……中国政府和法国临时政府已经予以承认"。李承晚还指出，支持朝鲜临时政府不但对朝鲜有利对美国亦然，因为"1905年牺牲了朝鲜'安抚'了日本却酿成了珍珠港惨案，牺牲了对朝鲜的正义'安抚'了苏联，这样的政策注定酿成灾祸"。参见 The Chairman of the Korean Commission in the United States（Rhee）to the Acting Chief of the Far Eastern Affairs（Lockhart）［Washington，July 25，1945］，FRUS，1945，VI，GPO，1969：1032。此前，美英就是否承认"大韩民国临时政府"一事进行过沟通。英方在1945年4月表示，"没有现实因素（no present reason）可以考虑承认该临时政府"。参见 The Ambassador in the United Kingdom（Winant）to the Secretary of State［London，April 9，1945］，FRUS，1945，VI，GPO，1969：1026。

二　美苏分歧及美国对朝政策调整

(一)"三八线"的出现

欧洲战场结束以后，盟国开始对日本实施总攻。美国参谋长联席会议指示各大战区指挥官列出主要占领目标，但太平洋战区指挥部到1945年7月中旬尚未将"朝鲜"置于其中。战局越来越明朗，参谋长联席会议于7月下旬两度要求麦克阿瑟和尼米兹将朝鲜涵盖在美军应占领地区内。麦克阿瑟随后建议将汉城确定为和东京同等优先占领的地区，同时将半岛东南的釜山和西南的群山两个港口顺位定为第二、第三位优先占领区。随后美国向苏联方面提交了朝鲜半岛作战的海空域划分计划，苏联表示同意。

图 2—1　朝鲜半岛"三八线"

图片来源：http://www.offermachine.com/korshenghuo/125496.html。

波茨坦会议期间，大国在朝鲜问题上并无实质性决议。会后，苏联继续同中国进行协商，哈里曼也立即回到莫斯科加入会谈，但其角色和态度都与以往大不相同。哈里曼拉下原来会谈中所表现的"公正的观察者"的伪装，转而极力维护在华门户开放政策，尤其是在中国东北铁路和港口问题上更是如此，而这与当时苏联的对华政策是反向而动的。苏联为尽可能多地占领日本领土，在广岛原子弹事件隔日便宣布对日作战,苏军大规模涌入中国东北并很快进入朝鲜半岛,斯大林还同时提出关于接收日军战利品的提议:凡苏联红军接管日军占领区内的工业企业等日方财产均由苏方接收。美国方面就此提出异议,"如果苏联按照它在德国界定战利品的标准去划定'满洲'战利品的话,那它就剥夺了整个地区的工业生产进而也就从工业方面完全控制了该地区"[①]。莫斯科"联合赔偿委员会"美方特使埃德温·保利（Edwin Pauley）建议杜鲁门应尽快部署军事力量占领朝鲜半岛和"满洲"工业区。斯大林坚持将中国大连置于苏占区内,对此参谋长联席会议成员陆军将军乔治·马歇尔（George C. Marshall）和海军将军亚当姆·金（Adam Ernest King）向国务院建议指出,如果日本投降,美国应在苏军实施占领之前在朝鲜和大连首先登陆。驻苏大使哈里曼也提出同样看法,他指出,鉴于斯大林不断向宋子文提出新的要求,也建议在朝鲜和大连登陆接受日本投降,至少是在朝鲜和辽东半岛（某地）。[②]可以看出,苏联对华政策内容在此时与美国在华"门户开放"政策产生严重对峙,双方围绕中国东北问题的矛盾不断升级并使朝鲜问题与此密切关联起来。

图 2—2　哈尔滨松花江边的苏军

---

① The Ambassador in the Soviet Union (Harriman) to the Secretary of State [Moscow, 8 August, 1945], FRUS, 1945, Vol. II (The Far East, China), GPO, 1969: 958 - 959.

② The Ambassador in the Soviet Union (Harriman) to President Truman and Secretary of State [Moscow, 10 August, 1945], FRUS, 1945, Vol. II (The Far East, China), GPO, 1969: 967.

图 2—3　苏联坦克行进在大连街头（1945 年 8 月）

图片来源：World War Ⅱ：The Fall of Imperial Japan，http：//www.theatlantic.com/photo/2011/10/world-war-ii-the-fall-of-imperial-japan/100175/。

苏军南下势头迅猛，到 1945 年 8 月美国越来越感到立即划定一条停火线的必要性。因为根据当时情况看，苏军已实际占领中国东北并迅速突入朝鲜半岛，如果不划定受降区域，苏联很有可能占据东北亚绝大部分区域。战争部、海军部和国务院在 8 月 10—15 日连续举行紧急会议，国务院提议美军受降位置应该尽可能往北。然而军方表示，由于时间和空间位置因素，可调动的美军不可能在苏军实施占领之前做到这一点。如果美方建议的受降区域超出美军所能到达的限度，苏联也不会接受的。按照当时苏军的进展速度，它在美军抵达之前很快就能推进至朝鲜半岛最南端，而距离朝鲜半岛最近的可调动的美军仍位于琉球群岛以南 600 英里的位置。局势迫在眉睫，必须先划定一条停火线以阻止苏军南下。来自战争部的迪恩·腊斯克（Dean Rusk）和博纳斯迪尔上校（C. H. Bonesteel）接受委派研究制定了美苏占领区划线问题，[1] 于是具有历史意义的"三八线"便出现了，从而也就酿成了直至今日朝鲜半岛的分裂局面。

---

[1] 腊斯克在制定"三八线"时的身份是战争部上校，后来成为国务院远东事务助理国务卿。关于他对"三八线"出笼的历史背景及过程的叙述请参见 Draft Memorandum to the Joint Chiefs of Staff ［Washington］，（原文件未标注日期），FRUS，1945，Ⅵ（The British Commonwealth，The Far East），GPO，1969：1037 - 1039。

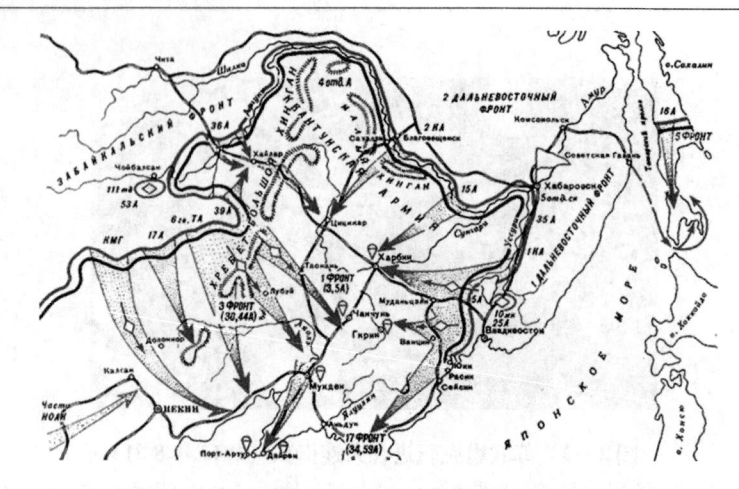

图 2—4　苏军进入中国东北示意图（1945 年）

图片来源：https://en.wikipedia.org/wiki/File:Soviet_invasion_of_Manchuria_(1945).gif.

划定分界线以后，苏军于 8 月 12 日进入朝鲜境内，在 8 月 19 日陆续开始接受日军投降，而美军在 9 月 8 日才开始在仁川登陆。美军登陆后即面临分区占领的局面，朝鲜半岛进入美苏军事控制时期。在此 40 年前，在美日关系微妙变化情况下美国"放弃"朝鲜并撤离半岛，40 年后美国重返半岛并从日本手中"收回"至少朝鲜半岛一半的土地，这在美朝关系发展史上是一个非常令人瞩目的事件。

杜鲁门和伯恩斯都没有打算在朝鲜长期实行分区占领，"三八线"的作用是用来划分美苏受降区，也是为了防止苏联占有整个朝鲜半岛，他们认为这种局面最长也就是持续到朝鲜组建临时政府及四方托管机制确立之时。然而，美苏两国围绕朝鲜半岛问题的分歧越来越大，半岛分裂即将成为事实。苏联方面在 1945 年 12 月召开的莫斯科外长会议上指出，"应该建立一个朝鲜临时民主政府以便采取必要措施发展工业、交通、农业和朝鲜的民族文化，建立一个为期 5 年的有朝鲜临时民主政府和朝鲜民主组织参加的四国联合托管委员会"，苏方还提到了"召开驻朝美苏军方联合会议讨论如何在各自控制区内的经济上和行政方面建立长效协调机制"的建议。[①] 这样，至少从苏方态度看，朝鲜

---

① Memorandum by the Soviet Delegation at the Moscow Conference of Foreign Ministers [Moscow, December 20, 1945], FRUS, 1945, Vol. II（General: Political and Economic Matters），GPO, 1967: 699.

半岛正朝着"两个政权"方向在发展,由于其后台国家已矛盾层显,那么这两个即将出现的政权也必然势不俱栖。

图 2—5　美军在汉城接受日军投降（1945 年 9 月 9 日）

图片来源:维基百科:http://en.wikipedia.org/wiki/United_States_Army_Military_Government_in_Korea.

图 2—6　反"托管"运动（1945 年 12 月）

图片来源:Wikipedia:http://en.wikipedia.org/wiki/United_States_Army_Military_Government_in_Korea.

(二) 美苏在东亚政治问题上的矛盾

美国在二战最后阶段对朝政策发生巨大变化并很快使之系统化，介入朝鲜问题的程度也比以往任何时候都深。这种局面最初反映在开罗会议上，罗斯福总统就朝鲜问题提出建议：朝鲜脱离日本并应适时成为一个自由独立国家，与会大国对此也表示同意。美苏等大国商定，朝鲜在获得独立之前应有一个托管过渡期。罗斯福认为，托管由中美苏完成，托管期为 20—30 年，英国不必参加，但苏联坚持邀请英国加入。① 然而，1945 年 4 月罗斯福以后的事实说明，朝鲜问题的走向并未按上述大国间的协议发展。这不仅是因为朝鲜国民的强烈抗议，更主要的是因为杜鲁门政府经过对欧洲局势的评估越发感到苏联的威胁——不仅是在欧洲而且在东亚地区亦然，对朝鲜实施"托管"政策可能会被苏联利用而成为促使整个半岛"苏化"的途径。于是，关于在朝鲜半岛如何实施多国托管等问题上的讨论迟缓下来。

斯大林在对日作战前提出关于中国东北及外蒙等地的若干要求并同中国进行了谈判，这不仅涉及中苏关系问题同时也涉及美国。美国认为苏联在东亚地区扩张势头明显并力图扭转这种局面，它最初打算不直接介入中苏外交谈判，但由于局势的发展又不得不直接出面。② 到 1945 年 7 月初，美国越发感到在东亚地区与苏联存在着一种两极对立的政治局面，最初制定的"四大国联合托管朝鲜"政策的可操作性越来越小。美国在进行政策评估时已料到，"苏军可能占据整个朝鲜半岛至少是部分占领；毫无疑问，苏方将在其占领区内建立由其支配的军政府，可能最终希望建立一个对苏友好政权——该政权中至少有一部分人得是那些受苏联影响的朝鲜民族独立与解放运动领导人"，"美国应参加朝鲜军政府及政权过渡机构"。③ 可见，美国已预见到战后围绕朝鲜半岛问题苏联的动向并作出政策预案。

---

① FRUS, The Potsdam Conference, 1945, Vol. I, GPO, 1960: 309 - 310.
② 美国就苏联提出的"满蒙"问题的官方表态具体内容可参见 FRUS, 1945, VII, GPO, 1969: 914 - 916, 932, 934。
③ 据美方评估，包括苏联出生的具有苏联国籍的朝鲜人在内，西伯利亚地区约有 30 万朝鲜人，有 2 万—3 万朝裔苏联人在苏军中服役。另外，在同一文件中，美国也提出要"帮助朝鲜人民尽早建立一个强大独立民主政权"。参见：III Korea, FRUS, 1945, VI, GPO, 1969: 563。

(三) 美国的政策评估及结果

　　美国对苏联在东亚地区的举动倍感不安，国务院在 1945 年 6 月对战后国际政治格局发展趋势做了预测。日本一旦无条件投降，数年来在东亚地区威胁美国安全利益的这支力量也就不复存在，但该地区可能出现的其他状况依然会吸引美国的注意，比如中国政局的变化，尤其是苏联在该地区实力的上升等因素。为在东亚地区获得更大利益，美国提出"有必要在该地区获取若干海陆军事基地——特别是在所托管的日本诸岛上，保持对这些地区（基地）的控制对于（美国）安全目标的实现十分必要"，"苏联在远东地区酿就了最复杂的问题（the most perplexing problem），目前尚难确定美苏在远东地区各自目标的冲突程度会达到何种程度，苏联此后的行动路径只能凭推断而得知"。[①] 如果苏联参加对日作战，它"或许与中国共产党合作在中国东北、华北还可能在朝鲜建立受其影响的政权组织，这种单边行动将与其在欧洲的行动步调一致，而且还会违背美国'维护中国领土主权完整'这项最重要最传统的政策（门户开放政策——笔者）"。[②] 美国驻苏大使哈里曼在 1945 年 7 月给杜鲁门和国务院的电报中指出，莫洛托夫和宋子文同意缔结一项关于苏军占领中国东北及其他一些领土的协定，但莫洛托夫拒绝承诺在终战三个月内撤军。在关于港口和铁路的分歧方面，中苏双方谈判并无进展，莫洛托夫仍然坚持"由苏联完全单独控制"（complete Soviet domination）的态度。[③] 美国对苏联的举动本已十分担心，苏方的表态则进一步加剧这种不安。在波茨坦会议召开前夕，美国驻苏大使馆二等秘书戴维斯（Davies）就苏联的东亚政策做了全面评估。[④] 戴维斯认为，苏联正在东亚地区追求一种"于己有利的单边政策"，接着他从

　　[①] Policy Paper Prepared in the Department of State [Washington, June 22, 1945], FRUS, 1945, VI (The British Commonwealth, The Far East), GPO, 1969: 578.

　　[②] Policy Paper Prepared in the Department of State [Washington, June 22, 1945], FRUS, 1945, VI (The British Commonwealth, The Far East), GPO, 1969: 579.

　　[③] The Ambassador in the Soviet Union (Harriman) to President Truman and the Secretary of State [Moscow, July 11, 1945], FRUS, 1945, Vol. II (The Far East, China), GPO, 1969: 928.

　　[④] Memorandum by the Second Secretary of Embassy in the Soviet Union (Davies) [Moscow, July 10, 1945], FRUS, 1945, Vol. II (The Far East, China), GPO, 1969: 928 – 929.

多个方面作了细致分析。在提到朝鲜时他指出，苏联之所以重视朝鲜是因为它将其视为外部力量进攻苏联远东的"天然走廊"，因此从安全利益上考量苏联必须关注朝鲜问题。戴维斯还判定，包括新疆和内蒙古在内的华北地区、"满洲"、朝鲜及南萨哈林将成为苏联追求的安全链条的组成部分，他同时还对苏联为达到目标可能采取的策略进行了预测分析。"戴维斯评估"内容有很多已被后来的历史事实所验证，同时这也说明，美苏在东亚地区的对立局面逐渐升级。美国对朝政策不断发展着，在波茨坦会议召开前已设计了战后朝鲜政权发展的三个阶段：盟国军政府时期、国际监督委员会过渡期和自由独立期。[1] 美国国务院提出："军政府应由盟国代表组成，假如朝鲜被单独确定为某一大国的托管地将会遇到极大困难，而且会引发严重国际后果。"[2] 美国的这种想法实际是针对苏联的，是对有可能出现的"苏联独控朝鲜半岛"局面的一种担心。

美国提出对朝托管期限为二三十年，但斯大林一直坚持"托管期越短越好"，他坚持中、美、英、苏四国对战后朝鲜实施"托管"。霍普金斯访苏时确认了斯大林的这一立场并转告杜鲁门，美国于1945年6月15日告知蒋介石："苏美英同意由四国对朝施行托管政策。"[3] 驻苏大使哈里曼7月初向杜鲁门和国务院作了汇报，其中关于朝鲜问题的内容是通过描述斯大林与宋子文的对话来体现的："斯大林表示同意建立四国托管体制，在朝鲜不应存在外国军队及外国警察"，"宋子文明白，有两个朝鲜军团在苏联西伯利亚接受训练，他认为这些军事力量将返回朝鲜半岛，加之在苏联还有数量众多的接受过苏式训练的政治精英也会返回朝鲜。宋子文担心，在此情况下即便是在'四国托管机制'框架中苏联也将会获得处理朝鲜事务的优势地位"。[4] 美国驻苏大使哈里曼及国务院的一些人曾极力坚持杜鲁门总统及国务卿伯恩斯在波茨坦会议

---

[1] Briefing Book Paper (Post-War Government of Korea) [Washington, July 4, 1945], FRUS, The Potsdam Conference, 1945, Vol. I, GPO, 1960: 314.

[2] Briefing Book Paper (Interim Administration for Korea and Possible Soviet Attitudes: Needs for Joint Action), FRUS, 1945, Vol. I (The Potsdam Conference), GPO, 1960: 311.

[3] Memorandum by the Assistant to the President's Naval Aide (Elsey), FRUS, The Potsdam Conference, 1945, Vol. I, GPO, 1960: 309–310.

[4] The Ambassador in the Soviet Union (Harriman) to President Truman and the Secretary of State [Moscow, July 3, 1945], FRUS, 1945, Vol. II (The Far East, China), GPO, 1969: 912, 914.

上与苏联就"满洲"和"朝鲜"问题进行细谈，即便在美国原子弹成功试爆后，哈里曼等人也坚持这种态度，杜鲁门和伯恩斯则未接受这种意见。于是，有关朝鲜问题的外交活动在波茨坦会议期间几乎处于停滞状态。

波茨坦会议于1945年7—8月间召开，此次会议是战争结束前盟国之间关于朝鲜问题能否达成细约的最后一次机会。美国国务院起初确定了朝鲜问题解决方案，打算与苏联等国进行协商，但苏联在会间提出其对意大利在非洲和地中海的殖民地进行托管问题引发美国高度怀疑。意大利殖民地托管问题出现的同时，关于苏联在远东地区扩张势头的报告也接踵而至，而正逢此时美国试爆原子弹成功，美国希望苏联参加对日作战的紧迫性大大降低。尽管如此，战争部部长史汀生还是建议杜鲁门应就"满洲"和朝鲜问题与苏联进行谈判，然而杜鲁门及国务卿伯恩斯（James Byrnes）没有接受该建议，而且伯恩斯代表美国主导会议，虽然史汀生也获准参会，但其职位只是"总统高级顾问"，因此未能参加核心内容讨论。伯恩斯于7月20日正式决定延迟讨论朝鲜和"满洲"问题。这种戏剧性的变化完全是冷战大环境使然，美苏都将朝鲜视为东北亚地区的争夺重点，初期制定的"托管"政策随着双方矛盾的升级而发生变化，这是这一时期东北亚国际关系演变的结果。

图2—7　"大韩民国临时政府国务院"成员（1919）

图片来源：https://en.wikipedia.org/wiki/Provisional_Government_of_the_Republic_of_Korea.

1947年1月15日，李承晚和金九的追随者举行会议后大约有30个右翼组织联合发表声明，抱怨盟国在解决朝鲜问题上的拖延态度，要求盟国立即取消"莫斯科协定"中关于对朝鲜实行托管的条款，并提出"这是把朝鲜民众从军政府奴隶控制状态下解放出来的唯一途径"[①]。李承晚于同年3月13日在给杜鲁门的信中指出，杜鲁门（对朝鲜）的支持态度"给世界上所有热爱和平的人民一个新希望"，他要求杜鲁门给驻朝军事机构下令"放弃在民族主义者和共产主义者之间进行合作和建立联盟的努力"，应立即"在美占区建立一个临时独立政府以便使之成为有效防范共产主义扩张的壁垒进而实现南北统一"。[②] 到1947年夏，美国对朝"托管"政策陷入死结。这首先是由于朝鲜半岛右翼民族主义者为主体的反"托管"运动越来越受到民众支持，经过日本30多年殖民统治的朝鲜民众迫切要求独立，至少是不认可"托管"政策。支持实施"托管"政策的是一些左翼人士，他们希望能够通过"托管"政策的实施在将来可以按照他们的意愿实现统一。但在1947年夏，美国通过美苏联合委员会与苏联进行多次协商以后了解到，苏联打算通过"托管"政策使整个朝鲜半岛实现共产主义。由于朝鲜半岛政治派系林立且斗争不断局面的存在，使得美国一直以来打算在该地区建立一个采取中间路线的联合政府的努力也陷于停滞状态。实现"托管"的可能性越来越渺茫，美苏在各自占领区内酝酿建立独立政权的活动在1947年8月间已皎如日星，[③] 苏联方面在1947年也逐渐切断朝鲜半岛南北交通及通讯联系。也就是说，在美国调整其对半岛南部政策的同时，苏联在北部也积极地扶持亲苏政权的发展。

三 撤军问题及其影响

太平洋战争结束后美军进入朝鲜半岛南部，但很快就发现它在朝鲜半岛的

[①] The Political Adviser in Korea (Langdon) to Secretary of State (Seoul), January 17, 1947, FRUS, 1947, Vol. VI (The Far East), GPO, 1972: 599.

[②] Dr. Syngman Rhee to President Truman (Washington), March 13, 1947, FRUS, 1947, Vol. VI (The Far East), GPO, 1972: 620.

[③] 美方若干具体表现可参见 Memorandum by the Assistant Secretary of State (Hilldring) to the Secretary of State (Washington), August 6, 1947, FRUS, 1947, Vol. VI (The Far East), GPO, 1972: 742.

军事占领面临诸多困难。1945 年 12 月，麦克阿瑟向参谋长联席会议提出建议，"应该正式考虑与苏联达成一个双方军事力量同时撤出朝鲜的协定"①。1947 年秋，美国在不断克服南部朝鲜复杂的政治经济局面并与苏联较量的同时最终决定撤军。美国政策决策者的这种决定一方面是由于美国军事预算削减的内部压力而做出的；另一方面也是基于对东亚政治情况的认识而做出的，他们认为东亚地区是一种"多极"格局，这种想法在此后的两年时间内一直占据主导地位。然而，新中国成立及苏联成功试爆原子弹以后，美国原来评估的东亚存在多极力量的观点开始迅速向"两极"观点转化。

(一) 撤军问题的产生与发展

二战接近尾声时美军在朝鲜半岛南部登陆接受日军投降并开始向该地区提供大量经济援助，美国在朝鲜战争爆发前向韩国提供的用于经济恢复和发展的援助总额达到 4 亿美元。② 彻底推翻日本在朝鲜的统治并占领整个日本和半岛南部后，事实进一步表明美国在东北亚地区事务中的举足轻重作用。这时美国对朝鲜半岛的影响与其此前在该地区的影响相比不可同日而语，与朝鲜李氏王朝末期美国对朝鲜的冷漠也形成鲜明对比，这种情况的出现是美国战后整体战

---

① 道格拉斯·麦克阿瑟在 1945 年 12 月 16 日从东京给参谋长联席会议发送一封关于美国在朝鲜半岛面临如何困境的电报。他列举了六个方面的"困境"、一个结论和五点建议。麦克阿瑟所指的"困境"，如"美苏分区占领局面不可能为实现朝鲜经济发展以及半岛统一奠定基础"。朝鲜民众急于立即实现盟国所允诺的"独立"，但却忽略了"在适当时刻（独立）"这个前提（麦克阿瑟称，在朝鲜语中没有能够表达"in due course"这个词汇）。南部朝鲜的局势极其利于共产主义势力的发展。朝鲜人将"托管"视为悬于其上的"达摩克利剑"，如果现在或者将来某时将其强加于他们则会引发叛乱。苏联占领半岛北部的一些做法对我们而言是不可理解的（在"三八线"以北建造预防入侵的战地防御系统；将武装警戒线南移超过美国地图标线达千余码等）。麦克阿瑟的结论：在当时情况和政策框架下美国对半岛南部实施占领实际上就是在滑向政治经济深渊边缘。在其五点建议中麦克阿瑟将"清除三八线障碍以便实现半岛统一"和"发表声明明确表明放弃托管"置于首位。麦克阿瑟最后提到美苏同时从朝鲜半岛撤除军事力量。具体参见 General of the Army Douglas MacArthur to the Joint Chiefs of Staff [Tokyo, 16 December, 1945], FRUS, 1945, VI (The British Commonwealth, The Far East), GPO, 1969: 1144 – 1147。

② 1954 年至 1961 年 6 月末，美国对韩经济援助额累计达到 24 亿美元。大多是以原材料和基本商品形式提供的。参见 The American Assembly (Columbia University). The United States and Far East (2nd Edition), Prentice-Hall, INC, 1962: 92。

略布局的需要。在这一时期美国对朝政策的基本目标就是实现朝鲜独立，关于这一点美国在开罗宣言及一系列声明当中已做出承诺。朝鲜独立不仅对朝鲜人自己有利，而且更有助于加强整个东亚地区的稳定。因为美国当时认为："日苏任何一方占有朝鲜都会给中国控制'满洲'造成不利局面，这样就不会有一个强大而稳定的中国，同样就不可能指望远东地区会出现持久政治稳定局面。"[①] 这清楚地说明，美国对朝政策不仅涉及主要对手苏联且涉及中日两国，因此这些国家也成为美国制定东亚政策的主要考虑因素。

美国朝鲜半岛"占领军"负责人约翰·霍奇（John Hodge）[②] 主要利用日本留下来的警察组织等殖民机构管理战后事务，同时他还对实行"托管"进行了一些准备工作，但由于后来政局变化而未能得到落实。苏联在北部设立"人民政治委员会"，间接建立了一个亲苏体制。最初，苏联打算扶植朝鲜民族运动领袖曹晚植，但他在1946年年初之前一直反对"托管"政策，于是苏联另寻他人。金日成参加抗日游击队活动并因此赢得名誉，二战后期他是哈巴罗夫斯克苏军第88旅一名上尉。他深受斯大林、贝利亚及苏军统帅的赏识，认为他比其他也具有潜力的人更适合未来朝鲜政局发展趋势。不久，美国方面发现苏联在利用缴获的日本武器装备在"三八线"以北组建朝鲜军队，还利用广播和报纸及空投宣传册等方式不断加强宣传。美国政府朝鲜问题顾问梅来尔·本宁霍夫（Merrell Benninghoff）认为："如同使东欧国家苏化一样，苏联极有可能使北部朝鲜苏维埃化。"[③] 约翰·霍奇努力与苏联的科斯提亚科夫（Chistiakov）将军建立一种令人满意的联系，邀请他与会讨论共同关心的事务，还提出参观苏联在朝鲜的指挥部等要求，苏方或者拒绝或是没有任何反应。因此，霍奇对于美苏两国在占领区军事层面上合作的可能性问题表示了悲观态度。[④] 根据1945年12月双边协定成立的"美苏联合委员会"于1946年

---

① Policy of Korea, *U. S. Department of States*. FRUS, 1946, Volume VIII（The Far East），Washington D. C. GPO, 1971：697.

② 约翰·里德·霍奇（John Reed Hodge, 1893—1963），美国陆军将军。他曾经参加过一战，在法国和卢森堡战场服役。二战间晋升为少将和中将军衔，是美国第24集团军司令。1945—1948年是美国在朝鲜半岛占领军军政府负责人。

③ The Political Advisor in Korea（Benninghoff）to the Secretary of State, 29 September, 1945, FRUS, VI, GPO, 1969：1065.

④ The Political Advisor in Korea（Benninghoff）to the Secretary of State, 29 September, 1945, FRUS, VI, GPO, 1969：1066.

春召开首次会议但却无果而终。苏联代表团提出动议，大多数美占区右翼势力被排除在外，不参与新政府组建工作。若此，那未来的朝鲜政府就由共产党控制了，这是美方不能接受的。当美苏协商陷入窘境之时，美方感到有必要调整其谈判方式。

　　进入1947年，美国军事实力的发展已跟不上其对外政策指针的转动频率。尽管欧洲对峙局面不断升级，但1947年美国的防卫能力却相对减弱。美国公众及国会不断向政府施压，要求杜鲁门从朝鲜半岛撤军并复员军队。美国当时的确已经掌握了核武技术，但其核武生产能力远落后于其对外政策的发展速度。另外有些外交问题非常棘手但却不能诉诸原子武器，比如防止伊朗问题、希腊和土耳其游击队问题、保持在朝鲜半岛南部实施军事占领问题等，所有这些都需要有地面部队介入才能够按照美国的目标加以解决。从实际情况看，美国的军事力量还不能做到游刃有余。

　　杜鲁门政府在1947—1950年间在朝鲜半岛问题上主要有两派意见：一派主张继续保持美国在该地区的存在，将其视为后殖民时代如何发展西方民主的一个试验场，朝鲜南部一旦被"赤化"不但在本地区内而且会在全球范围内产生多米诺骨牌效应；另一派认为应该尽早从半岛撤出军事力量，他们认为朝鲜半岛并非美国对外政策优先考虑之所。美国国务院最初主张，在美国帮助和保护下使朝鲜发展成为一个统一的民主国家，但到1947年年中转而对战争部"撤军"意见表示支持。李承晚及其支持者则认为，在实现统一前朝鲜南部应立即实现独立，同时要求美国在美苏两国实现同时撤军前应在朝鲜半岛南部"保持其军事存在"。① 但李承晚反对美国此前曾提出的关于建立"与共产党建立联盟并进行合作"的主张，同时美国方面也拒绝了关于立即实现南部独立的要求。在美国看来，"使南部朝鲜独立"虽然可以成为美国摆脱在此地的经济负担，但却会导致朝鲜半岛"经济混乱局面"并由此在国际社会造成美国在与苏联对抗中败阵的错觉。到1947年年初，朝鲜半岛面临的政治经济纷乱局面使得美国对朝政策面临一个重要的选择，即继续实施援助计划还是将大约4.5万人的军事力量撤出半岛。

---

① Syngman Rhee, *A Solution of the Korean Problem*, FRUS, 1947, Vol. Ⅵ (The Far East), GPO, 1972: 604–605.

(二) 美国对朝局势评估及撤军政策的实施

根据1947年2月美国官方文件记载,美国对朝政策目标可概括为以下三个方面:其一,尽快建立一个独立于外部力量的自治政府,并尽快获得联合国成员国资格;其二,所建新政府完全能够代表民众自由表达意愿;其三,帮助朝鲜建立良性发展的经济和教育体制,这是一个民主独立国家存在的重要基础。[①] 在盟国对朝鲜半岛实施军事占领的最初阶段美苏分歧明显缺乏有效合作,朝鲜的政治经济困难由于这种人为分割而越加严重,美国实现其目标的希望也越加渺茫。在1947年年初美国军界和政界对朝鲜半岛未来发展趋势已有预见,认为极有可能给美国造成巨大麻烦。美军驻朝最高军事指挥官霍奇断言,"在接下来的几个月里如果美苏联合委员会不复会、如果不在政府层面进行积极磋商,美国或失去在朝鲜完成其使命的机会,也会在暴力威胁不断增加的情况下失去朝鲜对美国的信任"。[②] 美国国务院打算利用大规模援助的方式加强南部朝鲜的力量,在已获国会批准预算的基础上另增加5000万美元的无偿援助。[③] 1947年2月末,协调各部关系的"朝鲜问题特别委员会"取得一致意见,决定将不再采取主动的"政府接近"的形式来恢复同苏联的协商,因为"苏联将会把美国的这种做法视为它在朝鲜问题上示弱的表现,美国周密计划使用带有进攻性的方法可最大程度减少苏联的这种感觉"。[④] 同一备忘录还指出,制订能够推动南部朝鲜政治、经济及文化发展的计划是十分必要的,这不仅是改善其令人沮丧的不景气局面的需要,而且也可增加美国在将来对苏谈判的砝码。特委会还提出,在1947年后的三年里向南部朝鲜提供6亿美元

[①] "特委会"对当时美苏在朝鲜问题上的矛盾提出解决细案,设计了"协商"与"不协商"两种方案。具体参见 Draft Report of Special Interdepartmental Committee on Korea [Washington, February 25, 1947] (Present Situation in Korea), FRUS, 1947, Vol. VI (The Far East), GPO, 1972: 610。

[②] Memorandum by the Director of the Office of Far Eastern Affairs (Vincent) to the Secretary of State, January 27, 1947, FRUS, 1947, Vol. VI, GPO, 1972: 601.

[③] Memorandum by the Director of the Office of Far Eastern Affairs (Vincent) to the Secretary of State, January 27, 1947, FRUS, 1947, Vol. VI, GPO, 1972: 602.

[④] Memorandum by the Special Inter-Departmental Committee on Korea, Washington, February 25, 1947, FRUS, 1947, Vol. VI (The Far East), GPO, 1972: 608.

援助，其中2.5亿美元为1948年财政年度使用，"若无此类计划及必要立法措施做保证，朝鲜南部局势将会恶化并严重贬损美国的国际地位"。① 1947年春，美国开始忙于援助世界各地的"自由主义战士"——这是杜鲁门主义的主要内容之一，但实际上它并没有能力对所有"战士"进行援助。1946年下半年美国经济出现通胀局面并有恶化的趋势，在力所不支情况下需要优先选择援助目标，希腊和土耳其被排在首位而非南部朝鲜，这也是根据此前美国提出的"防御圈"理论而做出的决定。②

在围绕是否从朝鲜半岛撤军问题上，在美国内部存在分歧。如果美国停止对南部朝鲜的援助，美国军事力量就无法继续驻屯该地区，因为美援一旦停止便会导致朝鲜南部经济崩溃，在美国占领区会同时出现骚乱局面。如果美国撤军则会导致苏联或者苏联支持的力量占领南部地区，其"最终结果便会在朝鲜半岛形成一个苏联的卫星国"，撤出全部美援会"极大损毁美国在亚洲人民心目中的道义声誉"。③ 由此看来，是否从朝鲜半岛撤军问题使美国一时间陷入进退维谷之境。

美国国务院在援助南部朝鲜方面态度比较明确，但在是否撤军问题上并未明确表态。战争部官员大都认为应撤军，且应尽快撤军以便更多关注中国局势之发展。持反对意见者认为，撤军会导致中国东北和上海以北沿海地区及日本受到苏联控制和影响，进而造成对美不利局面，至少应签署一个相关协定对苏联有一定约束的条件下再撤军。朝鲜半岛北部由于苏联势力的存在而造成的压力有可能直接转嫁给日本和冲绳美军基地，这必然使美国倍感威胁。从预算压

---

① Memorandum by the Special Inter-Departmental Committee on Korea, Washington, February 25, 1947, FRUS 1947, Vol. VI (The Far East), GPO, 1972: 609.

② 美国的防御范围大致包括：从阿拉斯加到菲律宾再到澳大利亚的太平洋海陆地区、从格陵兰岛到巴西再到阿根廷巴塔哥尼亚的大西洋地区。上述两个区域面积占大陆表面积的40%，人口只占25%，余者为旧大陆国家和地区（欧亚非）占据。美方分析，就战争能力和人力而言，美方显弱，因此需要争取旧大陆一些国家的支持以扭转这种不利局面。参见 Memorandum by the Joint Chiefs of Staff to the State-War-Navy Coordinating Committee, May 12, 1947 (Appendix), FRUS, 1947, Vol. I (General; The United Nations), GPO, 1973: 739。

③ Report to the President on China-Korea, September 1947, Submitted by Lieutenant General A. C. Wedemyer, FRUS, 1947, Vol. VI (The Far East), GPO, 1972: 803.

力和美国全球战略角度考虑,战争部若干要员坚持主张尽快撤军,① 战争部部长帕特森是代表人物之一。他指出:"就(各地占领军)强度而言,朝鲜是最难控制的地区。从美国安全利益考虑,保持驻军政策并无长远利益可言——尤其是在与苏联无法达成(半岛统一)相关协议的情况下更是如此。"② 他指出了对朝政策与日本的关系,并强调了美国东亚政策的整体性。这一点很具前瞻性,这在此后历史发展过程中得到了印证。

美国在分析、判断和制定其半岛政策过程中难题层出不穷,但为了实现它在东亚的政策目标也必须不断地拔丁抽楔排除障碍。在美国国务院与国会就"预算"问题进行激烈辩论的同时,朝鲜半岛内部政治问题也使美国感到非常困惑。李承晚等人极力主张尽早实现朝鲜独立,美国对此并不乐观。在美方看来,实现其朝鲜政策目标的"主要障碍"(chief obstructions)是半岛分裂的现实,但李承晚和金九等人领导下的"极右团体"(extreme rightist groups)采取不合作甚至设障的做法极力阻挠莫斯科协定的落实。③ 美国驻朝鲜政治顾问杰克布斯(Jacobs)在给国务院的报告中指出,朝鲜民众处于半奴隶制(semi-slavery)统治下时来已久,他们期盼解放独立与自由,即便目前在"温和的统治"(mild rule)下也会觉得美国的存在是一种障碍。南部朝鲜至少30%的人属于左翼力量,他们受到第三国际共产主义势力的领导必在美苏战线上支持苏联一方。南部朝鲜还有大批右翼势力及中间派,他们之间矛盾分歧严重,都希望在美国支持下将国家置于其控制下——这些人头脑简单地认为或是希望美国会"毫无节制地"(without control)持续地向其提供援助,用美国(在半岛)有限的军事力量来"奇迹般地"(magically)保护他们使之免受苏联的进攻。④

---

① 这些观点的代表人物主要是"陆军计划与行动处"(Army's Director of Plans and Operations)主任、少将劳瑞斯·诺斯塔德(Lauris Norstad),陆军情报局局长(Director of Army Intelligence)、少将詹柏林(S. J. Chamberlain)以及战争部部长帕特森等人。详见:Seung-young Kim, *American Diplomacy and Strategy toward Korea and North Korea and Northeast Asia, 1882—1950 and After: Perception of Polarity and US Commitment to a Periphry*, Palgrave Macmillan, 2009:151 - 153。

② Memorandum by Secretary of Defense (Forrestal) to Secretary of State (George Marshall), 26 September, 1947, FRUS, 1947, Vol. VI (The Far East), GPO, 1972:626.

③ Report to the President on China-Korea, September 1947, Submitted by Lieutenant General A. C. Wedemyer, FRUS, 1947 Vol. VI (The Far East), GPO, 1972:796 - 803(参见第801页)。

④ The Political Adviser in Korea (Jacobs) to the Secretary of State [Seoul], September 19, 1947, FRUS, 1947 Vol. VI (The Far East), GPO, 1972:805.

字里行间可以看出，朝鲜南部混乱的政治状况使得美国决策层感到十分棘手并多少显示出"束手无策"的状态。

美苏关于朝鲜问题的联合委员会第一轮谈判陷入僵局后，美国国务卿马歇尔和苏联外长莫洛托夫在1947年4—5月直接交换了意见从而缓和了谈判气氛，但苏联代表团在谈判过程中复归原立场，致会议再陷死结。美方曾发出"联合报告"等类似的复会信号，但苏方要么直接拒绝要么不做反应。美国政府提议召开中美英苏四方会议以便解决朝鲜问题时也遭到苏方拒绝，美苏关于朝鲜问题的意见分歧越来越难以弥合。美苏联合委员会于1947年7月29日召开了历时四个半小时的第48次会议，会间苏联代表对朝鲜北部地区的"成功改革"大加"褒奖"（extol），并以此和南部朝鲜的糟糕状况进行对比。更为让美方沮丧的是，苏联除此之外并没有提出新的建议，而且拒绝了美方提出的意见，认为都是"不值得认真考虑的"。①

随着美苏矛盾的凸显，美国对国际局势的分析也在紧张进行，朝鲜问题退居美国全球战略的外围。战后初期，从杜鲁门主义和马歇尔计划的内容很容易看出美国对欧洲十分关注，朝鲜半岛的政治意义在美国对外战略中的分量下降。美国国务院、战争部和海军部三部门联席会议在1947年4月形成一份机密文件，三部门联合对"美国对外援助政策、步骤及成本"问题进行了详细分析。战后只有美苏两国能够大规模生产制造军事装备和武器弹药，许多国家和地区便成为美苏两国争夺的对象，它们倒向美苏任何一方都被认为是对另一方安全利益的损害。为此，美国在1947年4月确定了"符合美国利益"并可对其提供军事装备及军事援助的国家和地区，② 尽管朝鲜半岛这时也在这个"名单"之中，但在美国全球整体战略中的位置并不靠前。上述三部门在1947年5月的另一份报告中指出，美国对外援助的力量是有限的，应对具体拟援对象进行细致考查，使援助活动更为直接有效进而为美国全球战略目标及国家安全服务。就需要援助的迫切程度而言，朝鲜半岛位列第四；就安全利益而言，

---

① The Political Adviser in Korea (Jacobs) to the Secretary of State [Seoul], July 30, 1947, FRUS, Vol. VI (The Far East), GPO, 1972: 736.

② 欧洲：意大利、法国、奥地利、挪威和西班牙（视情况而定）；西半球：加拿大和拉美共和国（Latin-American Republics）；远东地区：朝鲜、中国和菲律宾；近东和中东：希腊、土耳其、伊朗、近东其他地区和中东。参见 Report by the Special Ad Hoc Committee to the State-War-Navy Coordinating Committee, April 21, 1947, FRUS, 1947, Vol. I (General; The United Nations), GPO, 1973: 725。

最具战略意义的是欧洲（西欧），其次是中东、西北非、拉美及远东地区，朝鲜在16个可继续得到美援的国家和地区中位于倒数第二；从美国国家安全角度来分析，则处16国中倒数第四。① 在美国最为关注的后两组排序中，英、法、德均位于前列，菲律宾、中国和朝鲜位列最后。这是根据对美国的战略价值而做出的判定，如果美国的资源不足以在所有战线上抵制意识形态领域之敌人，"放弃对朝鲜进一步实施援助，可将这些援助转而集中于那些对美国具有更大战略意义的地区"，而如果需要将目前这种外交及意识形态的战争转为武装冲突的局面到来，"朝鲜对于维持美国国家安全而言几无裨益甚或没有"，所以"只能是在首先满足那些对于能够保持独立并对美国维持友好关系的国家提供优先援助而后再考虑援朝问题"。②

上述情况说明，美国已确定战后初期它的对外政策重点是在欧洲，余者均属外围，这种政策调整既是美国根据国际政治变化来确定的，同时也是综合考量自身能否进一步全面承担对外援助责任的结果。美国经济在1946年下半期出现严重通胀，如果继续加大对外援助，通胀局面在1947年就可能进一步恶化，因此在对外援助问题上也需要做出轻重缓急的"排序"。美国将欧洲定为"优先"地位是因为美苏两国在该地区进行激烈争夺的程度远甚于在其他地区的较量，对外政策服务于国家利益的规律是美国确定此"排序"的客观依据。

在撤军实施过程中，美国冷战理论的倡导者乔治·凯南发挥了很大作用。他在考虑美国全球政策过程中突出强调对苏联实施遏制政策，认为苏联在战后初期没有能力发动一场同美国的战争。凯南的这种看法与同期美国战争部的观点大体一致：苏联的力量不足以发动一场整体战，尽管它具有迅速动员并占有欧亚大陆的能力，但在欧亚大陆以外的军事实力非常有限，因为它不具有高效的经济体系、没有大规模杀伤性武器、缺少远程轰炸力量且远洋海军力量也匮乏。③ 凯南建议美国

---

① Memorandum by the Joint Chiefs of Staff to the State-War-Navy Coordinating Committee, May 12, 1947 (Appendix), FRUS, 1947, Vol. I (General; The United Nations), GPO, 1973: 736 – 738.

② Enclosure (Discussion), FRUS, 1947, Vol. I (General; The United Nations), GPO, 1973: 744 – 745.

③ Estimate of the Possibility of War between US and USSR, July 21, 1947, War Department General Staff, Sec II, Box 76, NA, 1 – 2.

图2—8　杜鲁门（左一）与乔治·凯南（左三）等人在进行政策商讨
图片来源：Truman Library & Museum.

重点援助西欧和日本，① 或毗邻这些地区的希腊和土耳其，建议美国撤出朝鲜半岛。② 他在1947年9月讨论是否撤军问题时进一步提出其建议：朝鲜半岛并不具备想象中那么重要的军事意义，如果这是正确的，那么"我们的政策就应是减少我们的损失，体面地并尽可能快地从中抽身"。③

---

①　乔治·凯南在1948年2月就美国的日本政策指出，应设计一种政策以便使日本列岛免受共产主义势力渗透与控制、可免受苏联军事进攻；这种政策还应使日本的经济潜力得以发挥以便使之再度成为远东地区的一支重要力量，从而为太平洋地区的和平与稳定做出贡献。参见 Report by the Policy Planning Staff, February 24, 1948 (The Far East), FRUS, Vol. I (General; The United Nations, Part 2), GPO, 1976: 510 – 525（引文在第525页）。

②　美国方面的上述政策趋向并非说明美国放弃了对南朝鲜的援助，从1946年5月至1947年3月，美国在"民用供给计划"（Civilian Supply Program）框架下已对其提供了9100万美元援助，到1947年9月另有1000万美元额外民用援助计划也在实施中。美国国会已批准1948年财政年度对德国、奥地利、日本和朝鲜的援助总额为6亿美元，朝鲜将获得其相应部分。美国助理国务卿萨茨曼（Saltzman）还表示，美国政府承认，作为被解放地区的朝鲜应该在任何可能情况下能够得到"优先对待"（preferential treatment）。参见 The Assistant Secretary of State for Occupied Areas (Saltzman) to Mr. Ben C. Limb, of Washington [Washington], September 10, 1947, FRUS, VI (The Far East), GPO, 1972: 786。

③　Memorandum by the Director of the Policy Planning Staff (Kennan) to the Director of the Office of Far East Affairs (Butterworth) [Washington], September 24, 1947, FRUS, 1947, Vol. VI (The Far East), GPO, 1972: 814.

美国国防部长詹姆斯·福莱斯德（James Forrestal）在随后给国务卿马歇尔的备忘录指出，从军事安全考虑，目前在朝鲜半岛维持驻军及军事基地的存在对美国而言几乎毫无战略意义……美国打算在亚洲大陆采取的任何进攻性行动都极有可能绕过（bypass）朝鲜半岛，如果在中国东部地区、"满洲"、黄海、日本海及毗邻岛屿出现妨碍美国行动的状况，可依靠空中力量来制衡，这种做法更为可行，而且比大规模地面行动的成本低得多。维持对南朝鲜的占领状态需要大量开销用以应对传染病等纷乱无序社会问题，而这些都可能对美国占领军产生极大威胁，这对美国长远安全利益几乎没什么好处……应将其部署到对美国安全利益更重要的地区。① 美国还打算将朝鲜问题"移交"联合国以便体面地实现撤军，此前国务院认为美国单方面将朝鲜问题提交联合国是"不令人满意的"（unsatisfied）做法，② 而这时则转而同意撤军，这也标志着杜鲁门政府朝鲜半岛政策的转折。

美国国务院集体审议"撤军"政策的会议在1947年9月29日举行，与会者除正副国务卿、乔治·凯南、迪恩·腊斯克等核心人物外，还有远东事务局负责人沃尔顿·巴特沃斯（Waldon Butterworth）、东北亚事务办公室负责人约翰·艾里森（John Allission），他们共同商讨了朝鲜问题。与会者在撤军问题上一致认为，"政府应该通过所有恰当的手段努力解决朝鲜问题，在负面影响控制在最低程度上尽快实现撤军"③。美方很快形成了对朝宏观政策，其中以国家安全委员会1948年4月2日的"第八号文件"（NSC-8）为代表。国家安全委员会认为，苏联在朝鲜问题上的政策目标是要永久控制整个朝鲜半岛，这有助于加强苏联在处理对华关系和对日关系过程中的政治地位和战略地位，从而也会对美国在整个东亚利益产生威胁。总体来看，朝鲜半岛两个政权对立局面出现以前美国的半岛政策可概括为以下几点：其一，尽快在半岛上建立一个统一的、自治的、拥有主权的朝鲜，不受外部力量控制并成为联合国成员。其二，所成立的政府应能够完全代表朝鲜民众意愿。其三，帮朝鲜建立健康有

---

① Memorandum by Secretary of Defense (Forrestal) to Secretary of State (George Marshall), 26 September, 1947, FRUS, 1947, Vol. VI (The Far East), GPO, 1972：817.

② Possible Courses of Action, FRUS, 1947, Vol. VI (The Far East), GPO, 1972：611-613.

③ Memorandum by the Director of Office of Far Eastern Affairs (Butterworth) to Under Secretary (Lovett)［Washington］, October 1, 1947, FRUS, 1947 Vol. VI (The Far East), GPO, 1972：820.

序的经济和教育体系,为朝鲜成为一个独立和民主的国家奠定基础。① 这一政策内容与1947年2月确定的对朝政策基调毫无二致。② 在 NSC-8 文件中,美国倡导美苏双方在1948年年底前实现撤军,并且指出,"美国在朝鲜半岛保持驻军及基地几乎没有战略意义"。③

另外,美国战后军事预算的下降也是促使其撤军政策出笼的因素。战后两年间,美国军事力量从1200万人骤减至140万人;同时军事预算总额不断缩减,战争部1947年财政年度预算额由84亿美元削减到59亿美元,而且共和党占优势的国会将同年的"总统军事预算"又削减了10亿美元。这些情况必然使美国在德国、日本和朝鲜半岛等地的海外驻军任务出现困难,战争部部长帕特森就此指出,"如此削减预算将导致海外军事占领活动难以为继"。④ 苏联方面在1947年9月末表示,如果"美方同意就'1948年年初从朝鲜半岛撤出所有外国军事力量'问题达成协议,那么苏联军队也将与美军同时撤出朝鲜半岛"。⑤

(三) 撤军政策对相关各方的影响

美国政府内部围绕战后初期美国占领军的撤留问题存在明显分歧,最终"撤军"派意见占了上风。与其他地区比较,这时朝鲜半岛的战略价值在美国全球战略中的地位不高。从朝鲜半岛撤军逐渐在美国政策决策层中占据主流,

---

① Reported by NSC on the Position of the United States with Respect to Korea, 8 April, 1948. FRUS, 1948, Vol. VI (The Far East and Australia), 1974: 1164 (Enclosure).

② Draft Report of Special Interdepartmental Committee on Korea [Washington, February 25, 1947] (Present Situation in Korea), FRUS, 1947, Vol. VI (The Far East), GPO, 1972: 610.

③ The Under Secretary of the Army (Draper) to the Assistant Secretary of the State for Occupied Area (Saltzman), 22 December, 1948, FRUS, 1948 Vol. VI (The Far East and Australia), 1974: 1342.

④ Patterson to Alexander P. de Seversky, 8 February 1947, Box 27. Robert P. Patterson Papers, Liberary of Congress. 转引自:Seung-young Kim, *American Diplomacy and Strategy toward Korea and North Korea and Northeast Asia, 1882—1950 and After:Perception of Polarity and US Commitment to a Periphry*, Palgrave Macmillan, 2009: 147.

⑤ The Political Adviser in Korea (Jacobs) to the Secretary of State [Washington], September 26, 1947, FRUS, 1947, Vol. VI (The Far East), GPO, 1972: 816-817.

而苏联此间提出的共同撤军建议给美国"体面地"撤军提供了机会。① 美国驻南朝鲜的政治顾问在其 1947 年 9 月的报告中对朝鲜问题做了悲观的描述，他指出，如果朝鲜半岛未被美国政府界定为"重要利益区"（vital interest area），那么就应尽快体面地撤出。② 这份报告的主导思想正好与乔治·凯南的想法一致，他在给国务院"远东事务办公室"主任巴特沃斯（Butterworth）的备忘录中也借此再次强调了"体面撤军"问题。③ 参谋长联席会议也随即提出撤军的具体理由，这与"国务院—战争部—海军部联合委员会"（State-War-Navy Coordinating Committee）的意见也一致，同时美国还打算通过联合国采取行动以使其撤军活动更加"体面"。杜鲁门总统也明确表示支持撤军政策，他在 1947 年 9 月 25 日收到了参谋长联席会议提交的撤军建议书，这也反映了艾森豪威尔和尼米兹等重要人物的意见。到 1947 年 10 月，美国政界军界核心部门就撤军问题基本取得了一致意见。另外，1947 年年末至次年年初，乔治·凯南的意见对美国东亚政策的走向发挥越来越大的影响。他认为，从阿富汗到朝鲜半岛对美国而言均属次要地区，这些地区没有工业发展潜力；而且由于当地民族主义的存在，苏联占据这些地区也非易事。他还提出应首先重视那些与美国国家利益至关重要之地，而不应在那些军事及经济资源有限的地区过度做出承诺。他的这些外交思想在当时的美国比较为人所接收，他与国务卿马歇尔、国防部长弗雷斯特等当时美国政策决策层的核心人物之间有着密切的联系，因而他的意见也就很快成为美国调整其朝鲜半岛政策的指导思想之一。

朝鲜战争爆发前，撤军政策一直是美国对朝鲜半岛政策的基本内容。美国佐治亚大学教授威廉姆·斯托克（William Stueck）指出，"大韩民国"成立后

---

① 参加美苏联合会议第 61 次会议的苏联代表史迪科夫（Stikov）指出："苏联历来尊重小民族，现在依然如此。他们为了赢得独立和自己的主权已经进行了斗争，而且这种斗争依然会持续下去。因此，苏联代表认为，应该在没有盟军干预的情况下给朝鲜人民一个依靠自己组建独立政府的机会，这一点是可能做到的。如果美国代表同意，我们建议在 1948 年年初撤出全部外国军队。苏联军事力量也随时准备与美国占领军同时撤出朝鲜半岛。"参见 The Political Adviser in Korea（Jacobs）to the Secretary of State, September 26, 1947, FRUS, 1947, Vol. VI（The Far East）, GPO, 1972：816。

② The Political Adviser in Korea（Jacobs）to the Secretary of State, September 19, 1947, FRUS, 1947, Vol. VI（General; The United Nations）, GPO, 1973：806。

③ Memorandum by the Director of the Policy Planning Staff（Kennan）to the Director of the Office of Far Eastern Affairs（Butterworth）, September 24, 1947, FRUS, 1947, Vol. VI（The Far East）, GPO, 1972：814。

直到朝鲜战争爆发前的 22 个月时间里,"美国在朝鲜半岛采取的最重大的行动就是撤军活动"。① 直到撤军实施阶段,美国中情局还在其评估报告中表示:"(在朝鲜半岛)持续保持适量的军事力量不但可以防止外来入侵威胁,而且还有助于增强韩国人自己抵御侵略的能力与意志,保住这个国家还可以维持美国在远东的声誉。"② 这表明,中情局赞同在朝鲜半岛继续留驻军事力量的立场。可以看出,在撤军问题上美国内部一直存在分歧,不过后来主张撤军的一派获取了决定权。

除 500 名左右的军事顾问外,美国在 1949 年 6 月起陆续从韩国撤出其全部军事力量,在朝鲜战争爆发前也未对其提供大规模军事援助。美国在实施撤军政策之前充分评估了撤军活动可能对各方产生的影响。撤军政策会有助于美国进一步强化其以日本为中心的东亚军事基地,也可减少在朝鲜半岛出现与苏联直面对峙局面的几率。但与此相对应,苏联则会利用美国撤军之机向韩国施加利己影响。东亚其他国家会把美国撤军活动视为示弱表现,由此东亚地区可能出现有利于苏联的力量重组。撤军活动受限应选择在韩国安保力量有所提高的前提下进行,否则将失去韩国作为美国对苏战略的缓冲作用,这就会影响到美国驻日军事基地的安全,从而破坏美国在东亚地区的战略部署。美国战争部情报处认为在韩国保留驻军的意义不大,因为对朝鲜半岛此后可能出现决定性影响的事件不在于美国军事力量的存在与否,而是在于政治和经济因素的变化。在韩国持续保留少量美军对韩国的稳定只会有相对较小的心理作用而已。对韩国持续进行经济军事援助以及联合国派出机构的影响依然不足以维持韩国抵制共产主义的士气和意志,少量驻留的军事力量能否做到这一点也是值得怀疑的。③ 美国此时对韩经济影响较小,因为美国在朝鲜半岛的经济利益自近代以来一直是微不足道的,日本可能失去的是一个工业品和稻米等农产品的潜在市场,而苏联则可借机为其远东地区获取大量的非技术劳力,加之潜在的消费品生产与流通可能进一步加强朝鲜半岛与中国东北和苏联远东地区的

---

① Jongsuk Chay, *Unequal Partners in Peace and War: The Republic of Korea and the United States, 1948—1953*, Praeger, 2002: 115.

② Consequences of US Troops Withdrawal from Korea in Spring, 1949, ORE 3—49, CIA, February 1949: 1.

③ Consequences of US Troops Withdrawal from Korea in Spring, 1949, ORE 3—49, CIA, February 1949: 7.

经济往来。韩国经济发展一直依赖美国，韩国当时所能提供的战略物资只有少量的钨和石墨，从经济角度看对美国的意义不大。当韩美在东亚其他盟友间的经济活动相互融合后才能形成经济稳定局面，那时才会在经济上对美国产生影响。

韩国的存在对美国具有重大战略意义，它不但可以保护日本，而且更是美国在东亚地区抵制共产主义力量决心之体现。新中国成立前夕，"新成立的大韩民国能够坚持下去可以向东亚其他国家证明共产主义是可以避免的，也可以缓解那些国家对'中国陷落'的担心"[①]。1949 年春，美国在韩国驻军数量为8000 人左右（约为最初的五分之一），这种有限驻军的作用主要是协助韩国安保力量维持国内秩序及国内稳定，不能被视为抵制大规模军事进攻的力量。由于苏联一直抨击美国在朝鲜半岛的行动是"帝国主义侵略行径"，而此时美国一旦实行撤军计划则可使苏联的这种宣传在国际社会上失去依据。

从整体看，李承晚关于美国撤军问题的思想发展脉络大体如下：在美军占领初期，李承晚要求美军尽快撤离，这主要是考虑到两方面的国内因素：一是政治反对派；二是民众，尤其后者。朝鲜半岛民众在经历日本 35 年殖民统治后极力反对将其重置于另一国控制之下。李承晚就任韩国总统后态度发生变化，由于他能够利用手中权力"平息"民众的反对，所以主张驻韩美军继续留驻半岛南部地区直到韩国国防实力发展到足以自保之程度，尤其是朝鲜北部拒绝参加总统大选活动的决定使之备感苏联及其支持下的北方威胁的严重性。到 1949 年 5—6 月期间，李承晚已感到很难"留住"驻韩美军，于是开始公开宣传美军撤出后韩国面临的巨大危险、无力应对来自北方的大规模进攻，想方设法从美国索要更多军事援助。

四　朝鲜战争爆发与美国政策大调整

二战结束到 1948 年夏发生的一系列事件对朝鲜半岛产生极大影响：1945 年"三八线"形成，1945—1948 年，朝鲜半岛上冷战两大对手南北分区占领

---

① Consequences of US Troops Withdrawal from Korea in Spring, 1949, ORE 3—49, CIA, February 1949：6.

并形成严重对峙局面,经三年努力并未实现半岛和平统一,美国在 1947 年将朝鲜问题提交联合国,在冷战背景下朝鲜问题成为一个国际热点问题并最终导致两个对立政权的出现。1948 年夏到朝鲜战争爆发这两年时间内朝鲜半岛上的政治变化均是在上述背景下出现的,这段时期也是朝鲜半岛政治发展的一个关键时期,美国军事力量大规模重返朝鲜半岛不但是美国对外政策的极大变化同时也是美国亚洲政策的重大调整。

(一) 战争爆发前夕美国的政策评估

美苏两国曾决定在朝鲜问题上进行合作,但随着局势的发展美国放弃了此想法,在美占区开始一系列"建国"准备活动并由此产生连锁反应——这如同"两德"的产生一样,苏联也积极在半岛北部进行着类似活动,最终在 1948 年酿成半岛分裂的事实:大韩民国和朝鲜民主主义人民共和国先后于 8 月 15 日和 9 月 9 日成立。朝鲜半岛美占区和苏占区军事力量对比情况是前者劣于后者,[1] 这种局面在"大韩民国"成立初期亦然。韩国军队整体素质较低,武器装备及训练水平都比较落后,在镇压 1948 年 10 月国内反政府起义时又受到重大损失,加之军中连续的"整肃"运动等因素,使韩国军事实力又大打折扣。另外,韩国国内共产党领导的革命力量十分活跃。据 1949 年 2 月美国中情局评估资料,韩国 2000 万人口中共产党员数量为 1 万左右,但在政治、社会及文化领域中参与共产主义活动的人数远远超过该数字,甚或多于总人口的 10%。[2] 尽管困难重重,李承晚依然表现出坚决反共的决心:"韩国人能够也必将成功地保卫国家并走向民主。"[3]

---

[1] 在南部,美军数量约为 2 万人,美占区的朝鲜安全部队 5.7 万人(其中包括海岸警卫队 3000 人、警察部队 3 万人及美国训练和装备的安保部队 2.4 万人)。在北方,苏军数量约为 4.5 万人,朝鲜人民军 12.5 万人。参见 FRUS, 1948, Volume VI, GPO, 1948: 1166。

[2] Communist Capabilities in South Korea, ORE 32—48, CIA, 21 February 1949: 3.

[3] 李承晚对美国所提供的援助向杜鲁门表示感谢,其中说道"只要美国继续坚持'杜鲁门主义',韩国人民则能够和必将……"李承晚的"言谢"内容详见"1948 年 12 月 16 日致杜鲁门的信",Department of States, Truman Library and Museum。

图 2—9 《东亚日报》报道:"李承晚博士"绝对优势票当选韩国首任总统(1948)

图片来源:http://www.360doc.com/content/13/0421/18/1336297_279940465.shtml.

  李承晚政府确实面临着严峻的局面。苏联在阻止交通及南北方联系的同时还积极支持朝鲜发展军事力量,有上万名朝鲜青年在1946—1949年间被送往苏联接受军事训练,他们返回朝鲜后逐渐形成了朝鲜人民军中的骨干。在朝鲜政治和军事机构建立起来后,苏联于1948年年底陆续从朝鲜半岛撤出军事力量。从1949年夏到1950年5月,大约3.8万来自中国人民解放军的朝鲜族军事力量返抵朝鲜,① 苏军撤出中国东北时将包括T34坦克和"雅科夫列夫"战斗机在内的大批辎重留给了他们,极大提高了朝鲜的军事实力。到1949年6月,美国撤出了最后一支作战部队,为了弥补撤军给韩国造成的空虚,美国提供了军事和经济援助。李承晚借机向美国要求提供重型武器援助但未达到目

---

① Jung Byeong-Jun, *Hanguk Jeonjaeg: 38-sen Chungdol-gwa Jeonjaeng-ui Hyeongseong*, Seoul: Dolbe-gae, 2006: 467. 转引自: Seung-young Kim. *American Diplomacy and Strategy toward Korea and North Korea and Northeast Asia, 1882—1950 and After: Perception of Polarity and US Commitment to a Periphry*, Palgrave Macmillan, 2009: 195.

标，因为美国担心它会利用这些重型装备发动武力统一的活动。

苏联成功试爆原子弹以及新中国的成立是1949年下半年国际政治舞台的重大事件，这也是美国重新考虑其东亚政策的背景。美国虽然对"大韩民国"政府持支持态度，但直到朝鲜战争爆发前它并未被划入美国亚太"防卫半径"之中。特别关注欧洲事务的美国国务卿艾奇逊在1950年1月美国"全国新闻俱乐部"的演讲中提到了这个问题，他说韩国不在美国防卫范围内。[①] 艾奇逊因此备受指责，但他也并非完全抛弃韩国，他打算在不改变美国既定的远东军事战略前提下，通过提供援助方式来增强韩国实力。他为此持续努力争取国会通过对韩援助法案，但国会则主张紧缩防务预算开支，甚至大幅度削减对韩援助数量。这种局面一直持续到朝鲜战争爆发，此前无论是经援还是军援计划都未得到完全落实。

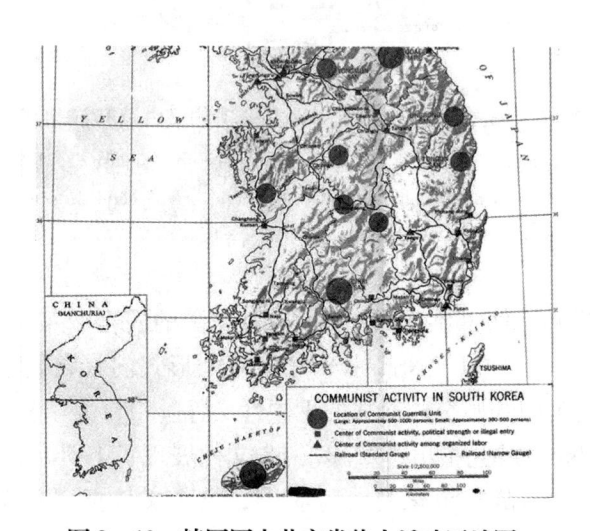

图2—10　韩国国内共产党势力活动区域图

说明：美国中情局绘制的"韩国国内共产党势力活动区域图"（1949年2月），圆形图示表示共产党领导的游击队力量（大的为500—1000人，小的为300—500人）；矩形图示表示共产党力量政治中心及活动中心；三角图示表示共产党组织的劳工运动中心。

图片来源：Communist Capabilities in South Korea, ORE 32-48, CIA, 21 February 1949: 11.

[①] 李明：《韩战前后的美国对华政策》，台湾"国立"政治大学外交系，"中国近代史的再思考"国际学术研讨会，"中央研究院"近代史研究所主办，台北，2005：7. (2005-07-01) [2007-09-08]. http://nccuir.lib.nccu.edu.tw/bitstream/140.119/27527/1/abstract8—2—1.pdf。

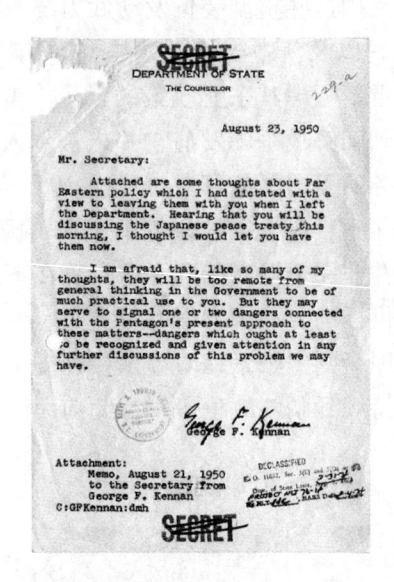

图 2—11　乔治·凯南给国务卿艾奇逊的文件（1950 年 8 月）

图片来源：Memorandum, George F. Kennan to Dean Acheson, August 23, 1950. Acheson Papers-Secretary of State File. http：//www.trumanlibrary.org/whistlestop/study_collections/achesonmemos/view.php?documentid = ki-14-7&documentYear = 1950&documentVersion = both.

美国国务院和国防部在 1950 年年初对美国的安全政策进行了重新评估，国家安全委员会在 4 月以"NSC—68 号文件"形式向杜鲁门总统提交了这份政策分析，这是美国开始全球冷战的纲领性文件。哈佛大学教授厄内斯特·梅伊（Ernest R. May）就此指出，"NSC—68 文件展现了 1950 年到 20 世纪 90 年代初苏联解体期间冷战军事化的大场景"①，这个文件把"在全球范围内遏制共产主义"的政策置于美国对外政策之首位。在此政策原则导引下美苏关系越发紧张，从而促使冷战趋向白热化。美国中央情报局曾了解到朝鲜向南进行军事调动的情报，但仅将其当作朝鲜方面的常规军事调动，英国驻日军事顾问的一份报告曾提请美方注意朝鲜在"三八线"附近的活动，另有其他情报和顾问人员也提供了这方面的信息，但这些情报信息并未引起美方足够重视。

---

① NSA—68，https：//en.wikipedia.org/wiki/NSC—68 [2016 – 10 – 19].

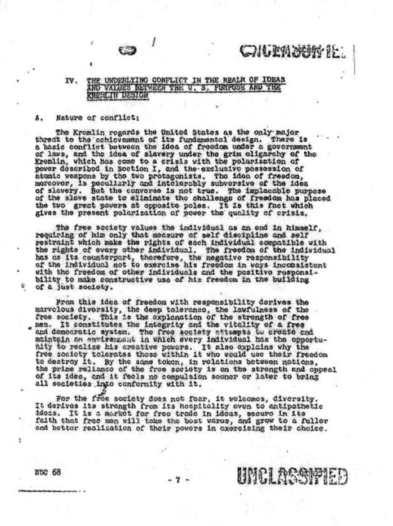

图 2—12　NSC—68 号文件（第 7 页）

图片来源：https：//publicintelligence. net/nsc—68/.

图 2—13　朝鲜战争期间的盟军远东司令部
（日本东京）的雷达中继站（1951 年 4 月 6 日）

图片来源：哈里·杜鲁门图书馆，http：//www.trumanlibrary.org/photographs/view.php?id=25126.

战争爆发前朝鲜半岛局势较此前显得稳定，这也是美国政府未予足够重视的原因之一。对朝鲜半岛的忽视政策在国会中也有体现，参议院外交关系委员会主席汤姆·康纳利（Tom Connally）即为其一。他在1950年5月5日的《美国新闻与世界报导》（US News and World Report）中指出："任何像朝鲜（半岛）这样的地缘位置都具有某种战略意义，但我认为不是非常重要，日本、冲绳及菲律宾群岛所组成的防御链被证明是绝对必要的。"① 这位参议员的这种表态遭到美国国务院的批评，而且也受到李承晚的指责。负责远东事务的助理国务卿迪恩·腊斯克指出，康纳利的言辞是失败主义态度的表现，国务院对此不能认同。李承晚则认为康纳利的表态是在公开"邀请"共产主义力量进攻并占领南朝鲜，他以极度讽刺和犀利的语言指出，"对于一个距离我们几千英里以外的人而言是很容易轻率地放弃朝鲜半岛及其三千万民众的，因其对美国来说毫无战略意义和其他重要性可言"，"无论如何也想不通，一个人以其正常的思维能够做出这样不理智的评断，更何况是参议院外交关系委员会主席！"② 不管有怎样的争论，战争的脚步已经迫近，美国政府对朝鲜的实力进行了评估并提出相应建议。

1950年5月10日，美韩"共同防务计划"代理主任欧力（Ohly）给远东事务助理国务卿腊斯克的报告中提议要增加对韩国的军事援助，③ 这种要求是建立在对北朝鲜军事实力分析的基础上的。美国国防部在欧力提交报告的同日就朝鲜军力情况进行分析，研究数据表明朝鲜军事实力总体上是增长的趋势。④ 战争爆发前韩国只有9.8万人的武装力量，⑤ 战争一旦爆发则不堪一击。中情局对朝鲜进行了综合评估并在6月19日的报告中得出结论："朝鲜民主主

---

① World Policy and Bipartisanship: An Interview with Senator Tom Coonally, May 5, 1950. 转引自：Memorandum by the Assistant Secretary of State for Far Eastern Affairs (Rusk) to the Under Secretary of State (Webb) [Washington], May 2, 1950, FRUS, 1950, Vol. VII (Korea), GPO, 1976: 64 – 66.

② Memorandum of Conversation by the Charge in Korea (Drumright), May 9, 1950, FRUS, 1950, Vol. VII (Korea), GPO, 1976: 77.

③ Memorandum by the Acting Director of the Mutual Defense Assistance Program (Ohly) to the Assistant Secretary of the Far Eastern Affairs (Rusk), May 10, 1950, FRUS, 1950, Vol. VII (Korea), GPO, 1976: 82.

④ The Charge in Korea (Drumright) to the Secretary of State, May 11, 1950, FRUS, 1950, Vol. VII (Korea), GPO, 1976: 83 – 84.

⑤ 这支武装力量到1950年8月损失减员一半左右，到1952年在美国支持下增至25万人。参见Chae-Jin Lee, A Troubled Peace: U. S. Policy and the Two Koreas, JHU Press, 2006: 37。

义人民共和国是一个牢牢被控制的苏联卫星国。"该报告还分析了朝鲜所面临的问题,如经济凋敝以及行政人力资源匮乏等,但其军事力量的发展却比较迅速,"无论是进行短期还是长期军事行动的能力正在得到进一步加强",而且与南部相比在"装甲车、重炮和飞机方面处于优势地位,因此即便在目前状况下朝鲜军队也很容易达到短期军事行动目标,甚至可以占领汉城"。朝鲜要实现长期作战的目标必然得到苏联的支持,而除非在万不得已情况下苏联(以及中国)的对朝援助也许不会以直接投入常规军事力量形式出现。① 中情局的评估是比较准确的,战争爆发后金日成率领朝军攻城略地进展迅速,并的确占领了汉城,这个历史事实印证了这时的评估结论。报告对苏联态度的分析也十分精准,因为它不打算与美国在朝鲜半岛进行一场常规战争,朝鲜战争爆发后苏联并没有在半岛上与美国发生直接军事冲突。

(二) 战争的爆发及美国重返朝鲜半岛

1950 年 6 月 25 日,朝鲜战争爆发。② 这场战争是冷战中的首场热战。在这里提"冷战"一词,主要是因为这场战争实际上更多的是体现为美国和中苏之间的较量。美国一开始就认为战争的爆发首先是苏联对朝鲜支持和怂恿的结果,因为"朝鲜政府完全处于克里姆林宫控制之下,没有莫斯科事先指令朝鲜则不可能采取行动",所以"对南朝鲜的进攻必然与苏联有关"。③ 战争爆发后,任何一方都竭尽全力地要把朝鲜半岛置于自己控制之下。对中国而言,一旦半岛失控于美国,中国必然陷入唇亡齿寒之困境,故而决定参战。

---

① 这份报告涉及朝鲜的诸多方面,除了一个综合报告以外还以附件形式研究了"苏联在朝鲜的地位""朝鲜政局""朝鲜经济形势""朝鲜军事实力",以及"(朝鲜)针对南朝鲜的行动"这类问题。具体参见 Memorandum by the Central Intelligence Agency, June 19, 1950, FRUS, 1950, Vol. VII, GPO, 1950: 109。

② 关于朝鲜战争的研究,笔者认为威廉姆·惠特尼·斯托尔克的《朝鲜战争再思考:一部新的外交与战略史》具有代表性。(William Whitney Stueck, *Rethink the Korean War: A New Diplomatic and Strategic History*, Princeton University Press, 2002.) 关于朝鲜战争的研究成果可见"'朝鲜战争'著作"(Korean War Books) 专题网站,该网站列出了 500 部左右英文专著,书目参见:http://www.bob-west.com/KWBOOKS.html。

③ Intelligence Estimate Prepared by the Estimates Group, Office of Intelligence Research, Department of State, June 25, 1950, FRUS, 1950, Vol. VII (Korea), GPO, 1976: 148 - 149。

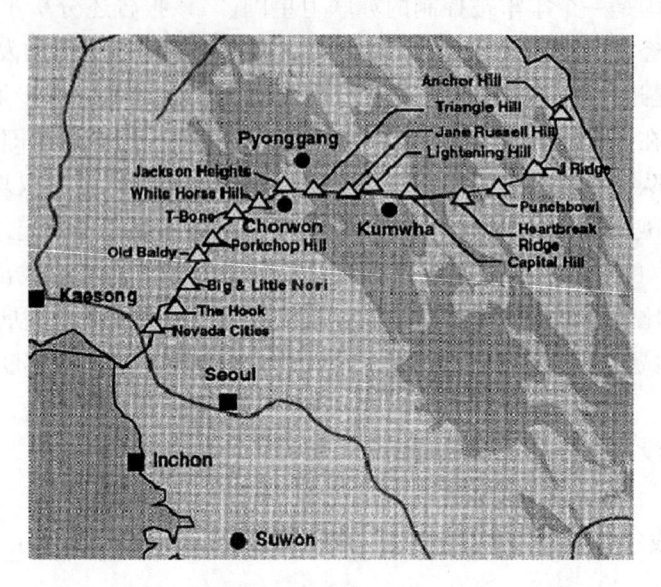

图 2—14　"三八线"附近战场位置（标识三角符号）

地图来源：http：//www.koreanwaronline.com/history/mlr.htm.

美国纠集十余个盟国组成"联合国军"进行干预，印度、意大利、挪威、丹麦和瑞典向"联合国军"提供医疗服务队，联邦德国在战争近尾声时提供了红十字医疗服务。从参战国数量来看，朝鲜战争可以说是一场世界大战，因此"朝鲜战争实际上就是第三次世界大战"。[①] 还有人指出，"朝鲜战争的爆发使该地区第一次在西方公众眼中显示了其真正的存在"[②] "是朝鲜战争而并非二战使美国成为世界政治军事大国"。[③]

杜鲁门政府在介入朝鲜战争后，最初打算依靠海空力量阻止朝鲜军事力量南进势头，但在发现韩国不堪一击时开始考虑地面部队介入，这是美国对朝鲜半岛既定军事政策的巨大变化。最初，美国的军事行动受到美国公众及国会的支持。1951年1月21日的盖勒普（Gallup）调查数据显示，被调查者中有

[①] Kenneth B. Lee，*Korea and East Asia*：*The Story of a Phoenix*，Praeger，1997：187.
[②] Geir Helgesen，*Democracy in South Korea*：*A Political Culture Perspective*，NIAS Press，1995：11.
[③] 语出美国国务院苏联问题专家查尔斯·波伦（Charles Bohlen），见于［美］德瑞克·李波厄特：《五十年伤痕——美国的冷战历史观与世界（上）》，上海三联书店2008年版，第109页。

81%的人表示支持该行动，13%反对，6%无观点。①

美国还极力争取使其军事行动具有"国际化"的色彩，因此对当时60个联合国成员国进行了动员，最终获得15国积极响应并参加了战争，道格拉斯·麦克阿瑟在联合国"授权"下指挥"联合国军"。从美韩联军方面看，除韩国外美国人员数量最多、伤亡也惨重。②美国之所以在朝鲜半岛进行这场战争，是因为美国人这时"处于一种糟糕的心境之中"（in an ugly mood），这是因其所面临的国内外两个类型的"3C"造成的，③它们之间相互作用相互制约，既推动美国发动这场战争，同时也是其尽早结束战争的动因。经过惨烈争夺，《朝鲜停战协定》于1953年7月27日签署。

敌对双方的热战结束了，但实际上在此后半个多世纪时间里朝鲜半岛南北双方依然火药味十足，其敌对程度随美苏冷战的升级而不断增强。对韩国而言，它对自身的安全问题依然忧心忡忡，美国在1953年10月1日与韩国签署了共同防御协定，韩国的紧张心理得以暂时舒缓。1954年1月26日，美国参议院以81:6的票数通过了该法案，美韩军事同盟形成。美国鉴于东亚地区的复杂国际局势，不断强化其对韩政策，实际这也是在一定程度上弥补二战以来

---

① Thomas A. Bailey, *A Diplomatic History of the American People* (7th Edition), Appleton-Century-Crofts (Division of Merredith Publishing Company, NY), 1964: 821, Note 5.

② 根据1954年1月美国战争部（Department of War）的统计数字显示，美方伤亡数字为：死亡36606人，失踪2953人，受伤103327人。参见Samuel Flagg Bemis, *A Diplomatic History of the United States* (4th Edition), Henry Holt and Company (New York), 1955: 960。美国还对印度、南斯拉夫、法国、伊朗及巴基斯坦等国对朝鲜战争的态度进行了情报分析，比如，"伊朗在美国抵制苏联的实力方面其信心持续下降……伊朗更强烈地倾向于严守全面中立政策，类似此前其政策——继续努力恢复大国在伊朗的势力平衡状态"。对其他国家态度的分析详见Korea, FOIA, CIA, December 6, 1950. Document Number: (FOIA) /ESDN (CREST): 0002018080, Document Creation Date: June 23, 2015。

③ 这两组"3C"实际是6个英文句或短语节略而成。第一组是推动美国参战的（外部）因素：朝鲜（"Korea"一词的旧称"Corea"）、弥补在华失利而造成的损失（Loss of China）、共产主义的恣意妄行（Communist coddling）；第二组是美国制约战争的（国内）因素：腐化堕落（corruption）、生活成本（上升）（cost of living）、变革要求（need of change）。20世纪50年代初，杜鲁门的民主党人的确在远东地区遇到很多棘手问题，"朝鲜"被称为"民主党项上的一匹死马"（原文为：Korea, with its bloody and frustrating futility, was a dead horse tied to the necks of the Democrats）。以上内容参见Thomas A. Bailey, *A Diplomatic History of the American People* (7th Edition), Appleton-Century-Crofts (Division of Meredith Publishing Company, New York), 1964: 825。

图 2—15 美军高级官员视察驻韩美军①（1951 年 4 月 12 日）

图片来源：哈里·杜鲁门总统图书馆，http://www.trumanlibrary.org/photographs/view.php?id=45781.

图 2—16 克拉克签署《朝鲜停战协定》（1953 年 7 月 27 日）

图片来源：https://en.wikipedia.org/wiki/Mark_W._Clark.

---

① 美国陆军部长弗兰克·佩斯（Frank Pace）（前左一）、爱德华·埃尔蒙德（Edward M. Almond）将军（中）以及威廉姆·霍奇将军（William M. Hoge）（右）在朝鲜清川视察美军第十集团军。

图 2—17　金日成签署《朝鲜停战协定》（1953）

图片来源：http：//koreanhistory.info/KoreanWar.htm.

它在该地区的一项"错误"决定。美国在朝鲜战争后总结其对外政策时指出，"我们在 1946 年制定解除日本武装方面犯了一个错误，因为我们误判了苏联领导人的意图。……我们在战后对日本和德国解除武装的政策做得太过头了（rather far）"①。由此看来，美国为了能够做到"亡羊补牢"而不断加强对日、对韩政策，进而促成此后东北亚地区的冷战对峙局面不断白热化。

自从 1953 年起，美韩两国一直保持着军事同盟关系。美国给予韩国大量经济援助，这是朝战后尤其是 20 世纪 60—70 年代韩国经济军事实力迅速发展的重要外在因素。李承晚本人在经济方面并不在行，执政十余年"没有一项全国范围内的经济政策"。② 美国经济援助占韩国国家预算的 30% 左右，对于缓解李承晚时期的经济紧张局面确实发挥了一定作用：食品、煤炭及轻型机械等关键领域的生产获得快速发展，纺织业产量比朝鲜战争前增加了 120%。煤炭、化工、渔船制造、金属开采等领域的新产业也发展起来，并开始建设水电

---

①　语出尼克松和杜勒斯。1953 年 11 月 19 日，美国副总统尼克松在日本东京访问时做了这种表态，国务卿杜勒斯在 12 月 7 日做了同样表态。分别参见 "The Associated Press. Japan's Disarming Wrong, Nixon Says", *The New York Times*, November 19, 1953 (1); Department of State Bulletin, XXIX, No. 754, December 7, 1953 (788).

②　Uk Heo, Terence Roehrig, *South Korea since 1980*, Cambridge University Press, 2010: 18.

项目。如果没有美援，韩国国内的庞大负担是李承晚政府无法应对的。参谋长联席会议的研究报告指出，到 1958 年年初，韩国政府将其各种资源（resources）的 71% 用在了防务方面。美援减少则会加大这种负担，而这个负担对于韩国政府而言"根本无法承受"（no way）。[1] 1953 年韩国人均收入为 67 美元，到 1959 年仅达到 81 美元。[2] 但发展的同时也存在着诸如失业等社会问题，在 2200 万人口中有 130 万人处于失业状态，还有 75 万人处于失业边缘或者打零工状态。[3]

图 2—18 李承晚在美国国会演讲（1954 年）
图片来源：《韩国先驱报》（*Korean Herald*），http：//www.koreaherald.com/view.php？ud=20130813000989&mod=skb.

---

[1] FRUS, 1958—1960, Japan；Korea, GPO, 1994：429.
[2] Oh John Kie-chiang, *Korean Politics*：*The Quest for Democratization and Economic Development*, Cornell University Press, 1999：34.
[3] Stuart Griffin, "Korea：Lethargy and Revival", *Eastern World*（*The Asia Monthly*），February, 1957：22.

另外，战争还给韩国造成 60 万遗孀和上百万孤儿。① 而且韩国军事、经济及进口贸易的发展对美依赖程度非常高，在 1959 年前达 80% 左右。② 到 50 年代末期，韩国反对李承晚的呼声越来越高，国内局势使之无法再次当选。然而，令人意外的是，李承晚竟然以 89% 的选票当选。很明显，如果没有大规模选举舞弊举动这种情况是不会出现的，这是当时李承晚控制下的警察机构和内务部共同促成的。③ 选举结果公布后，韩国出现了全国范围的反抗浪潮。于是，国内政治腐化和贪污盛行以及经济发展的低效等因素使李承晚的独裁统治到 1960 年走到了尽头。

1960 年 4 月韩国爆发了反对李承晚政权的群众运动，约 180 人死亡、数千人受伤。④ 在一些阁员和美国驻韩国大使"建议"下，李承晚于 26 日被迫辞职，不久便离开韩国到夏威夷并在那里度过了余生。美国此间并没有试图去压制推翻李承晚政权的群众运动，以"牺牲"李承晚为代价扶持张勉上台——"此人英语比美国人说得还好"，⑤ 是当时韩国亲美政治人物。李承晚辞职后，韩国国内各种政治力量活跃起来。韩国政治体制转为议会制，国家权力重心由行政部门转向国民大会。李承晚的反对党民主党在 1960 年 7 月选举总赢得多数，尹潽善当选总统、张勉担任政府总理。

当时，新政府面临着严重的问题：第一，多数党派系纷争严重，政见多存歧义。第二，学生群体要求继续在韩国政治中发挥积极作用。第三，新政府没有能力恢复社会正常秩序。张勉本人很有教养但却过于谨小慎微，韩国国内媒体对他低下的领导水平及其低效的政策经常进行抨击，普通民众对张勉本人及其政府的未来也逐渐失去信心。军界有股力量早已对文官政府不抱希望了，一场军事政变正在酝酿之中。

---

① Richard Cavendish, "Troop Withdrawals from Korea", *History Today*, Vol. 54, Issue 8, Aug. 2004.

② 1948—1959 年间，美国对韩经济援助总额为 24.68 亿美元；1950—1959 年间美国对韩军事援助总额达到 12.9 亿美元。参见"US 'Aid' and Politics and Economy of South Korea", *Korea Today*, No. 71, 1962 (IV)。

③ Han Sung-joo, *The Failure of Democracy in South Korea*, University of California, 1974: 25 - 28.

④ 韩国新国家党过渡领导人以及主要在野党共同民主党人士在 2016 年 4 月 19 日集会，纪念 1960 年的"四月起义"活动。参见 Political Leaders Mark Anniversary of 1960 Uprising,《朝鲜日报》: http://english.chosun.com/site/data/html_dir/2016/04/20/2016042001116.html [2016 - 04 - 20]。

⑤ V. Dalnov, "Report on South Korea", *New Times*, No. 4, January 24, 1962: 7.

第 三 章

朴正熙军事政变及韩国政权过渡时期美国对韩政策

1961年1月20日，约翰·肯尼迪正式就任美国总统，他是美国历史上第一个天主教总统。肯尼迪在其就职典礼上宣布，"要让每个国家都知晓——不管他们对我们是爱是恨，我们将不惜任何代价来承担任何重担并直面各种困难，支持所有朋友，反对一切敌人，以此保证自由的存在并最终走向胜利"①。在冷战环境中，谁为"敌"、谁为"友"非常明了。作为美国在东北亚地区的两个堡垒之一的韩国是美国"肩并肩的盟友"②，所以肯尼迪政府也必然对其十分"关照"。

朴正熙于1961年5月16日成功发动军事政变后随即掌控韩国政权。从朴正熙政变集团来看，他们之所以采取如此行动有其深刻原因：首先，从李承晚直到张勉政府对于解决国内政治紊乱问题束手无策，朴正熙等军人对文官政府失去信心；其次，前两届政府对于解决国内经济问题低能无效；最后，军政两界存在严重贪腐问题，他们尤其对军界高官的贪腐问题非常不满。肯尼迪政府对该事件首先是短暂的"反对"，而后在不到半年时间里转为"支持"的态

---

① 肯尼迪决定调整美国对外政策，为此他重组了白宫工作小组及国家安全委员会成员，吸纳马克乔治·邦迪（McGeorge Bundy）、沃尔特·罗斯托夫（Walt Rostow）、泰德·索伦森（Ted Sorensen）以及小阿瑟·施莱辛格（Arthur Schlesinger, Jr.）等被称为"最好的、最聪明的"年轻助手。参见1961—1968：*The Presidency of John F. Kenndy and Lyndon B. Johnson*, Office if the Historian, http：//history.state.gov/milestones/1961—1968。

② *President Concludes Talks With General Park of Korea*, Department of State Bulletin, GPO, Dec. 4, 1961：928.

度。1961 年 11 月，朴正熙应邀访美这个事实说明，肯尼迪政府已正式认可了朴正熙政权。

一 军事政变前的美国对韩政策

肯尼迪政府上台后，美国对外政策发生明显变化，其表现之一就是对外援助政策的调整，以期"通过援助来结束援助"或"使帮助对象达到自助"（aid to end aid or helping people to help themselves）[1] 的目标。此项政策萌芽于艾森豪威尔时期。早在 1959 年，时任参议院议员的肯尼迪就提出，美国应该减少对外军事援助而应该增加经济援助的作用。这种建议的背景当然是出于美国全球战略考虑的结果，在肯尼迪就任总统以后也是按照这个思路进行政策调整的。美国对韩经济援助和军事援助总体趋于下降：1957 年到 1963 年经援总量从 3.69 亿美元降至 2.16 亿美元，1961 年到 1964 年军事援助总额由 2.3 亿美元降至 1.41 亿美元。[2] 肯尼迪政府在 1961 年 2 月讨论下一财年"美韩安全计划"时强调，应使经援成为美国今后开展对外援助活动的重点，那些与美国战略利益及安全利益相关的国家被分为 5 个类别，韩国被圈定在第一组中。[3] 美国在总体政策调整中也对其韩国政策进行了调整，而两个多月后韩国"五一六军事政变"的出现又为美国提供了进一步调整对韩政策的契机。

在对韩政策方面，肯尼迪政府希望能够制定和实行一种两全之策，使之既可以推动韩国社会经济发展，同时又能提高其防务能力。驻韩美军的存在能够发挥维持李承晚及张勉政权的作用，但同时也逐渐引发韩国反美主义情绪。国

---

[1] *South Korea: From Aid Recipient to Donor: US Aid's Role in South Korea's Extraordinary Transformation*, US Agency for International Development, www.usaid.gov/locations/asia.

[2] James Morley, *Japan and Korea: America's Allies in the Pacific*, Walker and Company (NY), 1965: 56。并不排除这个时间段内的小幅波动，比如 1961—1962 年美国对韩经济援助增加了将近 50%，这是肯尼迪政府由最初的"观望"转为认可朴正熙政权的一种表现。参见 Korea-Japan Treaty, Breakthrough for Nation Building,《韩国日报》（电子版）：http://www.koreatimes.co.kr/www/news/biz/2011/04/291_62653.html。

[3] Memorandum for Mr. Rostow, Declassified Documents Reference System (DDRS). Farmington Hills, Mich.: Gale Group, 2006, Document Number: CK3100317628.

务卿腊斯克在1961年3月向国防部长麦克纳马拉提出建议,由国务院和国防部联合出面就驻韩美军问题同韩方举行会谈。参谋长联席会议主席莱曼·莱姆尼兹认为:朝鲜半岛"处于战争未决之状,因此宁可撤出本国军事力量也不愿将(违法的)美军人员接受韩方的司法处置"①,然而国防部并不同意此类做法。

在1961年4月召开的联大会议上,美国代表就韩国的联合国席位问题提出美方看法,主要是为韩国联大席位合法性问题进行了辩护。② 随后,肯尼迪政府指令国安会成立专门小组就对韩朝政策问题进行深入系统研究。"五一六事件"发生前,美国政府并未料到韩国会突然发生军事政变,一直保持着对韩支持态度。在韩国1960年革命周年纪念活动期间,肯尼迪在国内发表主旨演讲:"值此具有重要意义之纪念时刻,我再次向韩国人民保证,美韩有着共同的理想和信念,美国政府将继续以适当方式向韩国提供一切可能援助以推动实现韩国人民希望得到、并应该享有的更美好生活。"③ 肯尼迪政府对韩国的支持态度可见一斑。

在军事政变发生前,美国情报研究机构对可能导致韩国国内局势动荡的具体因素做了分析,但是没有充分预见政变的发生。中央情报局对韩国继续滑坡的经济发展前景进行了预测,同时也指出韩国反美情绪加重、存在政局动荡因素或可导致危机局面出现,但没有具体提及军事政变的可能性问题。中央情报局在其报告中的分析重点是韩国在李承晚下台周年之际能否出现类似当年的混乱局面,其结论是,"示威游行将是纪念活动的主要形式并可能出现暴力场面,韩国民众和主要反对派抱怨情绪高涨,由于人为操纵、利用或是其他偶发因素或可导致游行示威转化为政治危机。南朝鲜经济虚弱、政局动荡,此后几年若其内部出现危机局面绝非意外乃为正常情况"④。这份情报资料认为韩国的发展将持续受到其凋敝的经济发展状况制约并会由此而引发其他一些社会危机,但也并未判定韩国会发生军事政变。美国驻韩经济协调处(USOM)副主

---

① State-JCS Meeting on March 17 (Note 2). FRUS, 1961—1963, XXII, Doc. 201.

② UN Seats Republic of Korea For Debate on Korea Item, GPO, May 15, 1961: 736.

③ 美国随后又向韩国提供1500万美元援助。参见President Kennedy Salutes Korea on Anniversary of Revolution and US to Give Additional $15 Million to Aid Korea Economy, GPO, May 8, 1961: 691。

④ 03/21/1961Short-Range Outlook in the Republic of Korea. Special Intelligence Estimate (SIE), Number 42—2—60 (Supplements NIE42.1—2—60), CIA.

任费尔利在1961年3月6日向总统国家安全事务副助理瓦尔特·罗斯托夫提交了一份与韩国实际情况更为贴切的报告,但未得到充分认可。"五一六事件"前,美国政府有关部门又陆续进行了若干研究并做了预警,但中情局的报告和驻韩大使则持有相反观点。韩国革命"周年纪念日"确实平静地过去了,局势似乎得以缓和。同年4月下旬韩国外长还对美国进行了访问,双边会谈中谁也没有提到韩国可能出现什么"新的"政治局面的话题。美国对韩政策似乎可以按其既定计划继续下去了,然而突发的军事政变事件还是打断了该政策的"有序"发展进程。

二 "五一六军事政变"发生后美国的政策变化

"五一六军事政变"曾被认为是"西方世界在朝鲜半岛的第二次失败,因其所推行的(民主)原则在这里没有持续下去"[1]。苏联方面认为此事件与美国密切关联,[2] 美国予以否认的同时采取了非常谨慎的态度,要求有关部门不要轻易作出反应也不进行细节性评论,[3] 采取一种"含糊的、模棱两可的"(equivocal)态度。[4] 肯尼迪政府就此事件的态度明显为三个阶段:反对—观望—支持。

---

[1] Yongjeung Kim, "The West Losing Out in Korea", *Eastern World* (*The Asia Monthly*). Vol, XVI. No. 7, July 1962.

[2] 苏联塔斯社暗示,韩国军事政变有美国因素在其中。塔斯社指出,韩国军事政变是"反动的"(reactionary)、是"有外部力量支持的"("outside forces" had supported the take-over) … "Tass Hints U. S. Had Role in Korea Coup", *The New York Times*, May 17, 1961: 3。

[3] William J. Jorden, "Capital is Wary on Korea; Aid Program to Continue; U. S. Bars Action on Coup in Korea", *The New York Times*, May 17, 1961: 1。

[4] 美国国家安全委员会的米歇尔·福莱斯特尔(Michael V. Forrestal)在给肯尼迪总统的备忘录中指出,"在最开始的时候我们对该军事政权的态度是含糊的、模棱两可的"(at the outset our attitude toward the Government was equivocal)。参见 Memorandum from Michael V. Forrestal of the National Security Council Staff to President Kennedy, Washington, March 28, 1963, FRUS, 1961—1963, Vol. XXII, Doc. 298。

（一）反对态度立谈之间

"五一六军事政变"事发后半小时左右，政变主要领导人之一张都瑛将此信息电告联合国军总司令、陆军上将马格鲁特（Carter B. Magruder），[①] 他对此表示非常震惊。当此消息传到华盛顿时，美国国务院有关部门也对此感到措手不及。

马格鲁特首先作出表态，反对军事政变活动，声称支持张勉政府，他还号召韩方军官对政变集团施加影响促使其尽快将权力移交文官政府、恢复军队正常秩序。大部分韩国正规军对政变明显地表现出既不支持也不试图干预的态度（apparently made no attempt either assist or interfere），[②] 但从后来情况看，朴正熙是受到军界的大力支持的。军事政变使仅存八个月的"韩国第二共和国"垮台并导致韩国社会政治经济再度陷入混乱。由于这个"第二共和国"是民选政府，所以在美国看来它是韩国政权的"正朔"，要想在短时间内使之接受军事政变的现实并非易事。军事集团很快控制了韩国主要新闻媒体，关于政变的消息及对其不利的报道完全被封闭。在韩国军界中也有反对朴正熙军事政变的高级军官，韩国陆军第一军陆军中将李翰林（Lee Han-lim）是当时唯一公开反对朴正熙军事政变的高级军官。[③] 马格鲁特决定迅速动员韩国第一军等主要军事力量，然而大部分人并不反对政变集团。在玛格鲁特到访不久，在汉城

[①] 根据1950年美韩大邱协定，玛格鲁特将军负责指挥联合国军，并掌控韩国军事力量。
[②] FRUS, 1961—1963, Vol. XXII, GPO, 1994, Doc. 215.
[③] 李翰林（Lee Han-lim）与朴正熙于1940年入"满洲日本帝国陆军士官学校"（Manchurian Imperial Army Academy），1942年入"日本士官学校"（Japanese Military Academy）。日本投降后，他在创建朝鲜半岛第一支现代武装力量方面发挥了关键作用。朝鲜战争时是韩国第九师师长，这支军队成为阻击中国人民志愿军的主要力量之一。战后担任第六集团军司令，但由于与军方高层意见相左而被迫辞职。他最好的朋友、也是与之有过共同军校生活和军旅生涯经历的朴正熙发动政变时，李翰林最初试图加以阻止，但后来由于担心如果他这样做"可能引发内战，或可招致朝鲜的进攻"，于是便放弃了原来的想法。即便如此，他还是被军事集团逮捕。后来逃往美国而后又在朴正熙的努力劝说下回国并先后出任韩国水资源开发公司负责人（1963年）、韩国镇海化工负责人（1968年）、建设部部长（1969年）、国家旅游局负责人（1972年），在1974—1980年间担任驻土耳其大使和驻澳大利亚大使。2012年在他91岁时离世。参见Lee Tae-hoon, *Heroic General Lee Passes away at Age of 91*,《韩国日报》（Korea Times）：http：//www.koreatimes.co.kr/www/news/nation/2012/05/116_109974.html［2012—04—30］。

军事政变集团和在"三八线"附近的第一军司令部同时发表声明表示支持"革命"。马歇尔·格林是美国驻韩使馆外交代办,他在韩国"五一六军事政变"问题上的态度和马格鲁特一致,支持张勉为首的民选政府。

参谋长联席会议主席莱曼·赖姆尼兹尔（Lyman Louis Lemnitzer）①在事发当天给马格鲁特提出建议,尽可能避免进一步作出表态,如果有任何的评论的话也都应该以突出联合国军的使命为重点,比如可以突出加强韩国防务反对共产主义进攻等内容。②之所以有上述反对的态度,主要是由于美国方面对政变并没有充分预见,更重要的是对政变后的军事集团"到底要朝哪个方向发展没有把握"（unclear where new regime is moving）。③马格鲁特等人很快就发现他们已无法控制局势,他们在向美国政府汇报时指出,韩国总理张勉在韩国民众心中已渐成沤浮泡影,民众对以其为首的政府之命运也视如敝屣。国务卿腊斯克了解情况后指示格林同朴正熙为首的"军事革命委员会"进行联系,其目的是打算探寻实现文官政府的可能性问题。美国方面对朴正熙军事集团并无深入了解,马格鲁特曾表示他对军事集团的潜力到底有多大这个问题也不清楚。④在与尹潽善会谈期间,马格鲁特要求要求他以总统名义采取行动。尹潽善拒绝了此建议,因为如果他采取对应行动则会导致韩国军队的分裂,韩国也会因此陷入更加难以控制的乱局。如果再度出现动荡局面,那将使韩国国家面临雪上加霜的恶果,而且尹潽善还十分担心朝鲜会利用韩国国内政治纷乱之机发动军事进攻,所以他没有同意动用武力遏制朴正熙军事政变的建议。尹潽善还指出,"尽管军事政变不是希望之事,但也许是不可避免的,因为张勉政府已失去信任",马格鲁特此时依然固执地认为军事政变集团并不能反映韩国民众的意愿所以必须加以摧毁。⑤尹潽善对时局的评论是根据他对韩国社会具体情况的分析而得出的,在这一点上他比马格鲁特更了解韩国。

---

① 莱曼·赖姆尼兹尔（Lyman Louis Lemnitzer, 1899—1988）,美国陆军将军,1960—1962 年间担任美军参谋长联席会议主席,1963—1969 年间任北约盟军最高指挥官。
② Telegram From the Chairman of the Joint Chiefs of Staff (Lemnitzer) to the Commander in Chief, U. S. Forces Korea (Magruder), FRUS, 1961—1963, Vol. XXII, GPO, 1994, Doc. 214.
③ Telegram from the Embassy in Korea to the Department of State, FRUS, 1961—1963, Vol. XXII. GPO, Doc. 231.
④ FRUS, 1961—1963, Vol. XXII, GPO, 1994, Doc. 218.
⑤ John Kie-Chiang Oh. "Role of the United States in South Korea's Democratization", *Pacific Affairs*, Vol. 42, No. 2, Summer 1969: 171.

(二) 观望政策显露端倪

朴正熙军事政变发生时肯尼迪正在加拿大进行国事访问，他认为必须对此持审慎态度。参谋长联席会议主席莱曼·莱姆尼兹尔随后也做了类似表态。美国需要一个具有"亲美反共"立场的韩国，李承晚及其治下的韩国都是如此，但他本人的民族主义思想过于强烈，对美国来说甚至是难以驾驭。美国对韩国第二共和国民选政权比较满意，但张勉政府却又无力驾驭国内局势。美国也同样对朴正熙集团充满希望，这主要是该军事集团不断重申的反共立场使美国在原则上能够初步接受它。"在韩国那些'经受时间考验的朋友'（time-tested friends）依然是韩国人民——而绝不是那些妄取权力并为自己辩护之流，也不是那些利用手中权力贪污腐化之辈、更不是那些失去国家支持与信任之徒。"[①] 这实际是美国在朴正熙军事政变刚刚发生且未完全探清其虚实的情况下试探口风的一种说法，也是美国观望政策的最初表现。

观望政策之所以能够出现，其要因之一就是美国对军事集团缺乏必要的了解。据美国媒体报道，在西方国家真正了解"朴正熙"其人者仅为区区之众，甚至到1963年还有美国媒体报道说，无人能确定其姓氏是"正"（Chung）还是"朴"（Park）。[②] 中情局也指出，军事集团"态度强硬而坚决很难应对，然而考虑到其国家还有赖于美国，所以它还将尽力保持与美国的联盟关系，但也会不断在军事、经济及政治上寻求独立。现阶段我们几乎没有任何确凿证据可以表明朴正熙及其同僚的政治观点，至于个人野心在这场运动中的作用怎样，此刻很难做出评价。他们的自信及绕过美国、忽视美国的行动表明，他们要以自己的方式治理这个国家"[③]。军事集团把国内事务置于首位，对外政策立场尚不明确。代理国务卿勃尔兹指示美国驻韩大使，在局势明朗前将采取一种谨慎的"观望（wait-and-see）政策"。[④] 肯尼迪政府"观望政策"已经出现，实际上已准备承认军事政权、承认"军事革命委员会"的合法性。"华盛顿忽略

---

① Telegram from the Embassy in Korea to the Department of State, FRUS, 1961—1963, Vol. XXII, GPO, Doc. 231.
② Korea's Austere Leader; Chung Hee Park, *The New York Times*, October 17, 1963: 2.
③ 05/31/1961 Short-Term Prospects in South Korea, SIE, Number 42—2—61. CIA.
④ FRUS, 1961—1963, XXII, GPO, Doc. 216.

了（马格鲁特等人）近乎专断的、命令式的声明"，国务院对他们"未授权"的声明未做具体评判但却婉转地代之以这样的表态："美国的目标在于帮助韩国人民通过民主途径获得一个稳定、有序和建立在宪法框架之中的政府……"①

为了进一步了解美国的态度以打开外交新局面，军事集团主要人物张都瑛在政变发生第三天给肯尼迪写信详细说明了发动政变的原因及军事集团的目标，希望"与美国之间保持友好关系"。② 美国政府婉拒军事政权提出的张都瑛与肯尼迪进行会晤的建议。③ 在局势明朗以前，美国政府不会贸然与军事政权过多交往。给张都瑛的复信并非以肯尼迪名义回复，而是以驻韩使馆外交代办格林的名义回复，复信也并非直接递到张都瑛手中而是给了韩国中央情报局局长金钟泌。美国政府对韩方信中所提内容，尤其对"还政于文官政府"的许诺非常感兴趣。美国方面对朴正熙军事集团的了解不断加深，其态度也随之变化。

(三) 支持政策复还故态

朴正熙军事政变必然对朝鲜半岛产生影响，但这种影响程度如何一直是美国方面所关注的。半岛上军事对峙局面依然存在，但并没有发现朝鲜发动进攻的蛛丝马迹，美国在朝鲜半岛的首要任务是尽快恢复政治稳定。"五一六军事政变"发生后不久，美国参议院外交关系委员会召开非公开会议。会后，美

---

① Kwang-II Baek, *Korea and the United States: A Study of the ROK-U. S. Security Relationship Within the Conceptual Framework of Alliances between Great and Small Powers*, Research Center for Peace and Unification of Korea (Seoul), 1988: 62.

② 张都瑛在信中说："我谨代表军事委员会向贵国政府和人民对于韩国繁荣发展所提供的援助和所做出的贡献表示诚挚的敬意和感激之情。坚持建立在自由平等基础之上的民主原则是韩国的国家目标，尽管1960年4月革命是成功的，也受到韩国民众的广泛支持和国际社会的同情，但一年后人民群众依然发现自己处于饥馑和绝望之中，政府的贪污腐化现象一如从前，这种情况导致我们有效抵制共产主义威胁的能力受损。为力挽危局，军方采取行动在5月16日推翻该政权并全面掌管政府的行政、立法和司法权力，于是我们开始了神圣的革命任务——推翻腐败的和无效的政府，挽救人民挽救国家。……当我们的使命完成以后将把政权归还清廉的和勤勉尽责的文官政府。……我们真切地希望存在于我们两国之间的最友好的关系会得到持续加强。"参见 US Department of State, Historical office, American Foreign Policy: Current Documents 1961, GPO, 1965: 974。

③ "Korean Chief Is Rebuffed in Move to Visit Kennedy"; "U. S. Rejects Visit by Korean Chief", *The New York Times*, May 25, 1961: 1.

国副国务卿切斯特·鲍尔斯（Chester Bowles）对外界宣布，"（韩国）这种政府更迭状况并不意味着一个反美政府的出现……军事领导人都是激进的反共主义者、都是亲美的。"国务院发言人林肯·怀特（Lincoln White）也表示，"南朝鲜军事集团可以完全依赖美国的支持，我们相信并希望他们的目标和我们的是一致的"。① 马格鲁特的态度后来也明显转变，他在1961年6月7日表达了与朴正熙军事政权合作的立场，并愿意助力韩国加强其防务。② 美国国务院在6月中旬授权美国驻韩大使同军事集团进行协商，以讨论财政援助、援建项目以及技术人员援助等问题。驻韩大使被授权与军事集团进行以下方面的交涉：(1) 向军事集团表明，美国方面愿意继续提供1961财政年度剩余的防务基金中的大约2800万美元。(2) 美国愿意加入此前承诺的扩大韩国电力工业的具体项目。(3) 美国愿意通过援助形式支持长期的国家建设项目。(4) 提供美国专家以帮助韩国政府制订"五年发展计划"。(5) 如此后几个月内（韩国）会有明显改观，美国准备向其提供实现五年计划所需的资源。另外，此份文件还提出了美国所希望的（韩国应实现的）经济目标：(1) 扭转经济增长率下降趋势（参照1960年的2.3%），为第一个五年计划确立一个具体的目标。(2) 降低失业半失业率（当时为35%）。(3) 增加农业收入。(4) 降低进出口差额，朝国际收支平衡方向发展。③ 国务卿腊斯克在7月27日的新闻发布会上公开承认了朴正熙军事政权。两日后美国新任驻韩大使塞缪尔·伯格（Samuel Berger）指出，朴正熙政权"是个务实政权……它所作的大都其客观依据——都是从其国家和民族利益出发的"④。在主要政府官员纷纷表态的同时，肯尼迪总统也公开表明其立场，而且还提出可在适当时机与朴正熙进行会

---

① V. Dalnov, "Report on South Korea", *New Times*, No. 4, January 24, 1962: 8.

② Bernard Kalb, "Magruder Pledges Cooperation With Korean Junta in Defense; U. S. General Says He'll 'Work Willingly' With Regime in Military Matters but Criticizes Flouting of His Control", *The New York Times*, June 8, 1961: 5.

③ 参见"第2430号国家安全委员会行动计划"（Record of National Security Council Action No. 2430), FRUS, 1961—1963, Vol. XXII, Northeast Asia, GPO, Doc. 230. 关于"2800万美元援助款"的落实问题在国家安全委员会给总统助理（代理）罗斯托夫的文件中予以确认：Memorandum from Robert H. Johnson of NSA Staff to the President's Deputy Special Assistant for National Security Affairs (Rowstow), FRUS, 1961—1963, Vol. XXII, Northeast Asia, GPO. Doc. 240。

④ National Security Files (NSF), Box 127, JFKL. 转引自：Midori Yoshii, *Reducing the American Burden: The Kennedy's Policy toward Northeast Asia*, Boston University, 2003: 96。

晤，朴正熙对此当然十分愿意。

朴正熙访美前夕，美国情报机构再次对韩国总体局势进行了分析，在其结论中对朴正熙军事政权不乏褒扬之词：朴正熙乃该军事政权中最具实力者……他发动的这场革命是一次真正意义上的彻底的自上而下的社会变革，其决心和能力在其执政最初几个月时间里已经得到充分体现。[1] 于1961年11月初，国务卿腊斯克对韩国进行"现场考察"（first-hand observation），[2] 不久就公开表态支持朴正熙政权。[3] 所有这些为11月朴正熙访美创造了良好气氛，这标志肯尼迪政府已正式认可朴正熙军事政权。

图3—1　肯尼迪与朴正熙（1961年）

图片来源：《韩国先驱报》（*Korean Herald*）：http：//www.koreaherald.com/view.php？ud＝20130813000989&mod＝skb.

美苏自从1959年戴维营会议以来双方关系大为缓和，但1960—1961年间诸多重大历史事件表明美苏关系再次走向对峙。戴维营会议以后半年多的时间就发生了"U—2"飞机事件，在1961年相继出现了吉隆滩事件和柏林危机，

---

[1] 11/03/1961—South Korean Leader Pak Chong-Hui, Current Intelligence Weekly（CIW），CIA.

[2] Rusk Talks Today With Korea Chief；"U. S. Aide Arrives in Seoul：Pledges Help to Junta"，*The New York Times*，November 5，1961：9.

[3] "Rusk, Back, Praises Koreans"，*The New York Times*，November 6，1961：27.

刚刚形成不久的双方缓和气氛影灭迹绝。美国政府面临的外交困境是指非常困窘，但是它对韩国的表现还是较为满意的。1961年11月10日的《华盛顿邮报》报道说，韩国的"发展道路可能是非常困难的，但许多迹象表明它在朝正确方向发展"①。国务卿腊斯克在一周后召开了新闻发布会，他承认了美国面临着困难与挑战，同时他也列举了一些"令人振奋"的迹象并以韩国的发展作为典例进行了说明："最近几周韩国政府的发展、其态度、其发展计划以及所做决定等给美方留下深刻印象，当下韩国的发展前所未有的，我们认为朴正熙是个出色的军人，而且他也具备成为一名出色文官的能力。我们将致以最良好的祝愿，并保证在其发展本国社会经济和政治过程中提供一切可能援助。"② 由于对朴正熙等军事政权转变了态度，美国对韩经济援助额也随之迅速扩大——从1961年的1.92亿美元增加到1962年的2.45亿美元，几乎增长了50%。③ 由此可见，这一期间美国对韩政策完成了最终的转变。

三　美国从"观望"到"认可"政策变化之缘由

韩国对美国而言极具战略意义，所以后者在经济和军事上向其提供了大量援助。由于韩国国内政治发展非常不稳定并导致军事政变局面出现，美方对该事件的态度经历了短暂的"反对"和"观望"政策后重新回到此前的"支持"态度。笔者以为，可以从以下几个方面来分析美国这种态度变化的缘由。

(一) 美国对苏战略及其东北亚战略的需要

苏联实力的迅速上升也使美国感到不安。以工农业生产为例，苏联的工农业生产水平在1960年分别是美国的60%和70%—80%左右，苏联计划在1961—1970年这十年间要超过美国，同比数字将分别达到150%和185%—200%。

---

① 转引自 V. Dalnov, "Report on South Korea", *New Times*, No. 4, January 24, 1962: 9。
② Secretary Rusk's News Conference of November 17, GPO, December 4, 1961: 919.
③ Korea-Japan Treaty, Breakthrough for Nation Building,《韩国日报》(网络版)：http://www.koreatimes.co.kr/www/news/biz/2011/04/291_ 62653.html。

表3—1　　　　　　苏联的工业生产（以美国为100%）　　　　　单位:%

	1955 年	1959 年	1960 年	1961 年
铁矿石	69	154	119	166
钢	43	71	72	78
煤	76	111	114	117
原油	21	37	42	47
水泥	45	68	85	94
棉织物	49	57	61	63
羊毛织物	87	115	132	131
皮鞋	40	61	61	73

资料来源：J. Lugantsov, "Soviet-American Economic Competition: Facts and Figures." *New Times*, No. 8, Feburary 21, 1962: 7.

当然美国的生产也是个动态过程，工农业生产也必然呈增加趋势，但苏联方面估计，美国这两个同比数字至多不过128%和125%。基于一些关键数据的分析，苏联方面得出结论认为，"在所有主要领域苏美之间正在拉开距离"。[1] 苏联的发展势头的确很快，面对这种咄咄逼人的局面，美国不得不从一切可能角度来加强自身及其阵营的实力。

表3—2　　　　　　1961 年与 1960 年美苏农业生产比较

单位	苏联	美国
谷物生产（百万吨）	+2.9	-15.2
原棉（百万吨）	-0.2	+0.1
牛奶（千吨）	+800	+700
蛋（十亿）	+1.5	0

资料来源：J. Lugantsov, "Soviet-American Economic Competition: Facts and Figures", *New Times*, No. 8, Feburary 21, 1962: 7.

苏联"苏朝友好协会"中央委员会副主席波尤特·科托夫（Pyotor Kotov）

---

[1] J. Lugantsov, "Soviet-American Economic Competition: Facts and Figures", *New Times*, No. 8, February 21, 1962: 6.

在1961年6月做了支持朝鲜的讲话。他指出："人为地分割朝鲜半岛是造成朝鲜人民不幸和远东地区局势紧张的根本原因，苏联人民充分理解朝鲜兄弟所遭受的国家分裂之痛苦。苏联支持关于从南朝鲜撤出美国及其他外国军事力量以及实现和平统一的主张。"① 这是苏联在南朝鲜出现军事政变不久、政局尚处动荡之际所做的表态。从强化美国在朝鲜半岛的冷战前沿据点角度分析，美国必须采取支持南朝鲜政权的态度。

要打算在对苏竞争中不败阵则必须努力经营其冷战前沿地区，然而正如上文所述，肯尼迪政府一上台就不断面临新的国际挑战。在吉隆滩事件失手以后美国在东亚地区绝对不能再失去韩国，"韩国（Korea——笔者）若不能成为自由国家则日本亦然，这就可能致使美国失去整个太平洋地区，故而该地区对美国至关重要"②。朝鲜半岛分裂状态、韩国国内政治经济纷乱的情况以及日韩尚未恢复国交等问题严重制约着美国东亚战略的发展。"五一六军事政变"四天后，平壤出现了一次约20万人参加的集会，呼吁南方民众及军界人员反对朴正熙军事政权，朝鲜还利用南部混乱局面再提统一半岛之要求。朝方还声称，"（南方）只有加入北部自给自足的经济才能解决棘手的社会经济难题"。③ 美国认为，尚无确凿证据表明朝鲜可能利用南方深陷困境之际采取敌对行动，但军事集团"内部分歧"极有可能受到共产主义宣传和颠覆活动的影响。④

日韩两国在如何看待两国历史关系等问题上龃龉不合，这对美国东亚战略目标的实现是一个极大障碍。为尽早实现对日关系正常化以便获得日本经济援助，朴正熙本人非常积极地主张尽快恢复韩日邦交，但同时也策略地利用了美国的影响——"假如目前解决日韩关系正常化问题的努力失败，那么韩国方面在未来几年里将不会为此再做努力"⑤。美国担心这种"威胁"会变为现实，于是便在日韩恢复邦交过程中发挥了积极的调停人角色。

---

① "World Public Demands U. S. Troops' Withdrawal from South Korea", *Korea Today*, No. 64, 1961: 19.

② Memorandum of Conversation Washington, November 14, 1961, FRUS, 1961—1963, XXII, Doc. 247.

③ 资料来源于2000—2001年美国中央情报局（CIA）关于"1961年韩国（每周）情报评估"的系列解密档案，Case Number：F—2000—01206.

④ 05/25/1961——South Korea. CIW, CIA.

⑤ 11/03/1961——Japanese——South Korean Relations. CIW, CIA.

另外，美国还注意到此时朴正熙政权将韩国与台湾地区的关系拉得非常近，双方的军事交流等活动也较为频繁。在台海关系紧张时，韩台达成了共同防务协定——虽仅限口头、是一种政治声援的表现，但在美国看来这是朴正熙意欲建立一个区域性防御组织的愿望，其表现非常迎合美国胃口。

(二)"五一六军事政变"为美国在韩另觅代理人提供契机

美国历来不赞成通过军事政变方式夺取政权的做法，因其不愿在国际社会留下"美国支持以军事政变等暴力手段推翻本国政府"的印象。[①] 但这种情况的确在韩国发生了，按照美国的上述逻辑它应该对此事件坚决反对且应一反到底，可事实并非如此？是什么促使美国背弃了上述信条呢？这主要是美国打算在韩国另觅"志同道合者"。

朝鲜半岛在近代以来长期处于李氏王朝统治之下，而后又历经35年的日本殖民统治，朝鲜民众无法与政，朝鲜在约五个半世纪时间里都没有机会发展民主观念和进行民主政治尝试。李承晚就是在这样一种历史背景下开始韩国民主改革的，而他本人几乎没有什么管理政府方面的经验，[②] 这也是韩国建国之初出现各种难题的关键因素之一。在"统一"问题上，李承晚极力主张通过武力方式达到目标。美国则反对这种做法，非常担心李承晚可能采取单边军事行动，"整个50年代美国一直将其视为'眼中之钉'（a thorn in the eyes of the U.S.）"，"由于李承晚坚决反对缔结停战协定谈判，在1952—1953年间美方曾经两度谋划将其剔除"。[③] 朝鲜战争后，李承晚武力统一半岛的立场也未改变。美国曾向其做出警示，如果因其单边军事行动或违反"停战协定"而引发与朝鲜或中国之间的战争，美国及联合国军司令部将不向其提供支持。1955年1—2月间美国制订了一个计划，假如李承晚再无视美国警告而一味坚持武力统一朝鲜半岛，那么就将其"废黜"。

美国对于李承晚的"桀骜不驯"的确感到非常不满与担心，但当李承晚

[①] "The South Korean Coup", *New Times*, No. 22, May 31, 1961: 14.

[②] Uk Heo & Terence Roehig, *South Korea since 1980*, Cambridge University Press, 2010: 13.

[③] Lee Jae-Bong, "U. S. Deployment of Nuclear Weapons in 1950s South Korea & North Korea's Nuclear Development: Toward Denuclearization of the Korean Peninsula", Asia-Pacific Journal: Japan Focus; 2/23/2009, Issue 8, p. 2.

政权倒台后出现的张勉政府也没有令美国政府达到满意程度。张勉政府上台后面对荆棘丛生的韩国也进行了有限的改革，但离民众期望目标甚远，政府的民众支持率只有 3%。① 1960 年有 26.1% 的人口处于失业状态，农村未充分就业状况更加普遍。② 张勉执政时期韩国粮食歉收，1960 年夏秋谷物收成比 1959 年大饥馑时期还减少百万石（suk），与此同时缺粮农民也达百万户之多。在 1960 年 4—9 月期间，韩国工人、农民、学生以及其他社会阶层发动了至少 1509 次群众运动，总计约有 775460 人次参加了这些活动。③ 1961 年 1 月 29 日，"祖国统一民族阵线"（National Front for the Unification of the Fatherland）在汉城举行成立大会，主张在民族自决基础上实现国家统一的历史使命。2 月 14 日，17 个党派代表以及公众组织在汉城集会并成立"联合斗争委员会"反对"韩美经济技术协定"，会议决定要组织全国规模的集会和示威游行。2 月 25 日，"民族独立统一中央委员会"（Central Council for National Independent Unification）举行成立大会，参加对象主要是韩国各政治派别代表、公众组织代表以及社会民主人士，他们均主张要依靠朝鲜民族自身力量实现国家统一。在"三一运动"周年纪念日行将到来之际，韩国国内示威抗议活动更加趋于活跃。2 月末和 3 月初，在大邱和汉城出现了大规模集会活动，集会者提出了"美国佬，滚回老家去！""生存的唯一途径就是实现统一"以及"反对韩美经济技术协定"等内容的口号。3 月中下旬的示威抗议活动频频出现，上万名学生和市民在大邱举行集会"反对张勉集团与美国的勾结活动"，同时也对张勉政权无力解决民众贫困而进行严厉斥责，在其他一些大城市也同样出现类似活动。3 月 18 日和 22 日，在大邱和汉城分别出现 1 万人和 2 万人的反对张勉政府的集会游行活动。④

张勉政府面临的局势不断恶化，美国方面已获悉，"韩国左翼力量活动非常频繁，尤其是共产党领导的学生运动更为活跃，在这些活动中间正在形成颠覆政府的力量，学生示威游行中出现亲共反美的标语口号，现政府的某些行为

---

① V. Dalnov, "Report on South Korea", *New Times*, No. 4, January 24, 1962: 7.

② The American Assembly (Columbia University), "The United States and Far East (2nd Edition)", Prentice-Hall, INC, 1962: 93.

③ "One Year's Popular Resistance in S. Korea", *Korea Today*, No. 59, 1961: 4 – 8.

④ 关于 1960 年 5 月至 1961 年 3 月期间，韩国国内反对张勉政权的具体情况参见 "Chronicle of Popular Resistance in S. Korea", *Korea Today*, No. 59, 1961: 48 – 53。

已表现出是在向旧政府奉行的压制和镇压政策回归"[1]。张勉时期的韩国社会政治经济状况持续动荡,他在任的十个月内出现2000次左右示威和游行活动、事涉百万人,仅汉城几乎每天有大约4000人参加游行活动,华盛顿希望此状会有所改变。[2]"争取统一全国学生联盟"计划在5月20日在板门店举行学生集会,届时朝鲜半岛南北方的学生代表都参加这个活动,单是这个信息本身就足以使韩美怛然失色。

美国对韩国国内状况变化的研究是精准制定对韩政策的重要客观依据,菲尔利(Farley)报告就是这种政策分析的一个结果。报告认为,"韩国是个病态社会,由于张勉政府的软弱无能导致美国的利益而正在遭到损毁,其腐败程度深范围广,不能充分有效利用美援。我们不能臆断韩国人一定能塑造自己的命运,渐进主义者的改革方式无法满足其需要"[3]。报告内容显示出美国情报机构对韩国张勉政府的不满,韩国需要一个强力人物及强力政权扭转国内颓垣败壁之势。另外,还应从美国政府"亚洲人打亚洲人"政策角度考虑它对"五一六军事政变"的态度问题。美国的这种计划萌芽于20世纪50年代,甚至在朝鲜战争尚在进行时美国有关部门就曾对此进行过研究,只不过由于当时美国没有介入越南事务,并未积极促成此事,而进入60年代后情况与此前大不相同。肯尼迪政府已决定对越南问题进行干预,美国开始逐渐成为越南问题的主要当事国之一,它需要在大规模介入越南问题之际得到盟国的支持,而此时美国对朴正熙军事政权的支持为日后"韩国出兵越南"做了很好的铺垫。

(三) 军事政权治下的国内局势稳定与美之期望一致

毋庸讳言,美国极力支持韩国的终极原因尽人皆知。既然如此,它当然希望见到一个逐渐走强的韩国。军事政权接管国家权力后,韩国国内局势的确朝着稳定有序方向发展了,这与美国的愿望是一致的。

得到军政两界关键人物的认可和支持是朴正熙军事政变取得成功的保障,

---

[1] 04/13/1961——Restlessness In South Korea, Current Intelligence Weekly Summary (CIWS), CIA.
[2] Youngwan Alexander Kim, *Divided Korea: The Politics of Development, 1945—1972*, Cambridge Mass.: Harvard University Press, 1976: 209.
[3] Stephan Haggard, Byung-Kook Kim, Chung-in Moon, *the Transition to Export-Led Growth in South Korea (1954—1966)*, Country Economics Department, The World Bank, November 1990: 21.

直接参与政变的若干核心人物都是军界高级将官。可以举两个例子加以说明：其一，张都瑛。他是张勉政府陆军参谋长，参加并领导了军事政变，政变后又成为军事集团核心成员。其二，尹潽善。他是第二共和国总统，明显倾向军事政变集团，他还曾暗示美韩军方不要干预"新统治者"，其总统之职一直保留到 1962 年 3 月，为朴正熙军事政权提供了"合法外衣"。① 军政两界要员倾向朴正熙政权，所以韩国国内政局相对平静，这与美国在韩短期目标相吻合。

从具体情况看，朴正熙军事政变发生后并未引发全国性骚乱，相反大部分地区都显得较为平静。尽快实现军事政权向文官政权转变是美国特别关注的问题之一，文官政权的痕迹在政变发生不久的大邱地区出现了一些迹象，这令美国看到了一丝希望。军事政权在汉城逮捕了大批左翼新闻记者，而且"几乎所有共产主义嫌疑分子或已被囚禁或处于监管之下"。② 朴正熙军事政变似乎得到很多普通民众的认可，因为他们"对汉城那些贪腐的政治人物非常痛恨、对这种官员在国家面临危机情况下束手无策感到非常鄙夷，李承晚时期形成的种种弊端在张勉政府时期没有被革除，相反却有着隙大墙坏的趋势"。③ 韩国民众对如此政府疾首蹙额，何有留恋之情。

军事政权强化权力的同时也采取了卓有成效的促稳维稳措施。

其一，促进商业和农业发展。这两个行业在政变中受到的影响相对较大，军事政权采取有效办法扭转局面。为保护本国烟草工业，朴正熙下令禁止进口美国烟草，一年可为本国节省 450 万美元。④ 军事政权还帮助农民发展生产，限制商人和限定利率的做法很大程度上放慢了工商业和金融业的发展，但对于保护农民免收高利贷盘剥发挥了积极作用。

其二，治理贪腐和投机行为。韩国民众对治理国内政治腐败有很大期望值，军事集团打算借助民众的这种愿望推行惩治贪腐的措施并可借此恢复社会秩序。"国家重建最高委员会"发起消除贪污和投机活动的运动，全国 24 万公务员中的大约 2 万人受到罢黜，另有 2 万人左右也处于待解职状态；以逃税、非法贷款、获

---

① Edgar V. Connor, *Korea*: *Current Issue and Historical Background*, Nova Science Publisher, Inc, New York, 2002: 189.

② 05/18/1961 - South Korea, CIWS, CIA.

③ 09/07/1962-Short-Term Outlook for South Korea. Special National Intelligence Estimate, SNIE42—2—62, CIA.

④ Peter Lisagor, "Visitor from Korea", *Trenton Evening Times*, November 15, 1961 (28).

取政治佣金（总计达3000多万美元）等罪名逮捕了一批大商人及工业和金融财政领域核心人物，17人中有13人上缴非法所得而受到宽大处理并得到释放。①

其三，制订国家经济发展计划。一个国家没有工业则不会强大，工业在国民经济领域中的领跑作用非常大。"国家重建最高委员会"制订了经济发展五年计划，其目标是要形成强大的国家工业基础，突出了石油加工、化工及钢铁等重工业在工业发展中的地位。

其四，推动社会事业发展。军事政权给公务员加薪、给老兵提高待遇，开发公共工程项目等。

上述稳定社会秩序的做法在不同领域效果不一。在就业方面，情况并没有很大改观，25%的失业率仍然令人不安；商业领域恢复效果较好，商界信心正在逐步树立，经济正在复苏之中。值得一提的是朴正熙的这些有效措施并非一时之举，贵在延续下来而且执行比较严格。朴正熙在1962年3月强调，"隐匿财产于国外者应主动申报，违背政令者则处以死刑"②。这种强硬做法对于特殊时期韩国国内政治的发展是非常必要的。

(四) 朴正熙本人及军事集团的言行令美国释疑

朴正熙1917年9月30日出生于大邱地区一个贫农家庭，是八个孩子中最年幼者。高中后朴正熙接受师范教育并成为一名教师，但他并不喜欢此职业。他在1940年进入"满洲军事学校"（Manchurian Military Academy），不久又被选入设在东京的"日本陆军军官学院"（Japan's Army Staff College）。他在1944年卒业后被遣至关东军服役直到二战结束，此后便回到朝鲜加入朝鲜"警察部队"（Korea Constabulary），不久又进入"朝鲜军事学院"（Korean Military Academy）学习直到1946年。

朴正熙曾经被指控为"共党分子"，他本人被迫离开军队。因为有这样的"前科"，美国对此非常在意并进行了情报搜集工作，最后断定朴正熙并未与

---

① 07/27/1961 – South Korea's Economy, CIWS, CIA；另一说，在大约一年时间里，军事集团解雇3.5万名贪污分子，将近总数的六分之一。参见：John Lie, *Han Unbound: the Political Economy of South Korea*, Stanford University Press, 1998：53。

② Chairman Urges Report of Assets, *The Times-Picayune*, March 15, 1962 (19).

以前他曾加入的共产党组织重新取得联系。① 此时的朴正熙已掌控军事集团最高领导权，美方发现，他本人及其领导下的军事政权不止一次表明强烈的反共立场。军事政变发生不久就公开提出了"反共""保持和发展对美关系"以及"实现文官政府"等美国最为关注的六个"革命目标"，② 而且此后还在多种场合不断重申。军事集团核心人物之一张都瑛在政变两天后表达了他的看法："这场运动旨在建立强大的民主政府并推行激进的反共政策，我看不出来它会在哪个方面得不到美国的支持。"③ 军事集团的种种表现的确非常符合美国的希望，美国"朝国事务研究所"负责人抨击李承晚政权的独裁专政和张勉政府的无能，但对朴正熙政权却非常认可。该负责人还指出，"近来出现的军事政权对美韩两国安全问题十分关心"。④ 经过连续观察，美国并未发现军事集团的声明中存在与北朝鲜利益一致的内容。关于"是否倾向于共产党势力"这个问题是美韩合作的前提，从以上情报分析来看朴正熙等人并没有这个倾向。于是，在"反共"立场方面美韩之间便朝着"耦俱无猜"的方向发展了。

如前所述，朴正熙政变刚刚发生时，美国驻韩大使等高级官员声称支持张勉政府，军事集团掌权后也同样对美国存有怀疑态度。韩国中央情报部在金钟泌指令下多次对"联合国军"的动向进行情报刺探活动，同时极力阻挠美国对韩国进行的谍报活动。⑤ 军事集团并不打算扩大它与美国之间的不信任感，韩国依然需要美国的援助，它还主动接触美国驻韩外交代表并聘请美国顾问助其解决国内经济难题。朴正熙在发动政变时对民众解释了他采取这种极端行动的原因："我们一直在等待着文官政府能够将我们的国家带回到秩序之中，然而（张勉）总理及各部部长却深陷贪污腐化之中并将国家带到崩溃边缘。我们将举事反之以挽救国家，我们能够以不流血的形式实现我们的目标，让我们加入革命军队一起挽救国家吧。"⑥ 从那时开始他一直强调其目标就是革除贪

---

① 05/18/1961 – South Korea，CIWS，CIA.

② 关于"五一六军事政变"当天的详细情况可参见联合国军总指挥马格鲁特给参谋长联席会议的电报。参见：FRUS. 1961—1963, Vol. XXII, Northeast Asia, GPO, Doc. 213。

③ V. Dalnov,"Report on South Korea", *New Times*，No. 4，January 24，1962：7.

④ Yongjeung Kim. "President, Korean Affairs Institute Washington, Korea's Coup Denounced; Overthrow of Government Held No Popular Uprising", *The New York Times*，June 15，1961：42.

⑤ 07/18/1961 – The Current Regime In The Republic of Korea, SIE42—3—61, CIA.

⑥ May 16 Coup, http://www.digplanet.com/wiki/May_16_coup.

污腐化现象挽救国家危亡,此举颇得人心。

军事政权继续采取"给穷人分配粮米、取消农场债务及完善公务人员职责"等致力于社会稳定和发展的有效措施,同时也对民众最为反感的牟取暴利和贪腐状况进行了有效遏制。① 军政府在政变后第五天在汉城逮捕了百余名暴徒并游街示众,此举可以向民众表明该政权应对犯罪与贪腐状况的决心。② 还有西方媒体对军事集团内部权力再分配问题进行了预测性报道:"军事集团内部有可能重新洗牌,主要针对手握重权的张都瑛。"③ 两日后预测成真,张都瑛"在一日内被免去五个职位中的三个"。④ 经过权力的重新组合,朴正熙的绝对权威地位到同年6月中旬得到确立,⑤ 次月初他又将张都瑛和"国家重建最高委员会"中三名高级官员予以免职。朴正熙的下一个目标是处理一批年轻军官——这些人虽曾支持过他,但他们当中又时常存在与朴正熙意见相悖的情况。⑥ 朴正熙这些做法极大强化了他的"权力中心"位置,政局趋于稳定。

从朴正熙所采取的措施来看,军事政权在政变后首先关注的是国内事务,当国内政治经济状况趋于稳定后便立即尝试打开外交新局面。韩国自从立国以来一直在很大程度上依靠美国的援助,所以在诸多对外关系中,美国当然是朴正熙政权最关注的对象,对美关系的调整是军事政权首要对外政策目标。派出对外使节团加强与对象国的联系是主要方式之一,到1961年9月此类对象国数量达到50个。巴西、马来西亚、象牙海岸和伊朗等大批亚非发展中国家也是军事政权努力争取的对象,在那里设立使领馆发展双边关系。朝鲜在印度设有使馆,韩国也尝试在此设馆的可能。在东南亚地区的韩国选择的对象主要是泰国、马来西亚、菲律宾,以及台湾地区,它与泰国于1961年9月签署双边贸易协定,朴正熙还表示希望能够加入"科伦坡计划"。⑦ 为打开对日和谈僵

---

① "Basic Needs in Korea", *The New York Times*, May 30, 1961: 16.
② Bernard Kalb Korea Parades Hoodlums In Show of Force on Crime; Korea Hoodlums Paraded By Junta, *The New York Times*, May 22, 1961: 1.
③ "Curb on Junta Chief Rumored in Korea", *The New York Times*, June 4, 1961: 9.
④ Bernard Kalb. Junta Head Loses 3 Posts In Korea; Retains Chairmanship of Cabinet and Council, *The New York Times*, June 6, 1961: 3.
⑤ Pak Receives Key Post in South Korean Junta, *The New York Times*, June 10, 1961: 2.
⑥ 07/06/1961 – South Korea. and 08/17/1961 – South Korea, CIWS, CIA.
⑦ "科伦坡计划"是20世纪50年代英联邦国家发起的国际合作计划。韩国加入该计划的打算,请参见:11/03/1961 – South Korean Leader Pak Chong-Hui, CIW, CIA。

局，军事集团积极恢复对日和谈。朴正熙对于联合国有关朝鲜半岛统一问题形成的框架决议表示认同。朴正熙政权对外政策具有明显的务实性，同时较之以李承晚时期的僵硬政策它还具有更大的灵活性，能够根据内外实际情况来进行调整，比如它不再对中立国进行种种指摘。通过大量的外交活动，军事政权的合法性逐渐得到国际认可。到1961年8—9月间，军事政权在国内政治发展过程中的表现依然如故，总体上朝着积极方向发展。军事政变成功后，韩国第一军司令和其他7名高官即被逮捕，因为军事集团认为他们在此前革命中态度不坚决。这些人在8月中旬得到释放，这种做法是军事集团为了淡化该政权的专制色彩。1961年10月8日，军事集团宣布逮捕15名非法敛财（fortune building）的高级军官，他们为非朴正熙领导的28人军事集团成员。① 10月14日军事集团又宣布释放8名前政府官员，其中3人是部长（cabinet minister），且李承晚和张勉前两政府成员均在释放之列。朴正熙指出，这是为了"进一步巩固维护国家的团结与统一"（to further consolidate national unity）而采取的有效措施。②

朴正熙军事政权在"反共亲美"和"多次许诺实现文官政府"等方面的积极表现令美国十分满意。在一些重大问题上朴正熙也采取"配合态度"，③ 特别是他对美国越南政策的支持态度更令肯尼迪政府愉悦，尽管存在很多令人尴尬的情况，④ 但双方依然在很多问题上达成默契。

---

① Korea Arrests 15, Springfield Republican, October 8, 1961 (4A).
② "South Korean Pensioner Freed", The Seattle Daily Times, October 14, 1961 (2).
③ 美国北太平洋战区陆军工程师拉普斯里（W. W. Lapsley）在1961年12月底指出："韩国有50多万现役军队，但由于没有生产能力而无法提供足够的军事设备和给养，而朴正熙为首的韩国新政府非常配合联合国代表及联合国军。"参见：General Says Lack of Korean Factories Himpers ROK Military Might, The Oregonian, December 20, 1961 (14)。
④ 有美国学者对于韩国的（教育）状况表示了极大担忧。华盛顿大学研究远东问题的富兰克林·韦利森（Frank G. Willison）教授于1961年年底在东南亚和远东地区进行了为期5个月的调查访问。他就韩国教育状况指出，"由于赤裸裸的军事独裁，韩国的教育体制正在遭受危机。许多大学的系主任都开始由军官来充任，韩国大学教职人员被新上任的、出身于海军陆战队的教育部部长的一系列政策搞得人心惶惶。"新任部长指出，大学中有许多课程"过于自由"，应以"工程学"等应用研究课程予以替换。在一所大学里将近50位教授被解雇，理由是他们不执行军政府规定的义务。还有些大学被要求解散或者合并，还有的被要求迁出汉城。已经不存在长期聘用的情况，大学教师每年需要接受"审查"——需接受思想正确与否的审查、如何正确坚持本职工作、年度工作情况以及论文研究状况应作一汇报等。许多韩国人认为，建立民主的最后机会已然被遗弃。但这位教授也承认，朴正熙军事集团也取代了"毫无希望的、无能的和腐化的"政府。具体参见：" S. Korea Schools in Peril, Says Expert", The Seattle Daily Times, December 5, 1961 (10)。

第三章　朴正熙军事政变及韩国政权过渡时期美国对韩政策　　129

图 3—2　朴正熙访美与肯尼迪举行会谈（1961）

图片来源：J. F. Kennedy Museum and Library（Boston）.

美国国务卿腊斯克 1961 年 11 月 5 日访日后对韩国进行了为期一天的短暂访问，这是军事政变以来美国最高级别官员到访。他向朴正熙保证，美国会继续向韩国提供经济军事援助以对抗共产主义的进攻。他在机场讲话时对军事集团大加赞扬："朴正熙主席及其同僚的热情与能力已经历史性地解决了韩国存在的问题……我坚定而严肃认真地向你们保证，我国政府将继续对贵国所能获得的进步与发展提供援助。"[1] 腊斯克用"超乎寻常"（extraordinary）一词来描述他一天的访韩感受，因为他"被一支 25 万人的欢迎队伍惊呆了"。[2] 朴正熙领导下的韩国给这位美国政府高级官员留下了深刻的印象，这种良好印象必然成为实现双方高层接触的润滑剂。

---

[1]　"Rusk Assures South Korea on U. S. Help", *Springfield Republican*, November 5, 1961 (1).
[2]　"Rusk Returns, Impressed by Trip to Korea", *The Springfield Union*, November 6, 1961 (1)；另参见："Talks Success, Rusk Reports", *The Times-Picayune*, November 6, 1961 (5).

1961 年 11 月 11 日，韩国"强人"（strong man）① 朴正熙访美前夕，释放了前总理张勉及其政府 23 名官员，②这是朴正熙访美前的一系列准备活动之一。17 日他说，访美使之受到极大鼓舞，这明确表明"美国对我们的支持"（the United States stands squarely behind us），"他们已观察到最近韩国局势的发展并非常欣赏目前由我们革命政府正在进行的任务"。③ 朴正熙政变之初，美国对军事集团采取冷静政策，随着军事集团采取反腐政策并进行一系列的社会改革，美国政府开始越来越明显地采取支持政策。朴正熙在访美期间受到 19 响礼炮的欢迎，受到高规格军事礼仪接待。副总统约翰逊表示，"在此后两天肯尼迪总统及其阁僚将与阁下讨论我国怎样实施计划以为韩国人民的幸福及国家的繁荣提供援助"。朴正熙在访美期间向美方提出经济援助要求，他决心使韩国经济按照年增长率 7.1% 的目标向前发展。④ 他还表示："我们将以重建我们的国家来对美国及自由世界国家对韩国的援助与支持作以回报。只有这样才能使我们更有效地履行作为自由世界一员的责任。"⑤ 肯尼迪在朴正熙会谈期间表示，美国可以提供一切可能的经济援助来推动韩国的发展，"为防止共产主义势力再度发动进攻，美国还会向韩国派驻更多军事力量"。⑥ 肯尼迪总统保证全力支持韩国，在其遭到军事进攻情况下，美国将"使用武力"予以援助。⑦ 朴正熙立即表态，美国提供的任何援助都将服务于韩国人民的利益。

朴正熙在访美回国后对新闻界人士表示说，此次访美获得"完全成功"

---

① "强人"的表述也表明美国舆论界接受并开始褒扬朴正熙，该表述还可见于："Light Moment at Top-Level Talks"，*The Seattle Daily Times*，November 15，1961（3）；Dorothy McCardle，"First family Kennedy lead in abolishing Washington's hidebound protocol customs"，*The Sunday Oregonian*. November 26，1961（13）；"Says Rhee Can Return"，*The Springfield Union*，December 8，1961（6）；"Korean Strong Man Pardons 5 Officers"，*The Seattle Daily Times*，May 2，1962（6）；"Free N. Korea Is Aim"，*The Seattle Daily Times*，August 15，1962（2）.

② "S. Korea will ask for U. S. Aid"，*The Seattle Daily Times*，November 11，1961（2）.

③ "Korea's Park 'Encouraged' by U. S. Backing"，*The Seattle Daily Times*，November 17，1961（2）.

④ 到 1966 年，韩国经济平均年增长率为 7.8%。参见：60 Years of the Republic：Park Chung-hee and the Miracle on the Han River，《韩国日报》：http：//english. chosun. com/site/data/html_ dir/2008/07/16/2008071661016. html ［2008—07—16］.

⑤ ROK Chief President to Confer，Trenton Evening Times，November 14，1961（1）.

⑥ "Kennedy Pledges 'All' Aid to Korea"；He Informs Gen. Park U. S. Will Send More Troops if Reds Attack Again Kennedy Pledges "All" Aid to Korea，*The New York Times*，November 15，1961：1.

⑦ "Kennedy Pledges Aid to Korea Chief"，*The Seattle Daily Times*，November 14，1961（2）.

(a complete success),他是带着"极大的满意"(with great satisfaction)回国的。① 尽管朴正熙极端反对李承晚政府时期的一系列政治弊端,但出于感情方面的考虑,他在1961年11月23日向时年86岁的"韩国虎"(tiger of Korea)李承晚及其夫人寄送了鲜花。② 他们住在火奴鲁鲁,自从1960年4月被罢黜以后他们就在那里政治流亡。③

四 美国对韩国"文官政府"问题的评估及对策

与美国对朴正熙政变的态度变化相伴随的另一个重要问题是军事政权向文官政府过渡的问题。美国打算把韩国塑造成一个自由世界的"展窗"(show-window),④ 但由于朴正熙军事政变的发生,在西方国家看来此时的韩国"已成为西方世界在亚洲(创作)的一幅'怪诞的讽刺漫画'(grotesque caricature),相关国家自1945年起在此处已开销数十亿美元,以数以千万计的生命为代价试图使这一地区成为'民主典范',然而事实却与此相反。在这块'晨曦之地'并未出现民主、和平与繁荣,出现的却是道义上的恶化和专制独裁。"⑤ 美国对韩国局势的发展十分担忧,因此花大力气对朴正熙政权施加影响促使军事政权向民主政权转化。朴正熙掌握政权后曾多次表示要尽快实现政权移交,其中在1961年8月的表态明确提出在1963年夏实现这一目标,并在11月访美时通过《美韩联合公报》加以确认。⑥ 由此,韩国成功地实现了政权移交,进而也完成了美国对韩政策的关键一环。

---

① Korean Leader on Way Home, *The Oregonian*, November 20, 1961 (1).
② Successor Honours Rhee, *The Seattle Daily Times*, November 24, 1961 (37).
③ Gen. Park Pledges Better Use of Further U. S. Aid to Korea; Says Here That Funds Will Go to Help People; Bars Corruption by officials, *The New York Times*, November 18, 1961: 8.
④ "US 'Aid' and Politics and Economy of South Korea", *Korea Today*, No. 71, 1962 (IV).
⑤ Yong-jeung Kim, "The West Losing out in Korea", *Eastern World* (The Asia Monthly, London), Vol. XVI, No. 7, July 1962.
⑥ 在《美韩联合公报》中与此相关的论述如下:"朴正熙(国家重建最高委员会)主席——正如同他在同年8月所做的声明一样——庄严地重申了军政府将在1963年夏将政权移交给一个文官政府的决心,肯尼迪总统对韩国军政府尽早恢复民选文官政府的打算尤其表示满意。"参见:FRUS, 1961—1963, Vol. XXII, GPO, Doc. 294。

(一) 韩国国内政治经济状况

朴正熙军事集团掌控制权以后，国内政治经济形势十分严峻。截至 1961 年 7 月 20 日，韩国庆尚北道谷物收获量仅是原定目标的 12%，忠清南道同比数字为 14%，其他地区情况也与此不相上下。同年年末，朴正熙军事集团"收购"的秋季谷物总量只相当于原计划的 48%。① 威胁军事政权更加直接的因素是国内政治局势的动荡，工人罢工、农民争取土地以及学生争取政治自由等活动②对于朴正熙军事政权而言产生极大威胁。军事集团为缓解局势采取了一系列高压政策，从政变之日开始到 6 月中旬这种政策实施的情况大致如下：

约有 3141 人由于受到"政治犯"的指控而被捕，同期有五六千名左翼人士被捕入狱。

5 月 26 日，15 个政党以及 238 个社会组织被解散。30 日，根据张都瑛的说法，大约有 250 名不同政党以及社会组织的领导者被拘捕。

包括韩国主力军的第一军和第二军指挥官在内，有大约 75 名将军和军官由于没有"支持"军事集团而被投入狱。

由于"设施不足"等原因，76 家日报、305 个新闻机构、453 个周刊还有其他一些出版物关闭。

军事集团的政策十分严厉，宵禁开始时甚至居民在自己家门口站着都被禁止，新闻检查的做法"比李承晚时期以及日本殖民统治时期还要糟糕——在韩国 (朝) 历史上是最糟糕的"。5 月 16 至 6 月 8 日，总计有 35958 人由于"危害公共和平"和"违反交通法规"而被捕；8814 人违反汉城宵禁命令，其中 5951 人受到公审。③

韩国社会经济发展状况不令人乐观。在增加军警预算的同时军事集团大幅

---

① "S. Korean People Continue to Struggle", *Korea Today*, No. 68, 1962: 45.
② 反美活动具体事例可参见：Kim Myung Wook, "Anti-U. S. Struggle in South Korea", *Korea Today*, No. 74, 1962: 48。
③ "U. S. Fascism in South Korea", *Korea Today*, No. 63, 1961: 56 – 57.

削减卫生及福利等社会公共事业的开支预算——比 1961 年下降了 53%，张勉政府留下来 4600 亿韩元的债务也是困扰朴正熙政权的棘手问题。① 同时，社会医疗卫生状况十分堪忧，大约 40% 的韩国民众遭受着各种疾病的痛苦。② 到 1962 年 2 月，大约有 1300 个韩国中小型企业破产，余者到同年 6 月又有 64% 处于停产状态。流通货币量在过去一年中增加 60%，价格上涨 18.4%、在 1962 年的前七个月中又上涨 14%，而商品流通量则锐减三分之一、销售量则减少了 50%。③ 在 1961 年，韩国"大韩红十字协会血站"等级的卖血者数量为 11069 人，该数字是此前几年的 27 倍。卖血者主要是个人和失业者，分别为 3600 人和 3000 人，此外还有 578 名学生。④

军事政府存在的一年多时间里，韩国社会政治经济问题的确很多，但 1962 年的美国对韩政策的发展总体上是比较平稳的，军事集团的表现令美国较为满意。在"五一六军事政变"一周年的前一天，13180 名罪犯获得大赦，还有 8790 名罪犯被减刑。在 5 月 16 日当天，21 个监狱释放了 3837 名罪犯，余者也被缓刑。⑤ 有西方媒体在 5 月 20 日指出，"韩国'强人'（strongman）朴正熙近日宣布，在其掌权的一年时间里，他领导下的军事政权已建成了一个强大而稳定的国家，为实现民主政府的目标创造了条件"。⑥ 在汉城体育馆举行的纪念活动中，朴正熙对在场的 3 万多人宣布，军事集团正在研究将政权向文官政府转移的最好途径，最迟到 1963 年夏实现这个目标。他再度承诺"要将政权转交给一个清廉的、负责的（clean and conscientious）文官政府，我们（军人）将回到我们的职责范围之内"⑦。选举可能出现，但朴正熙及其统领下的"国家重建最高委员会"将依然会在政府中保持绝对影响。朴正熙还表示：

---

① "South Korean Budget for 1962", *Korea Today*, No. 69, 1962（II）.

② 据 1962 年统计，韩国有 600 万名吸血虫病患者、210 万名肺结核患者、60 万名性病患者、20 万名麻风病患者以及 12 万名精神疾病患者。另外，韩国医生与居民比例为 1∶3000，在 605 个县甚至没有医生，而且一半左右的从业医生其条件状况极糟。参见："Figures and Facts", *Korea Today*, No. 69, 1962（II）.

③ "A Close Look at South Korea's 'Five-Year Plan'", *Korea Today*, No. 79, 1962（XII）.

④ "More Blood Seller", *Korea Today*, No. 79, 1962（XII）.

⑤ "Pardons Given in South Korea", *Trenton Evening Times*, May 15, 1962（3）. 也有报道称，5 月 16 日当天释放人数为 3227 人。参见："Koreans Win Full Pardon", *The Oregonian*, May 16, 1962（2）.

⑥ "ROK Leader Cites Gains", *The Sunday Oregonian*, May 20, 1962（11）.

⑦ "ROK Leader Cites Gains", *The Sunday Oregonian*, May 20, 1962（11）.

"革命政权已使韩国反共行动重振活力,我们摒弃了孤立主义的外交政策,消除了腐败并重新振作了业已消沉的民族精神,且对实现韩国工业化的宏伟计划充满信心。我们并没有忘记(半岛)北部依然处于共产主义制度'奴役'之下渴望获得解放的800万同胞,因此革命政府必须集中力量增强国家军事力量以击败共产主义实现国家统一。"① 对于韩国的发展前景,军事集团高级官员也做了表态。朴正熙还宣布,国家经济生产在第一个五年计划实施过程中将会取得40.8%增幅,即韩国将在1962—1966年间实现经济自立并建立国家基础产业。② 韩国总理对于国家的发展问题也做了如下表述:"历史上的英雄在革命时期常常致力于消除贪污和政治问题,而一旦革命目标实现以后,他们自己便成了权力的奴隶(the slaves of power)。"③ 这种表态对于整个政府以及全体国民是一个警钟,警示国人避免产生这种局面。

韩国局势好转,美韩关系进一步发展。美韩双方就"驻韩美军管辖权"问题上举行磋商,并于1962年6月在该问题上达成协议。官方接触非常顺畅,但民众反美情绪很强,在韩美协商会期间还出现了两次反美学生示威游行活动。为进一步施压朴正熙,美国国务院指出,"若韩国未按期在1963年6月实现文官政府,驻军管辖权协定不会生效"。④ 朴正熙采取有效方法拉近与美国的关系,进而获得美国好感促使其缓和强硬立场。为赞扬杜鲁门在朝鲜战争期间派兵帮助韩国度过危机,军事集团将"国家建设勋章"这个韩国最高荣誉奖授给他,韩国驻美大使丁一权(Chung Il-kwon)代表朴正熙在华盛顿举行授勋仪式。⑤ 1962年7月31日,朴正熙在汉城参观了展出的美国国家航空航天局"友谊七号"太空舱并对美国能够"与世界人民分享外太空秘密"的举动大加赞誉。⑥ 军事集团在1962年11月宣布新宪法草案终稿,这为在1963年夏顺利实现政权移交做了准备。根据"国家重建最高委员会"的决定,军事集

---

① "ROK Leader Cites Gains", *The Sunday Oregonian*, May 20, 1962 (11).
② "A Close Look at South Korea's 'Five-Year Plan'", *Korea Today*, No. 79, 1962 (XII).
③ "ROK Leader Cites Gains", *The Sunday Oregonian*, May 20, 1962 (11).
④ "Talks Set on GI Status in Korea", *The Times-Picayune*, June 23, 1962 (7).
⑤ "Truman to Get Top Korea Honor", *Trenton Evening Times*, June 27, 1962 (19).
⑥ 1962年7月,美国在汉城举办的展览,参展物之一就是"友谊七号"飞船。具体参见"Korean Junta Leader Views Glenn Capsule", *The Springfeild Union*, August 1, 1962 (21);另参见"Capsule Display Praised in Korean", *The Times-Picayune*; August 1, 1962 (12)。

团将定于年底举行全民公决,总统大选在1963年3月举行,新的国家立法机构也计划于5月产生。新宪法草案主要有以下内容:

(1) 总统选举产生任期四年,连任不超过两届。
(2) 总统为政府行政首脑并由其指定总理,内阁由总理提名总统批准。
(3) 立法机关由150—200名普选产生的立法者组成,任期四年。
(4) 总统不可解散国民大会;立法机关有权向总统建议解职各部部长。国民大会成员如果在选举后加入另一个政党则撤销其席位。①

20世纪60年代初,在韩国2500万人口中占68%的农民比城市居民对军事集团的支持率比较高。但韩国主要的经济问题在于如何为过剩的劳动力找到工作,发展工业似乎是一条主要途径。军事政权进行了为期五年的中短期经济发展计划。韩国第一部宪法出现在1948年,在李承晚被罢黜后进行了修订,此时修订的宪法基本上体现了文官政府的特点。1962年12月17日,朴正熙军事集团起草的宪法草案在全民公决中以绝对优势获得通过,他本人认为这为韩国此后的"大飞跃"(a big leap forward)奠定了基础。② 新宪法将给韩国"带来无限希望和自由(limitless hopes and freedom),在推动国家发展方面获得历史性机遇——在国内和国际层面都如此"③。朴正熙不止一次说过会尽快实现政权移交,这种承诺在他访美期间也得到肯尼迪的认同。《美韩联合公报》(1961年11月14日)中提道:"朴正熙主席——正如其8月声明一样——庄严地重申了军政府将在1963年夏将政权移交给文官政府的决心,肯尼迪总统对韩国军政府的这种计划表示非常满意。"④ 长期相对缄默的政治家立即开始指责朴正熙及其军政府领导人背叛实现文官政府的诺言,朴正熙为扭转这种局面而采取了一些措施。他宣布在新年之际取消对政治活动的限令,他

---

① "Korean Junta to Publish Constitution", *The Seattle Sunday Times*, November 4, 1962 (22).
② "New South Korea Code Promulgated", *The Seattle Daily Times*, December 26, 1962 (2).
③ 原文为:"We are provided with a historical basis to leap forward domestically as well as internationally",参见:"Chung Backs New Korean Constitution", *Trenton Evening Times*, December 26, 1962 (10)。
④ Telegram From the Department of State to the Embassy in Korea Washington, March 16, 1963, FRUS, 1961—1963, Vol. XXII, Doc. 294.

本人及军事集团要员将辞去军职参加大选,① 并从所列反对派成员黑名单中划掉近 20 人,尽管还有前李承晚和张勉政府约 2862 名政治人物依然被禁止参与政治活动,② 但这也算是做出一些缓和紧张气氛的举措。

朴正熙打算继续掌握国家最高权力,但其军职身份不能出现在文官政府中,于是他决定采取一种以退为进的办法。1963 年 2 月 18 日他将这个决定告知美国驻韩大使伯格,他说他对军事政权已不抱什么幻想,在非军方政治领导人同意"保持原定基本政治目标"等前提下他本人愿意退出大选。美国方面认为,朴正熙此举非常利于韩国政治稳定是不二选择。美国当然对此表示支持,因为"韩国国家稳定和政治稳定利于通过民主程序实现政权顺利过渡。"③ 但不久由于内外因素作用,韩国国内政治发展又出现新的动向,紧张空气再度出现。1963 年 3 月中旬,包括军事集团三名成员在内大约 30 人被以"阴谋推翻军政府"的罪名受到逮捕。④ 1963 年 3 月 11 日,军事集团又以同样的罪名逮捕了 19 人,他们大都是陆军和空军军官,⑤ 其中有 4 名朝鲜战争期间投诚到韩国的军官。⑥ 军事集团在 1963 年 3 月 16 日下令,严限言论自由、禁止政党或者个人通过报界发表实质为"政治鼓动"(political agitation)的评论。⑦ 究竟何为"政治鼓动",军事政权的这个限令也未作详解,但普遍认为凡反对军事政权的言论均属该范畴。朴正熙指出,"此乃临时施宜之举,适当时机将予以解除,关于是否延长军事政权统治的问题取决于拟议中的全民公决的结果"。⑧ 朴正熙对于建立文官政府问题非常不情愿,1963 年 3 月 19 日他宣布撤销 4 月举行全民公决的决定,转而坚持要延长军事统治时间。

---

① "Junta to Seek Office", *The Springfeild Union*, December 28, 1962 (5).
② "Korea Blacklist Trimmed", *The Seattle Daily Times*, December 31, 1962 (2).
③ Editorial Note, FRUS, 1961—1963, Volume XXII, Doc. 292.
④ "Jail 30 'Plotters'", *Trenton Evening Times*, March 13, 1963 (2).
⑤ "Korean Junta Breaks Up Plot", *The Oregonian*, March 11, 1963 (1).
⑥ "Former N. Korean Officers Arrested", *The Times-Picayune*, March 12, 1963 (8).
⑦ "South Korea Bans Politics", *The Sunday Oregonian*, March 17, 1963 (13).
⑧ "South Korea Bans Politics", *The Sunday Oregonian*, March 17, 1963 (13).

图3—3 肯尼迪（右）与泰勒将军（中）和国防部长麦克纳马拉（左）①（1963年1月25日）

图片来源：John F. Kenndy Presidential Library & Museum, https://www.jfklibrary.org/Asset-Viewer/CBm_-Loj10GQRxVkF3pEKQ.aspx.

美国并未立即对朴正熙近期的举动加以评论，但明确表示支持韩国政权向文官政府转移的计划。同时，驻韩大使塞缪尔·伯格在领会国务院的指导方针后也积极活动起来。对韩经济援助也没有停止，当年经济援助计划也在协商之中，援助额提至1.91亿美元。②然而在军政府统治22个月后，韩国国内再次出现大规模群众运动，反政府活动在汉城和另外两个南部城市同时发生。在汉城的示威游行活动规模并不大，参与者人数有五六百人，他们比较明确的一个目标就是要求朴正熙政权信守诺言尽快实现政权移交任务。朴正熙依然坚持强硬立场，坚持延长军事统治四年的要求。3月16日朴正熙宣布禁止政治活动

---

① 1962年10月16日，肯尼迪总统建立了一个顾问团——"美国国家安全委员会执行委员会"（Executive Committee of the United States Security Council, 简称EXCOM），他亲自选定19名成员帮他解决政府所面临的各种危机局面，其具体职责是提供情报总结、为总统编辑书信以及研究并提供最佳行动方案等。马克斯韦尔·泰勒（Maxwell Taylor）此时的身份是参谋长联席会议主席（1962年10月—1964年7月），1964年7月至次年7月末担任美国驻南越大使。

② "Korean Boss Shifts Referendum Plans", *Augusta Chronicle*, March 20, 1963（3）.

并提出要对是否延长军事统治问题举行公决,军事政权通过电台向全国表示,武装部队是站在政府一边的。示威活动当中出现许多平民政治领袖人物,而且普通民众参与游行的情况也属首次,釜山和光州也出现了类似示威活动并出现拘捕活动。朴正熙指出,韩国"不应被腐化变质的政治人物所把持",他"将遵从民众意愿,通过全民公决形式解决问题"。① 但由于朴正熙已下令禁止政治活动,如果举行公决那也必将是朴正熙政权的独角戏,政府控制着全国广播及信息中心,并且对报刊也严格限制。韩国新任国防部长金圣恩(Kim Sung-un)表示,60万军队也支持朴正熙政府。美国看到朴正熙拒不履行诺言很是恼火,指令驻韩大使塞缪尔·伯格与朴正熙进行交涉。他在3月21日与朴正熙进行了会晤,要求他"重新考虑是否延长军事统治"的决定。②

在1963年春,关于韩国有两个问题严重困扰着美国:一是韩国内部的派系斗争问题;二是朴正熙要求延长军事政权任期的问题。前者涉及韩国国内政治稳定问题;后者涉及政权移交问题,如果没有稳定的国内政治环境,那么实现政权移交问题也是难上加难。朴正熙在1963年春再次宣布军事政权统治延期四年,他对此的解释是,因为他对国内混乱的政局无法容忍,只有他与军事政府才能承担起扭转局势的力量。在实现政权过渡过程中,如果政权落入那些无良政治人物手中则必定再酿大乱,"但悲剧不应重演,受伤害的并非那些政治人物而是民众"。③ 配合这个声明内容随即便出台了一项紧急法令,主要是对国内整治活动、新闻出版以及结社集会活动的限制。在这个法令下,韩国国内政治气候顿时又紧张起来。是否能顺利实现政权过渡成为一个疑问。美国政府指示驻韩大使伯格与韩方进行接触,以便摸清朴正熙的态度。韩国内阁首班(总理)金显哲与驻韩大使伯格在1963年3月中旬举行了会谈,他们讨论了韩国国内的政治局势并做出总结,认为韩国当时存在的政治派系斗争是其政治动荡之源。美国一再敦促朴正熙尽快实现政权过渡,但他还是坚持就"是否延期"问题举行公投。伯格问朴正熙是否在全民公决问题上举行全国辩论以及是否应有反对派力量代表监督投票计票活动,朴正熙表示说"投票将会是

---

① "Scores Arrested: Riots Erupt in S. Korea", *The Seattle Daily Times*, March 22, 1963 (2).
② "Scores Arrested: Riots Erupt in S. Korea", *The Seattle Daily Times*, March 22, 1963 (2).
③ Kim, Bong Joong, *Democracy and Human Rights: US-South Korean Relations, 1945—1979*, University of Toledo, 1994: 176.

公正的"。① 朴正熙的态度没有动摇,依然坚持延期军事政府统治期限这一立场。

(二) 韩国"政权过渡"中美国的作用

美国在军事政变发生时,对于韩国"合法政府"问题就提出明确看法。国务院给驻韩使馆的电报中明确了美国政府的立场,即军事政权在韩国长期统治不符合"美韩共同利益"(joint interests)。② 美国方面是从以下角度看这个问题的:肯尼迪政府希望恢复韩国政府的权威,这个政府是在其宪法体制下的合法民选政府。即便是没有明显地涉及意识形态问题,政变活动也削弱了韩国的稳定性及其国家声誉,因此也就损害了美韩的共同利益。1961 年 6 月中旬,美国驻韩大使馆在给国务院的电报中指出,"军事集团在相当长时期内没有将政权转交文官政府的意愿——或许是许多年时间(perhaps years)"③。对于朴正熙集团到底何时才能彻底履行此政治承诺,美国方面并没有十足把握,但美国国务院对于驻韩大使伯格的意见持赞同态度。国务院在 1961 年 8 月初给驻韩使馆的电报中就韩国"政权过渡"问题提出了两点意见:一是"在不久将来某一合理时间"(reasonably near future);二是"不急于确定具体日期"(without pressing for specific date)。④ 紧接着美韩双方代表⑤又在 8 月 11 日召开会议对此进行协商,美国将这次协商与苏联的态度以及韩国在联合国中的形象等国际层面来对韩方进行劝解——"韩国在过去需要联合国的支持、在将来

---

① Telegram from the Department of State to the Embassy in Korea (March 16, 1963), FRUS, 1961—1963, Vol. XXII, p. 631.
② Telegram from the Department of State to the Embassy in Korea, FRUS, 1961—1963, Vol. XXII, GPO, Doc. 216.
③ Telegram from the Embassy in Korea to the Department of State, FRUS, 1961—1963, Vol. XXII, GPO, Doc. 231.
④ Telegram from the Department of State to the Embassy in Korea [August 5, 1961], FRUS, 1961—1963, Volume XXII, Doc. 239.
⑤ 参加会议的有国务卿迪恩·腊斯克(Dean Rusk)、远东事务助理国务卿沃尔特·麦康吉(Walter P. McConaughy)、东北亚事务研究处主任克莱恩(H. L. T. Korea)以及韩国驻美大使丁一权(Il Kwon Chung)。

也如此。联合国成员国是否受到尊重这对于韩国的安全来讲是至关重要的"。①与会者讨论了"1963 年"可否作为实现政权过渡的具体时间问题,但并未最后确定。腊斯克指出,此事件也关系到韩国的国际地位问题,因为许多国家曾与美国交换意见表示对此很是关注,期待韩国能够平稳向宪法框架下民选政权方向发展。

韩国政治发展在朴正熙掌权的第一年里相对顺畅,但在次年就遇到了一些挫折。在一些美国观察家看来,这主要是由于朴正熙集团的"军旅生涯并未使其政治艺术得到锻炼,也不能使之获得广泛的知识和技能来处理国家经济事务"②。军事集团在 1962 年 4 月颁行"政治整肃法",该法律主要是针对反对派政治活动的,规定在六年内禁止反对派从事政治活动;6 月又出笼了"货币兑换"方面的政策法规,通过暂时冻结私人账户等办法来调解经济发展中的问题。这种做法的初衷很好,但对经济发展的消极影响是军事政权始料不及的,更糟糕的是此举动摇了国民信心。金钟泌利用其中央情报部部长的便利通过操纵股市等手段牟取暴利达两三千万美元之多,并因此成为韩国史上最大经济集团,同时中央情报部还被指控在经济领域涉嫌操纵其他领域的垄断活动。③

美国在 1962 年对韩国局势进行评析,对其而言是喜忧参半。美国中情局的评估报告指出,"军事集团正在极力拓展其国际活动空间,并致力于加强区域内的合作以抵制共产主义的扩张。虽然军事集团领导人对继续保持美韩关系表现十分迫切,但同时也显示出高度的民族主义和国家主义思想,如果它认为我们的建议并不符合其利益则会进行反抗"。④ "在 1963 年实现民主选举之前,朴正熙军事集团仍将继续掌握韩国国家最高权力,即便建立了新的文官政府,原军事集团成员也会有很多成为新政府阁员。但由于韩国政治经济动荡局面的

---

① Memorandum of Conversation [August 11, 1961], FRUS, 1961—1963, Northeast Asia, Vol. XXII, GPO, Doc. 241.

② 语出美国政治观察家詹姆斯·莫雷(James Morley),转引自:John Lie, *Han Unbound: the Political Economy of South Korea*, Stanford University Press, 1998: 56。

③ Memorandum from Michael V., *Forrestal of the National Security Council Staff to President Kennedy*, Washington, March 28, 1963, FRUS, 1961—1963, Northeast Asia, Vol. XXII, GPO, Doc. 298.

④ 06/08/1962 – South Korea:A Year of Military Rule, CIWR, CIA.

存在，新政府必定在很大程度上有赖于军方的支持。"① 这种评析说明，由于韩国军事集团表现出很大独立性的特点，美国有一个"担心"随之产生，即军界在文官政府中的影响问题。韩国国内局势在1962年年初始终没有达到令美国十分满意的程度，对于可能会发生什么情况没有把握。试图推翻朴正熙军事政权的活动已经多次出现，而且还有一些同样的计划尚在酝酿之中，规模不等的工人罢工活动及农民要求土地改革等活动时有爆发。美国参议院议员富布莱特在对外关系委员会非公开会议上指出："当下在韩国发生了什么、谁掌握实际权力以及谁能最后胜出等问题依然不是十分清楚。"② 另外，朴正熙军事集团并非铁板一块，矛盾派系斗争若隐若现，这也是美国感到棘手之事。为此美国对朴正熙军事集团尤其是各派系领导人并不轻易做出表态，国务院要求驻韩大使伯格在处理韩国相关问题时谨慎行事慎重表态。国务卿腊斯克代表国务院对韩国军事集团内部的派系斗争问题时作了如下表态，"派系斗争的和解将为实现和平向文官政府过渡奠定良好基础，但军事集团利用暴力手段应对反对派是最不可取的做法，因为这极易造成军事预治的可能。如出现这种局面，政权移交任务将会受到挫折"。③ 这种表态表明了美国在韩国政权移交问题上的担心，同时也是其制定下一步对韩政策的依据。

围绕政权过渡问题韩国国内产生严重分歧，文官政治领导人物要联合起来共同反对延长军事政权。④ 朴正熙此际陷入盲风晦雨般的国内政治纷乱中，对他的刺杀活动依然存在、国家经济颓势起色不大、仍需面对反对派各种挑战，同时还需与美国进行周旋，其处境的确很难，所以有西方媒体报道说韩国当时"处于履薄临深之境"。⑤ 美国政府对韩国局势也不十分明确，所以也未作出实

---

① Short-Term Outlook for South Korea, Special National Intelligence Estimate SNIE 42—2—62 Washington, September 7, 1962, FRUS, 1961—1963, Vol. XXII, GPO, Doc. 275.
② "S. Korean People Continue to Struggle", *Korea Today*, No. 68, 1962: 44.
③ Telegram from the Department of State to The Embassy in Korea, Washington, January 26, 1963, FRUS, 1961—1963, Volume XXII, No. 287.
④ "Politicians Defy Junta in Korea"; "Open Drive Against 4 More Years of Military Rule", *The New York Times*, March 21, 1963: 4.
⑤ "South Korea in Danger", *The New York Times*, March 16, 1963: 6.

质性评价,[①] 实际上它对韩国复杂的政局也非常不安。[②] 为了避免韩国国内政治分歧加重并有可能酿成内部冲突局面,美国提出一个解决办法,建议相关各方组成临时联盟。[③] 可以在政治联盟框架中协调各方关系,以便在和平气氛中解决问题。朴正熙在1963年3月发表"延期军事统治"的声明,美国力促韩国早日实现政权过渡,因为"延长军事统治会威胁到政治稳定并会给高效政府的出现设置障碍",[④]"希望朴正熙军事集团及主要政治组织能联合制订一个切实可行的计划以便实现政权移交"。[⑤] 朴正熙对于他此时不支持建立"文官政府"的态度进行了具体解释,他在1963年3月19日给肯尼迪的私人信件中说,他认为那时进入文官政府的人可能都是"以往贪污腐化的政治人物"(ever corrupt politicians),韩国局势之所以变得十分混乱主要是由于"无耻政客在兴风作浪,甚或有的还正在策划反国家密谋"。[⑥] 这种解释是在美国不断对其施加压力的情况下做出的,是朴正熙不愿与其政治反对派分权的一种心理表现。由于朴正熙提出"延期"要求而使韩国政治局面变得复杂动荡,从美国的态度及具体行动来分析,它此间对韩政策的基本目标是建立一个稳定的和

[①] 在1963年3月21日的新闻发布会上有记者问肯尼迪,"美国一直以来对韩国的独立与民主感兴趣,如何看待上周末军事集团宣布延期4年军事统治的问题?"肯尼迪表示:"在过去几天里韩国局势发生巨大变化,我认为现在就此事做最后断言是不可取的。目前我们密切注视其局势的发展并期望尽早实现稳定,我们认为韩国对美国亚洲安全利益至关重要,并将继续关注目前对政权过渡问题的讨论。局势未定前,我做任何解说都是无助的,至少本周如此。"参见: The President's News Conference of, March 21st, 1963, APP (Kennedy), http://www.presidency.ucsb.edu/ws/index.php?pid=9124&st=south+korea&st1=。

[②] A. M. Rosenthal, "Power Struggle Mounts in Korea"; "U. S. Feels Strain; Washington Warily Seeks A Compromise In Tension Over Military Regime Authorities Move Swiftly Power Struggle Mounts in Korea U. S. Envoy Meets Park", *The New York Times*, March 23, 1963: 1.

[③] A. M. Rosenthal, "U. S. Seeks Truce in Korea to Halt Fight for Power"; "U. S. Stand Expected Popular Support Lacking", *The New York Times*, March 25, 1963: 1.

[④] "U. S. Urges Korea to Scrap Junta for Civil Regime"; "Policy Statement Warns Prolonged Army Rule Threatens Stability Issue Is Re-examined", *The New York Times*, March 26, 1963: 1.

[⑤] A. M. Rosenthal, "Both Sides Are Wary"; "U. S. Urges Korea to Scrap Junta", *The New York Times*, March 26, 1963: 1.

[⑥] 朴正熙为实现政权转移也确实有一些动作,比如他设计的新的过渡政府由50名成员组成,其中2/3来自军界外,同时还计划组建一个由30位资深政治家组成的委员会承担咨询和顾问的作用。参见: Memorandum from Michael V., *Forrestal of the National Security Council Staff to President Kennedy*, Washington, March 28, 1963, FRUS, 1961—1963, Volume XXII, p. 639.

具有广泛代表性的政府,必须剔除军人预政因素,而要达到上述短期目标还需要外部力量的支持。①

这时韩国国内政治局面明显分为两大阵营,一是朴正熙为首的军事集团势力;二是反对派,双方的矛盾一直存在,但尤其是在朴正熙做出改变政权移交时间的决定以后,双方矛盾急剧上升。在这个时期,"谨慎介入"是这个阶段美国政策的特点。美国此间调停作用再度体现其作用,它向矛盾双方提出"泛国民决议案"(pan-national solution)建议,其最终目标就是通过矛盾双方的协商妥协共同组建具有广泛代表性的新政府,美国情报部门同时获悉,朴正熙的立场有所松动,他"或许正在考虑是否延长军事统治问题"。② 美国政府看准时机,肯尼迪及时发表声明继续推动朴正熙改变立场。声明指出,美国"非常关心韩国的未来,并急切地想要看到其成功",肯尼迪同时还指出避免政治动荡局面恶化的重要性,动荡局面"将会阻碍民主进程的发展"。③ 肯尼迪对驻韩大使伯格的建议表示赞同,"应该在军事政权和该政权以外政治派系之间达成一致,确定一个顺利实现政权移交的时间表",肯尼迪还强调了该问题的解决必须是"韩国式的"(a Korean solution)。④ 笔者以为,这是美国为了避免在韩国国内政治中最为敏感的问题上陷入困境而采取的一项短期政策。国务院告知驻韩大使伯格保持谨慎态度,"至少在最初阶段必须最小程度上介入全民公决活动(1963年4月),不介入或少介入的理由之一是因为解决方案必须是'韩国式的'"。⑤ 随着大选的临近,韩国国内政治又有了新的发展。除了尹潽善以外的另两名总统候选人已经宣布退出大选活动,这样朴正熙就只有一个竞争对手了。同期韩国学生反对运动活跃起来,其主要目标指向就是朴正熙。他们认为朴正熙政权是"腐化的"和"无效率的"、是在利用非法手段达

---

① 对此问题的官方文件记载可参阅:Telegram from the Department of State to the Embassy in Korea Washington, March 28, 1963, FRUS, 1961—1963, Volume XXII, Doc. 297。

② Memorandum from Michael V., Forrestal of the National Security Council Staff to President Kennedy, Washington, March 28, 1963, FRUS, 1961—1963, Volume XXII, 640.

③ Memorandum for the Record, Washington, March 29, 1963, FRUS, 1961—1963, Volume XXII, pp. 640 – 641.

④ Memorandum for the Record, Washington, March 29, 1963, FRUS, 1961—1963, Volume XXII, pp. 640 – 641.

⑤ Telegram From the Department of State to the Embassy in Korea, Washington, April 8, 1963, FRUS, 1961—1963, Volume XXII, Doc. 300.

到保持其权力的目的。①

1963年4月初,肯尼迪又催促朴正熙尽快实现权力转移。他指出,"美国希望能在韩国出现一个可促进民主繁荣、负责任的和稳定的民主政府"②,美国同时决定削减对韩经援以对韩方施压。③ 为避免政治纷乱情况可能对美韩军事联盟抵制朝鲜进攻能力的影响,肯尼迪政府也同时密切关注韩国军事部门的举动。④ 面对内外双重压力特别是美国削减经援的压力,朴正熙做出妥协,同意在同年秋举行选举。⑤ 美国终于得到了朴正熙的"口风",因此也没有再进一步施压,因为朴正熙此间所面临的国内政治经济压力也是非常大的。韩国社会经济状况受到政治乱局的影响情况变糟,在食品供应和通胀方面的问题最大,朴正熙军事政权在民众心目中地位下降等因素对朴正熙而言都非常不利,他非常担心大选失利,为缓和局势他决定将选举延期进行。⑥ 为避免物极必反局面出现,美方认为不宜再对正处于"极不稳定期"⑦的韩国施加压力,故而同意1963年秋再进行大选。

(三) 美国与韩国"文官政府"的出现

美国希望朴正熙能够同意尽早举行大选,但朴正熙的态度则与之相反。他在1963年同意实现政权移交,一拖再拖后终于确定在同年年底举行。朴正熙

---

① "Democracy Needed in Korea", *The New York Times*, April 1, 1963: 26.

② The President's News Conference of. April 3rd, 1963, The American Presidency Project (Kennedy), http://www.presidency.ucsb.edu/ws/index.php?pid=9139&st=south+korea&st1=.

③ A. M. Rosenthal, "U. S. Will Cut Aid To South Koreans"; "U. S. Will Reduce South Korean Aid", *The New York Times*, April 4, 1963: 1.

④ A. M. Rosenthal, "U. S. officers in Seoul Keeping Close Watch on Korean Crisis"; "Any Troop Shifts to Bolster Position of Military Regime Could Impair Joint Defense Against Reds", *The New York Times*, April 5, 1963: 3.

⑤ A. M. Rosenthal, "Leader of Korean Junta Agrees to Hold Elections"; "U. S. Threat to Cut Aid Sways General Park to Accept Civil Rule Korean Junta Leader Agrees To Hold Elections in the Fall", *The New York Times*, April 6, 1963: 1.

⑥ Memorandum of Conversation Washington, June 17, 1963, FRUS, 1961—1963, Volume XXII, Doc. 309.

⑦ Telegram from the Embassy in Korea to the Department of State, Seoul, April 29, 1963, FRUS, 1961—1963, Volume XXII, Doc. 302.

本人决定参加大选，但他必须首先退出军职，否则必然引发国内政治反对派和美方干涉，于是他在 1963 年 8 月底宣布"退役"并加入韩国民主共和党，并很快成为总统候选人。各方对选举过程都有着不同程度的担心，但 1963 年年底的选举活动还是较有秩序地实现了。大选结果是意料之中的，朴正熙当选韩国总统。在促使韩国实现政权移交过程中，驻韩大使塞缪尔·伯格责无旁贷发挥了直接作用。他往来于汉城和华盛顿之间，在汉城与朴正熙军事政权进行多次秘密会谈，推进了政权移交进程的发展，在该过程中充当了"幕后牵线人"（a wire-puller）的作用。① 伯格对这一问题比较有信心，这种信心也是建立在他对朴正熙的个人认知基础上的。驻韩大使伯格经常与军事政权打交道，他认为在韩国能够产生一个"稳定的和清廉的文官政府，而且还应是愿意推行对美合作政策的政府"。②

图 3—4 朴正熙当选韩国第三共和国总统
（《东亚日报》1963 年 10 月 17 日）

图片来源：http：//www.360doc.com/content/13/0421/18/1336297_279940465.shtml.

美国为"他国"的一次大选活动费尽了心机，此前预测的可能出现的纷

---

① "'Power Transfer' Farce in South Korea", *Korea Today*, No. 79, 1962（XII）.
② Memorandum from Michael V., *Forrestal of the National Security Council Staff to President Kennedy*, Washington, March 28, 1963, FRUS, 1961—1963, Volume XXII, 639.

乱情况并未"如期而至",所以对此次选举过程和选举结果都比较满意。据当时时局分析,若反对派取胜对韩国的影响也不会是积极的,结果,因为它在确立和巩固自己地位的过程中极有可能诱发其对立面的反对进而酿成全国性的混乱局面,而朴正熙以微弱优势赢得大选实际上使之避免了上述糟糕状况的出现。从大选得票率也可看出,韩国政治反对派的影响也不可小觑,此后他们的活动必然成为朴正熙当选后制定内部政策需要重点考虑的对象。韩国大选顺利完成,美国及时制定对新政府的政策基调——建议朴正熙"实行温和宽容的合作政策,努力将政府与反对派间的政治对话拉到建设性轨道上来"。[①]

图3—5 朴正熙与美国驻韩大使塞缪尔·伯格

图片说明:1963年11月朴正熙赴美参加肯尼迪葬礼离开汉城前与前来送行的美国驻韩大使塞缪尔·伯格在机场握手道别。

图片来源:《朝鲜日报》(*Chosun Ilbo*):http://english.chosun.com/site/data/html_dir/2008/10/29/2008102961015.html。

在1963年最后两个月里,美韩两国高层出现重大变化:其一,约翰逊接

[①] 美国如此提议是为了使朴正熙政权避免与国内反对派之间分歧过大,为此还做了一个"表率",即重视朴正熙政府同时也不忽略韩国国内反对派力量。美国提出它在日韩关系正常化及韩国经济稳定等问题上既要与韩国政府协商,同时也要与反对派进行讨论。参见:Telegram From the Department of State to the Embassy in Korea, Washington, October 22, 1963, FRUS, 1961—1963, Vol. XXII, Doc. 316。

替遇刺身亡的肯尼迪总统之职；其二，韩国代总统朴正熙正式就任总统职务，韩国"政权过渡"任务顺利完成，从而结束了长达945天的军事统治，国民大会也同时得以恢复。由于反对派没有结成统一阵营，朴正熙为首的民主共和党获得了这个一院制国民大会175席中的110席。① 新任美国总统约翰逊对朴正熙政府表示，"将继续保持对韩政策的一致性，对朴正熙领导下的军事集团能够践行诺言实现政权过渡的做法表示"。② 这样，朴正熙政权终于完成了政权过渡任务。

韩国向民主政治转变过程中的发展变化模式类似亨廷顿所说的"错位模式"（Transplacement Mode），③ 其主要表现先是政府和反对派间相互角力而后出现民主局面，韩国此时回归"民主"道路以及1987年民主化的实现都是这种模式。由于朴正熙军事政变的出现比较突然，美国政府不同部门反应不一，总体看来，反对的态度首先出现但持续时间很短，正如美国国家安全委员会的弗雷斯德（Michael V. Forrestal）所言："我们起初对军事政府的态度是不确定的和模棱两可的（equivocal）"④，但经过考察美国认为朴正熙政权是"同道中人"，所以转而公开支持军事集团。这当然是美国大棋局考虑的结果，在东亚冷战这个前哨地区无论是谁掌握政权只要与美国利益相投，美国便会积极予以支持。⑤ 美国正式认可朴正熙军事政权后又开始了下一步努力，即推动韩国军事政权尽快向文官政府转变。美国对韩国文官政府问题非常关注，因为它将韩国视为西式民主制度在亚洲的试验场，对他国"示范"作用非常大，韩国军事政权执政时间越长则这种示范效果越小，同时也会影响美国的国际声誉。因此美国利用多种手段积极促使军事政权向文官政府转化，虽然并非像阪上走丸

---

① 至少11个反对党与以朴正熙为首的民主共和党竞争国民大会席位，但只赢得有效票数的34%。国民大会中存在4个反对党：以尹潽善为首的最大反对党民政党占41席、民主党13席、自由民主党9席、人民党2席。参见："South Korea", *Far Eastern Economic Review*, 1965 yearbook, 1965: 263。

② Memorandum of Conversation Washington, November 25, 1963, FRUS, 1961—1963, Volume XXII, Doc. 318.

③ Samuel P. Huntington, *The Third Wave: Democratization in the Late Twentieth Century*, University of Oklahoma Press, 1991: 114.

④ Memorandum From Michael V. Forrestal of the National Security Council Staff to President Kennedy Washington, March 28, 1963, FRUS, 1961—1963, Volume XXII, No. 298.

⑤ 美国对韩军事援助在60年代初占韩国防务开支总额的70%以上。参见：John Lie, *Han Unbound: the Political Economy of South Korea*, Stanford University Press, 1998: 53。

那么容易，但经两年多努力最终实现了目标，"民选政府"终于再次出现在韩国政治舞台之上，从而美国对韩政策重要目标之一得以实现。与此同时，美国编织东亚战略防御网的另一步骤——推动日韩关系正常化的斡旋任务已在进行之中。

第 四 章

美国与日韩邦交正常化

韩国东北亚财团在2009年举办了"从国际法角度重新审视日本吞并韩国的效力"学术会议,认为当年日本主导的"日韩并合"行为是非法的和无效的,并在2010年组织了1118名韩日两国人士发表了"1910年韩日合并条约无效"的联合声明。2015年6月22日,该财团在《韩日关系正常化条约》签署50周年之际再次举行了题为"重新审视韩日协定体制和'殖民地'的责任"的国际学术研讨会。[①] 韩日两国学界对50多年前的历史进行了回顾,与会学者以专题形式对当年的日韩关系进行了讨论。

日韩两族本为"同祖同根"的民族,[②] 两国比肩而立,双边关系历弥久远,但却远非善邻。万历庆长之役开启两国关系之恶端,至近代双边交恶更甚,乃至朝鲜被日本并合之果。二战以后近20年时间里日本和朝鲜半岛之间的关系依然是冰火两不立的局面。旧金山对日和约签署后,约十年时间里日本先后解决了与菲律宾、印度尼西亚等东南亚国家之间的战争赔偿问题,但对韩交涉由于李承晚的强硬态度等因素未获任何积极成果,反而加剧了双边关系的紧张程度。美国对日韩关系正常化谈判最初预估很快就能实现,但直到14年后双方经7轮正式会谈、大小规模不等约1500次正式会议[③]才最终实现关系正常化。日韩和谈是一个艰难的外交谈判过程,双方在"历史认识"等问题

---

① 此次会议以"重新审视韩日协定体制和'殖民地'的责任"为主要议题,分三个专题进行:(1)"韩日协定体制和'殖民地'的责任认识";(2)"探讨'殖民地'责任相关国际案例";(3)"韩日间'殖民地'责任和课题",参见"东北亚历史财团网站": http://www.nahf.or.kr/chn/。

② 崔基鎬:《韓国堕落の2000年史:日本に大差をつけられた理由》,祥伝社2006年版,第15页。

③ Kazuhiko Togo, *Japan's Foreign Policy 1945—2003*, Brill Leiden Boston, 2005: 157.

上的巨大偏差不时导致会谈中断。美国为将其东北亚的这两个盟国尽快撮合到一起，从而加强美国为主导的东亚利益链，所以自日韩会谈之始便台前幕后地进行斡旋并最终促成了日韩关系正常化。

图 4—1　朴正熙签署《韩日关系基本关系条约》（1965 年 6 月 22 日）

图片说明：在此基础上韩国得以顺利进行第二个五年计划（1967—1972）。

图片来源：Korea-Japan Treaty, Breakthrough for Nation Building,《韩国日报》：http：//www. koreatimes. co. kr/www/news/biz/2011/04/291_ 62653. html.

一　日韩敌对态度历史概览及双边谈判焦点问题

(一) 历史上的相互认知

在日本大陆侵略政策形成之初，朝鲜半岛即被视为首要目标。日本在朝鲜半岛进行了三十多年的殖民统治，无论对其自身还是对半岛来说都具有极为深刻的影响。从认知角度看，日本已形成了对朝鲜居高临下进行统治的历史惯性思维，很容易产生对朝韩民族的蔑视态度，也就是产生一种对朝鲜民族的优越感。战后的日本社会有很多人认为日本对朝鲜的统治是符合历史逻辑的，而且日俄战争后到日韩并合条约都标志着朝鲜逐渐"自愿融入"日本。朝鲜民众对日本的指责主要从对殖民历史的态度方面提出的，恰恰在这一点上日本人拒绝接受韩国人的历史看法。殖民统治时期的朝鲜中央银行"朝鲜银行"的田中铁三郎（Tetsusaburo Tanaka）就认为他们"时刻想着朝鲜民众之福祉"。[①] 朝鲜殖民时期的日本军官信夫（Nobuo）在其回忆录中也对"朝鲜（半岛）是日本殖民地"的提法加以否认：日韩合并这个历史事件是两国都同意并由双方政府代表签署并合条约实现的，不应将其视为殖民地。[②] 这种不承认殖民侵略历史的观点在日本大有市场，这是殖民者为其殖民活动进行辩护的表现。基于以上观点，日本有人认为它与朝鲜半岛不是交战状态，朝鲜是日本的一部分，没有成立独立国家的资格，并不具有与日本进行谈判的基础。日韩双方互不信任互相蔑视对方，民众大都反对两国进行政治接触、反对恢复邦交的和谈。上述的相互印象导致日韩关系正常化谈判不能顺利进行，所以需要很大的外在力量的推动才能达到目标。日韩恢复邦交后双边关系表现得较为紧密，但两国对经济利益的诉求及美国主导的三方安全关系在其中发挥了作用。[③]

日本和朝鲜半岛本来是东亚具有同源文化元素的两个地区，但由于近现代的日本给半岛民众造成难以弥合的心灵创伤，两国间的民族仇恨根深蒂固，民族情感的对峙难以消解。欧美及本国历史文化是战后日本学界关注的主要方向，与朝鲜半岛相关的主题研究很少，且大都是研究日本"辉煌"时期的历史，即殖民时期的朝鲜历史。旧金山和约以后大约十几年时间里，日本学界对朝鲜的了解也大都是从二战前的研究成果中获取的。还有一个非常明显的例子可以说明日本对殖民时期朝鲜的蔑视，那就是虽然日本对朝鲜实行了几十年的殖民统治，但却罕见主动学习朝鲜语言文化者。到1956年，朝鲜人在日本学生眼里依然是"狂野的、令人恐怖的、顽固不化的、吝啬的和又脏又穷的"

[①] Junkab Chang, *United States Mediation in South Korean-Japanese Negotiations, 1951—1965: A Case Study in the Limitations of Embassy Diplomacy*, Mississippi State University, UMI Number: 9906940, 1998: 46.

[②] 2010年8月12日的《韩国时报》报道，在"日韩并合"百周年之际，日本首相菅直人就日本对朝鲜施行的殖民统治表示道歉。参见：Janet Shin, Seo Jae-pil, a Korean Intellectual and Activist, The Korea Times（电子版），August 12, 2010, http://www.koreatimes.co.kr/www/news/culture/2013/01/323_71353.html。朝鲜祖国统一民主主义战线中央委员会发言人2010年8月22日发表声明，强烈要求日本就过去对朝鲜所犯下的罪行真心道歉并进行彻底赔偿。

[③] South Korean-Japanese Relations, Department of State, November 1974.

形象。① 青年一代心目中就有如此想法，要想实现双方的互相理解谈何容易。

半岛两国分立以后互视为敌，但在对日态度上多有同类相从之处。朝韩两国领导层都有亲历日本殖民统治并与之进行抗争者，有很多人都有流亡中苏经历。这些人带着民族仇恨被迫政治流亡，而后又带着仇恨回国抗日，在他们夺取政权后不可能很快与当年的殖民者达成一致。在他们的思想里，"日帝殖民统治统治"就等同于"国家屈辱"和"民族苦难"的代名词。所以从整体上看，朝韩两国对日本充满怨恨、敌意、恐惧和猜忌，尤其是在冷战的推动之下，这种思想逐渐变得更加根深蒂固了。在日治时期，朝鲜半岛经济的确取得了一定的发展，但在他们看来则是朝鲜人用自己的血汗换来的。韩国总统李承晚抱有极端的民族主义情绪和强烈的反日倾向，有美国学者对其做了如下评论：李承晚是"暴烈民族主义的具体化身"，他"终其都憎恨日本人，而日本人也同样如此"，②他"对日本的恐惧甚于对苏联的担心"。③李承晚坚持"日本乃韩国独立之大患"④的观点强化了韩国人对日本的抵触心理。这也可以解释为何李承晚时期日韩和谈总无进展，当然这也是有他与时任日本首相池田"几乎水火不容"⑤的原因共同造成的。美国在这一时期对日韩和谈的斡旋作用非常低效，这在相当大程度上是由于李承晚的不合作态度造成的。日美和韩美之间都有安全联盟关系，但日韩之间甚至都没有外交关系，这从联盟理论角度看是无法理解的，三方联盟缺少另一条维系纽带。日本并不承认历史罪责，也没有表现出负罪感，它在这些问题上的态度与韩方期望相去甚远，后者感到这个昔日的敌人还是那么的傲世轻物，韩国人难以接受，韩国一直存在着多种

---

① Jong-Chun Baek, *Probe for Korean Reunification: Conflict and Security*, Research Center for Peace and Unification of Korea, 1988：143.

② ［美］劳伦斯·奥尔森：《日本在战后亚洲》，上海人民出版社1974年版，第99页。

③ 朴正熙在1953年与美国国务卿杜勒斯谈话中所言。参见：Brain Bridges, *Japan and Korea in the 1990s: From Antagonism to Adjustment*, Edward Elgar Publishing Limited, 1993：10。

④ Colon Associates, *United States Foreign Policy: Asia*, Study No. 5 (prepared at the request of the Senate Committee on Foreign Relations), Washington D. C.：U. S. Government Printing Office, 1959：117 – 119.

⑤ 原文为："Yoshida and Rhee were two old men who could hardly bear to be in the same room together." 见于：Robyn Lim, *The Geopolitics of East Asia: The Search for Equilibrium*, Routledge, 2003：93。

形式的反日思想。① 由此看来，日韩矛盾有其深刻的历史根源。日韩之间关系的发展充满障碍。然而，出于本国利益的实际考量，尤其是在美国的积极推动下，日韩双方还是突破重重障碍坐下来细谈了。

(二) 日韩关系正常化谈判中的焦点问题

日韩和谈过程中主要围绕以下问题进行交涉：

第一，"正朔"确认问题。韩日和谈的前提是日方首先要承认"大韩民国"为朝鲜半岛唯一合法政权。韩国政府一直拒绝那些承认"朝鲜民主主义人民共和国"的国家建立外交关系，此举是为避免此后日本推行"两个朝鲜"政策。日本同意按1948年联大提出的"大韩民国政府是朝鲜唯一合法政权"的提法。日本同时还接受了韩国的另一个要求，即承认1910年前日朝间签署的所有条约无效。这也是涉及历史认识的问题，就是如何在道义上、法律上和政治层面上达成历史和解，这是贯穿整个谈判的棘手问题，此难题的突破几乎是在双方缔结正式条约前的最后关头才得以解决。②

第二，关于赔偿问题，即日韩双方"财产请求权"问题。韩国坚持认为，根据《旧金山和约》的规定日本应放弃此要求，1957年美国也做了同样表态，日本最终据此而行。韩国也同时向日本提出己方赔偿问题——要求日本赔偿在"日韩并合"时期及日本撤走时造成的损失。此要求遭拒，因为如果日本同意提供赔偿，那就是承认了其在朝的"殖民罪行"。关于"财产赔偿"问题，日方放弃对韩财产请求权，但韩国坚持获得日本的赔偿，此分歧也是到会谈最后阶段才取得突破。解决方法是日本通过多种形式向韩国提供总额达8亿美元的援助和贷款（包括政府无偿援助3亿美元、政府低息贷款2亿美元和私人贷款3亿美元）。这些资金注入后使韩国经济及对外贸易获得长足发展，为朴正熙政府推行的经济发展"五年计划"奠定了基础。

---

① 比如在1961—1987年间，韩国方面以"带有日本韵调"为理由禁止传唱253首歌曲。原文为："They emit a Japanese flavour." 见于：Brain Bridges, *Japan and Korea in the 1990s: From Antagonism to Adjustment*, Edward Elgar Publishing Limited, 1993: 138。

② 对于这个问题，双方最后在"基本关系条约"（第二款）中达成妥协："1910年8月前日朝双方签署的条约无效"，双方同意引用联合国决议中"大韩民国政府是朝鲜半岛唯一合法政府"的说法，在"基本关系条约"（第三款）中予以体现。

第三，关于渔业权问题。韩国一直坚持要求日本承认并接受"李承晚线"，对越线进行渔业活动的日本渔民渔船予以查扣拘捕，日方对此坚决反对。由于韩国执意坚持"李承晚线"的规定，即便美国从中调解，但该问题依然使日韩会谈多次陷入死结。日韩渔业谈判到1961年前无任何进展，朴正熙政权与日本政府进行谈判过程中达成协议，随着日韩关系正常化条约的签署，"李承晚线"退出历史舞台。另外，济州岛附近渔业合作问题也是个焦点，经过谈判双方都做出妥协，日本向韩国提供9000万美元援助用于发展韩国渔业。

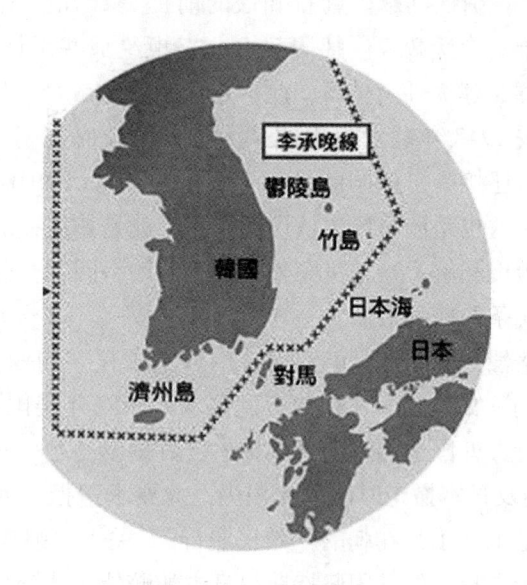

图 4—2 "李承晚线"

图片来源：日本外务省（MOFA）网站：http://www.hk.emb-japan.go.jp/chi/territory/takeshima/issue.html.

第四，关于在日朝鲜人法律地位问题。朝鲜人移民日本的活动出现在19世纪晚期，但大规模流入日本始自20世纪40年代初，绝大部分是日本出于战争目的而强行征用的朝鲜劳工，其数量最多时达到200万人，日本投降时有很多人逃离日本返回半岛。到1948年在日朝鲜人约60万，他们最初被当成日本国民对待，但这一政策在1950年发生变化：1945年前居住在日本的朝鲜人被定为"永久居民"，余者为"外国人"。在相当长时间里，韩国政府对于这批滞留日本的朝鲜人并未关注，也拒绝日本将其遣返。日本政府在1959年开始允许一些在日朝鲜人可以自愿返回北朝鲜，韩国方面才加大对此问题的关注。韩国的态度非常强硬，一度在1959—1960年间中断同日本之间的交涉，因为韩方认为，"大韩民国"才是半岛上唯一合法政府，关于滞日朝鲜人问题日本须与韩国进行交涉而非朝鲜。这种情况正值日韩会谈，自然也成为双方谈判的焦点之一。

第五，领土争端问题。[①] 在竹岛（日）/独岛（韩）问题上日韩双方各执一词，且一直是双方谈判焦点，直到会谈最后阶段也未在此问题上得到突破，并延续至今成为日韩双方关系发展的主要因素之一。

韩国认为，512年新罗罗斯夫将军征伐于山国，郁陵岛和独岛便纳入韩国历史，1870年明治政府官员佐田白茅在视察朝鲜以后提交的报告中指出，"竹岛"（郁陵岛）和"松岛"（独岛）归属朝鲜，这说明日本外务省将两座岛屿视为朝鲜王国领土。日本政府通过《岛根县（第40号）告示》（1905年）吞并该岛之举不可接受，韩国在1952年确定"李承晚线"时已将其作为本国领土，且自1954年7月以来一直实际控制该岛。

日本持有相反立场。认为至少在17世纪中期，日本就已确立对竹岛的"领有权"，1905年1月通过内阁会议决议将竹岛编入岛根县，再次确认了对竹岛的领有权，韩国占据该岛缺乏法律依据。

双方对这一问题僵持不下，最后同意将此问题暂时搁置，以后通过外交渠道寻求解决途径。

(三) 日韩会谈的三个阶段

日韩和谈历14年、经七轮正式谈判终于在1965年尘埃落定，谈判过程可归纳为以下三个阶段见表4—1：

表4—1　　　　　　　　日韩关系正常化七轮会谈

阶段	会谈	起止时间	事项及结果	简评
	预备会	1951.10—1952.2	筹备会	

---

① 关于日韩双方的立场可参阅两国官方网站：(1)韩国外交通商部网站：http://dokdo.mofa.go.kr/cn/dokdo/reason.jsp；(2)日本外务省网站：http://www.cn.emb-japan.go.jp/territory/takeshima/index.html。

续表

阶段	会谈	起止时间	事项及结果	简评
I	1	1952.3—1952.4	日方要求归还在朝财产，会议搁浅。	日本关注渔业问题，日韩分歧较大。 美国参与斡旋。第一阶段会谈无实质进展。"双方是否有意达成协议值得怀疑。"①
	2	1953.4—1953.7	围绕请求权和渔业问题会议气氛紧张，无进展，《朝鲜停战协定》签署前夕会谈中止。	
	3	1953.10—1953.10	日方代表久保田发言"日本殖民统治对朝鲜有利"，激起韩方强烈不满，会议中断。	
II	4	1958.4—1959.8 1958.12—1960.4	由于对请求权和渔业问题未达成一致，正式谈判未举行。	和谈重启。日本"神武景气"后需开拓外部市场；韩国经济发展急需外援。中朝经济发展给日韩造成心理压力。美国东亚政策面临着挑战、积极调解。
	5	1960.10—1961.5	张勉政府力图恢复会议，含有8款内容的"请求权"得以讨论，谈判进程由于朴正熙军事政变而中断。	
III	6	1961.10—1964.4	美国对日韩双方施压，谈判恢复。1962年11月，关于请求权问题首先得到突破，韩国中央情报部负责人金钟泌和日本外相大平正芳交换备忘录：日本给予韩国3亿美元，提供2亿美元政府贷款和1亿美元私人商业贷款。1964年3月，韩国国内抗议活动高涨，谈判中断，金钟泌应召回国。	朴正熙务实主义外交政策。 美国积极斡旋。 日韩达成妥协。 日韩关系正常化条约签署。
	7	1964.12—1965.6	日韩于1965年2月签署《两国关系基本条约》。6月22日，《日韩基本关系条约》、请求权问题及其他附属条约（渔业、财产请求权、其他法律问题以及在日朝鲜人问题等）用印。12月，条约生效，双方批准换文。	

① ［日］井上清：《战后日本史》（下），天津人民出版社1972年版，第271页。

二　日韩邦交正常化过程中美国的作用

日韩两国在就上述主要问题进行协商谈判的几乎每个步骤都充满矛盾与分歧，在许多关键时刻必须借助外力才能打破僵局，但能够并愿意发挥这一作用的外部力量就是美国。韩国立国后不久美国就决定在不久的将来能够成功撮合它与日本的关系，麦克阿瑟在"大韩民国"成立以后的次月就敦促韩国忘记过去以便为建立新的日韩外交关系而努力。1949年年初，日本接受韩国向其派驻外交代表处的要求并且很快开始了小规模非正式会谈，这一阶段可视为日韩关系正常化谈判的萌芽期。在日韩谈判过程中美国充当了积极的中间人角色。李承晚在麦克阿瑟邀请下在1948年秋到1952年早春两次访日，虽然双方关系草创未就，但毕竟有了一个良好开端。美日高层会晤的主要议题之一就是日韩关系问题，麦克阿瑟依然扮演主要角色。在与日本首相吉田茂会谈时麦克阿瑟指出："日韩面临的共同威胁是共产主义势力，因此双方应该加强互信加深了解，要考虑双方利益攸关的共同安全计划。"[①] 李承晚也针对"共产主义威胁"这个问题提出了韩国有必要在对日关系方面有所举动，"通过协商形成类似《北大西洋公约》之类的协定，这对太平洋地区自由国家而言不失为明智之举，迫切希望在日韩之间建立信任和友谊，当局势发展到能够促使日韩双方都意识到自己所面临局势的严峻程度之时，这种（合作）局面就会到来"。[②] 实现日韩关系正常化似乎得到了相关国家的首肯，但这只是表面情况而已，实际谈判过程进展相当迟缓并不时中断。

（一）美国在预备会议及第一阶段会谈期间的态度

1. 预备会议期间美国的举动

旧金山对日和约形成以后，美国就开始将促使日韩关系正常化问题提到日程上来，华盛顿主张尽早通过协商会谈形式解决这个难题，在整个和谈的预备

[①] [日] 高崎宗司：《検証日韓會談》，岩波書店1996年版，第22页。
[②] "Rhee Bids Japanese Join Fight on Reds", *The New York Times*, 17 February 1950: 12.

会议期间都可以看到美国的影子。1951 年 9 月 25 日联合国军总司令部代表威廉姆·J. 塞巴尔特（W. J. Sebalt）敦促日本与韩方进行协商，① 在盟军最高司令部（SCAP）特设机构主持下日韩会谈的预备会议在次月举行，日韩都派代表参会了。进入 20 世纪以来，朝鲜半岛上的一个主权国家首次以平等身份和日本坐在了一张谈判桌前，这是东北亚历史上具有划时代意义的一幕，新一组国际关系即将产生。另外，虽然在预备会议召开前后双方敌对情绪远未消弭，但也的确存在着一些推动因素，尤其表现在经贸方面。朝鲜战争期间日本通过特需供将大量商品出口到韩国，导致韩国进口量骤增，其对外贸易总量中的 40% 左右是来自日本，加上其他形式的商品流入等因素，导致韩国对日贸易依赖程度不断攀升，这也就随之出现了对日经济依赖的局面。

2. 会谈初期的棘手问题——"李承晚线"问题

日韩会谈第一阶段进展非常不顺，在内容与形式上双方分歧严重。韩国会上要求日本正确认识历史问题并同意对韩进行赔偿的前提下才能开始会谈，遭拒。在和谈形式上，韩日双方在是否首先解决个案问题上存有歧义，前者主张先解决个案问题再进行双边关系正常化谈判，日方态度相反。最为严重的分歧是围绕"李承晚线"（"和平线"）问题出现的，并因此多次导致和谈中断，美国斡旋工作的中心也在于此。

日韩之间的海域在两国有不同的名称：日方称之"日本海"、韩方称"东海"或"朝鲜海"。这片水域富有大量的海洋渔业资源，对日韩海洋经济发展而言都是非常重要的。当时日本直接从事海洋渔业活动的人数超过百万，而韩国国内生产总值的 30% 来自渔业生产，其中有一半以上产自这片海域。在 1952 年以前日韩之间并不存在渔业争端问题，但在这一年年初李承晚单方面宣布朝鲜半岛周边 60 海里为韩国主权海域，禁止外国人开采区域内海洋资源，违者予以查扣，即《关于与毗邻国家间海洋主权的总统宣言》，日韩矛盾就此凸显。在同年 12 月韩国又正式颁布《渔业资源保护法》，进一步划定"和平线"的四个方向的坐标，未获准而进入者将受到严厉制裁。在执行此项法令过程中，扣押拘捕日本渔民渔船现象屡有发生。日本采取对应措施，在争议水域进行武装巡逻。随着捕扣事件发生频率的提高，日韩对峙局面也随之升级，极易引发武装冲突。

---

① ［日］高崎宗司：《檢証日韓會談》，岩波書店 1996 年版，第 22 页。

李承晚的单边决定不但遭到日本的强烈抗议，而且美国也持有非常反感的态度。从李承晚线涵盖范围来看的确有一大部分公海被划进其范围之内，美国要求韩国改变立场否则将动用海军力量进行干预，同时劝告李承晚不要采取敌视日本的态度，建议通过签署平等的渔业协定来解决双方矛盾，但是李承晚依然坚持原有强硬立场。联合国军总司令克拉克、美国驻日大使罗伯特·墨菲（Robert D. Murphy）会同美国海军远东司令部联合商讨对策，他们提出来在争议海域建立"海洋防护区"的建议。韩国方面同意，韩国媒体大量报道了这个"胜利"，认为美国已认可"李承晚线"。李承晚一直坚持由韩国自己处理查扣船只，联合国军总司令部（CINCUNC）提出过抗议但却无效。美国在朝鲜战争结束后提出取消"海洋保护区"，韩国坚决反对并同时严格执行此前颁布的禁令，这在客观上也是对联合国军司令部权威的一种挑战。

美国方面对李承晚的做法非常恼火，驻韩大使布里格斯（Briggs）在给美国向国务院的报告中指出，"李承晚的态度既不理智也不客观，他对日怀有报复心理"。[①] 参谋长联席会议主张用强硬态度对待李承晚而不该再对其进行让步，因为他已屡次使美国陷入外交困境之中。参谋长联席会议建议国务院，应以多种可能方式对韩施压以迫其与日本达成妥协，若调解失败就取消对它的支持。[②] 李承晚的单方行动经常使美国感到十分被动，但即便这样，美国此间还是不愿过分刺激李承晚，因为在日内瓦会议上面对中朝两国的外交角力还需要他的支持。美国就此陷入进退维谷的两难境地，美国在日韩会谈第一阶段关于渔业问题的居间调解并未成功。

3. 第一次日韩会谈后美国态度的变化

第一次日韩会谈破裂后，美国对日韩关系复杂性有了更为深刻的认识，于是便进行了政策调整。驻日大使墨菲受命访韩与李承晚进行会晤，主要任务是尝试改变其强硬立场，但从后来墨菲的回忆录中可以看出，他并没有完成这次

[①] Junkab Chang, *United States Mediation in South Korean-Japanese Negotiations, 1951—1965: A Case Study in the Limitations of Embassy Diplomacy*, Mississippi State University, UMI Number: 9906940, 1998: 76.

[②] Junkab Chang, *United States Mediation in South Korean-Japanese Negotiations, 1951—1965: A Case Study in the Limitations of Embassy Diplomacy*, Mississippi State University, UMI Number: 9906940, 1998: 77.

外交任务——在他看来"李承晚不打算与日本和谐相处"。① 日韩首次正式会谈并无积极结果，相反却在渔业权等一些具体问题上矛盾更加尖锐。艾森豪威尔上台后和上届政府一样推行支持日韩会谈的政策，而且其对外政策中恰恰包含了"通过区域性条约整合自由国家力量"的相关内容，所以这届政府从落实政策角度出发积极介入韩日关系的调解工作之中，艾森豪威尔就职不久就指令政府相关部门和驻外大使进行外交调解。

美国在这一阶段的斡旋重点还是"李承晚线"问题。到 1953 年秋，有 40 余艘日本渔船和大批船员遭到查扣拘捕，日韩双方围绕这个问题矛盾进一步升级。日方为尽早解决渔业纷争同意重开和谈，但由于它主要关注的是渔业问题，因而韩国不同意复会，日本转而求助美国出面斡旋。日本渔民渔船遭扣捕的情况引发过极大不满，政界和民间都有不满情绪，要求军方派出军舰为渔船提供保护。如果接受这些要求必然存在擦枪走火的可能，一旦这种局面出现其后果不堪设想，尤其是美国援助的日韩海军可能发生正面交火，这在一定意义上说也是美国在"自残"：两个盟国在用"美援"互相攻击。美国驻日大使埃里森建议美国国务院，美国的主要任务首先应该是缓和日韩对立情绪，因此应考虑向两国派遣专家顾问的问题，促进和实现日韩友好关系符合美国的利益，美国与两国关系如此紧密所以必须承担斡旋之责。② 驻韩大使布里格斯也在汉城进行密集的外交活动，同时与驻日大使埃里森取得联系协同斡旋。

1953 年以后韩日已固化为美国在该地区的军事据点，美国在进行日韩之间进行斡旋过程中也正在考虑扩大在东亚地区的战略防御网，打算将日韩菲等国一并纳入集团防御体系中来，日韩关系问题则成为严重的障碍。

4. "久保田发言"后日韩会谈破裂及美国的斡旋

到 1953 年春夏之交，日韩两国都出现了重开和谈的推动因素。从日本方面看，吉田茂内阁的动力主要来自政治方面，日本自民党赞成推动日韩关系发展的政策方向，不想使之在国内产生"怯懦"的印象。在韩国方面除政治因素外还有民族情感因素而产生的推动力，朝鲜半岛结束了日本殖民统治迫切地

---

① Robert Murphy, *Diplomat among the Warriors*, Transaction Books, 1964：349.

② Junkab Chang, *United States Mediation in South Korean-Japanese Negotiations*, 1951—1965：A Case Study in the Limitations of Embassy Diplomacy, Mississippi State University, UMI Number：9906940, 1998：95.

想要得到日本的认可：一是承认其殖民历史；二是尽早获得日本的战争赔偿，这两者的关系密切关联。

1954年3—4月间经过一系列准备，日韩开启了第二轮会谈。此次会谈分五个次委会在东京举行，取得一些共识，与上次比较有很大进步，但到同年10月出现了大波折并导致会谈再度中断。日本代表团团长久保田发布为日本殖民活动辩护的言论，① 韩国立即表示强烈反对，并声称如果日方不撤回此言论就不再与日本进行会谈。对于久保田发言日方的态度是，该发言仅代表其个人观点而非日本政府之论调，这种解释当然不能为韩国所接受。这样，"久保田发言"便使复会不久的会谈再次戛然而止。笔者以为，"久保田发言"的内容代表了日本国内相当一部分人的观点，道出这些人欲说又止之见。

"久保田发言"导致日韩会谈中止直到5年后才得以复会。这期间日韩严重对立，美国也进行了多方位的外交努力，即便这样也还是经过5年才复会，足以说明日韩矛盾的程度以及美国斡旋的难度。美国在东亚地区面临着中、苏、朝这样的战略对手越来越强大，而自己在同一地区的两大盟友却越发水火不容，因而它迫切要扭转这种局面。时任美国副总统尼克松于1953年年末到访日韩两国，他分别与吉田茂和李承晚进行数次会晤并促其重返谈判桌，国务卿杜勒斯通过驻日使馆暗示日本在必要时发表一个高姿态的道歉声明。美国驻日大使埃里森在汉城斡旋时还指出，如果认为日方有关声明属含糊不清表述不明的话，那并非日方之责而是美国驻日大使馆之误，因为"日方90%的声明都是由我们起草的，日本仅作个别字句调整而已"。② 按照美方强迫性的建议，日本外相正式发表声明称"久保田发言"只代表其个人观点并非政府之看法，若必要愿意撤回。日方的做法极大缓和了紧张空气，为日韩的再接触营造了氛围。国务卿杜勒斯要求驻韩驻日大使设法为两国各级别官员接触创造条件。相对而言，此时日本的态度比较积极，而韩国则不然，比如李承晚的强硬态度有所变化，但又以"日俄战争"到"珍珠港事件"这段历史为例，对美国自作

---

① 久保田认为，日本在朝鲜开荒造林、治理土地、发展灌溉系统、扩大朝鲜农田面积、将数以百万计的日元投到朝鲜，这些做法极大促进了朝鲜的发展；强迫在朝日本人返日及没收其财产的行为都是违反国际法的；如果日本不占领朝鲜，或俄或美也必定占而据之，若此则情况更糟。以上即为"久保田发言"大概内容。

② Tokyo Embassy telegram to the Department of State, 21 January, 1954, RG84, FSPDS. Korea. Seoul Embassy, Classified General Records, 1953—1955, Box 4, File 320. 1. NA. Ibid：124.

孽根祸胎的历史进行抨击,言外之意美国此时也似乎是在走历史老路。

1954年7月和11月,李承晚和吉田茂先后访美,从而开启了新一轮外交活动。李承晚提出,美韩希望日韩关系好转无可厚非,但应辨明分歧中孰对孰错;杜勒斯则给出了中庸回答:在一定意义上讲或许两者都是过错方。艾森豪威尔提醒韩国,美国已在联合国框架下对韩国实施军事保护,认为美国在通过某种方式使韩国向日本低头是不当之见。[①] 通过会谈,韩美双方对问题的看法和态度较之以前更加透明,美国还是主张从战略大局出发,希望日韩尽早恢复和谈。艾森豪威尔进一步指出,"如果我们打算支持我们的朋友就不能让他们之间有争斗的情况,我们的确对韩国抱有同情,但也确实认为发展日韩两国友好关系对整个地区安全具有重要意义。若两国能以直谈方式改善关系最好不过,如果需要,我们会很高兴也很愿意加入其中"。[②] 看似诚恳的总统表态实际反映出美国对恢复日韩和谈的迫切心情,但直到鸠山一郎内阁上台前并没有多大进展。

(二) 美国与第二阶段日韩会谈

日韩会谈第二阶段于1958年4月开启,会谈主要围绕在日朝鲜人的法律地位问题和"李承晚线"问题展开又一轮外交角力。张勉政府试图复会,但由于朴正熙军事政变而被打断。

1. 日韩会谈中的"朝鲜人问题"及美国的态度

韩国之所以同意与日本进行和谈是因为日本接受其"大韩民国是半岛唯一合法政府"这个首要条件,日本在处理在日朝鲜人问题上必须考虑到这一点。而在这个关键时期,日本做出一项决定,按照个人意愿把将近12万在日朝鲜人遣返北朝鲜,[③] 韩国提出强烈反对并导致会谈中断。随后美国开始外交斡

---

① Junkab Chang, *United States Mediation In South Korean-Japanese Negotiations, 1951—1965: A Case Study in the Limitations of Embassy Diplomacy*, Mississippi State University, 1998, UMI Number: 9906940, 1998: 136.

② U. S. Summary Minutes of the Third Meeting of the United States- Republic of Korea Talks, Washington, 29 July, 1954, FRUS, 1952—1954, Volume XIV, p. 1689.

③ Hyun-Dong Kim, *Korea and The United States: The Evolving Transpacific Alliance in the 1960s*, Research Center for Peace and Unification of Korea, 1990: 262.

旋，美国驻韩大使沃尔特和驻日大使小道格拉斯·麦克阿瑟①做了大量工作。

1959年年初的因日方决定将在日朝鲜人遣返北朝鲜的问题使本已十分紧张的和谈雪上加霜，韩国表示将动用海上军事力量阻挠此活动。美国立即出面干预，为赢得时间并在这期间内冷却紧张局面，建议将此问题提交联合国处置，美国代表同时在两国间展开了穿梭外交。从另一个方面看，这一时期也存在缓和的因素。日本经济开始快速发展，韩国方面在经济上对日本的依赖程度逐渐增加，而且从经济发展与经济合作的前景看也是非常有利于韩国的，况且两国在反对共产主义等政治目标上有极大相同之处。在1959年关于"遣返问题"的矛盾出现之前，韩国方面捕扣日方船只人员的总数也有下降的趋势。以上这些都是这一时期推动日韩复会的内外因素，但由于遣返问题的出现使双方复会谈判在1960年李承晚下台之前成果寥寥。

**图4—3　韩国代表团从韩国汝矣岛（Yeouido）机场②
启程赴日本东京进行谈判（1959年8月11日）**

图片来源：1965 treaty leaves thorny issues unresolved, Korea Times（《韩国时报》）：http://www.koreatimes.co.kr/www/news/nation/2016/03/116_181305.html［2015 – 06 – 22］.

---

①　沃尔特（Walter C. Dowling）1956年5月任此职；驻日大使埃里森辞职后，麦克阿瑟唯一的儿子小道格拉斯·麦克阿瑟于1957年2月接任。
②　1916年汝矣岛（Yeouido）机场由日本投资建成，1929年机场扩建，1953年成为国际机场，1958年所有的民用航空业务迁至金浦（Gimpo）机场，1971年汝矣岛（Yeouido）机场关闭。

2. "李承晚线"问题再度困扰美国

韩国坚持"李承晚线"为其合法海洋主权区域,这个问题在第二阶段会谈中依然是矛盾的焦点,也是美国斡旋的关键所在。在韩方看来,"李承晚线"的设置既可以保护韩国渔业资源,更是防御共产主义势力入侵的防御线。在此政策下,捕扣事件数量在1960年前三个月不断增加。日韩矛盾由此再度紧张,美国十分担心日韩矛盾升级并引发军事摩擦,于是采取强硬态度。美国开始公开反对"李承晚线"并认为捕扣事件乃非法之举,类似事件若再度出现美国声称将公开进行干预。同时,美国还暗示韩方,如若韩国还是一意孤行,美国在联大为韩国争取合法席位的努力将受到极大影响。于是在美国作用下日韩恢复谈判,但由于韩国爆发四月革命导致刚刚开始不久的会谈再度中断。

回顾这个阶段的日韩和谈进程可以看出其最大的特点就是日韩矛盾分歧严重,原有问题没有解决又出现了新难题。美国在每次会谈中止期间都会出面撮合双方复会,但从结果看美国的成功只是将日韩拉到了谈判桌旁,双方同时也将巨大的分歧带进会谈。李承晚个人因素当然对和谈进程有很大影响,但不能认为这是诸多因素中最突出的,因为即使在李承晚下台后、即便当时日本首相岸信介本人对恢复日韩双边关系都"抱有极大兴趣"的情况下,[①] 日韩两国还是用了5年左右时间通过艰难的外交谈判才最终达成一致。笔者认为,在日韩和谈过程中两国民族情感方面的巨大隔阂起了突出的阻碍作用。

(三) 日韩会谈第三阶段美国的调解

1. 美国的斡旋与日韩态度的转变

国家领导人的意志对于国家政策走向有极大的影响,朴正熙通过军事政变掌握韩国政权并决定复会以便尽早实现日韩关系正常化。政变成功后不久,朴正熙军事集团就发表声明表示同意复会,日本方面也作出积极应答。1961年10月双方同意复会,此即"第六次日韩会谈",日韩会谈第三阶段开启。由于双方领导层之间的分歧减少,所以谈判成果也较多。这当然与美国在两国之间

---

① George R. Packard III, *Protest in Tokyo: The Security Treaty Crisis of 1960*, Princeton University Press, 1966: 307.

的斡旋活动紧密相关,此前多是美国大使出面调解,在第三阶段会谈中美国总统肯尼迪和国务卿腊斯克表现得非常活跃。

朴正熙在1961年11月访美期间指出,美国肩负着沉重的负担,自由世界各国必须竭尽全力来减小这种负担,"这也就是为什么我特别重视日韩关系正常化问题的原因"。① 在获悉朴正熙的态度后美国加紧后续工作,驻日大使埃里森出面建议日韩两国复会,国务卿腊斯克分别与池田和朴正熙进行沟通,在美国幕后推动下实现了正式会议前的小规模预备会。在首届日美经贸合作会议上国务卿腊斯克就韩国问题评论道,"韩国经济状况恶化,此为今后令人担忧之事。朴正熙政权面临巨大挑战,其五年经济发展计划需7亿美元左右的投入,可以期待从英、美、法、西德等国获取其中一部分,但美国对韩经援日后肯定进行调整。韩国向日本提出的3亿美元财产请求对此有着极为重要的作用,此问题应尽早加以解决","坦率地说,亚洲的中心问题就是韩国问题,这是当前美国亚洲政策的中心环节和重大课题。目前南越局势非常不乐观,在东北亚地区对韩国问题的处理事涉美国国家威信之损益"。② 这是美国对日韩关系问题比较全面的政策解说,试图说服双方重新开启谈判进程,尤其是想要说服日本接受韩国提出的"财产请求权"问题。同时美国还向韩国作出保证,不会因日本可能向其提供援助而减少美国对韩援助。在美国极力撺掇下,又开启了新一轮穿梭外交活动。韩国为表现友好姿态,还释放了一些此前捕扣的百余名日本渔民。

由于各相关方面都有复会意愿,又都为这个目标而进行准备,所以第六次会谈开始前的气氛比较融洽,1962年的《金大中—大平正芳备忘录》就是在这个背景下产生的。1963年6月,肯尼迪对日韩关系问题又做了一次表态:"如果能够实现日韩关系正常化的目标,韩国经济发展就将获得另一个有力的外部力量的援助";对于日韩两国渔民的抱怨情绪肯尼迪指出,"就个人观点看,这倒是双边会谈取得进展的表现,如果只有一方渔民在抱怨,那种局面将会更糟"。③ 肯尼迪表现得非常积极,从其讲话内容也可以看出他对日韩关系

---

① Memorandum of Conversation, Washington, November 14, 1961, FRUS, 1961—1963, Volume XXII, Doc. 247.

② [日] 石丸和人、山本刚士:《战后日本外交史Ⅱ》,三省堂1983年版,第332页。

③ Memorandum of Conversation Washington, June 17, 1963, FRUS, 1961—1963, Volume XXII, Doc. 309.

正常化问题的前景抱有乐观态度。约翰逊政府也一直坚持肯尼迪政府的态度，他在 1963 年 11 月表示说，"希望日韩两国国内选举活动结束后能为尽快实现日韩关系正常化提供良好平台"。① 在参加肯尼迪葬礼过程中，日本首相池田和外相大平正芳与国务卿腊斯克进行了会谈。腊斯克建议，对于双方矛盾较大的渔业问题可通过共同开发的办法加以解决。池田此间表示说，如果韩方愿意，渔业问题能够得到最终解决。② 美国总统特别助理邦迪协助约翰逊与韩国商讨美国驻军问题，在研究此问题时也一并考虑了日韩关系问题。他指出，"国务院不仅应考虑如何将拟议中的削减军事力量的根本原因告知韩国，而且还应制订一项外交计划以促使日韩在不久的将来达成协议，这在美国打算削减驻韩美军的背景下显得尤为重要"。③ 显然，日韩关系正常化问题依然成为美国对韩、对日双边政策的组成部分。

图 4—4　朴正熙与金钟泌会谈（1962 年 11 月 13 日，汉城）

图片说明：韩国中央情报局局长金钟泌在 11 月 12 日与日本外相大平正芳谈判后向"国家重建最高委员会主席"朴正熙进行汇报，主要是关于日占时期日本应赔偿的额度问题。

图片来源：The Dire Need for Normalization, Korea JoongAng Daily（《韩国中央日报》）：http://koreajoongangdaily.joins.com/news/article/Article.aspx? aid = 3004691 [2015 - 05 - 28]．

---

①　Memorandum of Conversation (Note 4). Washington, November 25, 1963, FRUS, 1961—1963, Volume XXII, Doc. 318.

②　Memorandum of Conversation (Note 4). Washington, November 25, 1963, FRUS, 1961—1963, Volume XXII, Doc. 318.

③　Memorandum From the President's Special Assistant for National Security Affairs (Bundy) to the Deputy Under Secretary of State for Political Affairs Washington, December 20, 1963, FRUS, 1961—1963, Volume XXII, Doc. 320.

在 1963—1964 年之交，日韩双方高层都表现出急于解决"李承晚线"问题的迫切愿望。1964 年 1 月 26 日，国务卿腊斯克访韩并与朴正熙签署联合声明，敦促尽早解决日韩纷争，否则不利于维持远东地区的和平与安全，"美国对韩国的军事经济援助不会因实现日韩关系正常化而受到影响"①。在美国推动下，日韩会谈在 1964 年最初的几个月里取得了明显进展。1964 年 1 月中法建交这个历史事件在东西方阵营都产生了极大震动，美国就此事与日韩方面交换了意见。美国国务卿腊斯克与朴正熙于是年 1 月末以"中法建交"的影响为切入点讨论了亚太地区"自由世界"安全问题。两人共同认为，"日韩两国尽早达成一致对两个本身乃至对自由世界都大有裨益"。日本方面也有同样观点，"日韩之间地缘近在咫尺，朝鲜半岛自大国主命以来就对日本的命运产生极大影响，釜山赤化对日绝对不利"。②"韩国是抵御中朝进攻的重要堡垒，帮助它就是在巩固反共阵营力量。如韩国受控于朝鲜、如果釜山赤旗遍野，日本必将受到共产主义洪水般的侵袭，以上就是深深植根于自民党内的想法。"③在韩国方面，朴正熙支持实现日韩关系正常化的态度比较坚决，同年 6 月他进一步解释了持有这种态度的理由："因为尽早实现这一目标不但可以使韩国有效应对瞬息万变的国际局势，而且还可以促进对外经济合作的发展从而为国家利益服务，韩国的国际中地位必将随之提高。"④ 朴正熙还说："我认为当前二战后出生的这代日本人不应承担日本此前强加给我们的那些滔天罪行的责任，然而他们绝不应忽视我们直到今日的痛苦和愤懑。日本人对过去的错误做法做了道歉，如果韩国人对此仍存有疑问、仍认为它是不值得信任的，那么我们已在日韩双边关系正常化条约方面做出的努力将会是徒劳无功的。"⑤ 朴正熙的表态是推进日韩和谈的润滑剂，对和谈顺利进入最后阶段发挥了很大作用。

---

① "South Korea", *Far Eastern Economic Review*, 1965 yearbook, 1965: 264.
② 石丸和人、山本剛士：《戦后日本外交史Ⅱ》，三省堂 1983 年版，第 330 页。
③ Kwang Il Baek, "Korea and the United States", *Research Center for Peace and Unification of Korea*, 1988: 70.
④ Park Chung Hee, The Student Must Go Back to School: A Presidential Instruction for The Student, June 26, 1964, From *Major Speech By Korea's Park Chung Hee*, Hollym Corporation: Publishers, Seoul, Korea, 1970: 106.
⑤ The Dire Need for Normalization, Korea JoongAng Daily（《韩国中央日报》）: http://koreajoongangdaily.joins.com/news/article/Article.aspx? aid = 3004691 [2015-05-28].

日本在1964年正式成为"经济合作与发展国家组织"（OCED）成员国，更加积极地在全球范围内开展经济外交，对各国各地区的进出口贸易都呈上升趋势。在缓和对韩关系方面表现日本也比较积极，它在1964年9月批准了悬而未决的2000万美元对韩贷款计划，用以帮助韩国进口必要的原材料及机器等物资。[①] 佐藤荣作1964年11月组阁，上任伊始他在日本国会演说时就强调他已将"早日完成日韩会谈作为政府当前第一要务"。[②] 此后的日本官方表态也有力地推动日韩关系的发展，比如，日本外相小坂善太郎在1965年2月访韩时发表了一份道歉声明："在相当长的历史时期内日韩关系史上存在着不幸，我们对此表示深深的遗憾。"[③] 这与1972年中日联合声明一样，"深深的遗憾"成为40多年来日本向有关方面表示道歉的主要外交辞令。韩国的新闻媒体对此予以广泛报道，一时间又营造了良好气氛。

2. 日韩谈判达成妥协前夕美国的最后努力

日韩之间的矛盾在1964—1965年间得到极大缓和，此时实现日韩关系正常化的目标似乎只有一箭之遥，美国采取多种方式继续对双方施加影响以期尽早实现目标。

1964年9月美国远东事务助理国务卿邦迪再次重申，"日韩关系正常化对于本地区自由世界的安全至关重要"。[④] 这是同时针对日韩两国的一种表态，其弦外之音意在对日韩表明，如果两国关系恶化美国在东亚地区战略利益受损，但失去更多的则是日韩两国。日本方面对于日韩关系问题上还存在一些捉摸不透的问题，日本首相佐藤荣作在1965年1月指出，"韩国国内政治局势令人难以理解，很明显韩国总统和总理都赞成尽快实现日韩关系正常化，但我们似乎并没有清晰地看到解决这一问题的前景"。[⑤] 日方的这种疑虑是阻碍日韩谈判的障碍，美国出面为其释疑解惑。这种疑问在此前会谈阶段既已存在，美国从问题出现时起也一直在做这种释疑努力。1960年6月通过的"NSC—6008/1"文件指出，美国要"以伙伴关系和平等精神处理美日关系，充分考

---

① "South Korea", *Far Eastern Economic Review*, 1965 yearbook, 1965：189.

② 曹中屏、张琏瑰：《当代韩国史》，南开大学出版社2005年版，第284页。

③ "Kazuhiko Togo", *Japan's Foreign Policy 1945—2003*, Brill Leiden Boston, 2005：159.

④ "Tokyo-Washinton-Seoul Triangle", *The New Times*, April 21, 1965：20.

⑤ Memorandum of Conversation, Department of State, January 12, 1965, L. B. Johnson Library.

虑日本至关重要的利益并就相互感兴趣的事务展开对日协商"①。美国基本上做到了这一点，因此在这个问题上也就得到日本的信任。

在其他焦点问题上美国也都提出了解决办法，比如在"李承晚线"暨渔业权问题上，美国提议双方采取折中办法，对于日韩国家安全保障问题上，美国许诺可以提供保证。美国之所以表现得这么迫切，因其已然开始卷入东南亚的另一场冲突之中，它不打算再使日韩关系问题无限期拖延下去，这会对其在越南地区的行动产生极大掣肘影响。因此，美国在日韩双方已妥协的基础上再施加压力并公开介入日韩会谈。② 1964 年 1 月 27 日中法建交，这个事件对西方世界触动很大。国务卿腊斯克到访日韩，以中法建交对东北亚地区国际政治的影响为切入点，进一步敦促日韩尽早达成一致。韩国在 1964 年 6 月爆发大规模的反对日韩和谈的群众运动，美国对朴正熙表示愿意帮助他稳定国内局势并将继续对韩进行援助。美国政府通过驻韩大使伯格对日方表明观点，美国对日韩会谈并无任何附加条款，之所以力促日韩达成一致并非意味着美国要将其对韩义务转嫁日本，美国只想尽早看到日韩关系正常化给自由世界带来的好处。③ 这番表态在很大程度上解除了日本的疑虑。

朝鲜战争后的东北亚地区的对峙局面固化，日韩两国迫切需要美国提供安全保障，而两国关系状态使美国的影响大打折扣。1964 年美国在东京湾事件大规模卷入越南问题后，尽快在东北亚地区解决两个盟友之间矛盾的愿望更加迫切。1964 年 8—10 月间，在美国调解下日韩关系获得很大发展：

8 月，新任美国驻韩大使布朗（Winthrop G. Brown）与韩国外长李东元发表联合公报，公开做出许诺，为尽快促成日韩达成一致美国愿意提供必要帮助，他本人也同意与韩国外长密切合作。

8 月底，美国远东事务助理国务卿邦迪（William P. Bandy）访日讨论了同样话题。

---

① 刘世龙：《战后日美伙伴关系的三个阶段》，《日本学刊》2003 年第 1 期。
② [日] 姜尚中：《日朝関係の克服》，集英社 2003 年版，第 64 页。
③ Hyun-Dong Kim, *Korea and The United States: The Evolving Transpacific Alliance in the 1960s*, Research Center for Peace and Unification of Korea, 1990: 272.

9月23日，约翰逊明确提出美国对外政策四原则，① 体现强权的同时也给韩国极大鼓舞。

9月28日，邦迪访日，再度表示美国会介入日韩会谈，与李东元的联合声明中确认美国会以适当方式支持韩国即韩日会谈顺利进行。②

10月初，邦迪访韩，声称美国政府支持韩国保持宪法体制和民主进程，对韩国人民及其政府为自由世界集体安全以及为远东地区自由国家间的团结所作出的努力大加褒奖。邦迪和李东元达成一致："实现日韩关系正常化是对亚洲地区和平事业的一个重大贡献……因此双方的协商必须早日予以恢复。"邦迪重申此前美国的立场，"愿意以适当方式提供帮助以创造有利条件解决这个长期悬而未决的问题——即便在日韩缔结条约后，美国仍将会向韩国提供经济军事援助"。③

独岛/竹岛问题一直是日韩会谈的障碍之一，美国从中施压试图移除这一障碍。美方首先提出关于这一领土争议的解决方案，强烈建议韩国接受日本提出来的"韩国渔业区应限定在12英里——而非韩国要求的40英里范围之内"的主张，以此换取日本同意尽快同意恢复日韩邦交。然而，美国国务院认为如果被外界看出有美国干预的痕迹会取得适得其反的效果，因此它指示其驻韩驻日大使在进行外交活动中不要留下美国正在施压的痕迹。国务卿腊斯克就日韩领土问题提议，可以由日韩两方联合在独岛/竹岛建立灯塔但不必说明归属者是哪方。朴正熙对此建议不持积极态度，他说："即便这在外交关系协商中是个很小的问题但却足以使人非常愤怒——我希望我能将其炸平、使之不复存

---

① 这四项外交政策原则：一是，美国必须既在军事力量上强大也需要在意志上强大；二是，美国绝不放弃对友国及盟国的忠诚；三是，美国不仅是所有国家中最强大的、在所有盟国中最可靠的，而且我们还是一种领袖——能够承担使他国富裕和强大的那种责任；四是，美国的政策不仅是通过实力换取和平，而且还通过正面的、持久的和积极的努力来实现和平。具体内容参见：United States and Korea Reaffirm Policy of Cooperation, Department of State Bulletin, Vol. LI, No. 1321, October 19, 1964: 543.

② 曹中屏、张琏瑰：《当代韩国史》，南开大学出版社2005年版，第283页。

③ United States and Korea Reaffirm Policy of Cooperation, Department of State Bulletin, Vol. LI, No. 1321, October 19, 1964: 542.

在，这样就解决这个问题了。"① 1965 年 4 月，美国驻越大使亨利·洛奇（Henry Cabot Lodge）访韩时将约翰逊希望韩国向越南派兵的信函转交给韩方，朴正熙于同年 5 月 17 日应邀访美，美韩关系在美国的积极努力之下有所好转。就是在这种背景下，通过美国的努力，美韩关系得以缓和，同时也为日韩关系正常化谈判施加了最后的影响。作为日韩谈判中的焦点问题——"领土问题"在后来的两国基本关系条约中并没有具体提及，此际恰逢韩国同意派兵越南，所以美韩之间的交易也从中可辨一二。

韩国外长李东元 1965 年 3 月访美期间与美国副总统、国务卿、远东事务助理国务卿和国防部长等政府高层进行数次会谈，谈论内容广泛，尤其探讨了韩国经济和日韩关系问题。② 在日韩关系正常化条约产生前依然可能节外生枝的情况，尤其是韩国方面存在很多不确定性因素。助理国务卿马歇尔·格林在 1965 年 4 月末访韩，他此行目的主要是了解掌握韩国反对派的思想动态，他得出结论：朴正熙能够掌控国内反对派，并能成功找到解决日韩关系问题的明智方法。③ 格林的态度充分说明，美国已对实现日韩关系正常化有了足够信心。为确保不出纰漏，美国对韩国方面可能出现的问题进行了预测：日韩缔约在 4—5 月需要提交国民大会审议，这期间将是韩国国内各种反对力量最活跃的时间节点，也正是最易引发大规模骚乱的时刻，美国在做出预案的同时也提醒韩方加以注意。支持缔约的朴正熙会在此时受到巨大压力，如果有美国的支持他可极大地缓解所受的压力，因此国家安全委员会提出建议，"应在签约后到批准前的关键时期邀请朴正熙访美"④。美国政府接受了国安会的建议，邀请朴正熙在 1965 年 5 月访美。

正当韩国国内政治局势十分动荡之际，在东京进行的双边谈判却进展比较顺利。日方表现出主动态度，提出可在日韩关系正常化实现以前就对韩国开展大规模经济合作，并同意提供紧急援助贷款用于韩国缓解国内紧张的政治局

---

① U. S. Proposed Joint Korea-Japan Lighthouse on Dokdo in 1965,《朝鲜日报》网：http://english.chosun. com/site/data/html_ dir/2004/06/20/2004062061016. html [2004 - 06 - 20]。

② 关于上述两方面的具体内容参见 Editorial Note, FRUS 1964—1968, Vol. XXIX, Korea, Department of State, Washington, DC, Doc. 34。

③ Hyun-Dong Kim, *Korea and The United States*: *The Evolving Transpacific Alliance in the 1960s*, Research Center for Peace and Unification of Korea, 1990: 279.

④ Memorandum for Mr. Bundy, National Security Council Washington D. C. 20506, February 12, 1965.

面。韩国对于上述建议表示接受，同意就细节问题进行谈判。与此同时，韩国外交部部长李东元与美国驻韩大使温斯洛普·布朗（Withrop Brown）发表了一份联合声明，指出美国将通过适当方式帮助早日实现日韩关系正常化。[1] 美韩会谈期间，韩国又获得美国提供的 1.5 亿美元开发援助贷款，这笔援助毋庸置疑必然对韩国经济发展有极大推动作用，但此时提供这笔巨额援助更大的意义是美国在给朴正熙助阵、显示美国对朴正熙的支持态度。约翰逊在《韩美联合公报》中明确提出，对韩军事经济援助在日韩关系正常化实现后仍将持续下去。[2] 在这些准备工作以后，韩日终于走上签约的最后时刻。

图 4—5　朴正熙（左）和夫人陆英修（左三）访美与美国总统约翰逊（右）及夫人伯德·约翰逊会面（1965 年 5 月）

图 4—6　朴正熙在青瓦台接见日本外相椎名悦三郎（1965 年 5 月 18 日）

图 4—5 来源：《东亚日报》，转引自"凤凰网"：http：//news.ifeng.com/gundong/detail_2013_05/07/25024392_0.shtml。

图 4—6 来源：1965 treaty leaves thorny issues unresolved, Korea Times（《韩国时报》），http：//www.koreatimes.co.kr/www/news/nation/2016/03/116_181305.html [2015-06-22]。

《日韩基本关系条约》于 1965 年 6 月 22 日正式签订，这是日韩双方经过大约 14 年漫长谈判而取得的结果。日韩双方认定，"1910 年 8 月 22 日及以前韩帝国和日本帝国所签署的所有条约和协定一律无效"。同年 12 月 18 日，日韩两国实现条约正式换文，两国实现关系正常化，从而使东北亚国际政治发展

---

[1] "South Korea", *Far Eastern Economic Review*, 1965 yearbook, 1965：264.

[2] Kwang Il Baek. "Korea And The United States", *Research Center for Peace and Unification of Korea*, 1988：74-75.

进入了一个新的阶段。1974年获得诺贝尔和平奖的日本首相佐藤荣作对此评论道,"平等互利的指导精神和寻求同近邻建立友谊的求实做法"在日韩关系实现正常化过程中发挥了重要作用。[①] 1965年12月,约翰逊总统给驻日大使赖肖尔和驻韩大使布朗一封"感谢信",他在信中说:"对于你们在实现日韩关系正常化过程中所做的努力和贡献表示衷心感谢。"[②] 此番感言既是约翰逊的个人感言,同时也是对美国斡旋工作的一句总结语。

三 美国积极斡旋原因何在

日韩两国突破重重障碍经过漫长的14年谈判终于实现了国家关系正常化,这固然有日韩两国各自内在因素的推动,但由于日韩之间在谈判过程中动辄陷入死结,非外力不可排除,在当时能够起到这种作用的唯一国家——美国从中进行调解的意义就不言而喻了。美国最初的斡旋是不成功的,因为当时它认为只要美国从中斡旋双方很快就可以握手言和,但却忽略了更深刻的问题——两国间历史上的民族感情矛盾并非能易如反掌地得到缓解和消除。尽管美国外交代表在东京和汉城之间展开了艰难的斡旋外交,20世纪50年代的双方关系还是坚若寒冰,直到肯尼迪时期双方的协商才获得明显的成果。肯尼迪和国务卿腊斯克对日韩双方领导人展开了个人外交,从而为双方会谈营造了良好气氛。这说明,50年代美国对双方进行的大使级的调解并没有最终解决问题。还有一些原因,就是李承晚对日本的顽固敌视态度。但是无论如何,在美国极大努力下,日韩关系最终还是实现了正常化。事实说明,美国的斡旋在日韩实现关系正常化过程中发挥了至关重要的作用——那么美国缘何积极从中斡旋呢?这可从如下两个大的方面来分析。

---

① Eisaku Sato, The Pursuit of Peace and Japan in the Nuclear Age, Nobel Lecture, December 11, 1974, 参见: "The Official Web Site of the Nobel Prize" (诺贝尔奖官网): http://www.nobelprize.org/nobel_prizes/peace/laureates/1974/sato-lecture.html。

② Kil J. Yi, "In Research of a Panacea: Japan-Korea Rapprochement and America's 'Far Eastern Problems'", *Pacific Historical Review*, Vol. 71, No. 4, 2002: 633.

(一) 维护美国在东北亚地区的国际政治利益

美国在实现日韩关系正常化问题上表现积极有其深刻的安全方面的考虑。美国东亚政策制定者认识到，要想达到地区安全的目标没有日韩关系正常化是不可能的。在美国国务院、白宫和国家安全委员会高层会谈和各级别会议上经常提到实现日韩会谈必要性的问题。东亚地区是美国全球战略的重要环节，要想实现其全球遏制战略必须在东亚地区建立有效的防御体系，日韩关系正常化当属必要步骤之一。美国在东亚地区的政策目标需通过在自由国家之间建立政治、经济和军事联盟才能达到，从而实现该地区美国主导的安全与稳定，所以美国分别与韩国和日本签署了共同防务和安保条约。面对实力不断增强的中国，正常的日韩关系不但是保证他们自己安全的需要而且更是保证"自由亚洲"的需要。由是，日韩关系正常化问题与美国利益就直接挂钩了。

二战以后，日本在美国的战略中地位凸显，朝鲜战争的爆发突出了韩国对于日本安全的作用。实际上，"美国在东亚地区最重要的利益就在于防止共产主义势力入侵日本"[①]。美国将日本当作东亚地区最有价值的"自由世界"的盟友，这在美国国防部的文件中有所显示："美国与许多远东国家存在着互信、友谊和共同利益，但却没有一个可与日本同日而语。"[②] 之所以这样说，其主要原因是美国在二战期间曾经希望战后中国能够在亚洲充当美国所认为的"自由世界"的领袖，但由于后来众所周知的原因使美国不得不另寻日本取而代之。虽然美国将日本当作东亚地区最重要的"盟友"，但是它这个"盟友"也需要美国以外的其他强有力的支撑。

日韩关系正常化被美国视为在亚洲应对共产主义势力的地区防御体系的重要组成部分，负责远东事务的助理国务卿威廉·邦迪就日韩关系正常化的重要性指出："作为一个大国，日本有责任去解决与其弱小的、负担沉重的邻国之间存在的突出问题。韩国是远东地区防御外来侵略威胁的重要堡垒，日本的安

---

① Jong-Chun Baek, *Probe for Korean Reunification Conflict And Security*, Research Center For Peace and Unification of Korea, 1988: 141.

② Department of State, "Bureau of Public Affairs", *Foreign Affairs Outline*, No. 9, November, 1964: 1, 转自: Kwang Il Baek, *Korea And The United States*, Research Center For Peace And Unification of Korea, 1988: 68.

全与韩国是否有能力保持国家独立和发展强大的经济之间紧密相连。"① 与日本外务省有密切联系的《日本时报》(Japan Times) 评论指出："美国方面认为目前是将韩国留在自由世界的最后机会,如果目前的军事政权崩溃则必然导致该国赤化局面的出现。"② 美国反共的内在动力促使其保住韩国这个冷战前沿,它从两个方面来防止该政权的倒台:其一,继续增加对韩援助;其二,利用日本的工业能力来支撑朴正熙政权,如果可能,将台湾地区、韩国、菲律宾和日本联合起来形成一个集团,达到这一点是美国东亚政策的主要方向。如果前三者在安全上与日本产生紧密联系,美国所推行的这种政策便有了一个可信赖的经济基础了。

美苏在东北亚地区的紧张关系在日韩会谈期间没有得到缓解且有加剧的趋势。美国对于日本海地区的苏联情报信息非常感兴趣,为此它在1964年7月14—24日实施了"达索托巡逻计划"(Desoto Patrol Program)。美方情报船"乔治·麦肯齐号"(George K. MacKenzie, DD—836) 在符拉迪沃斯托克和萨哈林岛附近约15海里处进行情报搜集活动。苏联出动多艘船只和飞机加以跟踪。尽管双方未发生冲突,但两国在东北亚地区的紧张关系再度升级。③ 既然美、日、韩三方在东北亚地区的安全利益密不可分,韩日安全问题也必然直接挂钩,那么韩国的政治经济就不仅对韩国自身至关重要,而且对日美两国亦然。对美国而言,在韩国保持军事力量的存在是必要的,因为这可以保证美国在日本的地位并进而保证日本本土安全。李承晚十分了解美国的亚洲政策,他力图使美国将其注意力转移到韩国方面来从经济和军事上帮助他,达到该目标的主要策略之一就是利用美国迫切想要实现的日韩关系正常化的愿望。鉴于此,李承晚决定利用这个机会在与其"资助人"交涉过程中扩大自己的选择余地。出于安全因素考虑,美国不断努力发展日美韩之间的政治经济合作关系,因为在美国支持下的良好的日韩政治和经济伙伴关系对于地区安全与稳定意义至极。作为保卫"自由亚洲"的第一步,日韩建立友好关系实属必要,美、日、韩三方就此也达成了一致。

---

① Pyoung-Hoon Kim, "Korea-Japan Rapprochement", *Korean Affairs*, IV, I, May, 1965: 15.
② V. Dalnov, "Report on South Korea", *New Times*, No. 4, January 24, 1962: 10.
③ Edward J. Marolda & Oscar P. Fitzerald, *The United States Navy and the Vietnam Conflict* (Vol. II): *From Military assistance to Combat 1959—1965*, Naval Historical Center, Department of the Navy, Washington, D. C., 1986: 397.

20世纪60年代前半期亚洲政治局面以及军事形势发生巨大变化：日本崛起为亚洲经济大国、中国加入核大国行列以及越南局势明显恶化，韩国出于本国国家安全考虑逐渐意识到实现日韩之间密切合作的必要性。同时，由于美国逐渐深陷越南战场，韩国反共前哨地位的稳固也面临着极大威胁，实现美、日、韩合作的既定方针受到严重挑战。由于日韩双方对于过去历史的不同认识决定了双方的态度，整个日韩会谈期间都存在这种殖民主义后果的影响并严重阻碍双方关系的发展，日韩关系的疏远实际上与中日关系的疏远程度相比有过之无不及。二战后到朝鲜战争爆发前，不论美国在多大程度上卷入朝韩事务几乎都不会对美国产生多大的经济利益，但这个国家"几乎完全是美国的产物"，这一点意义深刻。这足可以向苏联说明、也可以向美国的盟友说明，美国将会对于任何共产主义的挑战做出果断的决定性的反应，所以美国从韩国建立的最初阶段就关注日韩关系正常化问题了。

对美国而言，朝鲜是一个遥远的而又缺乏经济吸引力的落后地区，美国对朝鲜半岛的政策实际上是在二战后才开始迅速形成的，美国往往仅在谈到它与日本的关系时才谈及朝鲜。因此不论何时当美国谈到朝鲜（半岛）时，它都会直接或间接涉及日本。

(二) 减轻美国经济负担

"日韩关系正常化主要是由于韩国急需经济援助而日本也正好看好了韩国市场，日韩双方的安全关系几乎等于零。"[①] 美国期望在实现日韩关系正常化以后韩国能实现经济自立，然后就可以逐渐减小韩国对美国的经济依赖，这可以极大缓解美国的经济负担，而且必定会加速美国在东北亚地区安全防御体系的形成。因为对韩军事经济援助已成为美国的巨大负担，1946—1964年美国向韩国提供的援助达到60多亿美元。美国迫切的心情是可以理解的，它想要经济繁荣的日本在分担美国负担方面发挥积极作用。[②] 美国援助政策逐渐由赠

---

① Michael J. Green, "Japan-ROK Security Relations: An American Perspective", *Shorenstein APARC*, March 1999: 9.

② Kwan Bong Kim, *The Korea-Japan Treaty Crisis and the Instability of the Korean Political System*, Praeger Publishers, New York, 1971: 78.

与转向贷款,它力图使日本分担对韩援助的重担——至少是部分地分担。1964年1月国际开发局的戴维德·贝尔（David Bell）透露说,美国给予韩国的无偿援助将在三五年内结束,看来韩国必须寻找除美国以外可向韩国提供经济援助的国家。的确,美国对韩国的援助额也从1962年的16.5亿美元骤减到1964年的8.8亿美元,这对促使韩国加速实现对日关系正常化产生极大的推动力。

在韩国,从军事政变之初军事集团就认为,当时韩国社会动荡、政局不稳等问题的基本原因就是经济状况极度落后造成的,因此一再强调经济发展的重要性,下决心要促进经济的发展,甚至有些时候不得不违背"革命初衷"。[①] 1962年1月韩国制订并实施了促进经济发展的第一个五年计划,还优先与许多国家建立并发展经济关系,军事集团力图通过这些措施实现经济上的自立自强。朴正熙认为:"在人类生活中,经济优先于政治和文化。在经济上缺乏自主能力的人到头来只能依赖于别人。同样,没有经济自立能力的民族或国家期待自己的完整就如同缘木求鱼。"在看到韩国财政预算中美国的援助占52%后他说,"如果从明天起美国停止援助的话,我们将靠什么呢？尤其是在比我们强大的敌人雄踞'三八线'附近的情况下,我们甚至连思考的时间都没有。我们必须全力以赴振兴民族经济,尽早实现自立夙愿。1961年5月促使本人发动革命的基本目的就在于此,唯有经济上的资助才是自主之本","只要全

[①] 军事政变时期,主要的经济力量都积聚在那些被指控为"非法积累财富"的大商人和大企业手中,他们是韩国当时社会经济的主要构成部分,在组织上、人员方面以及技术设备上都占据优势。军事集团不得不在相当大程度上违背其"严惩非法者"的初衷。1986年军事集团主要成员之一的金钟泌表示:"宽恕非法财富积累者明显地违背了消除贪污腐化以及旧有不良活动的革命誓言,但这是必要的。如果我们在惩治贪污的名义下惩处这些大商人,很明显我们国家的经济就会陷入瘫痪状态。革命军事委员会坚持这样做,但我则予以反对。为了执行革命任务有必要将他们增补为革命委员会的新委员,我私下里劝说朴将军释放这样的被拘捕者并给他们新的任务。而且就是在我的帮助下,这些商人成立了一个新的商业组织——韩国商人协会（Association of Korean Businessmen）,这就是韩国产业联盟（Federation of Korean Industries）的前身。"这些人被释放以后很快建立了联合会,并且向"全国重建最高委员会"提交了一项涉及钢铁、水泥以及化肥等14个关键工业领域的项目计划。看得出来,如果有相应的优惠政策,他们对这些领域比较感兴趣。于是"非法积聚的财富"被转化为对新工厂的建设中,但是这还不到联合会计划成本的六分之一,所以向国内外贷款就成为联合会面临的一个重大的问题,政府解决外国贷款成为20世纪60—70年代韩国信贷政策的主要特征。Stephan Haggard, Byung-Kook Kim, Chung-in Moon, The Transition to Export-Led Growth in South Korea (1954—1966), Country Economics Department, The World Bank, November 1990: 16.

体国民团结一致尽最大努力、流最多的汗就能实现汉江奇迹"。[1] 美国从自身利益考虑希望韩国强大起来，因此支持韩国经济复兴计划，经济计划的实施需要资金来保证，在美国的盟友中已经处于经济腾飞阶段的日本能够发挥其资金优势，但是在日韩两国之间没有实现关系正常化的前提下是无法利用这种优势的，而日韩之间的直接交涉却又步履维艰，作为其盟友的美国必须出场。

另外，日本经济的快速发展也为美国成功斡旋提供了有利条件。朝鲜战争以后，东北亚地区战略格局的最大的也是最明显的变化就是日本的重新复兴以及伴随这个过程的日韩关系正常化的实现，日本成为影响朝鲜半岛南北关系和韩国经济复兴的重要影响因子。1965 年，日本 GDP 上升到世界第 4 位，仅次于美国、苏联和联邦德国，其人均收入达到 682 美元；而同期韩国的 GNP 才刚刚达到 26 亿美元，人均 GNP 仅仅 100 美元。[2] 日本与其他国家的贸易额不断增加，尤其是与朝鲜、中国和苏联的贸易额不断增加的趋势都令韩国感到不安，实际上这也是促使韩国立场转变的经济诱因。日韩关系正常化进程之所以进展缓慢，是由于这一矛盾共同体当时正在内部进行量的积累，在外部因素作用下，当量的积累达到一定程度时，日韩关系正常化便瓜熟蒂落。

四 相关各方对日韩关系正常化的反应

在对待日韩邦交正常化问题上，相关国家的反应不一，分属两大阵营的国家其观点当然是截然相反的。日韩民间反对声音表现得最为强烈，韩国总统朴正熙顶住巨大国内压力力持对日和解立场并坚持到最后，日本政策决策层也面临着同样的国内反对局面，美国在日韩之间极力斡旋突破两国国内的重重阻碍，成功地撮合日韩两国的关系，同时也达到了自己的战略目标。

(一) 日韩两国民众的反应

从日韩关系正常化条约签署到两国换文的半年时间里，日本社会各界的态

---

[1] ［韩］朴正熙：《国家、革命与我》，光明出版社 1963 年版，第 34—38 页。
[2] Soon Sung Cho, "Japan's Two Koreas Policy and the Problems of Korean Unification", *Asian Survey*, 7, No. 10, October 1967：716.

度也随之变化。日本决策层倾向于日韩关系正常化的立场,比如池田勇人就曾经鼓励商界人物支持非政府代表团到韩国调查私人投资的可能性以便为两国关系正常化创造条件。关于美国在日韩谈判过程中的角色,由日本人认为这是美国在拉日本分担其负担的一种做法,如果它使日韩和谈取得成功对日本来说则是增加了日本对西方阵营的义务。1964 年 4 月,日本东京爆发了 10 万人参加的大规模示威游行活动,参与者要求立即停止对韩谈判。从 1965 年 10 月到 12 月,认为"缔结日韩条约是好事"(a good thing)的公众支持率由 53% 下降到 46%。[①] 日本民众的反应比较激烈,主要表现为反对日本政府与韩国签署关系正常化条约,在东京等地出现了大规模示威游行活动。日本共产党、社会党等一些在野党政治党派和日本工会总评议会(总评)等政治组织对反对日本同韩国进行和谈,更反对与之缔结条约,发动工人农民和学生举行全国性抗议活动。日本共产党在九届三中全会上通过决议,号召开展统一行动反对日韩基本关系条约,"坚决粉碎美国利用日本南朝鲜侵略亚洲的阴谋"[②]。

朴正熙个人权力得到巩固以后很快将目光转移到外交方面尤其关注对日和解问题,他将日本视为仅次于美国的外交对象国,朴正熙务实主义外交指导方针在其中起了重要作用。朴正熙决定恢复日韩邦交正常化的主要动机之一就是要摆脱当时韩国所面临的经济凋敝的困境。[③] 朴正熙认识到,韩国自身的实际情况决定其经济发展必须依靠外部援助,日本经济已处于腾飞阶段,尽快打开日韩关系新局面可以利用日本的经济动力拉动韩国的发展。当日本首相池田勇人派商界人士对韩国进行非官方考察时,韩国国内新闻媒体对此事件极力抨击,但朴正熙却表示不反对其对韩投资。[④] 朴正熙就国内学生群体的反对局面指出,学生爱国举动的初衷可以理解但却于事无补且会产生负面影响,在日韩会谈过程中韩国政府"没有人想要以国家利益为代价求取尽快结束对日谈判,

---

① Akiosk Watanabe, "Japanese Public Opinion and Foreign Affairs, 1964—1973", Robert A. Scalapino, *The Foreign Policy of Modern Japan*, University of California Press, 1977:123(表 5)。

② 日共九届三中全会通过决议号召展开统一行动反对"日韩条约",《人民日报》1965 年 11 月 22 日。

③ 美国对韩经济援助总额在 1961 年为 2.66 亿美元,到 1965 年下降为 1.94 亿美元。参见:John Lie, *Han Unbound: The Political Economy of South Korea*, Stanford University Press, 1998:59。

④ Donald C. Hellmann, "Basic Problems of Japanese-South Korean Relations", *Asian Survey*, Vol. 2, No. 3, May, 1962:21。

日韩关系正常化谈判仍然在我们盟国审慎的关注之下进行着……目前我们正在进行的对日谈判完全是从国家和民族利益出发而绝无半点个人私利,对于任何敢于违背这一原则的政府官员绝不姑息,对于目前局势我们必须从长计议,我们绝不能自我孤立于国际社会之外,必须清楚地认识我们在远东地区所处的地位。二战结束至今,一个新的世界已跃然于我们每个国家面前……我们也必须在这个新世界中进行探索"①。朴正熙虽然坚决支持尽早实现日韩关系正常化,但政府内部和国民大会内部并非都同心协力。

在批准日韩关系正常化条约过程中,韩国国民大会内部的反对声音不断高涨,提出辞呈者达到60多人,其中6人甚至表示要放弃其职务。② 进入1964年,日韩和谈开始明显取得进展之际,持反对意见者成立"反对屈辱外交斗争委员会"和"反对签署对日屈辱和约全国斗争委员会"等组织,积极地发起反抗活动。反对者提出:"如将来继续当前低姿态外交和朴正熙自我满足式的外交方式,那么韩国的经济、文化及政治就将处于日本的强大影响之下。"③ 也有韩国学生提出,"假如日韩邦交正常化得以实现那将是半岛统一的极大障碍,到那时半岛分裂的事实就会被固化","反对韩日屈辱外交大学生联合会"还发起了"国家的民主主义葬礼仪式"活动。④ 韩国国内出现种种情况对国内政治造成极大影响,日韩第六次会谈深受其影响。

在野党及韩国文化团体和宗教团体的200名代表组成"对日屈辱外交泛国民斗争委员会",反对对日谈判。韩国民众认为日本提供贷款只不过是试图扩大日本在韩国的市场而已。当时第一在野党党首尹潽善公开批评日韩会谈,认为这是卖国行径。韩国国内抗议活动到1964年逐渐升级形成了由学生、渔民、市民及反对党抗议活动相互交织的大规模政治反抗运动,普遍认为朴正熙正在进行的是一种"屈辱外交"。1964年的韩国民众反对活动已发展到类似当

---

① Park Chung Hee, Let Us View the Present Situation in Long-Range Perspective-For Korea-Japan Diplomatic Normalization Talks on March 26, 1964, from Major Speech By Korea's Park Chung Hee, Hollym Corporation: Publishers, Seoul, Korea, 1970: 80 – 84.

② 黄兆群:《韩国六大总统》,人民出版社2004年版,第97页。

③ Morinosuke Kajima, *History of Modern Japan*: *A Brief Diplomatic*, Charles E. Tuttle Co.: Publishers, Rutland, Vermont &Tokyo, Japan, 1965: 135.

④ 木村幹:《民主化の韓国政治——樸正熙と野党政治家たち》,名古屋大学出版社2008年版,第117页。

年李承晚下台时的局面,当时朴正熙甚至做好了下野的准备。① 朴正熙于 1964 年 6 月 3 日再度颁令实行军事管制暂时控制了局面。以学生为主体的示威游行活动也如火如荼,他们斥责朴正熙当局的举动就是一种"卖国活动",② 提出"废除韩日条约"和"打倒卖国贼朴正熙"的口号。③

日韩关系正常化实现以后,韩国学生抗议活动还时有出现。1965 年 8 月末,学生抗议活动继续与朴正熙的决策发生激烈碰撞,汉城 8000 学生举行了公开的抗议活动。警察和军队介入并拘捕大约 186 名示威者,27 名警察和数十个学生受伤。反对党指责政府的行动是在制造"恐怖气氛",学生们也打着"让我们保卫校园自由"和"日韩关系正常化条约无效"等字样的标语继续进行激烈抗议。④ 30 日,4 名退役将军及 53 名学生遭到逮捕。大约 300 名汉城大学生集会进行抗议,宣布日韩条约无效,并重申"斗争到底"(to fight to the last man)。⑤ 由于日本技术先进经济发达,所以有人认为日韩关系正常化以后日本可以这方面的优势在几年之内就能枯竭韩国周边海域渔业资源,韩国会重新处于经济附属地位。

全国范围内的反抗活动明显说明了韩国国内对朴正熙政权以及美国推动日韩会谈之举的严重不满情况。面对严峻的国内政治局面,朴正熙政府也采取比较坚决的态度。他警告说,凡未获批准的游行示威都将被无情地弹压。示威游行被军队压制下去,但要获得和平安定的气氛并非短期内可实现。⑥ 美国虽然在日韩之间成功地进行了斡旋,但韩国民众对其也进行了尖刻的指摘。对美国的批评追溯到日俄战争及至日韩并合时期,日韩合并时期"第一个罗斯福"出卖了朝鲜——他领导下的国家曾经在打开朝鲜国门时许诺要帮助朝鲜;"第二个罗斯福"则将半个朝鲜"划给"苏联。这时围绕日韩关系问题可能会出

---

① [韩]金大中:《金大中自传:我的人生、我的路》,外文出版社 1998 年版,第 86—89 页。
② "South Korea", *Far Eastern Economic Review*, 1965 yearbook, 1965: 264.
③ 《南朝鲜学生继续坚持顽强斗争》,《人民日报》1965 年 6 月 27 日。
④ 新闻报道原文为 "let's defend freedom on campus、nullify ratification of the Korea-Japan normalization treaty"。参见:"Korean Troops Hit Campuses: Act As 8000 Students Continue Turmoil", *The Times-Picayune*, August 27, 1965 (15)。
⑤ C. S. Chin, "Retired Army Generals Are Arrested in Korea", *The Times-Picayune*, August 30, 1965 (13)。
⑥ "Korean Troops Hit Campuses: Act As 8000 Students Continue Turmoil", *The Times-Picayune*, August 27, 1965 (15)。

现"第三个罗斯福"。韩国社会中还有这样一种想法：日韩关系正常化将使韩国重新回到日本控制之下，美国人似乎是在制造另一个"桂太郎—塔夫特协定"①。韩国人经历过几十年的日本殖民统治，已经获得解放的韩国人不希望美国拉近其与日本的关系，担心会使韩国重新回到日本支配之下。对普通民众而言日韩复交非为胜利而是蒙辱。因为是在美国的作用下才实现日韩复交的，所以也有很多人认为这是朴正熙屈服于美国的压力而产生的一种结果。关于"韩国学生为何极力反对日韩条约"的问题，在1965年的高丽大学学生当中可以找到答案：与他们那时受的教育有关——"韩国最大的敌人一是日本、二是共产主义"。②

(二) 美国的反应

美国极力促成日韩复交，首先是从其自身经济利益和东亚安全利益考虑的，出发点和归宿一致，对此事件当然表现出积极态度，对日韩两国也是互利之举。互利之说体现在政治和经济方面，韩日两国都是冷战前沿，面临着共同的安全利益，如果双方没有外交关系则无法有效保护各自的安全利益。美国认为韩国应更重视复交问题，因为它对日本经济方面的求取远比反向的大，实现复交使韩国获取的利益更多，进而可以相对从容地解决国家发展面临的经济困难，这是一种符合逻辑的思维模式。

当然，实现日韩关系正常化首先是美国东亚政策的客观要求，美国主张实行集体防御，而东亚如果不实现日韩邦交正常化这个"集体"只能是徒有虚名而已，"防御"则无从谈起。对美国来说，日本的战略地位高于韩国，这一点是非常明了的，但二者实际上也是一种"一衣带水、唇亡齿寒"的关系。那么对美国而言，日韩都处于它的保护伞下，哪一方都绝对不能舍弃，而且还必须关系融洽，这样美国才能在东亚冷战局面中占据有利地位。这就是为何美国极力居间调节的原因，它做了努力当然希望有一个有利的结果。

---

① Kwang Il Baek, "Korea And The United States", *Research Center For Peace And Unification of Korea*, 1988: 74.
② "Korean Fighting Troops Control Student Riots", *The Sunday Oregonian*, August 29, 1965 (13).

(三) 中国和朝鲜的反应

中朝两国在日韩复交问题的立场上是一致的，认为这是美国伙同日韩拼凑反社会主义阵营。朝鲜驻莫斯科大使就此指出，《日韩关系正常化条约》的缔结是“美国迫使南朝鲜集团签署的，南方存在着变为美日两个帝国主义国家双重殖民地的危险。而且该条约加剧了国家分裂的局面，给实现统一造成了新的障碍”①。旅日朝侨也在日本举行抗议活动，他们在数百个地方举行大会反对日韩签约并要求美军撤出南朝鲜。② 中国政府发表声明支持朝鲜“反对韩日会谈、韩日基本条约”的立场。

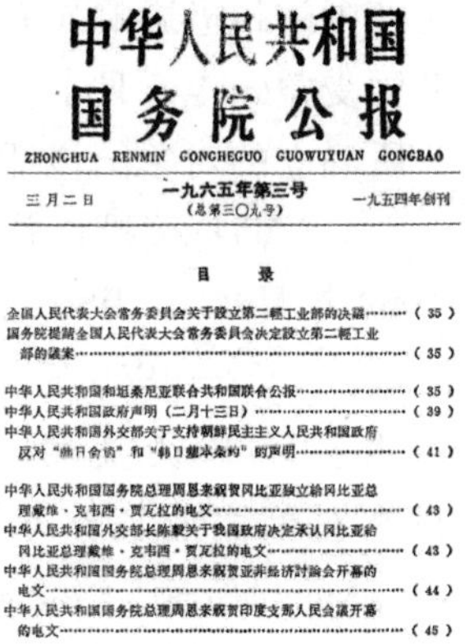

中华人民共和国
国务院公报
ZHONGHUA RENMIN GONGHEGUO GUOWUYUAN GONGBAO

三月二日　一九六五年第三号（总第三〇九号）　一九五四年创刊

目　录

全国人民代表大会常务委员会关于設立第二輕工业部的決議……（35）
国务院提請全国人民代表大会常务委员会决定設立第二輕工业部的議案……（35）
中华人民共和国和坦桑尼亚联合共和国联合公报……（35）
中华人民共和国政府声明（二月十三日）……（39）
中华人民共和国外交部关于支持朝鲜民主主义人民共和国政府反对“韩日会谈”和“韩日基本条约”的声明……（41）
中华人民共和国国务院总理周恩来祝贺冈比亚独立给冈比亚总理戴维·克韦西·贾瓦拉的电文……（43）
中华人民共和国外交部长陈毅关于我国政府决定承认冈比亚给冈比亚总理戴维·克韦西·贾瓦拉的电文……（43）
中华人民共和国国务院总理周恩来祝贺亚非经济討論会开幕的电文……（44）
中华人民共和国国务院总理周恩来祝贺印度支那人民会議开幕的电文……（45）

图4—7　关于支持朝鲜民主主义人民共和国政府反对“韩日会谈”和“韩日基本关系条约”的声明

图片来源：《中华人民共和国国务院公报》，一九六五年第三号（总第三〇九号）。

五　日韩关系正常化的国际影响

日韩关系正常化的实现是美国编织东亚安全网的关键步骤，日本在其中居

① “Korea’s Twenty Year ”, *New Times*, August 25, 1965：8.

② 《纪念“六二五”十五周年，反对“日韩基本条约”》，《人民日报》1965年6月27日。

首要位置。冷战爆发后,美国发现日本的重大战略意义,而朝鲜战争的爆发则使这种意义更加明显,在战争中也同时表明韩国对日本的安全保障作用。随着冷战逐步升级,日本在美国的亚洲战略位置随之大幅提升。美国甚至将"防止共产主义入侵日本"视为其主要任务之一。[①] 日韩两国经过十余年的漫长谈判终于"握手言和",这是美日韩三国相互作用的过程。朴正熙在日韩合约问题上表现积极,多有移船就岸之表现。美国的作用毋庸置疑,主要表现是两脚居间调停两用。以"实力派"斡旋者身份对日韩双方施压,这是日韩达成最终协议的最关键的外部因素。大国在外交舞台上的影响力和话语权对国际关系的影响在美国的斡旋活动中明显地表现出来。日韩关系正常化最直接的结果就是拉近了双方的距离逐步走上民族和解的道路——至少是朝这个方向迈进了一大步。

日韩关系正常化的实现对韩国的积极影响显而易见。就经济利益而言,的确像美国当初预测的那样,韩国受益颇丰。日本首相佐藤荣作和外相三木武夫积极支持日本对外投资政策,所确立的对象国包括韩国在内,这对韩国经济的高速发展意义重大。[②] 1965 年日本对韩直接投资总额为 120 万美元,但日韩条约签署后额度不断增加,到 1969 年是 2710 万美元,[③] 到 1980 年达 17 亿美元,占韩国全部外资的 60%。[④] 日本在 1962—1966 年的对韩直接投资额(FDI)从 470 万美元上升到 1967—1971 年的 3740 万美元,到 1972—1976 年增至 3.95 亿美元。[⑤] 1965—1973 年,日本对韩商业贷款 6.74 亿美元、政府间贷款为 4.16 亿美元。1971 年,日本在韩的投资额为 4 200 万美元,占韩国总投资的 35.4%;1979 年升至 5.9 亿美元,占总投资的 58.8%。[⑥] 日本取代美国成为韩国主要贷款来源国,同时也成为对韩技术合作和贸易合作的主要对象。借助日本提供的多种贷款及越战期间美国额外援助,韩国再获快速发展之动力。20

---

① Jong-Chun Baek, *Probe for Korean Reunification Conflict And Security*, Research Center For Peace and Unification of Korea, 1988:141.

② Sixth Meeting of the Joint United States-Japan Committee on Trade and Economic Affairs, Washington, September 13—15, 1967:2.

③ John Lie, *Han Unbound: the Political Economy of South Korea*, Stanford University Press, 1998:60.

④ Kenneth B. Lee, *Korea and East Asia*, Praeger, 1997:200.

⑤ Brain Bridges, *Japan and Korea in the 1990s: from Antagonism to Adjustment*, Edward Elgar Publishing Limited, 1993:12.

⑥ 黄兆群:《韩国六大总统》,人民出版社 2004 年版,第 95 页。

世纪 50 年代末 60 年代初朝鲜借助 "千里马运动" 使国家经济以惊人的增长速度拉大了半岛南北差距,朴正熙对这种局面忧虑重重。恢复日韩邦交后,借助日韩关系正常化所带来的经济推力提高了韩国的实力,进而也缓解了朴正熙对北方威胁的担心。1965—1975 年这段时间是韩国经济快速增长期,"汉江奇迹" 奠定了韩国此后经济社会发展的基础。韩国工业发展获得极大的推动,1968 年以前韩国没有现代化钢铁工业,利用日本提供的资金朴正熙政权在短短 4 年里就建成了 "浦项钢铁厂"。在经济得到快速发展的同时,韩国高调参与越战的举动提高了自身在国际舞台上的形象。

表 4—2　　　　　　　　日本对韩贷款及赠予款项之用途

2 亿美元（贷款）			3 亿美元（赠予）		
项目	成本耗费（百万美元）	比例（%）	项目	成本耗费（百万美元）	比例（%）
浦项钢铁厂	88.68	44.3	韩国外汇银行（Korea Exchange Bank）：购买原材料	132.82	44.2
昭阳江大坝	41.22	20.6	农业水利开发	30.84	10.3
扶持小企业	22.23	11.1	浦项钢铁厂建设	30.80	10.2
改善铁路设备设施	21.16	10.6	采用新渔船	27.17	9.1
海洋开发计划	8.17	4.1	海上训练船建造项目	13.47	4.5
京釜高速公路	7.24	3.6	天气预报设施	6.38	2.1
长途电话业务拓展项目	4.19	2.1	输配电实施	3.66	1.2
河道疏浚工程	3.29	1.6	农村地区地图制作	3.20	1.1
其他	3.82	2.0	其他	51.66	17.3
合计	200.00	100.00	合计	300.00	100.00

数字来源:Treaty on Basic Relations between Japan and the Republic of Korea, https://en.wikipedia.org/wiki/Treaty_on_Basic_Relations_between_Japan_and_the_Republic_of_Korea.

韩国实现了自 1948 年建国后外交上的重大突破,开启了对美对日主动外交的进程。1965 年两国关系正常化过程中搁置 "独岛" 问题对韩国而言是一个外交胜利。朴正熙坚持对该岛拥有主权,他要求美方从中斡旋,将此领土问题置于日韩关系正常化条约内容之外。日本越是主张对其拥有主权,韩国越可以以此为借口加强对该岛的有效控制——对象国越是提出主权主张则实际占有者越会利用时机加强对已占领土的控制——登岛、修灯塔、建泊头等一步步地都实现了,后来日本引用"独岛模式"来指导其"钓鱼岛问题"政策的制定。

总之,日韩关系正常化条约的签署对韩国的积极影响是显而易见的,通过两国关系正常化条约韩国获得了大量资金,为"汉江奇迹"的出现奠定了基础。对美国和日本而言,这是自二战以后美日两国与朝鲜半岛国家关系的再次重组——是一次有利于美国编织东北亚战略防御网的一次重组。日韩成功复交很大程度上取决于1951—1965年美国的斡旋,但其追求美国东亚大战略的一己私心表现明显。在实现日韩关系正常化过程中,在朴正熙主张之下重视推进对日经济合作,没有坚持李承晚时期"清算历史"的主张,客观上使日本逃避了战争责任,给此后乃至当前日韩关系的发展酿就了不利因子。

图4—8 太平洋战争受害者协会成员整理解密档案资料

图4—9 受害者家属的抗议活动

图片来源:《朝鲜日报》(*The Chosun Ilbo*):http://english.chosun.com/site/data/html_dir/2005/01/17/2005011761025.html。

日韩关系正常化谈判及其结果至今还有一些历史遗留问题尚未解决,与此直接相关的一个历史遗留问题在新千年之初也被暴露出来并不断发酵并引发韩国政府的高度重视。据2005年1月17日韩国《朝鲜日报》报道,韩国政府解密了五卷本敏感档案文件引发日治时期受害者及受害者家属洪流般的控诉。解密文件显示,日本对朝鲜半岛实施殖民统治时期曾征用103万朝鲜人从事劳役和强迫服兵役,被日方征用服军役死亡者达77603人,韩国曾在日韩会谈期间向日本提出3.64亿美元的赔偿要求,随着谈判进程的发展韩方后来主动放弃了对日本的诉讼。"太平洋战争受害者协会"(The Association for the Pacific War Victims)在69051名受害者中征集诉讼材料,其理由是韩国政府未通过适当方式告知他们有权获得补偿,所以他们打算通过诉讼得到补偿。另外,日本对大约 23 万强征入伍者和强迫劳工既没有进行补偿也没有给付给工钱,这些钱大约 2.15 亿日元仍在日本中央银行。韩国政府成立了专门机构负责处理这批解密档案事后可能引发的问题,官方发言人指出,"日据时期的损失补偿问题已经解决——这一直以来就是政府的立场,但我们将在大规模请愿诉讼活动及舆情动荡时期过去以后再做最后决定"①。日本政府表示,自 1965 年日韩条约签署以后,战争赔偿问题就已全部得到解决。时任日本内阁官房长官菅义伟(Yoshihide Suga)在 2013 年 7 月重申了这个立场:所有战争赔偿问题都随着1965 年日韩条约的缔结而得到解决,日本政府就此问题的立场是一贯的和坚定的。② 日韩双方在战争赔偿等问题上分歧严重,不可能一蹴而就,因为它不仅是一个法律问题,更是一个有着深刻历史根源的问题,其解决并非朝夕之事,而且极有可能对两国关系带来负面作用。

---

① Declassified Documents Could Trigger Avalanche of Lawsuits,《朝鲜日报(英文版)》(*The Chosun Ilbo-English Edition*), http://english.chosun.com/site/data/html_dir/2005/01/17/2005011761025.html [2015 - 01 - 17]。相关报道还可参见《朝鲜日报》(*The Chosun Ilbo*):(1) Victims of Japanese Imperialism React to Documents' Release;(2) Seoul Demanded $364 Million for Japan's Victims;(3) Compensation for Colonial Victims Is Not Just a Legal Problem;(4) Forced Labor Victims Throng Committee Offices。

② Ida Torres, Japanese Government Says 1965 Treaty with Korea Resolved All Wartime Compensation Issues, http://japandailypress.com/japanese-government-says-1965-treaty-with-korea-resolved-all-wartime-compensation-issues-1132145/ [2013 - 11 - 07]。

第 五 章

美国对韩政策与韩国出兵越南

一个国家的对内对外政策是紧密联系的,内外政策相互作用、相互影响共同为国家利益服务。就美国对韩政策而言,其演绎过程不仅表现在东北亚地区,而且还受到东南亚国际局势变化的影响。20世纪60年代中期开始,美国逐渐卷入东南亚地区的另一场冲突之中,这是朝鲜战争以来美国面临的又一个棘手难题。美国从"犹抱琵琶"到挥戈上阵,体现了其卷入越南问题的基本形式。美国为减轻自身负担,同时也为现实自由世界的"团结",号召盟国提供支援。韩国积极响应,并在美国对其提供大量经济军事援助的条件下向越南战场派兵参战。此举极大缓解了美国的负担,也相对减少了美军的伤亡数量。美韩联盟关系的存在及韩国直接参战的事实把美国在东北亚政策与其东南亚政策紧密联系起来。美国不得已须同时关注东亚两个地区,围绕这两个地区的外交政策形成互动关系,进而形成以韩越为"点"以美国为"线"的"两点一线"的外交关系。

一 美国拒绝李承晚出兵越南的要求

1954年李承晚提出出兵越南的建议,他此言与其反共思想密切相关。50年代早期,越南共产主义力量快速发展,法国对印度支那地区的控制能力江河日下。韩国出兵不但可帮助法国维持在该地区的影响,同时对于东南亚自由国家而言也树立了一个样板。

法国自19世纪中期起在越南地区进行扩张,到80年代中期确立了在该地区的殖民统治。20世纪50年代初,虽然法国依然处于世界大国之列,但其实力较之从前已类似虎落平川之状，它在该地区需要外援但却不希望外部军事力量介入，尤其不希望非"法国联盟国家"在该地区出现，因为它担心会引发相关大国的反对使局势复杂化，它打算避免在实力下降的情况下还要同另一个大国或者几个国家产生矛盾，如果同意其他国家军事介入也会有损其大国尊严。于是法国驻南越代表提出反对外国军事力量介入的任何活动，越南报界也发表类似消息指出，"如果同意韩国军队进入，有可能导致大国对该地区的干预，那就是在扩大战争而并非是在结束这场战争"；西贡的美国官员引用当地新闻报道说，"仅韩国出兵的建议就引起了强烈反对"。① 以上就是李承晚出兵请求遭拒的重要原因。

法国殖民实力从中南半岛撤出后，美国打算接过这个"接力棒"，这是20世纪50年代早期美国政府在亚洲的战略关注点之一，关于是否向该地区派出军事力量进行干涉的考虑出现在艾森豪威尔时期。② 此前，美国在越南地区曾对法国提供过大量援助。到1954年，法国在越南地区经济支出的80%来自美援，③ 援助额达30亿美元左右。④ 对于李承晚的建议艾森豪威尔政府表现出非常审慎的态度，担心韩国派兵之举会引发周边大国反对，更担心朝鲜半岛局势会因此而受到影响并导致危机出现。韩国出兵必然对美国对越政策的落实提供便利条件，但美国可能在东北亚地区会遇到新的危机局面，因此还需要考虑避免顾此失彼局面的出现。如果韩国出兵越南，美国必然提供军事装备、物资给养、军事训练及军事顾问等项服务，于是国际社会就会认为美国已经间接地卷入了越南问题。美国国防部、参谋长联席会议及中央情报局等部门经过仔细研究得出如下结论："此时接受韩国向东南亚地区派兵的主张不合时宜。"⑤

那么，美方得此结论是基于何种考虑呢？1954年3—5月，法国在奠边府惨败，这也是它在越南地区殖民只待近尾声之时，同时也是《朝鲜停战协定》

---

① Christos Frentzos, *Syngman Rhee and the Vietnam War*: *South Korea's Attempt to Enter the First Indochina Conflict*, *1954*, Society for Historians of American Foreign Relations 2004 Conference, 2004: 2.

② Richard J. Barnet, *Intervention and Revolution*: *The United States in the Third World*, World Pub. Co. , 1968: 188.

③ The United States and Vietnam, http: // aglasshome. com/h2/ch26. htm ［2008 - 09 - 17］.

④ French Indochina War, http: // www. olive-drab. com/od_ history_ vietnam_ french. php ［2009 - 02 - 08］.

⑤ FRUS, 1952—1954, Volume XV, GPO, p. 1754.

近一周年之际，美国不打算刚刚结束东北亚的厮杀后再军事卷入东南亚的搏斗之中。况且，盟国对未来美国在越南行动持何种态度、是否能保持一致立场，美国对此并无完全把握，非常有可能站在反对立场上（后来英国即是）。国际共产主义力量很有可能把美国的活动视为针对其全体而非仅针对胡志明政权，美国担心以中、苏、朝国家为代表在同期召开的日内瓦会议上遭到抨击。李承晚的出兵要求恰恰是在以上背景下提出的，所以美国没有同意。

正是在日内瓦会议期间，北越90%的地区已被胡志明领导的共产党力量迅速占领或已经受到其强大的影响，法国也加大反击力度但效果甚微。就在此时，李承晚再度提出了出兵主张。他表示说，"法国在亚洲结束了、在欧洲也完结了。殖民主义在亚洲死亡了，法国亦然。如无有效之措，共产主义分子注定会赢得这场战争，应立即派出韩美军事力量，鼓励那些愿意与共产主义决斗的亚洲国家加入这场斗争。"① 尽管美国此时不打算使韩军出现在越南地区，但李承晚的积极态度令美国十分满意，美国同意在1955年财政年度继续援助韩国，并助其将军事力量扩至72万人"，② 尽管这个数字是理论上的，但在一定程度上也表明李承晚对美外交的胜利。

图5—1　艾森豪威尔与吴庭艳会面（华盛顿国际机场，1957）

图片来源：The History Place：http://www.historyplace.com/unitedstates/vietnam/index.html.

---

① FRUS, 1952—1954, Vol. XV, GPO, p. 1836.
② FRUS, 1952—1954, Vol. XV, GPO, p. 1878.

韩国出兵越南极有可能造成美韩两国与中国的直接对立,这样就会促使朝鲜半岛局势再陷动荡。李承晚则可以借机实现其长期以来"武力统一"的夙愿,但美国并不愿李承晚武力统一的想法,艾森豪威尔就此表示说:"我对这个老人(李承晚)感到抱歉,他总想着(武力)统一其国家,而我们却不能允许他通过发动战争来实现其目标。"① 在尚未最终决定军事介入越南问题之前,美国不打算外国军事势力的出现,因此李承晚的出兵请求再度被拒绝,但这绝非意味着美国忽略了这个地区,法国在1956年完全撤出后美国就不断以"军事援助顾问团"形式向越南地区派遣很多人,其数量到1960年已超过《日内瓦协定》的限定额度。② 这种变化不足为奇,因为在1961年11月22日的"国家安全行动备忘录(第111号)"(National Security Action Memorandom No. 111)中,美国明确了其立场:"美国政府与南越政府共同行动来避免其局势进一步恶化",邦迪在该备忘录中明确了为达到这一目标美国和南越当下应采取的措施。③

二 朴正熙出兵越南及美国的政策变化

(一)"特种战争"时期的区域国际环境

1. "特种战争"时期的区域国际环境

进入20世纪60年代美国在外交领域遇到了诸多难题,肯尼迪政府上台伊始除需要继续在欧洲同苏联进行冷战以外,在亚洲还面临着众多棘手问题——越南问题即为其一。美国最初没有进行大规模军事介入,只是通过提供军事顾

---

① Hagerty Dairy, July 27, 1954, FRUS, 1952—1954, Vol. XV, p. 1839.
② 规定额度是"685人"。参见:Richard J. Barnet, *Intervention and Revolution*: *The United States in the Third World*, World Publishing, Co., 1968: 197。
③ 美国方面应该采取"提供直升机、运输机、空中侦查设备"等内容在内的10项措施、南越政权应采取"全部国家资源战时动员"等3个紧急步骤。参见:FRUS, 1961—1963, Vol. I (Vietnam), Doc. 272。美国国务院"历史学家办公室"(Office of the History), https://history.state.gov/historicaldocuments/frus1961—63v01/d272。

问和提供训练服务等形式支持南越。肯尼迪很重视越南地区,他打算帮助南越维护其独立地位,他认为美国承担的这种义务是保护自身和平与安全的做法",[1]"在很大程度上北越军事进攻的影响被低估了",于是美国便开始加大对"对(南)越政府和人民的援助力度"。[2] 1961—1962年的美国对越军援几乎翻了一番,所提供的军事顾问数量也迅速攀升。

表 5—1　　　　　　在越美方人员状况(1961—1963)　　　　　单位:人

截止时间	美军人员	美军死亡人员
1961年年末	2067	16
1962年年末	11500	52
1963年年末	16000+	118

数字来源:The War in Vietnam,1954—1964,http://faculty.smu.edu/dsimon/Change-Viet.html.

军援数量和军事顾问人数虽然在上升,但肯尼迪时期并未打算直接军事介入越南事务,它主要是在"东南亚条约组织"的框架下实施援助计划。肯尼迪政府明确表态要支持南越政府,"其中心任务之一即为支持南越政府和人民赢得对共产主义的胜利,帮助巩固南越临时政府赢得民众拥护"[3]。

南越政权感到压力倍增,十分渴望外援。1961年6—10月南越通过美国传递信息,它希望韩国可以派遣教练员对南越进行支援。美国最初对南越这个要求持反对立场,但韩国却撇开美国与南越进行了非公开接触。韩国在次年2月向美国驻韩使馆提出派兵建议,美国没有同意韩国的派兵要求但却建议韩国可以派出一支医疗队。韩国有派兵意向,美国又没有完全拒绝的意思,南越政权抓住这个机会及时向韩国大使发出信号,表示希望韩国可与其共同研究安全及防务问题。韩越双方一拍即合,1962年3月韩国中央情报部部长金钟泌访越,美国国务院远东事务助理国务卿艾维瑞尔·哈里曼同月访韩,韩国总理宋

---

[1] Department of State Bulletin, Vol. LIV, No. 1393, GPO, March 7, 1966:350.

[2] Rusk, Freedom in the Postwar World (Secretary Rusk before American Veterans of WWII and Korea), Philadelphia, 29 August 1964, Department of State Bulletin, The Pentagon Papers, Gravel Edition, Volume 3, September 14, 1964:722-723.

[3] McGeorge Bundy, National Security Action Memorandum No. 273, White House, Washington, November 26, 1963, LBJ Library, http://www.lbjlib.utexas.edu/johnson/archives.hom/NSAMs/nsam273.asp.

尧瓒在与哈里曼会谈时再次提出出兵请求。① 美国情报部门也同时获悉，"韩国非公开地向南越派出一小队擅长游击战的教练员"②。随着南越局势的变化，吴庭艳政权在1962年4月向"友好国家"发出请援信息，韩国反应最为积极。由于韩美联盟关系的存在，韩国要打算向南越派兵必须获得美国的赞同，于是韩国官方与美国进行了协商。韩国政府向美方解释道，"韩国对美国在越南的战略目标十分明了，韩国派兵主要是想发挥辅助作用，不会有悖于美国的整体政策，'东方人帮助东方人'是必要的"③。不久，美国就表示同意韩国可派一个代表团但暂时未接受其派遣地面作战部队的要求。到1964年，胡志明政权节节取胜，南越已失去北纬17度线以南近千万人口、五分之四的土地。④ 美国决定加大干预力度，采取直接军事介入政策的时刻已到来。

图5—2 肯尼迪总统在新闻发布会上宣布美国将开始在南越地区进行反游击战争（1961年3月23日）

图片来源：弗吉尼亚大学米勒中心（Miller Center）：http://millercenter.org/president/gallery-image/president-kennedys-vietnam-press-conference.

---

① Department of State Telegram, From Seoul To Secretary of State, April 28, 1962, NSF, Country File, Korea, Box 128a, Folder: Korea Cable, 4/62—5/62, JFK Library.
② 06/08/1962 - South Korea: A Year of Military Rule, CIWR, CIA, 1962.
③ Christos Frentzos, "From Seoul to Saigon: U. S. -Korean Relations and the Vietnam War", University of Huston, 2004: 85.
④ "U. S. Strategy in Vietnam", *The New Times*, May 22, 1968: 4.

2. 韩国出兵请求及美国的反应

肯尼迪政府决定军事介入越南问题并得到盟国的支持，约翰逊政府在向越南派出地面部队后很快就开始寻求盟国地面军事支持。

由于在越南面临的局势越来越严峻，美国于 1964 年 2 月成立一个以威廉姆·苏利文（William Sullivan）为首的小型委员会，[①] 专门负责越南问题的对策研究，直属国务院并有优先行动权。不久，金钟泌访问南越、南越代表团访韩参观了韩军军事训练活动，韩国与南越之间的接触也频繁起来。韩国前总理金显哲于 1964 年 3 月再次向美方提出派兵意向，韩国外长丁一权在随后与驻韩大使伯格的会谈中也再度确认韩国的派兵意向。但此时韩国尚未形成出兵决定，国内持反对意见者大有人在。韩国在半岛面临的紧张局势并未消除，在几乎自身不保的情况下还要向海外派出大批军事力量，该做法令人费解。况且当时美国的盟国日本、澳大利亚和新西兰等都未做出积极表态，有的只是提供了象征性的援助而已。韩国军方也心有疑虑，他们主要担心韩军在越南陌生的游击战环境中是否能够完成任务的问题。[②] 朴正熙出兵计划在国内有很大障碍，但他仍力挺出兵计划。他认为："若无法遏制共产主义势力对南越的进攻，整个东南亚地区将随之而去，韩国的安全因而也就无法得到保障。过去我们从他国获得帮助，现在帮助它们的历史时刻到来了。"[③] 从这个表态来看，韩国是出于对"国际反共大局"考虑出兵问题的，并且表现出"反哺"思想，很容易给美国留下印象。

以美国为首的"多国旗帜"计划在 1964 年 4 月出笼，"自由世界军援处"（Free World Military Assistant Office）随之成立，负责盟国对南越援助计划的组织与落实任务。通过动员多国参加此计划能显示出"自由世界"的团结及美国对越政策的国际认可度。这个"多国旗帜"计划的主要目标是促使盟国提供非军事援助以减轻美国的经济负担，同时通过这个计划也可以证明那些和美国"志同道合者"在越南地区的客观存在，这样就能在国际社会显示美国在

---

① National Security Action Memorandum No. 280, CIA McGeorge Bundy, National Security Action Memorandum No. 273, White House, Washington, November 26, 1963, LBJ Library：http：//www.lbjlib.utexas.edu/johnson/archives.hom/NSAMs/nsam280.asp.

② FRUS, 1964—1968, Vol. XXIX, Korea, GPO, Doc. 37.

③ Hnaguk Ilbo, Oct. 13, 1965. 转引自：Joungwon Alexander Kim, "Korean Participation in the Vietnam War", *World Affairs*, Vol. 129, No. 1, 1966：25.

越南地区的做法是得到广泛支持的。按约翰逊的说法,此计划并不具有军事性质,而是一个非军事性的对南越进行人道主义援助的行动计划。截至 1964 年 6 月,11 个"自由世界"国家和地区报名参加"多国旗帜"计划,同年年底增至 15 个,其中只有韩国、①澳大利亚、新西兰、菲律宾、泰国和台湾地区可提供实际帮助。②除韩国外,澳大利亚和新西兰提供了一定的军事力量。澳大利亚在 1962 年 7 月陆续派出军事训练人员,澳大利亚总理在 1965 年 4 月末宣布向越南派出一个步兵营的作战部队以充实在越南边和(Bien Hoa)地区的美国第 173 空降旅(173rd Airborne Brigade)。③到 1972 年 12 月,即越南战争停火协定签署前一个月,澳方人员撤出越南。新西兰也向越南派出了军事人员,1967 年后,韩国两个半师及一支澳大利亚和新西兰混合部队"极大增强"(excellent boost)了盟国的战斗力。④二战结束以来,菲律宾一直就"本国在亚洲的责任"(the nation's bonds with Asia)问题上有明确表态,后来的马科斯

---

① 韩国国民大会在 1965 年 8 月 13 日最终批准向南越派遣作战部队。

② Sylvia Ellis, Britain, America, and the Vietnam War, Greenwood Publishing Group, 2004:5;澳大利亚派出 7000 人,新西兰 500 人,韩国 5 万人。参见:Edward J. Drea, McNamara, Clifford, and the Burdens of Vietnam (1965—1969), Historical Office of the Secretary of Defense, Washington, D. C. 2001:28,其他盟国以不同形式显示了对"自由世界"的支持。摩洛哥提供了价值 2000 美元的沙丁鱼罐头,日本提供了 5500 万美元经济援助。参见:South Korea and the Vietnam-era Mindset [EB/OL]. (2007 - 11 -03) [2009 - 01 - 23]。http://faroutliers.blogspot.com/2004/01/south-korea-and-vietnam-era-mindset.html.

③ Ian McNeill, The Team: Australian Army Advisers in Vietnam, 1962—1972, University of Queensland Press, 1984:503. 到 1968 年,澳大利亚向越南派遣的作战部队人数达到 8000 人,这能够代表澳大利亚所能排除的军事力量的程度,它无法再额外增派军事力量。Ronald Bruce Frankum, Jr., The United States and Australia in Vietnam, The Edwin Mellen Press, 2001:288. 1972 年 8 月,最后一支美国地面作战部队撤出越南,43500 人的空中力量及空军支持部队留驻。1972 年 12 月,爱德华·惠特拉姆(Edward Gough Whitlam)当选澳大利亚总理,随即命令其军事力量撤军。12 月 18 日,除少量澳大利亚使馆警卫人员外,澳军撤离活动完毕。参见:Ian McNeill, The Team: Australian Army Advisers in Vietnam, 1962—1972, University of Queensland Press, 1984:505。

④ 韩国首都卫戍师、第九步兵师和第二海军陆战旅,澳大利亚第一特混部队和一个新西兰炮兵连。参见:Shelby L. Stanton, The Rise and Fall of An American Army: U.S. Ground Forces in Vietnam, 1965—1973, Presidio Press (Novato CA), 1985:134, Note 2. 1963—1975 年,大约 3200 名新西兰作战部队人员在越南或直接参战或从事非作战任务。他们并非首次参加在亚洲地区的作战活动,他们都参加过朝鲜战争。占美国参战军事力量的 0.1%,在决定战争发展方向上并没有发挥多大的影响。参见:Ian McGibbon, New Zealand's Vietnam War: A History of Combat, Commitment and Controversy, Exisle Publishing Limited, 2010:7。

时期也如此。菲律宾积极参加1966年美国牵头的"七国峰会",马科斯为主角之一。南越副总统阮高其(Nguyen Cao-ky)和韩国总统朴正熙"没有表现出与共产主义分子进行谈判的意愿"(have little stomach),他们是"真正的鹰派人物"(genuine hawks)。泰国仅向南越提供了少量军队,但其领土向美国开放。①

朴正熙政府积极主张出兵越南,韩国国民大会于1964年7月末通过出兵决定,美韩很快组织联合调查团到南越实地考察并与其进行了协商。美、越、韩三方政府方面的合作进展非常顺利,但韩国国内出现了极大的阻力。针对日韩会谈的大规模群众集会示威活动从1964年春开始断断续续一直没间断,这种情况严重干扰了派兵计划的落实。然而由于朴正熙的坚决态度及其努力,**一支由34名军官和96成员组成韩国外科医疗队和一支10人跆拳道教练组于9月赴越**。② 韩方人员在南越开始最初活动的同时,在美国作用下韩国又开始研究派遣地面部队的问题了。

多位美国驻外高级外交代表对韩国出兵越南问题都有异议。驻日大使赖肖尔(Edwin O. Reischauer)主要是从当时正在进行的日韩关系正常化角度考虑的,驻联合国大使史蒂文森(Adlai E. Stevenson)认为在美国推动下的韩国出兵活动会有损美国的国际形象,因为该活动很容易造成"雇佣军"的印象,同时也会使驻韩美军失去继续留驻韩国的充分理由。另外,驻越南大使洛奇(Henry C. Lodge)也对此持保留意见,他认为可接受的做法是同意韩国和台湾地区向南越派遣顾问团,但令其参战的决定是不当的。③ 如此看来,美国也如同朴正熙政府一样在出兵问题上面临着严重的内部阻力,但与之比较,约翰逊政府在这方面的阻碍因素并不大也没那么复杂,总体上都属于建设性意见而不像朴正熙所面对的都是极端反对意见和活动。

美国提出的"多国旗帜计划"在东南亚条约组织(SEATO)成员国中并没有很快得到积极响应,南越政权在该计划提出的两个月中也并没有官方正式回应。美国面对这种局面非常尴尬,自己搭建了一个"舞台"却无"演员"

---

① George McArthur, "Manila Summit Success Would Boost Philippines as Asia Council Leader", *The Oregonian*, October 21, 1966 (8).
② FRUS 1964—1968, Vol. XXIX, Korea, GPO, Doc 5.
③ Christos Frentzos, *From Seoul to Saigon: U. S.-Korean Relations and the Vietnam War*, University of Huston. 2004: 103.

登场。就是在此情况下韩国闻风而应,令美国非常满意。韩国外长李东元在1964年8月向美国驻韩大使布朗提出,对于东南亚国家间的合作问题应该值得深入思考,建议召开会议商讨解决该地区盟国当中存在的疑虑以便加强团结合作。他建议会议可于1965年4月在汉城举行,并特别提名南越和日本等8国(含非东南亚条约组织成员国外的国家)为计划邀请的参会方。丁一权指出,召开这样的会议"是维护亚洲和平繁荣、强化区域反共行动、巩固盟国友谊以及加强相互间经济文化合作的重要手段","不但可以推动日韩关系正常化尽早实现,更能提高韩国的国际地位"。[①]笔者以为,韩国方面的积极态度最终落脚点在于"提高韩国的国际地位",以便减小韩国当时的孤立状态,而此前所说内容都是实现这个最终目标的具体步骤而已。美国对韩国的提议非常赞同并于同年12月初通知驻韩国大使及其他相关国家,美国政府支持召开这样的外长会议。

图5—3 美国总统约翰逊在"东京湾事件"后"夜半演说"宣布实施空袭(1964年8月)

图片来源:http://www.historyplace.com/unitedstates/vietnam/index.html.

1964年8月,美国和北越之间发生激烈的军事冲突,此即"东京湾事件(北部湾事件)"。美国对此非常震惊和不满,认为这是北越在公海对美国的蓄

[①] FRUS 1964—1968, Vol. XXIX, Korea, GPO, Doc. 20.

意挑衅活动。约翰逊总统发表"夜半演说"（Midnight Address），表示要采取任何有效方式加以报复，他还将此建议提交给国会，越南危机骤然升级。国会1964 年 8 月 10 日通过了"东京湾决议"（Gulf of Tonkin Resolution, Public Law 88—40），授权总统在东南亚地区动用常规军事力量，特别授权总统动用一切必要力量援助《东南亚集体防御条约》（即 1954 年签署的《马尼拉条约》）成员国。约翰逊总统派亨利·罗奇赴欧以个人名义游说美国盟国为南越"募款"。不久国会授权约翰逊可以在越南地区使用武力，战火随即烧到北越。

3. "东京湾事件"后的美国政策

面对"东京湾事件"的刺激，韩国又是首批作出积极反应的国家。韩国方面在 1964 年 9 月和 11 月两次正式重申派兵意愿，但直到 1964 年年底前美国并未做出最终决定。笔者分析，这主要是由于 11 月临近美国大选，约翰逊从国内政治角度考虑推迟盟国正规军参战的决定，韩国本身在朝鲜半岛依然面临着威胁，更何况韩国并非《东南亚条约组织》成员国，它出师无名。还有就是南越不愿意更多的外部力量出现在越南地区，担心以后处理善后事务遇到麻烦。正如美国政府亚洲事务主任查尔斯·库伯（Charles Cooper）所言，南越"不欢迎韩国军事力量"，因为"越南人抱有极强烈的排外思想，这也是它对美国'多国旗帜'计划态度不积极的原因"。[①]

为阻止苏联势力向东南亚地区扩张，越南问题是美国无法回避的，美国必须坚持其既定的越南政策击败共产主义势力保住南越政权这是问题的根本。约翰逊当选总统后开始着力研究对外政策问题，其新政策主要内容是同意他国在南越进行非军事援助活动，其主要是为帮助南越解决因 11 月洪灾而造成的混乱问题。约翰逊政府通过驻越大使马克斯韦尔·泰勒（Maxwell Taylor）了解到南越遭灾情况并接受其建议邀请盟国提供后勤部队帮助南越恢复道路桥梁及通信设施等，可以在这种援助活动掩盖下借机进行军用基础设施改造工作。在国防部建议下美国和南越政权联合成立了协调工作小组。同时，约翰逊还与韩国进行了联系，除感谢韩国所做的"贡献"外还向韩国提出可否在一个月时间内派出韩国增援部队，他特别强调最急需的是医疗援助队和工程兵部队。朴正熙很快慨然应允并再提派兵建议，约翰逊并未同意，因为这时"还不是那

[①] Kwang-Il Baek, *Korea and the United States*, Research Center for Peace and Unification of Korea, 1988: 79.

种战争"，① 即在美国看来还没有达到需要韩国地面军队介入的程度。虽然"时机未到"，但实际上双方的分析评估工作业已开始，美国政府代表与驻韩联合国军总司令霍兹（Howze）共同进行商讨，研究把哪支韩军派出的同时还可以避免因海外派兵活动而威胁到韩国国家安全。

图 5—4　国防部长罗伯特·麦克纳马拉（Robert McNamara）②

图片来源：U. S. Involvement in the Vietnam War: the Gulf of Tonkin and Escalation, 1964. Office if the Historian, http://history.state.gov/milestones/1961—1968/gulf-of-tonkin.

如前所述，朴正熙政府对于援助南越一直态度积极，所以在美国提出正式邀请以后很快就决定派出一支工程兵部队。按照韩国法律程序，向国外派兵必经国民大会审批，若对象国未正式提出要求也不可批准。于是，美国驻南越大使立即促使南越向韩国发出请求。③ 为使非军援活动能顺利进行，美国在1964年年底表示愿意承担相关支出。

1962年年中，美国在越南的军事顾问人员数量一直保持在8000人相对稳

---

① FRUS 1964—1968, Vol. XXIX, Korea, GPO, Doc. 28.
② 国防部长罗伯特·麦克纳马拉是20世纪60年代美国对越战略主要制定者之一，图为其在五角大楼就"东京湾事件"进行分析。
③ FRUS 1964—1968, Vol. XXIX, Korea, GPO, Doc. 30.

定的水平，1964 年开始大幅度增加，到这年 12 月增到 1.6 万人，美国各类军事人员总数达 2.3 万人。① 截至 1965 年 1 月 1 日，在全球范围内的美国陆军总人数为 97 万人，本土驻扎仅二分之一稍多，余者驻在朝鲜半岛、越南及联邦德国等地。② 在越南地区的军事人员数量相对而言并不多，但随着局势的变化，美国军事力量迅速增加。

图 5—5　美国驻越最高军事指挥官威斯特摩兰将军③

图 5—6　南越军队在发动进攻④（1965 年 3 月）

图 5—5 来源：http://www.dailymail.co.uk/news/article-2441235/Historic-images-Vietnam-War-courageous-AP-photographers.html.

图 5—6 来源：http://www.historyplace.com/unitedstates/vietnam/index.html.

---

①　Ian McNeill, *The Team: Australian Army Advisers in Vietnam, 1962—1972*, University of Queensland Press, 1984: 87.

②　美国本土驻扎的陆军包括：第 1、2 装甲师，第 1、2、4 步兵师及第 5 机械化步兵师，第 11 空中突击师、第 82、101 空降师，第 194 装甲旅、第 197 步兵旅，第 11 装甲骑兵团，第 3、6、7 特种部队。部署在海外的陆军部队包括：巴拿马运河地区第 193 步兵旅和第 8 特种部队，阿拉斯加地区第 171、172 步兵旅，夏威夷第 25 步兵师，冲绳第 173 空降旅和第 1 特种部队，韩国第 1 骑兵师和第 7 步兵师，越南第 5 特种部队，联邦德国第 3、4 装甲师和第 3、8、24 机械化步兵师，第 2、3、14 装甲骑兵团及第 10 特种部队。参见：Shelby L. Stanton, *The Rise and Fall of An American Army: U.S. Ground Forces in Vietnam, 1965—1973*, Presidio Press, 1985: 24.

③　威廉姆·威斯特摩兰（William C. Westmoreland），美国陆军将军，1964 年 1 月抵越南担任美国在南越军事总指挥，任职直到 1968 年。

④　南越陆军在美国武装直升机火力支持下向靠近柬埔寨边界地区的越南共产党占领区进攻，照片作者为两度获普利策奖的德国摄影记者霍斯特·法斯（Horst Faas）。

表 5—2　　　　火奴鲁鲁会议军事部署建议案（1965 年 4 月）

可部署部队	数量 营级编制	数量 部队人数	部署地点	完成日期
1 个陆军旅（美）	3	4000	头顿（Vung-Tau） 边和（Bien-Hoa）	1965 年 5 月 1 日
3 个海上陆战队外加空军中队（美）	3	6200	莱州（Chu-Lai）	1965 年 5 月 5 日
1 个陆军营（澳）	1	1250	头顿（Vung-Tau）	1965 年 5 月 21 日
1 个作战团（韩）	3	4000	归仁（Qui-Nhon） 芽庄（Nha-Trang）	1965 年 6 月 15 日
其他部队		34000	不同地区	不同时间
总计	13	53450		

资料来源：NSC History：Deployment，Vol. 3，Table 191. 转引自：R. B. Smith，*An International History of the Vietnam War（Volume 3）-The Making of a Limited War，1965—1966*，St. Martin Press（NY），1991：102（table 6.1）.

南越军队在战场上屡试常败，美国加紧研究增兵对策，陆军参谋长哈罗德·约翰逊（Harold Johnson）在 1965 年 3 月初考察了南越而后向美国政府提出增兵建议，美国驻越最高军事指挥官威斯特摩兰（William C. Westmoreland）也提出同样建议。不久，一支 3500 人的海军陆战队抵达越南岘港。美国在自己增加驻越军事力量的同时还在夏威夷召开研究盟国派兵的问题，重点研究了韩国出兵问题，国防部长麦克纳马拉和参谋长联席会议都表示赞同韩国出兵。约翰逊在 1965 年 4 月初就越南问题作出指示，同意美国增兵计划，并授权有关方面同韩国、澳大利亚和新西兰商讨出兵问题。[①] 1965 年 6 月，威斯特摩兰

---

① 约翰逊提出九项具体政策，其中批准美国增兵 1.8 万—2 万人。参见：McGeorge Bundy，National Security Action Memorandum No. 328，Washington，April 6，1965，LBJ Library：http://www.lbjlib.utexas.edu/johnson/archives.hom/NSAMs/nsam328.asp。

要求增加美军兵力，并让韩国提供一个数量为18500人的师团。①

表5—3 美军驻越最高司令官威斯特摩兰将军建议的"44营"部署计划（1965）

单位：营

	已部署	6—7月完成部署	拟议部署	总计
第三海陆两栖部队	7	2	—	9
第一海陆两栖部队	—	1	2	3
第173空降旅	2	—	—	2
第一步兵师	—	3	6	9
第101空降师（一个旅）	—	—	3	3
空军机动师	—	—	8	8
小计	9	6	19	34
其他国家：				
澳大利亚	—	1	—	1
韩国	—	—	9	9
总计	9	7	28	44

数据来源：McNamara's Draft Memorandom of 26 June, 1965. 转引自：R. B. Smith, *An International History of the Vietnam War*（Volume 3）-*The Making of a Limited War*, 1965—1966, St. Martin Press（NY），1991：151（table 8.2）．

(二) 韩国出兵及"局部战争"前期的美国对韩政策

1. 韩国派兵计划实施及美国的政策评估

如前所述，南越政府出于多种原因考虑对外国地面部队援助表现并不积极，但因己方军事力量战绩过差，于是在1965年年初正式签署请求韩国出兵的公文。朴正熙政府很快将此请求提交国民大会审议，建议批准首批2000人的非作战部队开赴南越。朴正熙一直坚持出兵态度，但韩国国民大会中存在很大反对声音，他们担心海外派兵活动会削减韩国抵御朝鲜进攻的能力、对美国

---

① John Schlight, *The War in South Vietnam: The Years of the Offensive*, 1965—1968, Office of Air Force History, U. S. Air Force, Washington, D. C., 1988：57.

能否获得终胜存怀疑，还有人对"将韩军卷入一场似乎毫无希望的战争当中"的决定表示难以理解。① 韩国国内局势不稳且在半岛面临的紧张局面始终也未得到缓解，但美国依然希望能有更多地面部队投入越南战场。到1965年年初，威斯特摩兰将军为首的"军事援助指挥部"下辖的美国陆军人数增至14700人，另有700名海军陆战队员，但他感到还需要更多快速反应部队的支持。② 所以尽管韩国内部依然面临严重问题，美国还是迫切希望它能在南越地区给予支持。

图 5—7 盟军援越"军事援助指挥部"总部（西贡）

图片来源：https://en.wikipedia.org/wiki/Military_Assistance_Command_Vietnam.

首批援越韩军大约600人于1965年2月末抵达南越，其余1400人在3月到达，③ 主要承担被战火毁坏的道路、学校、医院或寺庙的恢复与重建任

---

① FRUS 1964—1968, Vol. XXIX, Korea, GPO, Doc. 32.

② Shelby L. Stanton, *The Rise and Fall of An American Army: U. S. Ground Forces in Vietnam, 1965—1973*, Presidio Press (Novato CA), 1985: 19.

③ 韩国出兵越南在中、朝及柬埔寨等国引发强烈反响，柬埔寨外交大臣维克致电春水外长，支持越南政府，越、朝各界强烈谴责美韩采取的这种联合军事行动。参见：《不许美国用亚洲人打亚洲人的恶毒阴谋得逞》，《人民日报》1965年1月16日。韩军一进入南越，在西贡地区就出现了抗议活动。参见：《南朝鲜第一批炮灰运进南越，西贡学生集会抗议》，《人民日报》1965年2月28日。

务。朴正熙政府最初的政策是要求这些韩方人员在指定区域内执行任务，秉承"人不犯我我不犯人"之原则，对民众示威活动也不以敌对态度待之。以这些"原则"来看，这支代号为"鸽子"的韩国工程兵部队的确名副其实。韩国驻越军事力量的装备给养都是由美国提供，稻米和盐等物资由南越政府负责，酱油及某些蔬菜来自韩国。制服是由日本制作的，但应韩国要求不标出原产地（日本）名称而改标为"美国国防部（DOD）"。韩国派遣军在越南设立自己的医院，医生护士等医务人员也都来自韩国，负责对韩国伤病员的救治工作，需特殊救治的伤病员由美国负责送往菲律宾或日本，而后再安排返回韩国。送到美国救治的韩国伤兵寥寥无几，只有两名韩国士兵因美国误投凝固汽油弹严重烧伤而被送到休斯敦烧伤医院进行救治。

　　韩国出兵越南可能引发多方面问题，美国政府根据 1965 年 1 月之前的实际情况进行了情报分析并得出如下结论：韩国要实现内部团结和统一的道路上存在着诸多不利因素，朴正熙政府并没有完全取得多数民众的信任。其国内政治冲突多隐含着个人权力的争夺并有使用暴力解决问题的倾向，在 1965 年后的两三年内[①]上述局面可能会得到改善。[②] 除国内政治紊乱状况外，来自半岛北部的威胁依然是韩国所担心的问题。《朝鲜停战协定》并未结束半岛敌对状态，而且进入 60 年代以后双方对峙时有升级。在"三八线"附近的军事摩擦不同程度地存在着，有人员伤亡情况并不罕见甚至美军人员也如此，1953 年到 1965 年非军事区附近有 8 名美国士兵遭枪击身亡。[③] 另外，韩国工程兵部队被派出后，美方对中苏越可能做出的反应也做了预估。在韩国出兵情况下，美国最关注的当然是其他社会主义国家会不会借机发动大规模军事进攻的问题，对此美国情报部门的分析结论是"不会"：朝鲜"只可能采取一些具有明显政治意义的行动"；鉴于当时中越关系并非很融洽，所以"中国出兵可能性

[①] 文件成于 1965 年 1 月。
[②] National Intelligence Estimate, NIE 42/14.2—65, Washington, January 22, 1965.
[③] Nicholas Evan Sarantakes, "The Quiet War: Combat Operations along the Korean Demilitarized Zone, 1966—1969", *The Journal of Military History*, Vol. 64, No. 2, April 2000: 441.

极小",但"苏联在军事上间接介入的可能性很大"。① 从此后历史情况看,确实如此。基于以上分析,美国决定继续推行支持韩国出兵的政策。

从冷战角度看,中苏两国一定会以某种形式介入越南问题。苏联在1965年2月向美国传递信息,必要时它将"联合社会主义国家及其他友好国家共同采取强化北越防务的措施"②。中国的态度也是非常鲜明的,这在三届人大六次会议上做了明确表达:"中越两国是唇齿相依的社会主义兄弟邻邦,中国人民同越南人民是亲密战友,美帝国主义侵犯越南民主主义人民共和国就是侵犯中国,中国人民绝不能置之不理。"③ 在"同力协契"的经常性表象之下,"各从其志"的情况也不罕见,中国、苏联和北越之间就是如此。越共强调其独立性,在有些问题上与中共和苏共的看法存在偏差。越共中央第一书记黎笋指出,"我们必须承认我党的政策与中苏两党的政策不同……对某些国际问题的看法上趋舍异路,我党之策与中苏两党多存异处,苏联和中国同志对越南问题也各执所见。我们需要独立与自立之精神,然而学习他们(中国和苏联)为一务,保持独立政策方向为另一务,这正如毛泽东同志所言'机械照搬会导致错误'④ 一样"⑤。对此,苏联部长会议主席做出了解释:"我们认为,目

---

① 美国中央情报局做出如下分析:(1)韩国派兵行动不会引发中朝越的军事进攻,但他们可能利用"美国利用亚洲人打亚洲人"的宣传在南朝鲜军队与越南人之间制造麻烦。(2)朝鲜可能在非军事区采取威胁性活动以便在韩国或其他相关国家产生"派兵错误"的印象。(3)越共军事行动目标可能直指韩国军事力量并尽力使之产生巨大伤亡以对韩国或其他有派兵意图的国家产生警示作用。(4)中国可能通过加强其与北越接壤地区的军事力量但不会有大的举动。(5)韩国军队介入越南冲突将给莫斯科造成极大麻烦,因为北越将要求苏联向其尽快提供更多的军事援助,苏联或许能够同意北越的更快更多的援助要求,这有可能增加苏联直接军事卷入的危险。参见 FRUS 1964—1968, Vol. XXIX, Korea, GPO, Doc. 35。

② "Moscow and Peking Warn They Will Not Fail Hanoi"; "Soviet and China Vow to Aid Hanoi", *The New York Times*, February 9, 1965 (1).

③ "中华人民共和国全国人民代表大会常务委员会关于支持越南民主主义人民共和国会呼吁书的决议(一九六五年四月二十日 第三届全国人大常委会第六次会议通过)",参见:《中华人民共和国国务院公报》,1965年第6期。

④ 毛泽东在名为"要团结一切可以团结的力量"的讲话中提到的。这是1956年4月29日他同一些拉美国家党的代表谈话时的发言。详见"中国共产党新闻网":http://cpc.people.com.cn/GB/64184/64185/189967/11568216.html。

⑤ 越共中央第一书记黎笋在1965年2月越共中央第十二次全体会议上发言。参见:Speech Given by Party First Secretary Le Duan to the 12th Plenum of the Party Central Committee, 冷战史国际项目公告 (CWIHP), Identifier:5527EAD7—5056—9700—0381868CA2C589CD。

前共产主义运动中出现的分歧非源于共产主义的本质，也非来自于马克思列宁主义。"① 柯西金的所言对于在国际社会上维护社会主义国家之间的"团结合作"从更高理论层面上做出解释，是苏联维护"大局"的表现。苏联与北越关系的变化在 1965 年后发生很大变化，柯西金 1965 年 2 月访问河内及此间美国轰炸北越标志着美苏开始同时出现在北越，进而使越战进入了一个新阶段。

美国对苏联态度的评估进一步加剧了它在越南地区的威胁感，因此极力推动其盟国尤其是在地面部队方面提供援助。美国总统特使罗奇在 1965 年 4 月遍访亚洲十国，其主要目的是非常明确的，即敦促亚洲盟国在越南问题上提供援助。罗奇在访韩时与朴正熙探讨了越南局势问题，同时表示希望韩国能够在增派一支 4000 人的地面作战部队。② 韩国国务总理丁一权③在与美国外交代表会晤时确认了在抵制共产主义扩张方面与美国的共同立场，对于"失去东南亚地区将会对韩国产生极大消极影响"的认识也与之一致。丁一权除主张韩国出兵外，还提出应继续推动其他国家派出更多的军事力量而后分区负责，另外还建议南越应向韩国和菲律宾等亚洲国家派出代表学习国内政治稳定的经验，韩国政府向南越派遣作战部队。④

为促使韩国出兵活动尽快实现，约翰逊政府在已提供大量援助的同时继续追加援助额，它通过"国际开发署"（AID）提供 1.5 亿美元开发贷款，⑤ 对韩国的财政援助、技术援助及培训等活动的援助也在进行中。在军事方面，美国通过"军事援助计划"（MAP）对朴正熙所关注的韩国军事现代化问题助力。在农业方面，通过"公共法规 480"（Public Law 480，即 PL480）项目向韩国提供优惠条件。所有列举这些举措都直接或间接地推动了韩国海外派兵计划的落实。在接受多种形式的美援后，朴正熙在国内所面临的压力相对缓解，美国趁机努力以便达到目标。

---

① "The Hanoi and Phyongyang Talks", *New Times*, No. 8, February 24, 1965 (Russian Edition Feb. 19), Moscow, 1965: 2.

② FRUS 1964—1968, Vol. XXIX, Korea, GPO, Doc. 38.

③ 丁一权，1963 年 12 月—1964 年 7 月担任外韩国务部长官；1964 年 5 月—1970 年 12 月担任国务总理，1966 年 12 月—1967 年 6 月兼任外务部长官。

④ Christos Frentzos, *From Seoul to Saigon: U. S. - Korean Relations and the Vietnam War*, University of Huston, 2004: 147.

⑤ FRUS 1964—1968, Vol. XXIX, Korea, GPO, Doc. 44.

朴正熙于1965年5月访美,在"出兵"问题上美韩双方进入了一个讨价还价的谈判协商过程。访问期间朴正熙与美方军政两界高级官员举行会晤,探讨主题包括"日韩关系""对韩援助"及"对越关系"等。朴正熙代表韩国政府首先提出,美国须保证驻韩美军的存在并不做数量上的削减,同时还要继续向60万韩军提供军事装备等方面的援助,另外还要求美国对"军事援助计划"(MAP)进行调整以缓解对韩经济的影响。① 约翰逊随即做出回应,美国将在一切可能情况下扩大对韩援助,并没有削减驻韩美军的打算。若有任何调整,将首先通告韩方。约翰逊同时向朴正熙表达了希望韩国增兵的迫切心情:假如韩国能增派一个师的兵力,盟国在南越的军事力量将达到七八万人,"那就可以为赢取胜利提供保证了"。② 由于1967年是朴正熙政府"二五计划"开端之年,美国的援助是该计划顺利实施的必要因素,也就是说韩国将继续需要美国的大量援助。但约翰逊也将美国政府面临的困难和盘托出,"自二战以来美国已向海外提供了千亿美元经济援助、造成16万人伤亡的代价,国会中对巨额的海外援助活动已有异议,而且有些受援对象国的表现很难再说服国会批准援助决议,但韩国表现很好——其南越政策极大地帮助了美国"③。约翰逊的表态一方面在"诉苦";另一方面也在暗示韩国,只要它在越南地区继续支持美国,即使美国中止对他国的援助,对韩援助计划会依旧如常。另外,朴正熙还与布朗、腊斯克等美国政府高官举行了会谈,腊斯克就驻韩美军问题重申了约翰逊的观点,"只要危险存在,美韩两国就会依然保持肩并肩的关系"④。美国力促韩国出兵已箭在弦上,韩国则借机开出了"价码单"⑤。

落实韩国派兵计划的主要障碍主要来自韩国国内,政府提出的行动计划需

---

① FRUS 1964—1968, Vol. XXIX, Korea, GPO, Doc. 47.
② FRUS 1964—1968, Vol. XXIX, Korea, GPO, Doc. 48.
③ 当苏加诺焚毁美国新闻署图书馆和办公室事件发生后,美国国会中出现了中止所有对外援助的主张。FRUS 1964—1968, Vol. XXIX, Korea, GPO, Doc. 48.
④ FRUS 1964—1968, Vol. XXIX, Korea, GPO, Doc. 50.
⑤ 主要内容如下:完全装备3个后备役师以弥补韩国派兵造成的国内军力亏空;承担运输任务;韩军军人薪金、死亡及伤残补偿费等同于美军同比数额;提供韩国军队在南越所需的后勤支援及汉城与南越作战部队之间直接的安全联络设备;为韩国作战部队配备广播系统以便进行反共广播宣传及向韩军提供新闻娱乐服务;提供4架C—123飞机执行医疗救助任务和"汉城与西贡"之间的联络任务,等等。Stanley Robert Larsen and James Lawton Collins, Jr., *Allied Participation in Vietnam*, Department of the Army, Washington, D. C., 1985: 124.

要韩国国民大会批准才能生效。1965年春开始，韩国对外事务方面的核心问题是"日韩关系正常化"问题，韩国国民大会自1965年3月以来对此一直存在激烈辩论。美国有关方面对此也进行了评估，在韩国最初向南越派遣工程兵部队时，韩国国民大会中就存在着激烈的反对，此时要派出地面作战部队的要求必会遭到更激烈的反对，朴正熙出兵决定很难多数票支持……因此美方认为"时机尚不成熟"①。美国方面进一步采取措施推动韩国尽快通过出兵计划，其惯用法就是加大对韩投入，如果不在保持驻韩美军数量不变及提高军人津贴标准等方面做出妥协，美国"将受到韩媒及公众的强烈谴责，韩国国民大会也不会批准向南越增兵决定"②。美国向朴正熙做出保证，派兵计划并不会影响1966年度美国对韩军援水平，并提升这一年度援助额使之达到可装备三个预备役师的水平，此外还计划援助韩国火力发电、通信技术设备及军事动员效率等方面的发展。在南越地区，美国负责向韩国军队提供军事装备、后勤补给、营地建设、军事训练及运输服务，韩国师由少将军衔指挥官统领，其日薪为7.5美元。③ 驻韩大使布朗和美国驻韩司令也先后向朴正熙政府做出许诺，"在未与韩国协商前美方不会单方调整驻韩美军数量"，同时也将希望韩国派兵的具体数量通告韩国——"应达到一个师的规模（1.8万人）"。④ 美韩双边达成协议后，还需南越政府提出"邀请"这个程序，这个环节当然是极为顺利。在得到美国的种种保证后，韩国国民大会于1965年8月中旬开始讨论派兵提案。在此过程中，国民大会分歧严重，有支持有反对、有退席有弃权，一时间有呈现混乱之局。反对者称，"在这种紧要关头，（国民大会）与政府的任何合作举动都是与死神的政治之吻"，尽管如此，但在美国幕后支持及朴正熙的坚持下，经过激烈辩论后最终以101票赞同、1票反对和2票弃权的结果通过了出兵决定，反对党议员未出席投票活动。约翰逊如释重负并对朴正熙表示感谢，认为此事"进一步证明了韩国人民对自由与独立精神所做出的奉献"⑤。

出兵计划得到一致认可后，关于韩方人员补助金问题的协商随即开始。韩

---

① FRUS 1964—1968, Vol. XXIX, GPO, Doc. 37.
② FRUS 1964—1968, Vol. XXIX, GPO, Doc. 57.
③ Christos Frentzos, *From Seoul to Saigon: U. S. -Korean Relations and the Vietnam War*, University of Huston, 2004: 158.
④ FRUS 1964—1968, Vol. XXIX, Korea, GPO, Doc. 40.
⑤ FRUS 1964—1968, Vol. XXIX, Korea, GPO, Doc. 58.

国拒绝了每人每日一美元标准,韩国认为"这与此前对军方的许诺不一致,且军队高级将官也不会同意如此数额"。① 最后美国再次做出妥协,大幅提高了津贴标准。

表5—4　　　　　美国向韩国海外军事人员提供每日补助金　　　　单位:美元

职衔	每日补助金
上校	6.5
中校	6
少校、上尉	5
一、二等中尉	4
军士长	2.5
陆军上士	2
中士	1.5
下士	1.2
一等列兵、列兵	1

资料来源:Christos Frentzos. *From Seoul to Saigon*:*U.S.-Korean Relations and the Vietnam War*, University of Huston. 2004:127.

朴正熙政权利用时机从美国获得了军队薪金津贴"大单",是韩方正常薪金水平的30倍、是越南军队薪金的4倍,② 1966年韩国再度增兵时此标准又得以提升。为防止他国不满,双方对此事的协商及落实都是在非公开状态下进行。③ 美国从事海外军事活动人员的年人均成本为7265美元,④ 据此估算,美国单在这方面的成本支出不知凡几。

围绕派兵问题,美韩政府高级官员1965—1966年之交进行了多次会谈。驻韩大使布朗表示,美国"希望韩国能在1966年增派一个师的兵力,美国作为交换将提供援助以减小韩国经济负担和保证其国家安全"。韩国国务总理丁一权表示他本人及朴正熙总统对此并无异议,但仍须得到韩国国民大会批准及

---

① FRUS 1964—1968, Vol. XXIX, Korea, GPO, Doc. 32.
② FRUS 1964—1968, Vol. XXIX, Korea, GPO, Doc. 76.
③ FRUS 1964—1968, Vol. XXIX, Korea, GPO, Doc. 32.
④ "War's Widening Ripples", *New Times*, August 25, 1965:14.

民众认可。① 布朗向美国国务院谏言，"现在最具推动作用的措施就是尽快落实装备韩国三个预备役师的许诺，如在这方面有所延误将影响韩国政府增兵决定"②。于是美国政府不久后就批准了向韩国提供 2900 万美元开发贷款的决定并强调了"韩国增兵南越的重大意义"，国务院还指示驻韩大使布朗要以"一个合理的价格获取韩国的增派部队"。③

图 5—8　约翰逊总统在与威斯特摩兰会谈，同意增兵并开展地面军事活动（1966 年 2 月 6 日）

图片来源：弗吉尼亚大学米勒研究中心（Miller Center）：http://millercenter.org/president/gallery-image/president-johnson-and-general-westmoreland.

韩国国内对于"日韩关系正常化"和"出兵越南"这两个事件的反对程度有很大差别，政治反对派以及民众对前者的反对情绪及具体行动最为激烈，而对后者的反对很少在民众中有反应，这也说明日韩关系问题是一个深深触及韩国民族情感的一个历史问题。朴正熙在处理海外出兵问题时所遇麻烦及难度都相对逊色于处理日韩关系问题时期，在海外出兵问题上的阻碍主要来自韩国国民大会中的政治反对派。反对党领导人金大中向国民大会提出应该仔细思考

---

① FRUS 1964—1968, Vol. XXIX, Korea, GPO, Doc. 65.
② FRUS 1964—1968, Vol. XXIX, Korea, GPO, Doc. 66.
③ FRUS 1964—1968, Vol. XXIX, Korea, GPO, Doc. 67.

这样的问题，即"美国人出钱支持韩国人在另一片土地上作战的真正意义是什么？"韩国国防部从保留驻韩美军的角度做了回应，声称出兵越南行动是"保持驻韩美军数量不变的最好方式"。① 朴正熙面对的困难着实不小，在首批工程兵部队派出以后短短两个月的时间里还要再增派兵力，这一计划在本来就存在分歧的国民大会中很难获得通过，很多人认为韩国"已对南越做了它最大的贡献，而且比其他任何亚洲自由国家的贡献都要大"②。面对巨大的压力，朴正熙依然坚持出兵的态度。笔者以为，朴正熙一派认为出兵活动是提高韩国国际地位的有效方法，不论出兵的目的国在哪里，出兵活动本身仅是一种手段、一种能够达到其目标的手段而已。

2. 韩国的"报价单"及美国的回应

美国参众两院在1964年8月通过支持南越政权的决议。如同20世纪40年代下半期支持伊朗、希腊、土耳其、柏林和韩国一样，美国到1966年依然坚守其承诺，③ 约翰逊政府在越南所面临的局势日趋严峻，盟国的表现令美国失望但对韩国却十分满意。朴正熙一如既往地对外宣称，"如果自由世界的盟友在15年前不帮助我们，那我们现在将身在何处？……我们（出兵援越）是在对我们所欠'自由世界'历史遗债的一种道义上的回报（a moral repayment）"④。美国对韩国的实际行动更为满意，它"在经济上取得成就的同时已向南越派遣了一个师的作战部队，体现了它对自由世界的贡献"⑤。韩国在"言"与"行"上的表现在越南战场的所有美国盟友中最为突出。

进入1966年美国不断增加对越援助，⑥ 但局势发展也越来越需要更多盟

---

① Kim, Bong Joong, *Democracy and Human Rights: US-South Korean Relations, 1945—1979*, The University of Toledo, 1994: 188.

② FRUS 1964—1968, Vol. XXIX, Korea, GPO, Doc. 67.

③ 美国副国务卿乔治·鲍尔（George W. Ball）1966年1月30日在美国西北大学的一次校友会上的讲话。参见 The Issue In Viet-Nam, *Department of State Bulletin*, February 14, 1966, Vol. LIV, No. 1390, GPO, 1966: 241。

④ Nyondukyoso, *Annual New Year's Message to the Ntional Assembly*, January 1966. 转引自：Joungwon Alexander Kim, "Korean Participation in the Vietnam War", *World Affairs*, Vol. 129, No. 1, 1966: 25。

⑤ Development Loans, Department of State Bulletin, February 28, 1966, Vol. LIV, No. 1392: 326.

⑥ 经约翰逊总统批准，美国将一大批"20mm"和"81mm"子弹及"250磅""500磅"和"750磅"炸弹等军火物资置于援越物资最优先地位。参见"第346号国家安全行动备忘录"（W. W. Rostow. National Security Action Memorandum No. 346, April 26, 1966, LBJ Library）。

国地面部队的支援。在与北越进行较量时,后者在蓬山和平定两地再度取胜,以美国为首的"联军"损失500多人,韩军在平定战役中也损失大约550人。① 美国感到兵力不足于是又向韩国提出增兵请求,它要求到1966年4月韩国应增派一个营兵力、三个月后达到一个师的规模,② 美国为此增加了对韩援助力度,而且提出"如能落实增兵计划,美方将考虑把赴越士兵人均津贴额度提高四分之一"③。这是美国开出的优厚条件,韩国则向美国提出了更具体的"报价单"。④ 美国立即进行了评估,其结论是韩国的要求存在很多不现实、不合理之处,有些内容不符合援助的基本要求,甚至有些已超出其实际所需,⑤ 美国因韩国某些过格要求而产生不满但还是表示"韩国增兵同时会得到合理的经济军事援助"⑥。为推动派兵计划的落实,副总统汉弗莱于1966年1—2月两度访韩,美国政府高官访问行动"加强了朴正熙在国内的声誉和权威,进而推动了派兵计划的实行"⑦。经过协商美国最终同意韩国增兵的基本条件,最后文本在3月初通过布朗递交韩国政府。这份被命名为"布朗备忘录"的文件是美国对韩做出的具体承诺,其主要内容也很快见诸报端。

美国在催促韩国出兵问题上很有策略,它能很好地掌控时机,能根据具体情况来确定推进对韩政策的发展,轻重缓急的节奏掌握得很好,过度施压则物极必反,"应该晓得我们已对韩国施加了很大压力,必须明白韩国并非一个向南越派兵的不竭之源,韩国国民的感情深深卷入其中,必须给他们时间——使之在做出两次事关韩国国民生命安全的重大决定之间有个喘息之机,在增兵问题上我们应让他们自己选择时间和具体步骤"⑧。韩国方面表现出很大决心,韩国政府在1966年2月宣布,如果美国增加对其援助,它已做好在1966年夏实施增兵计划的准备。美国副总统汉弗莱确信,"韩国政府完全能够在没有美

---

① 《美军"五路攻势"在人民战争威力面前接连失败》,《人民日报》1966年2月6日。
② FRUS 1964—1968, Vol. XXIX, Korea, GPO, Doc. 69.
③ FRUS 1964—1968, Vol. XXIX, Korea, GPO, Doc. 73.
④ FRUS 1964—1968, Vol. XXIX, Korea, GPO, Doc. 71.
⑤ 美国此前就认为韩国向美索要援助存在不合理之处,早在1961年玛格鲁特就表示,两年前他作为美国和联合国军总司令来到韩国以后就了解到,羽毛枕等物资也被当成美国军援计划的一部分而被进口。参见:"U. S. Chief in Korea; Carter Bowie Magruder", *The New York Times*, June 8, 1961: 4.
⑥ FRUS 1964—1968, Vol. XXIX, Korea, GPO, Doc. 71.
⑦ FRUS 1964—1968, Vol. XXIX, Korea, GPO, Doc. 80.
⑧ FRUS 1964—1968, Vol. XXIX, Korea, GPO, Doc. 82.

国政府干预下独立做出决定，美韩之间是以盟国的身份进行协商的，且协商是坦诚的和成功的"①。美国对盟国的表态发挥了作用，这也可以通过菲律宾的举动加以说明。1966年2月23日，菲律宾表示同意向南越派遣2000工程兵部队，而且马科斯总统明确态度，菲律宾有向该地区派遣作战部队的计划。②

图5—9　韩国增兵越南的新闻报道（《京都新闻》1966年2月15日）

在缓急适度的外交政策指导下，加之朴正熙的努力，③ 尤其是在取得美国"报单"及南越的正式请求以后的韩国更显积极。韩国政府在1966年1月15日表示，正在考虑再向南越增派2万作战部队的问题。韩国国防部长指出，韩国再次增兵的条件是美国必须同意在韩国本土再装备三个后备役师并提供可用于韩国军队现代化的其他援助。他在韩国南部镇海海军基地表示："政府已收

---

① "Korea Ponders Troop Increase：U. S. Aid Hike Reportedly Key to Sending Men", *The Times-Picayune*, February 24, 1966 (26).

② 参见："Humphrey Hears Nations Hint of Adding Troops in Viet Nam", *The Oregonian*, February 23, 1966 (2).

③ 朴正熙1966年2月对马来西亚、泰国等亚洲反共国家进行了为期12天的访问。他指出此行目的在于，"积极参与维护亚洲和平与安全的努力活动"。参见："Park Will Visit Anti-Red Nations", *The Times-Picayune*, February 07, 1966 (5).

到在越南的韩国军事指挥官请求增兵的要求。"① 1966年2月末，美韩双方达成最终协议，韩国向南越增加一倍兵力，达到4.5万人。为此，美国在财政方面给予韩国"补偿"——韩国至少每年从美国获得5600万美元军事援助。仅就此项援助而言，如果越南战争持续十年则韩国将从中获得5亿多美元。②

图5—10　越南战场的韩国"白马"师团向前哨基地运水

图片来源：韓國陸軍第9步兵師「白馬部隊」第2營營部連（2대본중）所屬的士兵参加越南戰爭．https：//en.wikipedia.org/wiki/File：Photo_ taken_ by_ Phillip_ Kemp_ from_ cockpit_ after_ sling-loading_ water_ drums_ to_ outpost.jpg.

韩国政界和民众最大的担心是在向海外派兵以后会削弱韩国自保能力，所以在促使韩国出兵的整个过程中，美方对韩国的解疑释惑工作始终在进行着。1966年4月初，即韩国"白马"师团派出前，约翰逊再给韩国一剂安心丸：美国政府保证，韩国向南越增兵活动"不会影响其国家安全，也不会妨碍其经济发展计划，作为我们忠实的朋友和盟友——大韩民国在越南反共战争中正在做着重大贡献，美国政府及人民连同我本人对此抱有极大的感激之情"③。

---

① Arthur J. Dommen, "South Korea May Send More Troops", *The Seattle Sunday Times*, January 16, 1966 (22).

② Keyes Beech, "Seoul Double Vietnam Forces", *The Seattle Daily Times*, February 26, 1966 (2).

③ "Korea Given New Pledge of U. S. Protection", *The Spingfield Union*, April 5, 1966 (4).

韩国国民大会在1966年3月20日以投票表决形式批准了增兵决议,① 约翰逊政府很快于7月初又做出友好姿态,再次调整了韩国军人日津贴额。② 韩国"白马"师团于8—10月陆续开赴越南战场,另遣5000人为提供后勤服务,到10月韩国军事人员增至4.5万人。③

表5—5　　　　美国向韩国海外军事人员提供的日补助金　　　　单位：美元

职衔	每日补助金
中将	10
少将	8
准将	7
上校	6.5
中校	6
少校	5.5
上尉	5
一等中尉	4.5
二等中尉	4
准尉	3.5
军士长	2.5
上士	1.9
中士	1.8
下士	1.5
一等列兵	1.35
列兵	1.25

数字来源：Christos Frentzos, From Seoul to Saigon: U.S.-Korean Relations and the Vietnam War, University of Huston, 2004: 169.

① 投票结果是95票赞成、27票反对和3票弃权。
② 美国驻韩大使威廉姆·波特在1970年的一次听证会上指出,在越战中美国士兵人均开销为1.3万美元,菲律宾士兵为7000美元,而韩国士兵人均为5000美元。Declassified Papers Show South Korea Sought to Relocate US Base to Cheju, BBC Monitoring Asia Pacific [2008-07-18]. http://www.redorbit.com/news/technology/220916/declassified_papers_show_south_korea_sought_to_relocate_us_base/.
③ FRUS 1964—1968, Vol. XXIX, Korea, GPO, DC, Doc. 81.

约翰逊认为在越南地区充满困难但最终美国必将胜利。他在 1966 年年底说，没人能说出这场战争会持续多久，但侵略活动已被遏制，荣耀的和平必将来临。但他同时也表示，未来几个月时间里可能不是很容易，还得做出巨大牺牲、需要盟友的耐力以及盟国之间的相互理解与包容。① 这是约翰逊在圣诞节即将到来之际的一番感慨，显示了他对胜利的向往，但最后的结果却是锐挫望绝。

(三)"局部战争"后期美国的政策调整

1. 美国对朝韩情况的分析及对策

截至 1966 年秋，韩国已向越南地区提供了 4 万人的军事力量。朴正熙突破国内重重阻力实现海外派兵在当时的内外政治环境中确属非凡之举，美国远东事务代理副国务卿塞缪尔·伯格称此派兵活动是"历史性的决定"。② 朴正熙政府所面临的重要外部问题之一就是来自朝鲜的威胁问题，不论是当事国还是其他相关国家在 1966 年到 1969 年都明显感到朝鲜半岛安全局势的严峻性。

表 5—6　　　　驻南越的美军及第三国军事人员数量（1965—1966）　　　单位：人

	军事人员数量			作战营数量	
	1964 年	1965 年	1966 年	1965 年	1966 年
美国	23300	184300	385300	33	70
韩国	200	20620	45566	10	22
澳大利亚	200	1557	4525	1	2
新西兰	30	119	155	—	—

---

① Remarks at the Lighting of the Nation's Christmas Tree, December 15, 1966, APP (Johnson), http：//www. presidency. ucsb. edu/ws/index. php？pid=28067&st=human+rights&st1=.

② Samiel Berger, "Korea-Progress and Prospects", Department of State Bulletin, GPO, May 30, 1966, Vol. LIV, No. 1405：864.

续表

	军事人员数量			作战营数量	
	1964 年	1965 年	1966 年	1965 年	1966 年
菲律宾	17	72	2061	—	—
泰国	16	16	244	—	—
总计	23763	206684	437851	44	94

说明：数据大致为"年末"为统计时间。

资料来源：Larsen and Collins (1975) pp. 23, 26；Heiser (1974) p. 14；Pentagon Papers (Gravel) Vol. IV, pp. 318 – 319. 转引自 R. B. Smith, *An International History of the Vietnam War* (Volume 3) -*The Making of a Limited War*, 1965—1966, St. Martin Press (NY), 1991：372 (Table 19.1)。

　　朝鲜战争结束以来，朝韩双方在非军事区附近的谍报活动和军事摩擦层出不穷。在韩国向南越派出"白马"部队以后的冲突事件数量明显上升，造成的韩美人员伤亡总数约为 507 人。[1] 朝鲜军事活动的目标并无"歧视"，美韩都是其打击对象。[2] 朝鲜与北越的关系在 20 世纪 60 年代中期一直很紧密，北越所进行的反美斗争受到朝鲜的"强烈支持"(strong support)。[3] 1966 年 9 月 21 日举行的越南民主共和国军事会议上，空军司令冯世才 (Phung The Tai) 指出，"我们的盟国提出可以提供空军志愿队赴越参战，他们要求独立编队后再编入北越空军力量，他们穿着我方制服并与我们的空中力量在同一机场参加

---

[1] 20 世纪 70 年代为 94 人，80 年代则为 17 人，90 年代没有死亡记载。参见：Lee Mun Hang, *JSA-Panmunjeon*, 1953—1994 (Seoul：Sohwa, 2001) 或者韩国国防部 (2002 年 8 月 29 日) 资料。转引自：Jonathan D. Pollack, *Korea：The East Asian Pivot*, Naval War College Press, 2004：61。

[2] 在 20 世纪 70 年代，朝鲜袭击目标开始更多地针对韩方。1981 年以后，美国人不再是攻击目标，单纯将韩国人员作为打击对象。参见：Jonathan D. Pollack, *Korea：The East Asian Pivot*, Naval War College Press, 2004：61。

[3] 1964 年 12 月 18 日，朝鲜军方代表团来到河内参加越南民主共和国建军节 (22 日) 庆祝活动，该代表团在河内停留直到 12 月 26 日才离开河内顺访北京两日后回国。参见：R. B. Smith, *An International History of the Vietnam War* (Volume II)：*The Struggle for South-East Asia 1961—1965*, St. Martin's Press (NY), 1985：351。

行动。'我们的盟国'还能向我们派遣大量技术人员"①。这份越南民主共和国的档案资料还显示,北越接受了朝鲜的请求并将朝鲜飞行员称为"专家",但实际上他们就是"志愿"参战的朝鲜军方人员。1967年8月,美国中央情报局一份电报资料显示,这些来自朝鲜的战斗机飞行员总数约为130人,其中20人战死,另有16人受伤。② 1967年7月6日,罗马尼亚驻平壤大使巴普(Popa)在给布加勒斯特的汇报中引述朝方说法指出,"在南越地区活跃着很多(北)朝鲜人——其活动区域也正是南朝鲜军队作战区及其附近地区,其

---

① General Vo Nguyen Giap's Decision On North Korea's Request to Send a Number of Pilots to Fight in Vietnam, 21 September, 1966, CWIHP, Identifier: 9FF1045C-5056-9700-035ACF6FA2E7C38B. 朝越双方在1966年9月30日正式签署协议并作出具体规定:1.10月末或11月,朝鲜向北越派遣"专家"(specialists)补充其一个"米格—17空军中队"(每中队10架飞机)。1966年年底或1967年年初,在北越准备足量的飞机后朝鲜将派遣第二批"专家"为其提供第二个"米格—17空军中队"。1967年内,在双方各自做好准备以后,朝鲜将提供可以操作一个"米格—21空军中队"的"专家"。2. 朝鲜"专家"独立编队,直到形成一个"团"的规模。在此之前,朝鲜飞行中队编入一个越南空军飞行团并使用其机场,当朝鲜方面提供足够人员并形成三个飞行中队时,将独立成为一个飞行团,并配给独立的机场。3. 朝鲜飞行中队直接隶属于空军飞行团总司令部和越南空军总司令部。4. (朝鲜飞行中队)与其他空军力量之间、空中力量与防空火力和地空导弹部队之间的协同作战活动必须由越方空军总司令部负责。5. 诸如通信联络、技术支持、飞机养护方面事务悉由越方负责。6. 朝鲜将对派出的"专家"提供基本的技术训练和战术方面的训练。他们抵达越南以后,越方应提供必要的"实战训练"(on-the-job training)以便使之适应(当地)的战场环境、天气状况及作战对手情况等。此外,双方还列出了关于住房、生活补给、交通设备、医疗支持以及死亡伤残和嘉奖等方面的规定。参见档案资料: Signing of a Protocol Agreement for North Korea to Send a Number of Pilots to Fight the American Imperialists during the War of Destruction against North Vietnam, 30 September 1966, CWIHP, Identifier: A0FE07BE-5056-9700-03C94E88B50FAB59.

② Intelligence Information Cable, EO12958, CIA, 1968. 另据英国BBC广播网报道,2000年3月31日,越南官员首次公开承认朝鲜在越南战争中曾扮演了"活跃"(active)的角色。参见: North Korea Fought in Vietnam War, http://news.bbc.co.uk/2/hi/asia-pacific/696970.stm [2000-03-31]。朝鲜在2001年7月首次公开承认越战期间曾派战斗机飞行员参战,金日成鼓励这些飞行员"要像在他们自己国家的空中一样去作战"。此外,朝鲜还向越南战场派送武器弹药以及200万套军服。支援北越的决定是1965年作出的,次年经过劳动党中央委员会批准实行。参见BBC广播网: N. Korea Admits Vietnam War Role, http://news.bbc.co.uk/2/hi/asia-pacific/1427367.stm [2001-07-07]。而后朝鲜国家二号人物金永南(Kim Yong-nam)祭奠了当年战亡者墓地。参见: North Korea Honours Vietnam War Dead, http://news.bbc.co.uk/2/hi/asia-pacific/1435540.stm [2001-07-12]。美国国务院在1996年爆料了朝鲜当年在越南地区的角色,美方是根据所获取的苏联军事记录方面的情报才知晓此事。参见 Merle L. Pribbenow, "The Ology War: Technology and Ideology in the Vietnamese Defense of Hanoi, 1967", *The Journal of Military History*, Vol. 67, No. 1, January 2003。

目的在于研究南朝鲜军队的战术及作战士气等方面情况。朝鲜计划向南越地区派更多人,但却存在着严重的语言障碍"①。所以,美国情报部门此前关于朝鲜半岛突发事件与越南战事之间存在关联的判断并非捕风捉影。

朝鲜的对外政策的确很活跃,它不断作出努力来争取国际社会,尤其是亚非国家的支持。1966年6月,"亚非拉人民团结组织"宣布6月25日为"朝鲜人民团结月"(Solidarity of Korean People Month)开启日,开展为期一周的宣传活动,要求"美帝侵略军撤出南朝鲜"。同日,在缅甸仰光、印度德里、阿尔及利亚、古巴等地都出现了支持朝鲜反美斗争的大规模群众集会,还有"国际学生组织(IUS)"等国际机构也对朝鲜进行了声援。② 在半岛统一问题上朝鲜也不断采取主动姿态,声称要通过武力手段实现这一目标。金日成于1966年10月提出,要扩大游击战范围并采取更为进攻性的策略开展反对南方的行动以便尽早实现统一,③ 类似声明无疑对美韩方面造成极大的心理压力。

1965年起,朝鲜在半岛上针对美韩方面的军事摩擦活动有以下几个突出特点:其一,突击队规模扩大;其二,配备重型武器装备;其三,越境活动频现。1966年10月13日开始连续5天发动7次突袭。截至同年11月2日,在1966年的40次军事摩擦中美韩总计死亡36人(其中韩方30人),而1965年的55次事件中死亡韩国士兵数量为20人,1964年发生32次仅亡4人。④ 朝鲜的主要意图是打算对社会主义阵营做出某种"贡献",具体做法是通过其活动在半岛上扰乱美韩"后方"以便对美韩军事力量形成一种牵制,这样就能缓解胡志明政权的压力。美国政府对朝鲜采取行动支持北越的做法也了解到一些信息,约翰逊在1966年年底曾对此进行了说明:朝鲜"正在通过训练战斗机飞行员等一切可能方式来帮助北越,我毫不怀疑这样一个事实,那就是它在等我们被赶出越南后发动对半岛南部的进攻"⑤。朝鲜中央新闻社(North Ko-

---

① Telegram from Pyongyang to Bucharest, No. 76.247, July 6, 1967, CWIHP, Identifier: A10D245F-5056-9700-039995858031FDF8.

② 分别参见:(1)"Solidarity with the Korean People", *New Times*(*Moscow*), No. 26, June 24, 1966: 3;(2)"World Public Demands U. S. Troops' Withdrawal from South Korea", *Korea Today*, No. 64, 1961: 19。

③ FRUS 1964—1968, Vol. XXIX, Korea, GPO, Doc. 123.

④ FRUS 1964—1968, Vol. XXIX, Korea, GPO, Doc. 98.

⑤ Lyndon Baines Johnson, *The Vantage Point*: *Perspectives of the Presidency*(*1963—1969*), Holt, Rinehart and Winston, NY, Chicago, San Francisco, 1971: 135.

rean Central News Agency）记者指出："不知道他们（约翰逊和朴正熙）是否已讨论好向越南增兵问题，但我们已准备好在北越需要帮助的任何时候向其派遣我们的部队。朝鲜半岛一旦战端再现，美国就会因为深陷越南而无法向半岛地区派兵了。"① 出于对韩国安全问题的考虑，尤其是朝鲜给韩国朝野上下造成的压力，增兵问题越来越难。朴正熙这时还面临着大选压力，"增兵"决定必然加大其在国内的压力。韩国已向越南地区派遣了大批军事力量，这在美国的亚洲盟国中表现非常突出，派出第一支部队的时候朴正熙已遇到了重重阻力，同期半岛紧张局面也有加剧态势，如果这个时候再催逼增兵也是他所不能承受。所以布朗在评析韩国国内政治状况以后提出建议，"在韩国总统大选活动即将到来之际不宜催促韩国做出增派作战部队的决定"②。1966 年 11 月 10 日朴正熙在一次非正式新闻发布会上指出将不再向南越增派作战部队，③ 韩国国内反对派力量对这种表态非常认可。韩国增兵问题暂时搁置，朝鲜的这个短期外交目标得以实现。

东南亚条约组织重要成员之一菲律宾表现也较为积极。二战结束以来，菲律宾领导人一直就本国与亚洲的关系及其在亚洲的责任问题做出过明确表态。越南危机不断升级之际，在征询美国意见以后积极主张召开盟国国际会议商讨对策。约翰逊在 1966 年与马科斯和朴正熙对即将召开的马尼拉会议进行了会前协商。约翰逊指出，盟国之间必须团结一致，要表明不撤军的决心、坚信北越必败，同时要提高对亚洲问题的认识。④ 从其内容看，这实际上就是美韩等国协调统一立场的一次预备会。马尼拉峰会于 1966 年 10 月 24—25 日召开，参加会议的有美国、菲律宾、澳大利亚、新西兰、韩国、南越和泰国 7 个国家。与会国一致同意要坚决保卫南越的自由、恢复和平以维护亚太地区长远利益，此会议是七国之间"共同目标及最高希望的标志"（symbolizes our common purposes and high hopes）。⑤ 约翰逊在会间表示，"如果北越将军事力量撤回北部地区并停止对南越的渗透，那么盟国就撤军"。南越副总理阮高其

---

① FRUS 1964—1968, Vol. XXIX, Korea, GPO, Doc. 99.
② FRUS 1964—1968, Vol. XXIX, Korea, GPO, Doc. 101.
③ FRUS 1964—1968, Vol. XXIX, Korea, GPO, Doc. 101.
④ Randall B, Woods: *LBJ Architecture of American Ambition*, Free Press, 2006：737.
⑤ Manila Summit Conference Documents, October 25, 1966, APP (Johnson), http://www.presidency.ucsb.edu/ws/?pid=27958.

（Nguyen Cao Ky）和朴正熙的态度很坚决，他们"没有与共产主义分子进行谈判的意愿（little stomach for negotiations），他们是真正鹰派人物（genuine hawks）"。① 朴正熙在会间对美国的越南政策表示极力支持，其他与会国也公开斥责"共产主义入侵活动"，这表明这些国家对美国政策的接受态度。② 通过马尼拉峰会，美国与盟国之间的步调已协调一致，极大地推动了美韩在出兵问题上的合作。

图 5—11　约翰逊在越南金兰湾慰问美军（1966 年 10 月）

图片来源：弗吉尼亚大学米勒研究中心（Miller Center）：http：//millercenter.org/president/gallery-image/president-johnson-decorates-a-soldier.

　　约翰逊在马尼拉会议后前往南越金兰湾对美军进行了两个半小时的短暂视察，随后到访韩国。在 11 月 2 日与朴正熙举行了会晤并在国民大会做了简短演讲，随行的国务卿拉斯克和助理国务卿邦迪也分别与韩国国务总理、外长及朴正熙秘书等各政府要员举行了会谈。朴正熙表示对马尼拉会议非常满意，他还提议应吸收更多国家加入"马尼拉宣言"，在"马尼拉原则"基础上建立一个包括日本、马来亚、印尼、加拿大，以及台湾地区的"太平洋区域共同体"

---

① George McArthur, "Manila Summit Success Would Boost Philippines as Asia Council Leader", *The Oregonian*, October 21, 1966 (8).

② Se Jin Kim, "South Korea's Involvement in Vietnam and Its Economic and Political Impact", *Asian Survey*, Vol. 10, No. 6, June, 1970：531.

(a Pacific area community)，美国在其中发挥引领作用，但"首先必须在越南取胜"。① 约翰逊再次确认了美国对韩越两方所做的承诺，而且认为此次访问还进一步促进了美韩关系的发展。② 约翰逊重申没有改变驻韩美军数量的打算，他在提到访问亚洲的目的时做了矛盾的表态：此行目的"非为募集军队而来（raise troops）"，但又强调美国"在越南地区急需更多人手"。约翰逊还作了一个形象的比喻：盟国当中也存在问题，但只是"头疼脑热"型的，而越南地区的问题是"心力衰竭"型的，尽管美国的越南政策支持率在下降，但如果不遏止那里的共产主义势力那它很快就会遍及整个地区，美军驻越最高司令官威斯特摩兰将军③也表示，"如果没有六七万军事力量是不可能实现这个目标的"④。美国特别重视越南问题，但该地区局势却并没有好转迹象，美韩联军人员损失数量上升，到 1967 年前三个月，美韩损失约 4000 人（其中美方占四分之三）。⑤ 战事进展不顺，美国在越南面临的局势依然严峻。

约翰逊希望韩国能再度增兵，他在 1967 年 3 月的演讲中传递了这个信息。⑥ 但朴正熙在做此决定时依然面临着来自国内反对派的巨大压力。1967 年 5 月朴正熙赢得大选，但此后他面临的情况也对他十分不利。由于他所在的民主共和党在国民大会选举中赢得多数席位而遭到反对党"新民主党"的质疑并随之掀起抗议活动，新当选的反对党议员也拒绝参加即将召开的国民大会，韩国再陷政治危机。这就是朴正熙在决定是否再推行海外派兵计划所面临的国

---

① FRUS 1964—1968, Vol. XXIX, Korea, GPO, Doc. 96.
② FRUS 1964—1968, Vol. XXIX, Korea, GPO, Doc. 97.
③ 威廉姆·威斯特摩兰（William C. Westmoreland）将军在 1964 年 6 月接替鲍尔·哈金斯（Paul D. Harkins）将军的美国军援指挥部（Military Assistance Command Vietnam, MACV）最高指挥官之职。
④ FRUS 1964—1968, Vol. XXIX, Korea, GPO, Doc. 96.
⑤ 《南越广义省军民打强盗也打凶》，《人民日报》1967 年 4 月 16 日。
⑥ 约翰逊在 1967 年 3 月的讲话内容明显包含了对韩国的褒扬之词："韩国有言论出版自由、有选举自由——你们很快就将进行下一次自由选举。就经济而言，贵国已取得令人震惊的进步，经济增长率达到 12%，食物生产接近自给程度；你们设定去年（1966 年）出口目标为 2.5 亿美元，目前已达到并超过了该目标。我不是说韩国解决了所有的经济和社会问题……没有谁能做到这一点，但韩国经济确实已经起飞。……现在韩国人正在为保护另一个勇敢民族而在作战——又一次我们肩并肩地反对侵略活动，又一次我们将证明目前这种局面会因自由世界人民坚强勇敢的决心和毅力而改变。美韩两国人民因最强大的友谊关系而联在一起……此友谊之价值难以言表。"参见：U. S. and Korea Pledge Continued Friendship and Cooperation, April 3, 1967, Department of State Bulletin, Vol. LVI, No. 1449, GPO, 1967: 548 – 549。

内政治环境。

美国为激励朴正熙的斗志对韩国大加褒扬:"历史大潮在自由亚洲明显地走向进步。韩国经济年均增长8%,工农业生产年均增长率分别达到14%和6%。韩国在朝鲜战争后的发展非常迅速,这时它已经能在保持自身发展的同时还有能力帮助保卫越南的自由。"[①] 美国驻韩大使布朗根据韩国具体状况做了情况分析:在促使韩国增兵问题上朴正熙的态度是最为重要的决定性因素,其次就是要"舍得投入"(pay a substantial price)。[②] 为促进对韩关系的发展,美国副总统汉弗莱在1967年6—7月出席朴正熙总统就职典礼仪式,增兵越南问题是两人会谈的主要内容之一。不久,又有两名美国政府外交顾问以总统特使身份访韩,增兵问题同样是会谈中心话题。[③]

韩国国内反对出兵的呼声很高。这些人认为,就出兵总量与本国总人口比例而言,韩国的付出已履行其应尽"职责",故而不宜再派兵。增兵活动会使韩国国防力量遭到严重削弱,进而可能招致朝鲜的进攻。而且还可能会恶化韩国与中立国之间的关系,那样会扩大韩国在国际舞台上的孤立局面。韩国同日本、菲律宾及台湾地区此前都大量接受美援,但实际派出作战部队援美的只有韩国。他们还担心继续派兵前往越南地区是在扩大战争而非在结束战争,可能引发朝鲜不满进而向越南地区派兵,这样就会使半岛对峙局面扩展到东南亚地区,非常不利于半岛统一。反对增兵者理由充分,但由于以朴正熙为首的主张增兵的这派力量占据优势,所以再次增兵计划很有可能实现。

朴正熙于1967年9月初决定实施增兵计划,并将此消息通过波特大使转告美国国务院,至于增兵数量将由韩国国防部研究确定。[④] 美国迫切希望尽早获得韩国地面部队援助,对于朴正熙是否压力过大等问题的考虑就不那么重视了——"由于朴正熙陷于国内困境之中,我们已不再对其施压,然而此非当

[①] Special Message to the Congress on Foreign Aid, February 9, 1967, APP (Johnson), http://www.presidency.ucsb.edu/ws/index.php?pid=28494&st=south+korea&st1=.

[②] FRUS 1964—1968, Vol. XXIX, Korea, GPO, Doc. 117.

[③] 这两位总统特使是阿里弗德(Clark Aliford)和泰勒(Maxwell Taylor)。他们指出,美国在越南地区的军事力量正在逐渐增加而且将来还需要更多,"东南亚和太平洋地区国家所面临的危险要比我们的更大、更近,我们需要向胡志明表明,盟国将利用一切必要资源尽早结束这场战争",他们在评估中也客观地认可了朴正熙所面临的压力:"他想要帮我们可其本身也面临严重问题。"参见:FRUS 1964—1968, Vol. XXIX, Korea, GPO, Doc. 124。

[④] FRUS 1964—1968, Vol. XXIX, Korea, GPO, Doc. 126.

前需要考虑的第一要务"。① 言外之意，美国首要考虑之事不是朴正熙遭受多大压力的问题，而是他能不能再向海外增兵的问题。美国知晓朴正熙面临的障碍很大，但到1967年年末美国在越南战场的处境也十分不利，而且国内支持率也在下降，民调显示有46%的民众认为美国军事介入越南问题是一个错误，② 所以为了避免更大的伤亡，不致民众支持率再降，它迫切需要盟国出兵增援。③ 在内外因素共同作用下，朴正熙政府很快推行了南越增兵计划。

2. 美韩"交易"过程中的讨价还价

随着战场和后方不稳定情况的加剧，美国在越南地区的困难程度也在加剧，同时还不得不分心"关照"在朝鲜半岛时常受到北方武装侵扰的韩国，韩国对于美国无法有效阻止北方的侵扰事件表示不满。这些低烈度的军事冲突事件密集出现在1966—1969年，西方国家将其称为"第二次朝鲜战争"，但并不只西方国家这样认为，民主德国也如此认为。④ 联合国军总司令博尼斯蒂尔（Charles H. Bonesteel）也常遭到韩国的抱怨，朴正熙就此问题在1967年9月与之举行了会谈。朴正熙指出，"在过去的14年间北朝鲜方面违反停火协定的举动有5000次左右，确有些是韩方首发，但都是在韩国士兵首先受到朝方进攻威胁时出现的，该比例仅几百分之一而已。虽然联合国军司令部掌控韩国军事力量指挥权，我们要采取报复行动首先得取得其同意，但韩国民众会将这种不满都直接倾泻到韩国政府。韩国拥有60多万人的军队，如果再不采取对应措施国民的耐心将越来越小"。⑤ 从朴正熙的言论有以下两个方面暗示：一是韩国受到朝鲜方面的威胁并已在韩国民众当中已经造成极大恐慌，他们已将不满与怨恨指向韩国政府；二是美国必须采取有效措施缓解这种局面，否则韩国再次增兵计划必成泡影。

一旦朴正熙对北方实施报复活动，那么美军首先在第一时间被动卷入战

---

① FRUS 1964—1968, Vol. XXIX, Korea, GPO, Doc. 134.

② President Johnson's Tuesday Lunch, October 11, 1967, 弗吉尼亚大学米勒研究中心（Miller Center）: http://millercenter.org/president/gallery-image/president-johnsons-tuesday-lunch.

③ 约翰逊总统甚至还请教皇保罗六世"帮忙尽早实现越南地区的和平"。参见 Pope Paul VI and President Johnson, December 23, 1967, 弗吉尼亚大学米勒研究中心（Miller Center）: http://millercenter.org/president/gallery-image/pope-paul-vi-and-president-johnson。

④ Mitchell Lerner, Mostly Propaganda in Nature: Kim Il Sung, Juche Ideology, and the Second Korean War, Woodrow Wilson International Center for Scholar, Working Paper #3, December, 2010: 2.

⑤ FRUS 1964—1968, Vol. XXIX, Korea, GPO, Doc. 129.

争。为避免此种危机局面出现，约翰逊政府及时与朴正熙政府取得联系，将美方的原则要求告知朴正熙政府，在没有实现与美国商议前不能采取单边报复行动，因为美国担心一旦引发南北大规模冲突局面将难以收场。在1967年10月末南越新政府举行就职典礼，美国副总统汉弗莱和韩国总理丁一权代表双方政府参加了活动，两人在会晤期间就美方上述态度交换了意见。丁一权还利用美国向韩国提供驱逐舰问题谈了向南越增兵问题。除提到"韩国旧有舰只无法有效抵制朝鲜在韩国海岸进行谍报刺探活动"这一问题以外，丁一权还指出，美国这方面援助不利也会影响韩国增兵越南计划的实施，因为"反对派会借此指责政府并可能弱化政府在该问题上的立场，因此韩国亟须美国提供两艘驱逐舰以便进行有效的海岸线巡逻"①。韩国在"驱逐舰"问题上有实际的需要，但并非能够从任意一个盟国获得，只能向那个与之有所求的对象国索取。

美国在东南亚遇到的难题不单单是指军事上的，在其他方面也出现了麻烦。1967年11月，在越南金兰湾（Cam Ranh Bay）的美国维尼尔军火公司（Vinnell Corporation）的大约2000名雇工卷入一场骚乱活动，主要原因是雇员对于伙食状况不满。11月18日雇工拒绝进食并暴打美方人员，随后又发生枪击事件，双方都有受伤情况。骚乱持续四天，最后在韩国使馆及军方出面情况下才平息此事。② 朝鲜半岛紧张局面在1967—1968年又呈升级态势。美国国务院在1967年3月颁发公告，禁止美国公民前往或途经北越、古巴、中国大陆及朝鲜等地。③ 同时半岛南北双方之间的军事摩擦事件又不断增多。

在上述紧张局面下，美国和朴正熙政府依然坚持出兵计划，朴正熙表示"希望能够帮助约翰逊总统"。④ 1967年12月上旬，韩国决定向南越增派一支轻型步兵师以加强盟国力量。美国很快履行对韩方提供援助的协定义务，主要包括此前韩国索要的驱逐舰以及用于反情报反渗透用途的设施设备等。⑤ 美韩

---

① FRUS 1964—1968, Vol. XXIX, Korea, GPO, DC, Doc. 132.
② 骚乱中闹事者强迫美方项目负责人吃下他们平时的饭食，以便使之"体验一下有多么的糟糕"。参见：Shelby L. Stanton, *The Rise and Fall of an U. S. Ground Forces in Vietnam, 1965—1973*, Presidio Press（Novato CA），1985：217。
③ Department Issues Public Notices on Travel to Restricted Areas, Department of State Bulletin, Vol. LVI, No. 1449, April 3, 1967：564 – 565.
④ FRUS 1964—1968, Vol. XXIX, Korea, GPO, Doc. 137.
⑤ 1967年12月21日朴正熙与约翰逊在堪培拉出席澳大利亚总理哈罗德·霍尔特（Harold Holt）的葬礼，活动期间两人举行了会谈。

双方在出兵问题上再度达成默契，朴正熙代表韩国政府提出了增兵的目标时限为1968年3月1日。朴正熙还说"有时当我们决定做某事时往往比你们更快"，约翰逊接受了这个"挑战"。[1] 1967年12月他再次表示要在目标日期内实现增兵计划，"决定一旦做出则韩国的行动比美国更迅速"[2]。从多次的表态中可以看出朴正熙对再次增兵问题已有十足的把握，他为此做了一份详细的"报价单"给美国，约翰逊政府也很快做出反应：

表5—7　　　　韩国的"报价"及美国的反应（1967年12月）

韩方要求	美方反应
两艘驱逐舰	同意。已开始提供其中之一，另一艘尽快解决；项目成本600万美元（不含舰只本身价值）
三个直升机连	1968年提供其中之一，鉴于东南亚地区直升机的短缺，此要求较难满足，成本为300万美元。此外，在过去的两个月中已向韩国提供18架直升机，全部用于反渗透行动
反渗透和反游击战新型设备	同意。同意提供所需设备，但在时限上存在问题，尽力到次年春完成。成本为3200万美元
MAP项目支持韩国八个营的反渗透活动	同意。通过"军事援助计划"（MAP）项目予以支持
补充火炮数量	同意。在1968年提供一个营的8英寸自行榴弹炮，成本300万美元
在越南建立一支高报酬的5000人的韩国后勤部队	同意。但报酬标准需协商。成本在500万—2000万美元
支持新近派遣到南越的11000人的轻型步兵师	同意
提供重型设备修建与汉城和釜山相关的高速公路	不同意
提供一个F—4C飞行中队	同意。对在越南使用韩国飞行员的可能性进行研究

资料来源：Memorandum from the President's Special Assistant (Rostow) to President Johnson, Washington, December 29, 1967, FRUS 1964—1968, Vol. XXIX, Korea, Department of State, Washington, DC, Doc. 141.

---

[1] FRUS 1964—1968, Vol. XXIX, Korea, GPO, Doc. 139.
[2] FRUS 1964—1968, Vol. XXIX, Korea, GPO, Doc. 140.

3. 韩国出兵问题中的朝鲜因素

在增兵越南问题上美韩双方突破重重障碍终于达成一致，但来自半岛北部的影响依然是韩国出兵问题的重要阻碍因素。在1968—1969年韩国出兵过程中朝鲜半岛也同时出现很多突发事件，不但影响韩美关系而且更涉及中苏等社会主义国家与美国的关系问题。美国政府在1968年下半年多次提出增兵要求但未获韩方同意，韩美双方在增兵问题上的合作暂时搁置。那么，韩国出兵越南过程中朝鲜因素到底有着怎样的影响呢？这需要从更广的国际视野来加以分析。

1968年年初连续发生了朝方特种部队秘密进入汉城刺杀韩国总统的"青瓦台事件"和朝鲜捕扣美国谍报船只及船员的"普韦布洛号事件"。[①] 前者主要涉及朝鲜半岛南北双方，问题并不十分复杂，因为双方本来就存在敌意，处于严重对峙状态，它们之间的任何摩擦与冲突都是意料之内的事情。后者则不那么简单，它直接涉及美朝关系，间接影响了美韩及美苏关系。从近一年的解决时间来看，也说明该事件本身的复杂性。

"东京湾事件"以后美国深陷越南，面对朝鲜进攻性的举动无力采取军事报复行动，虽然约翰逊也派出军事力量在半岛周边海域集结，一度造成十分紧张的气氛，但最后还是通过外交手段解决了问题。美国媒体在"普韦布洛号事件"爆发后指出，美国这艘情报船的活动主要针对苏联舰队，[②] 负责搜集朝苏两方的雷达、声呐及无线电信号，以便分析其在朝鲜沿岸地区海上活动状况。[③] 苏联对此事的评论"非常零散"（quite sparse），其反应十分"低调"（in low key）。[④] 为了避免事态升级，美国方面还指令驻苏大使汤普森（Llewellyn E. Thompson）与苏联方面主动取得联系，要求苏联出面调解以促使朝鲜释

[①] 尽管有很多社会主义阵营国家对于这些事件表示支持，但也有不同看法出现。比如，罗马尼亚在"青瓦台事件"发生后表示："我们认为这是极为鲁莽和目光短浅的举动（incredibly daring and narrow-minded），这是在说明朝鲜打算通过暴力实现国家统一。""我们认为这种举动在南朝鲜酿成了极度恐慌和紧张局面，这只能是加剧恶化半岛局势，并会导致南北双方新的冲突的出现。"Telegram from Pyongyang to Bucharest, No. 76.012 (Urgent), January 22, 1968, Cold War International History Project, Identifier: 78724A0C-5056-9700-03C2307AE145F59C.

[②] Bernard Weinraub, "Pueblo's Main Task Was to Survey Russian Fleet", *New York Times*, March 3, 1969 (5).

[③] Randall B., Woods: *LBJ Architecture of American Ambition*, Free Press, 2006: 822.

[④] "Korea", *Weekly Review*, CIA, March 8, 1968: 11.

放被拘船只及船员以便缓和美朝紧张关系,汤普森很快就收到苏联的反应——"一种非常消极的和冷淡的反应"(a very negative and chilly response),① 苏联方面一直坚持毫不知情不宜介入的立场使美国处于尴尬境地。

韩国官方和民众对美国的态度十分不满,采取游行形式抗议约翰逊政府的"平和反应"。1968年1月31日,"韩国人民反共联盟"(Korean People's Anti-communist League)支持下发动10万多人参加的大规模集会活动,行进距离达5公里左右,焚烧"北朝鲜独裁者"草人像以示愤怒。2月7日,示威者向板门店地区集结,美军士兵鸣枪示警不让游行队伍接近。次日,上千名韩国高中生在大邱和光州的美国情报中心驻地门前举行示威活动,要求将其连同那些"溜须拍马的"会议一起消除(away with boot-licking conferences)。② 韩国新闻媒体也对美国的表现大加抨击,指责其未实行"猛烈报复行动",而是采取了"屈辱的绥靖立场","这个世界最大的国家(美国)似乎已开始随着共产主义的宣传曲调翩翩起舞了"。③ 韩国盲人合作协会(ROK's Blind Cooperative Association)秘书长朴采熙(Pak Chae-sok)向美国驻韩使馆递送血书请愿信并随信夹带其手指,强烈要求美国对朝鲜采取行动。

为尽快制定相应对策,美方立即对局势进行了分析。约翰逊指出:"我们的盟国韩国对于朝鲜可能发动的进攻存有深深的疑虑,很明显它极有可能从越南撤军。"④ 这种担心不是没有道理的,韩国的确表现出对国内局势的深深忧虑。⑤ 美国国防部在给汉城的电报(103652号)中要求驻韩大使波特对"普

---

① 语出约翰逊。参见:Lyndon Baines Johnson, *The Vantage Point: Perspectives of the Presidency (1963—1969)*, Holt, Rinehart and Winston (NY, Chicago, San Francisco), 1971: 535.

② Mitchell B. Lerner, The Pueblo Incident: A Spy Ship and the Failure of American Foreign Policy, University of Kansas, 2002: 131.

③ Mitchell B. Lerner, The Pueblo Incident: A Spy Ship and the Failure of American Foreign Policy, University of Kansas, 2002: 131.

④ Lyndon Baines Johnson, *The Vantage Point: Perspectives of the Presidency (1963—1969)*, Holt, Rinehart and Winston, 1971: 385.

⑤ 约翰逊召集1.4万名海空军队以加强在朝鲜半岛的军事力量,没有从东南亚地区抽调兵力,也防止了韩国从越南撤军的行动。约翰逊从"青瓦台事件"中得知,朝鲜正在对大约2400名"敢死队员"进行训练,主要目标是朴正熙。几乎与此同时又出现了"普韦布洛号事件"和东南亚地区的"新春攻势"。朝鲜空军力量强于韩国,所以他决定向韩国增派350架飞机以强化其防务。参见:Lyndon Baines Johnson, *The Vantage Point: Perspectives of the Presidency (1963—1969)*, Holt, Rinehart and Winston, New York, Chicago, San Francisco, 1971: 535.

韦布洛号事件"的起因及朝鲜的举动进行评估,波特在随后的报告中指出,"青瓦台事件"和"普韦布洛号事件"之间及其与越南问题之间都存在着联系。① 美国国家安全顾问罗斯托夫、越南美军司令威斯特摩兰将军和国防部长麦克纳马拉也持同样观点,并认为朝鲜半岛发生的这些突发事件与越南出现的"新春攻势"密切关联。参议员亨利·杰克逊(Henry Jackson)表示:"如果他们的确想要在朝鲜做这种努力的话,那就是在重启朝鲜战争,恐怕届时我们将使用核武器。"② 约翰逊本人及其顾问认为,非军事区附近出现的突发事件说明,朝鲜打算通过制造紧张气氛来干扰或牵制美韩两国的行动,企图迫使韩国从越南撤军或阻止朴正熙再度向越南地区增兵。③

图5—12 会谈中的美国总统约翰逊与南越总统阮文绍
(Nguyen Van Thieu)(1968年7月19日,夏威夷)

图片来源:弗吉尼亚大学米勒研究中心(Miller Center):http://millercenter.org/president/gallery-image/president-johnson-with-president-thieu.

"普韦布洛号事件"引发的危机持续近一年,美国在处理此危机过程中还必须同时应对在越南地区的一系列重大问题:在越南战场胡志明发动了"溪

---

① FRUS 1964—1968, Vol. XXIX, Korea, GPO, Doc. 219.
② Randall B. Woods, *LBJ Architecture of American Ambition*, Free Press, 2006:823.
③ FRUS 1964—1968, Vol. XXIX, Korea, GPO, Doc. 177.

山攻势"、美国主导的布雷顿体系下的国际收支危机、西柏林问题、苏军进入捷克斯洛伐克等国际问题;同时美国国内也出现了一些严峻问题,如国内民主运动、马丁·路德·金和罗伯特·肯尼迪遇刺等问题,以上在约翰逊看来是美国历届总统在任期内所经历的"最令人苦恼的时期"(one of the most agnozing years)之一,① 他这一年似乎处于"一个连续的噩梦之中"(a continuous nightmare)②。美国高层不断酝酿对"普韦布洛号事件"的处理办法:在朝鲜元山港及其他港口附近布雷、禁止朝鲜沿海地区船只通行、拘捕朝鲜船只、利用海空力量袭击选定的朝鲜境内的目标等,但每一个方案实施起来都有着较大风险且必将是成果寥寥。约翰逊的确下令向朝鲜半岛大规模军事集结,但并非想真正发动军事进攻,而是打算通过这种活动"赢得向朝鲜施加外交压力的时间"。③ 约翰逊就其军事调动活动表示:"我不打算'赚了面子、没了利益'(win the argument and lose the sale),我考虑的是让船员们安全地活着回来,我打算采取政治解决方法(take the considerable political heat)来达到此目标。"④ 约翰逊坚持低调军事反应、不采取军事行动,其原因之一是,他认为采取军事行动的中心在元山,而"元山是朝鲜最大的空军基地,如果采取军事行动必受极大损失(overwhelming loss)"⑤。所以,他指定一个由罗斯托夫、麦克纳马拉和赫尔姆斯等人组成的小组从外交上解决该问题。同时,美国还向苏联寻求帮助以解决危机。柯西金于1968年2月告知约翰逊,只有美国减少集结在

---

① Lyndon Baines Johnson, *The Vantage Point: Perspectives of the Presidency (1963—1969)*, Holt, Rinehart and Winston, 1971: 532.

② Edward J. Drea, McNamara, Clifford, and the Burdens of Vietnam (1965—1969), Historical Office of the Secretary of Defense, Washington, D. C., 2001: 483.

③ Edward J. Drea, McNamara, Clifford, and the Burdens of Vietnam (1965—1969), Historical Office of the Secretary of Defense, Washington, D. C., 2001: 488.

④ 约翰逊为此还在以下方面进行了外交努力:其一,由联合国大使阿瑟·古登伯格(Arthur Goldberg)将此事提交安理会,促使其通过决议,谴责朝鲜的举动并要求其归还船只释放船员;其二,要求苏联发挥其对朝鲜的影响力(最初苏联态度冷淡,但此刻又表示出对该事件的关注,它要求美国应该采取克制态度,就此约翰逊表示:"我们相信苏联在解决该事件过程中可能是有帮助的。");其三,呼吁世界各国出面促使朝鲜释放船员。另外,作为一种保障措施,约翰逊命令增加驻韩美军实力,但未从东南亚抽调兵力。参见:Lyndon Baines Johnson, *The Vantage Point: Perspectives of the Presidency (1963—1969)*, Holt, Rinehart and Winston, New York, Chicago, San Francisco, 1971: 536。

⑤ Randall B. Woods. *LBJ Achitecture of American Ambition*, Free Press, NY, London, Sydney, 2006: 823.

朝鲜水域的军事力量，苏联才愿意去向朝鲜施加影响来解决危机，但他并没有做出成功斡旋的保证。同时苏联驻美大使多布雷宁也指出，美国军事力量对朝威胁的存在增加了苏方斡旋难度，如美国在该问题上诉诸武力，苏联"将不得不做出反应。"约翰逊说："美国无意再度加强其在东北亚地区的军事力量，朝鲜水域的一个航母战斗群将很快向南部地区转移。"① 可以看出，美国在这个问题上持一种退让态度。

图 5—13　"新春攻势"彻底失败（complete failure）②
图片来源：弗吉尼亚大学米勒研究中心（Miller Center）：http://millercenter.org/president/gallery-image/president-johnson-and-secretary-mcnamara1.

韩国当然是促使美国在这一事件上采取报复性行动，反之韩国就有可能撤回越南的韩国部队，这在韩国总理丁一权的表态中得到了体现："韩国国民大会可能通过法律手段促使（朴正熙）政府撤军"；这对美国来说是一种"威胁"，美国给了韩国类似的答复："若韩国撤军那么美国驻韩美军也将撤出"。③朴正熙的立场柔中带刚，同意在采取报复行动之前与美国协商，但同时也指出，"如再有类似严重事件发生韩国将打破常规而采取行动，对美协商仅是一

---

① Edward J. Drea, McNamara, Clifford, and the Burdens of Vietnam (1965—1969), Historical Office of the Secretary of Defense, Washington, D. C. 2001: 491.
② 1968 年 2 月 7 日，美国总统约翰逊在与国防部长麦克纳马拉开会商讨越南问题时得此结论。
③ FRUS 1964—1968, Vol. XXIX, Korea, GPO, Doc. 179.

种礼节而已",美国对此又拿出其"王牌":"如此,我们将撤出驻韩美军。"①

1968年年初越南战场上的"新春攻势"(Tet Offensive)给美方重重一击,美国援越司令部(MACV)料到会有麻烦出现但并未想到会是在整个越南范围内发生。"新春攻势"前夕,美国在越南的军事力量有九个师、一个装甲骑兵团、两个独立旅——陆军约331098人,海军陆战队78013人左右。② 截至1968年3月8日,美军在越南战场的死伤人数达到136993人,比朝鲜战争时期美军伤亡数量还多80余人。③ 约翰逊在1968年3月31日发表全国电视讲话时指出,由于"新春攻势"的不良影响,他打算限制美国介入程度,同时宣布将不参加下任总统竞选。可以看出,约翰逊在越南问题上越来越陷入僵局,尤其是来自国内的制约因素增多,因此他开始积极寻求外援,越来越迫切需要诸如"最勇敢盟国之一"(one of America's bravest allies)④——韩国的帮助。1968年4月,约翰逊在火奴鲁鲁与朴正熙举行会晤,他在后来的新闻发布会上将朴正熙称为"非常有能力的总统",与其进行的会谈是"非常成功、非常富有成效的"。⑤ 美国对韩国关系不断得到理顺,这对于它进一步分析和解决来自半岛北方的麻烦赢得了一些时间。朝鲜在非军事区及在汉城的活动逐渐增加,美方认为"韩国又进入了一个受暴力威胁的周期",但"朝鲜还未打算进攻韩国,至少在明年(1969年)也不会"。⑥ 尽管美方得此结论,但在1968

---

① FRUS 1964—1968, Vol. XXIX, Korea, GPO, Doc. 180.

② 美国部队的构成(1968年1月31日):第1海军陆战师(22466)、第3海军陆战师(24417)、第1骑兵师(18647)、第1步兵师(17539)、第4步兵师(19042)、第9步兵师(16153)、第23步兵师(15825)、第25步兵师(17666)、第101空降师(15220)、第173空降旅(5313)、第199步兵旅(4215)、第11装甲骑兵团(4331)、第5特种部队空中作战群(3800)。参见:Shelby L. Stanton, *The Rise and Fall of an U. S. Ground Forces in Vietnam*, 1965—1973, Presidio Press, Novato CA, 1985: 205 (note1)。

③ 该数字来源于:Chronology: 1 January 1968—30 June 1968, Eighth United States Army, Staff Historian's Office, G3, Headquarters, Eighth U. S. Army APO 96301. p. 9. 受伤美军士兵的70%左右都被运送到驻日美军基地医院救治,大约10万伤兵被安置在美国陆军王子医院(王子)、岸根医院(横滨)以及座间医院(相模原)等地。见[日]梅林宏道《在日米军》,岩波书店2002年版,第43页。

④ Remarks at the Iolani Palace in Honolulu. April 15th 1968, APP (Johnson) http://www.presidency. ucsb. edu/ws/index. php? pid = 28802&st = south + korea&st1 = .

⑤ The President's News Conference of. May 3, 1968. APP (Johnson) http://www. presidency. ucsb. edu/ws/index. php? pid = 28831&st = south + korea&st1 = .

⑥ FRUS 1964—1968, Vol. XXIX, Korea, Department of State, Washington, DC, Doc. 200.

年 11 月朝鲜的大规模渗透活动再次出现。约 120 人组成的朝鲜突击队员秘密越过非军事区进入韩境,该行动被发现后双方交火。这支朝鲜突击队中 107 人被击毙,7 人被俘,余者失踪。① 韩国成功阻止了这次大规模渗透活动,但此事对国内所造成的影响不可小觑。韩国国内对本土安全问题的担忧骤增,再削减国内兵力增援海外国家的计划难以实现。

经过近一年的艰苦谈判、在美国道歉的条件下美国船员在同年 12 月 23 日获得释放。美国在处理这一危机时的做法遭到韩国方面强烈的指责,突出批评了美国对朝鲜的"道歉"态度,指斥为美国对韩国的背叛行为,朝鲜继续进行此类活动的胆量陡增,韩国在将来会面临着更多诸如此类的挑衅活动。危机结束了,但美韩关系却被撕开了一个裂口。韩国没有再像以往那样积极地增兵越南,美国直到 1968 年年末也没有再获得这个盟友的"友情援助",实际上两国在次年已经开始研究撤军计划了。

(四) 越战后期美国对韩政策

经历越战的打击,美国对自由世界国家的政策有很大变化。尼克松指出,美国将不再设计制定执行所有计划、项目和决策来承担自由国家的所有防御。② 为赢得韩国的信任,尼克松曾表态说"98% 的美国人是韩国的朋友"③。然而,有这种态度并不意味着对韩政策的永恒不变。1970 年 3 月下旬,也就是在"尼克松主义"出台不久,美国通告韩方它正在考虑撤走一个美国步兵师的问题。美国撤出驻韩美军计划提出以后,朴正熙政府开始大规模调整期对内对外政策,其国防自立思想就是在此时开始落实的,其中包括大力发展重化工业以及开发核电核武等,同时朴正熙核武器开发计划的实施又成为美国对韩政策中比较难以应对的一个问题。

到 1971 年,越南地区的局势依然朝着不利于美国的方向发展,它为此也

---

① FRUS 1964—1968, Vol. XXIX, Korea, Department of State, Washington, DC, Doc. 207.
② [美] 德瑞克·李波厄特:《五十年伤痕》(下),上海三联书店 2008 年版,第 482 页。
③ 尼克松 1969 年 8 月语。原文为 "…but please remember that 98 percent of the American people are Korea's friends.",参见:Talks Between President Nixon And President Pak, August 21, 1969, Nixon Library: http://nixon.archives.gov/virtuallibrary/documents/mr/082169_korea.pdf.

做出很多努力。① 关于韩国的军事力量问题，美国政府决定次年在越南地区继续保持两个韩国陆军师，待南越 1971—1972 年旱季过后再根据战况调整其驻防任务。② 1971 年年初，在越韩军为 4.8 万人，耗资 2.5 亿—3 亿美元。③ 此时美国在亚洲收缩政策已经开始实施，它在越南地区的军事力量在 1970 年就已经进行调整，有一些已撤出越南。与此同时，美国撤出驻韩美军政策也已经开始落实，这对韩国安全而言是一个严峻的问题。1971 年夏末到 1972 年，美国在越南战场的盟国陆续制订撤军计划，澳大利亚和新西兰等国军队随之陆续撤出。批准新政府计划在 1971 年 12 月到次年 6 月将从南越撤出 1 万人，④但全部军队的撤出是在 1973 年。

图 5—14　美国国务卿威廉姆·罗杰斯（William P. Rogers）签署《巴黎和平协定》（1973 年 1 月）

图片来源：Vietnam War: End of the Conflict, 1973—1975, https://www.thoughtco.com/vietnam-war-end-of-the-conflict-2361333.

---

①　关于美国在 1972 年度对南越的支持举动可以通过美国国家安全委员会 1971 年第 118 号 "国家安全决议备忘录"（National Security Decision Memorandum 118, July 3, 1971）有明显的体现，备忘录表明美国要进一步支持增强南越军事力量。

②　National Security Decision Memorandum 113（June 23, 1971），另可见于 Memorandum from President Nixon to Secretary of Defense Laird（July 10, 1971），FRUS, 1969—1976, Vol. XIX（Part 1），Korea（1969—1972），Doc. 96 & Doc. 99。

③　Memorandum from Secretary of Defense Laird to President Nixon（June 26, 1971），FRUS, 1969—1976, Vol. XIX（Part 1），Korea（1969—1972），Doc. 97。

④　Memorandum from Secretary of Defense Laird to President Nixon（July 19, 1971），FRUS, 1969—1976, Vol. XIX（Part 1），Korea（1969—1972），Doc. 101。

表5—8　　　　　　　　韩国军队出兵越南的情况①　　　　　　　单位：人

派出时间	部队或服务队名称	数量
1964—1965 年	医疗队和工程兵部队	2128
1965 年	首都卫戍部队及支援部队、海军陆战队	18904
1966 年	第九师及支援部队	23865
1967 年	海军陆战队（1 个营）及支援部队	2963
1969 年	C—46 陆军航空队运输机机组人员	12

资料来源：Stanley Robert Larsen and James Lawton Collins, Jr., Allied Participation in Vietnam, Department of the Army, Washington, D. C. 1985: 131.

图 5—15　越共在清点最后一批撤走的美军人员（1973 年）

图 5—16　韩国民众欢迎韩军回国（1973 年）

图 5—15 来源：https://mleavinshistory.wikispaces.com/Chronicle+of+the+Years+1970—1979.

图 5—16 来源：Korea-Japan Treaty, Breakthrough for Nation Building,《韩国日报》：http://www.koreatimes.co.kr/www/news/biz/2011/04/291_62653.html.

越战接近尾声，韩国决定撤回在越 3.7 万人的部队，计划实施时间是 1972 年 9—12 月。② 1973 年 1 月美越签署停火协定，美国侵越活动息兵罢战，3 月 28 日最后一批美方人员撤离越南。韩军又坚持两三个月才最后全部撤出，这也是韩国建国以来首次海外军事活动的最后阶段。1975 年 4 月末，胡志明

---

① 关于韩国军队在南越的部署情况还可见于：Shelby L. Stanton. *Vietnam Order of Battle*: *A Complete Illustrated Reference to U. S. Army Combat and Support Forces in Vietnam* (1961—1973), Stackpole Books, 2003: 272-273.

② "South Korea Plans A Vietnam Pullout". *The New York Times*. September 7, 1972: 4.

占领西贡，越南战争结束。① 与此同时，老挝和柬埔寨共产党领导的人民革命也取得胜利，亚洲社会主义阵营的实力大大提升。

图 5—17　美军士兵欢迎《巴黎和平条约》的签署（1973 年）

图 5—18　美国总统福特、副总统尼尔森·洛克菲勒及国务卿基辛格（1975 年 4 月 28 日）

说明：美空军士兵和美军战犯在《关于在越南战争结束战争、恢复和平的协定》（《巴黎和平条约》）签署后乘机离开河内时欢呼场景。说明：此三人在白宫椭圆形办公室讨论美国撤出西贡的问题，抽身决定的出笼实际标志着备受争议的美国在越南及周边地区军事介入活动的中止。

图 5—17 来源：The History Place：http://www.historyplace.com/unitedstates/vietnam/index.html.

图 5—18 来源：弗吉尼亚大学米勒研究中心（Miller Center）：http://millercenter.org/president/gallery-image/president-ford-with-henry-kissinger-and-nelson-rockefeller.

三　韩国出兵越南的缘由

　　越南战争对于美国的亚洲政策是一个巨大挑战，对越政策的复杂性越来越大。美国为在越南战场获得其他盟国的帮助，在关注对越政策这个"主攻方向"以外还不得不分心劳神考虑如何有效地达到这一目标，这使本已趋于复杂的对越政策更加盘根错节。韩国在越南问题上给予美国极大帮助，在越南战场上投入的兵力高峰时达 5 万人之多，轮战总兵力为 30 万人。韩国出兵越南的行动是内外综合因素作用的结果，这不仅是韩越和美韩之间的关系，而且还涉及朝鲜半岛南北关系，中、苏、美等大国之间的相互关系演变问题。美国的

---

① 关于这个最后时刻的详细记述笔者参阅了 BBC 的报道："1975：Saigon Surrenders"，http://news.bbc.co.uk/onthisday/hi/dates/stories/april/30/newsid_2498000/2498441.stm.

东南亚和东北亚政策由于韩国出兵这一事件而被更加密切地联系起来。韩国出兵越南对其自身以及对美国对韩政策都产生极大影响,韩国经济在美国援助下、在越南"特需"商机推动下而得到快速发展,而且其国际地位也得到相应提升,这一切都为韩国在美韩联盟中争取平等地位获取了话语权。

(一) 朴正熙政权反共思想的支配和引导

在国际危机及外部战争环境下,若不关乎己之利益,国际关系行为主体往往采取明哲暗保退避三舍的态度。如果这个国际关系行为主体主动介入某一国际危机或外部冲突,则其中必然有其利益诉求。美国在越南地区实施军事介入政策以后,韩国积极要求向该地区派出军事力量协助美国完成其东南亚政策目标。韩国主动请缨的动机是什么、哪些因素推动朴正熙政权在出兵问题上那么的积极?笔者试以论之。

思想支配和引导行动。在出兵越南问题上,朴正熙政府一直持积极态度,其反共思想发挥了重大作用。朴正熙通过军事政变夺取政权不久就立即对外宣布其纲领,首要内容之一就是反对共产主义,而且此后一直坚持这一立场。

朴正熙愿意在越南地区向美国提供帮助必有其深刻原因,美国驻韩大使布朗从以下方面进行了概括:"对共产主义的敌对思想""拉近与美国的关系"以及"突出其在东亚地区的国际地位"。[①] 布朗归纳了韩国出兵的主要动机,这几方面是相互联系相互推动的,达到其中任何一个目标都会使另外两个目标的实现变得更容易。朴正熙在派出"鸽子"部队后,韩国出兵越南已成为既成事实覆水难收,因此他希望美国不要中途而废,一方面会被对手视为软弱退让的举动,另外更有可能遭到敌对势力的大规模进攻。在美国和朴正熙的战略中,朝鲜半岛和越南地区是密切关联,在"三八线"附近和越南地区赢得胜利是韩美同类相求之物,朴正熙往往把自身国家安全利益同遏制南越共产主义势力发展这两个问题挂钩。他强调,"若不能阻止共产主义在越南的侵略,那么在不久的将来我们就会失去整个东南亚地区,这将影响到韩国的安全。基于此,我把(朝鲜半岛)军事停火线与在越南地区发生的战争联系起来,这就是为什么我国官兵正在越南进行奋战的原因所在。在韩国五千年历史发展过程

---

① FRUS 1964—1968, Vol. XXIX, Korea, GPO, Doc. 68.

中，我军此前从未进入他国、也未曾向他国派出地面作战部队。但这次我们这样做了，因为我们必须从共产主义的入侵活动中拯救与我们关系密切的盟国。这是我军首次在外国领土上作战，历史将证明我们的行动是荣耀的和正义的"①。朴正熙的这种态度很快就赢得美国的支持，其政权合法性进一步得到认可。参加越战且表现突出，韩国国际形象因此得到提高。

在反共思想作用下，朴正熙逐渐形成"韩越安全关系不可分"的想法。他曾多次提到，如果越南陷落，韩国则会变得孤立，同时也会助长朝鲜的胆量，最终使韩国的独立受到严重威胁。也就是说，要保证南越政权的安全是防止上述局面出现的主要途径，即出兵越南是为了保护韩国自己。朴正熙在1967年竞选总统时指出，若不向越南派兵，那么两个师的驻韩美军就可能会被调用，从国家安全角度考虑应介入越南问题。②韩国外长李东元也说，"南越局势的发展变化与韩国关系非常密切，因为不论那里发生什么都将影响南越的亚洲邻国——首先是在东南亚地区而后就是韩国。无论美国还是南越提出出兵要求，韩国政府都会予以严肃认真的考虑"③。所以，韩越之间存在共同安全利益的思想是朴正熙坚持出兵政策的理论基础。

笔者以为，当时韩越两方之状有极大相似之处。两个政权都面临着国家分裂的事实，对立方均分属两大不同阵营，如果南越政权垮台，则"自由世界"利益必然受损。如果南越政权陷落，朝鲜便会受到极大鼓舞进而可能效法北越的做法在朝鲜半岛发起大规模进攻，这是韩国最为担心的局面。派兵援助南越政权可以减小于己不利局面出现的可能性，同时韩军还能在越南战场获得实战经验从而提高韩国军事实力，而且主动请缨也可避免美国撤出驻韩美军之虞。假设韩国拟派出部队留驻韩国，而驻韩美军两个师被调走，这是不是"零和博弈"的表现呢？绝对不是！因为朝鲜战争以后驻韩美军的威慑作用是韩国所看重的，哪怕美军仅区区百余人甚至更少驻扎在"三八线"附近，那也是

---

① Shin Bum Shik. *Major Speech By Korea's Park Chung Hee*, Hollym Corporation Publishers, Seoul, Korea, 1970: 280.

② Park, Tae-Gyun. The Impracticable Plan: the Phase-down Policy of Korean Army by the U. S. in 1950s and 1960s, Seoul National University, http://arts.monash.edu.au/korean/ksaa/conference/16taegyunpark.pdf [2009 - 09 - 10].

③ Christos Frentzos. *From Seoul to Saigon: U. S.-Korean Relations and the Vietnam War*, University of Huston, 2004: 146.

对朝鲜的一种牵制,而且一旦战争爆发美军将在第一时间被牵扯进去,美国必然采取对应行动。这样,在韩国最危险的时候美国便会撑起它的保护伞。朴正熙积极派出韩军是为了避免美国将驻韩美军撤走,两者对比,后者的战略意义当然位居首位。可以断言,朴正熙出兵越南的政策对韩国而言是一举多得的战略选择。

(二) 朴正熙摆脱国内困局的需要

朴正熙夺取政权以后,针对他的政治颠覆和政治破坏活动始终存在,同时因为他对国内贪腐现象采取激进措施也不可避免地"四面树敌"。从经济方面看,他治下的韩国依然"家道消乏"。韩国国内生产水平落后,很难靠自身积累来扩大再生产,这也正是它自立国以来一直依赖外援的根本原因,海外派兵之举可在很大程度上缓解这种矛盾。为了摆脱这种政治经济局面,朴正熙采取转移视线的策略:一方面,可以海外派兵缓解国内矛盾;另一方面,可以通过外交谈判手段同美国讨价还价以获取更大利益。韩国因出兵越南缓解了美国的压力进而换得大量美援。韩方认为此事在情理之中,因为在朝鲜战争中"我们在作战,日本人发了财;现在该轮到我们了"[①]。在出兵过程中,韩国经济确实得到了快速发展,主要是由于美国的经济援助和越南战争带来的拉动力,后者就若同朝鲜战争时期的日本一样,通过特需订货等形式大发战争财。总体来看,朴正熙政府围绕"海外出兵"所确定的目标基本都实现了。

四 美国促韩出兵动机何在

美国是复杂的越南问题的主要当事国之一,韩国出兵活动名义上是在南越政权请求之下进行的,但每个决定实际上都是一系列美韩双边交涉的结果。美国积极促使韩国出兵主要是为了减负,其次是借助韩国等盟国的加入渲染美国参战的"国际性"和"合法性",但最终是为其东南亚政策服务。

[①] John Lie, *Han Unbound: the Political Economy of South Korea*, Stanford University Press, 1998:63.

(一) 美国在越南问题上缓压减负的需要

美国在 1965 年 2—3 月对北越实施"滚雷计划"并作出派遣地面作战部队的计划, 到同年 7 月"弧光计划"之后美国又开始大规模增加地面部队数量。随着战事的发展美国逐渐深陷越南战场, 力不及心之感日重, 于是便积极寻求盟国帮助, 借以"展示自由世界的决心并同时为美国释负"。① 地面战役打响以后, 美国需要的军队数量迅速上升。国防部长麦克纳马拉就美国的越南政策解释道, 美国"现在的政策就是向南越提供可强化其政权的一切条件, 美军应增至 34 个营, 加上韩国答应的 9 个营可达 43 个营, 总人数约为 17.5 万人。假如韩国爽约无法派出足量部队, 差额将由美方补足"②。美国在越南地区不断增兵, 到 1967 年年底在越南战场的美军数量约达到美军地面部队总量的四分之一。越南问题牵涉偌大数量的美军, 这不但需要巨额军费开销增加军费预算而且还需要面临反对派的抨击和越来越激烈的国内反战运动。

20 世纪 60 年代美国国内政治运动在很大程度上是由于美国公众对美国对外政策不满而引发的。反战运动的主要力量是学生, "学生非暴力合作委员会"（SNCC）表现较为突出。③ 约翰逊政府在越南的行动受到国内民权运动及反战运动的制约, 向越南战场增加兵力越来越难以获得国内支持。为促使韩国同意增派军事力量, 美国将此与是否对其实施经济援助的问题挂起钩来, 国防部进一步表示, 我们"确实需要这个韩国师"④。到 1968 年年初战事胶着状态

---

① FRUS 1964—1968, Vol. XXIX, Korea, GPO, DC, Doc. 220. 对于减轻"负担"问题, 美对日也颇为不满, 1969 年 8 月尼克松在与朴正熙谈到冲绳驻日美军问题时指出: "日本对其本国的防务开支仅仅是其 GNP 的 1% 左右, 我认为这一比例太小了。"朴正熙对于日本也表示不满, "日本虽然说日韩两国的安全与防务是互相联系的, 但实际上他们对此没做任何事情", 尼克松对此也表示认同。依朴正熙的观点看, 日本之所以这样做主要是因为它的前面有"韩国"后有"美国"作保障。参见: "尼克松—朴正熙会谈备忘录": Talks Between President Nixon And President Pak, August 21, 1969, Nixon Museum & Library: http://nixon.archives.gov/virtuallibrary/documents/mr/082169_korea.pdf。

② Wang-Il Baek. Korea And The United States, Research Center For Peace And Unification of Korea, 1988: 80.

③ Marc Jason Gilbert. The Vietnam War on Campus: Other Voices, More Distant Drums, Greenwood Publishing Group, 2001: 151.

④ FRUS 1964—1968, Vol. XXIX, Korea, GPO, Doc. 107.

使美国十分沮丧,这时已"到了无兵可派的地步了"。① 可见,美国对盟国能够出兵或增兵的心情何等迫切。

图 5—19 五角大楼附近 5 万多人参加游行活动标志着美国国内大规模反战运动的开始(1967 年 10 月)

图片来源:http://www.historyplace.com/unitedstates/vietnam/index.html.

韩国出兵南越解了美国的燃眉之急,在所有直接间接介入越战的美国盟国中,韩国的"贡献"最大。截至 1965 年年初,包括军事医疗队、跆拳道教练、工程兵营以及保护上述人员的一个步兵营在内,援越韩方人员人数达到 2200 人。② 以美国为首的"盟军"总兵力在 1968 年年末至次年年初达到顶峰,其中美方约为 54 万人,③ 其中死亡 5.8 万人。④ 韩方近 5 万人,在人数上仅次

---

① 国防部长克利福德所言。参见资中筠《战后美国外交史》,世界知识出版社 1994 年版,第 569 页。
② FRUS 1964—1968, Vol. XXIX, Korea, GPO, Doc. 47.
③ 截至 1969 年 1 月,"盟军"军事人员总数为 164.14 万人,其中美方人数为 54.21 万人。参见 2010 年 6 月解密的"基辛格给总统的备忘录(1969 年 4 月)"附件:"在南越地区针对敌人活动可能做出的反应"。参见:Possible Responses to Enemy Activity in South Vietnam, Memorandum for the President, 4 March, 1969. 据《洛杉矶时报》(电子版)报道,在 1969 年 4 月 30 日,在越南地区的美军数量达到顶峰——543400 人。参见:Carol J. Williams, Vietnam Lesson Endures, 40 Years Later, Los Angeles Times, April 30, 2015, http://www.latimes.com/world/asia/la-fg-saigon-fall-20150430-story.html。
④ Vietnam Remembers End of War,《每日邮报》(电子版):http://www.dailymail.co.uk/news/article-346758/Vietnam-remembers-end-war.html [2005 – 04 – 29]。

于美国。时任副国务卿的乔治·鲍尔（George Ball）① 指出，韩国和菲律宾是美国"最忠诚可靠的"（staunchest）盟国。②

（二）将越战国际化、合理化的要求

美国召集盟国介入越南事务目的在于尽量使之表现为一个国际性问题而非单纯由美国挑起的危机，实际上也就是为了证明美国参越的合理性。世界范围内有40多个国家和地区对美国作出反应，也根据其实际情况提供了不同形式的援助。从所提供人员角度看主要有教师、建筑工人、机械师、电力技术人员、医生和工程技术人员等，韩国、泰国、菲律宾、澳大利亚和新西兰等八个国家和地区向南越提供了军援。

表5—9　　　1964—1972年在南越的"盟国"军事人员数量　　　单位：人

年份 国家	1964	1965	1966	1967	1968	1969	1970	1971	1972
澳大利亚	200	1560	4530	6820	7660	7670	6800	2000	130
韩国	200	20620	25570	47830	50000	48870	48540	45700	36790
新西兰	30	120	160	530	520	550	440	100	50
菲律宾	20	70	2060	2020	1580	190	70	50	50
南越	514000	643000	735900	798800	820000	897000	968000	1046250	1048000
泰国	/	20	240	2200	6000	11570	11570	6000	40
美国	23310	184310	385300	485600	536000	484330	335790	158120	24000

说明：（1）时间均为年末。（2）提供非军事人员援助的国家未在此列。台湾地区和西班牙分别提供大约30人和10人的顾问人员。（3）表中南越相关数字包括陆海空及海陆两栖军事力量，但不含国民警察部队（national police）等。

数据来源：Shelby L. Stanton, *Vietnam Order of Battle*: *A Complete Illustrated Reference to U. S. Army Combat and Support Forces in Vietnam*, 1961—1973. Stackpole Books, //U. S. News Books, 2003：333.

---

① 乔治·鲍尔（George Ball），美国第23任副国务卿（1961年12月—1966年9月）。
② R. B. Smith, *An International History of the Vietnam War*（Vol.3）-*The Making of a Limited War*, 1965—1966. St. Martin Press（NY），1991：167.

第五章　美国对韩政策与韩国出兵越南　243

从出兵比重上看，韩国是除美国外最大一支外国军事力量。到 1972 年韩国依然在越南保有近 3.7 万人，而这时美方人员数量已将至 2.4 万，韩国的举动再次体现了美国这个"肩并肩的战友"的忠实性。

图 5—20　华盛顿特区的反战示威游行（1971 年 4 月 24 日）
图片来源：https：//en.wikipedia.org/wiki/Vietnam_War#cite_note-286.

(三) 美国反共战略的客观要求

美国当年在越南地区从法国手里接过"接力棒"的主要目的就是要遏制该地区共产主义势力的发展，美国政策决策者非常重视东亚两个侧翼地区——朝鲜半岛和印支半岛，这是杜勒斯在朝鲜战争结束时针对中国提出来的战略思想，掌控这两个侧翼地区可以有效遏制共产党在中国的发展。还有美国高级官员认为："印度支那地区富有稻谷、橡胶、煤炭和铁矿等资源，这使之在东南亚地区的战略意义非同寻常。该地区（越南）一旦陷落则泰国和缅甸就会祸在眉睫，在共产主义势力进攻情况下，马来亚、新加坡和印尼就会显得更加脆弱。"[①] 这说明越南地区至迟在朝鲜战争后就在美国决策层中引起重视，而且那时起就已将其与东北亚的朝鲜半岛联系起来了。

---

① Marvin E. Gettleman. Jane Franklin, Marilyn Young, *Vietnam and America：A Documented History*, Grove Press, 1995：39.

为了渲染越南问题的"国际性"和美国盟主的权威，美国政府牵头在1964年制订了"多国旗帜计划"，公开召集自由世界国家联合起来共同抵制亚洲共产主义的扩张。除了本国加大介入程度以外，约翰逊还希望在该地区能"看到其他国家的旗帜，联合起来阻止共产主义的全球扩张趋势并遏制其毁灭自由世界的企图"[①]。美国以"摩尼教式"的冷战思维看待共产主义，[②] 韩国出兵恰恰是符合美国这种想法的行动。

五　韩国海外出兵活动的影响

(一) 从经济层面看对韩国的影响

第一，出兵越南活动使韩国获得大量经济援助。

韩国抓住了美国要求韩国出兵的迫切心理提出一系列要求，从美国方面获取了巨大经济利益。韩国提出的绝大部分要求都基本上得到美方认真的考虑并予以落实，以至于韩国政府及民众很大程度上在出兵越南问题上"产生一种特殊感觉：他们把派往越南的5万韩军视为'阿拉丁神灯'（Aladdin's Lamp）——靠他们可以心想事成要什么有什么，所有的梦都能变成现实"[③]。美国1965财政年度用于双边共同防务及开发项目的资金总额为35亿美元，其中约三分之二通过国际开发总署（AID）以对外经援形式进行，仅越南、老挝和韩国等国就占总量的80%。[④] 美国在1966年到1973年对韩援助额达12亿美元，韩国是美国对外资助、政府贷款和军事援助的第三大受援国，在

---

① "Transcript of Johnson News Session on Foreign and Domestic Matters", *New York Times*, 24 April 1964：14.

② Paul Kennedy. *The Rise and Fall of the Great Powers：Economic Change and Military Conflict From 1500 to 2000*, Random House, 1987：20.

③ FRUS 1964—1968, Vol. XXIX, Korea, GPO, Doc. 134. 1970年9月，美国参议院外交关系次委会指出，1965—1970年的5年左右的时间里，韩国派遣至南越的5万左右的军队已经耗费美国大约10亿美元。Richard Halloran. "Korea's Vietnam Troops Cost U. S. $1-Billion", *The New York Times*. September 13, 1970, p. 3.

④ Aid Report for Fiscal Transmitted to Congress, February 7, 1966, No. 1389. GPO. Department of State Bulletin. 1966：208.

接受美国经援的国家中列第六位。① 从 1965 年开始的五年时间里，美国向韩国提供了 9.25 亿美元支付越南战场两个韩国师的津贴，同时给予韩国商人提供各种商机，朴正熙政府"指定的"韩国商人获利达 5.46 亿美元之多，连同赠予等其他形式在内，美国为韩国出兵活动花费了大约 17 亿美元。②

第二，韩国在对南越经济活动中使之获利甚巨并奠定了日后经济腾飞的基础。

20 世纪 60—70 年代韩国经济的腾飞主要有三个外部因素：其一，美援；其二，韩日关系正常化带来的日本资金流；其三，越战带来的经济发展契机。从第三点来看，韩国利用越战时机效法此前日本在朝鲜战争中的做法获得很大经济利益。韩国为此也曾被指责为"美国的雇佣军""屠杀越南平民的刽子手"等，但它的确从这场战争中赢得了经济发展的有利条件。

韩国与越南战争直接间接关联的收益随着战事的发展不断增加，1966 年韩国获取 6000 万美元左右的利润，战事最激烈的 1967 年和 1968 年也正是韩国获益最高的年份，分别达到 1.39 亿美元和 1.8 亿美元，到 1968 年年底总计达 3.8 亿美元，仅 1968 年的收益就占韩国当年外国投资总额的 16%、占其国民生产总值的 2.8%。③ 国务卿腊斯克就此评论道，韩国经济发展趋势显好这是令其欣慰之事，"与前一年比，韩国 1965 年出口增加 50%，更是 1960 年的五倍之多，1964 年工业生产增加 16%，1963 年和 1964 年国民生产总值达到 9% 的增长速度。美国国际援助项目（AID）以资金赠予形式支持韩国发展，后来此项援助减少而开发援助贷款比例增加，这反映出韩国资本财富得到积极充分的利用，韩国是极好的成功典型。"④ 到 1969 年，韩国外汇收入的五分之

---

① Joe C Dixon. The American military and the Far East, Air Force Military History Symposium, DIANE Publishing, 1980：224.

② Wonmo Dong. *Korean-American Relations at Crossroads*, The Association of Christian Scholars in North America, INC. 1982：44.

③ Se Jin Kim. "South Korea's Involvement in Vietnam and Its Economic and Political Impact", *Asian Survey*, Vol. 10, No. 6. (June 1970), 1970：519.

④ 腊斯克在 1966 年 3 月 17 日在国会众议院外交委员会上做出的评论。参见：Department of State Bulletin, April 18, 1966, Volume LIV. No. 1399：633.

一来自与越南战争相关的经济活动，① 越南战争帮助韩国由内向型经济向出口贸易发展模式转变。韩国在1953—1960年的经济增长率为年均4%，而在60年代接近10%。② 况且，这些收益中的70%左右来自劳务、海外投资利润等无形项目的交换。因为这种贸易无须进口原料和半成品，从而使韩国国际资产折现率得到提高。③ 韩国在20世纪60年代上半期非常积极地向海外派出劳务，一是为了缓解国内就业压力，但更重要的是谋求换取更多外汇的途径。1962—1965年向联邦德国派送矿工和护士，总数仅3809人，且效果并不很好。60年代下半期情况则发生极大变化，随着韩国军事介入越战问题，大批劳务人员也一同出现在越南南部地区，1968—1969年被派到该地区的韩国工程技术及商人等各类人员达1.6万。这个数字是非同寻常的，因为当时在这一地区的外国雇员总数才2.6万左右。④ 对于开销节俭的韩国雇员而言，为期两年的"越南之旅"可赚5000—8000美元，过万美元者也属常事，⑤ 这为其个人以后回国后继续从事商业活动奠定了很好的经济基础。韩方人员的汇款以及承包商和商人商业利润是不可小觑的收益（1969年约为2亿美元），媒体对此评论道，"美国投入越战的花销对韩国（和菲律宾）经济军事的发展产生极大的利益"⑥。对越进出口贸易受到极大地推动，贸易额累年增加。1967年韩国水泥出口总值为160万美元，其中150万美元来自越南，1970年同比数字分别为870万美元和610万美元；1968年韩国化肥出口总价值为190万美元，其中120万美元来自越南，到1970年同比数字分别为630万美元和470万美元。⑦ 韩国通过大量出口创汇活动实现了水泥、化肥和石油制品的自给，一五

---

① Nancy Bernkope Tucker, Threats, Opportunities, and Frustrations in East Asia, from Warren I. Cohen, Nancy Bernkope Tucker. *Lyndon Johnson Confronts the World*: *American Foreign Policy*, *1963—1968*, Cambridge University Press, 1994: 131.

② David S Painter. *The Cold War*: *An International History*, Routledge, 1999: 59.

③ 折现率是将未来收益还原或转换为现值的比率。折现率实质是一种资本投资的收益率，它与报酬率、利润率、回报率、盈利率和利率在本质上是相同的。

④ John Lie, *Han Unbound*: *the Political Economy of South Korea*, Stanford University Press, 1998: 64.

⑤ Se Jin Kim. "South Korea's Involvement in Vietnam and Its Economic and Political Impact", *Asian Survey*, Vol. 10, No. 6, 1970: 522.

⑥ Tad Szulc. "U. S. War Outlays Aid Korea and Philippines", *New York Times*, January 26, 1970: 3.

⑦ John Lie, *Han Unbound*: *the Political Economy of South Korea*, Stanford University Press, 1998: 64-65.

经济计划也由于经济繁荣而得到实现。

韩国从越南战争中获利约 10 亿美元，大约超过它从日本所获总额两亿美元，所以有美国官员称越南是韩国的"黄金国"（El Dorado）①。韩国人认为这是想当然的事情，因为韩国派兵数量越多，则美国及其盟国就可相应减少在越南地区的军事力量从而也就大大降低其人员及财产损失。所以韩国的举动是替美日两国"在东南亚地区流血牺牲"。② 美韩高级官员在这个问题上也有比较一致的看法，韩国国防部官员提出，日本在朝鲜战争中向韩国提供各类物资"大赚一笔"，同样局面出现在南越地区时韩国应得到"特殊优惠"（special advantage）；美国也认同这种观点，麦克纳马拉认为，若所有一切都是平等的话，出于振兴韩国经济的考虑将倾向于支持韩国。③

韩国外汇数量逐年增加，到1967年其外汇储备达3.5亿美元。④ 韩国国内经济面貌随之发生巨大改观，同时也开始利用这个良好发展势头来大力吸收国际资本，同时刺激了韩国工业以及国内消费的快速发展。海外派兵前韩国国民生产总值年增长率在7%左右，20世纪60年代末的同比数字约为12%。美国在1965—1973年为韩国参战部队提供了2.36亿美元，同期韩国国民生产总值增长5倍。⑤ 到70年代晚期，韩国多项经济指数都有明显增长。1977年，韩国农村家庭平均收入达到2960美元，与城市家庭平均收入还高出50多美元，这说明韩国历史上的城乡差别已极大缩小。1978年，韩国人均年收入为1242美元，次年上升到1550美元，在东亚和东南亚非社会主义国家和地区中位居前列。⑥ 《纽约时报》引用美国国防部的数字指出，从1963年9月22日到1975年4月30日截止，韩国总计向南越派遣了312853人，其中死亡4687人、

---

① Christos Frentzos. *From Seoul to Saigon*：*U. S. -Korean Relations and the Vietnam War*, University of Huston. 2004：180.

② Christos Frentzos. *From Seoul to Saigon*：*U. S. -Korean Relations and the Vietnam War*, University of Huston. 2004：254.

③ FRUS Vol. XXIX, Korea, GPO, Doc. 52.

④ Nigel Harris. The Far East and Neo-Colonialis, http：//www. marxists. org/history/etol/writers/harris/1968/xx/fareast. htm［2009 - 01 - 27］.

⑤ ［책갈피 속의 오늘］1965 년 전투병 베트남 파병 의결 http：//news. donga. com/3/all/20080702/8597259/1#［2009 - 09 - 24］.

⑥ 关于韩国70年代晚期经济发展的各种参数，参见 Robert A. Scalapino. *The United States and Korea*：*Looking Ahead*, SAGE Publications, 1979：38 - 44。

伤5000多人。[①] 韩国的确付出了惨重的代价，但在这种代价之后，它的确得到了"回报"。曾参加过越战的韩国老兵指出，是他们"用生命换取的抚恤金和补偿金加速了这个国家的现代化发展进程，由于他们的贡献'使韩国迅速跻身于世界市场'"[②]。总之，越南战争为韩国经济发展提供了很大的便利条件是韩国经济腾飞的绝好契机。

(二) 在外交层面上对美韩的影响

1. 韩国的国际声誉及外交影响力得到提升

对韩国而言，出兵越南使其国际地位得到极大提升。韩国在20世纪60年代后半期出兵越南的行动是韩国历史发展的一个重要转折点，这不仅是韩国历史上首次大规模海外用兵，而且也表明它以一种新的和更加活跃的姿态出现在国际舞台上，并因而开始重新定义美韩两国关系。

朝鲜战争以来，韩国政治经济纷乱状况给外界留下一个病殃之国的印象。"五一六事件"以后上台的朴正熙政权极力扭转这种局面，他既想借重美国保证其安全问题同时又打算最大限度地摆脱美国的影响，但却时机不现。朴正熙为寻找这样的契机曾做过外交尝试，在自由世界的政治舞台上较早的一次表现是在1962年，他在"亚洲人民反共联盟"会议上积极呼吁成员国团结一致反对亚洲共产主义的扩张，此际他刚刚掌握韩国政权一年时间，其坚决反共的表态给美国等盟国留下了印象。朴正熙的机会终于在1964—1965年到来了，他接受南越政权的"请求"，[③]

[①] 但有老兵认为死亡数字远高于此。参见：James Sterngold. "South Korea's Vietnam Veterans Begin to Be Heard", *New York Times*, May 10, 1992。http://www.nytimes.com/1992/05/10/world/south-korea-s-vietnam-veterans-begin-to-be-heard.html? scp = 6&sq = America% E2% 80% 99s% 20Korea,% 20Korea% E2%80%99s%20Vietnam&st = cse&pagewanted =1。关于伤亡数字的说法很多，比如"美国在越战期间有58119人死亡、伤153303人，失踪1948人。南越方面死亡人数估计为23万、伤1169763，如加上北方同比数字，总死亡人数大约110万，受伤人员总数不详"。参见Vietnam War: End of the Conflict, 1973—1975, https://www.thoughtco.com/vietnam-war-end-of-the-conflict-2361333。

[②] John Lie, *Han Unbound: the Political Economy of South Korea*, Stanford University Press, 1998: 66.

[③] 韩国出兵行动与当事国南越之间必然是相互通气的，韩国"平和统一研究中心"学者就此指出，"韩国在南越军事行动的每一个阶段都是在得到南越政府正式书面请求情况下而进行的"。参见：Hyun-Dong Kim. *Korea and The United States: The Evolving Transpacific Alliance in the 1960s*, Research Center for Peace and Unification of Korea, 1990: 239. 这至少在表面上使韩国"出师有名"，同时又能显示其主权国家的形象。

派出军事力量对其进行援助。当然幕后操作者是美国,它对韩国的举动非常满意。60年代中期以后韩国拓展外交空间的努力明显地表现出来,尤其是1966年:

  2月 朴正熙遍访东南亚盟国;
  6月 朴正熙主持召开"亚太会议",为美国的越南政策做宣传并获得预期效果;
  10月 朴正熙作为马尼拉会议主角之一积极参与研究越南局势,统一与会国的反共意志。

  在越南地区与美国的军事合作过程中,韩国也获得了与"盟主"分权的待遇。当事国美、韩、越三方合作的机构是"自由世界军事援助委员会",三方经协商同意该委员会制定的行动纲领但具体落实环节则交由当事方决定。从军事角度考虑,韩军在越南的军事行动依然需要在美军指令之下行事,但却不是以"命令"形式下达给韩军,更经常通过签发"请求"等方式进行。这是在韩方要求下这样做的,它打算对外界表明与"盟国"的平等性,是一个相对独立的实体,而非美国的"雇佣军"。①美国媒体认为,韩国在盟国东南亚政策方面"已赢得更大发言权"(the right to a larger voice)。②

  朴正熙于1967年7月1日再度当选总统,美国副总统汉弗莱赴韩以示祝贺。美国方面如此举动在此前韩国历史上绝无仅有。韩国在次年4月美韩火奴鲁鲁峰会不仅使美国对其安全问题重新作出承诺,而且美国还答应在越战中每个阶段都将与韩国进行充分协商,这种表态至少在表面上使美韩关系向平等的伙伴关系方向发展了。韩国学者就此指出:"我们正在越南帮你们(美国)……我们现在感到更加独立。如果我们现在不愿意的话也可以和你们理

---

  ① 在国际社会这种说法并不罕见。参见(1) Taik-Young Hamm. *Arming the Two Koreas*: *State*, *Capital*, *and Military Power*, Routledge, 1999: 150;(2) Vietnam Asks Korea to Cancel Vietnam War Celebration, http: //www. koreabang. com/2014/stories/vietnam-asks-korea-to-cancel-vietnam-war-celebrations. html [2014 – 06 – 22]。
  ② Emerson Chapin. "Seoul Citing Troop Aid, Seeks Role at a Vietnam Peace Parley", *The New York Times*, April 27, 1966: 7.

论一番了。"① 海外派兵举动改变了韩国国家形象，赢得盟国的认可，韩国国际活动空间进一步扩大。

韩国出兵越南是美韩关系史的重要内容，韩国利用美国的一时缓急通过出兵活动提升了自己在联盟中的地位。乔治敦大学历史系教授南希·塔克（Nancy Bernkope Tucker）指出，韩国通过此举向美国证明了"它作为一个盟国对美国的重要意义及其作为地区反共力量的重要性"②。美国是"自由世界"的领头羊，在其召唤下有若干盟国以不同形式向美国提供了援助，尽管战争并未取得最终胜利，但也显示了它维护"自由"制度的决心。韩国在援越过程中表现最积极、人力贡献最大，为维护美国国际政治利益做出了努力。

2. 美国"两点一线"对外政策得以实施

韩国海外派兵活动对美国东亚外交政策产生重大影响。美国在越南地区的战略利益、韩国的特殊地缘政治位置及美韩联盟关系的存在，必然使朝鲜半岛发生的一切与整个美国东亚政策如影随形。20世纪60—70年代不仅是韩国政治经济发生巨大变化之际，也是美国与其东亚盟友之间关系变动不居之时，韩国出兵越南就是其重要内容之一。美国力促韩国出兵越南，进而在外交上完成了东亚战略布局的关键环节，同时也对美国的朝鲜半岛政策产生重大影响。

韩国出兵越南行动的国际意义并非无圈可点，它导致朝鲜对韩美政策发生很大变化，当美韩相机而动之时，东亚地区南北两地之间便形成一种政策互动，进而使美国对上述两地的政策成为表里部分的整体了。肯尼迪在1961年11月与朴正熙的会谈中曾提出，美国"在东南亚的越南和老挝等地的投入不得不多于最初计划，但我们也同样认识到了援助韩国的重要性；若韩国失去自由则日本亦然，那就意味着我们会失去整个太平洋地区，所以韩国对我们而言具有至关重要的意义"③。南越和韩国这两"点"通过美国这条"线"相互联系起来共同编织了20世纪60—70年代的东亚冷战图景。

---

① Se Jin Kim. "South Korea's Involvement in Vietnam and Its Economic and Political Impact", *Asian Survey*, Vol. 10, No. 6, 1970：530.

② Nancy Bernkope Tucker, "Threats, Opportunities, and Frustrations in East Asia", from Warren I. Cohen, Nancy Bernkope Tucker. *Lydon Johnson Confronts the World: American Foreign Policy*, 1963—1968, Cambridge University Press, 1994：130.

③ FRUS 1961—1963. Volume, XXII, Korea, GPO, Doc. 247.

3. 美朝韩相互关系复杂化程度加深，三方关系发生重大变化

朝鲜战争后到韩国出兵越南前，美国在朝鲜半岛的主要任务比较清晰明了，即帮助韩国防御朝鲜的进攻。但此后朝鲜利用韩国出兵越南之机不断有所动作，美国相机而动也调整了对朝政策，同时对美韩和朝韩关系也产生了影响。

韩国在对美交涉过程中不断表现出独立行动独立发展的特点，这在很大程度上是由于它在出兵越南过程中为其赚取了资本。时任美国驻韩大使布朗在1966年也如是评论了韩国的这种变化："历史上的'韩国'是一个传统的向后看、向内看的国家，而不愿向前看和向外看，在处理与其他国家关系时更多地表现出逃避和依附态度，而不是尝试对其施加影响；而今天我们看到的韩国是一个敢于对外部世界声称拥有一席之地的国家，而且正在积极地扩大这种影响，它还从内心里希望比它更强大的国家能与之协商解决问题并尊重其意愿。韩国成功地介入外部事务增强了其自信与独立的意识。"① 在朝独立方向发展的同时，韩国还从美国盟主那里重新获得了一些此前不曾有过的权益。不仅如此，韩国还从美国手中"夺回"了一些权益，它通过外交协商手段在1966年夏获得了对驻韩美军进行司法处置的权力，这是自朝鲜战争以来一直由美方把持的一种特权。另外，韩国在很多方面都减少了遵从美国这个"庇护国"建议的必要性。② 面对独立性日渐增强的韩国，美国决策层不得不开始调整其对韩政策。

韩国政治趋于稳定经济迅速发展，而同期朝鲜的经济发展却缓慢下来，于是半岛南北实力对比也就随之发生变化。朝鲜将越南问题与朝鲜半岛问题联系起来，它一方面向北越派出有限的人员援助；另一方面主要是在"三八线"附近进行刺探渗透活动，其目的很明显，就是为了干扰美韩计划的实行。朝鲜采取的手段非为发动常规战争，而是靠"渗透性战争"（porous war）策略实施颠覆、破坏及心理战来达到目的。③ 朝鲜此间很是自信，它认为美国"既没

---

① FRUS 1964—1968, Vol. XXIX, Korea, GPO, Doc. 90.
② 基辛格在描述渐进外交中的"讨价还价"策略时指出："我请以色列总理拉宾让步，他说他不能，因为以色列很弱小。于是，我给了他很多武器，他说他不需要让步，因为以色列很强大。"这显然是悖论，提供越多援助，反而越不可能带来控制。见［美］斯蒂芬·沃尔特《联盟的起源》，北京大学出版社2007年版，第230页。
③ FRUS 1964—1968, Vol. XXIX, Korea, GPO, Doc. 146.

有能力也没有信心来对付朝鲜,因为美国正深陷越南事务之中"。① 在 1968—1969 年,朝鲜针对美韩双方而造成的危机事件接踵而至,使本已处于严重对峙状态的半岛局势再度升级。

朝鲜在半岛越活跃则韩国的威胁感越强,韩国不愿再外派军事力量,在这种情况下美国可能抽调一部分驻韩美军前往越南战场,而韩国则不愿驻韩美军离开,围绕上述问题的美韩关系就可能出现裂痕。美国在 1968 年再次请求韩国增兵,但朴正熙政府并没有增兵举动,这当然有多种因素,但来自朝鲜的侵扰活动客观上确实发挥了束缚作用。

对于朝鲜的行动在多大程度上与越南相关联的问题美国方面认为,金日成实行的是"朝鲜式的越南战略",其目的是激起韩国国内革命进而通过越南式方法实现半岛统一的目标,越南地区和朝鲜半岛的危机事件与将来的共产主义战略及其军事行动方向是相吻合的,金日成将利用东南亚危机提供的机会在东北亚地区制造紧张空气。② 这种情报评估结果非常严峻,因为到处充满了火药味,这表明美国认为朝鲜半岛迟早会再现战端,要么是朝鲜将利用时机实施武力统一计划,要么是韩国可能采取单边报复行动进而使美国被动卷入其中。而一旦这种大的危机局面出现则中苏两国也必然有所反应,但美国在这时并不打算因战而战,尤其不想与中苏之间兵戎相见。③

对美韩关系的影响主要是韩国在联盟中的地位得到提高并明显显示出独立行事的倾向,韩方此时推行的政策具有较大的独立性,有些甚至超出了美国预料之外。1972 年 7 月初,朝鲜半岛南北双方发表联合宣言——这是半岛分裂后双方首次达成一致而形成的官方决议,开启了南北对话的进程。在处理一些危机事件时韩国时常表现出对美不满情绪,认为美国在处理危机事件时的态度过于软弱,而且美国撤军政策也在此间出现,这些都进一步刺激了朴正熙国防自立思想的发展。在大力发展经济的同时,朴正熙出于国家安全考虑开启了国防现代化进程,其中以核武开发为代表的新情况的出现又给美国制造了新难题,美国对韩政策调整也就进入了另一个阶段。韩国出兵越南的动机可以说与朝鲜无多大关联,但朝鲜确实利用韩国海外派兵之机在半岛采取了一些利己行

---

① FRUS 1964—1968, Vol. XXIX, Korea, GPO, Doc. 219.
② FRUS 1964—1968, Vol. XXIX, Korea, GPO, Doc. 208.
③ FRUS 1964—1968, Vol. XXIX, Korea, GPO, Doc. 226.

动，对美韩双方都产生极大影响。在处理半岛危机时，美国的一些做法加剧了韩国的离心倾向。美韩联盟依然存在，但两国关系已非从前。

图5—21 朴正熙宣誓就职，"维新宪法"颁行（1972年12月27日）
图片来源：60 Years of the Republic：The Yushin Constitution，The Chosun Ilbo（《朝鲜日报》）：http：//english.chosun.com/site/data/html_dir/2008/08/28/2008082861026.html.

（三）因韩国出兵而造成的历史遗留问题至今依然存在

韩国和越南在1992年建交，2013年的双边贸易额273亿美元，两国在2015年5月还达成了自由贸易协定，越南政府认为在该协定作用下双边贸易额将达到700亿美元。[①] 21世纪的两国关系有同音共律的表现，但在40多年前则是势不两立之状，韩国出兵越南与胡志明政权之间发生了激烈的冲突，当时死于韩军之手的越南平民达8000人之多。到1971年秋，韩国军队在越南的行为也开始遭到来自国外的斥责——韩国已给国际社会留下了"嗜血成性"

[①] Steven Borowiec，Allegations of S. Korean atrocities arising 40 years after Vietnam War，《洛杉矶时报》（电子版），May 16，2015，http：//www.latimes.com/world/asia/la-fg-korea-vietnam-20150516-story.html.

的印象。① 当然韩方人员也遭受巨大损失,很多深受伤残之苦的老兵及其在越南的后代如今都逐渐成为韩国社会关注的焦点问题。

其一,韩裔越南人问题。韩国出兵越战期间,除士兵以外还有很多工程技术人员也前往越南地区进行相应的活动,他们当中有很多人与当地越南女子结婚并有了后代。越战结束以后,韩方人员陆续撤出,在越南地区留下来很多后裔并逐渐发展成为韩裔越南人。这些人从越战后至今依然为自己的身份而饱受痛苦,甚至形成了诸多的国际诉讼案例。②

其二,韩国士兵在越南的性侵问题。如前文所述,朴正熙时期的韩国派遣大批军事力量参加以美国为首的"盟国"在越南地区作战,有些韩国士兵在该过程中于当地进行性侵活动。韩国士兵"施暴对象数量数以千计,有的甚至仅 13—14 岁,目前她们当中在世者仅 800 人左右。这些人中有很多意外生育了韩国士兵的孩子,如今有 5000—30000 个孩子属于这种类型的混血儿(越语为 Lai Dai Han),他们在越南社会大都被边缘化了"③。越南方面要求韩国时任总统朴槿惠对此做出姿态,为其父当年的出兵决定所引发的这些社会问题而道歉,否则会有损其形象,更能难以说服日本就慰安妇问题向韩国道歉,来自明尼苏达州的美国共和党参议员诺姆·克莱曼(Norm Coleman,2003—2009 年任职)一直对这个问题持积极关注态度。④

其三,韩国士兵与越南战场落叶剂等化学武器问题。在越南战场上由于"橙剂"等化学药剂的使用而造成大量伤亡,而受害者不单单是越南人,很多韩国士兵也是牺牲品。参加过越南战争并且受到伤害的伤残老兵在 1997 年于汉城成立了"大韩民国枯叶剂后遗症战友会",在韩国国内设有 16 个支部,

---

① Memorandum of Conversation (September 1, 1971), FRUS 1969—1976, Vol. XIX, Part 1, Korea, 1969—1972, Doc. 106.

② 详细报道及具体案例参见:Jung-Eun Lee, Korean-Vietnamese Struggle to Find Origin [EB/OL]. The Dong-A Ilbao(《东亚日报》网络版):http://english.donga.com/srv/service.php3?biid = 2002072796568&path_ dir = 20020727Korean-Vietnamese Struggle to Find Origin [2002 - 07 - 26].

③ Norm Coleman, President Park Should Publicly Apologize for S. Korea's Sexual Violence in Vietnam, October 13, 2015, http://www.foxnews.com/opinion/2015/10/13/president-park-should-use-us-visit-to-publicly-apologize-for-south-koreas-sexual-violence-in-vietnam.html.

④ 目前,诺姆·克莱曼(Norm Coleman)是"国家民主基金会"(National Endowment for Democracy)董事局成员和"全球领导力联盟"咨询会成员。

在国外设有越南支部、美国东中西支部、德国支部和加拿大支部。[1]

其四,20世纪60—70年代韩国出兵南越问题至今也是韩越两国关系中的重要问题。当年美国及其盟国韩国等国对越南问题的干预在越南民主共和国留下了难以抹去的历史伤痕,不愿过分强调这一事件。对韩国而言,此乃韩国对外关系史及其军事史上的值得大书特书的光荣事件,每每有机会就以不同形式加以庆祝。2014年是韩国出兵越南50周年,韩国打算由"国家报勋处"和"外交通商部"联合举行盛大纪念活动,而越南政府则通过官方渠道正式向韩国提出不要举行此类纪念活动,因为这会对韩越双方在经济文化交流产生负面影响。[2] 当时韩国正在与东南亚国家举行自由贸易协定的双边谈判,越南此际提出这个要求着实令韩国方面进退维谷。越南战争期间由于韩国军队的直接和间接作用而给越南造成了大量士兵和无辜平民的死亡,这给越南方面留下了深刻的历史记忆,对于韩国当年的这种"暴行"(atrocities)的指控也频现国际媒体。[3] 在1992年双方建交时,韩越双方都表示同意致力于加强对未来双边合作的考虑而不要总是强调过去,但在触及历史伤疤时就有另一种表现了。越南仅次于新加坡是韩国第二大出口市场,韩国必然谨慎处理对越关系。作为解决方法之一,尽量扩大庆祝活动涉及范围,尤其是那些在越南的韩越混血儿,尽量使该活动表现为一种多元文化的形式。

---

[1] 韩文英文名称分别为:대한민국고엽제후유증전우회, Korean Disabled Veteran's Association by Agent-Orange in Vietnam。该会活动比较活跃,具体活动内容及方式可见于以下官方网站:(1)http://www.kaova.or.kr/document/about/about03.php;(2)http://www.news-postseven.com/archives/20150423_317839.html;(3)http://www.news-postseven.com/archives/20150423_317839.html;(4)http://www.kaova.or.kr/document/main/main.php。日本学者中村梧郎所著《戦場の枯葉剤—ベトナム・アメリカ・韓国》(岩波書店,1995)中也有详细的说明。

[2] Vietnam Asks Korea to Cancel Vietnam War Celebration, http://www.koreabang.com/2014/stories/vietnam-asks-korea-to-cancel-vietnam-war-celebrations.html［2014 - 06 - 22］.

[3] Steven Borowiec, Allegations of S. Korean Atrocities Arising 40 Years after Vietnam War, Los Angles Times(《洛杉矶时报》),http://www.latimes.com/world/asia/la-fg-korea-vietnam-20150516-story.html.

第六章

冷战时期美国撤出驻韩美军政策之行止因由

朝鲜半岛既是中俄等大陆强国势力集矢之的，也是英、日、美海洋列强攒锋聚镝之处。在帝国主义时代，东北亚地区崛起的海上强国日本在英美的襄助之下极力遏制向太平洋方向扩张的俄国。美西战争结束以后，美国作为另一支非欧实力崛起为太平洋海上强国，美日之间进行了近半个世纪的角逐，二战后日本最终失去了对朝鲜的掌控。美国保持在朝鲜半岛原有利益的同时，还"承袭"了关注朝鲜命运的"历史使命"，于是美国在该地区的利益图谋开始迅速展开。朝鲜战争爆发后，美国不希望坐视韩国被"注销"，也不希望日本完全暴露在共产主义进攻面前，所以其军事力量卷土重来。在一定意义上，美国继承了历史上日本曾经极力争取过的东北亚地缘政治利益。真正意义上而言，美国并非为了韩国而参战，它更多关注的是与此密切相关的日本的安全与稳定，而其后隐藏的则是美国一己之利。朝鲜战争以后，东北亚地区两极格局的强化使得美国不得不在韩国保持大量的军事存在。所以，自从朝鲜战争爆发时起，韩国的生存与发展就始终在美国的军事盾牌掩护之下发展着。朝鲜战争以后美国对朝鲜半岛的政策放弃了以前的消极态度转而更加活跃起来。这种变化由于《美韩共同防御条约》的出现以及美军在韩国领土上的出现而得到加强，然而到60年代末期美国对越政策的变化和尼克松主义的出台对韩国产生巨大影响，美国最终在朝鲜战争结束24年后告知韩国，它将在几年内撤出驻韩美军地面部队。常言道，兵无常形！对于美国在20世纪60—70年代的驻韩美军政策的调整与变化本无可厚非，但该过程却反映出美国东亚政策的调整及在此背景之下的大国关系纵横交贯的场景，更值得注意的是当今驻韩美军的某些动向恰恰是当时撤军政策的某种延续。

一 美国海外驻军的理论依据及驻韩军事力量的出现

(一) 对美国海外驻军行为的分析

一般而言，某个国际关系行为主体建立和保有的军事力量具有两个最基本作用：其一，在和平时期防止战争爆发的威慑遏制作用以及在特定地区对自身利益的保障作用；其二，在上述作用失去意义时通过战争形式来解决问题。笔者认为，某国海外驻军的作用在内涵和外延上也无外乎于此。在二战后的冷战和平时期，处于某一指定地区的军事力量还具有明显的政治作用，因为它可以在一定程度上防止敌对双方发生冲突，而且军事基地及驻军活动本身从其外在形式和心理方面对盟国还能发挥安抚作用。海外军事存在可以强化实施驻军活动国家的外交效力，由于外交是内政的延伸，所以外交效力的提高必定促进该国国内政治的良性发展，依次再进行向外延伸，又极大提高其在国际领域行动的有效性。于是海外军事存在便与一个国家的内政和外交紧密联系起来，从而能够更好地为国家根本利益服务。驻韩美军对美国而言明显具有上述特点。美国在亚洲的军事存在能够直接发挥威慑作用，驻韩美军也是典型，美国在亚洲的军事存在就是美国对该地区盟国安全义务的保证和象征。

笔者认为，美国重视海外军事存在的思想来自它的传统遏制理论，在凸显其军事作用进而保证经济利益的同时，美国海外驻军在冷战环境中更具有明显的政治作用。所以建立在遏制理论基础上美国海外军事存在具体而言有以下几方面的政治影响：

第一，美国通过其海外驻军可以直接明示那些奉行对美国敌视政策的国家，美国在该地区存在战略利益，驻军及军事基地的存在象征着美国的存在，从而对外部敌对势力发挥威慑作用，这样就可以通过其海外军事存在来保证其利益不受侵犯，防止某一大国占据地区绝对优势地位。

第二，防止敌对双方发生冲突，保证盟友安全，避免不利于美国的局势扩大化，这种安全保障作用是遏制政策的主要目标。"威慑作用"和"保障作用"使驻韩美军既具有军事意义又具有政治意义，是事物的两个方面：前者目标指向敌对国；后者则作用于盟国。安全保证可以在很大程度上避免军备竞赛升级，减少军国主义产生的可能性。

第三，强化美国的外交力。盟国对美军事存在的依赖可以被美国利用从而加强其外交活动效度。在美韩进行贸易谈判以及就分担防务负担问题的协商中，美国可以利用驻韩美军问题向其提出要求，在处理对日关系过程中遇到的类似问题也可以效仿于此。

对于一个国家而言，海外驻军不仅具有军事意义，而且为维护其国际政治经济利益也开拓了广阔空间。冷战表现之一就是双方在意识形态上的严重分歧，因此驻军的存在还是遏制该地区"共产主义力量"扩大其影响的政治需要。在薰莸不同器的冷战环境中，以美苏为首的两大集团不遗余力地构建海外军事基地实现海外驻军以对对方实现包围遏制或削弱的目的。以美国为首的西方国家认为它们面对的是难以制服的令人可怕的敌人，建立有效的战略防御实属必要。美国及其盟国对苏联为首的社会主义国家采取的是"遏制"战略，这种战略主要是通过与其盟国之间的双边或多边条约体系而形成的，具体实施地区则集中在已经产生和有可能产生对立局面的地方。

在遏止某一大国在驻军区域获取绝对优势地位企图的同时，对经济利益的诉求当然也是海外驻军政策目标之一。20世纪初以来，美国在东北亚地区的经济利益与日俱增，保持在该地区进行自由贸易、投资以及获取原材料是美国特别关注的，当年美国叩开朝鲜的大门的动机之一就是要从这里攫取它所希望的经济利益。冷战时期美国与日韩台的贸易额超过了与欧洲共体的贸易额，战后的东亚地区逐渐成为美国的巨大海外市场。美国方面深刻认识到必须保证该地区美国利益的安全，因为它清楚，"在东亚地区拓展市场、增加投资机会以及获取资源方面有着巨大的利益，这使得美国有必要持续介入这个非常有前景的地区"。[①] 美国通过经济实力来占有东亚市场的过程中面临着冷战对手的强大威胁，于是在东亚地区驻军就成为维护这种经济利益的保障力量。美国海外

[①] 1975年美国方面评估认为，在东亚地区的贸易与投资的扩大趋势以及太平洋盆地经济一体化趋势将持续。自1970年起该地区的贸易年增30%，1974年达到930亿美元；美国对该地区的贸易额这期间年增长25%，1974年达到220亿美元。美国市场对于许多东亚国家而言也是非常重要的，日韩等国对外贸易至少25%是针对美国的。投资量迅速增长，美国在太平洋盆地国家直接投资由1970年的70亿美元增加到1974年的110亿美元。资料来源：US Strategy in Asia. Briefing Memorandum, October 16, 1975: 9.

军事存在更经常的情况下是建立在商业化基础之上的,即美国对对象国提供绝大部分财政支持,通过武器转让方式给予安全援助,通过减债、信贷、防务合作等形式的经济援助实现对当事国的支持。

(二) 美国海外军事存在的出现

美国海外军事发展经历了两大阶段,第一阶段始于1898年,第二阶段始于二战后。除1867年派往阿拉斯加的象征性的军事力量以外,1898年以前美国在和平时期没有在本土以外部署地面军事力量。19世纪绝大部分时间里美国军事力量没有参加海外军事存在的活动,关注中心主要是经济发展以及西扩等活动。其海外军事活动主要是探险性质的,有些军事行动规模不大但持续时间却相对较长,比如,1801—1805年爆发的反对的黎波里的第一次伯伯里战争(First Barbary War),还有的虽然时间短但影响却非常大,如1853—1854年美国针对日本的"佩里开港"事件。美国第一个海外军事基地及海外驻军的出现是在19世纪末20世纪初之际,当它作为一支非欧势力崛起时通过美西战争使菲律宾等地也成为其势力范围,古巴则沦为其保护国,1903年美国进而将关塔那摩变成了美国的海军基地。到1938年,美国海外军事基地数量为14个。[①]

1940年,美国成为世界最大的"军事基地国家"。1940年9月2日,罗斯福总统要求国会授权签署一项与英国之间的协定:美国向其盟友英国提供50艘一战时期的驱逐舰,用以交换获得若干英国海外殖民地作为美国海空军事基地。由于二战期间美国行政权力膨胀国会作用被降低,所以未及国会批准,罗斯福总统已将这项拟议中的政策付诸实施。在这个"驱逐舰=军事基地"的交换条约使美国获得巴哈马、牙买加、圣卢西亚、圣托马斯、安提瓜、阿拉巴克拉索、特立尼达以及英属圭亚那等地区的租用权(99年租期),在上述地区可以建立军事基地。美国军事力量从而可直指百慕大及纽芬兰地区。罗斯福对这个协定非常满意,他认为这是"自从路易斯安那购买以来在加强国家安全

---

① Catherine Lutz. US Bases and Empire: Global Perspectives on the Asia Pacific, http://www.japan-focus.org/-Catherine-Lutz/3086.

方面最重要的步骤"。① 1945 年美国在全球范围内拥有 484 个军事基地,② 1950—2005 年间美国大约有 23% 的军役人员驻扎在本土以外, 1950—2000 年平均每年有 53.5 万美军驻扎在全球各地, 1968 年是其海外驻军人数顶峰时期——达到 108 万人左右, 1999 年降至 20 万人左右的最低点, 到 2005 年再次上升至 38.6 万人, 1950 年以来有 54 个国家和地区"接待了"至少 1000 名美军。③ 实际上军事基地及海外驻军的出现也正是美国全球扩张战略的一种表现, 就其规模和程度而言在历史上也都是独一无二的。在海外军事基地设置方面, 美国与公元 2 世纪初处于鼎盛时期的罗马帝国以及 19 世纪末的大英帝国可有一比, 前者拥有 37 个军事基地, 后者海军基地和陆军兵营数目也达到了 36 个, 而 2005 年的美国在全球营建的大中型海空军事基地则达到 38 处之多。④ 在这一点上美国与历史上的军事大帝国相比有过之而无不及。

(三) 驻韩美军的形成与发展

1. 驻韩美军常规军事力量的出现

美国在朝鲜半岛大规模军事存在的出现是在二战近尾声之时。日本投降后, 除少量军事顾问以外美军于 1949 年撤出朝鲜半岛。冷战初期美苏双方并未直接发生正面冲突, 但为了应对对方可能的军事进攻, 双方不但在本国内进行精细的军事部署, 而且在各自国界之外还设立了众多的军事基地并部署了大量驻军, 从而形成了各自的冷战军事防御体系。朝鲜战争爆发以后美军重新回到朝鲜半岛, 1953 年《美韩共同防御条约》中的规定使美国在韩国的军事存在固定化和合法化, 形成驻韩美军基地并驻留至今, 进而成为美国亚太防御链的重要环节。

---

① David Vine, *Base Nation: How US Military Bases abroad Harm America and the World*, Metropolitan Books, 2015: 17.
② 刘绪贻:《战后美国史 (1945—2000)》,人民出版社 2002 年版,第 12 页。
③ Tim Kane. Global U. S. Troop Deployment, 1950—2005, Ewing Marion Kauffman Foundation, May 24, 2006, (2006 - 05 - 24) [2009 - 09 - 22]. http://papers.ssrn.com/sol3/papers.cfm? abstract_ id = 1146649.
④ Chalmers Johnson. 737 U. S. Military Bases = Global Empire, http://www.alternet.org/story/ 47998? page = entire [2008 - 02 - 18].

第六章　冷战时期美国撤出驻韩美军政策之行止因由　　261

美国军政府统治时期，南朝鲜警察部队首先得到重大发展，美国负责组织招募训练任务，其成员数量从1946年6月的6000人迅速上升到1947年12月的3.1万和1948年8月大韩民国成立时的5万人，[①] 国民警察部队官员中约有80%（截至1947年9月）是来自日本殖民时期的警察部队，[②] 到1949年其军队数量达到11.4万人。[③] 与此同时美国也开始发展军事建制的努力，但直到韩国成立后美国的这种努力才趋向积极活跃但也不足以应对正规战争，于是在朝鲜战争爆发以后美国军事力量便大规模踏上了朝鲜半岛，最多时候一度达到36万人左右。1953年7月，驻韩美军人数为30.2万，到1954年12月和1955年12月，分别降至10.3万人和5.99万人。[④] 朝鲜战争以后直到1971年，驻韩美军主要由第二步兵师和第七步兵师组成，连同一些海空力量在内约为6.3万人。美国军事力量的存在除了防备可能出现的战争以外，还可以显示美国在朝鲜半岛的政治力量，为韩国政治经济和外交活动"护航"，翼护日本并可借此平衡亚太国际政治格局。驻韩美军主要集中在"三八线"附近，总部在汉城附近的龙山基地。尼克松政府于1971年撤出了2万左右的驻韩美军，此后一直到70年代末期该数量一直保持在4万人左右，[⑤] 第二步兵师是其中的主力部队，这是一支训练良好反应灵活的轻卒锐兵的地面作战部队，作战力非常强，在非战时期主要发挥了防御和威慑作用，卡特政府时期对韩撤军政策主要针对的就是这支力量。出于冷战需要，里根时期驻韩美军数量有所增加，但随着冷战的结束，驻韩美军数量也随之下降，到克林顿时期降为3.7万人左右。

美国在朝鲜半岛的利益既反映了该地区所具有的战略意义，又体现了朝鲜

[①] Gregg Brazinsky. *Nation Building in South Korea： Koreans, Americans, and the Making of A Democracy*. UNC Press, 2007: 74.

[②] Report to the President on China-Korea, September 1947, Submitted by Lieutenant General A. C. Wedemyer, FRUS 1947, Vol. VI (The Far East), GPO, 1972: 796 - 803（见于第802页）.

[③] 王帆：《美国的亚太联盟》，世界知识出版社2007年版，第10页。

[④] Chae-Jin Lee. *A Troubled Peace： U. S. Policy and the Two Koreas*. JHU Press, 2006: 41.

[⑤] 1978年驻韩美军概况：总数为4万人左右，其中包括：第2步兵师及其支援部队（驻韩美军主要力量）、第19旅（大型后勤保障部队）、第38空防炮兵旅（改进型霍克式地空导弹部队）、第4导弹司令部（远程大炮支持韩国军队）、指挥、情报联络组、3个F—4战术轰炸机中队等等。其中空中力量7000人，还有少量海上陆战队，3.2万陆军中的一半是地面作战部队及支援部队。见于：Force Planning and Budgetary Implications of U. S. Withdrawal from Korea. Congressional Budget office, Congress of the United States, May 1978: 2.

半岛在亚洲政治舞台上的历史角色,美国卷入朝鲜战争进一步强化了美国对韩国的安全承诺,也进一步使局势复杂化并且对此后历史发展直接产生巨大影响。所以,自从朝鲜战争起,作为美国对外政策重要表现形式之一的驻韩美军的存在及其变动就成为美国东北亚政策的晴雨表。

2. 美国核武器进驻朝鲜半岛

只要能充分保证其安全性和环保性,和平利用核能是应该受到鼓励的,尤其是像韩国这样高度依赖核能动力的国家。韩国和平利用原子能的步伐肇始于50年代中期,美国对韩国核电工业发展持肯定态度。1955年,韩国派代表参加了在日内瓦举行的第一次联合国"和平利用原子能"的国际会议,美国对韩国和平利用核能活动表现出支持态度,次年美国副国务卿和美国原子能委员会主席与韩国驻美大使在华盛顿共同签署了和平利用原子能的合作协议。美国的支持态度还表现在它允许韩国有关科技人员到美国国家实验室参观并接受发展核能的技术培训,韩国提出要从美国获得试验用核反应堆,美国也同意就此进行协商。到1958年,韩国派到国外接受训练的核专家人数达89人次。① 在核材料的利用上美国也与韩国合作。1963年6月30日,美韩政府签署协议,韩国可以使用美国提供的特殊核材料发展核能。1968年6月9日,以格雷德·泰比(Gerald F. Tape)专员为首的美国原子能委员会代表团抵达韩国,就引进核电反应堆问题进行讨论,② 韩国在1969年9月还从"美国进出口银行"获得一笔总额9860万美元的贷款用以建造核电厂。③ 在发展核能过程中,韩国还特别注意争取国际原子能机构的认可。它在1963年首次接受国际原子能机构代表来访,以后还经常在核电站选址及财政问题等方面进行咨询。由于美国的影响,韩国军事方面的行动几乎没有任何变通余地,其军事力量始终处于从属次要的地位。但是在朴正熙政府积极努力之下,1968年韩国军方代表被允许加入美韩联合军事指挥机构,同年又开始获得了新的核电开发技术,而且不久就被证明这非常利于开发核弹项目。

---

① Nuclear Chronology(1950—1979)[EB/OL].(2004 - 11)[2009 - 02 - 19].http://www.nti.org/e_research/profiles/SKorea/Nuclear/3045.html.

② Chronology: 1 January 1968 — 30 June 1968, Eighth United States Army, Staff Historian's office, G3, Headquarters, Eighth U.S. Army APO 96301. p. 17.

③ Nuclear Chronology(1950—1979)[EB/OL].(2004 - 11)[2009 - 02 - 19].http://www.nti.org/e_research/profiles/SKorea/Nuclear/3045.html.

第六章　冷战时期美国撤出驻韩美军政策之行止因由　263

美国非常重视核威慑打击力量，在朝鲜战争爆发时它就曾经考虑要使用核武器，麦克阿瑟是"主核派"积极代表，他于1950年年底向美国有关部门建议在朝鲜使用原子弹。美国确实调动了核武力量，所幸的是该计划并没有真正实施。但是，"在朝鲜半岛保持核威慑"则成为后来美国长期所坚持的原则。

艾森豪威尔在1957年年底签署了在韩国部署核武器的命令，实际部署工作于1958年1月开始，① 彼时起美国核武器开始陆续进驻朝鲜半岛（见表6—1）。

表6—1　　美国驻韩核武器（1945年7月—1977年9月）

核武器类型	最初进驻时间	撤出日期
"诚实约翰"地对地导弹（Honest John）	1958年1月	1962年1月
280毫米重型核炮		
8英寸榴弹炮（Howitzer）核地雷（ADM）		
核炸弹	1958年3月	
"曲棍球"弹道导弹（Lacrosse）	1960年7—9月	1963年12月
"耐基大力士"地空导弹（Nike Hercules）	1961年1—3月	
"戴维·克罗基特"反坦克火箭炮（Davy Crockett）	1962年7—9月	1968年6月
"军士"弹道导弹（Sergeant）	1963年7—9月	
166毫米榴弹炮（Howitzer）	1964年10—12月	

资料来源：History of the Custody and Development of Nuclear Weapons (U), July 1945 through September 1977. Office of the Assistant to the Secretary of Offence (Atomic Energy), February 1978.

美国在太平洋地区部署的核武器数量在1967年年中达到顶点——3200件，其中大约2600件部署在韩国和日本冲绳美军基地，② 驻扎在韩国的核武器总计为8个型号，共约950枚核弹头。③ 最初，美国官方对于是否在韩国驻

---

① 1958年美国开始在韩国部署核武器视频资料可见于：1958 Deployment of US Atomic Weapons in Korea, https：//en.wikipedia.org/wiki/Korean_DMZ_Conflict_（1966％E2％80％931969）#cite_note-lerner-2010—3.

② Robert S. Norris, William N. Arkin and William Burr. "Where They Were". *The Bulletin of the Atomic Scientists*, Vol. 55, No. 6, November/December 1999：30.

③ 《朝鲜核计划》，《国外核武器动态》2003年第1期，第42页。

有核武器不置可否。直到越南战争以后，美国国防部长施莱辛格才首次正式公开承认——"众所周知，我们在韩国驻有核武器，如果朝鲜发动对南部的进攻，美国将考虑使用战术核武器。"[1] 这样，美国从50年代末开始的在朝鲜半岛部署的核武器已经最终形成一个独立的防御体系了。[2]

二 20世纪70年代中期前美国对韩政策中的撤军问题

20世纪50—60年代美国军事力量的25%—30%是在本土之外服役，而且主要集中在欧洲和东亚地区。在保持海外军事存在的同时美国政府也开始考虑海外驻军的整合问题，肯尼迪政府时期对此进行了更为系统的评估，到60年代末陆续关闭了一批军事基地。维持军事基地运转的费用巨大以及军事技术的提高使某些基地成为骈拇枝指，驻在国民众的反对越来越多，"盟国"和"友好国家"不同程度地达到了"物阜民丰"的程度，上述这些都是促使美国政府做出撤并海外军事基地压缩海外驻军的因素。同时，越战后美国国会发起了加强本土安全的努力，并在关闭军事基地问题上获得了更大的决定权。卡特政府时期又提出了多种撤军理由，撤出驻韩美军的计划如箭在弦，撤军政策贯穿了整个70年代，但却由于种种因素在1979年戛然而止，这是美国面临的各种国内外政治军事情况综合作用的结果。

(一) 尼克松政府之前的美国撤军问题

美国关于在朝鲜半岛军事力量去留的问题在二战结束后不久即有所讨论，

---

[1] Kwang-Il Baek. *Korea and the United States*. Research and Center for Peace and Unification of Korea, 1988: 183.

[2] 直到80年代末期，在韩国国内支持保留核武器的主张逐渐淡化。驻韩美军司令路易斯·麦尼特利（Louis Menetrey）在1987年公开声称，在朝鲜半岛已不存在使用核武器的情况了。曾经负责保护汉城的约翰·库什曼（John Cushman）在1988年也表达了同样的观点。1991年10月，美国开始分阶段撤出战术核武器。美国此举希望能够使朝鲜放弃核武开发计划并与国际原子能机构合作，同时美国还希望苏联能够采取措施缓和冷战局面。到1991年12月，韩国总统卢泰愚宣布所有核武器均已撤出韩国本土。

军方高级官员认为从朝鲜半岛撤军对美国不利,建议保持军事存在,因为"撤军会导致苏联对该地区的占领,更有可能的就是被接受苏联间谍训练的北朝鲜所占领,其结果就会使整个朝鲜半岛成为苏联共产主义的卫星国。在这种可能出现的情况下,撤出一切援助就会使美国在亚洲各国当中名声扫地",① 笔者认为,这种观点实际上与后来美国政府的观点是一致的,主张不能做出弃琼拾砾的选择。我们可以看出,彼时起,美国已开始将驻韩美军的作用确定为威慑遏制作用了;关于"声誉"的考虑恰恰说明美国军事力量在半岛问题上将更多地发挥政治作用而并非军事作用。这在以后越来越清楚明了,因为冷战对峙的主体国家美苏两国都不愿直面双方军事冲突局面的出现。

朝鲜战争爆发前,美国海外驻军数量为32.8万人,其中12.2万人驻在欧洲,在日本为15万人,驻韩美军仅为500人左右。② 然而战争的爆发改变了这种驻军局面,韩国迅速成为美国在西太平洋上的一个战略意义非常重要的海外军事基地,自从1950年起它就成为美国在东北亚保持军事存在的主要地区之一。美国海外驻军政策处于不断运动变化之中,每次变化都会对相关方面产生不同程度的影响。

到20世纪60年代美国对撤军问题的讨论明显增加。汉密尔顿·豪兹(Hamilton H. Howze)上将于1963年12月6日从驻韩联合国军司令部向美国政府提交了一份电报,建议适当削减驻韩美军,强调美国军事力量不应再固定在军事分界线附近,但削减数量不宜过大、应该能够为韩国所接受。该建议并没有被美国陆军所接受,更不用说参谋长联席会议了。③ 但也有美国政府高级官员对这种观点表示同意,总统特别助理邦迪指出,美国"有必要制订一项关于削减美韩军事力量的政治军事行动计划",约翰逊则认为美国"对此所采

---

① Lieutenant General A C Wedemeyer. Report to the President on China-Korea, September 1947. FRUS 1947, Volume VI, 1947: 803.

② David S. Yost. The Future of U. S. Overseas Presence. U. S. Army Military History Institute. Summer, 1995: 72.

③ Memorandum From the Deputy Under Secretary of State for Political Affairs (Johnson) to the President's Special Assistant for National Security Affairs (Bundy). Washington, December 18, 1963 (Note 2). FRUS. 1961—1963. Volume XXII. Doc. 319.

取的某些行动过于犹豫不决",① 言外之意在该问题上应该采取果断步骤。姑且不论结果怎样,他当选总统后的确表现出了这种态度。1964年5月5日的第298号"国家安全行动备忘录"对重新部署驻韩美军问题进行了讨论。国务院要求国务卿、国防部以及国际开发署(AID)等部门研究将驻韩美军一个步兵师调至夏威夷军事基地的问题,强调要尽量将撤军政策对经济军事援助政策及外交方面产生的负面影响降低到最低程度,并同时使这种军事调动对美国产生最大利益。国务院还强调要对韩国"军事安全问题""近期政治稳定问题",以及"促进韩国经济持续发展和加快其社会和政治建制发展的长期目标"进行重点研究,为此国务院还提出了具体要求。② 另外,美国政界还有人对韩国反美情绪问题指出,"美国在德国有20万驻军,双方合作很好,很难解释为什么这种方式在韩国不能被接受,美国希望在这一点上能与韩国达成共识"。③ 之所以将驻韩美军问题和驻西德美军问题联系起来,是因为美国在力图寻找一条能够很好地解决驻韩美军问题的新路子,因为驻德美军政策是美国在西欧的驻军政策的成功例子。到60年代中期,56万韩国军队和5万美军在"三八线"附近与40万北朝鲜军队对峙并时常出现冲突和伤亡事件,但美国方面认为,"这比另一场战争的成本要低"(cheaper than another war)。美军第38团1营指挥官约翰·佩尔西(John Pearcy)指出:"(我们)在这里(韩国)的任务是危险的,尽管我们并未损员但也不愿意继续下去。"美国方面坚持在这里驻军,反之"会严重削弱韩国军队的士气,而且还会给共产主义力量发出错误信号"。④ 美国对韩国的援助一直在持续地进行,韩国也不断加强

---

① Memorandum From the President's Special Assistant for National Security Affairs (Bundy) to the Deputy Under Secretary of State for Political Affairs (Johnson). Washington, December 20, 1963. FRUS. 1961—1963. Volume XXII. Doc. 320.

② 美国国务院要求研究的内容包括:因撤军而应给韩国的"补偿"问题;撤出的部队部署在夏威夷对美国军事布局平衡性的影响以及作战机动性等问题进行评估;应该考虑该行动相关的预算盈亏问题;研究还应该包括美国所要采取的具体建议步骤,避免使日本、东南亚国家、欧洲以及中苏两国对美方的意图产生任何误解;同时要很好地向美国国会及美国公众解释这种撤军行动。NSAM 298: Study of Possible Redeployment of U. S. Division now Stationed in Korea. May 5, 1964, L. B Johnson Library and Museum, http://www.lbjlib.utexas.edu/Johnson/archives.hom/NSAMs/nsam298.asp.

③ Memorandum of Conversation, Washington, May 18, 1965. FRUS 1964—1968, Vol. XXIX, Korea, Department of State, Washington, DC, Doc. 50.

④ John Roderick. "50000 Americans Serve on Forgotten Front—Korea". *Dallas Morning News*. December 11—1966 (21).

与美国的联系，时任韩国总理丁一权1967年3月访问了美国。自从1953年到此时，美国已经向韩国提供各种形式援助累计达到45亿美元，这时韩国经济处于快速发展时期。1954—1961年年均经济增长率为5.1%，而在1962—1966年的"一五计划"中达到8.5%。[1]

综上，20世纪60年代中期以前美国政府就出现了关于驻韩美军的讨论，这也是60年代末尼克松主义出笼的某些征兆。尼克松主义的出笼有着比较长的酝酿过程，早在1954年时任副总统的尼克松就指出，印度支那地区"需要更多人力，而人力从哪里来却成了问题。他们不会从法国来，因为它已经厌倦了战争，同时我们也被朝鲜战争弄得筋疲力尽了，因此所需人力必须指望越南、柬埔寨和老挝，尤其是越南"[2]。尼克松的这种观点与此后形成的尼克松主义的内容存在明显承接关系。1969年6月尼克松在与阮文绍会谈中宣布，美国已决定从南越撤出2.5万人，并且从远东其他一些国家和地区部分撤出美军的工作也在准备中。[3] 如果将此前尼克松"越南化"的讲话精神视为尼克松主义胎动在越南问题上的反应，那么这时就将拉开尼克松主义的帷幕，这种战略收缩政策必然在驻韩美军问题上得以体现。

(二) 尼克松主义对韩国防务的影响

1969年出现的尼克松主义是美国亚洲政策的转折点，它包括三条主要原则：其一，美国继续恪守对盟国的条约义务；其二，对关系到美国国家安全利益的国家提供美国核保护伞；其三，在必要时美国继续提供经济军事援助，但鼓励亚洲国家出人力承担自身安全责任，"以减轻白人负担"。[4] 从70年代的历史可以看出，尼克松主义并非决定美国完全从亚洲退出，也并没有放弃战后美国对外政策的基本目标、更没有放弃实现该目标的重要保证条件——海外驻军的存在。它是从当时美国实际情况出发"对景挂画"式的一项外交政策，

---

① "South Korea's Rebirth". *The Evening Times*；Date：03-14-1967（14）.
② "Taking Up the White Man's Burden：Two American Views（1954）". Marvin E. Gettleman, Jane Franklin, Marilyn Young, *Vietnam and America：A Documented History*. Grove Press, 1995：52.
③ 时殷弘：《尼克松主义》，武汉大学出版社1984年版，第30页。
④ "Taking Up the White Man's Burden：Two American Views（1954）". Marvin E. Gettleman, Jane Franklin, Marilyn Young, *Vietnam and America：A Documented History*. Grove Press, 1995.

它既注意到美国的能力所及又体现了对不合时宜的美国外交政策的调整。美国在70年代冷战对峙格局中处于守势,出于全球战略调整的考虑需要缩小在亚太地区驻军规模,韩国不过是美国战略框架中的一个环节,60年代末及整个70年代驻韩美军政策调整是这个大战略框架的较大变动,势必对韩国内外政策产生诸多巨大影响,其中朴正熙政府走上核武开发道路就与此存在明显关联。

美国在朝鲜半岛并没有多大经济利益,美国对韩国贸易及投资很明显占其国民生产总值(GNP)极小的比例,韩国也并非美国进口国中突出的一个,但韩国经济在20世纪60—70年代迅速发展的事实在美国来看是个巨大成功。一定程度上讲,韩国经济持续发展也是美国利益之所在。虽然这在某些情况下是以韩国社会紧张为代价,而且也表现出对美国市场的高度依赖,但无可否认韩国是美国开发援助项目实施对象中比较成功的国家之一,美国开发援助项目的大部分目标在韩国都实现了。

表6—2　　　　　　　　美国对韩军事援助项目额　　　　　　　单位:千美元

财政年度	军事援助项目额度
1950—1963	1925654
1964	122380
1965	111679
1966	162456
1967	169613
1968	254818
1969	138810
1970	135770
1971	292047
1972	152476
1950—1972	3465073

数据来源:Peter W. Colm. The Reduction of Tension in Korea (Vol.2), Institute for Defense Analysis (Note 36), The US. Arms Control and Disarmament Agency, June 1972:174.

尼克松主义是美国战略收缩政策的集中表现,它影响到美国对韩军事援助水平以及驻韩美军数量的变化、美韩联合军事力量的构成以及承担防务负担份额等方面的变化。50—60 年代韩国防务开支在极大程度上依赖于美国，1961 年美国军事援助占韩国军事开支总量的 99%，然而从 1969 年以后美国军事援助在韩国军事开支中的比重直线下降。

表 6—3　　　　　美国军事援助在韩国军事开支中的比重　　　　　单位:%

年份	1961	1963	1965	1967	1969	1971	1973	1975	1977	1978
比重	99.0	91.0	82.1	77.0	46.5	49.7	27.6	8.6	0.3	0.0

数字来源: Young Sun Ha, "Analysis of South Korean Military Expenditures: Past, Present and Future". *Journal of International Studies* 7 (1982): 289-306. 转引自 Jong-Sup Lee, Uk Heo. *The US-South Korea Alliance 1961—1988*. The Edwin Mellen Press, 2002: 182。

　　韩国的防务开支一直以来受到美国的影响。20 世纪 60 年代韩国防务开支不超过 4.1%。虽然面临来自北方的威胁，但由于美国军事援助的存在，韩国仅承担了约 4% 的防务负担，1963—1968 年美国对韩直接和间接军事援助比韩国的防务预算还要多。美国军事援助使韩国得以将其防务开支维持在较低的水平上，到卡特政府时期它被迫提高其防务开支，但也只达到国民生产总值 6% 的比例。[1]

　　尼克松主义的主要表现形式之一就是削减美国海外驻军，这也在一定程度上体现了尼克松政府强调"欧洲中心"的战略。尼克松在 1969 年给基辛格的一份备忘录中指出："我认为减少我们在韩国军事存在的时机已经成熟。现在由于 EC—121 事件的出现我们不能这样做，但我不想因此而拖延。我考虑可以在韩国保持海空力量，维持可进行报复性攻击的水平。同时我还认为应将我们的驻军削减一半，有关部门应于年底前呈交详细执行计划。"[2] 所以，尽管尼克松此前曾经表示反对减少驻韩美军数量，[3] 但削减驻韩美军的政策还是逐

---

[1] Jong-Sup Lee, Uk Heo. *The US-South Korea Alliance 1961—1988*. The Edwin Mellen Press, 2002: 39.

[2] Memorandum for Kissinger. The White House, Washington. November 24, 1969.

[3] "I rejected the idea of decreasing the number of our men staying in the ROK", 参见: Talks Between President Nixon And President Pak. Memorandum of Conversation, August 21, 1969, 尼克松总统图书馆: http://nixon.archives.gov/virtuallibrary/documents/mr/082169_korea.pdf。

渐明显化了。1970年6月，美韩双方的国防部长在火奴鲁鲁召开会议专门讨论削减驻韩美军数量的问题，但双方并未达成妥协。于是尼克松派副总统斯皮罗·阿格纽于8月访问汉城向朴正熙直接表明了美国要撤出地面部队的计划，朴正熙并未百纵千随，而是努力争取实现"最低程度的撤军和最大限度的补偿"的目标。①

尼克松政府认为，韩国当时的情况并不需要很多美军存在，但"韩国军事力量必须拥有足够的现代化装备"。② 尼克松政府于1971年3月开始从韩国撤出第7步兵师大约2万名的地面部队，作为一种"补偿"，尼克松提出将撤出军队的军事装备移交韩国，并答应提供1.5亿美元用以援助韩国进行军事现代化的"五年计划"。③ 到1973年年初亚太地区美国驻军削减到24.4万人，欧洲美国驻军调整为31.3万人。④ 驻军的减少并不意味着美国从亚太地区完全抽身，以韩国为例，驻韩美军数量的减少并没有使美国脱离韩国安全防务问题，一方面美国希望韩国自身增加防务开支；另一方面它又向其提供直接军事援助以推进其军事现代化计划的实施，增加1.5亿美元用于支持韩国国防建设。基辛格在1974年3月签署的"国家安全决议备忘录"（NSDM—251）中明确指出："在结束联合国指挥部（UNC）使命建立新安全机制的转型期内，驻韩美军的任务和驻军数量不应有本质上的重大变化。"⑤ 尽管如此，美国对驻韩美军的调整计划还是影响了韩国的防务抉择。为了应对这种情况，主动也好被动也罢，韩国必须增加自身国防开支以增强国防自主能力，该数字增长速度由1961的4.1%上升到1979年的5.2%，美国军事援助占韩国军事开支的

---

① Myung Hyun Cho. *Korea and Major Powers*. Research Center For Peace And Unification of Korea. 1989：297.

② Second Annual Report to the Congress on United States Foreign Policy. February 25, 1971. The American Presidency Project (Nixon). http：//www. presidency. ucsb. edu/ws/index. php? pid = 3324&st = south + korea&st1 = .

③ 尼克松在1970年11月决定削减美国驻亚洲地区的军事力量主要涉及越南、朝鲜半岛、泰国和菲律宾，削减量依次为16.5万（到1971年春再减10万）、2万、0.6万（此后再减0.98万）和0.6万。参见：Special Message to the Congress Proposing Supplemental Foreign Assistance Appropriations. November 18, 1970. The American Presidency Project (Nixon). http：//www. presidency. ucsb. edu/ws/index. php? pid = 2822&st = south + korea&st1 = 。

④ 时殷弘：《尼克松主义》，武汉大学出版社1984年版，第47页。

⑤ Henry A Kissinger. National Security Decision Memorandum 251. March 29, 1974. 尼克松总统图书馆：http：//nixon. archives. gov/virtuallibrary/documents/nsdm/nsdm_ 251. pdf。

比重迅速减少——由 1961—1968 年年均 80% 下降到 1977 年的 0.3%。[①] 韩国防务开支比例的上升一方面说明韩国经济发展水平的提高，另一方面也说明尼克松政府战略收缩政策以及促使盟国分担负担政策的成功。

(三) 福特政府的撤军政策

为扭转由于尼克松主义引发的 "被削弱的美国" 将回归到 "孤立主义" 政策的观点，福特总统在其 "新太平洋主义" 思想中着重强调了美国在亚洲地区依然存在着至关重要的利益、美国是太平洋地区诸种不确定性因素的平衡力。[②] 美国当时最大的目标就是保持在亚太地区的力量平衡，看来福特政府此时认为迅速削减美国在亚洲的军事力量会有损于美国的重要利益，有可能造成国际政治力量之间出现不稳定状况，因此将驻韩美军的存在当作防止该地区出现军事不确定性的防范措施，应继续保持其在军事及政治方面发挥影响。

福特在 1974 年 8 月接任尼克松总统之职，他曾经是密歇根州共和党国会议员，极力支持杜鲁门的朝鲜半岛政策，将朝鲜视为 "邪恶" 国家。他比较重视韩国，将其称之 "坚定可靠的强大盟友" (a staunch and strong ally)。[③] 福特在 1974 年 11 月赴符拉迪沃斯托克与勃列日涅夫会谈之前顺访日韩。在他与朴正熙的会谈中坚定地表示，作为一个亚太大国的美国对亚太事务特别感兴趣且将持续努力为该地区的和平与稳定作出努力；美国支持韩国军事现代化计划及其国防工业的发展，而且并没有进一步削减驻韩美军的计划。福特上述说法是明显的外交辞令的运用，但也能说明美国针对亚太地区的主要政策方向，"关岛主义" 的内容在韩国的落实似乎被有意地延迟了。在朝鲜战争爆发纪念日讲话中福特再度强调了美国对韩国的支持——"我向我们的韩国朋友保证，我将尽我最大努力确认我们的国家将 '坚定不移地' (stands steadfast and

---

[①] Jong-Sup Lee and Uk Heo. *The U. S. -South Korean Alliance (1961—1988)*. The Edwin Mellen Press. 2002: 100.

[②] Myung Hyun Cho. *Korea and Major Powers*. Research Center For Peace and Unification of Korea. 1989: 303.

[③] Remarks and a Question-and-Answer Session at the Annual Convention of the Society of Professional Journalists, Sigma Delta Chi, Phoenix, Arizona, November 14, 1974. APP (Gerald Ford), http://www.presidency.ucsb.edu/ws/index.php?pid=4561&st=south+Korea&st1=.

firm）支持韩国人民。"① 福特政府要员也表态支持韩国，1975 年 8 月，国防部长詹姆斯·施莱辛格②访问韩国时表示，美国将不再削减驻韩美军数量。福特也向亚洲盟国保证美国不打算从该地区撤出其军事力量，重申美国将继续保持其亚洲大国的地位，并将对第三方直接针对韩国的进攻做出迅即有效的反应，因此"为缓和紧张局势美国打算保持与韩国的密切联系，保持驻韩美军的存在"③。国务卿基辛格也表示，韩国没有必要担心，因为有美国国会批准的双边共同条约作保障，如果背弃了这个条约就会对日本及整个亚洲会产生消极影响，这会被认为是美国撤出亚洲的表现，那就是整个美国战后对外政策的终结。④

越南战争以后，美国更加重视东北亚地区的战略防御问题，国防部以及国会都有人提出具体建议，其中比较典型的就是关于"前线防御地带"的军事战略。该战略建议在东北亚地区配备战术核武器，并且主张美国正规军驻留该地，将该地区保持在战略武器体系防御圈之内。⑤ 1975 年 5 月 1 日，美国国防部长施莱辛格回答记者提问时指出，美国从越南撤出后在安全保障方面与美国有利害关系的地区"将依然是西欧和韩国同时也间接包括日本"。⑥ 福特政府并没有低估韩国的战略地位，它在"愈合创伤的时代"⑦ 里没有做"猴子搏矢"一类的决策者，它并未脱离实际情况孤立地考虑驻韩美军问题，而是非常明智地将这一政策置于美国对韩政策的整体框架中加以衡量。福特政府在1975 年 "国家安全研究备忘录（NSSM—211）"形式做出系列决定，帮助韩国

---

① Remarks on Greeting Korean and American Congressional Veterans of the Korean War, June 25, 1975. APP（Gerald Ford），http：//www.presidency.ucsb.edu/ws/index.php? pid = 5020&st = south + Korea&st1 = .

② 詹姆斯·施莱辛格（James Schelesinger, 1929—2014），尼克松和福特时期的美国国防部长，支持对苏强硬立场。他在 1974 年的一次讲话中明确表明要与苏联进行军备竞赛。参见美国防部长施莱辛格讲话《强调美国必须与苏联进行军备竞赛》，《文汇报》1974 年 10 月 18 日，第 4 版。

③ William E. Berry, Jr.. The Invitation to Struggle: Executive and Legislative Competition Over the U.S. Military Presence on The Korean Peninsula（Part I）. May 17, 1996, U.S. Air Force Academy.

④ Department of State Bulletin，May 26, 1975: 669.

⑤ ［韩］韓桂玉：《韓国軍—駐韓米軍》，かや書房 1989 年版，第 362 页。

⑥ ［日］神谷不二：《朝鮮半島論》，PHP 研究所 1994 年版，第 128 页。

⑦ 刘绪贻：《战后美国史（1945—2000）》，人民出版社 2002 年版，第 430 页。

提高防御能力。① 从文件内容来看，美国除表示将尽早履行对韩国"军事力量现代化计划"的承诺以便表明美国对韩安全义务以外，还强调了对韩军援方式的变化，即，由赠予性军事援助向军售贷款（FMS sales）方式转变，但并未划定中止赠予性军事援助的最后期限，同时在充分评估后决定将F—4D空军中队以330万美元转让给韩国，这是美国军事援助方式转变的重要表现之一。福特政府在制定对韩政策的同时无时不注意朝鲜的反应，所以对"朝鲜威胁"的评估以及对韩国空防需求的预测也成为福特政府必须考虑的问题，而且这还应该是一个长期的问题。

20世纪60—70年代之交的韩国经常对美国表现出怀疑态度，为清楚了解问题所在，福特总统命令有关部门对美国的朝鲜半岛政策进行全面评估，包括对美国在朝鲜半岛的政策目标与利益的评估以及此后3—5年时间内美国应该考虑的政治和军事策略。美国此时迫切地要弄清楚来自朝鲜的威胁程度究竟怎样、朝鲜在多大程度上可以获得外援。同时，越南问题、日本的朝韩政策以及联合国等外部因素对朝鲜半岛的影响以及对韩军援和韩国核武开发等问题也都是福特政府所关注的问题。② 综合性情报评估有效地指导了福特政府对韩政策的调整，促进了该时期美韩关系朝着相对稳定方向发展。从福特政府主要对韩政策的评估和决定来看，该时期的撤军政策相对后来卡特政府而言，其表现不是非常积极，在对朝鲜半岛政策方面在很大程度上表现出了兼顾全局的外交思想。

福特时期国会对美韩关系的研究也在进行着。国会议员弗雷泽（Fraser）

---

① "国家安全研究备忘录—211"是卡特政府研究美国朝鲜半岛政策的指导文件：NSSM—211（October 8，1974）。根据这份文件，卡特总统在 NSSM—282 中做出对韩政策的若干决定。具体参见：NSSM—282（January 9，1975）及其后的 NSSM—226（May 27，1975）和 NSDM—309（October 9，1975）文件。三份文件的主题分别是"韩国军事力量现代化计划""美国朝鲜半岛政策回顾"和"韩国空中防御要求的决定"。

② 在基辛格签署的这份文件（National Security Study Memorandum 226，National Security Council，May 27，1975）中反映出福特政府关注的主要问题有：北朝鲜的威胁以及它在多大程度上可以获得中苏和第三世界国家的支持；印度支那地区局势的发展对半岛南北方的影响；半岛南北方军备竞赛问题；南北方外交上的争斗（包括研究联合国以及联合国军司令部在朝鲜半岛问题上的作用）；朝鲜半岛南北对话问题；日本与朝韩关系的走向及其对美国在韩国的安全角色问题；驻韩美军以及中止联合国军司令部的问题；美国对北朝鲜进攻的反应；向韩国转让高级军事设备和技术在内的军事援助问题，韩国研发核武器问题；美国对大国与朝鲜半岛关系的立场；南北对话以及大国与南北双方关系的发展；韩国在未来东北亚地区的角色；美国对韩国内部政治发展的立场。

在1976年年初组成"弗雷泽次委会"专门负责研究美国对韩政策问题,此后在国会中针对韩国的听证会和报告会不断增多,进而出现了大规模的调查活动,"韩国门事件"出现以后更是如此。1976年10月24日《华盛顿邮报》以"汉城给美国官员数以百万计的美元"为标题曝出美国国会议员收取韩国政府贿赂的消息,也有将其称之国会的"水门丑闻事件",韩国商人朴东宣与许多国会两党议员都建立了密切联系,尤其是与民主党议员关系更为密切。[①] 10月25日路易斯安那州州长埃德温·爱德华兹(Edwin Edwards)承认其妻艾莲(Elaine)在1971年收受了朴东宣1万美金。[②] 韩国大使馆则否认韩国政府与朴东宣之间存在任何联系,[③] "若其所为有不当之处则可按美国法律予以处理"。[④]《纽约时报》声称,韩国门丑闻涉及90名国会议员,[⑤] 美国墨西哥湾石油公司以及麦道公司都与此事有染。这时尚未当选总统的卡特觉得应退出这个遥远地方——美国对这个地区的责任承诺已不合时宜。

在大选年到来之际,美国政府智囊团之一"布鲁金斯研究所"研究人员开始非常密切地关注由于越战影响使投资减少而产生的防务缺陷问题。他们特别提出,美国如何能更有效地支撑起北约的问题?他们看来,最近几年在这一点上并无明显起色。"重欧主义者"极力促使总统采取一项持权合变之计,即把驻韩美军第二步兵师调至欧洲,或者至少将其撤至美国本土待命随时加强美国在欧洲的力量。[⑥] 就撤出驻韩美军问题而言,1976年国会内也确实出现了一股推动力量——参议员曼斯菲尔德(Mansfield)就是其中的代表。1975年前的连续几年时间里他一直建议削减美国海外驻军水平,但其态度在1976年发生了

[①] "Korea Watergate or Washout?". *The New York Times*. March 29, 1977: 23.

[②] "Louisiana Governor Says His Wife Was Given $10,000 by South Korean". *The New York Times*. October 26, 1976: 14.

[③] Richard Halloran. "South Korea Denies Links To Lobbyist; Says Park Does Not Represent Government Congressman Reports Contributions". *The New York Times*. October 27, 1976: 9.

[④] Telegram to the Minister of Foreign Affairs from the Ambassador in the United States, December 28, 1976. 威尔逊研究中心数字档案(Digital Archive of Wilson Center): http://digitalarchive.wilsoncenter.org/search-results/13/%7B"subject"%3A"1500"%7D?recordType=Record.

[⑤] Nicholas M. Horrock. "Big Political Scandal Held Possible Study Still in Early Stage"; "Inquiry on Korean Influence in U.S. Focuses on List of 90 in Congress". *The New York Times*. October 28, 1976: 89.

[⑥] Robert G. Rich. US Ground Force Withdrawal from Korea: A Case Study in National Security Decision Making. United States Department of State Foreign Service Institute, June, 1982: 9.

变化,转而不再强调削减海外驻军问题。另外,国会的支持态度还突出表现在对"国际安全援助与武器出口控制法案"的修改上,要求总统在此后5年时间内至少每年一次向国会报告,评估韩国军事力量现代化及军事自立情况、美国在韩国的双边安全结构中的角色与作用、阶段性撤军的前景及其影响。修正条款在福特时期生效,这样就将撤军问题设定为一项具体对韩政策目标了。

三 卡特政府撤军政策的出台及各方反应

卡特政府撤出驻韩美军地面部队政策的制定与实施是20世纪70年代后半期美国对韩政策的重要组成部分。这首先是美国战略思想转变的结果,同时也是卡特政府力图避免直接军事介入半岛事务的考虑。该政策从发轫到中止,此中缘由经纬万端。来自政府内部、军界和国会等相关各方的反对及卡特政府对日、对苏政策的综合考虑等均为卡特中止该政策之因素。同时,美国对朝情报分析结果及"韩国门事件"也皆为此中原委所在。

美国国防部在20世纪60年代偶尔讨论撤出驻韩美军问题,但由于韩国在越南地区向美国提供了极大帮助,所以约翰逊政府并未实行撤军政策。在韩国保持相当规模的美军既具有安全方面的因素也具有政治方面的考虑,尤其是韩国地面部队正在越南战场血战之时更是如此。尼克松政府实施撤军后,美国计划要进一步削减驻韩美军,但由于韩国军事现代化的"五年计划"尚未完成、朝鲜威胁不断增加以及越南"陷落"等因素使得美国暂时搁置该计划。另外,尼克松政府由于"水门事件"而遭到国会的严厉抨击,对其对外政策更加严格甚至表现出抵触态度。卡特一贯主张要撤出驻韩美军,该立场在他当选总统以前就已经表达出来,这也是他竞选时的许诺。早在1975年年初作为美国总统候选人时卡特就表示一旦当选就撤出驻韩美军地面部队,韩国对此比较沉默,因为它认为卡特当选的几率非常小,而且美国总统的竞选辞令往往不会都成为现实的政策,但事实证明韩国这两方面的估计都落空了。

1976年大选期间,卡特不断提到从韩国撤军的问题,但并未引起福特的充分注意,也没有在电视上正式公开辩论。卡特当选以后继续细化他的撤军政策,相关各方逐渐意识到这不仅仅是竞选的宣传口号,也并非一项政策建议,而是一项已经确定的对外政策。卡特当选后直接就撤军问题发表了演说,驻韩美军地面部队将在此后4—5年内撤出。卡特执政以后，撤军政策贯穿了美国政府对韩政策的整个过程。然而直到卡特政府末期驻韩美军地面部队仅仅减少了3000人左右，即从4.2万人减少到3.9万人。里根政府在成立的第一个时间内就把撤出驻韩美军地面部队的问题从政府日程中剔了出去。这种政策转变对里根政府而言既是"弃过图新"又是"弃故揽新"之举，这是一个非常复杂的政策变化过程，是美国内外因素综合作用的结果。

(一) 卡特政府撤军政策的依据

1. 美国战略思想的转变是撤军计划的大背景

20世纪60年代，美国在战争准备方面提出了其战略设想：同时在欧洲和亚洲各打一场大规模战争、在亚、非、拉地区打一场较小规模的战争，此即"两个半战争"战略，它是肯尼迪—约翰逊政府"灵活反应战略"的重要组成部分，到70年代则转变为"一个半战争"战略，即准备在欧洲或亚洲在北约和华约之间打一场大规模战争，同时在中东、波斯湾或者朝鲜半岛地区打一场小规模的"半个"战争。这是美国根据其实力和国际战略形势的变化对20世纪60年代的"两个半战争战略"做出的重大调整，它反映了美国实力相对削弱以及中、美、苏三角关系的形成对美国军事战略的重大影响。撤军政策也是这种战略调整的一种反应，美国在东亚的利益可以通过近海岸海空力量予以保证，因此大规模地面军事力量的存在必要性减小。很明显，卡特的撤军计划使美国地面作战部队卷入另一场朝鲜半岛地面战争的可能性降低了。

2. 避免充当战争"引信"的现实考虑

越战后，美国极力避免再次卷入亚洲的另一场战争。新闻媒体强烈反对导致美国在东北亚地区卷入另一场亚洲大陆上的军事冲突，1974年和1976年新当选的许多国会议员也对此具有同样观点。1976年8月板门店非军事区附近导致两名美国军官死亡的"伐树事件"使美国对类似情况的快速反应问题越加变得敏感，美国军事力量在这里起到了冲突"引信"的作用。[①] 参议员麦克

---

① 关于这种"引信"作用的论述还可见于《华盛顿邮报》的报道。参见：Don Oberdorfer, Cater's Decision on Korea Traced Back to January, 1975, The Washington Post, June 12, 1977. https：//www.washingtonpost.com/archive/politics/1977/06/12/carters-decision-on-korea-traced-back-to-january-1975/d21ffe33-35ae-4ef9-bcac-25b8fc999559/.

戈尔文（McGovern）指出，"伐树事件"说明，美国驻韩军事力量可能会在错误的时间和错误的地点引发另一场战争，应该撤出全部驻韩美军，要极力避免与"声名狼藉的暴君"再接近。① 美国自动介入朝鲜半岛问题不单是直接源于《美韩共同防御条约》中的文字表述，而且还是由于美国驻韩军事力量的部署位置决定的——部署在"三八线"和汉城之间的美国军事力量非常容易即刻卷入汉城战时防御行动之中。卡特希望在韩国遭到攻击情况下做出更为灵活反应，但如果美军继续留驻在"三八线"附近，一旦战争爆发美军将首先卷入冲突。这种情况下，除参战以外美方将别无选择，灵活反应何从谈起？虽然一度出现缓和气氛，但在越战后的国际环境中并不能做到对自动卷入朝鲜半岛冲突可能性的精准判断，直观上看为支持韩国而自动卷入冲突的可能性很大，而美国人将不会再容忍本国军事力量再进行一次地面战争。

同时，大国关系随着朝鲜战争的爆发和结束也发生巨大变化，所有相关大国——中美日苏——都极力避免在半岛上再出现冲突局面。尤其在中美、中日接近以及中苏分裂局面加剧的情况下，中国和苏联都不可能再愿意在朝鲜半岛上发动一场新的战争。卡特关于美苏关系的"战略考虑"已经与40年代末50年代初的战略大相径庭了。虽然他没有明确描述，但笔者认为，卡特政府主要是想缓和与中苏两大国之间的关系，这种战略考虑的变化减少了双方在朝鲜半岛再现战端的可能性。而这正是韩国担心的，因为它对如此事关全局的事件只有微小的影响力而并无掌控力，任何类似变化必然直接影响到韩国的安全与防务。

3. 韩国经济实力迅速发展并已接近自保水平

卡特政府认为韩国经济发展已达到自保水平，因此可以撤出驻韩美军。但美国在联邦德国的驻军并不比驻韩美军的时间短，联邦德国的经济实力也足以担当本国防务任务。据此逻辑，美国驻德地面部队也应撤出，但美国强调驻欧洲军事力量的重要性，欧洲是美国全球战略中的无可替代的重点地区防御地

---

① Robert G. Rich. US Ground Force Withdrawal from Korea: A Case Study in National Security Decision Making. United States Department of State Foreign Service Institute, June, 1982: 7. 美国凯托研究所（CATO Institute）高级研究员泰德·卡彭特（Ted Galen Carpenter）将索摩查、阮文绍和朴正熙等人视为"低俗的统治者"（an assortment of sleazy rulers）。参见：Ted Galen Carpenter, A Trenchant Yet Flawed Analysis of American Foreign Policy, Liberty of Law, September 12, 2014, 电子版全文参见：http://www.cato.org/publications/commentary/trenchant-yet-flawed-analysis-american-foreign-policy。

带，因此还是将撤军对象选定为当年被划在美国"防御半径"以外的这个国家。

韩国20世纪60年代中期以来经济发展较为迅速，与此相适应，其国防能力也随之提高。卡特认为，"由于韩国已成为世界上最大经济体之一（1976年经济增长率达15%），它有大规模健康发展的工业，尤其是钢铁、造船、电子及化工工业很强大，这些都足以使之达到自我防御的能力水平"，"韩国和朝鲜比较有2∶1的人口优势，有更大的便捷渠道获取西方工业民主社会的技术设备"，[1] 在卡特看来韩国是非常有希望的。1978年，韩国的对美贸易盈余达到10.3亿美元，比上一年的6700万美元增加了53%。[2] 韩国经济实力及其国防实力较70年代中期以前大有提高，1977年韩国军方使用的装备中有大约50%是韩国本国工业部门提供的，[3] 这与朴正熙实行工业现代化计划的70年代初期的情况不同，韩国经济的快速发展与军事实力的提升之间形成了良性互动。1977年夏，美国同意向韩国提供1.5亿美元援助韩国进行五年军事革新计划，美国主要是通过对外军售贷款形式实施，极大促进了韩国国防工业的发展，韩国经济增长较快可以为本国提供安全保障。

与美国相比，韩国的军事技术明显落后。韩国方面还不能得心应手地操作用于情报搜集的美国先进电子装备，先进武器系统的操作与维修的技术人员也非常稀缺。对美国而言，撤军就意味着需要增加对韩国有关军事人员的训练，1979年财政年度军事援助预算建议书就包含了200万美元用以支付初期训练费用。但从整体上讲，韩国军事力量及其装备在数量和质量上都已经明显提升，驻韩美军地面部队在维持稳定方面的作用也随之降低。在自立思想促动之下以及美国技术援助下，韩国在此前一段时间里已经建立并完善了本国的军工体系，到1978年，韩国大概50%的军事装备都是本国生产的，到80年代初除高端电子设备和飞机以外韩国能够生产足够的装备用以满足自身军事需

---

[1] The President's News Conference, May 26, 1977. APP (Jimmy Cater). http://www.presidency.ucsb.edu/ws/index.php? pid = 7587&st = &st1 = .

[2] "Korean Surplus In U. S. Trade". *The New York Times*, January 31, 1979: D3.

[3] William E. Berry, Jr.. The Invitation To Struggle: Executive And Legislative Competition Over The U. S. Military Presence On The Korean Peninsula (Part 2). U. S. Air Force Academy, May 17, 1996.

要。① 所以卡特政府在这方面的估计还是比较准确的，但后来卡特撤军政策的夭折与这个因素并无关系。

综上所述，卡特政府撤军的理由可以总结为以下几点：其一，大国关系的缓和与调整使卡特政府认为，中苏在保持半岛稳定这一点上与美国有着共同利益，它们会对朝鲜的行动进行某种限制。其二，随着韩国经济实力的提升，朝韩双方军事水平达到大体相当的程度，在仅有美国海空力量及后勤支援的情况下，韩国也有能力抵御朝鲜方面的进攻。但是在美国的前线防御地带，它是不会彻底放弃对韩国的安全承诺的，以上两点也正是卡特政府一再强调的。另外，卡特政府强调人权问题是处理其他国家与美国关系的主要标准之一。他发现朴正熙政府的诸多政策与实践都违背了美国观念中的人权准则，所以他打算借撤军政策向朴正熙政府施加压力促使其按照美国意图改变韩国人权状况。这样撤军问题与美国对韩人权政策就交织在一起了，但是并不能因此将其视为卡特撤军的主要原因之一。

（二）卡特政府撤军计划的酝酿与出台

1. 美国的政策评估

撤军计划出台之前卡特政府进行了评估，国家安全顾问布热津斯基在该过程中发挥很大作用。1977 年 1 月，他签署的国务院政策评估委员会对朝鲜半岛政策全面评估的文件中综合反映了美国对朝鲜半岛所关注的系列问题，② 这些研究为卡特政府做出撤军决定发挥了极大的参考作用。朝鲜半岛军事平衡问题历来是美国认为是否撤出驻韩美军的主要衡量标准，但尽管从 1970 年南北军事平衡状态已开始倾向于北方，但美国方面这时还是得出可以撤军的结论，

---

① Force Planning and Budgetary Implications of U. S. Withdrawal from Korea. Congressional Budget office, Congress of the United States, May 1978: 15.

② 卡特总统命令应该对以下问题进行评估：1. 明确美国在朝鲜半岛的战略利益和目标；2. 分析美国在朝鲜半岛的当前情况及未来趋势，包括南北军事平衡问题、外交竞争问题，大国对半岛的政策以及美韩双边关系问题；3. 细化研究问题有：a. 削减驻韩美军常规力量问题；b. 将"三八线"附近美国军事力量向南部部署问题；d. 未来美国对韩军事援助问题；f. 通过外交努力减少半岛紧张局面；g. 美朝关系问题；h. 韩国人权问题以及韩国政府在美国的活动（韩国门事件）。Presidential Review Memorandum/NSC—13 January 26, 1977, 其中 c 和 e 项未解密。

在美国海空力量、情报机构及支援部队支持下韩国军事力量在五年左右时间里可达到自保水平。美国明确表明将继续保持对韩承诺，苏联和中国出于保持半岛稳定的考虑会对朝鲜进行遏制。1977年5月卡特总统宣布，"美国第二步兵师及其支援部队将撤离韩国，关于阶段性撤出驻韩美军地面部队问题将在与国会领导人以及日韩政府充分协商的基础上做出最终决定，美空军将无限期驻留韩国"。[1]

美国政府要员对撤军问题持不同态度。卡特认为，在美国军事援助及空中支持的情况下韩国有能力抵御北朝鲜的军事进攻并完成保卫本国的任务，布热津斯基支持这一观点。国务卿万斯（Cyrus Vance）、国防部长哈罗德·布朗（Harold Brown）及中情局主任特纳（Stansfield Turner）最初就不同程度地对此持有保留看法。万斯和布热津斯基之间尤其在美国对苏政策方面的观点存在很大分歧。在中苏两国之间，布热津斯基倾向于支持前者，而万斯则坚持在这两个共产党国家之间采取"平衡"策略。他们在撤军问题上虽然分歧较明显，但却反对撤出驻韩美军、反对削减防务预算。而在人权、军售及核扩散问题上，布热津斯基又反对基辛格。[2] 经过一段时间的磨合，美国国务院、国防部、中情局以及其他研究美国朝鲜半岛政策的相关部门逐渐达成一致。他们认为，美国可以最小限度地撤出一些地面部队并可撤出相对较多数量的非作战部队，然后视朝鲜半岛实际情况再进一步实施撤军计划。参谋长联席会议强烈反对卡特的撤军计划，不愿接受在此后五年内完成撤军计划。作为对国家安全委员会文件（PRM/NSC—13）的反应，1977年3月7日参谋长联席会议向国防部长布朗建议，在考虑当地实际情况的前提下，到1982年9月通过阶段性削减计划撤出7000名驻韩美军地面部队而不是全部撤出，但卡特总统拒绝了该提议。[3]

第二步兵师的撤出会引发诸如对防务预算的影响等一系列需要具体考虑的问题——如何安置撤出部队即为其中之一，美国政府对此也进行了讨论。卡特的意见是将第二步兵师用于北约对外军事冲突发生时的后备役部队，国防部建

---

[1] Presidential Directive/NSC—12 [Z]. May 5, 1977.
[2] Erwin C. Hargrove, *Jimmy Carter as President*. Luisiana State University Press. 1988：147.
[3] 卡特认为，如果美国及时提供足够的海空及后勤支持的话，在五年之内韩国就具备了在没有美国地面军事力量援助情况下抵御朝鲜军事进攻以实现自保的能力。Kwang-Il Baek. *Korea and the United States*. Research and Center for Peace and Unification of Korea，1988：143.

议将其安置在美国本土东北地区的三个基地,在必要时重新将其部署在朝鲜半岛。虽然这两个主张并没有本质上的分歧,但第二步兵师的未来使命到底是什么还没有最终确定。此外,卡特撤军计划还包括向韩国军方转让武器装备的问题,大部分是第二步兵师的所属装备。卡特要求国会以立法形式授权向韩国转让总计约为8亿美元的武器装备,大约100辆M—60坦克将随军撤回,取而代之美国将大约200辆M—48旧坦克转给韩国。① 1977年7月26日,在"第十届美韩安全协商会议"联合声明上美韩官员宣布,"补救措施"将提前实施或者与撤军一同实施。

卡特撤军政策的制定过程其个人主观主义色彩比较浓,他并未就此事与日韩方面充分协商甚至并没有与美国军方人士事先充分商量。所以当在落实该政策时不但遭到日韩方面的反对而且也受到来自军方和国会的指责,撤出驻韩美军将打破东亚当时的力量平衡局面并存在在朝鲜半岛再现战火的可能性;同时卡特还被指责自作主张却不顾由于撤军而引发的其他系列相关问题。尽管遭到诸多内外批评指责,卡特政府还是坚持并强调其撤军决定,加速制订撤军计划的具体步骤。

2. 撤军计划的出笼

从"部分撤军此时已必不可免"② 的预热式说法到计划出台并没有多长时间,在摒弃参谋长联席会议的建议和并未事先与日韩协商的情况下,1977年5月26日新闻发布会上卡特正式宣布将撤出全部驻韩美军——"我们已认真考虑了撤出全部地面部队的问题,在接下来的4—5年时间里谨慎有序地撤出驻韩美军地面部队,现在是时候了。"③卡特于次日再次强调对韩国坚定的承诺并为他的撤军计划进行了辩护,④ 看来卡特在撤军问题上已经显示出系马埋轮的决心,其阶段性撤军计划很快也就出笼了。

---

① Force Planning and Budgetary Implications of U. S. Withdrawal from Korea. Congressional Budget Office, Congress of the United States, May 1978: 14.

② Richard Halloran, "A Partial U. S. Pullout From South Korea Now Seems Inevitable". February 27, 1977: 136.

③ Kwang-Il Baek. *Korea and the United States*. Research and Center for Peace and Unification of Korea, 1988: 142.

④ Bernard Weinraub. "Carter Defends Plan to Reduce Forces in Korea". *The New York Times*, May 27, 1977: 39.

卡特的撤军计划分为三个部分。第一阶段，到1978年年底撤出6000人的地面部队，其中包括第二步兵师的一个旅。第二阶段，到1980年6月30日再撤出9000人左右，绝大部分属于支援部队。计划还对由于撤军而移交韩国的美军军事装备设施的种类、数量及移交步骤等进行详细规划。第三阶段，视具体政治情况而定，第二步兵师司令部及第二步兵师两个旅的地面部队将在1982年最后撤出。地面部队撤出以后，美国将在韩国保持海空力量并在陆军情报、后勤支持以及通讯人员方面保持总数1.2万人。

(三) 各方对美国撤军政策的反应

撤军政策涉及有关各方的国家利益，因此自然就引发这些国家的关注，它们出于不同的战略目的都愿意继续保持驻韩美军的存在，在该问题上主要国家存在着利益交叉。韩日的安全在极大程度上依赖于美国军事存在，所以第一批驻韩美军撤离以后这两国都产生了担忧，它们把美国的这种举动理解为美国对其安全承诺的削弱，是美国最终从亚洲抽身的前奏。尽管尼克松政府答应援助韩国进行军事现代化计划，但韩国担心美国国会将大大压缩这种援助，作为美国撤军政策的直接作用对象，韩国的反应最为直接和明显，日本在安全政策上与韩国存在"连带"关系，因此在保持驻韩美军数量问题上与韩国观点一致；中苏两国出于两国政治利益角逐的需要在驻韩美军问题上也存在类似立场。

1. 韩国对美国撤军计划的反应

尼克松主义及随后的撤军活动使韩国有一种被美国疏远和抛弃的感觉，韩国感到似乎很快就要被迫独当一面单独应对"朝鲜威胁"了。此际正值韩国大量派军在越南地区帮助美国之时，韩国正在努力地发展美韩军事关系。美方在未同韩国进行详细协商情况下就采取单边行动、将撤军计划之既定事实告知韩国，而且国内政治局面也不利于朴正熙，他的三个强劲对手在酝酿和他竞争1971年总统选举。因此，朴正熙对美国的这种决定难免有一种遭到背叛和抛弃的感觉，他在会见美国驻韩大使威廉姆·波特（William Poter）时指出，美国没有权力撤出驻韩美军，因为《美韩共同防御条约》第四款规定，美方若要调整驻韩美军的部署其前提应是美韩双方事先协商而后采取行动，然而美国并非这样做的。韩国总理丁一权警告说，整个内阁会以集体辞职的方式表示抗议，韩国军事力量将无法弥补由于美军撤走而在非战区留下的空白。驻美韩大使金东洙（Kim Dong-jo）暗示要尽早撤回在越南的韩国军队。韩国国民大会也一致通过决议，敦促尼克松重新考虑其决定。有韩国民众认为，在半岛南北双方军事实力对比中南方处于劣势情况下撤出驻韩美军就是在变相强化朝鲜的军事优势地位，如果要撤军可以分阶段实施，至少应在韩国完成"三五计划"后，即1976年后再实行。美方则认为，韩国的实力已达到自保水平，加上余部美国驻军，可以有效地遏制朝鲜的进攻。在了解到美国不能更改其撤军计划以后，韩方转而向美国提出扩大经济援助的要求。

美国在尼克松访华问题上并没有事先与韩国通气，美国的这种"弃好背盟"的撤军举动又加剧了韩国的上述感觉。以朝鲜半岛问题为核心的大国关系的张弛再度引发韩国对历史上列强政治把戏故伎重演的怀疑——那时朝鲜半岛的命运受控于帝国主义列强，而在两极对立时期朝鲜半岛又由于强国利益的对立而分裂。国际政治发展的不确定性使韩国感到朝鲜半岛有可能再次成为大国利益分化组合的牺牲品，朝鲜战争以来覆盖韩国的"保护伞"即将消逝，韩国为此忧心忡忡。在这种情况下，韩国加紧开拓自己的外交空间。1971年8月尼克松访华消息公布后，韩国政府马上建议朝韩红十字会就半岛离散家属团聚问题举行会谈，① 并宣布将与"非敌意"的共产党国家建立商业贸易关系，罗马尼亚和南斯拉夫于1971年8月提出与韩国进行贸易。② 韩国方面甚至还打算在中苏放弃敌视韩国的立场之条件下寻求实现同两国的关系的正常化。

韩国认为美国对韩安全政策自从20世纪60年代末期开始发生较大变化，最明显表现就是尼克松主义的出笼及随后2万美军的撤出，这给韩国造成极大的对美信任危机，这种感觉在越战以后不断加深。朴正熙指出："我们与美国保持着防务联盟关系，但如果将我们的未来仅仅建立在对这个联盟的信任基础之上，我们必然会遇到一些麻烦问题。"③ 这表明朴正熙此时已经敏感地察觉到美国对韩政策将有某些重大变化，因此必须依靠本国的力量实现自保，于是韩国在1971年加大了大规模国防建设活动的力度。尽管美国对韩国进行援助以实现其军事现代化，但美韩之间依然存在严重的分歧。韩国将美国对该计划

---

① North-South Talk In Korea To Open; First Contact in Panmunjom Set by Red Cross Units on Divided Families North and South Koreans Set Talks by Red Cross officials. *New York Times*，August 15，1971：1.

② "East Europe Trade Proposed To Seoul". *New York Times*，August 22，1971：6.

③ Kwang-Il Baek. *Korea and the United States*. Research and Center for Peace and Unification of Korea，1988：146.

的援助视为美军撤军的一种"补偿",是赠予性援助;美国国会则认为这是美国对韩国实行的年度安全援助,而且美国还把对韩军援由直接赠予转为在"对外军事贷款销售"项目(Foreign Military Credit Sales -FMS)基础上直接向韩国出售武器装备。1971年美国国会拨付了韩国"军事改进五年计划"首年的1.5亿美元援助额,这和此时削减2万驻韩美军有直接关系,但次年美国国会在拨款问题上就显得非常执拗进而拒付全额,而且尼克松政府在该计划第一年后就再也没有提出实现韩国军事现代化的详细计划。为缩小与北朝鲜军事力量之间的差距,韩国于1975年年中发起了第二个军事现代化五年计划。这些措施是韩国政府提高军事自立水平的主要举措,在这种条件下韩国不可避免地需要增加防务开支。为了找到更多的补充国防开支的源头,韩国于1975年制定了"特别国防税"。①

美国在亚洲的战略收缩政策虽然明显体现在韩国身上,但并未忽略韩国的战略重要性。"韩国的未来对美国至关重要,这种重要性不仅仅是因为它具有保持日本海地区以及日韩稳定的战略据点作用,而且对于美国的自信及其恪守义务的国际形象有着重要作用。"② 基辛格在1976年表示,单方面撤出驻韩美军是对盟国安全的极大威胁,同时会降低美国的影响力。福特和基辛格试图向美国的盟国和友国保证,即便在印度支那战争以后美国依然打算保持其作为亚洲大国的地位,驻韩美军是美国决心的表现。③ 这种保证在韩国非常受欢迎,但由于美国每一届政府的政策多有变化,因此韩国担心的是关于驻韩美军政策的连续性问题。1975年5月的一项调查显示,如果韩国遭到共产党国家的进攻的话,只有25%的美国人支持美国介入,而有52%的人将对此持反对意见。④ 1976年韩国的焦虑由于民主党候选人卡特的竞选演讲而再度加剧。在这种情况下,朴正熙政府采取了多种办法力图影响美国的政策,其中之一就是通过游说和贿赂美国国会议员,以便促使美国继续维持美国对韩国的支持,韩国

---

① 其目的就是在5年之内向"军事力量改进计划"提供资金,但实际上两次续期直到1990年才停止实行。

② Zygmunt Nagorski Jr. "Standing up for South Korea". *New York Times*, June 14, 1975: 27.

③ William E. Berry, Jr.. The Invitation to Struggle: Executive and Legislative Competition Over the U. S. Military Presence on the Korean Peninsula (Part 1). May 17, 1996, U. S. Air Force Academy.

④ Larry A. Niksch. "US Troop Withdrawal from South Korea: Past Shortcomings and Future Prospects". *Asian Survey*, Vol. 21, No. 3, March 1981: 329.

政府指派朴东宣为首的韩国商人在美国展开了"院外外交"活动并最终酿成"韩国门事件"。由于朴东宣贿赂事件败露并试图隐匿含有 70 名国会议员名单，① 美国国会众议院法规委员会（House Rules Committee）于 1977 年 2 月 8 日开始调查并判定"是否有韩国机构或代理人对国会议员进行行贿、议员是否有收取佣金以为汉城军事政府服务的情况"。② 早在 70 年代初，韩国政府就举行了系列会议来研究如何维持美国政府对韩国的支持这一问题，在"韩国门事件"败露前这种活动一直持续着。1977 年 3 月初的《纽约时报》报道认为，韩国政府在此前一年就力图通过在华盛顿的"美利坚大学"建立学术情报中心和游说活动中心（an academic listening and lobbying post）。③ 恰逢此时卡特政府极力指责韩国人权状况，这些相互交织的问题致使该时期美国对韩政策处于战后最复杂的阶段。

尽管卡特政府一再进行保证并且不断做出进行"补偿"的姿态，但韩国依然处于疑似之间："我们现在处于越战后时代，口头义务承诺不如实际行动。北朝鲜一定把美国撤出驻韩美军的行动视为美国不打算卷入发生在亚洲的另一场战争的一种政策选择。"④ 这说明韩国对于越战后的安全形势越发感到紧张，倾向于认为美国的诸多许诺不如实际驻军的存在。朴正熙对美国撤军问题于 1977 年 2 月又做了比较明确的表态："关于撤出驻韩美军地面部队的问题，我国政府将予以密切关注。毋庸讳言，驻韩美军的存在对于防止半岛重开战事及保证东北亚地区和平与稳定有着关键的作用。在共产主义的北朝鲜仍然坚持以军事手段或以暴力形式统一半岛的邪恶计划之时、在韩国自身防御能力尚未达到自保阶段之际，我国政府认为任何削减驻韩美军的行动都有悖于我们的意愿，因此希望在一定时期内不要发生与此相关的任何变化。"⑤ 卡特竞选获胜令韩国比较惊讶，但仍不相信卡特会采取实际行动兑现竞选时做出的

---

① "Richard Halloran. Korean Lobbyist Fought to Hide Document Naming 70 Lawmakers". *The New York Times*, February 5, 1977: 9.

② "House Panel Opens Way For Korea Bribe Inquiry". *The New York Times*, February 9, 1977: 20.

③ "Offer to American U. by Korean Reported"; Rejected Fund Said to Have Been for Lobbying Post in Capital. Richard Halloran, *New York Times*, March 2, 1977 (15).

④ Kwang-Il Baek. *Korea and the United States*. Research and Center for Peace and Unification of Korea, 1988: 147.

⑤ Chae-Jin Lee. *A Troubled Peace*: *U. S. Policy and the Two Koreas*. JHU Press, 2006: 84.

"撤军"许诺。然而卡特就职不到一周的时间就签署命令（NSC—13）指示国务院下属的"政策评估委员会"对美国朝鲜半岛政策进行全面重新评估。

朴正熙已经完全意识到正如同尼克松在 1970 年宣布撤军决定一样，这次卡特又一次单方面宣布对韩军事决定并已是既成事实。韩国担心美国削减驻韩军事力量的行动就是在向中朝表明美国对韩兴趣的淡化，于是就有可能重复 1948—1949 年的历史，所以在这种情况下撤出驻韩美军就会使朝鲜以此当作美国对韩义务削弱的信号。韩国不论是反对派还是支持政府的力量都反对美国从韩国仓促撤军，他们都认为如果没有美国军事力量，朝鲜必将发动进攻。韩国反对派领导人指出，"在朝鲜半岛南北双方统一进程有明显进展之前驻韩美军应驻留韩国"。① 时任韩国外长朴东镇曾在韩国国民大会上宣布，卡特任总统期间的美国对韩政策将不会有明显变化，因为在美国竞选时的许诺经常情况下是多许少予的。他预料到美国对韩军事政策会发生某些形式上的变化但并不会发生本质上的变化，他也认为如果卡特计划撤出驻韩美军，事先将与韩国进行充分审慎的协商后才能实行。

为了消除"卡特撤军"说法造成的国内紧张状况以及缓解朝鲜的军事侵扰，韩国外交通商部以及国防部官员先后表态。② 卡特关于撤军的不容置辩的态度使一度政绩斐然的朴东镇感到非常困窘，朴正熙也同样非常愤怒，尤其是他一直认为卡特会像他许诺的那样在重大战略决策问题上将与韩国进行协商，这个许诺并没有兑现，美韩联盟关系又遭受了另一场信任危机。韩国参谋长联席会议高级官员则认为，卡特撤军的单边决策过程说明他在外交事务方面的无知和经验的匮乏；青瓦台的高级政策专家则认为卡特的行动是"感觉迟钝的""粗鲁无礼的"和"傲慢自大的"。③ 卡特曾经不断重申美国将在阶段性撤军问题上与韩国进行密切磋商，然而事实恰恰与之相反。直到 1977 年 5 月末副

---

① Emerson Chapin. "South Korean Opposition Leader Says U. S. Troops Should Remain". *The New York Times*, March 8, 1977: 6.

② 韩国外长朴东镇指出："就作战能力而言，韩国与北朝鲜水平大体一致，如果我们遭到北朝鲜的侵犯驻韩美军及《美韩共同防御条约》的存在都将使美国自动介入对我们予以支持。""拟议中的撤军计划既不成熟也不现实。"韩国国防部也指出："个人是无法使美国军事政策发生巨大变化的，驻韩美军的存在对其他亚洲国家的安全利益也是非常重要的。"Chae-Jin Lee. *A Troubled Peace: U. S. Policy and the Two Koreas*, JHU Press, 2006: 82.

③ Chae-Jin Lee. *A Troubled Peace: U. S. Policy and the Two Koreas*, JHU Press, 2006: 86.

国务卿哈比比和参谋长联席会议主席乔治·布朗访问韩国才正式与韩国商讨此事。哈比比和布朗访韩后不久，美韩之间的第十届年度安全协商会议国防部长会议召开，会上双方就撤军的具体步骤及相关情况达成一致。

与1970年对尼克松撤军的态度有所差别，朴正熙及其支持者不再是简单的抗议，而是转而采取一种违害就利的务实政策。在过去的6年当中他们从尼克松撤军实践中吸取了教训，自信心更加强化了。在木已成舟的情况下，朴正熙"带着明显的勉强接受了不可避免的美国地面部队撤军计划，并枉尺直寻以小求大力促美国采取补偿措施"。① 为了填补美军撤离后造成的力量真空，美国同意做出"补偿"。1971年，尼克松撤出第七步兵师的补偿是向韩国提供1.5亿美元用以支持韩国"军事现代化五年计划"，而此时的补偿条件远远超出了前者。卡特总统的撤军计划加速韩国"军事力量改进计划"（FIP）的实施，韩国防务预算开始不断攀升，然而韩国在外汇方面依然存在困难，所以寻求从美国获取大量军售贷款（FMS）。1978年财政年度，国会批准了2.75亿美元的对韩军售贷款。卡特还要求在1979年财政年度再向韩国提供2.75亿美元，而且卡特政府还会希望在接下来的几年时间里保持同样数字。② 卡特政府许诺要寻求国会支持将第二步兵师的价值数亿美元的军事装备移交韩国，为韩国为期五年的"军事改进计划"（1976—1981）一次性增加3亿美元贷款，在五年内以8%的年利率增加"对外军售贷款"11亿美元。美韩双方同意扩大双方军事演习范围，建立联合军事指挥机构，美国方面还信誓旦旦地保证不撤出核武器。1979年6月，韩国同意将在次年将其国防开支增加到GNP的6%，条件是美国取消卡特的撤出驻韩美军的计划。韩国防务开支首次于1980年达到了GNP的6%，并一直持续了三年之久。③ 撤军政策在相当大程度上影响到了韩国防务政策，至少在国防开支方面清楚地得到体现。

以上基本上代表了韩国政府在美国撤军问题上的态度，明确表明反对态度。在韩方看来，至少应在其军事现代化计划完成后以及半岛南北双方签署不

---

① Henry Kamm. "Park Said to Yield Reluctantly to U. S. Korea Plan". *The New York Times*, May 26, 1977: 3.

② Force Planning and Budgetary Implications of U. S. Withdrawal from Korea. Congressional Budget Office, Congress of the United States, May 1978: 14.

③ Jong-Sup Lee. Uk Heo. *The US-South Korea Alliance 1961—1988*. The Edwin Mellen Press, 2002: 163.

侵犯条约后美国才可撤军。卡特总统虽然保证在实施撤军后会以其强大的海空力量保证韩国的安全，然而从实际来看只有地面军事力量才是遏制侵略的有效力量。况且即便美国允诺提供海空援助，但很难保证在韩国遭到入侵的第一时间就会得到有效的海空援助，这样的调动权并不在韩国手里。由于存在种种疑虑，朴正熙政府在"反对无效"的情况下从国家利益出发也是在务实思想作用下极力采取措施以实现自立。在与美国进行讨价还价的交涉中，韩国将其从越战中与美国打交道的外交经验再度应用并加以发挥，从而获得更多的"补偿"以达到补苴罅漏的作用，这也是失之东隅，收之桑榆的典例。

2. 朝鲜对美国撤军政策的态度

越南"陷落"之际金日成访问了北京，韩国更加担心朝鲜是在寻求中国帮助来实现武力统一半岛的目标。为此美国重申将恪守条约义务，必要时将对韩国实施军事保护。美国国防部长施莱辛格指出，假如战端再起，美国将有可能使用战术核武器。① 朝鲜方面则指责美国是在搞"核讹诈"，"如果美国在半岛再挑起战争，朝鲜人民将坚决予以回击（with a decisive counterblow）"。② 与此同时，朝鲜还不失时机地发动政治宣传攻势，促使美军撤离朝鲜半岛。1975年6月25日，苏联为纪念朝鲜战争爆发25周年组织了为期一个月的示威活动以抗议美国驻韩军事力量的存在，支持用和平民主的方式实现统一。③

20世纪50年代以来，朝鲜的长期战略目标就是以其为主体统一朝鲜半岛，其主要战略是建立军事优势，分裂美韩联盟，采取措施迫使美军撤出南部地区，然后削弱美国对韩国的义务，最终达到目标。美韩联盟尤其是驻韩美军的存在是对朝鲜安全的最大威胁、更是朝鲜统一半岛的最大障碍。长期以来朝鲜一贯立场就是坚持美国立即全面撤出驻韩美军。对此金日成指出："美国对南朝鲜的占领及其实行的侵略政策是我们国家悲剧的根源、是实现祖国统一的

---

① 美国国防部长施莱辛格曾经多次在不同场合指出，如果常规力量不能取得胜利的情况下，美国将动用战术核武器以阻止来自世界上"重点地区"（vital parts）的进攻，他具体提到了两个"重点地区"，一是欧洲，二是朝鲜半岛地区。Robert A. Mosbacher Jr.. "Nuclear Arms and the Stakes in Korea", *The New York Times*. September 17, 1975: 45.

② "North Korea Charges U. S. With 'Nuclear Blackmail'". *The New York Times*, June 23, 1975: 21.

③ Malcolm W. Browne. "Soviet Opens Drive For a U. S. Pullout from South Korea". *New York Times*, June 25, 1975: 10.

最大障碍，更是在朝鲜地区引发战争的长期诱因。"① 朝鲜将驻韩美军的存在视为实现自己战略目标的最大障碍，因此一直在寻找并主动创造机会迫使驻韩美军撤出半岛，它最大胆的尝试是在60年代末期采取的一系列冒险行动，虽然在不同程度上达到了目的，但并没有见到美国撤军的场面。尼克松和卡特时期的撤军政策使朝鲜感到实现本国政治目标的机会再度浮现。

3. 日本对美国撤军政策的反应

日本在朝鲜半岛的利益主要在于避免在该地区发生军事冲突，不致出现陷入对抗局面而与中苏发生军事冲突，一旦在半岛出现战事尽量防止美日关系破裂，同时也不希望韩国出现对日本不友好的政府。

日本极力反对美国撤出驻韩美军计划。日方认为，"美国在亚洲唯一利益攸关的国家就是日本，而日韩安全问题紧密相连，驻韩美军两个师的存在是必要的"。② 三木武夫及福田赳夫内阁都对美国撤军政策持反对态度，日本保守派力量、防卫厅以及财界都对此反戈相向，三木首相还特别强调驻韩美军继续驻留韩国的重要性。③ 哈佛大学教授多那多·扎格罗亚（Donald Zagoria）指出，日本几乎整个防务及外交政策机构都对撤军政策持有反对观点，美国这一行动有可能在该地区产生核武开发的连锁反应。④ 日本担心这样会将本国拉进地区军备竞赛当中去，而且美国在越南的失败加剧了日本对美国安全保障作用疑团莫释的感觉，更何况美国又开始在日本的近邻韩国实施撤军计划！布鲁金斯研究所高级研究员莫顿·哈尔佩林（Morton H. Halperin）指出，如果美国地面部队全部从韩国撤走，那就使日本（还有韩国）非常怀疑美国的意图，因此在争取稳定现状的外交努力取得新进展之前，美国应保持一支留守部队。⑤

---

① Kwang-Il Baek. *Korea and the United States*. Research and Center for Peace and Unification of Korea, 1988：182.

② ［日］神谷不二：《朝鮮半島論》，PHP研究所1994年版，第66页。

③ ［韩］韓桂玉：《韓国軍—駐韓米軍》，かや書房1989年版，第365页。

④ Robert G. Rich. US Ground Force Withdrawal from Korea：A Case Study in National Security Decision Making. United States Department of State Foreign Service Institute, June, 1982：17.

⑤ ［美］亨利·欧文：《七十年代的美国对外政策》，生活·读书·新知三联书店1975年版，第35页。

日本的恐惧由于 1975 年金日成访华时的强硬姿态而再度升级，金日成宣称，如果南朝鲜爆发革命，朝鲜不会"坐视无为"而是以战争的形式来响应，战争中"朝鲜失去的只是军事分界线，赢得的是国家的统一"。美国国防部长施莱辛格则指出，"若必要的话，我认为使用核武器问题将会被认真考虑的，打算试一试美国反应的做法是不明智的。"① 这种外交辞令远非词微意远的表达方式，而是一种针尖麦芒式的直面对抗。虽然当时中国对金日成的讲话未做出多大反应，但朝鲜的这种声明在东北亚地区始终"余音缭绕"，一时间半岛再起战端的可能使日本极度不安。为缓解盟国的担忧，基辛格不断表示美国并未放弃对韩国防卫义务。尽管美国在印度支那遇到了挫折，但也不会从亚洲撤走，并且对任何打算靠武力将其意愿强加给亚洲国家的行为进行反击，② 日本官员对基辛格的表态大加赞扬，③ 在三木武夫—福特联合公报中也称韩国的安全问题对于东北亚地区的和平至关重要。卡特刚刚就职就派副总统蒙代尔赴韩日转达卡特的意思，美国向日本保证不会抛弃亚洲。日本方面也力争不使其白宫的"新主人"窘迫，但对撤出驻韩美军地面部队的决定还是明显表现出非常惴惴不安的态度，同期日美峰会及联合公报都在强调韩国安全问题的重要性。

总体上看，日本在美国撤军政策中并不扮演多重要的角色，但美国撤军政策的确影响到日本的防务安全问题，它认为削减直至撤出驻韩美军就意味着日本安全防御盾牌的破损和缺失，其影响将是不可预测的。朝鲜半岛局势的稳定是所有东北亚国家保持和平实现安全不可或缺的先决条件，美国撤军客观上将促使日本不得不增加自身防务乃至必须要在韩国安全防务中担当积极角色。虽然美国表示从韩国撤军不会影响日本的安全，但福田首相还是力图说服美国政府延期实施或者放弃撤军计划。时任美国副总统蒙代尔在访问英、法、德以及

---

① Don Oberdorfer. The United States, Japan and the Korean Peninsula: Coordinating Policies and Objectives. Working Paper No. 11. Johns Hopkins University, The Paul H. Nitze School of Advanced International Studies, U. S. A And Hajime Izumi University of Shizuoka, Japan.

② Bernard Gwertzman. "Kissinger Tells Asian Allies U. S. Stands By Them"; "Warns States On Continent Not To Employ Force To Impose Will On Others Japan Society Address He Cites American Intent To Maintain Peace And Security In Korea". *The New York Times*, June 19, 1975: 73.

③ "Tokyo and Seoul Are Pleased By Kissinger Remarks on Asia". *The New York Times*. June 20, 1975: 3.

其他一些西欧盟国以后于 1977 年 1 月末访日，他与首相福田进行了会谈。蒙代尔指出，美国应该也愿意作为一支亚太力量而存在，并在该地区保持一支力量均衡的、机动灵活的部队，在与日韩充分协商与合作的基础上将分阶段撤出驻韩美军地面部队。通过会晤，福田缓和了此前在该问题上的极力反对态度并指出，"此事基本上属于美韩双边关系问题，日本政府不打算介入其中，也不想在两国间进行斡旋"①。韩国对于日本的态度变化感到不悦，并认为在外交上丢了颜面。但不论如何，美日联盟框架中的日本尽管对此怨气满腹，但还是向美国做出了让步。1977 年 2 月 1 日，美国副总统蒙代尔表示，美国重新确认对亚洲各有关国家的经济军事义务，同时明确表明美国将在韩国保持一定数量的军队，② 日本方面很快对美国的保证表示满意。③ 于是，美国在撤出驻韩美军问题上至少在表面上取得了日本的认可。尽管 1977 年 3 月卡特实现了与福田首相的会晤并使日本勉强接受了撤出驻韩美军的计划，但实际上日本政府却颇有微词。越南战争以后，日本更加关注美国在亚洲的举动，同年福特政府将隶属第七舰队的三航母之一撤走，这对许多日本官员而言就是美国在亚洲安全作用的削减，而此时卡特的撤军计划不能不触动日本。

日本从经济角度出发也不愿意美国撤出驻韩美军。日韩之间的贸易关系非常紧密，1973 年双边贸易额达到 30 亿美元，日本成为韩国最大的贸易伙伴，而韩国为日本第五大贸易伙伴。日本是韩国最大私人投资国和经济援助国，1973 年日本向韩国提供了 1.57 亿美元的官方开发援助，1973 年日朝贸易额数量虽然不大但也达到了 1.7 亿美元。④ 在撤军政策将产生安全方面的影响的同时，日本在朝鲜半岛地区十几年来苦心经营的经济利益也必然受到极大影响。所以除政治利益考虑之外，日本还特别关注 60 年代以来它在半岛南北方不断扩大的贸易利润（见表 6—4）。从保证经济利益角度看，日本也不愿意失去驻韩美军这堵"防火墙"。

---

① Chae-Jin Lee. *A Troubled Peace*: *U. S. Policy and the Two Koreas*. JHU Press, 2006: 83.
② "Mondale Says U. S. Will Keep Some Forces in Korea". *The New York Times*. February 1, 1977: 3.
③ Henry Kamm. "U. S. Stand on Korea Assures Japanese; Statements on Troop Withdrawals and Stability Made By Mondale". *The New York Times*, February 4, 1977: 3.
④ Korean Peninsula, Issues/Talking Point. State of Department, November 1974.

表6—4　　　　　日本与朝鲜半岛两国的贸易（1960—1971）　　　　单位：千美元

年度	朝鲜		韩国	
	出口	进口	出口	进口
1960	1138	8	100089	18575
1961	4456	3460	125876	22445
1962	4781	4553	138140	28504
1963	5347	9430	159661	26980
1964	11284	20231	108841	41667
1965	16505	14723	180304	41315
1966	5016	22692	335170	71688
1967	6370	29606	406959	92382
1968	20748	34302	602653	101630
1969	24159	32186	767191	133927
1970	23344	34414	818175	228970
1971	28907	30059	855687	274421

资料来源：Japan External Trade Organization, Foreign Trade of Japan, Yearbooks from 1960—1971（for 1960—1970）and White Paper on International Trade：Japan, 1972. 转引自 Peter W. Colm, The Reduction of Tension in Korea（Volume-2）, Institute for Defense Analysis, The US. Arms Control and Disarmament Agency, June 1972：198.

　　日本将朝鲜半岛视为指向其心脏的一把匕首。从安全方面考虑，韩国对日本意义重大，不友好国家控制朝鲜势必对日本的安全产生明显威胁。战后，日本在美国扶持下经济得到快速恢复，日本一直将驻日美军及驻韩美军视为保证其安全的盾牌。朝鲜战争爆发以后，南部靠自己的力量很快就土崩瓦解了，于是"联合国军"便出现在朝鲜半岛，战争使美国正式开始担负起保证韩国安全的义务。到70年代，美军已在韩国驻留二十余年，韩国成为美国遏制亚洲共产主义的环节之一，并成为日本的防御屏障，它越来越觉得美国武装起来的韩国应该被划入美国防御半径而不仅仅包括日本在内。

　　概言之，驻韩美军的存在，从战略意义上来讲是制衡中苏在半岛影响的重要力量；从经济意义上说，它保证了日本在韩国的投资与贸易安全；军事上，驻韩美军的存在使日本不必为韩国安全问题而多做打算。由于内外因素制约，日本既没有准备好向韩国提供军事力量保证其防务的有效性，也同时没有做好准备实现全部的军备准备。在支持韩国方面,日本能够发挥的作用是经济方面的,军事作用则由美国承担。总之,日本愿意驻韩美军继续保留在朝鲜半岛上。

4. 中国的反应

从地缘角度看,朝鲜半岛距中国政治中心近在咫尺、与中国东北工业基地山水相连,因此仅凭这一点就可以判定,中国比苏联更加关注由于他国控制朝鲜半岛而引发的安全问题。帝国主义时代,日本占领朝鲜以后将其作为军事和工业基地,从这里占领中国东北进而一度实现占领中国。

朝鲜战争以来紧张的中美关系使中国自然产生了敏感的自卫心理。由于中苏分裂局面的存在,又使之产生受孤立的心理,认为美苏给中国造成巨大的威胁:"美国人可能占领广东、广西及云南等中国南部省份,赫鲁晓夫可能从北面攫取新疆和东北地区或占领北京。"[①] 美国在朝鲜半岛的举动使中国产生了新的担心,即美国不但可以在南部威胁自己,且可以从东北地区对自己产生威胁,而这个突破口就是朝鲜半岛。中国没有任何理由不关注朝鲜半岛局势的变化,对于美国在该地区的军事力量调整计划当然密切关注。1969年11月的《尼克松—佐藤联合公报》再次反映出美国在亚洲实行战略收缩的政策的意向,中国将此理解为"日本军国主义的复活"。[②] 笔者认为,这种判断是基于以下原因形成的。此前日本经济实力及其军事势力不断上升,美国实行裁撤驻韩美军等战略收缩政策必然加大力度扶持日本——即使美国不这样做日本也会主动采取加速发展军事实力的步骤——使之成为美国在东北亚地区的利益代言者,这样美国就又扶持起来一个与中国对立的国家,那么在处理朝鲜半岛问题及台湾问题时,日本必将介入。同时,在中苏边界冲突以及中苏关系紧张骤然升级情况下,中国的战略环境将大大恶化。尽管尼克松致力于实现中美关系正常化,中国还是强调美军不但应该从台湾地区和越南撤军,而且还应从朝鲜半

[①] 语出时任外交部长陈毅。除了表示中国有可能腹背受敌局面的担心外,他继续说:"大部分中国地区尚存有数百万中国民众,他们将继续抵抗入侵者。我本人就是四川人,若上述情况发生,我将继续战斗在四川地区。"参见:"The Great Debate". *Far Eastern Economic Review*, 1964: 24.

[②] Myung Hyun Cho. *Korea and Major Powers*. Research Center for Peace and Unification of Korea. 1989: 309.

岛、日本、菲律宾和泰国撤出。① 所以中国此时对于驻韩美军的调整并无好印象。

70年代初期，由于大国间国际政治斗争纵横捭阖的作用，中日、中美关系走向缓和。尼克松访华以后，中国对驻韩美军问题的态度发生明显变化。甚至还有人认为尼克松时期两万左右的驻韩美军的撤出与当时中国开展的"乒乓外交"同时出现绝非偶然。② 中国对美韩政策的批评指责逐渐减少，1972年以后中国对美日共同防务条约以及日本自卫队的建立等问题不再横眉冷对了，这其中毫无疑问存在着中苏关系破裂的因素。如果我们在中苏关系紧张、中朝关系不活跃以及中国与日美关系解冻的大背景下来分析，中国态度发生变化的原因就比较清晰明了：早撤出驻韩美军有可能在朝鲜半岛产生冲突，同时会加大苏联在该地区的影响，军事冲突将促使朝鲜更加依赖于苏联。韩国的某种表态也可以说明这一点，1979年1月韩国总理崔圭夏警告美国说，既然中美关系转好，苏联就有可能充实其远东海军力量并加强对北朝鲜的支持。③ 另一方面，撤出驻韩美军或使半岛发生军事冲突的局面都会使日本重新武装起来并最终打破地区力量均衡状态。这是中国极力避免的两种情况，所以中国此时宁愿驻韩美军继续保留在朝鲜半岛。

中美之间实现了历史性和解，但由于意识形态斗争需要，双方还存在着根本性的和具有排他性的利益。为了不使中国将驻韩美军的撤出当作美国减少对韩防务义务的印象，美国代表团于1975年8月7日访问中国并与邓小平举行会谈，它向中方表示"将致力于保护韩国不受到北朝鲜的攻击"。④ 卡特政府也运用多种外交渠道向中苏朝明确美国对韩政策——"美国的撤军政策并不能说明其对韩义务的削减，北朝鲜应该了解美国这一立场"。⑤ 韩国不愿意见

---

① James Reston. "Compromise With Nixon Indicated Chinese Army Demands That U. S. Leave All Asia", *The New York Times*. August 2, 1971: 1.

② ［日］神谷不二：《朝鲜半岛論》，PHP研究所1994年版，第152页。

③ "South Korean Warns That Soviet May Bolster Its Navy in Far East". *The New York Times*, January 14, 1979: 6.

④ U. S. Visitors Bid China Curb Korea, "Congressional Group Meets Deputy Premier In Peking". *New York Times*. August 7, 1975: 6.

⑤ Chae-Jin Lee. *A Troubled Peace: U. S. Policy and the Two Koreas*. JHU Press, 2006: 88.

到中美接近的局面，所以在邓小平访美之前，它就对中国的举动表示不满，[①]但卡特依然计划要向中国寻求帮助以应对朝鲜半岛潜在的危险。[②] 卡特在1979年2月邓小平访美期间还表示希望中国能够最大限度地影响朝鲜以便保持半岛的稳定，他甚至还建议中韩建立外交关系，但这种努力没能成功。邓小平访美以后，卡特政府不愿意在朝鲜问题上再挤压中国，虽然这本应该是中美谈判的主要议题，但为了不给改善中的中美关系设置障碍，朝鲜问题并没有成为中美谈判的主要议题，美国更愿意朝鲜倾向于中国而不是苏联。

5. 苏联的态度

朝鲜战争前夕，朝鲜的内外政策受苏联的控制和影响较大。战后，朝鲜获得很大独立性，到50年代末期在诸多方面开始表现出对赫鲁晓夫政策反眼不识的态度。苏朝之间的根本分歧在60年代一直存在，尤其是1963年和1965年以及1968—1969年。60年代初期，金日成在许多问题上公开抨击苏联，因此来自苏联的经济军事援助也急剧减少，给朝鲜经济的发展以及军事建设造成严重困难。60年代末期，苏联在"普韦布洛危机"问题上并未倾向朝鲜而是采取了低调政策，当朝鲜在1969年4月击落美国EC—121侦察机事件发生以后，中国对此大加"褒扬"，而苏联则对平壤反应冷淡并未采取褒善贬恶的态度，事发后苏联还立即派本国海军参与搜寻美机幸存者。如果说苏联在"普韦布洛危机"问题上的表现令朝鲜产生一朝之忿，那么在后一事件中"帮助"美国的举动则令其盱衡厉色了。

苏联的这种态度是由其"缓和"战略及国际局势决定的。古巴导弹危机后美苏之间建立了热线，双方似乎走向了缓和：

1963年双方签署了有限禁止核试验条约；

同年10月肯尼迪政府批准向苏东集团出售价值2.5亿美元的小麦和面粉；

双方恢复了1948年中断的协商关系；

[①] "South Koreans Voice Some Disappointment On Teng Visit to U. S.". *The New York Times*, February 11, 1979: 20.

[②] Richard Halloran, "Carter Due to Ask Teng for Help on Korea"; "First Wide-Ranging Conversation", *The New York Times*, January 24, 1979: A9.

1968年签署了核不扩散条约；

1969年双方赫尔辛基讨论限制战略武器问题。

从以上罗列的事实来看，两个超级大国之间的冷战的确在逐渐缓和。尼克松主义出笼后，美国开始在亚洲实行战略收缩，1972年尼克松访问中苏两国标志着缓和新时代的到来。从国际格局变化角度看，到70年代，美、欧、中、日、苏五支力量构成新的世界政治地图，同期的东亚则由"五角大楼的世界体系"转向了"四方约束体系"，这"四方"就是两个超级大国再加上两个新出现的地区力量中日两国，于是出现了一个特殊的"双—多"体制，基辛格说，该体制在军事上属于双（两）极，而从政治角度看则属于"多"极体制。

了解以上历史背景后，就能比较清晰地看出苏联对美国撤军政策态度的内在原因了，具体而言是在于与中国和日本之间进行的政治利益的争夺。在朝鲜半岛问题上，历史上的俄国主要是防止任何不友好的力量取得对朝鲜半岛的绝对优势地位，苏联也不例外。美苏作为两个核大国在朝鲜半岛上避免不了会产生利益矛盾，苏联极其关注半岛的政治稳定问题且极力避免发生军事对峙。在冷战环境中海外驻军似乎是一种司空见惯的现象，尤其是超级大国的海外军事部署更是为人所熟知。苏联的政治经济中心均在欧洲，它历来重视欧洲地区，与驻欧美军相比较它并不"看重"驻韩美军。实际上，苏联恰恰以此作为一种约束力——约束朝鲜不发动使美苏可能共同介入的军事冲突。若此，苏联还担心中国在这个过程中会以苏联为代价扩大自身对朝鲜的影响。另外还有一个担心——日本由于失去其安全防务缓冲带就会被迫大规模提高军事力量，那样的话苏联在远东地区就会面临巨大压力，其决策层必须得考虑"张高峰"和"诺门坎"一类具有深刻含义的历史名词了。所以笔者认为，苏联考虑到这些因素，它应该能够"容忍"驻韩美军的存在。

四 卡特政府撤军政策的中止

1977年3月16日，国防部向白宫提交关于撤出第二步兵师两个旅的具体计划和对韩军事援助详案。撤军计划虽然已制订出来，但在执行过程中由于国会和军队的反对而发生了变化并最终停止，美国政府的这项对韩政策看似

"反经"却也"合道"。

(一) 美国政界、军界及民众的反对

随着对韩撤军政策的展开,卡特在国内遇到的阻力不断增加,像前总统福特、参议员查理斯·博斯(Charles Percy)这样的共和党人以及前"联合国军"司令理查德·史迪威(Richard Stilwell)、前参谋长联席会议主席托马斯·H. 穆勒海军上将(Thomas H. Moorer)等人都对卡特的政策进行了指责,尤其是驻韩美军指挥官约翰·辛格洛布少将(John K. Singlaub)的反对态度更为强烈。

辛格洛布公开指责撤军政策,他告知国会,尽管向参谋长联席会议提出过要求说明撤军理由,但从来没有收到答复。① 他认为卡特的决定是建立在已过时的对朝军事评估的基础之上,若按拟议计划撤出驻韩美军地面部队"必然导致战争"。② 对于敢于违抗命令的军事指挥官,美国的"三军统帅"并未姑息。卡特总统于1977年5月19日命令其回国"进行面对面的较量"。③ 国防部长哈罗德·布朗就此指出,"撤出驻韩美军地面部队不会危及韩国国家安全,任何敢于挑战这项政策的军官将受到处罚"。④ 这位"抗上者"不久就因其"直言不讳"而被免职,由福特·麦克菲尔森(Fort McPherson)接替其职。卡特对此做了说明:美国政府从未改变驻军政策……辛格洛布没有被解职,他只是被"调任"(transferred)到另一个级别职责与原岗位等同的职位了。⑤ 辛格

---

① Don Oberdorfer, Cater's Decision on Korea Traced Back to January, 1975, The Washington Post, June 12, 1977. https：//www.washingtonpost.com/archive/politics/1977/06/12/carters-decision-on-korea-traced-back-to-january-1975/d21ffe33-35ae-4ef9-bcac-25b8fc999559/.

② The President's News Conference of. May 26th, 1977. http：//www.presidency.ucsb.edu/ws/index.php? pid = 7587&st = south + korea&st1 =.

③ Bernard Weinraub. "General Returns From South Korea to Face Carter". The New York Times, May 21, 1977: 5.

④ Bernard Weinraub. Defense Chief Backs Korea Plan, Says the Military Must Support It；"Defense Chief Backs Korea Plan". The New York Times, May 23, 1977: 1.

⑤ The President's News Conference, May 26, 1977. APP (Jimmy Cater). http：//www.presidency.ucsb.edu/ws/index.php? pid = 7587&st = &st1 =.

洛布直到1978年4月从陆军退役前持续对卡特的撤军政策进行抨击,[①] 并以演讲等方式对撤军政策表示反对。同时他还积极讨论朝鲜半岛问题,警示卡特的撤军计划将导致共产主义力量在东北亚地区发动新的进攻。除来自辛格勒布的公开反对之外也有报道直接对撤军政策进行批评:"南朝鲜并非南越,卡特的撤军计划将加剧、而不是减少卷入另一场亚洲地面战争的危险。"[②] 尽管如此,卡特执行撤军政策的态度似乎依然是义不旋踵,然而在执行过程中却面临着重重阻力。

按照卡特和朴正熙达成的协议,即将从韩国撤出的美国第二步兵师的军事装备要移交给韩国政府。既然如此,如果继续使之服役则需重新装备。国防部计划将其改造为机械化师,陆军方面提出要求在1979年财政年度获得9900万美元资金支持以便对即将撤出的第二步兵师及其支持部队进行改造。另外还没有合适的基地能够为整个第二步兵师提供足够的房舍、训练场所及辅助设施,若将其分为"旅"级规模进行安置,也需要增建扩建所涉及的基地。1977年以后出现的关于撤出军队安置地问题的讨论也莫衷一是。在众说纷纭的建议中有的主张将其部署在乔治亚、纽约或得克萨斯的基地,有的则建议将其分成两部分安置在新泽西和马萨诸塞的军事基地,但最终依然无所适从。

在民众方面,卡特撤军计划也越来越受到冷落。1977年7月的民意调查显示,52%的受访者支持保留驻韩美军、34%支持撤出;一年后的调查结果表明,55%的人认为应该保持驻韩美军的存在——至少是当时的规模或应该予以扩大。受访者尽管对驻韩美军继续留在朝鲜半岛可能会卷入另一场战争而感到担心,但他们更认为这是防止战争的最好方式。1979年9月盖勒普调查显示,美国有58%的受访者认为有必要保持当时驻韩美军的存在或是要求增加而不是减少;48%赞成中止再次削减驻韩美军,49%认为应该将美国对韩国的安全承诺与韩国人权问题挂钩。[③] 如此看来,美国民众大都认为,驻韩美军的存在就是防止另一场朝鲜战争出现的最好保证。卡特本人在最初做出撤军决定以后并没有充分重视公众的意见,也并没有做出很大努力在民众中和国会中争取对

[①] "General Who Attacked Carter Plans Agrees to Retire". *The New York Times*, April 29, 1978: 8.

[②] Donald S. Zagoria. "Why We Can't Leave Korea". *The New York Times Magazine*, October 2, 1977: SM5.

[③] Larry A. Niksch. "US Troop Withdrawal from South Korea: Past Shortcomings and Future Prospects", *Asian Survey*, Vol. 21, No. 3 March 1981: 339.

政府政策的支持。这种情况毫无疑问会导致卡特所认同的撤军政策的低效,加之他与国会之间在其他内政外交方面紧张关系的存在,结果卡特政府很快就发现,它在对韩政策上面临着不断增加的批评与指责并越发陷入孤侍寡匹之境。换言之,单从政策的制定与实施角度来讲,卡特的撤军计划也是不成熟的,因此难免产生后来胎死腹中的情况。

(二) 来自国会的反对

20世纪60年代以前,美国国会与政府之间在对外政策方面的合作还算比较顺畅,但越战的爆发对这种关系产生了极大影响。国会及各种利益集团要求在估价国家利益和制定外交政策时拥有更大发言权,一再重申将在外交事务方面行使宪法赋予的权力而不愿再过分对总统奉命唯谨。70年代国会通过削减财政预算的办法限制美国政府在海外的军事卷入,所以国会对国防开支的限制已经使得美国政府无法承担新的海外义务。卡特撤军政策提出以后,在国会内部产生相当大的争论,大部分认为这将会对韩国以及整个东亚地区的安全产生巨大影响,争论焦点明显体现在政治方面而非军事方面。

美国国会于1977年6月16日就撤军问题举行立法听证会,参议员拒绝签署撤军计划并提出一项修正案,要求该问题应由总统和国会联合作出决定。10月卡特再次提交一项8亿美元的一揽子援助计划,国会表示在1978年以前不予考虑。1978年美国政府有许多重要官员开始对撤军政策提出质疑,他们包括驻日大使曼斯菲尔德(Mansfield)、次年就任驻华大使的伍德科克(Leonard Woodcock)、助理国务卿理查德·霍尔布鲁克(Richard Holbrook)、国家安全委员会负责东北亚事务的官员米歇尔·阿莫考斯特(Michael Armacost)等,他们的态度与参谋长联席会议以及驻韩美军高级官员反对撤军的立场逐渐接近。国会中反对的呼声比较高,持极端反对观点的参议员对卡特发起了猛烈的抨击,认为撤军政策是"荒谬和危险的、是一个严重错误"。[①] 国会民主党议员认为,撤军存在着战略危险,他们认为卡特在没向国会咨询的情况下独自对

---

① Chae-Jin Lee. *A Troubled Peace*:*U. S. Policy and the Two Koreas*. JHU Press,2006:88.

重大政策进行了调整，议员有被忽视的感觉。① 1977—1978 年间国会听证会报告以及立法活动不断给卡特政府施压，要求政府对撤军政策进行修订或予以中止。这主要涉及参议员汉弗莱（Hubert H. Humphrey）和格林（John Green）1978 年的报告和众议院军事委员会调查次委会的系列报告，其主要内容之一就是要求卡特政府就撤军政策向国会提出详细辩护理由。

"1978 财政年度对外关系授权法案"（The Fiscal Year 1978 Foreign Relations Authorization Act）指出，美国对韩政策应由总统和国会共同协商确定、执行撤军政策时兼顾美国在韩日的利益情况下应该定期与国会协商。"1979 年财政年度国际安全援助法案"则包含了更加具体的内容，要求卡特在实施每一阶段撤军的 120 天前向国会提交报告，就撤军有可能对韩国内部局势以及对东北亚地区局势产生的影响进行汇报。② 民主党人约翰·格林等议员在 1978 年 1 月 8 日联合提出了更具有影响的报告，这份 85 页的报告几乎涵盖了撤军以及美国在东北亚利益的所有问题，其结论是，总统的撤兵结论将对东亚地区的和平与稳定产生巨大影响，实际上与撤军相关联的最重要的，但也最容易忽视的是撤军对其他亚洲国家的影响，这些国家将会把撤军行动视为美国削弱对该地区所承担的安全义务的系列步骤之一。③ 同时，以参议员汉弗莱和格林为首的参议员外交委员会的报告通过立法形式要求卡特详细地说明撤军计划及其理由。报告虽然没有直接对卡特撤军计划提出反对，但却显得极为挑剔，报告指出了撤军的危险性。他们并没有直接挑战卡特的政策转而指出了撤军将削弱美国在该地区的威慑作用，在一定程度上会增加爆发战争的危险。如果没有适当的外交措施作为保证，撤军政策将导致半岛局势不稳。美国所要做出的选择不是卷入另一场地面战争，但由于美国对韩承诺的存在，若冲突爆发美国海空力量不可避免地会卷入其中。④ 1978 年 4 月 21 日，卡特宣布当年将削减三分

---

① Gregg Brazinsky. *Nation building in South Korea： Koreans, Americans, and the Making of A Democracy*. UNC Press, 2007：230.

② Larry A. Niksch. "US Troop Withdrawal from South Korea： Past Shortcomings and Future Prospects", *Asian Survey*, Vol. 21, No. 3. March 1981：328.

③ Robert G. Rich. "US Ground Force Withdrawal from Korea： A Case Study in National Security Decision Making". United States Department of State Foreign Service Institute, June, 1982：21.

④ Kwang-Il Baek. *Korea and the United States*. Research and Center for Peace and Unification of Korea, 1988：158.

之二驻韩美军地面部队,撤军规模将在一个营左右,而此时国会对韩国提出的援助要求却并未反映出积极表态。① 卡特在撤军问题上遭到国会的问责,众议院军事委员会(House Armed Services Committee)1978 年 4 月 26 日投票表决,在国会批准向韩国转让军事装备之前政府不得从韩国撤出地面部队。② 美国国会在 1978 年 5 月指出,进一步实行撤出驻韩美军地面部队的政策有可能出现"打破地区军事平衡的风险"(risk upsetting the military balance),因此"政府应与国会事先进行充分协商"(a full advance consultation)。③

卡特对韩政策受到来自国会、军方和联邦政府等多方面的约束,但这并不单单体现在对韩政策方面。由于权力制衡机制的存在,卡特政府在执行阿以和平谈判、与苏联进行限制战略武器谈判、中美关系谈判以及巴拿马运河问题等等对外政策时,卡特也感同身受。国会在批准由于撤军问题而对韩国的"补偿"援助也进行了限制,卡特政府除在国会继续努力以外还试图通过促使日本分担对韩财政援助份额,借以缓解卡特政府因"补偿"问题而在国会面临的压力。④

在与国会的较量中他并非孑然一身,在参众两院也有支持撤军政策的议员。在撤军计划制订过程中,两个亲卡特的民主党议员、参议院外交事务委员会主席约翰·斯巴克曼(John Sparkman)和参议员军事委员会主席约翰·斯坦尼斯(John Stennis)就曾提请卡特在实行撤军政策时要格外谨慎。约翰·库弗(John Culver)指出,美国在韩国的军事存在已达 25 年之久,"现在到了卷起'安全毯'(security blanket)的时候了",卡特在 1978 年也表示说,"美国正在打算通过削减地面部队并采取相应补偿措施的方式来调整美国在朝鲜半岛军事存在的问题。"⑤ 卡特在此使用了"削减"一词,这是他此前在公开声

---

① Terence Smith. Carter Cuts Total of U. S. Troops To Leave South Korea This Year;"Congressional Inaction on Aid to Seoul Cited:Pullout Will Be Limited to One Battalion". *The New York Times*, April 22, 1978:45.

② Richard Burt House Unit Blocks Korean Pullout, Congressional Approval Delayed The New York Times, April 27, 1978:A6.

③ "International Security Assistance Act". Bill Summary & Status 95th Congress (1977—1978) S. 3075, September 26, 1978.

④ National Security Council Memorandum, December 30, 1977 Declassified Documents Reference System (DDRS). Farmington Hills, Mich.:Gale Group, 2006. Document Number:CK3100080511.

⑤ Chae-Jin Lee. *A Troubled Peace:U. S. Policy and the Two Koreas*. JHU Press, 2006:89.

明中不使用的字眼儿，这说明卡特"撤出"驻韩美军政策开始逐渐转向"削减"驻韩美军数量方面来，这也暗示了卡特政府的撤军政策即将发生某种变化。

卡特对来自国会的种种限制怒形于色，1978年6月20日，他在给参议院罗伯特·伯德（Robert C Byrd）和发言人汤姆斯·奥奈尔（Thomas P. O'Nell Jr.）的信中对国会进行了反驳。直到1978年年中国会仍然不愿批准撤军计划，参议院87：7票通过参议员查理斯·博斯（Charles H. Percy）提出的修正案依然坚持认为，1982年撤军活动会严重威胁到该地区的军事平衡状态。国会议员还要求总统从1979年起在未来撤军问题上要与国会进行咨询，众议院在参议院之后于1978年8月1日也对卡特撤军计划提出修正案，表达了与参议院相同的立场。从以上事实看，卡特撤军政策此时在国会引起激烈的反对并遭到雨淋日炙般的考验，其命运在1978年已显前途未卜之状。

(三)"韩国门事件"的掣肘

进入1978年以后卡特政府与国会之间继续围绕"韩国门事件"进行激烈的辩争，国会一再向卡特政府施加压力。1978年2月22日参议院道德委员会主席阿德莱·史蒂文森（Adlai E. Stevenson）告知韩国政府，如果韩国在该事件上不配合国会道德委员会的行动，他将在国会阻挠向韩国提供5亿美元贷款的计划。[①] 涉嫌此事件的国会议员也深受困扰，其中不乏为己辩护者。1978年4月15日，众议院发言人、马萨诸塞州民主党议员奥奈尔就为自己辩解说，他本人"从来没有与朴东宣谈及关于韩国的任何话题，他们之间的任何谈话都没有超过2—5分钟"。[②] 与此同时也有银铛入狱者，来自加州的前国会民主党议员理查德·汉纳（Hanna）就因此受到"韩国门事件"影响而被判监禁。[③] 在有人被指控有人喊冤的情况下，到底"韩国门事件"真伪如何呢？基辛格在1978年4月20日正式证实了韩国贿赂美国国会议员的事实，并指出该

---

① Richard Halloran. "Stevenson To Stall A U. S. Loan To Seoul". *The New York Times*, February 23, 1978：A11.

② "O'Neill Denies He Talked With Park about Korea". April 17, 1978, J14.

③ Richard Halloran. Ex-Rep. "Hanna Is Sentenced to Prison in Korean Influence-Buying Case". *The New York Times*. April 25, 1978：77.

行动"在事发前已经进行一段时间了"。① "韩国门事件"在美韩关系中造成巨大影响，它使得1977年年底研究的向韩国移交军事装备的法案已经失去可能性，外交委员会参议员詹维斯（Javits）指出，日韩对于卡特撤军决定非常不安，希望美国国会能够以审慎的态度重新评估撤军政策，重新权衡东北亚及太平洋地区的战略局势。直到1978年4月国会并没有通过计划中的允许向韩国移交军事装备的法案，这个进程在很大程度上受制于"韩国门事件"，1978年的撤军表已经不可能实现。事实表明，国会对朴东宣事件的关注已明显制约了卡特撤军计划的落实。

1978年年初国会坚持要求韩国在"韩国门事件"质询中予以配合，而韩国并未表现出积极的合作态度。韩国驻美大使馆否认了已同意接受美国众议院道德委员会质询的要求，② 朴正熙政府也不愿意让主要涉嫌人物朴东宣等人出席美国国会就此举行的听证会，这在美国国会造成了不小的波澜。卡特对此指出，"由于朴东宣事件的敏感性，它已经成为困扰两国政府的令人不快的事件。但我们始终记得，我们与韩国人民之间的友好关系对我们、对他们甚至对东北亚各国是多么的重要。在激烈讨论朴东宣事件之时，我们似乎忽略了韩国是我们的一个强大盟国的事实。③ 由于该事件"并未危及美韩联盟的基础"，④ 卡特政府深受"韩国门事件"之纷扰，但依然表现出"顾全大局"的态度，所以美韩双方最终达成协议给与朴东宣以外交豁免权，但众议院道德委员会则坚持对涉案的前驻美大使进行质问，美国国务院和韩国政府在该问题上也达成一致，以外交豁免权对其实施保护。1978年5月众议院表决，如果韩国前驻美大使拒绝在调查中予以合作并提供必要信息，美国将削减对韩军售贷款及谷物援助项目额度。恰逢此时发生了美国针对韩国的"青瓦台窃听事件"，美韩关系因而急转直下，国会对卡特的对韩政策变得更加严格和挑剔。

---

① Richard Halloran. "Kissinger Testifies On 'Bribery' By Korea". *The New York Times*. April 21, 1978：A11.

② "Korean Denies An Accord On Ex-Envoy's Testimony". *The New York Times*, April 10, 1978：A18.

③ Interview With the President Remarks and a Question-and-Answer Session With a Group of Editors and News Directors. January 13, 1978 The American Presidency Project (Carter). http：//www.presidency.ucsb.edu/ws/index.php? pid=30689&st=south+korea&st1=.

④ 语出美国助理国务卿霍布鲁克（Holbrooke）："虽然'韩国门事件'的发生源于某些误解、错误行动及缺乏及时充分的补救措施，但这并没有危及美韩联盟的基础。" Chae-Jin Lee. *A Troubled Peace：U. S. Policy and the Two Koreas*. JHU Press，2006：102.

(四)"最新情报评估"的影响

朝鲜半岛南北双方在军事上基本保持平衡状态是卡特撤军政策的前提之一,但关于这方面新的情报评估内容基本推翻了此前的分析结果。从1978年中期起,美国中情局、国防情报局、陆军情报安全部及其他情报部门就开始对朝鲜军事能力进行评估。陆军情报部门和中情局在1978年对朝鲜军事实力的评估报告中指出,大量以前并未被察觉的朝鲜炮兵部队进行了针对南部的军事部署。在情报部门的压力下,卡特放弃了削减一个营或6000人地面部队的计划,仅撤出800人。[①] 美国情报部门的评估报告显示,朝鲜军事实力情况与卡特总统做出撤军决定时的情况完全不同,那时美国情报部门低估了朝鲜的军事实力。这意味着朝鲜有能力困住非军事区附近的韩国军事力量,并有足够实力从各主要方向对汉城发起进攻,因此美国陆军情报部门得出结论,"北朝鲜的陆军实力远比此前估计的要强大"[②],报告内容[③]使卡特撤出驻韩美军地面部队的计划在国会再次受挫。1977年,卡特认为,在美国海空力量支持下加之美式装备,韩国军事力量能够抵挡住来自北方的进攻。然而新的评估结果很明显推翻了这种设想,如果把卡特政府已经计划好的相应措施考虑在内也不足以"弥补"即将撤走的第二步兵师所具有的作用。

[①] Gregg Brazinsky. *Nation building in South Korea: Koreans, Americans, and the Making of a Democracy*. UNC Press, 2007: 230.

[②] Richard Burt. "New Study Raises U. S. Estimate of North Korean Army Strength; Stress on Organizational Changes Withdrawal Decision Made in 1977". *The New York Times*, January 4, 1979: A8.

[③] 1979年1月的情报评估指出,朝鲜地面部队在60万—70万,而并非此前估计的44万人,相当于40个作战师而不是此前评估的29个。北朝鲜地面部队在数量上已经超过韩国的56万的兵力。就进攻性武器而言,朝鲜拥有2600辆坦克(包括大约300辆T—62坦克,这是苏联陆军直到1976年一直使用的主战坦克)。另外驻韩美军军官认为,北朝鲜生产的T—62坦克在作战能力上已经与苏制的非常接近。进攻性武器还包括1000多辆装甲运兵车、1500—2000多管火箭发射器、9000迫击炮、3500—4000野战大炮。北南双方的坦克数量之比为3:1、迫击炮为2:1、野战大炮数量的比例也接近2:1。Larry A. Niksch. "US Troop Withdrawal from South Korea: Past Shortcomings and Future Prospects". *Asian Survey*, Vol. 21, No. 3, March 1981: 332—333.

表6—5　　　　　　　　　　　朝鲜军事力量

	1977 年	1979 年
军事人员	0.9	1.1
坦克	1.5	2.1
大炮	1.9	2.3
装甲运兵车	1.9	2.3

说明：笔者根据有关数字总结做出本表，以韩国为单位1。

数据来源：Kwang-Il Baek. *Korea and the United States*. Research and Center for Peace and Unification of Korea, 1988: 161.

朴正熙掌权以来就突出强调经济发展，而朝鲜长期以来压缩其他部门而着意军事工业建设，这是该时期韩国军事综合实力弱于朝鲜的主要原因之一。具体而言，朝鲜在坦克、大炮和战机方面对韩优势比为2∶1、海军为3∶1。尽管在某些武器装备上韩国优于朝鲜，如韩国的F—4D/E、F5E/F战斗机在性能上优于朝鲜的米格—21、苏—7和图—59，韩国M—60坦克也占优势，但朝鲜军事实力在整体上高于韩国，美国担心朝鲜有可能在排除中苏支援情况下发动进攻，朝鲜已具备威胁汉城的军事能力，这是在1977年卡特政府研究撤兵过程中就存在的疑虑。朝鲜的军事工业比预料中的更为强大，它已能生产其所需要的所有地面武器，这种能力似乎使朝鲜在发动进攻时可以在更小程度上依靠中苏的武器装备。

卡特政府对新情报评估也做出相应反应，首先就是通过最直接的也是美国最擅长的手段增加对韩安全援助、提供更多的先进武器等方式增加对韩"补偿"；在东北亚地区增派海空力量强化东北亚地区的海空力量；而在外交方面采取了积极改善对华关系的策略，希望通过此举能够促使中国采取步骤帮助缓解朝鲜半岛上的紧张局面。

1979年年初美国政府内部发起了关于对撤军、撤军的影响以及美国在东北亚政策等问题大规模的研讨活动。与1977年年初情况有所不同，这次相对在秘密形势下进行。这次政策发展过程基本可以描述为以下形式：新情报资料核实了此前评估中偏离事实之处，在对新情报信息综合加工以后进行新政策的研究讨论，然后由政府及国会进行评估，再与有关各国协商，通过以上各环节最终形成了卡特政府的新政策。美国抽调包括来自欧洲的人员组成专家组与中情局等情报部门配合对朝鲜军事能力进行综合评估，到 1978 年夏末基本形成结论：朝鲜的军事实力在规模上、数量上和装备上都要胜过韩国，估计在 1970 年左右朝鲜已将其 GNP 的 20% 左右都用在军事开支方面，发展速度远比以前评估要高。① 最初判断中苏都不想看到东亚局势出现紧张局面而不会支持朝鲜发动战争，但新评估表明，单凭朝鲜自身力量即可对南部发动攻击。陆军情报部门关于朝鲜军事实力的评估在国会中引起对卡特撤军政策的又一轮反对，众议院军事委员会调查次委会主席塞缪尔·斯特拉顿（Samuel S. Stratton）指出，在次委会做出充分评估之前，任何进一步撤出驻韩美军的行动都会被否决。② 根据对朝鲜军事实力最新情报分析，参议院军事委员会于 1979 年 1 月 23 日建议中止撤出驻韩美军的计划。③ 1979 年 2 月 9 日卡特宣布，在新情报资料被充分分析前暂时搁置下一阶段撤军计划，其表态被国会称之负责任的举动，从而也缓解了来自国会的压力。

国会认识到在以后的撤军问题上也需要详细地解释说明情况，以便防止政府不顾外部环境条件变化一味追求实现撤军时间表而仓促采取行动，但还不能将这个宣告视为一种政策转变，因为卡特指出他在等待朝鲜军事情报的进一步分析结果。1979 年 6 月初，参议员格林再次提交了一份报告。参议院亚洲事务次委会主席格林不但是主要的民主党参议员，还是卡特对外政策的主要支持者，在这份报告中他坚决表示要重新修改撤军政策，中止撤军计划。他说，基于对新材料的分析，"我的判断是，继续实施撤军政策存在风险，这种风险要求我们必须扭转该政策，第二步兵师应该驻留朝鲜半岛。继续实行撤军政策将在汉城、东京、曼谷、雅加达、堪培拉以及其他盟国当中对美国的意志和力量产生极大怀疑"。④ 约翰·W. 万斯在参议院军事委员听证会上说明了美国应该保持驻韩军事力量的理由："部署在韩国的美国军事力量是为美国国家利益服务的，其使命是阻止北朝鲜的进攻，他们向美国的亚洲盟友及潜在的敌人显示

---

① Robert G. Rich. "US Ground Force Withdrawal from Korea: A Case Study in National Security Decision Making". United States Department of State Foreign Service Institute, June, 1982: 25.

② Bernard Weinraub Opposition Growing On Korean Pullout; "Resistance In Congress Bolstered By Revised Army Estimate of North's Military Strength". The New York Times. January 21, 1979: 15.

③ "Senate Unit Urges Pullout Halt". The New York Times, January 24, 1979: A9.

④ Robert G. Rich. "US Ground Force Withdrawal from Korea: A Case Study in National Security Decision Making". United States Department of State Foreign Service Institute, June, 1982: 26.

了有形的和可信赖的美国国家意志和决心,其存在有助于维护东北亚地区的和平与稳定。通过部署军事力量,韩国成为我国防止战争的全球战略的组成部分"。① 这是对卡特政府中止撤军政策行动最明了的一种解释,既表明了美国对外政策调整首先要遵循国家利益原则,也指出了驻韩美军所负有的除军事意义以外的更大的政治意义。

　　面对国会的反对、对美国军事利益的考虑、朴正熙政府的公开声明以及在情报综合评估完成以后,卡特对撤军政策进行了再思考并不得不修改其撤军计划。同时,来自日本的反对以及对苏联战略的考虑都迫使卡特政府重新考虑撤军政策。除了考虑盟友日本的态度以外,美国还更多注意苏联的动向。卡特政府讨论从东亚撤军计划的同时对苏联提出了印度洋非军事化问题,这说明美国在向苏联表明,它愿意与其进行对话以求在削减军备方面达成协议。② 苏联非常希望驻菲美军能够撤离,积极寻找时机利用越战后美国在东南亚的不利地位向该地区扩张。由于中越冲突及中苏分歧的存在,苏越关系逐渐密切并于1978年11月签署了同盟条约。美国已充分意识到苏联在东南亚地区的扩张会极大威胁本国的东亚利益,所以卡特明确指出,"由于苏联在东亚地区军事实力的上升,东南亚地区存在着新的不确定性和爆发冲突的可能"。③ 笔者认为这也是美国暂停撤军的主要外部原因之一。

　　但面临种种阻力的卡特此时并没有宣布最终放弃撤军计划,他说,"我们已经注意到朝鲜的军事实力并非如同此前我们估计的那样低,关于驻韩美军水平问题的任何决定我都将坚持最初做出的承诺,即,在半岛上绝不能出现军事实力失衡状态或者产生半岛局势不稳定的局面"。④ 卡特还表示,"现在还没有决定撤出地面部队问题,首先得看局势发展而定,在做出决定之前我将与朴正熙总统协商、与国会商讨。但不管做出什么决定,有一点是十分清楚的,那就

---

　　① Kwang-Il Baek. *Korea and the United States*. Research and Center for Peace and Unification of Korea, 1988:166.

　　② Leszek Buszynski, *Soviet Foreign Policy and Southeast Asia*, Taylor & Francis, 1986:140.

　　③ United States Troop Withdrawals from the Republic of Korea Statement by the President, APP (Carter), 1979年7月20日。

　　④ Interview With the President Question-and-Answer Session With Members of the Japanese Press. June 20, 1979. The American Presidency Project (Carter). http://www.presidency.ucsb.edu/ws/index.php?pid=32534&st=south+korea&st1=.

是我们对韩国安全的承诺是不可动摇的。我们的政策将建立在这个承诺以及保持朝鲜半岛和平与稳定的基础之上"①。卡特在不完全放弃其目标情况下决定推迟实施该计划、在1980年总统大选以后再考虑进一步执行撤军计划问题，实际上撤军计划至此已止戈散马。

卡特亚洲之旅两周后，国家安全顾问布热津斯基于1979年7月在白宫发表声明指出，卡特总统已经暂时搁置撤军计划：第一，暂停实施撤出第二步兵师的计划，美韩联合军事力量司令部的机构及作用一如从前；第二，当前到1980年末期间将继续部分削减美国支援部队人员数量，这将包括一个"霍克"（Hawk）防空营，将其装备转交给韩国政府的计划在1976年已经制订完毕。第三，在此基础上的撤军时间表及具体步骤将在1981年予以重新评估确认。在1979—1980年间，美国驻韩空军在人力及飞机数量上增加了20%左右，②卡特撤军计划事实上已中止，而且还变相充实了驻韩军事实力。

卡特撤军计划的出笼及中止受到多种因素影响，但主要受到来自国会和军方的反对——他为撤军会造成地区不稳定局面而忧深思远、为"韩国门"丑闻的不良影响而忧形于色、为美国在亚洲安全义务的削弱而忧心如焚，"情报分析"加上以前的种种反对意见阻碍了卡特撤军计划的最终实施。卡特的政策并没有经过政治、军事、心理分析上进行全面综合考虑，因此必然在执行中障碍重重。美国作出此种决定除了对朝鲜军事实力进行重新评估的作用以外，它还注意到"苏联在东亚地区军事实力稳定提升，东南亚地区存在着新的不确定性和爆发冲突的可能"，③ 这也是美国暂停撤军的原因之一。

五 撤军政策对韩国核武选择的影响及美国的对策

韩国在20世纪60—70年代进行核武研发的尝试有其深刻的历史背景。朴

---

① Korean and East Asian Issues Questions and Answers for Publication in the Orient Press. June 21, 1979. APP (Carter), http://www.presidency.ucsb.edu/ws/index.php?pid=32536&st=south+korea&st1=.

② Han Sungjoo, "South Korea and the United States: The Alliance Survives". *Asian Survey*, Vol. 20, No. 11 (Nov., 1980).

③ United States Troop Withdrawals From the Republic of Korea Statement by the President. July 20, 1979. APP (Carter), http://www.presidency.ucsb.edu/ws/index.php?pid=32622&st=south+korea&st1=.

正熙政府对来自朝鲜的"威胁"以及对日本的"猜忌"促使其急于加强本国国防实力。同时，美国出于全球战略考虑而实行的裁撤驻韩美军的政策使韩国越发感到美国对其所做的安全承诺并非始终如一。基于以上，朴正熙的"国防自立"思想不断得到强化，开发核武器的努力是其重要表现。朴正熙时期韩国核武开发活动最终由于美国的干预而中止，但该事件本身对此后的韩国及朝鲜半岛的政治影响依然存在。朴正熙时期是韩国历史上的一个关键阶段，当代韩国在许多领域的发展都源于这一时期。同样，具有重大影响的韩国核武器研发计划亦发轫于此间。朴正熙政府在核电开发的基础上于20世纪70年代走上了发展核武器的道路，尽管该计划在美国作用下并未实现其最终目标，但却给此后韩国政治的发展造成了重大影响。那么，是什么因素促使韩国在这一时期进行了这种尝试呢？

(一) 美国的撤军政策促使朴正熙政府走向核武之路

1. 朴正熙政府主观"威胁感"增强是其直接诱因

20世纪60年代中后期到70年代初，朝鲜半岛上的一系列事件使韩国认为自己始终处于"威胁"之中。朝韩双方在非军事区附近屡屡发生军事摩擦，紧张局势不断升级。在韩国看来，多个事件似乎表明朝鲜要对南部发动进攻。从1965年到1967年的三年中，由于朝鲜的"渗透活动"而导致的在非军事区的交火事件分别达到23次、19次和117次；发生在韩国境内的分别为6次、11次和95次。[1] 在1968年非军事区附近发生的3次交火事件中，6名美军士兵死亡、32人受伤。[2] 在1968年1月甚至还发生了朝鲜特别行动队潜入汉城实施刺杀朴正熙的"青瓦台事件"，两天后朝鲜又在日本海海域拘捕了美国情报船"普韦布洛号"及其船员，美国随即在日本海海域进行大规模军事集结，几近酿成一场军事冲突。在接下来的两年里，又次第发生了针对美韩的"EC—121飞机事件"和武装劫持韩国巡逻艇等事件。这些无疑在韩国国内造

---

[1] Jong-Sup Lee and Uk Heo, *The U.S.-South Korean Alliance, 1961—1988*. The Edwin Mellen Press. 2002：81.

[2] "Chronology of Major U.S. Armed Forces Incidents in Korea Since 1959". Memo. Department of State. July 14, 1977. DDRS. Farmington Hills, Mich.：Gale Group, 2006. Document Number：CK3100093684.

成高度紧张气氛，每次事件的发生实际上都进一步强化了韩国的"威胁感"，使之更担心来自北方的"威胁"。

韩国方面认为在很多事件上应该对朝鲜做出强硬反应，但事实并非如此。比如在 EC—121 事件发生后，美国国防部下令暂停所有针对中、苏、古巴以及地中海地区的情报活动（5 月 8 日恢复）。美国面临着两种选择：其一，进行报复。对朝鲜实施报复行动将再次导致战争局面出现，而这时正是尼克松政府寻求终止越南战争的关键阶段。其二，不进行报复。这将会给平壤、河内及其他对手传递错误信息，会使之误以为美国在示弱。美国可以在板门店地区进行外交抗议、可以在元山港口布雷、对朝鲜舰只发射鱼雷或者是在公海掳获一艘朝鲜商船……尼克松在多种方案中进行权衡倾向于通过劫掠朝鲜商船进行抗议，但那时在公海根本没有这样的商船。美国没有对朝鲜采取军事行动，[①] 此前尼克松对约翰逊在"普韦布洛号事件"中无能表现的指责落在了自己头上。

20 世纪 60 年代中后期，韩国在美国"请求"下陆续向越南战场派出 5 万多人的作战部队。除南越军队以外，韩国军事人员数量仅次于美国。直到越战接近尾声时，驻越韩国军事力量依然维持在 3.67 万人左右，比美军还多。[②] 韩国向南越派兵活动无疑造成了本国国内军事力量的亏空，于是半岛局势稍有风吹草动便会使之感到"威胁"。金日成在 1966 年 10 月的一次讲话中指出，"朝鲜要扩大游击战争，要采取更为进攻性的策略开展反抗南方的活动以便早日实现统一"[③]。在半岛南北双方紧张对峙的形势下，类似的政治宣传给美韩双方均造成巨大心理压力。朝鲜通过各种手段力图削弱并最终推翻朴正熙政权，这个目标没有实现，但确实造成了韩国国内的恐慌。持续近一年的"普

---

①　国务卿威廉姆·罗杰斯（William P. Rogers）、国防部长莱德（Melvin Laird）以及中情局局长赫尔姆斯（Richard Helms）等人都取得一致意见，不进行军事报复。罗杰斯担心引发公众不满、莱德认为报复行动不利于美国在越南问题上的努力，赫尔姆斯则是出于以上综合因素考虑。基辛格认为，美国对此次危机事件的处理是"软弱的、优柔寡断的和组织混乱的"（weak, indecisive and disorgnized），对该事件的处理方式"降低了盟友的士气、增强了对手的胆量"。参见：Henry Kissinger, *White House Years*, Simon and Schuster, 2011：Early Test in Asia（电子版）。

②　Shelby L. Stanton, *Vietnam Order of Battle：A Complete Illustrated Reference to U. S. Army Combat and Support Forces in Vietnam, 1961—1973*, Stackpole Books, 2003：333.

③　*Memorandum from Alfred Jenkins of the National Security Council Staff to the President's Special Assistant (Rostow)*, Washington, July 26, 1967 (Attachment). FRUS 1964—1968, Vol. XXIX, Korea, Department of State, Washington, DC, Doc. 123.

韦布洛危机"一度导致朝鲜半岛局势高度紧张,朝鲜在这场直接针对美国的外交战中取得了胜利——它扣押了美国船员并迫使美方做出道歉,而且这艘美国情报船直至今日依然作为"战利品"被扣在朝鲜大同江上。美国在"普韦布洛危机"问题上撇开韩国被动地与朝鲜单独进行外交谈判,这不但在客观上提高了朝鲜的国际地位而且也在很大程度上影响了美韩关系。这很容易使韩国感到,美国更多关心的是"普韦布洛号事件"中美国人和美国船只的命运,而对此前发生的"青瓦台事件"则采取了相对漠视的态度。朝鲜当时一直主张实行"武力统一",诸如上述严峻情况屡屡出现,难免使美韩两国,尤其是后者产生"第二次朝鲜战争"即将爆发的感觉。无论是美国还是韩国,在这一时期所面临的外交难题都十分棘手。美国国务院曾就此指出,"在朝鲜半岛我们持续面临着严峻的两难处境,但这是该地区的固有问题而并非是(美国在)印度支那失利而造成的结果,未来的关键问题是……我们对韩国所进行的包括开发核武器在内的'国防自立'行动做如何反应、如何对其采取进一步措施以稳定南北关系、如何进一步促使相关大国在朝鲜问题上加深理解"。①从美国决策部门的表态可以看出,它在东南亚失利以后在东北亚地区又陷入困境,而由于韩国的核武选择又加大了问题的复杂程度。

同时,朝鲜和日本的核能开发活动也令韩国焦心劳思。这一时期朝日双方的核计划都有不同程度的发展,日本尤为如此。日本在二战期间就已开始了核研发计划,即便在本土遭到轰炸时也没有停止相关活动,它将其秘密武器研究项目转移到了朝鲜北部地区。②战后到50年代中后期,日本和朝鲜积极进行核能开发研究,两国先后在1956年和1964年建立了原子能研究所。经过60年代中后期的快速发展,"到1977年,朝鲜已拥有一座核试验反应堆,并在十年时间里就有可能具备核武器开发能力;而同期日本则有34座核反应堆(其中核电反应堆11座、试验用反应堆21座),在一年内即可制造出核武器"③。

---

① "U. S. Strategy in Asia: Trends, Issues, and Choice (Briefing Memorandum)". Department of State, GPO, October 16, 1975.

② 日本认为,那里可以暂时免遭炮火打击并能提供必要的电力及其他能源等。后来,苏联获得了日本在该地区的部分研究成果。参见:Don Oberdorfer. *The Two Koreas: A Contemporary History*. Addison-Wesley, Reading Massachusetts, 1997: 251.

③ Young Sun Ha. "Nuclearization of Small States and World Order: The Case of Korea". *Asian Survey*, Vol. 18, No. 11, November 1978.

朴正熙认为，韩国军队及装备的落后根本无力保证其自身安全，最初他虽然没有决定进行核武器的实际生产活动，但他决心要获取制造核武器的有关技术设备以达到在短期内即可制造出核武器的水平，朴正熙及其政府要员认为日本已经能做到这一点了。历史和现实都促使朴正熙政府对日本这个特殊邻国予以高度关注，在"和平宪法"和美国"压制"下其核武开发计划不会轻易实现，但确已明显具备了如此潜力。因而，这一时期日本核开发活动的长足进展令朴正熙政权感到担忧。

朝鲜核研究的发展同样使韩国十分紧张。朝鲜对于美国驻韩核武器的存在抱有极大忧虑，这也是它当时迟迟不加入"核禁试条约"的重要原因，这在保加利亚驻朝鲜大使馆的一份报告中得到了体现。保加利亚大使敦促朝鲜加入《核不扩散条约》，朝鲜以半岛南部"驻有美国核武器"为由加以拒绝。朝方还进一步指出，"只要美国在南朝鲜土地上仍驻有原子武器和大规模杀伤性武器，要使我们加入该条约就不存在客观基础"。[①] 20 世纪 60 年代中期以来的朝鲜核研究发展较快，从事核研究的工程技术人员达到千人左右，还有 300 名左右的科技人员，其中 10 人左右拥有核专业博士学位。朝鲜科学院下设的物理数学研究所负责核物理研究，金日成大学于 1973 年设置了核物理系，金策工业大学也设置了"核电工程系""核燃料工程系"和"核反应堆工程系"。[②] 从以上事实可以看出，朝鲜在 70 年代中期以后已具备了核材料合成的基本人力和技术条件。

纵观历史，日本给朝鲜半岛留下的创伤难以抚平；注目现实，韩国在意识形态和社会制度上与朝鲜严重对立。韩国在国家安全方面有着突出的危机感，于是在外部因素作用下，韩国出于自身安全考虑不得不寻求能够实现安全自保的新的有效途径。

2. 美国的撤军政策令韩国对美不信任感增强

在美国常规力量和核武力量保护下，韩国的安全问题得到保障，但却几乎完全被动地依赖于美国，韩国没有理由开发自己的核武器。然而，60 年代中

---

① Ferenc Rátkai chargé d'affaires ad interim Report, Embassy of Hungary in North Korea to the Hungarian Foreign Ministry. 冷战国际史项目公告（CWIHP）. Identifier：756495F9-9001-5767-E48EB83F8F35EB89，Date：4 August 1983.

② Young Sun Ha, "Nuclearization of Small States and World Order：The Case of Korea". *Asian Survey*, Vol. 18, No. 11, November 1978.

后期国际局势的变化尤其是美国对外政策的变化，在客观上促使韩国走向核武之路。

美国在朝鲜战争刚爆发时曾考虑在半岛上使用核武器，麦克阿瑟是这一政策的积极支持者。他建议在朝鲜半岛使用原子弹，"以便在黄海和日本海之间横跨朝鲜（半岛）领土形成一条核辐射带，至少可以保证60年内不会出现朝鲜入侵南方的情况。这样，苏联也会受到我们果敢行为的震慑而不敢轻举妄动了"[①]。艾森豪威尔在1957年年底签署了在韩国部署核武器的命令，实际部署工作于1958年年初开始，此时起美国的核武器陆续出现在朝鲜半岛。在美国常规力量和核武力量保护下，韩国的安全问题得到保障但却几乎完全被动地依赖于美国，韩国没有理由开发自己的核武器。然而，60年代中后期国际局势的变化，尤其是美国对外政策的变化在客观上促使韩国走向核武之路。

直接和间接针对韩国的危机事件在60年代末期踵趾相接，而恰恰此时朴正熙又得到了令其震惊的美国意欲撤出驻韩美军的消息——美国开始在亚洲实行战略收缩的"尼克松主义"。这是美国对其全球外交政策进行调整的一种必然结果，韩国作为美国亚太棋局中的一个环节必然受到影响。韩国由于自身面临的特殊情况而受到美国这种政策的极大震动，并随之做出激烈反应。对于美国的撤军计划，朴正熙很快就做了明确表态，"在韩国拥有可完全抵御共产主义入侵的军事能力之前，继续保持驻韩美军的存在是绝对必要的"[②]。显然朴正熙还不愿意驻韩美军撤离韩国，但美国从其全球战略布局出发，决定执行分阶段撤军计划。

尼克松主义提出不久，朴正熙政府就开始仔细考虑通过国内努力和在国际市场购买的办法来实现韩国发展核武器的可能性。1970年6月，韩国从"美国进出口银行""美洲银行"以及"拉扎德兄弟银行"（Lazards Brothers Bank）等处获得贷款后，韩国电力公司与美国西屋电力公司（Westinghouse）就签署了建造核反应堆的合作合同。以开发核能为掩盖的初期核武器研发活动进展得非常顺利，而美国撤军计划的实施则是推动朴正熙政府加速开发核武器的又一剂强心剂。1970年7月美国国防部宣布，美方已经将撤出大约6万驻

[①] Stanley Weintraub, "MacArthur's War: Korea and the Undoing of an American Hero". Free Press, 2000: 264.

[②] "Seoul Chief Terms US Troops Vital". *The New York Times*, 24 June 1970 (1).

韩美军的计划正式通知韩国。该决定是美国在"尼克松主义"框架下减少美国海外驻军、实行战略收缩的具体步骤之一。美国计划在接下来的5年时间里再向韩国提供10亿美元军事援助用于弥补由于撤军而造成的力量亏空,驻韩美军将撤出后,在韩国只保留大约5000名军事人员,这是美国首次解释其撤军计划。① 同时,美国太平洋战区司令部(CINCPAC)也提出了削减驻韩核武器数量的建议。建议指出,"应该限制将剩余核武器再部署到韩国、夏威夷、关岛和阿拉斯加等地,在韩国安全状况允许条件下有计划地分阶段从韩国撤出核武器",② 这当然也遭到韩国的反对。根据当时韩国面临的局势判断,朴正熙政府对美国撤军计划持极力反对态度主要基于三个方面的考虑:其一,半岛南北对峙局面升级;其二,南北军事实力对比,前者居劣势;其三,己方安全缺乏先进军事装备作保障。面对如此困境,加上美国要削减驻韩军事力量,这就迫使朴正熙采取比较大的动作,大力开发包括核武器在内的重工业和化学工业,这些领域在70年代中期获得了相当大的发展。

到1975年,美国掌握了充分的证据足以证明韩国在从事核武器开发活动,于是采取多种手段迫使朴正熙做出中止该计划的表态。国务卿基辛格直接与朴正熙进行了联系,他警告说,如果韩国继续坚持其核武器开发活动,那么美国将取消其所有对韩安全承诺。③ 美国还同时通过外交手段与法国、加拿大和比利时等与韩国核能开发活动相关的国家进行交涉,要求他们中断与韩国的合作。韩国在上述压力下表示中止其核武开发活动,并于同年4月加入了《核不扩散条约》。1975年秋,由于韩国进口法国核反应堆问题再度引发美韩两国之间的矛盾。尽管这种反应堆符合民用标准,但福特政府担心朴正熙会利用它进行核弹研究故向其提出警告,"(利用该反应堆)建造核电站有可能会失去美国进出口银行的大宗贷款,并会进一步恶化美韩安全关系"④。朴正熙不顾美国警告在同年6月表示:"如果美国撤销对韩国的核保护,那么我们不得不

---

① "US Notifies Seoul of its Plan for Removal of Some Troops". *The New York Times*, 9 July 1970: 10.
② CINCPAC Command History (Volume Ⅰ). 1974: 262.
③ Andrew Mack, *Asian Flashpoint: Security and the Korean Peninsula*. Allen & Unwin Australia Pty Ltd, 1993: 52.
④ Michael J. Engelhardt, "Rewarding Nonproliferation: The South and North Korean Cases". *The Nonproliferation Review*, Spring-Summer, 1996: 32.

开始发展自己的核武能力。"① 在美国的压力下，朴正熙在不同时期的表态又似乎是前后矛盾的，有时甚至在同一时间的表态也是如此。比如他在 1976 年 6 月说，"我们目前没有在核领域进行武器开发的计划，也没有进行主动的积极的研发活动"，但同时又旧话重提："……如果美国撤销其核保护伞的话，韩国将不遗余力地保证自己国家的安全——如果必要的话将开发核武器。"② 此后，美国方面不断做出撤出驻韩美军的表态进一步刺激了朴正熙，使之对核武开发计划难以释怀。

卡特在 1976 年总统大选期间表示，到 1982 年将全部撤出美国驻韩地面军事力量及核武器。驻韩核武器数量也确实在逐年减少，1977 年美国在韩国部署的核武器数量为 453 枚，③ 比 10 年前减少 50% 左右。卡特的声明动摇了韩国对美国的信心并刺激了韩国"主核派"，进而刺激了朴正熙核武开发计划的发展。卡特在 1977 年 3 月宣布实施其撤军计划并通报了韩日两国。作为卡特撤军计划的一部分，到 1978 年年末将从韩国撤出大约 6000 人的驻韩美军地面部队。④ 当韩国国民大会讨论美国撤军问题时，外交通商部长朴东镇（Park Tong Jin）就韩国发展核武器的可能性发表评论时指出，"虽然韩国是核不扩散条约缔约国之一，而一旦其安全受到威胁，它将独立做出开发核武器的决定"。⑤ 还有韩国官员说，"如果安全形势受到北朝鲜的威胁，那么发展核武器则是不可避免的"。⑥ 朴正熙在 1979 年卡特总统访问韩国时显得十分激动，他用 45 分钟左右的时间来历数美国撤军将会给韩国造成的种种险状，"卡特越是解释撤军原因，朴正熙越是不耐烦"。⑦ 如此看来，卡特政府的撤军政策的

---

① J. P. Smith, "Glenn Asks Probe of Korea Arms Plan". *The Washington Post*, November 4, 1978 (A16).

② Don Oberdorfer, "Park: Seoul Target of North, Denies Nuclear Plans". *The Washington Post*, June 27, 1976 (A1).

③ 《驻韩美军曾在韩国部署数百枚核武器》，http://news.enorth.com.cn/system/2005/10/11/001137217.shtml （检索日期：2005 年 10 月 11 日）。

④ Bernard Gwertzman, "6000 Ground Troops In Korea Will Leave By End of Next Year". *The New York Times*, June 6, 1977 (61).

⑤ "Official Hints South Korea Might Build Atom Bomb". *The New York Times*, 1 July 1977 (4).

⑥ "Habib to Visit Seoul for Talks on Pullout". *The New York Times*, 9 July 1977 (5).

⑦ Kim Hyung-A, *Korea's Development under Park Chung Hee: Rapid Industrialization, 1961—1979*. Routledge Curzon Taylor And Fancies London and New York, 2004: 198.

确是朴正熙开发核武器的主要动因之一。

3. 朴正熙"国防自立"思想的内在作用

在外来"威胁"有增无减而自身防御能力尚未达到"独当一面"的情况下，美国撤军政策的出笼使朴正熙对本国安全保障问题焦虑不安，于是便开启了"国防自立"活动。朴正熙当时的这种做法与其反共思想密切相关，他认为："由于受到共产党中国核武器的鼓动，亚洲国家中的共产主义力量或许会采取间接侵略方式来扩大共产主义的影响。作为一个与共产党中国的近邻国家，韩国应采取灵活政策来保证国家安全。换言之，最好的方法就是加强我们的国防自立能力。正如我以前所说的，我们应该决断如流，在自立精神支持之下，在不久的将来实现由我们自己保卫国家的目标。"[①] 面对所处的安全困境，朴正熙政府很快就成立了负责高浓缩铀的研发任务及核武试验等任务的"武器开发委员会"和负责实现武器现代化并购买先进武器及技术设备的"韩国国防研究院"。其中韩国国防科学研究院是韩国为实现"自主国防"战略目标而成立的第一个最大的国家国防科研机构，这是朴正熙实现"国防自立"思想的基础环节。

随着 1971 年 2 月驻守在非军事区西海岸的美国第七步兵师的完全撤离，韩国军队开始接管了整个 250 公里的非军事区沿线的一部分防御任务。从战略上讲，美军的撤离致使韩国在南北对峙中韩国战略性非常脆弱，朴正熙采取激进措施发展国防事业，同时进行着国家政治经济方面的改革，朴正熙认为建立韩国自我独立防卫能力是必要的，因为"（保持）独立是（实现）生存的唯一方法"[②]。

美国削减驻韩美军的计划及其在 1972 年接近中国的举动都促使韩国感到极有必要尽快承担起自身安全防务责任，与此同时更激发了开发核武器增强国防能力的强烈愿望。1973 年韩国秘密召集在美国和加拿大的本国核专家、化学家及工程技术人员回国，同时还制订计划从国外购买可用于核武器生产的原材料和设备。为了提升自身防御能力的主导权，朴正熙政府还不断谋求扩大在

---

① Park Chung Hee. *Self-Reliant Defense and Economic Construction* (Press Conference, on January 10, 1969). Major Speech by Korea's Park Chung Hee. Hollym Corporation: Publishers, Seoul, Korea, 1970: 212.

② Kim Hyung-A. *Korea's Development Under Park Chung-hee: Rapid Industrialization, 1961—1979*. Routledge Curzon, Taylor & Francis Group, 2004: 109.

美韩军事组织中的作用。韩国在 70 年代初曾要求美国同意扩大韩国在半岛核威慑计划中的作用但遭到拒绝，而这时朴正熙的核武器研究计划已经启动。直到 1974 年美国确定韩国在秘密进行核武器开发计划时，美国获知韩国核武开发计划在 1971 年就已经开始了。1975 年夏，包括朴正熙在内的韩国官员在不同场合都做出暗示，如果美国撤销对韩国的核保护韩国将开发核武器。

朴正熙希望拥有核武器这张王牌以便在与其他国家交涉时候进行讨价还价，他已下决心开发核武器，但迫于外来压力于 1968 年 7 月 1 日签署《核不扩散条约》，可直到 1975 年 11 月韩国国民大会才批准生效。姑且不论韩国政府和民众是否完全倾向于拥有核武器，但至少对"禁核"问题没有表现出积极态度。1977 年 6 月，朴正熙主持召开由高级阁员、国防部官员以及工业部门领导人参加的扩大会议，该次会议旨在研究如何促进核工业发展。按照朴正熙的计划，到 1980 年年末韩国便可制造出核武器，并能在"自力更生"的基础上生产所有武器、先进电子设备及战机。朴正熙的这个新计划正好与美国的"逐步撤军"计划和"限制出口"政策相对应。也就是说，这是朴正熙应对美国撤军政策的具体举措——他就此指出，"当美国准备削减驻韩美军并计划减少武器出售数量之际要加强防务自立"。[①] 朴正熙极力打算通过开发核武器和导弹系统来实现韩国的军事自立从而获得更大的安全保障，但在一定程度上来看这种想法又显得有些草率。因为它似乎忽视了此举将会进一步刺激相关国家采取对应措施，进而使东北亚地区重新陷入新一轮的安全困境。1979 年，随着一个美国步兵师撤出韩国，在美国援助下美韩双方开始了旨在实现军事现代化的"五年计划"，美国计划提供 15 亿美元军事援助。虽然该计划完成得太晚，但这确实是个巨大成功。1975 年年中韩国开始了计划耗资 55 亿美元的"军事力量改进计划"（FIP）。朴正熙指出，该计划的目标就是要在 5 年之内达到不再依赖美援的程度。[②] 但在一定程度上来看此想法又有些草率将事，因为它似乎忽视了此举将促使朝鲜和日本也走上同样的道路，尤其是日本——其速度绝不会在韩国之后，而且绝非东施效颦。

---

① Andrew H. Malcolm, "South Korea Builds a Defense Industry". *The New York Times*, 10 October 1977（7）.

② "Force Planning and Budgetary Implications of U. S. Withdrawal from Korea". Congressional Budget office, Congress of the United States, May 1978：13.

4. 韩国彼时已具备一定的核武研发基本条件

事物的发展主要由其内部因素决定。不论韩国多么具备开发核武器的外在促动因素，如果韩国自身基础条件不达标，则一切皆为空中楼阁。从核材料角度看，制造核武器有三种核裂变材料可以使用：钚—239、铀—235 和铀—233。由于技术要求复杂以及研制过程耗资巨大，韩国在当时难以获得后两者，但韩国矿产资源研究所在其 1976 年的一份报告中指出，韩国的铀—308 储藏量估计为 3400 吨，开发后可供利用；另外，韩国当时在钚开发方面进展较快，到 1982 年分离出来的钚—239 丰度①达到 98%。② 韩国最初在教育部设立"原子能处"，具体事务由教育部技术教育局负责，后来该机构在草拟韩国第一个原子能发展计划过程中起到非常关键的作用。此后韩国相继建立了诸如"韩国原子能研究所"及"韩国电力公司"等机构，为开发核能以及研发核武器创造了基本条件。

20 世纪 50—60 年代韩国国内核电工业的发展也为 70 年代初韩国核武开发提供了有价值的技术理论和值得借鉴的经验。按照联合国有关数字分析，开发一个武器系统大约需要 1300 名工程技术人员以及大约 500 名科技工作者鼎力合作才能实现。据此，韩朝双方都基本具备了这个能力。1976 年，在韩国大约有 1000 多名原子能专家（包括韩国原子能研究所的 600 人）和 250 名左右的科学家（其中 56 名拥有核专业及相关专业博士学位），到 1981 年年末核专家约增至 3100 名左右、到 1986 年达 5500 人，而且到 1977 年韩国的两所大学内已经设置了核工程专业并拥有 240 名学生，③ 这些都为 70 年代末期韩国核武开发活动奠定了必不可少的人力资源条件。匈牙利驻朝鲜大使在"关于韩国核能力与技术"的报告中指出，"韩国已开始开发导弹系统并在 1978 年 9 月成功完成导弹试射，它已拥有独立发展核武器所需的技术条件"。④ 韩国的核技术发展较快，这在核电建设计划中有着明显体现。在 1973 年世界石油危

---

① 丰度，也被称为"天然存在比"，指该同位素在这种元素的全部天然同位素中的比值。

② *Implementation of the NPT Safeguards Agreement in the Republic of Korea*. IAEA. 2004：6.

③ Young Sun Ha, "Nuclearization of Small States and World Order：The Case of Korea". *Asian Survey*, Vol. 18, No. 11, November 1978.

④ Ferenc Szabó, *Ambassador Report*, Embassy of Hungary in North Korea to the Hungarian Foreign Ministry. 冷战国际史项目公告（CWIHP），22 May 1979，Identifier：756495F9-9001-5767-E48EB83F8F35EB89，Date：4 August 1983.

机期间，韩国曾计划到 2000 年投资 320 亿美元建造 25 座核电站。① 到 1978 年，这个数目几乎翻了一番：计划总投资额增加到 700 亿美元、建造 43 座核电站。② 朴正熙在次年年初表示，韩国将在 1981 年上半年完成核弹开发任务，"那时金日成就不敢入侵南方了。"③ 可以看出，朴正熙对本国核武研发进程还是比较满意的。卡特在同年 5 月也证实了，"印度、巴基斯坦……韩国已拥有生产核武器的技术能力"。④

尽管美国一再阻挠，但该时期韩国核武器开发活动依然获得很大进展。匈牙利驻朝大使在"关于韩国核能力与技术"的报告中指出，"韩国已经开始发展导弹系统，并在 1978 年 9 月成功实现了导弹试射，它已拥有独立发展核武器所需的技术材料"。⑤ 朴正熙遇刺后，韩国再未公开声明要求拥核，但与核武器相关的研发项目还在以某种形式进行着。

（二）美国对朴正熙核武选择的遏制策略

从 1958 年起，⑥ 美国核武器陆续进驻朝鲜半岛并长达 33 年之久，美国核保护伞直接为韩国提供了安全保障。虽然如此，韩国还是由最初的核电开发进入了 70 年代的核武研发阶段，半岛局势又趋紧张，此状不可避免地涉及美国。1974 年不结盟国家成员之一——印度进行了核试验，美国政府对此十分震惊，

---

① "Seoul Officials Say Strong U. S. Pressure Forced Cancellation of Plans to Purchase a French Nuclear Plant". *New York Times*, February 1, 1976 (11).

② Milton R. Benjamin, "S. Korea Plans to Double Nuclear Projects". *Los Angeles Times*, November 19, 1978 (10).

③ Don Oberdorfer, *The Two Koreas: A Contemporary History*. Addison-Wesley, Reading Massachusetts, 1997: 73.

④ Interview with the President Remarks and a Question-and-Answer Session With Editors and News Directors. May 11, 1979. APP (Carter). http://www.presidency.ucsb.edu/ws/index.php?pid=32330&st=south+korea&st1=.

⑤ Ferenc Szabó, Ambassador Report, Embassy of Hungary in North Korea to the Hungarian Foreign Ministry. CWIHP. Date: 22 May 1979, Identifier: 756495F9-9001-5767-E48EB83F8F35EB89.

⑥ 美国驻韩核武器大部分是在 1958 年年初到 1964 年年底完成部署的，规格、型号以及调整时间等相关信息在下述档案材料中有详细记载：History of the Custody and Development of Nuclear Weapons (U), July 1945 through September 1977, Office of the Assistant to the Secretary of Offence (Atomic Energy), February 1978.

也同时深化了它对朝鲜半岛核扩散危险性的认识，于是更加密切地注意韩国的秘密核开发活动。1974 年 11 月美国有关方面根据情报部门的分析最终确认了韩国秘密研发核武器的事实——"南朝鲜正处于核武器开发的初期阶段"，"它能够开发有限的核武器，并会在 10 年内得到巨大发展……这势必会对其邻国产生巨大政治影响"。① 美国不希望韩国进行核武器开发活动，但直至其重水燃料棒项目相关信息的泄露，美国才意识到韩国离制造出核武器的目标已经是多么的接近。美国国务院也把"对韩国发展包括核武器在内的'国防自立'行动做如何反应"当作"未来的关键问题"。② 从整体看，美国方面主要采取了以下方式：通过美国自身以及做供应国的工作来切断韩国获取核技术及设备的途径；施压韩方尽早批准加入《核不扩散条约》；加强对韩国已有核设备运转情况的监视、加强对其核领域发展现状的了解。为保持在该地区的核威慑优势，美国确定韩国在进行核武器开发活动后立即迅速地采取了一系列的遏制措施，于是一场紧张而秘密的外交交涉活动开始了。

1. "恩威并施"进行直接施压

运用"恩威并施""打拉结合"等形式直接施加压力，这是美国阻止朴正熙政府核武开发的主要手段。

随着韩国经济军事实力的提高，美国方面认识到应该放弃潜意识当中将韩国当作"小伙计"的想法，应将其定位于中等国家的地位。这时比较可行和现实的选择是在美韩之间建立一种与美日关系、美国与北约的关系相一致的互惠对等的长期伙伴关系，这将包括新的双方协商机制。南越"陷落"后，美国担心朝鲜可能会进攻韩国，同时也为了尽快使韩国放弃核武选择，美国国防部部长施莱辛格于 1975 年 6 月公开发表声明指出，一旦北朝鲜对其发动进攻，美国将使用战术核武器予以还击。美国做出这种表态尽管是出于本国的战略考虑，但对韩国而言则是吃了一粒定心丸。同时，美国还通过经济手段威胁韩国不要走核道路。这个砝码是比较有分量的，因为美国是韩国最大的贸易伙伴并握有价值数十亿美元的债权，如果韩国违背美国意愿继续一意孤行，美国就可

---

① Don Oberdorfer. *The Two Koreas: A Contemporary History*. Addison-Wesley, Reading Massachusetts, 1997: 69.

② "US Strategy in Asia: Trends, Issues, and Choice, Briefing Memorandum". Department of State, October 16, 1975（该文件正文第 2 页）.

以通过经济手段重创韩国,福特政府将美国的这一打算向韩国做出了暗示。

美国为不过分刺激韩国还适当增加了对其的援助。作为削减驻韩美军的"补偿",美国同意在5年之内向韩国提供5亿美元用于实现其军事现代化的目标。美国从军事和经济上都做出姿态力图使韩国释疑,然而到60年代末发生的一系列事件——尤其是美国撇开韩国单独与朝鲜就"普韦布洛号事件"进行秘密接触——都使得韩国对美国的安全承诺的信心发生动摇,当它没有按期收到美国许诺的援助时难免再生疑虑。这种怀疑又进一步促使韩国多方面采取行动加速实现"国防自立",核武器研发进展活跃起来。

美国在处理"韩核问题"上采取低调政策,在对韩交涉的最初阶段先不表明美国已知晓其正在开发核武器的消息,而是直接公开地反对韩国进口再处理设备的计划。在与朴正熙政府接触过程中,斯内德大使尽管一再强调韩国不应向有关国家购买核设备与技术,但并未直接明确指出韩国正在开发"新"武器系统。这可以看出,美国之所以采取"点到为止"的政策,主要是为了不过分刺激韩国以致它采取更加不合作的态度,美国力争在这种"安抚"式的外交中尽量使局势处于掌控之中。

斯内德大使在汉城的努力与美国政府其他有关官员的活动紧密相连。1975年8月,国防部部长施莱辛格在访问韩国时与朴正熙进行的私人会谈中指出,韩国核武器开发项目是一个有可能危及美韩关系的重大事件,但在谈话中他并未引用美国情报部门已经发现的确凿证据,朴正熙也没有承认他正在进行的"秘密武器"开发项目。所以他后来将这次与朴正熙的对话称之"晦涩难懂的会谈",而施莱辛格则断言,"朴正熙知道我所了解到的一切"[①]。在美国的印象当中朴正熙是一个桀骜不驯的人,这一点在"5·16军事政变"时期就为美国情报部门所确认,这样的一个人所制订的核武开发计划是比较难以遏止的。因此,朴正熙越是固执己见,美国则越焦虑,一旦由"韩核问题"引起大国再次卷入朝鲜半岛事务,在该地区的对峙局面仍将以"极"的形式出现,对美国而言这将是非常难以应对的局面,这也是美国所认可的。在美国国务院的一份备忘录中就体现了美国的这种态度:"在朝鲜半岛地区我们继续面临着政

---

① Don Oberdorfer. *The Two Koreas*: *A Contemporary History*. Addison-Wesley, Reading Massachusetts, 1997: 71.

策困境，但并非印度支那战争带来的结果"，① "我们在越南战争以后的朝鲜半岛政策面临着难以解决的问题"，但继而又着重指出，"我们继续在朝鲜半岛保持介入政策是我们发展对华关系和保持对日安全关系和政治联系的重要内容，也是我们使韩国放弃独立发展核武计划的主要方式"。② 为此美国有关方面建议要向韩国传递信息，使之明确美国的意图，韩国秘密研发核武器的计划将破坏与美国的安全关系，应放弃获得核燃料再处理厂的计划，美国为此还许诺帮助其开发先进的地地导弹系统。

  美韩双方矛盾在 1975 年年底达到顶点，美国对韩国核武器计划的反对态度越加明确。施莱辛格向韩国高级官员尖锐地指出："韩国应该认真地考虑，它是否准备要切断可以获取最好的技术和最大财援的源头——这些只有美国能做到；它是否准备要恶化与美国的重要盟友关系——这种关系不仅仅涉及核领域及技术领域，而且更广泛地涉及政治领域和安全方面的内容。"他还警告说，韩国政府在行动前应"对美国和法国所提供的支持与合作所带来的好处进行权衡"，接任施莱辛格的拉姆斯菲尔德（Donald Rumsfeld）大使在 1976 年更加直言不讳地对韩国高级官员说，"如果韩国坚持研制核武器的话，美国将重新全面评估包括经济关系和安全关系在内的对韩关系"。③

  再处理设备及技术是发展核能的关键环节之一，从核武器角度来讲更是如此。但面对美国的强劲外交压力，朴正熙不得不做出让步，1976 年韩国被迫取消向法国购买钚再处理设备。同样，为了做出某种"补偿"美国有关部门建议将"长矛"（Lance）导弹营部署在朝鲜半岛，因为"那里是最可能需要地面核武器之所"。④ 在朴正熙表面同意美国建议后，美韩很快达成协议：韩国获准发展 180 公里射程的导弹。⑤ 1977 年 1 月，朴正熙宣布在视察国防部时说，"我们将不走核武道路"，但韩国外长在国民大会外交委员会上说，"我们

---

  ① "US Strategy in Asia, Briefing Memorandum". October 16, 1975（该文件正文第 2 页）。

  ② "US Strategy in Asia: Trends, Issues, and Choice, Briefing Memorandum". Department of State, October 16, 1975（该文件附件第 7 页）。

  ③ Kim Hyung-A. *Korea's Development Under Park Chung Hee: Rapid Industrialization（1961—1979）*. Routledge Curzon Taylor And Fancies. London and New York, 2004: 195.

  ④ "Deployment of Nuclear Weapons". CINCPAC Command History (Volume I), 1976: 159.

  ⑤ Pyungwon Kong. "Change in the Political System of Republic of Korea (ROK) and the United States (U.S.) - ROK Alliance". Eberly College of Arts and Sciences, West Virginia University, 2005: 84.

已签署并加入《核不扩散条约》，因此我们的基本立场就是不打算独立开发核武器。但考虑到国家利益和国民安全需要，韩国——作为一个主权国家——能够依据客观情况做出自己的判断"。[①] 朴正熙政府的核武器开发活动一直持续着，到1978年9月韩国成功试射导弹时达到了更高水平，韩国的这种新进展在美国造成了恐慌。同年11月，美国国务院、国家安全委员会、国防部的17名高级官员在国防部长哈罗德·布朗带领下就此事对韩国进行视察访问；10天后美国国会军事委员会13名议员在议长麦尔文·普莱斯（Melvin Price）率领下对韩国进行了同样内容的访问。美国有关官员的类似视察访问一直持续到1979年卡特访问韩国。在这场较量中韩国似乎是获得了胜利，7月20日卡特宣布暂停实施从韩国撤军的计划，极大缓和了双方的紧张关系。

2. "计展多方"，发挥间接影响

"计展多方"发挥间接影响也是美国阻止韩国核武器研发的重要方式。由于认为本国安全受到极大威胁，加之美军撤军计划的提出，朴正熙政府不时表现出开发核武器的决心。朴正熙向美国表示，"虽然韩国拥有生产核武器的能力，但我们目前不想发展"，可"如果美国撤销其对韩国的核保护伞，那么韩国将不得不发展核武器"。[②] 朴正熙不仅仅是向美国做了强硬表态而且还采取了实际行动，明显的步骤之一就是寻求从法国购买再处理设备，因为这是获取核武器材料不可缺少的步骤。1972年，韩国与法国谈判，力图从法国获取核燃料组合技术及再处理设备等，双方并于1974年签署了《原子能技术合作协定》。为了不过分刺激美国，1975年韩国批准签署《核不扩散条约》的同时，韩法还签署了在国际原子能机构监督下安全使用原子能的协定。

随着局势的发展，美国政府授权斯内德大使直接告知韩国政府官员，美方反对韩国正在进行的出于军事目的的核材料"再处理"活动。尽管达到"直面冷对"的地步，但为了不与朴正熙发生直接对抗，斯内德采取灵活策略从"再处理"的技术层面入手次第向韩国科技部长、外交通商部部长和"青瓦台"提出了美国的建议，在经过这样的逐级缓冲以后向朴正熙转达了美国的

[①] Young Sun Ha. "Nuclearization of Small States and World Order：The Case of Korea". *Asian Survey*, Vol. 18, No. 11, November 1978：1142.

[②] Kim Hyung-A. *Korea's Development under Park Chung Hee：Rapid Industrialization（1961—1979）*. Routledge Curzon Taylor and Fancies. London and New York, 2004：193.

态度。1975年秋冬，负责东亚和太平洋事务的助理国务卿菲利浦·哈比比与韩国大使在华盛顿举行了一系列的紧张会谈。此时，韩国与法国之间已经签署了合作协议，哈比比直接要求韩国取消韩法协议，朴正熙通过驻美大使拒绝了这一要求。为达到废止韩法协定的目标，美国也采取了软硬兼施的政策。美国提出，如果韩国民用核工业需要的话，在美国监督下可以进行核材料再处理活动；通过正式签署科学技术协定，美国同意向韩国再提供核能技术。同时，美国政府在征得国会同意对韩国施加压力，如果美国所关心的核扩散问题不解决的话，它将冻结"美国进出口银行"用于韩国进一步开发民用核工业的资金。后来美国政府又指示施莱辛格和哈比比使用最具效果的威胁手段对韩国进行警告，如果韩国依然我行我素执行其核武研发计划，势必对整个美国的安全战略产生影响。言外之意，美国对韩国的安全联盟关系将就此终止。这时的警告已升级为严正警告，这种升级也体现了美国对难以说服朴正熙放弃核武计划的一种焦虑。

  1975年年末，法国政府批准向韩国供应价值2000万美元的再处理设备，韩国马上就将实现一个重大目标了，此时美国阻止韩国核武研发活动的关键步骤似乎就是法国了。然而60年代中后期，由于受到"戴高乐主义"的影响，法美关系比较紧张，而法国又与美国的盟国——韩国进行违背美国意愿的核交易，这难免令美国更加恼火。因此在韩核问题上，法国自然成为美国的外交战重点和难点所在。美国采取间接方式劝说法国政府取消与韩国在核开发问题上的合作。美国驻韩大使斯内德警告法国驻韩国大使皮埃尔·兰迪（Pierre Landy）说，"美国政府毫不怀疑，韩国会秘而不宣地将其用于军事目的，法国应取消与韩国的合作"，但法国拒绝放弃与韩国的这笔交易并表示只有在韩国政府主动让其取消该计划时，法国才会那样做。[①] 在当时美法关系状况来看，从法国入手解决问题是不可能达到目的了，至少在短期内是行不通的，因此美国将主攻方向转到韩国。美国方面立即采取多种措施对韩国施加影响，最终使之在获取再处理设备的目标上"功败垂成"。在美国压力下，韩法协议中止，然而韩国并未完全停止核武研发的努力，此后它又与法国协商购买核试验设备，美国再次出面加以干预。

[①] Don Oberdorfer. *The Two Koreas: A Contemporary History.* Addison-Wesley, Reading Massachusetts, 1997: 70.

在购买再处理技术设备的同时，1973年韩国电力公司也开始与加拿大协商购买"NRX"试验用核反应堆，1975年又与比利时协商购买核燃料合成设备。与加拿大的协商在1974年的意外事件以后中止，因为这一年4月印度利用加拿大提供的"CIRUS"试验反应堆试爆了核弹震惊了世界。美国出面进行强力干预，阻止了韩加之间的合作。韩国与比利时之间的协商也由于美国的干预在1977年11月中止。这样，美国基本切断了朴正熙开展核武计划的外部联系。

在美国的压力下，朴正熙的核武器研发计划障碍重重并暂时中止。然而朴正熙并未解散他的秘密核工作组，而是将其编入一个新的组织机构当中——"韩国核燃料开发公司"，并且有了一个新任务——研制生产反应堆核燃料棒。与此同时，朴正熙政府还制订了1977—1986年韩国核能发展计划。

表6—6　　　　　　　　20世纪70年代韩国核能发展计划

名称	功率（MWe）	反应堆类型（PWR）	反应堆制造商	开建时间	预计运转时间
Kori-1	595	压水反应堆	美国西屋电力公司	1971—03	1978—01
Kori-2	650	压水反应堆	美国西屋电力公司	1977—03	1983—12
Wolsong-1	679	重水反应堆	加拿大原子能公司	1977—06	1982—04
Nuclear-5	900	压水反应堆	美国西屋电力公司	1978—05	1984—09
Nuclear-6	900	压水反应堆	美国西屋电力公司	1978—05	1985—09

资料来源：Young Sun Ha. "Nuclearization of Small States and World Order: The Case of Korea". *Asian Survey*, Vol. 18, No. 11, November 1978: 1136.

(三) 对朴正熙核武选择的再思考

20世纪70年代，美国之所以极力反对韩国走上核武之路主要出于以下考虑：由于美韩同盟关系的存在，韩国开发核武器势必影响美韩之间的双边安全关系，因此美国基本目标就应该是使韩国核武开发及发射能力。同时，由于韩国的地缘位置特殊，其开发核武器活动的影响必然波及周边国家，尤其是日朝两国——这种情况会在日朝之间产生连锁反应，核扩散问题在东北亚地区就会加剧，这种担心和冷战后美国对"朝核危机"问题的关注是类同的。韩国拥有核武器会给该地区造成极大的不稳定局面，不仅涉及中日苏等国，而且还会使美国直接卷入其中。或在可能的冲突中中国或苏联会使用核武器支持朝鲜。以此分析，冲突发生时美国便会自动"直接卷入"其中，在冷战环境中双方都有可能被拖入严峻的核对峙之窘境，这是 70 年代苏攻美守的冷战大格局中美国所极力回避的问题。

朝鲜战争以来，韩国一直是美国的盟友，是其东北亚政策的主要载体之一，不管多么麻烦，它最终还是遏止了朴正熙的核武之路；半个多世纪的时间里朝鲜一直是美国东北亚政策的目标指向、是美国的矛盾面，要达到使其放弃核武的目标实属不易。朝韩双方开发核武器的阶段大体相当，相互的威胁感是不同时期促使其选择核武道路的原因。当年苏联和巴基斯坦等国核武器的发展也都是出于对各自对手的威胁感而研制出来的，如今朝鲜极力开发核武器也类似于当年韩国走上核武道路的情况一样，它主观上认为自己的安全受到了外来威胁。

对盟友失去信心是促使 20 世纪 70 年代韩国开发核武器的动因之一。目前，如果朝鲜核武研发一再取得进展而美国所采取措施效果不明显，类似 20 世纪 60—70 年代出现的对其盟友"失去信心"的情况在韩国是否会重演呢？韩国曾经为实现其核武计划进行了大胆的努力并取得了实质性进展，回顾 70 年代韩核发展历程可以发现，韩国面临的主要阻碍因素并非来自国内而是来自外部。韩国政府以及民众当中有很多人认为具有独立的核能力必将提升韩国的防御能力，而且在与美国进行讨价还价时也会增加筹码。概言之，韩国是否会重复朴正熙时代的核选择取决于两方面的因素且依然与 70 年代的相同，即韩国的国家决心和美国干涉程度。

20 世纪 70 年代的历史说明，韩国核武选择过程中的关键因素就是美国的干预，现在美国的作用一如从前，但这个因素将与日益倾向于奉行独立外交政策的韩国矛盾频发。"六方会谈"之路崎岖坎坷、美国在日韩领土分歧问题上倾向日本、日韩关系充满变数、韩国反美主义情绪犹存以及朝鲜导弹试射危机等因素，这些不能不促使韩国考虑进一步加强自身防御能力的问题。朝鲜半岛南北双方的敌对状态与印巴两国的矛盾关系有着一定的相似之处，当年印巴核竞赛的情况在该地区也初露端倪。

到 2005 年，日本对本国核选择的国民支持率仅为 10% 左右，而在韩国则有52%的民众赞成本国拥有核武器,① 在2009年朝核危机不断升级情况下,韩国政界关于"核主权"的讨论也逐渐浮出水面。韩国大国家党议员金东圣、朴熺太及自由先进党议员朴宣映就是持有该主张的主要代表人物。② 当年朴正熙核开发道路上的阻碍因素也并非来自内部,这与现在的情况看在一定意义上说也是一种历史的巧合。朝鲜人民武装力量部副部长朴在京于2009年6月15日表示,在《朝鲜停战协定》"已经失效"、朝美"处于战争状态的情况下",朝鲜军队有权对任何微小的挑衅立即进行先发制人的打击,攻击美国的"要害"。③ 由于美韩联盟关系的存在,朝鲜一旦采取行动必然涉及韩国。虽然这种说法更大程度上存在着政治宣传的意味,但朝鲜在20世纪60年代末期针对美韩的一系列进攻性行动不能不令韩国心有余悸,依赖美国的同时必须向朴正熙时期那样继续强化"国防自立"能力——韩国核选择的意向也会随之明显化。韩国拥有大批高水平工程技术人员和科研人员,韩国到90年代初期就已经形成了大型核研发基地,至少20个大型研究所拥有1.5万名工作人员,其中1/10以上拥有博士学位。④

在朝鲜进行第三次核试验以后,韩国民众对于本国"自行开发核武器"的支持率上升到了65%左右。⑤ 韩国国内"主核派"对于朝鲜的某些言行持明显反对态度,韩国政府也如此。朝鲜方面在2013年3月再度宣布1953年"停战协定"无效时,韩国官方态度明显趋于强硬。前总统朴正熙的女儿朴槿惠随即在其主持的第一次内阁会议上指出,韩国"必须对朝鲜的挑衅活动做出强力反应"(We must deal strongly with a North Korean provocation),⑥ "而无

---

① 高奇琦:《韩国的核选择:历史与现实比较》,《当代韩国》2007(冬季号):64。
② 韩国议员讨论开发核武器以使朝鲜弃核[EB/OL]. [2009-05-30]. http://int.nfdaily.cn/content/2009—05/30/content_ 5198316.htm.
③ 朝鲜军方表示有权对任何挑衅进行先发制人打击[EB/OL]. http://news.163.com/09/0616/00/5BSV5S9Q000120GU.html.
④ Truth behind S. Korea's Development of Nukes Disclosed [EB/OL]. (2004-10-25)[2008-12-22], http://www.kcna.co.jp/item/2004/200410/news10/25.htm.
⑤ 根据美国"盖勒普"调查数据以及韩国"牙山政策研究所"民意调查数据显示,在韩国有64%—66.5%的受调查对象支持本国自行发展核武器的观点,这与2010年"延坪岛事件"后的民意调查结果类似。参见:Martin Fackler, Choe Sang-hun, "As North Korea Blusters, South Flirts with Talk of Nuclear Arms". *The New York Times*, March 11, 2013 (A1)。
⑥ Choe Sang-hun, 1953 "Armistice Is Nullified, North Korea Declares". *The New York Times*, March 12, 2013 (A4).

需考虑任何政治后果"（without any political consideration）。① 朝鲜半岛南北双方紧张局面的升级会进一步刺激韩国国内的"主核派"，其活动对韩国政治的影响不可小觑。与70年代相比较，韩国更具备了开发核武器的可能性。来自朝鲜的刺激，韩国重新走上开发核武器的外在动因变得强大起来，而且它具备发展核武的技术基础。开发核武器的民众支持率也在上升，根据2016年1月盖勒普民意调查结果显示，有54%的韩国民众支持发展核武器、38%的人持反对意见。②

然而从政治层面看，当代韩国与20世纪70年代的韩国有很大不同。韩国自从1988年开始成为民主国家后，宪法及民主原则都已生效，政治公开性程度的提高以及军界对国家政治的作用力远比朴正熙时期小，这些都将对韩国开发核武活动产生限制。同时，韩国目前的20座核反应堆提供给全国40%左右的电力资源，但所需核材料的97%都需要进口，③ 如果韩国违背《核不扩散条约》而再次做出核武抉择，一旦核供应国在国际压力下切断韩国核材料供应，不但核武计划难以进行，而且韩国经济势必遭受严重冲击。同时，美韩联盟关系也将继续对韩国重回核武之路发挥关键性限制作用。但值得注意的是，以上制约因素并不能消除韩国的内在核潜力。如此看来，韩国在这个问题上进退维谷之困境非短期内可消逝，而这又必将是与韩国有着"麻烦的伙伴"关系的美国所关注的问题。

六　驻韩美军的作用与驻军的撤留问题

(一) 驻韩美军的制衡及威慑作用

国家结盟主要是为了制衡威胁。④ 笔者认为，海外驻军是这种制衡威胁作

---

① Mark Landler & Choe Sang-hun, "U. S. Sees North Korea Blustering, Not Action". *The New York Times*, April 2, 2013（A4）.

② Kang Seung-woo, Calls for S. Korea Nuke Armament Gaining Ground [EB/OL].《朝鲜日报》（电子版）：http://koreatimes.co.kr/www/news/nation/2016/08/113_210829.html [2016 - 08 - 01].

③ Nuclear Power in Korea [EB/OL]. (2009—02) [2009 - 04 - 01]. http://www.world-nuclear.org/info/inf81.html.

④ [美] 斯蒂芬·沃尔特：《联盟的起源》，北京大学出版社2007年版，序言。

用得以体现的主要方式之一。美国前助理国务卿邦迪曾经指出美军在半岛的存在最重要的角色就是平衡器的作用,前国防部长施莱辛格也认为,驻韩美欧军的存在是一种象征——在局势紧张时候保持地区稳定利益的体现,美国军事力量的作用是保持半岛及周边地区稳定的需要。① 世界大国安全利益在亚洲尤其是在东亚地区都有交叉,中国位居这块大陆的中心地带,苏联远东地区将苏联的利益延伸至该地区,日本在大陆2000英里以外的东部海区遥望这一地区,美国在太平洋区域的利益与地区矛盾相互交织,西欧则与该地区存在着重要的经济联系也必然会受到该地区动荡局面的影响。② 世界各主要力量在该地区都有各自的利益体现,难免产生矛盾。美国利用多种手段力图保持各种力量之间的平衡,这样才能保证本国战略利益的实现。撤出驻韩美军将使美国失去地区信任并造成地区失衡,因此可以说驻韩美军的存在在更大意义上来说非其军事意义而是政治作用,它的存在使美国在中美苏利益交织的东北亚地区发挥平衡器的作用,它是美国在半岛地区及东北亚地区发挥保障力量平衡作用的主要工具之一。

  在冷战背景中,中苏都"认可"了驻韩美军的存在,在中苏分歧的情况下双方都打算利用驻韩美军牵制对方。中苏双方官方观点认为,就拉拢朝鲜的国际政治斗争而言,他们希望美国撤出驻韩美军,但是由于中苏敌对局面的存在,双方都不愿见到美国立即完成撤出驻韩美军的局面。从力量结构角度看,如果美国迅速实现撤军就会使原来在东亚地区存在的四支力量相对而言转为三支力量,这样就有可能由于失去了"平衡器"而使大国之间出现敌对行动。完全撤出驻韩美军将迫使日本加大力度实现军事自立,也许包括开发和武器在内,这样就会在东北亚地区重新开始一场大规模的军备竞赛。于是美国军事力量在该地区的存在就不但是制衡中苏的需要,而且还是防止日本走向军国主义和核武开发道路的需要。

  从威慑效力来看,美国军事力量在半岛的存在是对朝鲜"冒险主义"活动的一种主要威慑形式。1975年,越南战争以后以及金日成同年访华被韩美

---

① Myung Hyun Cho. *Korea and Major Powers*. Research Center for Peace and Unification of Korea. 1989: 304.

② 语出基辛格。参见:"Excerpts from Kissinger's Address at Dinner of the Japan Society". *The New York Times*. June 19, 1975: 8.

视为朝鲜进攻的信号，这促使韩国政府开始了第二个大规模军事装备现代化计划——军事改进计划 1975—1981（Force Improvement Plan），其主要目的是在没有盟国提供援助的情况下实现自卫。尽管实行了"军事现代化五年计划"和"军事改进计划"，但韩国整体军事实力并没有赶上朝鲜，于是韩国在 1982—1986 年再度实行"军事改进计划"。所以只要是半岛上依然存在军事不平衡状况，美国认为驻韩美军的存在对朝威慑作用就十分必要。

的确，美国在朝鲜半岛的军事存在使朝鲜不得不对其在半岛可能引起的麻烦进行再三考虑。很显然，美国将其在该地区的军事存在视为应对军事不确定性的防护手段。美军司令史迪威则认为，驻韩美军的存在是维护停战协定的重要保证，是保护美国亚洲主要盟友日本的主要保护伞的关键环节，也是阻止苏联向太平洋地区扩张的保障，更是在东亚自由国家中确立信任气氛的需要，同时也是中美缓和的关键因素。[①] 驻韩美军的存在与亚洲和平的关系就如同 30 万驻扎在西欧的美国军事力量的作用一样。驻韩美军仅仅是驻西欧美军的 10%，但在东北亚地区却发挥了与 30 万驻欧美军的作用，因此就其规模而言他所发挥的作用远比其自身规模大得多。既然驻韩美军作用如此之大，那么它在心理上必然对韩日等国的安全恐惧感起到缓解作用。

（二）驻韩美军的撤与留

20 世纪 60 年代末期，美国的东亚政策发生巨大转变，在该地区实行战略收缩是其主要内容。美国在 20 世纪 60—70 年代曾经尝试着从朝鲜半岛抽身，韩国成为这种尝试的对象。具体而言，尼克松主义和越南战争改变了美国安全援助政策，实际上该政策已经失去了国会和公众的支持。尼克松的战略收缩政策在韩国体现明显，一个步兵师的军事力量退出了朝鲜半岛。卡特的外交政策，尤其是撤军计划影响了韩国的防务政策，即便后来放弃了最初的撤军计划，对韩国依然产生了不可低估的影响。卡特政府暂停撤军计划导致 8 亿美元的武器装备移交计划的中止，故此韩国也就没能够获得最初美国许诺给它的大量的武器装备。但正是在这个过程中韩国国防工业在 60 年代后期基础之上再

---

① Myung Hyun Cho. *Korea and Major Powers*. Research Center for Peace and Unification of Korea. 1989: 305.

次得到迅速发展。自愿也好、被迫也罢,韩国必须对美国的撤军政策进行相应的政策调整。撤军政策不仅仅影响到韩国,还涉及东亚许多国家和地区。时任新加坡总理李光耀就撤军问题指出,"美国的撤军决定对于东北亚国家、也许对亚洲其他国家的安全产生深远的长期影响。它对于亚洲资本主义制度国家产生了明显的威胁。美国在亚洲的安全考虑似乎与此前20年的美国政策并无关联了"。① 的确,卡特政府的撤军政策是出于美国国家利益考虑的结果,即便是与之关系密切的同盟国美国也没有与之进行事先协商,美国单方面实施撤军计划也反映出,如果外界情况一旦触及国家根本利益时,即便是盟国也会促使当事国与现实情况进行"协商",而很少再考虑盟国一方的利益了。

尼克松和卡特时期的撤出驻韩美军问题在某些方面恰恰相反。由于美国国会认为在越战以后应该减少美国的海外义务以及出于削减开支的考虑,所以成为撤出驻韩美国第七步兵师的主要推动力;卡特时期的国会角色与前者发生完全相反的变化,成为撤军的反动力。阿斯平等国会议员认为美国作为一个可信赖的盟友的印象在盟国中面临危机,1975年越南"陷落"是一个因素,美国力图恢复对华关系是另一个促成因素。卡特政府将其归结为地缘战略因素的客观要求,但无论怎样美国的信任度受到了损失,国会此际不支持卡特撤出驻韩美军地面部队的举动可视为"损害控制措施"(damage-control measure)。② 共和党人以里根为首的美国政府与其前任的政策有着明显差别,奉行强硬政策是其显著的特点,该政府决定美军地面部队和空中力量继续驻留韩国并不再进一步削减驻韩美军数量。里根政府的外交政策顾问理查德·安连(Richard Allen)指出,在里根政府执政的4年时间里没有全部撤出驻韩美军地面部队的可能。③

里根政府以后,美国曾经对驻韩美军进行了若干微调但并无根本性变化,直到冷战以后对于驻韩美军存留问题的讨论再次抬头。驻韩美军存在的大前提

---

① Robert G. Rich. "US Ground Force Withdrawal from Korea: A Case Study in National Security Decision Making". United States Department of State Foreign Service Institute, June, 1982: 16.

② William E. Berry, Jr. "The Invitation to Struggle: Executive and Legislative Competition Over the U. S. Military Presence on the Korean Peninsula (Part 2)". May 17, 1996, U. S. Air Force Academy.

③ Larry A. Niksch. "US Troop Withdrawal from South Korea: Past Shortcomings and Future Prospects". *Asian Survey*, Vol. 21, No. 3, March 1981: 334.

已经消逝,由于驻军而引发的问题不断浮出水面。进入新千年之际,驻韩美军撤留问题成为美韩两国谈判焦点的频率渐高。2003年美韩达成一致,将部署在汉城的美国驻军撤至其他地区,同时把汉江以北的美军撤离敏感的非军事区附近地区,减小驻韩美军成为冲突"引信"的可能性,这在一定意义上来说是70年代撤军政策的延续。美国"保卫"韩国已经半个多世纪了,与韩国结盟实际上就是一种单边保证体制,这自从二战以来就是美国一直坚持的一项危险的义务承诺。① 1947—2008年美国从朝鲜半岛撤军行动已有6次,不久的将来还会有第7次撤军,美韩两国应该为此做好准备。② 但美国也表现出继续保持驻韩美军的意愿,进入21世纪以来,美国一直在考虑是否撤出或者削减驻韩驻日美军地面部队问题,美国打算主要依靠海空力量以及地面快速反应部队保持其在亚洲的军事存在,这一点与卡特撤军时期的考虑是一致的。

美国国防部、太平洋战区司令部、驻韩日美军事官员一直讨论该问题,但他们强调,该政策调整不能削减美国在亚洲的安全责任与义务。1997年3月,时任美国国务卿威廉姆·科恩访韩时表示,"如果朝鲜人同意,即使在半岛实现统一以后,美国也将在该地区继续保持其军事存在",副国务卿坎贝尔(Kurt Campbell)也指出,"即使在失去北朝鲜的威胁以后,出于地区安全利益考虑,美国也打算保持与韩国的强大安全联盟关系"。③ 参谋长联席会议主席亨利·谢尔顿(Henry Shelton)也说,"进行政策评估是可能的,但是要先预见撤军的政策则是仓促和不成熟的";科恩还告知韩国领导人美国并没有撤军计划,即使克林顿总统也在《纽约时报》上指出,美国没有考虑撤军计划。④

在美国实施海外驻军行动的同时不可避免地与驻在国发生联系,驻军划地

---

① Doug Bandow. "Bring the Troops Home Ending the Obsolete Korean Commitment". *Policy Analysis*, No. 474, May, 7, 2003.

② Alon Levkowitz. "The Seventh Withdrawal: Has the US Forces' Journey Back Home from Korea Begun?". *International Relations of the Asia-Pacific*, Vol 8, 2008 (2): 131.

③ Sung-Han Kim. "U. S. Military Presence in a Unified Korea". University of California (San Diego), May, 1999: 14.

④ Richard Halloran. "U. S. Reconsiders Ground Forces in Korea, Japan". *Global Beat Issue Brief* No. 62, October 8, 2000. http://www.bu.edu/globalbeat/pubs/ib62.html.

以及社会活动都会对当事国产生影响。美国海外军事存在被许多当事国视为侵犯国家主权的行为，这样的军事存在必然被理解为干预他国内政。美国国会参议院外交委员会次委会在 1970 年指出："作为美国武装力量的组成部分，海外军事基地通过与驻在国共同的计划、联合军事演习以及军事援助计划等难免使美国卷入其内部事务。"① 驻韩美军的许多活动确实已经被韩国民众视为侵害本国利益的活动，因而直到今日依然是影响美韩关系的重要问题，在韩国公众中对保持美国驻军存在的支持率在下降，但是朝鲜包括远程大炮和火箭发射架在内的 70% 的陆军都集中在非军事区沿线一带的事实，② 不能不再"挽留"驻韩美军。任何了解一些美国历史及其政治经济的人都会知道美国不会从亚洲"撤出"，美国一再强调是一个太平洋国家并且一定会坚决维护这种地位。③ 时任国防部部长温伯格曾在 1986 年指出："只要韩国人民需要并且愿意，美国驻军就会保持在那里。"④ 1989 年 2 月 16 日，时任美国总统布什回答中国新华社记者提问时表示，"应韩国的要求，美国在朝鲜半岛留有驻军用以遏制来自北方的进犯。只要韩国政府及人民打算让我们继续驻在那里、只要我们认为我们的驻军活动有利于和平，我们就会一直在那里"⑤。美韩曾经在 90 年代初期达成协议，韩国方面将在美韩军事联盟中发挥主导作用，而美国则发挥辅助支持作用。1993—1994 年，美韩双方曾经就是否削减驻韩美军问题以及战时军事力量指挥权是否交给韩国方面等问题展开激烈争论，克林顿政府最终决定，"美国将在西太平洋地区保持一支 10 万人的海外军事力量，其中包括 3.7 万名驻韩美军"。⑥ 美韩联盟关系由冷战时期形成的三个支柱来维系着：其一，美

---

① U. S. Military Bases and Empire［EB/OL］. Monthly Review Volume 53, Number 10. http：//www. monthlyreview. org/0302editr. htm.

② Richard Halloran. U. S. Reconsiders Ground Forces in Korea, Japan, Global Beat Issue Brief No. 62, October 8, 2000. http：//www. bu. edu/globalbeat/pubs/ib62. html.

③ 美国前国防部部长温伯格（Caspar Weinberger）在 1985 年 6 月指出，"美国已经做出一个基本的决定，即，它是一个太平洋国家、并将继续作为一支维护该地区和平与安全的太平洋力量而存在。我们国家的未来确实有赖于太平洋地区。任何人不要误解或者错judge我们的决心。" Peter Hayes. *American Lake-Nuclear Peril in the Pacific*. Penguin Books Australia Ltd. 1986：1.

④ Doug Bandow, *Tripwire*：*Korea and U. S. Foreign Policy in a Changed World*, Cato Institute, 1996：28.

⑤ Written Responses to Questions Submitted by Xinhua News Agency of China, February 16, 1989. APP（Geroge Bush），http：//www. presidency. ucsb. edu/ws/? pid = 16675.

⑥ Jonathan D. Pollack, *Korea*：*The East Asian Pivot*, Naval War College Press, 2004：222.

韩共同防御条约（1953）；其二，美韩年度安全协商会议（1968）；其三，美韩联合军事指挥部（1978）。直至今日，这三个支柱虽然其内容有所变化，但是本质上并无异化。1998年，美国众议院国际关系委员会在纪念冷战以来50年美韩关系的听证会上指出，"韩国是我们政策不可分割的一部分，这不仅仅是遏制共产主义的需要，而且通过它还可以向世界说明民主是多么的重要。"①这表明，美国在韩国的存在必然不是一个短期历史现象。半个多世纪以来，美韩联盟基本上成功达到了其基本目标，但是过去的成功并不能保证未来的成功，新的挑战以及不断增加的不信任感正在压向这个"老"联盟。年轻一代、政治精英、不同的政策环境已开始削弱这个联盟的稳定性。美国会从新的视角出发来制定和实施其对韩政策，必须用动态眼光来分析新时期美国对韩政策之变化。

在驻韩美军的撤留问题上有两种对立看法。《美国士兵应该离开韩国》一文认为，美军的持续存在使得韩国方面不愿意面对现实，随着冷战的结束美国右翼政治人物也不再愿意支持富裕的亚洲盟国，驻韩美军的存在会促使韩国不负责任的方向发展，韩国必须"长大"（grow up）来掌控自己面临的局势。②美国智库"凯托研究所"（CATO）的资深研究员班铎（Doug Bandow）就朝鲜问题提出过很多建设性的意见，③就撤军问题他指出，"为了节省美国的资源和避免在外国土地上出现美国人伤亡情况以及避免刺激朝鲜开发核武，美国应该撤出驻韩美军"。④但反对的声音很多也很强，《共同之利——为何美军必须

---

① "Commemorating 50 Years of Relations between United States and the Republic of Korea". Makeup before the Subcommittee on Asia and the Pacific of the Committee on International Relations House of Representatives (105th Congress), July 16, 1998, U. S. Government Printing Office, 1998: 2.

② Craig Urquhart, American Soldiers Need to Leave South Korea, North Korean News Orgnization, https://www.nknews.org/2015/04/american-soldiers-need-to-leave-south-korea/ [2015 - 04 - 22].

③ 班铎的一些观点可见于：《私人援助而非政府官方能帮助朝鲜人（2016）》（Private Aid, Not Governments, Can Help North Koreans）、《未结束朝鲜核开发活动，必须首先理解其担心什么（2016）》（To End North Korea's Nuclear Push, We Must First Understand Its Fears）以及《华盛顿的首要责任是保护美国而非世界（2016）》（Washington's First Obligation Is to Defend America, Not the World）等，参见：凯托研究所（CATO Institute）：http://www.cato.org/people/doug-bandow.

④ Khang Vu, The Ultimate Nightmare: US Withdrawal from South Korea (July 10, 2016), The National Interest：http://nationalinterest.org/feature/the-ultimate-nightmare-us-withdrawal-south-korea-16904 [2016 - 07 - 10]. 上述引文是作者引述班铎的观点，其本意是对此加以否定，反对撤出驻韩美军。

留驻韩国》一文指出,不应撤出驻韩美军,而且"首尔并非免费搭车,而华盛顿在帮助其盟友的同时也不会遭受损失"①。在可预见的将来,驻韩美军仍将在"撤"与"留"之间徘徊。

———————

① Khang Vu, Mutually Assured Benefit: Why America Must Stay in Korea (August 16, 2016), The National Interest: http://nationalinterest.org/feature/what-america-gains-staying-south-korea-17375 [2016 - 08 - 16].

第七章

美国人权观念及对韩人权政策

人权观念源自18世纪欧洲启蒙思想家的理念，美国立国之初就确定了其民主与人权观念的基本原则。美国始终坚持其"民主"与"人权"原则，十分强调人权在国家对外政策中的作用。从历史上看，此举也确实持之有故。《独立宣言》开头部分既有众所皆知的表述："我们认为下面这些真理是不言而喻的——人人生而平等，造物者赋予其若干不可剥夺的权利，其中包括生命权、自由权和追求幸福的权利。"乔治·华盛顿在1794年11月就曾两度指出，他希望新政府成立后能够成为"人权卫士"（a safeguard of human rights），[1] 这一点直至今天仍是美国一直坚持的。人权观念是美国政治思想的重要组成部分，尽管威尔逊和杜鲁门曾在国际社会首倡人权、尽管威尔逊对美国人权有着更进一步的表述，[2] 但人权概念

---

[1] Sixth Annual Message. November 19, 1794. APP（Washington）http：//www.presidency.ucsb.edu/ws/index.php？pid=29436&st=human+rights&st1=. 或可见于：Message in Reply to the House of Representatives. November 29, 1794, APP（Washington） http：//www.presidency.ucsb.edu/ws/index.php？pid=65481&st=human+rights&st1=.

[2] 威尔逊说："我的梦想是……有一天美国达到了这样的程度——人们都知道它把人权置于其他权利之首、它的旗帜不仅是美国的旗帜，而且还是人类人道主义之旗。"原文为：My dream is that…and that America will come into the full light of the day when all shall know that she puts human rights above all other rights and that her flag is the flag not only of America but of humanity. 见于：Address at Independence Hall：The Meaning of Liberty. July 4, 1914. APP（Wilson）http：//www.presidency.ucsb.edu/ws/index.php？pid=65381&st=human+rights&st1=.

被引入美国外交政策中则始于二战后,[①] 尤其是在卡特政府时期——它成为美国对外政策的组成部分。卡特政府使人权"在美国对外政策议事日程中获得了一个永久的位置",它告知世界其他国家,"是否保证其国民基本权利将对美国与该国的关系产生重大影响"。[②] 美国利用民主与人权问题对世界众多国家横加指责倍加干涉,人权与外交政策相联系的特点暴露无遗。韩国从1948年李承晚第一共和国时期建立文人独裁专政体制开始到1987年全斗焕军事独裁政权结束,其独裁威权体制在大约60年的韩国政治生活中约占三分之二的比重。在这个过程中尽管其间出现短暂的责任内阁制民主政权但却犹如昙花一现,朴正熙独裁统治约18年左右。正是因为独裁威权体制的长期性,对民主与人权的发展也产生很大的影响。从美国对外政策来看,由于韩国在美国东北亚政策中具有重要的地缘政治意义,故必然被纳入美国民主与人权政策的范围之内。[③] 20世纪60—70年代是美国人权政策逐渐在其外交政策中占据重要地位的时期,进而成为美国对韩政策的重要组成部分。

---

① 二战后,美国不断利用人权问题在其朝鲜半岛政策上做文章。美国于1946年提出,在朝鲜半岛应建立一个独立的民主国家、一个全民的国家,这个国家应该是一个具有广泛代表性的、自由表达意愿的民主政府。即便在朝鲜战争中,美国在其政策声明(NSC118/2)中仍要求韩国进行民主建设。参见: Debra Liang-Fenton. *Implementing U. S. Human Rights Policy: Agendas, Policies, and Practices.* U. S. Institute of Peace Press, 2004: 178; 杜鲁门在1949年6月7日就美国对韩外交政策目标发表声明指出,"这里已成为民主原则、民主思想的效率性及其实际价值的试验点"。美国方面对李承晚持有明确的反对态度,国务卿艾奇逊针对韩国出现的"违反民主原则"的活动指出,"美国对韩军事经济援助活动取决于韩国国内民主状况如何及其发展程度与水平,依据《大韩民国宪法》及其他基本法律实现自由、进行民众选举等原则是建立这些民主机制的基础"。参见: William Shaw, *Human Rights in Korea: Historical and Policy Perspectives*, Harvard University Asia Center, 1991: 173.

② Warren Christopher. *In the Stream of History: Shaping Foreign Policy for A New Era.* Stanford University Press, 1998: 62.

③ 美国在韩国立国以后不久就将发展其民主与人权作为首要目标。杜鲁门在1949年6月7日就美国对韩外交政策目标发表声明指出,"这里已经成为民主原则、民主思想的效率性及其实际价值的试验点"。John Kie-Chiang Oh, "Role of the United States in South Korea's Democratization". *Pacific Affairs*, Vol. 42, No. 2. Summer 1969: 165 – 166. 国务卿艾奇逊针对韩国出现的违反民主原则的活动指出,"美国对韩军事经济援助活动取决于韩国国内民主状况如何及其发展程度与水平,依据"大韩民国宪法"及其他基本法律实现自由、进行民众选举等原则是建立这些民主机制的基础"。William Shaw, "Human Rights In Korea: Historical And Policy Perspectives", Harvard Univ Asia Center, 1991: 173. 另外,杜鲁门还通过杰赛普(Philip Jessup)敦促韩国,不要袖手旁观希望美国独自解决问题,韩国防御共产主义的力量将建立在韩国经济实力基础之上以及政治自由的基本政策之上。参见: "The Ambassador in Korea (Muccio) to the Secretary of State", *Seoul*, January 28, 1950, FRUS, 1950, VII, p. 22.

朝鲜战争将韩国纳入以美国为首的军事政治同盟体系中，这使韩国政治发展极大受到外部因素影响；其次战争对经济的巨大破坏使战后韩国一直将发展经济作为其政策优先目标。战争本身也促使军队在韩国政舞台上的重要性凸显出来，这就促成了此后军方预政的温床。而同时面临着来自北方的威胁，因此国家安全一直是影响韩国国家政治的首要因素。朝鲜战争爆发以及冷战的升级，美国将战略利益考虑置于首位极力对李承晚政权施加影响，向韩国大量提供经济军事援助，李承晚政权以保证国家安全为由依靠美国的"给养"具备了走向独裁之路的后盾，而朴正熙时期则极力强调以国家为主轴的"大推进"（big push）策略使得韩国转变为"民主停滞，经济发展"的局面。①

一 韩国民主与人权状况及美国的政策

朝鲜李氏王朝末期，出现了近代自然权利思想启蒙家，朝鲜近代开化派代表金玉均在"三日天下"的甲申政变中向朝鲜民众提出了开化思想，还有深受明治维新思想影响的朴泳孝也在朝鲜进行了一系列诸如发行报纸设立新式警察等现代化政策的尝试。日本殖民统治时期，朝鲜社会存在的进步民主思想虽受到限制但还是得到一定的传播和发展。1919年逃离日本殖民统治的朝鲜人在上海建立了流亡政府，并推崇广泛的权利——投票自由、宗教自由、新闻自由以及社会平等和性别平等等公民权和政治权，20年代劳工联盟等组织又将权利的概念加以传播。殖民统治时期，许多朝鲜民族主义者逐渐认识到现代法律秩序与法律程序的可取之处。同时，在日帝陆军中接受训练并在殖民机构供职的朝鲜人经常受到日本军事规章制度及权威主义观念的影响，逐渐不同程度地形成自己的关于"权利"的看法。朝鲜摆脱日本殖民统治后并未在人权方面取得很大进展，国家分裂、思想冲突、尖锐的对抗等都是其原因所在。

韩国立国后，美国支持其政改但却常以失败告终，其症结在于，根植于儒教传统的韩国政治思想强调仁政和家长制式的责任与义务，通过这种机制对民众的政治要求发挥公平合理的调节作用，这一根本点与西方的民主与人权观念

---

① 杨以彬：《南韩民主化过程之简析——以亨廷顿（Huntington）民主化理论为分析观点》，《人文与社会学报》（台湾），2006年第1卷第9期，第312页。

是相抵触的。李承晚政权成立以后的专制政治实践极大压制了韩国国民的民主与人权自由,于是引发美国越来越大的关注。经过 30 多年的日本殖民统治和 3 年左右的美国军政统治以后,南部朝鲜成为一个独立国家,它采用了西方民主制度,并制定和颁布了西方模式的宪法。就本质而言该宪法是一部民主宪法,不但包括诸如分权制衡等民主原则,而且还包括广泛的公民权利。这时的韩国刚刚脱离殖民统治,殖民主义以及封建主义残余不但存在而且影响也较大,政治上层建筑与韩国成立后的社会经济条件不相吻合,政治独裁趋势在李承晚政权建立后不久就表现出来。1948—1949 年,7 家重要的报纸被关闭,而且到 1950 年春,在大约 5.8 万囚犯中有 50%—80% 是由于被指控违反国家安全法而受到牢狱之灾,这个数字远远超出二战时期日本在整个朝鲜半岛上所逮捕囚犯的数量。[1] 由于内部政治斗争需要,李承晚还在 1949 年 3 月末决定无限期推迟拟于 1950 年 5 月举行的韩国国民大会选举。到 1952 年,国内局势使得李承晚再次当选的可能性更加渺茫。为了解决这个问题,他胁迫立法部门通过宪法修正案采用直选形式产生总统,这对他是比较有利的。通过逮捕和拘役等形式迫使国民大会中的反对派同意其做法,效果很明显。在宪法修正案讨论会前李承晚释放了大部分被拘人员,但也同时要求这些人支持宪法修正案。宪法修正案最终以 163∶0 的投票结果获得通过,对国民大会议员的指控也随之中止了。[2]

朝鲜战争爆发以后,李承晚要求美国援助被杜鲁门称之"东方民主制度堡垒"[3] 的韩国。战争的白热化使美国将更多注意力转向战场,因此对韩国内部事务关注相对减少。也正是此时,战争给了李承晚扩大其个人权力的绝好时机。到 1952 年年初,韩国总统选举使美国不得不分神加以考虑。当时大多数韩国国民大会成员反对李承晚,他本人也意识到了这一点,于是计划通过修改宪法以便使总统的产生不再通过国民大会选举而是通过民选形式进行。然而国民大会否决了该宪法修正案,这说明了李承晚在国民大会中不受欢迎的程度。

---

[1] William Shaw. "Human Rights in Korea: Historical and Policy Perspectives". Harvard University Asia Center, 1991: 150.

[2] 该问题的具体情况可参见: G. Henderson, *The Politics of the Vortex*. Harvard University Press, 1968: 166 – 169。

[3] John Kie-Chiang Oh. "Role of the United States in South Korea's Democratization". *Pacific Affairs*, Vol. 42, No. 2. Summer 1969: 166.

在未发出警告的情况下,李承晚于1952年5月下旬宣布在战时首都釜山实行军事管制,并开始逮捕国民大会中的反对派议员,由此酿成一场政治危机。

这种举动给美国以很大触动。从1952年年初开始,美国政府内部及驻韩美国官员一直为即将举行的韩国总统选举过程中可能出现暴力活动而感到担心。美国认为当时韩国国民大会中的张勉是最有希望当选总统的,但为了避免局势恶化美国采取了中立立场。美国的这种态度又很容易被李承晚理解为美国的漠视或是对其政权的默认支持,使他觉得可以利用某种手段甚至是不民主手段赢得大选。美国驻韩国大使约翰·穆乔(John J. Muccio)与李承晚会晤多次,告之美国就此次大选的立场并要求李承晚合作,但他不顾美国的意见继续实行强硬政策。美国觉得有必要采取措施改变局势,不然美国在朝鲜问题上继续赢得联合国支持这一问题上将遇到麻烦。尽管杜鲁门提出警告,但对于此时韩国局势并未产生明显影响,他说他似乎是在"对牛弹琴"(read a Bible to a Cow's ear)。[1] 驻韩大使穆乔通过对韩国内部情况审慎的观察做出了正确判断,李承晚并非一个易于屈服于外来压力的人,因此他认为美国到了应该对李承晚采取某种决定性行动的时候了;另外,还有美国官员甚至建议在釜山地区接管韩国警察和军队、对国民大会议员及其家属加以保护并保证国民大会正常议事活动的自由,对其施加影响以释放被拘捕者。[2]

到1952年6月初,李承晚政权依然我行我素无视美国及联合国各种机构的作用,继续拘捕国民大会议员并进行针对有可能出现的外来干预展开广泛的政治宣传活动。与此同时,李承晚政府还严格控制新闻媒体、限制自由言论、强化警察力量,并将实施军事管制法及逮捕议员的活动说成是为了挫败"共产主义的阴谋"。然而,美国和联合国已经不完全相信这个理由了,但李承晚的这种借口却成为他向反对派掩饰其真正动机的烟幕。

很明显,美国这时急需解决的问题主要有以下几个方面:促使李承晚释放国民大会议员、停止对国民大会的恐吓和胁迫、恢复国民大会正常功能与作用、解除在釜山实施的军事管制法。如果各种措施对李承晚一派依然不起作用

---

[1] Kim, Bong Joong. "Democracy and Human Rights: US-South Korean Relations, 1945—1979", The University of Toledo, 1994: 76.

[2] "The Charge in Korea (Lightner) to the Department of State", June 1, 1952. FRUS 1952—1954, Vol. XV, p. 280.

的话,美国政府"以及其他相关国家还有联合国相关部门将对于是否保持该局面做出重大决定",所以这时"最重要的问题就是保证韩国国民大会以及宪法的完整性,否则就会使美国及联合国的利益受到损害,那么世界范围内对韩国的支持也将消散"。[1] 杜鲁门在得到有关报告以后立即向李承晚表达了对韩国局势的关注,并强烈敦促寻找可接受的有效方式结束危机,希望李承晚采取决定性行动挽救危机,"如果韩国政府不能够按照既定法律程序进行必要的政治结构变革,那么自由世界国家人民以及韩国人自己在过去两年中的流血牺牲行动就会给人留下一个悲剧性的笑柄"。[2] 对于杜鲁门政府的反应,李承晚政权认为美国得到的消息不准确,他所做的一切"都是严格依照法律程序进行的,杜鲁门总统,国务院、驻韩大使穆乔都应该坚信他是民主制度的捍卫者而不是破坏者。如果他不迅即采取措施阐明真相以恢复法律与秩序的话,将会有什么结果未为可知,因为数以千计的爱国者已经开始从周围地区进入釜山来表达人民对国民大会的反对意愿","美国政府应远离韩国此类内部事务,如果两国友好关系由此而受到损害,其结果将再糟糕不过";李承晚还指出,"没有什么能够阻止他认为是正确的和符合真正民主精神的做法"。[3] 美国的努力并没有取得非常有效的结果,但是它迫使李承晚没有采取令局势恶化的举动,而且同意暂时不再坚持解散国民大会,反对派在美国态度的鼓动下继续斗争以图实现民主秩序正常化的目标。但后来事实证明,李承晚依然坚持原有态度,这使美国大使馆产生了解除李承晚职务的考虑。驻韩大使穆乔在给国务院的报告中指出,美国"不能期待着李承晚(对韩国的)有效领导"[4]。这预示着韩国将来必将出现替代李承晚专制独裁的政权,因为该政权已体现出与美国式民主原则相对立的特性。

艾森豪威尔秉承冷战思维,对韩政策虽与杜鲁门时期略有不同,但还是不

---

[1] Memorandum by the Deputy Assistant Secretary of State for Far Eastern Affairs (Johnson) to the Secretary of state, June 2, 1952. FRUS, 1952—1954, Vol. XV, pp. 281-282.

[2] President Truman to the President of the Republic of Korea (Rhee), June 2, 1952. FRUS 1952—1954, Vol. XV, p. 285.

[3] The Charge in Korea (Lightner) to the Department of State, June 3, 1952. FRUS 1952—1954, Vol. XV, p. 290.

[4] The Ambassador in Korea (Muccio) to the Department of State, June 12, 1952. FRUS 1952—1954, Vol. XV, pp. 324-325.

得不继承其最恼人的一项任务——"驯服李承晚"（taming Rhee）。① 美国认识到，这位难以"驯服的"韩国领导人尽管一意孤行地实行专制独裁统治并因而受到国内外抨击和激烈反对，但他却是一个坚定的反共主义者，此乃美国政府所珍视之物。而李承晚在了解到美国对社会主义国家实行遏制政策以后，他便更加明白其国家在美国外交政策中的分量，于是便很快成为美国的一个比较难对付的讨价还价者。所以美国也感到，"李承晚一直以来就是一个不令人满意的盟友，确实很难避免对其某些行为进行措辞严厉的批评"，甚至还有美国将军认为对付李承晚是其在朝鲜半岛进行的"双线外交战"之一。② 艾森豪威尔当选后访问韩国，表面上为了实践竞选时许下的诺言，但他主要关注的是半岛事务，对韩国国内民主政治局势并没有显示多大兴趣。在已然了解李承晚的套路的前提下，艾森豪威尔在访问期间采取敬而远之的态度，他在短暂的会晤中了解到，李承晚只是想要通过武力实现半岛统一，这却是美国极力避免的手段。美国越来越发现李承晚的难以驾驭，而任何进一步的措施都有可能促使他采取过激行动，这样就使艾森豪威尔政府体面结束朝鲜战争的目标受到威胁。为尽快结束战争，艾森豪威尔派助理国务卿罗宾逊出使韩国。在经过一番口舌战以后，李承晚有条件地同意签署停火协定，但美国许诺美韩之间要签署共同防御条约、向韩国提供长期经济援助、对于涉及共同利益的所有方面美韩双方应该举行高级别会议协商解决。美国在这一点上做出了让步，李承晚也确实赢了一局。至少从表面上看，笔者认为罗宾逊—李承晚会晤对双方而言都是成功的，因为美国促使李承晚同意举行缔结停火协定的谈判；李承晚则得到了美国许诺的"美韩同盟条约"及经济军事援助这根救命稻草。

朝鲜战争以后，美国极力将韩国建为美国在东亚的反共前哨，对于韩国国内民主问题的关注自然屈居次要地位，所以对韩国民主化的关心程度较小，而

---

① 原句为"Eisenhower inherited one of Truman's annoying tasks—taming Rhee." 见于：Kim, Bong Joong, "Democracy and Human Rights: US-South Korean Relations, 1945—1979". The University of Toledo, 1994: 89.

② 前者语出艾森豪威尔；后者语出克拉克。后者在其回忆录当中表示，他当时进行的是双线外交战——一个是与"共产主义分子"在板门店进行的；另一个是与李承晚在汉城进行的。最大的麻烦来自李承晚。原句为"Eisenhower inherited one of Truman's annoying tasks—taming Rhee." 见于：Kim, Bong Joong, "Democracy and Human Rights: US-South Korean Relations, 1945—1979". The University of Toledo, 1994: 89.

反共的一贯立场以及朝鲜的威胁则使李承晚不断强化其个人权力,韩国国内诸多民主权利极度萎缩。即使在战后,来自朝鲜共产主义力量的"威胁"又给了李承晚一派加强自身立法权的借口。李承晚自从1952年当选总统后的首要目标之一就是赢得1956年大选连任。随着1956年总统大选的临近,韩国政府以及自由党内部的贪污腐化问题也达到顶峰,在朝鲜战争结束到1959年大选期间,李承晚以反共名义一直保持着集权专制的统治。这期间建立了22座监狱,并将根除"共产主义间谍"的"政治警察"的数量翻了一番,1957年7月政府以多种名目增加了4.7万名青年用以补充"政治警察"数量。这时韩国已经有38273名警察,与民众数量之比为1:540,而1910—1945年日本殖民统治期间的同比仅为1:1027,李承晚甚至在一天之内就解散了17个组织,而且将"参加罢工者视为共产主义分子"①。李承晚再次当选以后比以前更加严苛地统治着这个国家,手段之一就是在1958年通过了国家安全法修正案,其目的在于一劳永逸地根除反对政府的任何力量。

二 20世纪60年代的美国对韩人权政策

(一) 20世纪60年代初期韩国人权状况及美国的态度

以尹潽善为总统、张勉为总理的第二共和国于1960年7月成立,联合国有关组织以及美国驻韩使馆在选举过程中实施了监督,监督小组巡游主要地区,在投票选举中并未发现韩国官方干涉、压制以及来自政府的其他方面影响。将第二共和国时期视为80年代以前韩国民主制度短暂的发展高峰期并不过分,这一时期韩国人享有的新闻言论集会自由是此前从未有过的。但第二共和国仍然难以完成"民主化"和"工业化"这两大课题,同时其内部存在着严重的派系斗争,当国民大会内部分裂为民主党和新民主党两大派力量以后,民主原则的实行大打折扣,更无力承担"工业化"的历史重任了。美国对韩国第二共和国时期实行的西欧式民主制度持支持态度,但这种情况并未持续很

---

① John Kie-Chiang Oh. "Role of the United States in South Korea's Democratization". *Pacific Affairs*, Vol. 42, No. 2. Summer 1969:118-119.

久就因为它与韩国传统政治文化的矛盾而夭折,美国不得不再次将注意力转向取代责任内阁制的朴正熙军事集团。

如前所述,"五一六军事政变"后建立起来的军事政府实行了长约两年半的军事统治,尽管美国对朴正熙军事政变的态度经历了一个短暂的变化过程,但由于种种原因很快就转而对军事集团实行支持态度。然而美国与军事集团之间在诸多问题上的种种矛盾分歧远未弥合,其中军事集团在国内的民主与人权政策就遭到了肯尼迪政府的反对。

对于朴正熙军事政变美国政府并未立即表态,但美国新闻媒体则为其进行了辩护:"南朝鲜军事政变集团似乎与土耳其、巴基斯坦和缅甸等其他亚洲国家近几年发生的军事起义的情况属于同一类型,韩国军事集团领导人不满于此前的议会体制,将其视为贪污腐化和无效率的代名词。"[1] 然而作为世界民主与人权主要倡导者的美国政府出于维护其名声的需要于1961年5月22日"对韩国中止民主进程表示了深深的遗憾"。[2] 在逐渐了解到美国政府对韩政策底线后军事集团在国内更大胆地放开手脚,它在5月28日关停了834家报纸期刊和新闻机构,并且逮捕了25名商人、前政府官员和军官。[3] 次日军事集团指出,它正在考虑部分中止宪法职能。[4] 6月8日军事集团指控学生进行"亲共产主义"宣传活动,因此他们及一部分学校的教授被禁止在校园内继续进行政治活动。[5] 面对韩国国内民主与人权状况的恶化,联合国"朝鲜统一与重建委员会"成员计划向韩国提出他们希望恢复代议制政府以及公民权利的要求,[6] 因为这时"自由在韩国已经消失了,一大群垄断着权力的将军们建立了军事独裁统治,他们受到许多'认为韩国不适合民主制度或者尚未准备好实

---

[1] "Coup in South Korea". *The New York Time.* May 17, 1961: 36.

[2] "U. S. Voices Regret on Korean Curbs; Letter to Kennedy Pledges Return to Civilian Rule". *The New York Times.* May 23, 1961: 8.

[3] Bernard Kalb, "Korea Charges Abuses In Press; Junta Bans 834 Periodicals and News Agencies". *The New York Times.* May 29, 1961: 5.

[4] "Curb on Constitution Considered By South Korea Military Junta". *The New York Times.* May 30, 1961: 2.

[5] "Korea Junta Curbs Student Activities". *The New York Time.* June 9, 1961: 3.

[6] Bernard Kalb. 7 Members of U. N. To Caution Korea; "Committee Said To Agree On Individual Pleas to Junta to Restore Liberties Remembers of U. N. To Caution Korea". *The New York Times.* June 13, 1961: 1.

行民主制度'的人的支持"①。为了减少负面的国际影响,军事集团对外国新闻媒体的活动进行了限制,拒发联合通讯社记者签证。②尽管韩国国内民主与人权状况非常严峻,但美国出于自身战略需要考虑,在一片斥责声中也逐渐清晰地听到美国对军事政权的正面评价。国务卿腊斯克就是代表人物之一,他赞扬军事集团的民主倾向,认为朴正熙军事集团正在为"建立一个诚实有效的民主政府而采取措施"。③ 1961 年 8 月朴正熙公布了将政权移交文官政府的时间表,美国很看重这一点,于是朴正熙很快收到了访美邀请。在得到美国支持后,军事集团很快就开始将内部政治事务进一步提高到议事日程上来。

朴正熙军事集团在"完成革命使命"的名义下禁止了几乎所有的正常民主活动,新闻媒体尤其受到限制,"革命法庭"将《民族日报》(민족일보、*Minjok-Ilbo*)的 3 位左翼责任人判为死刑。④ 1962 年 3 月军事集团公布了"整治活动整肃法",在 6 年时间内禁止反对派的政治活动。不但如此,这时韩国的司法权也由军事集团掌握。在 1962 年就有大约 3.5 万件案子在军事法庭审理,是 1960 年法庭审理案件数量的 3 倍,新成立的韩国中央情报部在其中发挥了很大作用。朴正熙派金钟泌于 1962 年 11 月初访美,解释军事集团成员参加文官政府的计划。金钟泌在华盛顿与美国总检察长罗伯特·肯尼迪、国务卿腊斯克、商务部长霍奇(Hodge)、国务院政策计划室的罗斯托夫以及助理国务卿哈里曼举行了会谈。此次访问显示出美国对军政府抱有极大信心,军事集团很快就开始大张旗鼓地开始修改宪法——这也是继 1952 年、1954 年、1958 年、1960 年和 1962 年以来的第 5 次大规模宪法修改活动。其主要目的就是削减宪法对立法权的限制。朴正熙为了给自己当选创造条件于 1962 年 12 月 27 日指出,"最高委员会成员脱掉军服就成为平民,这样就没有理由不让他们参加竞选,他们加入文官政府是实现革命任务的更好方式"。⑤ 军事集团动用多

---

① Glenn D. Paige. "Korea Called Police State; Evidence Seen That Junta Plans No Restoration of Freedom". *The New York Times*. June 25, 1961: E8.

② Seoul Bars Newsman; "South Korea Cancels Visa of UPI Correspondent". *The New York Times*. June 25, 1961: 4.

③ Rusk Lauds Korean Junta for Democratic Trend; "Welcomes Military Regime's Moves in Direction of Honest Government". *The New York Times*. July 28, 1961: 2.

④ "Korea Court Backs 3 Death Sentences". *The New York Times*. November 1, 1961: 10.

⑤ Kim, Bong Joong. "Democracy and Human Rights: US-South Korean Relations, 1945—1979". *The University of Toledo*, 1994: 166.

种渠道进行了宪法全民公决，登记选民的85%参加了投票，大约800万人支持新宪法。① 这为他参加总统选举做了事前宣传以及前期准备工作，也预示了军界的影响依然会在未来政权中占据重要地位。

1963年春，朴正熙宣布延长军事统治遭到美国强烈反对，国务院宣布停止用于韩国五年经济计划的2500万美元的经济援助计划。美国的压力发挥了作用，朴正熙同意不再延长军政府统治期限而在同年秋天进行文官政府选举，在3月示威活动中被逮捕的反对军事政权的69人也得到了释放。② 在1963年韩国文官政府选举中，美国为了避免局势恶化在整个选举过程中表现出不插手政策，既不公开支持也不反对朴正熙及其自由党。美国政府唯一的直接"干涉"举动就是针对军事集团于8月逮捕自由民主党总统候选人、退役将军宋尧赞事件做出了强烈的批评姿态，韩国国内直到1963年9月还有6个反对党要求军事集团释放宋尧赞。③ 反对党总统候选人尹潽善则指出，"如果朴正熙当选，国家将丧失自由"。④ 尽管国内外对于朴正熙违反人权活动出现诸多批评与指责，但他则坚持认为，"为了改善民生，即使不民主的措施也是必要的，亚洲各国首先想要获得的就是经济平等，然后是建立一个更为平等的政治体制"⑤。是年年底，脱去军服的朴正熙成为民选总统，大韩民国第三共和国宣布产生，从而正式结束了为期31个月的军政府统治。尽管韩国"文官政府选举"的重大决定是在美国的重压之下出现的，⑥ 但当选后的朴正熙还是做出了一些民主姿态，比如准许流亡的李承晚回国等举动。⑦ 韩国发生的事件像是

---

① South Korea Votes Constitution By 4 to 1 as 85% Go to Polls; "Park Commends Vote Koreans Support Constitution, 4—1". *The New York Times*. December 19, 1962: 1.

② "Korea Frees 69 Arrested In March Demonstrations". *The New York Times*. April 9, 1963: 5.

③ 关于宋尧赞事件见于：（1）"Korean General Denies Charges". *The New York Times*. August 17, 1963: 4;（2）"6 Korean Parties Demand Ex-Premier Song's Release". *The New York Times*. September 20, 1963: 6.

④ Emerson Chapin Seoul Candidate Assails GEN. Park; "Says Election of Junta Chief Would End Korean Liberty 4 Others Still in Field". *The New York Times*. October 6, 1963: 18.

⑤ Stephan Haggard, Byung-Kook Kim, Chung-in Moon. "The Transition to Export-Led Growth in South Korea（1954—66）". Country Economics Department, The World Bank, November 1990: 15.

⑥ A. M. Rosenthal New Turn For Korea; "Agreement to Hold Elections in Fall for Civilian Government Follows Heavy Pressure From U. S". *The New York Times*. April 7, 1963: E7.

⑦ "South Korean Rulers Say Rhee, in Exile, Can Return". *The New York Times*, August 16, 1963: 6.

一种政治回归活动——从李承晚时期的总统制，经过短暂的西欧式责任内阁制和历时不足三载的军政府统治，又于1963年恢复到韩国特色的总统制。但是历史并非简单机械地重复——除了短命的第二共和国以外，在这个回归过程中，专制独裁和压制民主与人权是其共同特点，在该社会中既存在民主因素，但又被严格限定在国家集权范围之内，然而与李承晚时期相比较，朴正熙政权还带来了韩国经济的腾飞，而且在政治上它同美国进行"讨价还价"的能力得到进一步增强。

(二) 约翰逊时期美国对韩人权政策

约翰逊时期美国依然继续在人权问题上做文章，对此他解释道，"我们在多个方面拓展人权的范围，之所以这样做是因为它体面（decent）、正确（right）和公正（just）",[1] 对韩国的人权政策也不例外。另外约翰逊还认为，美国外交政策是根植于国内的，它不会允许在本国内出现人权受限的情况，不支持国外出现的建立在少数人统治基础上的政策、也不支持建立在"宣扬人在法律面前不平等这样失信理念"基础上的政策。[2] 该时期韩国国内很多政治情况都属于约翰逊提到的以上"禁项"，不过该时期的美国对韩政策深深受到日韩关系正常化和越南问题的影响。韩国国内政治问题依然如同军政府时期一般无二，但约翰逊政府深深陷入越南战争之困境，由于在战争中韩国地面作战部队向美国提供了巨大帮助，约翰逊政府对韩国国内事务不便过多干预。李承晚在实行独裁专制统治的同时奉行坚定的反共政策，因而获得美国的认可和支持；同样，朴正熙不但在国内外极力主张反共，而且在美国迫切需要帮助的时候以实际行动支持了它在越南地区的反共活动而赢得美国欢心，进而获得美国的支持，其权力的巩固使之得以在韩国历史上形成一种独特的威权政治体制，而韩国民众的人权因此受到了极大侵犯。

---

[1] Remarks to Delegates to the Equal Pay Conference. June 11, 1964. The American Presidency Project (Johnson). http：//www. presidency. ucsb. edu/ws/index. php? pid = 26307&st = human + rights&st1 = .

[2] Remarks at a Reception Marking the Third Anniversary of the Organization of African Unity. May 26, 1966. The American Presidency Project (Johnson). http：//www. presidency. ucsb. edu/ws/index. php? pid = 27619&st = human + rights&st1 = .

图7—1 约翰逊访韩与朴正熙合影（1966年）

图片来源：Economic Aide's Story of Park Chunghee, The Korean Times, http：//www.koreatimes.co.kr/www/news/art/2011/10/135_ 97088.html［2011－10－21］.

  由于日本在朝鲜半岛进行了长达30多年的殖民统治，这使韩国人十分仇视日本，韩国国内存在着强烈的民族主义情绪，所以在对待上述两大外交活动中，韩国民众针对日韩关系正常化的反抗运动规模远甚于对"向越南派兵"问题的不满。1964—1965年间日韩会谈越是取得进展，民众反抗越激烈。反政府力量的主力就是大学生，他们极力反对日韩关系正常化。朴正熙政府力主实现日韩关系正常化，因而故伎重演，实行军事管制法，军队被派到校园制止游行活动，以关闭大学、提前放假等手段对付学生的反抗活动，几乎所有的大学校园都成为学生与警察之间斗争的场所。政府开除了数十名学生骨干分子及教授，将新闻界置于严格控制之下。1965年春，也就是在日韩关系正常化条约出台之前，以学生为主的游行示威等大规模抗议活动也随之出现。在这种动荡的局面下韩国国内的公民权受到极大限制，在政府与民众之间的对抗、军队与民众之间的冲突等活动极大地降低了民主的信度。尽管如此，美国在促使韩国实现日韩关系正常化和实现出兵越南的重大外交政策上很自然地将其置于对民主与人权的考虑之上了，美国在韩国立国以前及立国之初为之确立的民主目标与民主原则①在约翰逊时期再次从属于符合美国国家利益的外交政策了。当美国对韩国在越南问题上的表现比较满意时,约翰逊对韩国人权状况进行了褒奖,但同时也对韩国等国领导人在人权问题上提出了警告:"你们不能想那些不愿意接受自由的人强迫实行自由,但如果他们热爱自由,我们会与之站在一起并支持他们。"②

1967年3月14日,韩国总理丁一权访美,约翰逊抚今思昔地说:"我记得当年在战争的黑暗日子里我们对韩国的未来是多么悲观和泄气……我们再一起看看今日之韩国吧——这里有言论自由、出版自由和选举自由,我知道你们很快就会有另一项(自由)出现……"③不但如此,约翰逊政府对于同年韩国在境外进行的违反人权的活动也表现出缄默态度。韩国中央情报部在西德绑架韩国人,西德政府对于韩国在本国境内绑架韩国公民并对部分人员施加酷刑的事件提出正式抗议,并向汉城派遣特使进行交涉,而美国对此并未做出公开声明。当自己的亚欧两个一线盟友间的矛盾尚未达到沸点之前,美国不打算介入,况且事件本身远未触及它在这两个地区的根本战略利益。

---

① 美国于1946年指出,在朝鲜应建立一个独立的民主国家、一个全民的国家,这个国家应该是一个具有广泛代表性、自由表达意愿的韩国人民的民主政府。即便在朝鲜战争中,在其政策声明中(NSC118/2)仍然要求韩国进行民主建设。(见于:Debra Liang-Fenton. *Implementing U. S. Human Rights Policy*: *Agendas*,*Policies*,*and Practices.* US Institute of Peace Press,2004:178)杜鲁门在1949年6月7日就美国对韩外交政策目标发表声明指出,"这里已经成为民主原则、民主思想的效率性及其实际价值的试验点"。(见于:John Kie-Chiang Oh,"Role of the United States in South Korea's Democratization". *Pacific Affairs*,Vol. 42,No. 2. Summer 1969:165 – 166)美国方面对李承晚持有明确的反对态度,国务卿艾奇逊针对韩国出现的违反民主原则的活动指出,"美国对韩军事经济援助活动取决于韩国国内民主状况如何及其发展程度与水平,依据《大韩民国宪法》及其他基本法律实现自由、进行民众选举等原则是建立这些民主机制的基础"(见于:William Shaw,"Human rights in Korea:Historical and Policy Perspectives",Harvard Univ Asia Center,1991:173)。在60年代初期美国国会也曾经强调人权问题在对外援助中的地位。1961年年初美国国会指出,接受美国援助的国家应该支持基本人权与自由。1961年对外援助法案授权总统制订和执行国际安全援助计划,要促进民主的发展。这样,自从1948年联合国人权公约产生以来,人权就已经至少在理论上成为美国外交政策的组成部分了。

② 约翰逊总统在1966年马尼拉会议召开之前与菲律宾总统马科斯和韩国总统朴正熙进行了会晤,会上除了强调加强团结以外,也提出了上述要求。参见:Randall B. Woods,*LBJ Achitecture of American Ambition*,Free Press(New York,London,Sydney). 2006:737.

③ Remarks of Welcome at the White House to Prime Minister Chung of Korea. March 14th,1967. American Presidency Project(Johnson). http://www.presidency.ucsb.edu/ws/index.php?pid = 28130&st = south + korea&st1 = .

朴正熙赢得 1963 年大选使之得以将其注意力更多地转向经济改革方面，几年来成就斐然，即便是在执政党再次受到选举丑闻困扰之时，朴正熙也能够再次于 1967 年当选。约翰逊政府对于朴正熙能否重新当选十分关注，但对韩国人权问题却"不敏感"。前者的原因在于约翰逊政府非常在意西贡—汉城之间的"合作"关系，后者则可以从美国国内情况来找到一些原因。约翰逊政府这时不但弱化外交政策中的人权问题，而且他在事关国内民主与人权问题上更表现出消极避让的态度，究其终极原因就是号称世界"人权卫士"的美国也面临着国内急剧上扬的大规模的争取和扩大公民权的民主运动。1965 年 12 月美国驻联合国大使阿瑟·古登伯格（Arthur Goldberg）签署了《消除各种形式种族歧视条约》（Elimination of All Forms of Racial Discrimination），但约翰逊并没有将其转交国会进行审批，结果其他 27 个国家签署了该条约并于 1969 年生效，此事不能不被视为是对"人权卫士"的极大讽刺。在卡特以前，根据《联合国人权公约》而产生的 18 个公约中，美国当时仅仅签署了其中关于难民、奴隶以及妇女政治地位这 3 个——都是美国较少存在问题的领域。[①] 也就是说，约翰逊时期美国的人权状况并非令人满意，仍然有许多方面需要发展和完善。因此在自身尚未达标情况下，美国一定也在考虑应该"宽以待人"——尤其是对韩国这样"勇敢的盟国"（our brave ally）[②] 则更加宽容。而且约翰逊对朴正熙的褒奖之词也溢于言表，对人权问题也是以官话套话形式出现，这在 1968 年约翰逊的讲话中有明确体现："我深深地相信这个国家（韩国）将继续在保卫和发展新亚洲的过程中发挥其作用。我深信在我以后的美国总统——无论是谁，都将继续致力于美国对亚洲自由与安全的义务。美国的承诺将与韩国的安全密切相连、与我们基本的人的价值观和价值标准密切联系。因为我们知道，我们在亚洲和欧洲邻国的和平对美国而言是具有同等重要性的。尊严、独立及自由是全人类的共同愿望——无论东方、西方、南方还是北方。"[③] 约翰逊在全世界倡导人权的决心似乎很大，但直到 70 年代初美国并

---

① Wonmo Dong. *Korean-American Relations at Crossroads*. The Association of Christian Scholars in North America, INC. 1982：40.

② Remarks upon Arriving at the Honolulu International Airport. April 15th, 1968, APP (Johnson). http://www.presidency.ucsb.edu/ws/index.php?pid=28801&st=south+korea&st1=.

③ Remarks at the Korean Consulate in Honolulu. April 17, 1968. APP (Johnson). http://www.presidency.ucsb.edu/ws/index.php?pid=28806&st=south+korea&st1=.

没有在很大程度上强化对韩人权原则。从 1968 年起，关于韩国问题的国会听证会的确有所增加，但多就其社会经济发展及撤军问题的讨论，安全问题是讨论核心内容，并未将人权问题置于对韩外交政策的首位。60 年代美国对韩政策中人权问题远远少于 70 年代，这并非个例，因为 1970 年前无论美国政府还是国会都没有像卡特时期那样将人权问题置于美国对外政策中那么突出的地位。韩国根据美方可能的反应来制定其策略，在一定程度上来说它在利用人权问题与美国讨价还价，而美国亦然。直到 70 年代末期，韩国远未形成西方模式的民主社会，自由主义只是在短命的张勉政府时期才在韩国达到顶点。

三 20 世纪 70 年代美国对韩人权政策

根据 1972 年 12 月的"维新宪法"出现的第四共和国维新体制使韩国政治走向全面独裁，结合"反共安保国家体制""总统独裁制"和"国家统合制"，通过体制的合法性大力强化"维新政权"的合法性。尽管朴正熙的独裁统治颇受外界批评，但他所建立的国家主义经济计划的确为此后韩国经济高速成长奠定了稳固的基础。朴正熙其实也面临两难选择，一是由于他强硬地推行经济计划需要对阻碍经济发展的因素进行导正，其结果虽然强化官僚机构的地位与功能但也造成了国会与政党制衡监督权力的弱化以及公民权利的萎缩；二是由于不断采取自上而下的强硬措施并未积极推动官僚机构的"文官制度"的落实，结果使政府部门难以避免腐败现象。另外朴正熙 18 年的独裁统治不仅阻断韩国政党政治的制度化发展，也压制了新一代政治人物抛头露面的机会，也阻碍了多元社会力量汇入政治体系。20 世纪 70 年代在美国对韩政策中不断凸显的人权问题成为美韩关系中的一个新的焦点，"人权"这个词汇首次出现在影响美韩两国关系的诸多因素之中，而且其重要性在这一时期迅速提高。如此一个观念上的问题如何影响了美国对韩政策？是什么因素促使这个沉寂将近 30 年的理想主义的问题再度浮现呢？诸多因素当中，美国国内政治的变化发挥了主要作用，而这种情况又是由于越战引起的美国政治状况的变化而造成的。在这其中，美国国会权力的上升又具有突出影响，该时期美国国会在美国对外政策的酝酿及出笼过程中表现非常活跃。美国国会在美国对外政策中的作用显著增强，韩国国内政治情况则引起了美国国会的关注。

(一) 朴正熙"维新宪法"下的韩国人权状况[①]

朴正熙威权政体建立后将其重点放在促进经济增长和加强国防安全建设的首要政策上来,然而在民主政治方面依然裹足不前,甚至以牺牲民主和人权为代价。在韩国确实存在着政治反对党,有选举活动、政策辩论以及各种官方和非官方的组织,它们也发挥一定的积极意义,但仅在一定限度之内。韩国民众抱有民主与人权思想,可客观上却逐渐远离政治,1972年朴正熙这个"医者"开始进一步采取措施实行"维新体制"以治疗弊病百端的韩国社会这个"病者",[②] 这种激进做法必然在客观上遏制民众民主与人权的实际发展。

20世纪70年代初期,朴正熙独裁活动引起国内政局的动荡,不论是政界内部还是民众方面不断出现反对朴正熙的活动。在纷乱的国内政治局面之中、在半岛南北对话期间,朴正熙宣布实行"维新革命",通过这种活动极大扩充了权力。同时,美国对菲律宾军事政变的态度也鼓励了朴正熙。1972年9月,菲律宾爆发了反对总统马科斯的政变,朴正熙政府在查看到美国对此类事件的消极反应以后决定采取大胆行动。朴正熙于10月17日正式宣布在全国实施军

[①] 关于此时情况还有以下记载:1973年8月发生金大中被绑架的事件后,反对党和反对党势力发起了反维新斗争。学生示威逐渐扩散,12月24日以金寿焕、千宽宇、金东吉、法顶、咸锡宪、张俊河等人物为中心发起了改宪百万签名运动。面临强烈抵抗的朴正熙总统于1974年1月8日依照维新宪法发布了"紧急措施第一号",其内容为禁止反对宪法或主张改宪。同一天发布的"紧急措施第二号"则成立了旨在惩处违反者的非常时期军法会。4月3日发布了与全国民主青年学生总联盟事件有关的"紧急措施第四号"。由此,李哲、柳仁泰等14人被判处死刑。1975年2月12日举行了是否支持维新宪法的国民投票,结果,投票率达79.8%、支持率为73.1%。4月8日发布的"紧急措施第七号"勒令高丽大学停学。同一天,第二次人民革命党事件中的8名相关人士被判死刑,次日执行了死刑。总部在瑞士日内瓦的国际法学者协会宣布当天为韩国"司法史上的黑暗日"。最后,政府5月13日发布了"紧急措施第九号"。其内容为"禁止否定、反对、歪曲、诽谤韩国宪法或主张、请愿、煽动对宪法进行修改、废止的行为",甚至也严禁"公然诽谤该条款的行为"。对违反紧急措施者,可逮捕、拘禁、扣压、搜查,而无须法院批准。通过持续4年的"紧急措施第九号",朴正熙得以在政局相对稳定的环境中继续推进重化学工业,但也受到了"民主主义黑暗期"的批评。参见:俞硕在,"建国60年大事记<35>韩国民主主义的黑暗期"特别策划系列报道,《朝鲜日报》(中文网):http://chn.chosun.com/site/data/html_ dir/2008/07/29/20080729000031.html [2008-07-29].

[②] 朴正熙将自己比作"医者",将韩国社会比作"病者",特定的医者治疗特定的病者才能达到"扶正国民道义和民族正气"的目标。见于木村幹《民主化の韓国政治——樸正熙と野党政治家たち》,名古屋大学出版社2008年版,第13—14页。

事管制法，部分中止宪法权力、解散国民大会、停止所有政治活动，坦克和装甲车以及武装部队等被部署在韩国国民大会等地，荷枪实弹的士兵在政府大楼附近、通讯中心以及反对党总部和大学附近实施警戒。这期间朴正熙主持修改了宪法，为其无限期掌握政权扫清道路。朴正熙政府通过不同方式示意民众，将选票投给反对党总统候选人将被视为无效票，即使他当选军方也不会接受其统治。他认为总统任期为六年而且没有任期限制、可以召集并随时解散国民大会等权力都是必要的，这样就可以在同北朝鲜进行南北政治对话过程中改善韩国总统政治权力虚弱的状况。

尽管美国在人权问题上对韩国比较宽松，但对于朴正熙宣布实行军事管制法表示非常不满，它认为朴正熙此举"再次给美国亚洲政策的'道义努力'一记难堪的重击"。[①] 1972年11月朴正熙通过强制手段批准了"宪法修正案"，即"维新宪法"。尽管宪法明确规定了广泛的公民权——保证人权（第三条）、禁止酷刑（第五条）、保证全体公民拥有做人的尊严与人的价值并声称最大限度地保证这种基本权利是政府的职责（第八条），等等——但这种公民的基本权利在实践中却是一纸空文，相反总统权力却实实在在得到极大加强。宪法给与朴正熙几乎无限的权力，对于总统任期也没有任何限制，明确而又具体地表明禁止工人罢工，为朴正熙实行独裁统治制造了法律上的依据。正是这部宪法赋予朴正熙可以不通过国民大会直接实施紧急措施法令的权力，这时韩国政治的实质就是以军人专政和个人独裁为特征的威权政治。对朴正熙而言，新宪法体制对于应付国内外巨大变化是非常必要的。1973年1月12日，朴正熙在新年新闻发布会上提出了他所担心的外部"变化"，即，中美接近、中日关系解冻以及越南局势恶化等。朴正熙一派及反对派领导人在1972年出现的大国缓和问题上的态度趋于一致，尤其是在尼克松主义出笼及对韩国的影响的问题上更是如此。美国撤军计划出台同时，受到社会主义大国支持的朝鲜发动进攻的威胁令朴正熙忧心忡忡，而韩国对美国的保障作用也开始疑虑重重。

朴正熙"维新宪法"实施后，韩国民众民主权利受到极大限制，要求废除维新宪法、反对军事独裁统治的斗争此伏彼起。反对党领导人金大中的活动成为朴正熙最大的威胁，于是1973年8月中央情报部人员在东京逮捕了处在

---

① "Now Korea". *The New York Times*. October 22, 1972：E12.

政治逃亡之中的金大中，美日对此均表示十分关切，在日本还引发了大规模反抗运动并最终挽救了金大中。与此同时，朴正熙极力打击和限制新民党等在野势力，多次颁布"总统紧急措施"，并以"反共法"等罪名捕杀民主进步人士和青年学生。

从1974年1月到1975年5月，韩国颁布的"总统紧急法令"达到9项之多，其中包括授权教育部对参与政治活动的学生实行退学的法令，暂时关闭高丽大学、禁止校园内出现反政府示威游行等法令。维新宪法中规定的人权条款往往被搁置，其原因就是由于总统紧急措施权力的限制。实际上，"总统紧急法令第九号"使得无人敢对宪法进行指点评说，因为此举将受到死刑惩罚。学生被禁止参加政治活动，新闻界接受严格的检查制度，任何对政府的诽谤中伤被划为犯罪行为。到1976年所有的报纸都处于政府监控之下，1975—1976年间800多名记者被迫离开岗位。[①] 朴正熙特别注意美国新闻界对维新体制的反应，因为国内新闻界被朴正熙"管理"得很严格，但是美国新闻媒体则不然，许多被掩盖的事实都被揭露出来，在美韩国人对朴正熙维新体制也进行指责。朴正熙担心这会影响美国人对韩国的看法进而向其政府施加压力反对维新体制。因此从1970年到1975年年初，平均每年有数名中央情报部人员在美国进行活动，韩国中央情报部成为恐吓美国的反对朴正熙维新体制的韩国人而成为一种臭名昭著的工具。在美国国会听证会上，由于受调查者与国会调查委员会的合作不顺利，所以没有多大成果，但调查委员会次委会发现了足够的证据来说明韩国中央情报部恐吓在美韩国人的活动。而且美国还了解到，到1974年朴正熙已基本将国内外的反对势力置于控制之下了。

此时韩国是否还要继续以人权为代价发展经济呢？对此朴正熙政权认为不仅应该继续这样做而且也能做到。朴正熙在公布"总统紧急法令第九号"时指出："为了巩固国家统一团结的局面、为了整合国民意志以便使所有人都准备投入到国家安全活动中来，根据宪法第53条颁布了总统紧急措施法令用以维护国家安全与公共秩序。"[②] 1975年4月，朴正熙在号召本国力量抵御朝鲜

---

① Kim, Bong Joong. "Democracy and Human Rights: US-South Korean relations, 1945—1979". The University of Toledo, 1994: 217.

② C. I. Eugene Kim. "Emergency, Development, and Human Rights: South Korea". *Asian Survey*, Vol. 18, No. 4. April, 1978: 374.

威胁的讲话中指出,"每个公民都应觉得他就是一名战士。政治家、新闻记者、宗教人士、学生、教授、个人或是家庭主妇——所有这些人都应确信,他们就是保卫国家的斗士"。① 可以看出,朴正熙将继续在此后的政治活动中以民主和人权为代价来保卫国家的安全。笔者认为,这一点在客观上又与美国对韩人权政策不谋而合,因为美国虽然积极倡导改善韩国人权状况,尤其是卡特政府时期,可是一旦涉及美国在东北亚地区国家安全利益的时候,对韩人权政策必然会降到次要地位,尽管美国认为朴正熙在维新体制下的种种活动是错误的,但只要美韩安全联盟关系依然牢固即可,而且美国还认为韩国国民内的人权问题不足以使韩国翻船(rock the boat)。② 所以美国对韩国"维新体制"的态度以及对韩国人权问题的底线就体现的清晰明了了——在美国安全利益得到保护的前提下,"关注"韩国人权问题,反之则必将其置之脑后。

(二) 尼克松—福特时期对韩低调的人权政策

美国在韩国立国后不久就将发展其民主与人权作为首要目标,因此保证韩国的存在、将其发展成为一个成功的典型民主国家就成为美国坚持民主原则的对外政策目标。韩国成立以来,偏离美国理想中的民主方向达几十年之久,国家处于"独裁"威权政治之下,韩国的国家行为有许多与基本民主原则相背离。

1969年8月,美韩首脑旧金山会晤前,尼克松收到一份200多名在美朝鲜人和韩裔美国人联合签名的电报,抗议朴正熙再度修改宪法的活动,他们认为这是朴正熙为第三次连任创造条件,但尼克松对此并未做明确表态。尼克松根据其个人理解将人权的内容进一步具体化:美国"从立国开始就倡导所有人都拥有一定的权利,人权在世界任何地区都不能被否认,美国强烈反对作为专横暴虐统治典型标志的压迫和迫害行为,我们将持续努力加以阻止"。③ 从实际情况来看,体面地解决"越南问题"以及改善对华关系是尼克松政府面

---

① Richard Halloran. "Park Says Seoul Can Repel Attack; South Korean Urges Unity Against North's Threat". *The New York Times*, April 30, 1975: 19.

② James V Young. *Eye on Korea: An Inside Account of Korean-American Relations*. Texas A&M University Press, 2003: 26.

③ "Republican Party Platform of 1972". APP (Nixon), August 21, 1972.

临的重大外交问题,而韩国人权问题与这二者并不存在直接联系,加之尼克松政府尚未像后来卡特政府那样将人权因素置于美国外交政策的重要位置,所以这就可以理解尼克松政府缘何相对较少关注韩国人权问题的原因。尼克松在1973年年初就韩国人权问题指出,"与其他各位总统不同,我并不打算干预其内部事务",国务院负责韩朝事务的拉纳德(Donald Ranard)就此指出,韩国必定将尼克松的这种表态理解为"你们韩国要做什么是你们自己的事,我们不介入"。① 这样一来,韩国就摸清了尼克松政府对其人权问题的态度。另外,尼克松政府的主要对外政策制定者对人权的态度也决定了同期美国政府对韩人权政策的低调特点。基辛格在70年代的美国对外政策中发挥了绝对的影响力,他并不主张将人权问题置于对外政策的突出地位,也不该对此予以优先考虑。因为在基辛格看来,相比于美国现实利益,人权问题次之。他主要关注如何在"希望"和"可能"之间做一个平衡,② 他甚至指出,美国不值得在民主化方面对韩国进行投入。③ 不但如此,基辛格还反对通过立法形式来处理敏感的人权问题,因为立法难以变通、过于公开且往往难以达到预期效果,他倾向于一种悄无声息的方式来处理人权问题。

与杜鲁门和艾森豪威尔时期不同,尼克松政府对韩人权政策非常宽松。尼克松政府密切的对韩关系以及美国政府高级官员相对弱视人权问题的现况为朴正熙实现其个人极大的权力欲创造了便利条件。朴正熙最初也担心美国对其行为不满,但尼克松和基辛格的对外政策有许多情况表明该政府对美国国外民主与人权问题兴致不高,它这种担心也逐渐缓解。

如何体面地实现从越南撤军及缓和对华关系正常化不可否认是尼克松政府面临的重大外交问题,这在60年代末70年代初严重困扰着美国政府。韩国人权问题与这二者并不存在直接联系,加之尼克松政府的要员并未将人权因素置于美国外交政策的突出位置,所以这就可以理解尼克松政府缘何相对较少关注

---

① 韩国总理金钟泌于1973年1月赴美参加杜鲁门葬礼借机会晤尼克松向其解释"维新体制"的必要性,会晤期间尼克松做了如此表态。参见:Wonmo Dong. *Korean-American Relations at Crossroads*. The Association of Christian Scholars in North America, INC. 1982:51.

② Kim, Bong Joong. "Democracy and human rights: US-South Korean relations, 1945—1979". The University of Toledo, 1994:227.

③ Debra Liang-Fenton. "Implementing U. S. Human Rights Policy: Agendas, Policies, and Practices". US Institute of Peace Press, 2004:177.

图 7—2　朴正熙再度当选韩国总统（《东亚日报》，1971 年 4 月 20 日）

图片来源：http://www.360doc.com/content/13/0421/18/1336297_ 279940465.shtml.

韩国人权问题的原因。[①]　关于韩国国内局势罕有尼克松的官方声明，所以可以判断，即使美国十分关注韩国"维新体制"问题，那它也是以低调方式处理的。韩国政府推行维新体制以及实施军事管制法之时，美国政府确实对局势的发展做了一些考虑，但并非以公开谴责形式表现的，而是私下进行的，提示韩国放松其对社会的控制才是其最大利益所在。

　　福特在"水门事件"后接替了尼克松的总统职务，基辛格也留任原职。福特的立场与尼克松基本一致，因此包括人权问题在内的这两届政府的外交政策也基本趋同。福特时期对于人权问题的态度在共和党竞选纲领中已得到体现，但多处于次要位置。共和党竞选纲领在涉及对韩政策问题时首先做出"信守对韩承诺"的表态后才进一步指出，"我们也敦促朝韩双方制定相应政

[①]　1973 年 8 月发生的金大中绑架事件激起了韩国国内反对党的极大非议，学生示威游行规模不断扩大，反对朴正熙"维新宪法"的斗争此起彼伏。美国政府在内外压力下指使美国驻韩大使馆先是解救了其妻，而后又解救了其本人。这是尼克松政府对韩人权政策中表现较突出的实例，也是尼克松政府整个执政期间介入韩国内部民主与人权问题较大的动作。

策以促进基本人权的发展"①。1974年秋，福特总统访问符拉迪沃斯托克之前顺访汉城，他几乎没有提到韩国人权问题。在此次访韩之前弗雷泽尔以及其他几名议员曾经致信福特，劝其访韩期间私下里接触韩国反对派领导人、教会及大学教育界人士等，但福特并未照做。福特总统在1975年6月表示，"我向我们的韩国朋友保证，我将最大限度地使我国对韩国人民保持坚定的支持立场"。② 在了解尼克松—福特政府对韩人权问题的立场以后，朴正熙的国内活动更加大胆了，他通过在国民大会中的支持者剥夺了一名议员的职务，其原因是该议员将朴正熙称之"独裁者"。③ 到1976年，"板门店斧头事件"及"韩国门事件"曝光，福特政府对韩国人权状况非常不满并提出指责，不过并未采取过激措施，只是宣传攻势比较密集。福特强调人权，但并非仅仅针对韩国而是从全球角度表达出美国的态度，福特还将美国的人权斗争与当年的大航海活动加以对比："我们今天在建设一个更美好世界的过程中所面临的问题与当年哥伦布发现新大陆时所遇到的问题同样都是非常困难的，'旧世界'诸民族仍将'新大陆'视为自由的拥护者和人权的捍卫者。美国是他们的希望、是其助手，我们将永远不会令其失望。"④ 到1976年，"板门店斧头事件"及"韩国门事件"曝光，福特政府对韩国人权状况表示不满并加以谴责，但并未采取过激措施。

福特时期关于人权问题的看法在政党纲领当中也有体现，但从内容位置上看，"人权问题"往往都位于纲领内容的后半部分，如共和党竞选纲领在表明"美国信守对韩国的承诺"后指出："……我们也敦促朝韩双方政府制定国内政策以促进基本人权的发展。"⑤ 同时，韩国中央情报局在美国国内秘密进行

---

① Republican Party Platform of 1976, "The Republican National Convention, at Kansas City". APP (Carter), August 18, 1976.

② Remarks on Greeting Korean and American Congressional Veterans of the Korean War. June 25, 1975. APP (Ford). http://www.presidency.ucsb.edu/ws/index.php?pid=5020&st=south+korea&st1=.

③ "Korean Legislator Is Facing Expulsion for Assailing Park". *The New York Times*, October 10, 1975: 13.

④ 卡特在1976年纪念"哥伦布日"的讲话中做了上述谈话。参见："Remarks at a Columbus Day Ceremony". APP (Ford. 本注解，下同), October 11, 1976；卡特在1978年11月宣布美国已成为人权的捍卫者。参见：Buffalo, "New York Remarks at the Greater Buffalo International Airport". October 28, 1978；另见于："Friends of Carter/Mondale Remarks at a Fundraising Dinner". October 24, 1979.

⑤ Republican Party Platform of 1976, August 18, 1976. the Republican National Convention, August 18, 1976, at Kansas City, Mo. APP (Ford), http://www.presidency.ucsb.edu/ws/index.php?pid=25843&st=south+korea&st1=.

违反人权的活动确实一度纷扰了福特政府，联邦当局在 1976 年 10 月开始了大范围地调查韩国中央情报部在美国骚扰、胁迫以及违犯居住在美国的韩国人和韩裔美国人公民权的活动，① 主要涉及地区就是洛杉矶，这里是朝鲜半岛以外韩国人最多的聚居地，7 万人左右的韩国人社团正在遭到韩国中央情报部成员有组织有计划的恐吓。② 原因很简单，就是迫使他们当中的反政府人士放弃原有立场，以减小朴正熙政权国内压制民主状况在美国民众中造成不良影响。

美国针对韩国国内出现的大量违反人权的情况也的确采取了一些有限行动，其中最为得心应手的措施就是削减经济援助数量。具体而言，美国以朴正熙政府的人权状况不断恶化为由，不但削减了对其"军事现代化计划"的援助，而且还通过立法形式限制向韩国提供资金。韩国军事现代化"五年计划"（1971—1975）到 1975 年仅仅完成 69%，所以需要延期两年才完成。由于朴正熙政府糟糕的人权纪录，1974 年美国国会将政府提出的 1975 年财政年度大约 2.3 亿美元左右的对韩援助削减到 1.45 亿美元，美国国会还表示，在核实韩国人权状况好转以后再追加 2000 万美元。③ 1973—1975 年"军事援助项目"下的赠与部分分别由 2.157 亿、2.637 亿和 1.615 亿美元削减为 1.496 亿、0.941 亿和 0.826 亿美元。④ 笔者认为，在尼克松主义付诸实践的阶段，美国的这种举动很可能不是直接针对韩国人权问题，但是对韩国做出这样的表示，既可以做出姿态敦促其在一定程度上改善本国人权状况，又"落实"了尼克松主义的战略收缩任务，可谓一举两得。就美国的干预政策韩国也提出异议指出，"美国直接间接地对韩国内部政策施加影响以使人权受到尊重或者释放政治犯，韩国政府反对这种干预主权国家内部事务的不公正行为。尽管尼克松和

---

① Richard Hallorannew. Korean Inquiry By U. S. Is Disclosed; "Charge That Seoul Agents Harass Residents Here Investigated New Korean Inquiry By U. S. Is Disclosed". *The New York Times*. October 29, 1976: 47.

② Robert Lindsey. Seoul's Intelligence Agents Harass Korean Community in Los Angeles; "Seoul Regime's Intelligence Agents Systematically Intimidate the Large Korean Community in Los Angeles". *The New York Times*. October 30, 1976: 53.

③ 关于美国政府向国会要求的 1975 财政年度的援助金额有一说是 "2.34 亿美元"——见于：神谷不二《朝鲜半岛论》. PHP 研究所，1994：132。一说是 "2.37 亿美元"——见于：Kwang-Il Baek. *Korea and the United States*. Research and Center for Peace and Unification of Korea, 1988: 176。

④ Myung Hyun Cho. *Korea and Major Powers*. Research Center For Peace And Unification of Korea. 1989: 251.

福特政府就该问题保持沉默,但卡特政府依然选择韩国和菲律宾作为美国亚洲人权外交的主要目标"①。尼克松—福特政府对韩国人权问题的消极态度在70年代中期卡特上台后发生了变化,那么卡特时期为何改变了以往历届政府的对韩人权政策转而表现出强硬态度,甚至不惜与国会一拼呢?

(三) 卡特对韩国强硬的人权政策及其变化

1. 卡特人权政策产生的大背景概览

卡特政府外交政策内容发生重大变化,其表现之一就是使人权"在美国对外政策议事日程中获得了一个永久的位置",它告知世界其他国家,"是否保证其国民基本权利将对该国与美国的关系产生重大影响"。② 上述重大变化在很大程度上是与卡特本人的宗教信仰背景和理想主义外交思想相互联系的。

卡特是一个虔诚的基督徒,"他与对人权的责任是不可分的(inseparable)",他就职时也强调要"对人权的责任与承诺是绝对的"③。卡特上台之初逐渐将人权问题置于对外政策的优先地位,他说这样做是由于他对《圣经》的信仰。④ 1977年3月,卡特在马萨诸塞州的一次讲话中指出,他想要使美国成为一个"道义的标杆"(a standard of morallity)。他说,"在未经审讯就被监禁、受虐、被剥夺基本人权,我对此感触颇深。作为美国总统应该有权利表达其不满并为之采取一些行动。……我打算使我们的国家成为深切关注全球人类的中心地区",⑤

---

① Debra Liang-Fenton. *Implementing U. S. Human Rights Policy: Agendas, Policies, and Practices*. US Institute of Peace Press, 2004: 179.

② Warren Christopher. *In the Stream of History: Shaping Foreign Policy for a New Era*. Stanford University Press, 1998: 62.

③ Peter G. Bourne. *Jimmy Carter: A Comprehensive Biography from Plains to Postpresidency*. A Lisa Drew Book (Scribner), 1997: 383 – 384.

④ The President-Elect's News Conference in Los Angeles, November 6, 1980. The American Presidency Project (Carter). http://www.presidency.ucsb.edu/ws/index.php?pid=85231&st=human+rights&st1= 另外,关于这方面的学术著作还有:Muravchik Joshua, *The Uncertain Crusade: Jimmy Carter and the Dilemmas of Human Rights Policy*. Hamilton Press (Lanham, NY, London), 1986: 1。

⑤ 原文为"I want our country to be the focal point for deep concern about human beings all over the world." 参见:Peter G. Bourne. *Jimmy Carter: A Comprehensive Biography from Plains to Postpresidency*. A Lisa Drew Book (Scribner), 1997: 384。

卡特甚至在1979年还曾经尝试使朴正熙皈依基督教。① 布热津斯基在其回忆录中写到，卡特"致力于人权活动是其自身宗教信仰的一种反应，也是其敏锐（acumen）政治（思想）的体现"②。也有人就此指出，给美国留下"真正历史遗产"的卡特应被当作"赢得冷战胜利的人物之一"。③ 卡特的人权观念有其深刻的个人思想根源，因此在推行该政策时就显得非常积极主动。

  卡特的人权外交在美国外交政策中地位的确立除了其本人宗教背景和理想主义外交思想的作用以外，60年代中期以来不断高涨的国内民权运动以及美国国会立法权力的扩大等也都是不可忽视的原因，尤其是当时出现的一内一外两个重大历史事件——越南战争和"水门事件"的作用更大。越南战争对美国理想主义外交思想打击非常大，美国留给世界这样的印象，即"一个在越南进行大屠杀的国家是很难唱出维护人权高调的"④。而且"美国不惜一切代价支持一个腐败无能的压迫性政权，暴露了美国外交政策中的道德缺失"，于是"对越南战争的深刻反省使美国的外交政策重新回到重视道德的理想主义传统中来"。⑤ 同时，美国国内"水门事件"的出现也体现出美国这个民主政治机体内部出现了巨大的偏差，美国民众对于自己选举的政府竟然被利用达到一己利益而感到惊诧。卡特将人权政策视为美国外交政策的灯塔，将人权问题当作美国"外交政策的灵魂"（soul of our policy）。⑥ 他在推行人权政策的同时还必须应对由于该政策而产生的复杂局面，因为这不但会加深美国与其对手之间的矛盾，它与韩国这个"勇敢的盟友"（brave ally）⑦ 之间的关系因此不再

---

  ① Laurence McQuillan, "Cater Says He Tried to Convert S. Korea's Park to Christianity". *Boston Globe*, August 6, 1979 (3).

  ② Zbigniew Brzenski. *Power and Principle: Memoirs of National Security Advisor 1977—1981*. Farrar, Stratus and Giroux, 1985: 49.

  ③ 语出"全球商务政策委员会"（A. T. Kearney Global Business Policy Council）高级主管马丁·沃克（Martin Walker）在其著作 *The Cold War: A History* 中的话，他讲这句话的时候举证了卡特对苏人权外交的具体事例——"卡特在其任期对苏坚持实行人权外交政策，在其压力下有118591名苏联犹太人获准可以移民"。转引自：Peter G. Bourne. *Jimmy Carter: A Comprehensive Bibliography from Plains to Post-Presidency*. A Lisa Drew Book (Scribner), 1997: 390.

  ④ 王绳祖：《国际关系史（第十卷）》，世界知识出版社1996年版，第18页。

  ⑤ 吴艳君：《美国理想主义外交政策的演变》，《中州大学学报》2006年第2期，第32页。

  ⑥ Sandy Vogelgesang. *American Dream, Global Nightmare: The Dilemma of U. S. Human Rights Policy*. W. W. Norton, 1980: 15.

  ⑦ "Remarks upon Arriving at the Honolulu International Airport". APP (Johnson), April 15, 1968.

笙磬同音,也使美国政府与国会之间埙篪相和的局面出现裂隙。

2. 卡特政府上半期对韩人权政策的变化

卡特政府对韩人权政策最初也是以低调方式进行的,在 1977 年 1 月国家安全事务助理布热津斯基负责的"全面评估美国韩朝政策备忘录"中将"人权问题"置于 8 项内容的最后一位。[①] 美国在人权问题上对朴正熙的要求也仅被次要提及,比如先是提到安全问题,而后才是人权问题。对于与盟国关系中的人权问题卡特指出,"我们的对外政策应该建立在与我们的盟友密切合作和世界范围内对人权尊重的基础上,在不打乱我们发展与其他国家友好关系的条件下,我们将继续对违反人权的行为予以关注"[②]。所以美国对盟国关系中的人权问题是有大前提的,违背这个前提则免谈。在提出上述安全合作问题的同时,卡特还强调了在世界范围内改善人权状况的重要性,[③] 但并未直呼韩国其名,即使直接提名也有一个或者几个国家作为陪衬。[④] 然而这并不说明卡特政府忽视了韩国的人权状况,甚至在研究撤军政策问题时也提及此事。他指出,(应该)向韩国派出总统特使就驻韩美军问题进行洽谈,同时该代表还要完成另一项使命——向韩国方面重申美国对韩国人权问题的关注,[⑤] 以希望有所改进。

卡特就职两个多月后,其人权外交活动逐渐变得明显起来。1977 年 3 月 5 日任命德里安(Patricia M. Derian)负责国务院人权及人道主义事务协调员,并提升为助理国务卿头衔,用以强化对包括韩国在内的国家推行美国的人权政策,不久卡特就透露了将把人权问题置于外交政策突出地位的消息。他在一次讲话中指出,"我们正在对外政策方面做一些显著的调整,在此我不打算罗列枚举,但有一些已经被提到了,比如国际范围内的人权问题"。[⑥] 这是卡特在

---

① "Presidential Review Memorandum/NSC-13". National Security Council, January 26, 1977.

② Report To The American People - Remarks From The White House Library. February 2, 1977. APP (Carter). http://www.presidency.ucsb.edu/ws/index.php?pid=7455&st=human+rights&st1=.

③ Chae-Jin Lee. *A Troubled Peace: U. S. Policy and the Two Koreas*. JHU Press, 2006:83.

④ 卡特在 1977 年 2 月 23 日举行的新闻发布会上就政治犯问题阐述了对若干国家人权状况的看法,其中点名提到韩国伴之以古巴等国。The President's News Conference of. February 23, 1977. APP (Carter). http://www.presidency.ucsb.edu/ws/index.php?pid=6887&st=south+korea&st1.

⑤ "Presidential Directive/NSC-12". National Security Council, May 5, 1977.

⑥ Ad Hoc Coalition for Women Remarks to Representatives of Women's Groups. March 10, 1977. APP (Carter). http://www.presidency.ucsb.edu/ws/index.php?pid=7146&st=human+rights&st1=.

正式场合提到了这个问题，预示着美国外交政策的重大内容即将发生变化，同时针对韩国的人权政策也必将因此而强化，但这还是经历了一个短暂的酝酿过程。

由于冷战的需要，实行专制统治但又亲西方的国家如扎伊尔、韩国以及印度尼西亚等国还能持续地得到美国的援助，但卡特政府却面临着"如何做到在军事上支持了韩国却不至于支持韩国国内的镇压政策"的问题，实际上这个度是很难把握的。卡特竞选时就指出要努力改善世界人权状况，把人权首次置于美国外交政策的重要位置，人们预测对韩人权政策将是非常激烈的，但实际并非如此。在其任职后确实强调了世界人权问题，但却很少提到韩国人权问题，主要关注的是苏联的人权状况。[①] 美国激烈指责苏联及其他国家大量出现违犯人权问题的同时，对美国的盟友则并非如此。时任国务卿万斯在1977年2月就提到，由于阿根廷、乌拉圭和埃塞俄比亚违反人权，卡特政府决定削减对这些国家的援助，但韩国却不在此列。[②] 1977年3月，卡特在联合国大会上指出，美国将继续促进世界人权的发展，建议世界人权委员会经常开会，并建议将其活动从日内瓦转移到纽约以便在"美国眼皮底下活动"，但仍未明确指出韩国人权问题，而对柬埔寨、巴拉圭和乌干达等战略意义和经济意义都微不足道的国家违犯人权的行为则进行了尖刻的指责。卡特政府在对韩政策中将主

---

① 1977年2—3月卡特会见苏联持不同政见者索尔仁尼琴和布科夫斯基，并致信另一持不同政见者安德烈·萨哈洛夫，保证美国对人权问题的承诺。苏联对此表示强烈不满。参见王绳祖《国际关系史》（第十卷），世界知识出版社1996年版，第19页；（还可参见张海涛《吉米·卡特在白宫》，四川人民出版社1982年版，第112—113页）；在给萨哈洛夫的信中卡特说要采取措施以使苏联释放那些清白无辜的人，并表示要继续努力塑造一个对人的渴望负责任的世界（to continue to shape a world responsible to human aspirations）。参见：The President's News Conference of. February 23, 1977, APP（Carter），http：//www.presidency.ucsb.edu/ws/index.php? pid = 6887&st = human + rights&st1 = . 里根总统还将萨哈洛夫称之为"我们时代的精神领袖"，见于：Message on the 60th Birthday of Andrei Sakharov, May 2, 1981. APP（Reagan）. http：//www.presidency.ucsb.edu/ws/index.php? pid = 43772&st = human + rights&st1 = ; 关于卡特对苏联持不同政见者（Soviet dissidents）的论述还可见于：Bonn, Federal Republic of Germany Remarks and a Question-and-Answer Session With Reporters Following a Meeting With Chancellor Helmut Schmidt. July 14, 1978. The APP（Carter）. http：//www.presidency.ucsb.edu/ws/index.php? pid = 31081&st = human + rights&st1 = .

② Bernard Gwertzman. U.S. Cuts Foreign Aid In Rights Violations; South Korea Exempt; "Security Links Cited Assistance Is Reduced for Argentina, Uruguay and Ethiopia, Vance Says". *The New York Times*, February 25, 1977：45.

要精力放在撤出驻韩美军问题上,在卡特政府早期几乎没有对韩国人权问题做出具体评论,况且卡特政府曾指出人权政策与军事问题不相关联,所以这时很难说这两方面是否有联系,但后来事实说明二者存在联系。

1977年上半年,卡特政府没有发表关于韩国人权问题的明确声明,至多是在附带声明中提及此事。美韩两国政府之间的大多数对话更多的是与军事问题有关联,而不是人权问题。这似乎是由于这两个问题自身的轻重缓急而决定的。对卡特而言,撤军问题是先于人权问题的。这在卡特政府前两年是正确的,因为冷战依然在继续,朝鲜半岛安全战略调整问题是美国在韩国主要关心的问题。行政部门强调韩国人权问题的同时更强调事关本国东北亚战略布局调整的"撤军"问题,而立法部门则就人权问题向卡特政府发起攻击。卡特深深受到"撤军"问题困扰,这位被认为是理想主义的总统却深陷于纷繁复杂的现实问题之中,要他从冷战的现实主义到越战后的理想主义的转变是一个非常不易的过程。

卡特必须首先解决迫在眉睫的问题。对他而言,撤军问题是先于人权问题的,但美国"人权卫士"的"重任"对极力倡导人权思想的卡特而言成为一种挥之不去的"重负"。在"外交协会"的一次讲话中他指出:"应该让韩国政府明确,美国人民对韩国国内的镇压压制活动感到反感,这妨碍了我们在那里承诺义务的实现。"[1] 在这个演讲中虽然卡特并未将"人权"与"撤军"问题直接挂钩,但至少是美国在撤军问题上要考虑的道义因素。卡特总统并没有直接说明,但韩国人权问题也是卡特政府撤军政策原因之一——笔者认为这仅仅是一种促使韩国改善国内人权状况的手段,而绝不是决定因素,也即卡特对韩撤军政策和人权政策存在联系,但不能过高估计后者对前者的作用。而且朴正熙在国内的种种强硬姿态似乎表明他正在忽略美国的压力,如果拟议中的美国撤军计划得以彻底实施的话,朴正熙由于国家安全感的缺失就会转而强化遏制国内民众以及反对派的活动。所以如何促使韩国结束违反人权的情况,而同时又可以继续保持美国对韩国的影响,这个问题美国政府此时依然没有良方。国务院人权问题专家提出建议,通过发布正式的官方声明明确地表明美国不能宽恕朴正熙摒弃人权的行为,这种针对个人的批评指责可以加强反对派的力量

---

[1] Kwang-Il Baek. *Korea and the United States*. Research and Center for Peace and Unification of Korea, 1988: 149.

进而削弱朴正熙的政权基础。驻韩大使格雷斯廷（William H. Jr. Gleysteen）及国务院其他东亚问题专家则认为这将更加危险，而且"这样行动的结果又会引起另一次政变，而另一次军事政变的领导人并不会比朴正熙头脑更加灵活，考虑到对朴正熙的个人攻击会使韩国产生不稳定局面并会使该集团远离美国，所以卡特政府并没有采取这种措施，另一个选择就是靠撤出驻韩美军来迫使韩国改善人权"。[1]

在美国国内热议韩国人权问题的同时，美国还通过宗教组织对韩国人权政策施加影响，并且这种非官方的影响也有很大作用。基督教组织由于存在对外联系的便利条件，所以它主张的平等社会制度的观念也会对韩国民众思想中的人权观念的发展有着推动作用。1954年在韩国成立的"亚洲基金会"（Asian Foundation）不但关注观念上的权利，而且还注意争取法律上的权利，[2] 卡特对宗教界人士斯蒂芬·卡蒂诺·金（Stephen Cardinal Kim）在韩国争取民主自由的斗争进行了表扬。[3] 他还在1977年8月更加明晰地表明了他奉行人权外交的理由："在一个由现代科技使之变小的世界中，所有国家与民族已经非常近，对于别人的关注比以前更加重要了，这就是我们国家对人权承诺永不枯竭的源泉，这也就是为何我们决定所有美国的言与行都将尊崇这种承诺。"[4] 在美国人权政策鼓动之下，韩国国内反对朴正熙违反人权的活动不断涌现。1977年12月，由基督教领导人、律师、教授、新闻记者、劳工联盟，以及其他韩国人权运动的其他各界人士组成了"人权运动顾问委员会"，为争取国内人权进行积极活动。

随着人权问题在美国外交政策中地位的逐渐确立并不断提高以及韩国国内政治局面的发展，卡特政府对韩人权政策也显露锋芒。如同当年杜鲁门指出的

---

[1] Gregg Brazinsky, *Nation building in South Korea: Koreans, Americans, and the Making of a Democracy.* UNC Press, 2007: 230.

[2] Debra Liang-Fenton. *Implementing U. S. Human Rights Policy: Agendas, Policies, and Practices.* US Institute of Peace Press, 2004: 180.

[3] University of Notre Dame - Address at Commencement Exercises at the University. May 22, 1977. APP (Carter). http://www.presidency.ucsb.edu/ws/index.php?pid=7552&st=south+korea&st1=.

[4] Jewish High Holy Days Message of the President. August 15, 1977. APP (Carter). http://www.presidency.ucsb.edu/ws/index.php?pid=7964&st=human+rights&st1=.

那样，1977 年 5 月在美国再次出现了将"韩国当作人权实验场"的口号。① 卡特表示，"我对我们自己的政治体制充满信心，因为我们知道民主制度发挥了作用，我们可以摒弃那些否定其国民人权的统治者的论道"。② 卡特政府提交给国会的《1978 年财政年度安全援助请求》（FY1978 Security Assistance Request）的补充文件指出，"在维新宪法下，韩国政府实施的许多限制性措施违背了《世界人权宣言》中的一些要求"③。针对韩国人权问题卡特开始直接点名批评，所以以上可以看出从 1977 年年中起美国对韩人权政策开始提升调门了。但此时卡特仍不乏耐心地劝说朴正熙，"我非常高兴地注意到贵国放松了对政治言论的限制。贵国内部事务本非应我关心，但我国人民特别强调个人权利，我相信阁下将会发现贵国政府及社会将会因为这些自由思想的交互作用而变得更加强大，我十分有信心期望贵国在今后几个月时间里沿着政治进步之路和已经开拓的自由之路进一步取得更大成就"④。对韩国来说，这封信是对其人权状况的认可鼓励，还是旁敲侧击？笔者认为此中皆有，是美国在韩国人权方面取得某些进步的基础上对其进行"旁敲侧击"以期"再接再厉"，使之不断接近美国的人权标准。

美国的远东政策自从越南战争起变得非常务实和多变，美国在远东地区的政策目标是什么？正如卡特所言，美国在远东地区的最终目标就是和平，其次就是与该地区相关国家进一步发展双边关系，美国还打算扩大与在该地区的贸易，对基本人权、自由与民主等给与更多关注。⑤ 这就是卡特时期美国东北亚政策的一个简略的概括。简单地看，"人权"问题并未被排在首位但很显然已

---

① Andrew H. Malcolm, "South Korea Is a Test of the Human Rights Issue". *The New York Times*. May 1, 1977: E5.

② University of Notre Dame - Address at Commencement Exercises at the University. May 22nd, 1977. APP (Carter). http://www.presidency.ucsb.edu/ws/index.php? pid = 7552&st = south + korea&st1.

③ C. I. Eugene Kim. "Emergency, Development, and Human Rights: South Korea". *Asian Survey*, Vol. 18, No. 4. April, 1978: 375.

④ 卡特于 1978 年 5 月 17 日给朴正熙的信。Letter from President Jimmy Carter to President Chung Hee Park. White House. May 17, 1978. Declassified Documents Reference System (DDRS). Farmington Hills, Mich.: Gale Group, 2006. Document Number: CK3100129809.

⑤ Interview With the President Question-and-Answer Session With Yoshio Hori and Yoshiki Hidaka of the Japan Broadcasting, Corporation (NHK). June 20, 1979. APP (Carter). http://www.presidency.ucsb.edu/ws/index.php? pid = 32504&st = human + rights&st1 = .

明确出现在卡特的对外政策中了。卡特在其外交政策中提到的"和平"与"人权"还存在着内在的联系,从理论上讲,和平与秩序毕竟是实现基本人权、民主与自由的前提。到1978年秋卡特为人权外交造势已达新高,他在多种场合屡次重申对人权原则的承诺与决心,这也标志着卡特人权外交开始进入尖峰时刻:"只要我在白宫,我不但要在这个国家内做我能够做到的,而且还要尽我所能在全球范围内使'人权'成为世界永远铭记的两个字。"①"我已经尝试重新举起人权大旗——这些原则是我国立国之基。只要我在白宫,我们将拥有这个国家的荣誉、一个强大国家的荣誉——这个国家将在世界范围内一直坚持加强基本人权活动。"②"我们已举起了人权大旗,只要我在白宫,我们就会保证基本人权,不单在我国而且是在地球上的每个国家。"③卡特在美国

---

① Wilson, North Carolina Remarks at a Democratic Party Rally for John Ingram. August 5, 1978. APP (Carter). http://www.presidency.ucsb.edu/ws/index.php?pid=31154&st=human+rights&st1=.

② HartFord, Connecticut Remarks at a Fundraising Reception for Governor Ella Grasso. October 28, 1978, APP (Carter). http://www.presidency.ucsb.edu/ws/index.php?pid=30068&st=human+rights&st1=.

③ Gresham, Oregon Remarks at a "Get Out the Vote" Rally. November 3, 1978, APP (Carter). http://www.presidency.ucsb.edu/ws/index.php?pid=30110&st=human+rights&st1=. 另外卡特还在多种场合重申美国"已经举起人权大旗"(We've raised the banner of human rights.) 强调"只要他在白宫……"这样的表述体现了卡特推行人权政策的决心。卡特同样的表达还可见于"美国总统项目(卡特)"资料库(The American Presidency Project, APP)下述材料中:1. Skokie, Illinois Remarks at a "Get Out the Vote" Rally. November 2, 1978. http://www.presidency.ucsb.edu/ws/index.php?pid=30112&st=human+rights&st1=.

2. Sacramento, California Remarks at a "Get Out the Vote" Rally. November 3, 1978 http://www.presidency.ucsb.edu/ws/index.php?pid=30111&st=human+rights&st1=.

3. Duluth, Minnesota Remarks at a "Get Out the Vote" Rally. November 3, 1978 http://www.presidency.ucsb.edu/ws/index.php?pid=30112&st=human+rights&st1=.

4. Interview With the President Remarks and a Question-and-Answer Session With Editors and News Directors. December 1, 1978. http://www.presidency.ucsb.edu/ws/index.php?pid=30255&st=human+rights&st1=.(不但如此,他在这次讲话中还越来越明确而坚定地表示,"地球上没有什么力量能够使美国与对人权的义务承诺相脱离"。见于:Universal Declaration of Human Rights Remarks at a White House Meeting Commemorating the 30th Anniversary of the Declaration's Signing. December 6, 1978. http://www.presidency.ucsb.edu/ws/index.php?pid=30264&st=human+rights&st1=)

5. Memphis, Tennessee Remarks at the Democratic National Committee's National Finance Council Breakfast. December 9, 1978. http://www.presidency.ucsb.edu/ws/index.php?pid=30286&st=human+rights&st1=.

外交政策中牢固地确立了人权问题的重要地位,从而完成了美国历史上拓展外交政策内容的任务,也同时为美国此后在世界上或是含沙射影抑或是直截了当地干涉他国内政行为提供了更加多样化的有力工具。

3. 卡特访韩中的人权问题

由于人权问题已成为美国对韩政策的重要组成部分,所以在1979年7月卡特访韩前后围绕人权问题的各种讨论中的分歧也十分明显。双方会谈气氛比较紧张,因为卡特比以往历届政府更经常地、更直接地批评指责朴正熙,但会议结束时紧张气氛有所缓和,卡特正式同意冻结撤军计划,朴正熙也同意进一步改善国内人权问题。

朴正熙政府对于卡特的访问持有非常积极的态度,因为一旦实现卡特访韩至少在表面上说明美国政府接受了"维新体制",实现访韩是两国僵化关系的一个突破。在这个过程中韩国政府极力进行政治宣传以显示卡特及美国政府对其专制体制及韩国人权状况的认可。1979年2月9日,韩国反对派主要人物金大中和尹潽善等人致信给卡特说明了可能出现的这种情况,他们担心卡特访

(接上页) 6. Wausau, Wisconsin Remarks at a Fundraising Reception for Representative David R. Obey. March 31, 1979. http://www.presidency.ucsb.edu/ws/index.php?pid=32130&st=human+rights&st1=.

7. BedFord, New Hampshire Remarks at a State Democratic Party Fund raising Dinner. April 25, 1979. http://www.presidency.ucsb.edu/ws/index.php?pid=32233&st=human+rights&st1=.

8. Democratic Congressional Campaign Dinner Remarks at the Dinner. May 9, 1979. http://www.presidency.ucsb.edu/ws/index.php?pid=32317&st=human+rights&st1=.

9. Chicago, Illinois Remarks at a Fundraising Dinner for Mayor Jane Byrne. October 15, 1979. http://www.presidency.ucsb.edu/ws/index.php?pid=31534&st=human+rights&st1=.

10. East RutherFord, New Jersey Interview With Dick Leone of WNET-TV. October 25, 1979. http://www.presidency.ucsb.edu/ws/index.php?pid=31591&st=human+rights&st1=.

11. Meeting With Student Leaders Remarks and a Question-and-Answer Session. February 15, 1980. http://www.presidency.ucsb.edu/ws/index.php?pid=32938&st=human+rights&st1=.

12. New York, New York Remarks at the International Ladies' Garment Workers Union Rally. October 30, 1980. http://www.presidency.ucsb.edu/ws/index.php?pid=45397&st=human+rights&st1=.

13. Saginaw, Michigan Remarks at a Rally With Area Residents. October 30, 1980. http://www.presidency.ucsb.edu/ws/index.php?pid=45398&st=human+rights&st1=.

14. Portland, Oregon Remarks at a Rally With Area Residents. November 3, 1980. http://www.presidency.ucsb.edu/ws/index.php?pid=45454&st=human+rights&st1=.

韩会被用于使韩国专制压迫政权合法化的目的，"如果卡特总统对其奉行的人权政策是真实的，那么他就应该在韩国人权状况改善以后来访。如果没有这种改进，卡特的来访对韩国人民而言就是毫无意义的，因此也是不被期望的。韩国人民会对贵国的人权政策极度失望、他们对于贵国的信任与友谊也将深深受到伤害"。① 很明显，韩国政治反对派的意思就是促使卡特政府向朴正熙施压以改善国内人权状况，卡特坚决扛起人权大旗，但韩国人权状况还没有达到差强人意的程度，在此情况下不应访韩。

卡特访韩计划不但在韩国遭到朴正熙政治反对派的抵制，在美国国会中也有议员对此持有异议，主要就是告知卡特，访韩将会在加深世界各国对美国与专制政权打交道的印象，那样的话美国就会在"自由世界"中失去信誉，但卡特对此次访韩中的人权问题有自己的打算。当有人问及此次访韩是否有会见反对党领袖金大中的计划时，卡特指出，"不仅如此，还要会见其他反对派领导人，包括政府内的、宗教界的以及其他反对派人士，这是我访问他国的经常性习惯方式，我希望在访韩时会依然得以保持"。② 而且此前卡特就讲过，尽管"我们对人权的关注必须从国内开始"，③ 但从其个人角度讲，他"坚决支持美国国内基本人权，无论是否是美国公民"，④ "人权与人的尊严是密不可分

---

① Kim, Bong Joong. "Democracy and Human Rights: US-South Korean Relations, 1945—1979". The University of Toledo, 1994: 303.

② Interview With the President Question-and-Answer Session With Yoshio Hori and Yoshiki Hidaka of the Japan Broadcasting, Corporation (NHK). APP (Carter). June 20, 1979 http://www.presidency.ucsb.edu/ws/index.php?pid=32504&st=south+korea&st1=. 这种表述另见于 Interview With the President Question-and-Answer Session With Members of the Japanese Press. June 20, 1979, APP (Carter). http://www.presidency.ucsb.edu/ws/index.php?pid=32534&st=south+korea&st1=.

③ Equal Rights Amendment and Humphrey-Hawkins Full Employment Legislation Statement on Senate Action on the ERA Extension Resolution and a White House Task Force on the Employment Legislation. October 6, 1978. APP (Carter). http://www.presidency.ucsb.edu/ws/index.php?pid=29937&st=human+rights&st1=.

④ Mexico City, Mexico Remarks Before the Mexican Congress. February 16, 1979, APP (Carter). http://www.presidency.ucsb.edu/ws/index.php?pid=31927&st=human+rights&st1 卡特同样的表达还可见于"美国总统项目（卡特）"资料库（The American Presidency Project）下述材料中：1. Los Angeles, California Remarks at Dedication Ceremonies for La Placita de Dolores de Los Angeles. May 5, 1979. APP (Carter). http://www.presidency.ucsb.edu/ws/index.php?pid=32295&st=human+rights&st1=; 2. Visit of President Lopez Portillo of Mexico Joint Press Statement. September 29, 1979, APP (Carter). http://www.presidency.ucsb.edu/ws/index.php?pid=31452&st=human+rights&st1=.

的，美国必须公开表明——而且将一直如此——美国对人权的捍卫，不仅在其国内，而且在全世界都要进行"。① 以上再次表明了卡特人权外交的基本立场，无论能否发挥作用他都要做出姿态，因为美国的人权大旗推动他对美国国内外的人权问题都要管。

尽管面临诸多反对，但为了解决两国之间存在的问题，1979年7月1日卡特实施了访韩计划，双方主要讨论的就是撤军和人权这两个主题。会议前半场朴正熙谈撤军问题，后半场卡特谈人权问题，而且他将这两个问题联系起来。在卡特访韩的最后一天，国务卿万斯要求韩国释放百余名政治犯，美国还提前进逼一步——将这些政治犯的名单向报界公开，这似乎是对韩国内部事务的直接干预。这与访韩之前美国不冷不热的态度相比较，卡特表现出了对韩国人权问题的强硬立场。笔者认为，不论朴正熙如何体味此次卡特来访，也不论他是否借此达到了政治宣传目的，但卡特清楚地表明了对韩国违反人权问题的不满，好像除人权问题以外几乎没有别的什么主题可以和朴正熙谈了。撤军问题已经失去了理由，卡特知道他必须中止该计划。卡特在撤军问题上没有实现其计划，他打算在另一个方面赢得一局。国会已经向卡特施加压力要他斥责朴正熙违犯人权问题，他被期望着访韩期间在人权问题上表现出强硬姿态。在与朴正熙共同签署的联合公报中，卡特指出："希望韩国的政治发展进程能够同其经济与社会的发展同步进行。"② 从其宗教思想及其推行人权外交的决心看，卡特做出这种姿态既非屈从于国会的压力，亦非在做表面文章。卡特政府认为，阿根廷、玻利维亚、危地马拉、海地、尼加拉瓜等八个国家存在违反人权的情况，因而停止了对这些国家的安全援助。还有一些国家同样因为人权问题而被减少了军事援助，韩国位列其中。

会谈以后朴正熙通知美国大使馆，他计划在美韩峰会后几天内释放百余名

---

① Days of Remembrance of Victims of the Holocaust Remarks at a Commemorative Ceremony. April 24, 1979. APP (Carter). http://www.presidency.ucsb.edu/ws/index.php?pid=32218&st=human+rights&st1=. 另见于：1. President's Commission on the Holocaust Remarks on Receiving the Final Report of the Commission. September 27, 1979. APP (Carter). http://www.presidency.ucsb.edu/ws/index.php?pid=31430&st=human+rights&st1=.

2. Proclamation 4337 - Bill of Rights Day, Human Rights Day and Week, December 3, 1974, APP (Carter). http://www.presidency.ucsb.edu/ws/index.php?pid=23887&st=human+rights&st1=.

② Muravchik Joshua. *The Uncertain Crusade: Jimmy Carter and the Dilemmas of Human Rights Policy*. Hamilton Pres (Lanham, New York, London), 1986: 43.

政治犯。当时情况下，朴正熙此举仅仅是一种姿态还是真的向政治自由政策的转变还不清楚，[1] 但他至少是表面上满足了美国的要求，于是卡特不失时机地继续此前使用的一面额手称颂、一面又用敲山震虎的方法向朴正熙指出，在之前访韩时与朴正熙进行了直面坦诚交谈（strong and heart-to-heart talks），使之明白了两国之间的关系将因为违犯人权问题而受到严重破坏，[2] 他还说："在我访韩以后，阁下（朴正熙）做出努力并放宽了对人权的限制，更令人高兴的是在我访问后政治犯得到了释放，但如果持续对政治批评与指责回报以逮捕、打击及制裁等措施的话，那么此前取得的进步将化为乌有。我写此信的目的绝非威胁，然而我确实想要敦促阁下尽早抓紧时机寻找恢复自由潮流的方式，这样美韩合作才能和谐发展……"[3] 看来卡特对韩国在人权方面取得的进展还是比较满意的，因为他似乎知道在韩国不能期待美国式民主的更大进步，即使有些许的改善就暂时满足了，制裁也好批评也罢，始终没有脱离美国在该地区的战略利益考虑。

美韩峰会以后直到遇刺身亡的4个月时间里，朴正熙更加多疑和恐惧，但这并不是在美国人权压力作用下产生的，主要反对党重新积聚了力量，在国民大会中再次形成挑战朴正熙的强大力量。尽管卡特没能够促使朴正熙改变其专制独裁统治，但却鼓励了韩国民众反对国内压制的活动。朴正熙被刺身亡直到年底，卡特政府对韩国人权政策似乎表现出一种有选择的做法，它继续推动临时总统崔圭夏改善韩国人权状况，又在全斗焕军事政变及由此直接引发的光州事件以及金大中事件中表现消极，而后者有时直到今天依然是韩国批判美国民主与人权原则的主要口实。1979—1980年，韩国经历了一次向民主制度的转型，但却是失败的。发生在1979年秋朴正熙遇刺身亡后的"汉城之春"运动由于军事管制法的出台而很快随风而逝了，1980年5月的光州在这次运动中

---

[1] Gregg Brazinsky. *Nation Building in South Korea: Koreans, Americans, and the Making of a Democracy*. UNC Press, 2007: 230.

[2] "Ask the President" Remarks During a Telephone Call-out Program on National Public Radio. October 13, 1979. APP (Carter). http://www.presidency.ucsb.edu/ws/index.php?pid=31529&st=south+korea&st1=.

[3] President Carter's letter to South Korean President Park Chung Hee regarding human rights in South Korea. October 13, 1979, APP (Carter). Declassified Documents Reference System. (DDRS), Farmington Hills, Mich.: Gale Group, 2006. Document Number: CK3100106965.

有大约至少 200 名示威者被杀，随后金大中被逮捕并被判死刑，美国对韩国的民主与人权状况不堪忍受，卡特总统写信给全斗焕对其施加压力释放了金大中。① 金大中死刑免除，全斗焕换来的是美国同意他在里根竞选以后访美。1983 年里根访韩期间，尽管他在驻韩大使馆官邸的非正式会谈中提到韩国人权问题，但是并未就此事向韩国提出正式抗议。

四 20 世纪 70 年代美国政府与国会之间围绕对韩人权问题的关系

　　研究"美国国会"问题逐渐成为"美国研究的新支点"，② "美国政府和国会在其对外政策中的互动关系"这一主题的相关研究已有阶段性成果，③ 以"人权问题"为切入点研究美国政治并涉及此两者关系的成果亦非罕见，④ 但以"韩国人权问题"为个案来考查两者关系的研究则相对较少。美国国会在 70 年代就这一问题举行了一系列听证会，这从一个侧面说明美国已经开始将人权问题纳入其对外政策范畴。美国政府和国会之间围绕人权在外交政策中的地位与作用问题的分歧历历可辨，焦点主要集中在对"道德理想"和"国家利益"的认识上，国会倾向于前者而政府多关注后者。⑤ 美国国会在人权问题

---

　　① 1980 年 8 月 27 日卡特在信中说："我的确不愿意以金大中庭审一事干预贵国内部司法活动。然而我私下里敦促阁下采取一切必要措施以避免影响贵国与我国及其他国家关系恶化局面的出现。对金大中先生的宣判将产生严重恶果，我提请阁下尽早采取可能步骤，通过发展被广泛接受的政治机制以及给贵国公民更多自由的方式来保证贵国政府的稳定。" Debra Liang-Fenton. *Implementing U. S. Human Rights Policy: Agendas, Policies, And Practices*. US Institute of Peace Press, 2004: 184.
　　② 孙哲：《国会研究：美国研究的新支点》，《复旦学报》2002 年第 2 期。
　　③ 这方面的研究成果既有学术论文也出现了学术专著，如，徐红艳：《美国国会与美国政府对华决策 (1949.1—1950.6)》，《当代中国史研究》2002 年第 4 期；赵可金：《美国国会委员会与美国外交政策的制定》，《国际观察》2003 年第 5 期；周琪：《国会与美国外交政策》，上海社会科学院出版社 2006 年版。
　　④ 周琪：《美国人权外交及有关争论》，《美国研究》1998 年第 1 期；张宏毅：《美国人权与人权外交》，人民出版社 1993 年版；李世安：《美国人权问题的历史考察》，河北人民出版社 2001 年版；罗会钧：《美国对发展中国家的人权外交》，中南大学出版社 2003 年版；洪国起、董国辉：《透视美国人权外交：人权、主权、霸权》，世界知识出版社 2003 年版。
　　⑤ 周琪：《国会与美国外交政策》，上海社会科学院出版社 2006 年版，第 46 页。

逐渐成为美国对外政策重要内容的过程中发挥很大作用，在 70 年代美国对韩人权政策上政府与国会之间存在着一个矛盾磨合的过程。

(一) 美国政府与国会围绕对韩人权政策的分歧

从 20 世纪 60 年代末起，美国国会关于韩国问题的听证会数量逐渐增多。从内容看，主要是围绕援助问题、撤军问题以及安全问题进行讨论，这时并未将人权问题置于对韩外交政策的重要位置。整体而言，60 年代美国对韩政策中的"人权问题"远少于 70 年代，这并非个例。因为 70 年代中期以前，无论美国政府还是国会都没有像卡特时期那样把人权问题置于美国对外政策那么突出的地位。越战接近尾声时，[1] 早在 1962 年肯尼迪总统在美洲联盟会议上就曾表示，美国"投入巨大的资源和财力在我们西半球为自由而战，我们在非洲、中东和印巴地区承担了巨大的负担，我们援助从柏林到西贡沿线的……韩国、菲律宾等国。这对美国及美国人民而言是一个巨大的负担，我们仅以世界 6% 的人口在全球范围内进行如此大规模的斗争，所以美国公民绝不应该怀疑美国并非在为维护世界自由事业而做出巨大的努力。"[2] 肯尼迪的讲话一方面明确表达了美国要负责全世界的民主与人权的"自由事业"；另一方面竭力向美国民众表明美国政府全球出击的意义所在——是在实现一个"伟大的事业"，意在劝慰美国民众支持政府的行动。

在人权问题逐渐成为美国对外政策重要内容的过程中美国国会起了极大作用，在对韩政策中美国政府与国会之间存在着一个矛盾磨合的过程。越战接近尾声时，美国国会开始越来越多地对政府处理国际事务的表现提出批评。1973—1974 年，国会限制总统的权力得到扩大，比如，国会通过的"战争权

---

[1] 越战在美国人权政策的发展过程中有很重要的作用，提及相关问题的论述很多，如，David P. Forsythe, "Human Rights in U. S. Foreign Policy: Retrospect and Prospect". *Political Science Quarterly*, Vol. 105, 1990 (3); Hauke Hartmann. "Human Rights Policy under Carter and Reagan, 1977—1981". Human Rights Quarterly, Vol. 23, May, 2001 (2). 间接涉及该问题的还有：David P. Forsythe. "Congress and Human Rights in U. S. Foreign Policy: The Fate of Gerneral Legislation". *Human Rights Quarterly*, Vol. 9, August, 1987 (3).

[2] Remarks at the White House to Members of the American Legion. March 1, 1962. APP (Kennedy). http://www.presidency.ucsb.edu/ws/index.php?pid=9083&st=south+korea&st1=.

力决议案"（War Powers Resolution）就对总统海外派兵作战的权力进行了限制。与美国历史上克利夫兰时期和富兰克林·罗斯福时期那种政府行政权力高于国会权力的情况不同，此时的国会明显表现出对政府的牵制作用。朴正熙在1975年5月签署了"第九号紧急状态法"，宣布任何反对"维新宪法"的活动都将被视为违法行为。韩国民众反对朴正熙的游行示威活动变得更加激烈，民众与政府之间的对立程度也在加深。1974—1975年，学生以及反对党的抗议活动遍及全国，朴正熙加大力度以期在引发国外的批评指责之前平息这些抗议活动。从逻辑上讲，朴正熙应该在国内暂时放松其铁腕手段以缓和国外批判，尤其应该考虑到美国国会的态度，而且一旦他仍继续与美国的想法背道而驰还会面临美国军援被削减的局面，但朴正熙并未走这条路，他选择了强化权利。

到20世纪70年代中期，美国开始提升人权问题在对外政策中的位置，对韩经济军事援助经常与人权问题挂钩。由于美国国会对朴正熙政府的"人权纪录"感到不满，所以它在1974年将美国政府提出的"1975财政年度"约2.3亿美元对韩援助削减到1.45亿美元。国会还表示，在核实韩国人权状况好转后可追加2000万美元。[①] 同时，韩国中央情报部在美国秘密进行"违反"人权的活动一度给福特政府增加许多烦扰，美国联邦当局在1976年10月开始大范围调查"韩国中央情报部在美国骚扰、胁迫以及违犯居住在美国的韩国人和韩裔美国人公民权的活动"，[②] 主要涉及地区是洛杉矶，因为"这里是朝鲜半岛以外韩国（朝鲜）人最多的聚居地，7万名左右的韩国（朝鲜）人社团正在遭到韩国中央情报部成员有组织有计划的恐吓"。[③] 在美国看来，此举只是为了迫使这些人当中的反政府人士放弃原有立场，以便减小朴正熙政权在国内的某些政治活动在美国民众中造成的不良影响。

[①] 关于美国政府向国会要求的1975财政年度的援助总额一说是"2.34亿美元"。参见神谷不二《朝鮮半島論》，日本PHP研究所，1994：132；一说是"2.37亿美元"。参见：Kwang-Il Baek. *Korea and the United States*. Research and Center for Peace and Unification of Korea, 1988：176.

[②] Richard Halloran new. Korean Inquiry by U. S. Is Disclosed；"Charge That Seoul Agents Harass Residents Here Investigated New Korean Inquiry by U. S. Is Disclosed". *The New York Times*, October 29, 1976 (47).

[③] Robert Lindsey, Seoul's Intelligence Agents Harass Korean Community in Los Angeles； "Seoul Regime's Intelligence Agents Systematically Intimidate the Large Korean Community in Los Angeles". *The New York Times*, October 30, 1976 (53).

20世纪70年代中期国会举行了一系列关于韩国人权问题的听证会,并形成决议减少对韩军事经济援助。美国国会为何这时对韩国人权问题如此关注呢?这是美国国内政治情况变动以及国会内部人权倡导者共同作用的结果。但需要指出的是,这一时期美国政府及国会并非仅关注韩国的人权状况,韩国人权问题并非特例,卢旺达、菲律宾以及智利等国家的人权问题都是美国政策的指向。到1974年,在国会中出现了许多反战的国会议员,其中来自艾奥瓦州的民主党人汤姆·哈金(Tom Harkin)就是一位特别接受促进国际人权状况发展的议员,他是国会内部推动人权立法的主要人物之一。美国国会在1974年讨论对外贸易法案时,以参议员杰克逊为代表的国会和以基辛格为代表的政府之间出现了较大分歧,最终还是在贸易法案的附加条款中增加了国会提出的把"苏联限制犹太人海外移民"问题与对苏贸易挂钩的规定。来自宾夕法尼亚州的民主党议员尼克斯(N.C. Nix)认为,应将"38000驻韩美军全部撤回本土"。[1] 新泽西州民主党人安德鲁·迈古里(Andrew Maguire)在当选议员后也开始主张美国做出努力以阻止南非种族隔离政策,他以前就曾积极从事反战维护公民权利的活动。在美国国会中也有许多参议员开始批评美国的对外政策,指责它对世界上存在的政治压迫情况关注过少。明尼苏达州民主党参议员沃尔特·蒙代尔(Walter Mondale)指责美国政府为赢得冷战的胜利而与世界上"最极端压制的政权"做交易,其结果就使得共产主义分子将美国及其价值观与非民主政权联系起来,他所描述的情况恰好与美韩之间的关系相类似。

明尼苏达州民主党议员唐纳德·M. 弗雷泽尔(Donald M. Fraser)是外交事务委员会国际组织与运动众议院次委会主席,他从1963年到1979年一直在国会供职,是国会中维护人权的主要代表人物之一。他和汤姆·哈金将当时的越南问题视为因其美国公众和国会关注美国人权纪录的推动因素。1970年,金在国会接触到关于南越昆山监狱(Con Son)囚禁战俘的"老虎笼"(Tiger Cages)和有关政治犯方面的一手资料,并积极采取行动力图引起国会的重视。[2] 弗雷泽尔既是国会中倡导人权政策的主要代表,也是负责美国对韩人权

---

[1] Chae-Jin Lee & Hideo Sato, *U. S. Policy Towards Japan and Korea: A Changing Influence Relationship*, Praeger, 1982: 90.

[2] Joe Renouard, *Human Rights in American Foreign Policy: From the 1960s to the Soviet Collapse*, University of Pennsylvania Press, 2015.

政策的核心人物之一，国会中的"弗雷泽尔次委会"在美国对韩人权政策的变化过程中的作用异乎寻常。他主张国会应该在当前美国外交政策中发挥重大作用，强调国会应充分重视人权问题并敦促其他国会议员加强对人权问题的认识，以了解该问题在美国外交中的重要性，他甚至还对基辛格的现实主义外交政策直接进行挑战。①

在国会中力主推行人权政策的议员当中，弗雷泽尔的表现较为突出。韩国维新体制实行以前，弗雷泽尔对于韩国事务并没有表现出多大兴趣，即便是1973年8月他发起一系列关于人权问题的听证会，韩国并未受到他更多的注意。其最初目标是计划推动美国对联合国人权工作加以支持。1974年，他领导下的委员会提出报告，要求政府提高人权问题在美国对外政策中的重视程度，韩国仅是报告中提到的众多国家之一，但韩国局势的发展促使弗雷泽尔后来开始关注其人权问题。同年7月，弗雷泽尔开始公开指责韩国是个"警察国家"（police state），因为"韩国政府日益变成一个压迫性政府，国际社会普遍认同的韩国国民（应有的）人权置若罔闻，应该削减或取消对韩军事援助"②。国会对韩国国内状况非常关注，它通过多种渠道促使美国政府采取相应措施来对韩国施加影响。福特总统在1974年秋访苏前顺访汉城，尽管弗雷泽尔及其他几名国会议员曾致信福特，建议他在访韩期间私下里接触韩国政治反对派领导人、宗教界及教育界等人士，但他并未这样做。相反，他后来倒是表示要继续对韩国进行支持——"我向我们的韩国朋友保证，我将最大限度地使我国对韩国人民保持一种坚定的支持立场。"③

美国国会人权听证会很快就影响到美国务院，负责东亚和太平洋事务的助理国务卿罗伯特·因基索（Robert Ingersoll）在1974年警示基辛格说，国务院如果再不亲自面对这一问题，国会将把对该事务的处理权从政府剥离出去，于是美国政府开始被动地采取了一些行动。基辛格认为，既然韩国的安全与稳定对于东北亚地区的安全至关重要，那么即便是美国不满意韩国的许多做法也应

---

① Kim, Bong Joong. "Democracy and Human Rights: US-South Korean Relations, 1945—1979". The University of Toledo, 1994: 234.

② House Committee on Foreign Affairs, *Human Rights in South Korea: Implication of U.S. Policy*, Washington DC, GPO, 1974: 2.

③ Remarks on Greeting Korean and American Congressional Veterans of the Korean War. APP (Ford), June 25, 1975.

该继续向其提供军事经济援助。① 国务院在 1974 年 4 月给接受美国援助的 68 个国家的大使馆下达指示，调查所在国家如何对待政治犯问题。关于韩国人权问题历史性的听证会于 1974 年 7 月末在众议院外交事务委员会举行，纽约律师威廉姆·巴特勒（William Butler）完成了一项关于韩国人权状况的研究。作为国际特赦组织的代表，他证实韩国存在着"大规模拘捕""未经审判延期拘役""以酷刑对待政治犯"等极端违反人权状况。在这种情况下，1974 年对韩 2.38 亿美元军事援助在国会通过的几率几乎为零，因为关键人物弗雷泽尔不会投赞成票。当外交事务委员会审议对外援助法案时，弗雷泽尔对其进行修正，几乎取消了所有对韩军事援助，而且他表示，从个人角度出发他非常支持撤出驻韩美军并取消对韩军援。他向国务卿基辛格递交一封有百余名议员签名的信件，提请基辛格注意，美国对外政策中对接受美国援助国家的人权状况的关注程度将决定今后国会是否支持对外援助法案授权行动的因素。信中还指出，"如果美国援助政策，尤其是军援政策不能准确反映出美国人民促进人权发展的传统责任义务的话，那么关于支持对外援助立法问题就越来越难以向我们的选民做出解释。我们不能与很少关注受压制人民命运的政权联系在一起，我们没有足够实力缓解那些人民的困境，但却可以拒绝与那些压迫者联系在一起——尤其是智利和南朝鲜"。② 弗雷泽尔次委会国会议员莱恩（Leo Ryan）在给外交事务委员会主席托马斯·摩根（Thomas Morgan）的信中指出："尽管韩国采取了一些措施来缓解其高压手段，但在这个国家依然存在着剥夺基本人权的情况，该政府两年以来的践踏基本民主原则的政策并无根本性转变。我们应继续关注韩国局势的发展，同时考虑如何调整美国援助计划及其军力配置问题，使之与恢复韩国民主这项工作步调一致，以上这些对美国国会而言是义不容辞的（incumbent）。"③ 美国国会关于韩国违反人权的公开讨论毫无疑问使

---

① 这种态度在国会中也得到威斯康星州民主党议员扎布罗奇（Clement J. Zablocki）和密歇根州共和党议员布鲁姆菲尔德（William Broomfield）等人的支持。他们认为，韩国"在经济和军事领域里值得我们全力支持"。参见：Chae-Jin Lee & Hideo Sato, *U. S. Policy Towards Japan and Korea: A Changing Influence Relationship*, Praeger, 1982: 91.

② Kim, Bong Joong, *Democracy and Human Rights: US-South Korean Relations, 1945—1979*. University of Toledo, 1994: 248.

③ Committee of Foreign Affairs US House of Representatives, "Vietnam and Korea: Human Rights and U. S. Assistance". GPO, Washington, 1975: 5.

韩国政府受到震动，但其国内的人权状况并未因此好转。朴正熙听着白宫说教，但并未看到美国方面对韩国做出多大举动，看来美国政府不愿因朴正熙有大量违反人权问题的举动而与之对立。

为加强对韩国人权状况的了解，弗雷泽尔等国会议员于1975年3月末访韩，他们与美国驻韩大使、韩国高层官员以及韩国国民大会成员举行会谈，并广泛接触韩国各界人士，尤其是韩国反对派代表人物。韩国反对派代表虽然主张美国采取多种有效措施干预韩国人权问题，但并不希望美国通过停止军援的方法向朴正熙施压。韩国最大的反对党"新民党"领导人金泳三是这种态度的积极支持者，他们建议比较可行的做法是限制美国的军援数量。[①] 朴正熙政府一度强调通过国内改革来加强其对付"北方威胁"的有效做法，其重要步骤之一就是1972年对宪法进行了修订并实行紧急状态法令，而恰恰是这一点激起了韩国国内的普遍反对。弗雷泽尔委员会通过调查就此得出结论指出，"北朝鲜进攻几率近乎零——因为约有3.8万美军驻扎在韩国，再就'维新宪法'和'紧急状态法令'对韩国国家安全至关重要这一话题进行讨论，这是没有任何意义的"[②]。在弗雷泽尔调查组看来，韩国人权状况不令人满意，其中很大程度上是朴正熙政权推行"维新宪法"而造成的后果。弗雷泽尔一行受到韩国官方的阻挠，在韩国并未接触到更多的持不同政见者。弗雷泽尔对调查结果十分不满，他认为韩国人权状况并无任何改进迹象，而美国政府却正在向那些违反基本人权的国家提供过多的经济军事援助。于是，弗雷泽尔开始更多地注意那些正在接受美国援助的国家的人权状况，韩国似乎存在着更多的问题。在国会努力下，朴正熙"维新政体"越来越多地受到美国政府的关注，人权问题的分量在美国对韩政策中的地位再度上升。

1975年5月13日，朴正熙签署了"第九号紧急状态法"，宣布任何反对维新宪法的活动都被视为违法行为。韩国民众反对朴正熙的游行示威活动变得

---

① 1974年对外援助法案第26款规定，如果美国总统认为韩国政府在改善人权状况方面没有取得实质性进展，无法达到国际通行标准，1975财政年度美国对韩军事援助的额度将限定在1.45亿美元，相反则提高到1.65美元。参见：Hearings before the Subcommittee on International Relations, "Human Rights in South Korea and the Philippines for U. S. Policy". U. S. Government Press Office (GPO), Washington, 1975: 2.

② Committee of Foreign Affairs US House of Representatives, "Vietnam and Korea: Human Rights and U. S. Assistance". GPO, Washington, 1975: 10.

更加激烈，民众与政府之间的对立程度也在升级。1974—1975 年，学生的反对活动以及反对党的反对活动遍及全国，朴正熙加大力度力图在引发国外的批评指责之前就平息这些抗议活动。逻辑上讲，朴正熙应该在国内暂时放松其铁腕手段以缓和国外的指责，尤其应注意缓和美国国会的态度，而且一旦他仍继续违反人权，还面临着美国削减军援的局面。然而朴正熙没有走这条路，他选择了权力。

美国主张国内和国外的人权问题都要管、本国内无论是哪国人也都要维护其基本人权，所以韩国中央情报部在美国劝诱、收买贿赂以及恐吓反对朴正熙政权的韩国人和韩裔美国人的行动确实令美国大动肝火。1972 年 10 月维新革命以后，韩国中央情报部开始成为驻美大使管的主要控制力量，它要求大使馆人员全力承担收买美国官员支持朴正熙政府的任务。美国政府在对韩人权问题上的表态有时显得十分矛盾，这是由于它力图在维护其东亚安全利益与维护其人权观念之间做出一种平衡而自然产生的一种状况。在是否有必要努力维持这种平衡的问题上，国会与政府的态度也有抵触。1975 年 7 月下旬，美国国务院负责东亚及太平洋地区事务的助理国务卿哈比比（Philip C. Habibi）在出席众议院国际关系次委会听证会时强烈批评了韩国（和菲律宾）的人权状况，但他又说，美国不会将其对韩安全承诺与人权问题联系起来，美国将信守条约义务。但弗雷泽尔则坚持将上述两者联系起来，并认为"韩国（和菲律宾）对美国的安全作用极为有限（marginal security importance）"。[①] 朴正熙"维新体制"实行不久，韩国中央情报部开始成为驻美大使馆的主要影响力量，并支持一些"院外活动"集团为韩国政府谋利。1976 年弗雷泽尔次委会就"韩国中央情报部在美国的活动"的问题举行了 5 次听证会，确认了中央情报部是朴正熙专制独裁统治服务的工具。国会针对韩国的研讨活动趋于更加活跃，1976 年 3 月参议员克朗斯顿（Cranston）提出要对美韩关系进行重新评估，10 月在弗雷泽和布朗斯顿等人写给朴正熙的信中，154 名参众两院议员指责朴正熙由于违反人权而严重恶化了与美国的关系，削弱了两国共同抵制侵略的决

[①] Bernard Gwertzman, Top U. S. Aids Indicts Seoul and Manila, But He Says Security Requires Support. *The New York Times*, June 25, 1975（11）.

心，① 实际上韩国抵制朝鲜进攻的决心非常坚定，而美国的决心则显得有些动摇不定了。信中还将朴正熙监禁政治批评家的举动称之为"专制行为"（arbitrary action），他们对此表示"深深的忧虑"（profound distress）。② 国会不满美国政府在对韩人权政策上的表现，直到推崇人权政策的卡特上台以后，双方的紧张局面得以缓解。

卡特上台后逐渐将人权政策推到美国对外政策的重要地位，由于他对人权问题的特别关注，以往被认为是"具有怪异想法的"（crank）人权活动分子也变得极为活跃并顺势而动了（riding a wave of popularity）。③ 卡特在1977年3月初得到了人权组织的极力支持，该组织提出了旨在推进人权政策的40多项建议。④ 国会对卡特的做法很快就有了反应，参议员霍华德·麦森鲍姆（Howard Metzenbaum）于1977年3月提交给卡特一封信，57名参议员联名支持其在人权及个人自由权利问题上的立场。⑤ 韩国政治反对派也致信卡特要求美国采取行动制止朴正熙违反人权的活动，韩国前总统尹潽善在1977年3月敦促美国对朴正熙政权施加压力，促使其向民主制度方向回归。⑥ 在此鼓励之下，卡特将人权政策的重大作用之一也明确表达出来了——在对外援助方面利用人权问题向受援国施加压力："在决定安全援助政策是否能够服务于我们的国家利益及对外政策目标时，我们将充分考虑人权问题，对此我们将继续做出努力予以保证。"⑦ 对于美国在人权问题上的指责，朴正熙的反对态度比较明显。他在1977年4月向美国国会议员明确表明了他的立场："如果韩国人民的国家

---

① Robert G. Rich. "US Ground Force Withdrawal from Korea: A Case Study in National Security Decision Making". United States Department of State Foreign Service Institute, June, 1982: 8.

② "154 In Congress Condemn Jailings In South Korea". *The New York Times*. October 28, 1976: 12.

③ Kathleen Teltsch, "Human Rights Groups Are Riding a Wave of Popularity". *The New York Times*. February 28, 1977, p. 2.

④ Graham Hovey Human Rights Group Supports President; "Organization Rejects Argument That the Statements by Carter Could Increase Repression", *The New York Times*, March 6, 1977, p. 5.

⑤ Digest of Other White House Announcements Week Ending Friday, March 25, 1977. APP (Carter). http://www.presidency.ucsb.edu/ws/index.php?pid=7236&st=human+rights&st1=.

⑥ Henry Kamm. "Korea Ex-President Urges U.S. Pressure; Foe of Park Regime Feels Appeal by Carter Would Encourage Return of Democracy", *The New York Times*, March 7, 1977: 5.

⑦ Security Assistance Programs Letter to the Speaker of the House and the President of the Senate Transmitting Proposed Legislation. March 28, 1977. APP (Carter). http://www.presidency.ucsb.edu/ws/index.php?pid=7243&st=human+rights&st1=.

权力被毁掉了，那么任何人都不可能拥有人权了。"① 这里可以看出，他始终认为韩国的国家安全依然受到威胁，所以在"人权"与"国家利益"之间做选择时，自然将后者置于首位。

美国国会在此后不久提出的一份报告中也反衬出朴正熙在人权问题上的强硬态度。报告指出，朴正熙认为，所谓韩国的"人权问题"在很大程度上是由于美国新闻界负面宣传以及韩国在美持不同政见者的活动而产生的，他甚至"否认（美国指责的）人权问题与他的国家存在联系"。② 与此同时，在国会内部也出现了反对意见，有立法委员指责其为过分热衷，有的则认为是太过怯懦。弗雷泽尔委员会的国会议员莱恩（Leo Ryan）则抱怨政府为何对苏联犹太人待遇问题比较尖刻，而对待像韩国和菲律宾等这样的盟国却仅仅表示"温和的不满"（mild disapproval）。③ 莱恩指责政府对待人权问题的双重标准，但他似乎过于理想主义化了，并没有过多地考虑到人权与国家利益之间的权重关系。西方国家实际上奉行的是双重民主标准："一个是为自己服务的，而另一个则是衡量世界其他国家的标尺"，④ 美国也概莫能外。在一定意义上讲，卡特极力倡导人权也反映了西方国家所关注的问题。在他们看来，世界绝大部分地区除北美和西欧以外并没有政治自由的传统，况且现代社会使这些地区的"独裁者"获得一种空前巨大的能力来指导（direct）、控制（control）和约束（discipline）其民众。⑤ 这种因素更促成这些国家和地区的人权状况有别于美国的人权标准。

---

① "Park Says South Korea Will End Partying for U. S. Congressmen", *The New York Times*, April 13, 1977（18）.

② 以纽约州民主党议员莱斯特·沃尔夫（Rev. Lester Wolff）为首的美国国会代表团在 1977 年 6 月下旬对韩国进行访问，其核心问题是了解韩国人权状况，代表团根据访问情况形成了一份报告。参见：Human Rights Called Irrelevant by Park, "Hill Delegation Says". *Washington Post*, June 24, 1977（A28）；另参见："Park Will Not Bow to U. S. on Rights, Reports Says". *Los Angeles Times*, June 24, 1977（B5）.

③ Natalie Kaufman Hevener. *The Dynamics of Human Rights in U. S. Foreign Policy*. Transaction Publishers, 1981：288.

④ Yong-jeung Kim, "The West Losing out in Korea". *Eastern World* (The Asia Monthly, London), Vol. XVI. No. 7, July 1962.

⑤ Bernard Gwertzman, "Human Rights: The Rest of the World Sees Them Differently". *The New York Times*, March 6, 1977, p. 147.

(二)"阋墙之争"与国家利益

美国国会与政府间的权力制衡关系决定它们之间必然存在矛盾,而国家利益至上原则又必然使这种局面发生回转。因此,这种"阋墙之争"必然在共同利益作用下而消弭。在这一时期对韩人权政策问题上,美国国会只取得一定的成功——它成功地将韩国的国内民主与人权状况展现给了美国公众,并进而对美国政府的对韩政策产生影响。美国情报部门早在韩国"五一六军事政变"时就已经分析并得出结论:"朴正熙等人很自信并力图绕过,甚至忽视美国的一系列举动表明,他们要以自己的方式治理国家。"[1] 这种认识此时看依然是正确的,因为在美国的观念中,美国对韩人权政策并未减少韩国"侵犯"人权活动的数量,且"侵犯"人权程度在它看来也没有缓解。朴正熙之所以可以继续按照自己的意图行事,因为他始终走在美国所能容忍的底线上———是反共,一是亲美。朴正熙似乎确信,只要冷战继续存在,美国政府就不会采取影响他本人统治的做法、就得维持美韩同盟关系不致破裂,这是冷战大气候所决定的。尽管出现了朴东宣事件以及人权问题,但美国依然认为韩国是一个强大盟友,依然信守对其所作的安全承诺。这也是美国真实态度的表露,因为韩国在美国东北亚利益链条中的地位和作用远高于观念中的人权问题,无论美国行政部门和立法机构如何意见相左,但都得服从于这一点。卡特积极推行对韩人权政策,对其本人及美国政府而言,难题在于"如何继续对韩国进行军事上的支持,但却不致纵容其国内压制政策"[2]。在这种很容易产生矛盾的政策环境下,"军事支持"是美国政府优先考虑的,这其实是在为保护美国在东北亚地区的利益提供保障,这是其国家利益的重要组成部分。

到 1978 年年初,美国国会与政府间在人权问题上逐渐出现合作的迹象。因为国会在处理国家对外关系中虽然责任重大但得通过政府来执行对外政策,只有政府才具有这样的权职。外交是在美国政府与对象国政府或双方外交代表之间进行的,若国会与政府之间在某具体问题上或聚讼纷纭或深闭固拒,其结果要么势必使本国国内政治环境变得一塌糊涂,要么会使对象国获渔翁之

---

[1] 05/31/1961Short-Term Prospects in South Korea. SIE, Number 42—2—61. CIA, October 31, 1961.

[2] Henry Kamm, "Cater and South Korea". *The New York Times*, March 11, 1977 (8).

利——这两种情况都是美国不愿直视之结果。《华尔街日报》就此报道说，这种新的关系是指"韩国对其盟友的依赖程度变小，结果会使美国对其影响随之缩小，这意味着在未来双方意见出现分歧时，即便美国施压，这种分歧也不会得到弥合"①。因此，要想维护本国利益，在这一问题上必须采取无视方针。1981年上台的里根政府在人权政策上已不像卡特时期那样风起云涌了，笔者对"美国总统研究项目"（The American Presidency Project）相关数据进行了粗略统计，含"人权"字样的总统讲话或者政策声明在卡特任期最后一年的1980年为170次左右，而在里根任期初年仅仅25次。尽管如此，美国依然扛着它自己心目中的"人权"旗帜，因为它认为它不但在国内而且在国际社会一直要承担人权"典范"的角色。但进入21世纪以后美国的这项任务似乎依然没有完成，美国前国务卿康多莉扎·赖斯（Condoleezza Rice）就此坦言道，"这项崇高的事业仍在继续尚有待完成，而且还会面临着执意抵制的对手。……全世界民主国家必须声援'人权卫士'，这是当今美国的重要外交使命之一"②。但笔者认为，也正如李承晚早在1947年所云——"美国式的民主不适合于朝鲜"③，同样也并无通行天下之理。

五 关于美国对韩人权政策的历史分析

自从1948年以来，美国在提供大量援助，甚至不惜动用武力的情况下使韩国得以存在，这个国家是按照美国的民主模式发展的，但在其发展过程中问题层出不穷，这使美国在道义上和人权角度上难以忽视韩国国内政治的发展。毋庸讳言，韩国人权发展过程中少不了美国因素，它在个人、组织机构以及国家层面施加影响促使韩国人权状况改善，通过对具体历史过程的分析，我们可以看出美国主要通过以下具体形式介入韩国人权发展过程并不同程度地产生影

---

① Mike Tharp, "A New Relationship Forming for U. S. and South Korea". *Wall Street Journal*, March 17, 1978 (12).

② 美国国务院民主、人权和劳工事务局，2006年度各国人权报告（序言）[EB/OL]．美国驻华大使馆（中文）网站：http://chinese. usembassy-china. org. cn/hr_ report2006. html [2013 - 03 - 13]．

③ Debra Liang-Fenton. *Implementing U. S. Human Rights Policy*：*Agendas，Policies，and Practices*. US Institute of Peace Press, 2004：179.

响：公开和私下表示对人权问题的关注、威胁取消军事或经济援助，同时辅之以美国等国外新闻媒体的作用施加影响。概览美国在韩国改善人权鼓励民主的尝试，笔者认为可以从两个方面来看：一方面，美国积极作为并产生其预期效果，主要表现在1960年敦促李承晚下台、迫使朴正熙在1963年实行总统选举实现政权移交文官政府、1973年和1980年使反对党领导人金大中心免于难、施加影响使全斗焕在1987—1988年和平权力移交结束军人统治。另一方面，美国的不作为或消极作为以致未能防止1961年和1979年军事政变的再次出现、未能阻止朴正熙"维新宪法"时期极端压制情况的出现。

韩国自立国以来，美国就一直向其灌输西方民主人权思想，但韩国政治文化的现实是长期以来形成的一种威权式的集权体制传统，这是它本身所固有的特质，而由美国引进的西方民主与人权观念对于韩国而言属于"舶来品"，接受西方民主人权思想的韩国民众在威权体制下难以真正实现其目标，并必然与这种专制政权发生直接冲突。所以，强行将二者嫁接起来并希冀在短时期内取得西方式的民主成果是不现实的。李承晚时期深深体现了韩国专制独裁政权与美国式民主的矛盾，而张勉政府时期则体现出英式西方议会民主制度与韩国传统政治思想之间的分歧。无论以上哪种民主形式，对当时的韩国来讲都不具备成熟的条件。西方的民主制度与人权原则对于韩国人而言是一种舶来品，因此需要一个培育过程。该过程不仅需要领导者的意志决心来推进其发展，而且还需要有利的国际环境。朴正熙政权对于实现民主制度不但不具备前者，而且由于美国出于自身内部政治考虑以及更主要关注的是大国关系等原因，使美国政策没能真正提供给韩国民主制度发展的有利外部环境。

李承晚被推翻以后，民主政府得以建立。经历日本殖民统治及李承晚独裁统治的韩国人开始在一定程度上享有"民主权利"，但在处理社会问题、政治纷乱情况时却显得力不从心，因此从这一点上看，第二共和国的失败又类似于李承晚末期的情况。朴正熙政府靠压制自由抑制激进思想表面上取得一些效果，但却摒弃了第二共和国时期曾出现的民主与自由。朴正熙通过突出强调第二共和国存在的问题与错误，巧妙地转移了公众关于民主与人权的视线。他极力使整个国家相信，军事集团统治是建立稳定政府的必要步骤，并将威权体制视为拯救国家的必要的工具，这也正是韩国传统政治文化作用的体现。民主观念在韩国是一种舶来品，民主制度对于军事政权而言是第二位的，因为韩国军界与民主政治之间几乎没有任何联系。朝鲜战争使军队获得了骄傲的资本并赢得荣誉,是这场战争将韩国军队将美国军队和美国政府拉在一起,也正是这个过程将韩国军队与民主政治联系起来。同样,在冷战环境中,美国在韩国实现民主仅仅是美国所要追求的第二位的目标。自从1948年联合国大会通过《人权宣言》颁布以来,人权至少在理论上成为美国外交政策的重要内容,但同样由于冷战的存在,这种理论难以实践。

从以上分析我们可以得出这样的结论——人权在朴正熙时期国内政治中居于"国家安全"这个头等目标之下,而美国尽管一直倡导人权政策并向世界输出美国式的人权观念,但它必然在美国维护国家战略利益过程中落到次位,于是美韩两国在这一点上就人权问题产生了一个结合点。作为"解放者"的美国承担了缔造新国家的主要任务,由于南部朝鲜并未就此做好准备,美国似乎低估了此项任务的艰巨性,认为该地区能够很快按照美国的体制与实践达到独立并实现民主,但事实远非如此。随着冷战的爆发以及新成立的韩国内部局势的发展,美国将最初的建立民主国家的目标替换为建立一个为美国利益服务的反共亲美的政府,于是民主与人权原则在此便降为次要地位了。

里根时期对韩人权攻势较卡特时期有所缓和,但并没有完全退却,美国依然在韩国民主制度建设上对其施加影响,直到1987年全斗焕下台韩国军事背景的威权政治才结束,韩国花去了大概40年时间才达到普通人可以在毫无恐惧的情况下谈论民主的这个阶段。[1] 在走向真正民主的道路上韩国经历了一个又一个威权体制,根据西方国家普遍认可的标准分析,韩国最终实现了政治民主化。"自由之家"(Freedom House)[2] 的统计资料显示,2004—2005年间的韩国政治自由以及公民自由程度达到1.5(1代表最自由,7代表最不自由),根据"无国界记者组织"(Reporters Without Borders)做出的新闻自由度指数来评价,韩国在167个被统计国家中居于第34位。[3] 尽管如此,韩国的民主制度并非完全是美国民主制度的复制,依然保持了本国特点,与军事独裁体制比较,它是巨大的成功。韩国民主制度中的人权问题将在今后政治发展中不断

---

[1] Geir Helgesen. *Democracy in South Korea: A Political Culture Perspective*. NIAS Press, 1995: 13.

[2] 自由之家(Freedom House)是一个创建于1941年的国际性非政府组织,总部位于华盛顿,致力于民主、政治自由以及人权的研究和支持,其最知名的是对各国民主自由程度的年度评估,该报告被用于政治科学的研究。该组织80%左右的预算来自美国政府,但也接受其他来源的资助,例如布拉德利基金、史密斯·理查德森基金以及荷兰政府等。

[3] "Democracy of Korea". Korean Overseas Information Service, 2005.

得到完善，但必须从本国实际情况出发。

美国负责民主、人权与劳工事务的助理国务卿约翰·沙特克在 1994 年 7 月 28 日在亚洲基金会亚太事务中心的一次讲话中指出："维护人权和推进民主是美国对外政策的不可分割部分……某些亚洲政府把民主视为对其主权和权威的威胁，人权是普遍存在的观点受到这些政府的抨击，结果我们在人权问题上与某些亚洲政府的双边关系就比其他地方的政府紧张的多。"① 这说明即便是在冷战以后美国外交政策中依然为人权问题留有位置，同时由于亚洲国家在民主与人权问题上同美国存在着认识上的差异，因而这也必将是美国同这些国家关系中的矛盾焦点。卡特在总统告别演说中指出："人权斗争超越了一切肤色、民族和语言，渴望自由、渴望尊严以及那些因缺乏正义而遭受痛苦的人们都是这一事业的积极拥护者。我全心相信，美国必须一直在国内外代表基本的人权，这既是我们的历史也是我们的天命（both our history and our destiny）。美国并没有发明'人权'，确是'人权'缔造了美国。国内外人权斗争远未结束，对此我们不应该惊讶也不该沮丧，我们的努力已经并将继续产生效果，而且我们对于缔造我们国家的这些理念仍在激励世界被压迫人民而感到骄傲。我们尽管不应自以为是、自鸣得意，但我们有理由坚持——无论是在国内还在我们的边界以外。"② 这是卡特人权政策的浓缩，也是美国等西方国家意识形态的明确表白；这不但是卡特对美国人权理念的总结概括，也是美国今后在人权政策的指针，由于美国自命为全世界人权的"捍卫者"，所以它必将继续关注他国人权状况的发展。在 21 世纪美国也坦言，"这项崇高的事业仍在继续尚有待完成，并面临着执意抵制的对手"。③ 但正如李承晚早在 1947 年所说过的——"美国式的民主不适合于朝鲜"，④ 同样也不完全适合于其他国家，美国的民主与人权观念是符合美国历史传统的一种思想观念，并非放诸四海皆准的统一标准模式，冷战时期的历史已经说明，美国式的民主与人权模式的输出

---

① ［新加坡］许通美：《美国与东亚——冲突与合作》，中央编译出版社 1999 年版，第 110 页。
② Farewell Address to the Nation January 14, 1981, APP (Reagan). http://www.presidency.ucsb.edu/ws/index.php? pid = 44516&st = human + rights&st1 = .
③ 康多莉扎·赖斯（Condoleezza Rice）. 2006 年度各国人权报告（序言）[EB/OL]. 美国驻华大使馆（中文）网站：http://chinese.usembassy-china.org.cn/hr_report2006.html.
④ Debra Liang-Fenton. Implementing U. S. Human Rights Policy: Agendas, Policies, and Practices. US Institute of Peace Press, 2004: 179.

已经不同程度地损害了美国与对象国之间的关系,凭借强力对弱者指指点点甚至不惜大动干戈的时代已经过去,况且这也是违背美国所倡导的民主原则的自相矛盾的做法。

第 八 章

里根政府对韩政策的变化

1981年1月20日，罗纳德·里根正式成为第40届美国总统。里根上任之际，美国公众对政府的信任程度降到了"大萧条"时期以来的最低点，他在两届总统任期内成功地扭转了这种局面。这一时期美国人重新找回自信，里根认为"这是他在总统任期内的最大成就"[①]。在对韩政策上，主要是改变了卡特时期美韩关系紧张的局面，在撤军等政策方面采取了相反的做法，注意加强与韩国的关系，美韩关系得到修复。

一 里根政府对外政策概观

里根在其总统任期内重振了美国经济、削减了税收、平衡了联邦预算并缩小了政府规模，极大地改变了卡特时期美国外交路线，反对卡特所支持的"平等权利宪法修正案"、对卡特支持的"全民健康保险计划"也提出异议并加以修订。在对外政策方面，被称为"毫不隐晦的反共斗士"（unabashed anti-communist warrior）的里根极力主张提高美国军事实力以在全球范围内抵制共产主义，他反对卡特时期美苏之间签署的《第二阶段限制战略武器条约》（SALT Ⅱ），采取强硬措施扭转局面并在此后同苏联的争夺中获得优势地位，[②]

[①] American President: A Reference Resource，弗吉尼亚大学米勒中心（Miller Center），http://millercenter.org/academic/americanpresident/reagan/essays/biography/1.

[②] Chae-Jin-Lee, *A Troubled Peace: US Policy and Two Koreas*, Johns Hopkins University Press, 2006: 3.

但他的这种政策调整也使本已缓和的美苏关系再现紧张。

里根在就任总统之前就曾经表达过对朝鲜半岛问题的态度，突出强调韩国对美国东亚利益的重要性。1980 年 8 月，他在芝加哥退役老兵集会上做了长篇演讲，他对美国的韩对朝政策做了批评：朝鲜之所以敢于发动对南部的进攻"主要是由于华盛顿（在半岛战争前）做了'朝鲜不在美国防御半径之内'的不当（injudicious）声明，而且不幸的是这场战争成为美国第一个没有获胜的战争（no win war）"①。里根还就与西方盟国之间的友好关系作出评价，"看看地球的另一侧，我们所领导自由世界国家团结一致已从战争废墟中恢复过来，我们保持和平的意志和能力没有受到挑战，我们在世界范围内得到信任、受到欢迎这一点是毫无疑问的。昔日之敌变成今日之友，我们保护了从柏林到古巴之间的和平。古巴导弹危机过程中是赫鲁晓夫首先退却了（backed down），这主要是因为那时我们有 8∶1 的对苏战略优势"②。里根的上述思想对他上台以后对外政策的制定和执行具有很大影响，突出之处在于具有强势的特点。

里根重视调整与欧亚盟友之间的关系，这在其对韩政策上有所体现。由于卡特政府在人权和撤军问题上的政策使该时期的美韩关系降至谷底，里根政府上台后才得以缓和。里根称韩国是美国在太平洋地区"最有价值的"（most valued）盟友之一、是美国"忠诚的"（staunch）盟国、③ 是"一个勇敢的自由世界的前哨"④，他强调韩国在防止共产主义"扩张"，以及抵制苏联威胁方面发挥了重大作用，因此力主修复美韩关系。国务卿舒尔茨对此也坦言道："韩国是一个强大的盟国，是抵制共产主义的坚定勇敢的象征。"⑤ 美国对韩政

---

① Address to the Veterans of Foreign Wars Convention in Chicago, August 18, 1980, APP (Ronald Reagan), http：//www. presidency. ucsb. edu/ws/index. php？pid = 85202&st = korea&st1 = south + korea.

② Address to the Veterans of Foreign Wars Convention in Chicago, August 18, 1980, APP (Ronald Reagan), http：//www. presidency. ucsb. edu/ws/index. php？pid = 85202&st = korea&st1 = south + korea George P. Shultz. *Turmoil and Triumph：My Years as Secretary of State*, Macmillan, 1984：90.

③ Radio Address to the Nation on the President's Trip to Japan and the Republic of Korea, November 12, 1983, APP (Reagan), http：//www. presidency. ucsb. edu/ws/index. php？pid = 40762&st = Korea&st1 = south + korea.

④ *Radio Address to the Nation on Foreign Issues and the Budget*, December 19, 1987, APP (Reagan), http：//www. presidency. ucsb. edu/ws/index. php？pid = 33844&st = Korea&st1 = south + korea.

⑤ George P. Shultz. *Turmoil and Triumph：My Years as Secretary of State*, Macmillan, 1984：90. 转引自：Uk Heo, Terence Roehrig, *South Korea since 1980*, Cambridge University Press, 2010：165.

策就是在这样的基调下进入了80年代，美韩关系到80年代末开始由此前的不对等的联盟关系向相对独立的伙伴联盟关系转变。随着长期威权统治的结束，韩国也开始了民主化进程的新阶段。直到1987年的总统直选及1988年"第六共和国"的出现，韩国最终实现了转型。

二 朴正熙后的韩国国内状况及美国的分析

(一) 20世纪70年代末韩国国内政治状况

韩国国内政治局势在70年代末非常紧张，群众性不满预示着大规模动荡局面即将出现。1979年8月初开始的釜山和马山群众性运动在"维新体制"下遭朴正熙政府打压，进一步拉大了该体制与民众间的距离。当主要反对党领袖金大中被驱逐出国民大会时，群众运动再趋高涨，这些抗议活动正是此后光州事件的前奏。1979年伊朗革命及伊朗人质事件的出现对美国的对韩政策产生了双重影响：其一，转移了美国政府及国务院对韩国问题的注意力；其二，盟国在美国对外政策上容易产生对比心理，往往会以此为话柄。金泳三在耶鲁大学讲话时指出，假如美国在十年前让伊朗国王退位并与反对派进行对话，随后也就不会出现美国大使馆被袭人质被扣的危机局面，[①] 而在美国看来在朝鲜半岛不可能出现第二个"伊朗"。

反对朴正熙体制的政治斗争在1979年10月中旬于釜山国立大学开始，数百名学生提出"结束独裁"和"废除维新体制"的口号举行了示威游行活动，示威者多达5万人，警察局等政府机关遭到攻击。在釜山事件中，约有400人被逮捕、600多人受伤，[②] 两天后政府宣布在釜山及其附近地区实施军事管制。以学生和工人为主体的万人抗议活动很快波及马山地区，韩国政府在该地区实

---

① Telegram from Gleysteen to Vance, 22 February 1979. 129 Telegram from Gleysteen to Vance, "Kim Young Sam Criticizes President Carter's Visit and Embassy," 17 September 1979. 转引自：James Fowler, "The United States and South Korean Democratization", *Political Science Quarterly*, Vol. 114, No. 2, Summer, 1999.

② Gi-Wook Shin, Kyung Moon Hwang, *Contentious Kwangju: The May 18 Uprising in Korea's Past and Present*, Rowman & Littlefield, 2003：III.

施了宵禁政策。

1979年10月26日,朴正熙在政治谋杀中殒命,从而结束了他对韩国18年的统治。朴正熙在任期间所采取的诸多政策措施都带有政治独裁的特点,但也确实将韩国从贫困之中解脱出来。根据世界银行统计数字,1961年韩国人均GDP为92美元,而当时的埃及是152美元、菲律宾为260美元;到1968年,同比数字韩国为195美元,埃及为180美元;到1969年,韩国为239美元、超过菲律宾2美元。到1979年朴正熙被刺杀时,韩国人均GDP达到1747美元,而同期埃及和菲律宾则分别为419美元和587美元。韩国延世大学教授宋福(Song Bok)在2011年5月初指出,"如果没有五一六军事政变,一个工业化的、民主化的和全球化的韩国是否能够出现?! 从政治意义上说,很明显是一场政治叛乱活动推翻了合法政府,但该事件与发生在其他国家的同类事件不同——它成功地通过推行工业化政策重塑了一个国家"。[1] 朴正熙对韩国国家经济的崛起发挥了至关重要的作用,因此也受到很多韩国人的认同,有200多万人在汉城参加了他的葬礼。[2] 朴正熙遇刺身亡后,美国担心朝鲜会趁机发动进攻,于是便发表声明明确了对韩保护的立场:根据美韩条约义务要求,美国政府将对那些企图利用韩国目前困局有所图谋的外来侵扰活动做出强烈反应。[3] 声明发出后,美国立即派遣"小鹰号"航母战斗群聚集在朝鲜半岛附近海域,警示朝鲜不要趁机发动进攻。

(二) 韩国"双十二政变"及美国的政策

朴正熙之后,韩国国家发展进入了困难时期。由于1979年石油价格猛涨,导致韩国连续多年经济增长局面急剧回转,通胀率上升到30%,国债总量随之迅速攀升,银行信贷也遇到麻烦,韩国经济发展的不确定性越发严重。以崔圭夏为首的韩国政府面临诸多紧迫问题,他并未显示出可引领此时的韩国走出

---

[1] New Light Shed on Legacies of Park Chung-hee's 18-year Rule, Korea Herald (《韩国先驱报》), http://www.koreaherald.com/view.php? ud =20110503000631 [2011-05-03].

[2] Gen. Park Chung-hee's May 16 Coup and Rise of Military Regime. The Korea Times (《韩国日报》), http://www.koreatimes.co.kr/www/news/nation/2010/05/113_65949.html [2010-05-16].

[3] South Korea Current Issue, Embassy of the United States (Korea), 美国驻韩大使馆: https://seoul.usembassy.gov/backgrounder.html.

困境的能力,韩国政治面临着一场剧变。

全斗焕是朴正熙的心腹,曾参加过"五一六军事政变",也曾远赴越南战场。1974年晋升为少将,1979年又被任命为最具实力的军事情报机构安防局司令(Defence Security Command)。利用这一部门的影响力,全斗焕着手调查朴正熙遇刺案,并进而演变为他本人发动军事政变的筹划过程。美国驻韩大使威廉姆·格里斯汀(William Gleysteen Jr.)向华盛顿报告说,"我们正在经历一场事实上的(in all but name)政变,民选的文官宪政政府虚华之假象尚存,但所有迹象表明,一群少壮派军官(Young Turks)正在有计划地接管军权"。① 果不其然,全斗焕在1979年的12月12日发动政变("双十二政变")夺取军权。韩国最大的反对派人物金大中与驻韩大使威廉姆·格里斯汀举行会晤,指责美国未能阻止政变发生。② 在韩国国内政治混乱情况下,全斗焕通过军事政变手段上台的做法激起全国范围内的反抗,民众要求其辞去韩国中央情报局局长等要职并要立即进行包括"直选总统"等内容在内的改革,代理总统崔圭夏迫于内外压力采取了一些政治改革的措施以推动韩国民主政治的发展,该事件被西方称之"汉城之春"运动(Seoul Spring)。③ 全斗焕军事政变引发了韩国国内动荡局面的出现,美国相机而动调整了对韩政策内容。美国在"双十二政变"以后的对韩政策重点大体有以下几个方面:第一,保证发展方向。极力保证韩国向具有广泛民主基础的文官政府方向发展;第二,遏制朝鲜借机发动进攻的可能;第三,引导全斗焕军事集团明晰其主要任务是使韩国免受来自北部的进攻,此为当务之急。

美国在对待韩国问题上此时也是进退两难,如减少或者削减美国对韩军事支持向军事政变集团施压,这会导致美国在韩国国民心中的可信度下降,甚或招致朝鲜进攻;若采用经济制裁手段会使得本已恶化的韩国经济雪上加霜并可能引发更严重的社会动荡。美国在该事件爆发后几周时间里双管齐下,一方面宣布继续支持崔圭夏政府;另一方面警告军事集团领导人,破坏民主进程发展会带来危险,来自北朝鲜威胁才是真正的问题所在,忽视这个问题必酿成更大

---

① Don Oberdorfer, *The Two Koreas: A Contemporary History*, Basic Books, 1997: 117; 2003: 94.

② Henry Scott Stokes. *U. S. Influence Couldn't Avert South Korean Coup*, The New York Times, December 16, 1979 (E3).

③ Gi-Wook Shin, Kyung Moon Hwang, *Contentious Kwangju: The May 18 Uprising in Korea's Past and Present*, Rowman & Littlefield, 2003: XIV.

危险,力促军事集团尽早提出实施政治民主化的时间表。

1980年2月14日,美韩联合军事指挥部(CFC)总司令维克汉姆(John A. Wichham)在全斗焕发动军事政变后首次与之会晤。他强调建立文官政府和实行政治民主化的重要性、要求韩国遵守美韩联军司令部的行动程序等,但维克汉姆在向华盛顿的汇报中"并不确定(会晤)能给全斗焕留下什么深刻印象"[1]。两个月后全斗焕被突然"任命"为韩国中央情报局局长,美方非常震惊并表示不满,宣布延期召开拟议中的美韩防长年度安全顾问会议(SCM),美国打算通过此举暗示全斗焕,他强化自己权力的举动会损害美韩两国关系。在运筹对韩政策中,困扰美国的不仅是"全斗焕"问题,还有一个"金大中"问题——全斗焕集团逮捕了持不同政见者金大中并宣布将其处以死刑。卡特总统公开警告说,如果对金大中施以死刑那么美韩关系将大大恶化,后来里根也通过国家安全顾问迪克·艾伦(Dick Allen)向韩国方面转交类似内容的私人信件并要求其从中斡旋,里根非常赞赏艾伦帮他度过了第一个外交危机。[2]

三 美国与韩国"光州事件"[3]

"光州事件"与美国所关注的韩国民主化进程密切相关。在韩国第五、第六共和国时期,其民主发展进程大体上有两个重要的时间节点:1979—1980年和1987年,其结果有也很大不同,前者被镇压而后者获得成功。在前一阶段,所谓的韩国民主发展主要表现为"释放狱犯""弛禁持不同政见者"等情况,后者则是迈进了"自由公正选举"阶段。出于对东北亚政治利益的考虑,美国密切关注韩国国内政治的巨大变化,并及时施加其影响以使韩国的发展大体上朝着符合美国利益的方向发展。

---

[1] South Korea Current Issue, Embassy of the United States (Korea), https://seoul.usembassy.gov/backgrounder.html.

[2] 艾伦回忆说,里根总统只有一次对他表示过感谢,就是关于上述事件。详见:Lou Cannon, *President Reagan: The Role of a Lifetime*, Public Affairs, 1991: 144.

[3] 关于"光州事件"、美国的反应及由此引发的韩国反美主义等问题,可参见刘银萍《"光州事件"与20世纪80年代韩国反美主义高潮的兴起》,《历史教学》2010年第18期。

(一) 事发前夕美国对韩国状况的评估

全斗焕在军事政变后的表现使汉城和华盛顿的美国官员有个预感,他在操控政局并在着力强化其政治权力。美国驻韩大使小威廉姆·格里斯汀(William H. Gleysteen, Jr)在 1979 年 11 月 29 日就曾指出,当时的韩国是一个"吃大蒜和辣椒的好斗者的社会"(a society of garlic and pepper eating combatants),[①]在韩国已形成了一种暴烈的社会氛围。美国国务院、国防部及白宫高级官员 5 月初举行会议,重新确认美国的政策应是推动韩国进行宪法改革、支持一种能够为韩国民众普遍接受的政治结果。5 月 8—9 日,维克汉姆与韩国国防部长和参谋长联席会议主席会谈,他指出了"动用军队对付平民的不良后果",他还强调了"美韩在美韩联合军事指挥部(CFC)框架下合作的重要性,否则会降低其遏制朝鲜进攻的作用";驻韩大使格里斯汀也同时与全斗焕举行了会谈,会谈给前者的印象是"即将发生的学生示威游行可能得到温和对待"。[②]但随着局势的发展,格里斯汀的这种乐观观点开始被实际情况所否定,驻韩使馆不断得到情报说韩国政治强硬派打算采用镇压手段。全斗焕在 5 月 13 日与维克汉姆的会谈中指出,朝鲜是当时韩国国内紧张局面的"背后推手"(hidden hand),而且还说朝鲜对韩国的"决定性进攻即将来临"。[③]可是按照美国方面的分析则认为朝鲜并没有发动这种进攻的可能性,韩国国内局势单凭警察部队力量即可遏制,但驻美使馆确信,韩国已调动军队来支援其警察力量。

(二) "光州事件"爆发及美国的政策

当时拥有 73 万人口的光州是韩国第五大城市,同时也是反对全斗焕独裁

[①] Georgy Katsiaficas, *Neoliberalisim and Gwangju Uprising*, http://www.eroseffect.com/articles/neoliberalismgwangju.htm#_ednref71.

[②] South Korea Current Issue, Embassy of the United States (Korea), https://seoul.usembassy.gov/backgrounder.html.

[③] South Korea Current Issue, Embassy of the United States (Korea), https://seoul.usembassy.gov/backgrounder.html.

体制的中心之一。全斗焕通过军事管制方式力图阻止示威游行继续蔓延,为此采取了关闭学校、关闭国民大会及反对党总部及颁布取缔政治活动禁令等措施。然而这些激进做法并未彻底缓解紧张局面,抗议者数量到1980年5月15—16日仅在汉城一地就增至四五万人之多。17日,政府当局拘捕了带头参与抗议活动的学生,同时军事管制法被推广到全国范围,实行军事管理,政治反对派领导人金大中和金泳三也被拘捕。对于上述做法,韩国国内反应不一。韩国军界认为采取这些激进措施是使韩国从纷乱政局中脱身的正确做法,也有人认为这些做法会招致北方的进攻。虽然这些措施平息了大部分示威活动,但光州游行活动依然持续着。

全罗南道的光州是政治反对派领袖金泳三的家乡,同时也是前总统朴正熙的反对派力量比较集中的地方,当时朴正熙政府限制对该地区的投资量,使之与中央政府的关系一直很僵化。5月18日,韩国"朝鲜大学"(Chosun University)数千学生在光州发起了大规模示威活动并得到民众支持,示威者数量到19—20日增至10万人,他们要求释放金大中及立即结束军事管制。在接下来几天内武警部队与示威者发生冲突,政府出动正规军帮助恢复秩序。这一过程中有1740人遭到逮捕,官方估计约230人死亡。① 同日,美国驻韩大使格里斯汀要求崔圭夏政府发表美国的抗议声明,但局势已非政府所能掌控,格里斯汀还通过特别顾问向全斗焕提出同样要求,全斗焕认为游行活动已被激进分子掌握且可能失控并以此为借口加以拒绝。军事管制法的实施、频繁的拘捕活动及国民大会被关闭等情况都给人一种感觉:全斗焕军事集团似乎已接管了国家权力。当美国国务院负责东亚及太平洋事务的助理国务卿理查德·霍布鲁克(Richard Holbrooke)会见韩国大使金溶植(Kim Yong Shik)时表示,美国国务院即将公布一份公开反对"扩大军事管制法范围"的措辞强硬的声明。当金溶植表示反对时,霍布鲁克指出,如韩方还依然按照目前道路走下去(con-

---

① James Fowler,"The United States and South Korean Democratization", *Political Science Quarterly*, Vol. 114, No. 2. Summer, 1999;"约200人被杀"的说法还可参见:Former South Korean Leaders Freed From Jail, CNN (World News), http://edition.cnn.com/WORLD/9712/22/korea.presidents/;《纽约时报》报道的这一数字是"240人"。参见:"Three Former South Korean Generals Arrested for 1980 Massacre", *The New York Times*. February 23, 1996;BBC报道称,官方数字显示有200人死亡,1000多人受伤,但有其他统计数字表明,死亡数量在一两千人。参见:Flashback:The Kwangju Masscre, BBC News, http://news.bbc.co.uk/2/hi/asia-pacific/752055.stm.

tinued down the present path），以后的声明会更加具有批评性，且美韩关系也会因此受到威胁。①

美方关注韩国国内政局的变化并极力促使紧张局面得以缓和。美国官方多次敦促全斗焕尽快恢复国内正常政治秩序，但美国发现其自身的影响力并没有想象中的那么大，全斗焕依然按照自己的逻辑采取行动。5月21日，光州反对者代表向全斗焕提出以下要求：在达成协议前不得动用军事力量，释放此次活动中所有被捕者，官方承认动用军事力量施暴为不当之举，问题解决后不得进行报复，不得指控参与活动者；对死者家属予以补偿，在上述要求得到满足后抗议活动终止。② 由于全斗焕并未采取让步姿态而导致局势恶化，他在5月27日从第20师等最精锐部队中抽调2万人重新控制光州并致2000多人伤亡。局势稳定后，总统崔圭夏下令组建"善后救济及恢复委员会"（Relief and Rehabilitation Committee），食物、药品及其他救济物资随后也运入光州，政府代表发表声明向光州民众道歉并表示慰问，国防部长也给民众发出了慰问信息。③

有些人指责美国默许全斗焕在"光州事件"中滥施暴力，因为当时韩国军事力量指挥权归属美韩联合军事指挥部（CFC），其最初宗旨是打算使韩国军事力量在危机出现时能够迅速动员起来，原则上韩方在调动其军事力量时应首先获得美方批准。美韩联合军事指挥部（CFC）总司令维克汉姆（John A. Wichham）曾受邀对釜山和马山骚乱事件进行协商，但6周后全斗焕的行动表明该指挥部完全可以被忽略，全斗焕直接将韩国军事力量从边境地区调离来

---

① 美国国务院在1980年5月18—19日连续两天公开发表声明："大韩民国在其全境范围内实施军事管制法并关闭大学和逮捕学生及政治反对派，我们对此深表不安。政治自由化进程一定是得伴随着对法律的尊重，然而我们所看到的韩国目前所采取的行动会导致大韩民国国内局势进一步恶化。我们已经明确地向韩国领导人正式表达了我们的担心，我们已经强调了我们的信念，那就是我们关注宪法改革以及选举出具有广泛基础的文官政府——这正如同崔圭夏总统此前所勾勒出来的蓝图一样，应该立即予以回复。我们敦促韩国社会各界在此艰难时刻保持克制。正像我们在1979年10月26日郑重宣布的那样，美国政府将按照条约义务对那些打算利用韩国动荡之机有所图者做出强硬反应。"参见：South Korea Current Issue, Embassy of the United States (Korea), 美国驻韩大使馆网站：https：//seoul.usembassy.gov/backgrounder.html.

② Gi-Wook Shin, Kyung Moon Hwang, *Contentious Kwangju*: *The May 18 Uprising in Korea's Past and Present*, Rowman & Littlefield, 2003：XVI.

③ South Korea Situation Report (May 27, 1980), National Foreign Assessment Center, CIA, 1980.

第八章　里根政府对韩政策的变化　397

支持他夺取权力。美国官方在 1989 年 6 月对美国政府关于朴正熙遇刺事件到"光州事件"这段时间内的做法及原因在驻韩国大使馆官网上进行了详细说明，其主要观点如下：[1]

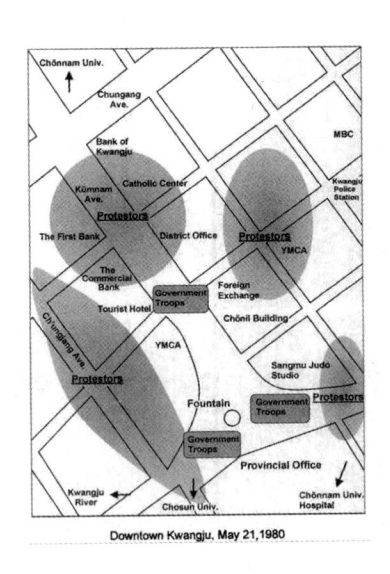

图 8—1　光州市示威区域[2]**（1980 年 5 月 21 日）**

图片来源：Gi-Wook Shin, Kyung Moon Hwang, Contentious Kwangju: The May 18 Uprising in Korea's Past and Present, Rowman & Littlefield, 2003（插图页）．

对于朴正熙遇刺一事，美方在事发前并无预知，并对此表示"震惊"，"韩国民主化进程或许受阻"；

未提前警觉到全斗焕发动军事政变夺取军权的"双十二事件"的可能性，对全斗焕"绕过"美韩联军司令部而采取军事行动的做法感到愤怒并提出强烈抗议，敦促恢复民主进程（金大中问题）；

美方在 5 月 18 日光州实施军事管制的前两个小时才得到韩方通告，因此事先并不知晓韩国军事集团逮捕政治反对派领导人、关闭大学及国民

---

[1]　*South Korea Current Issue*, Embassy of the United States (Korea), https://seoul.usembassy.gov/backgrounder.html.
[2]　圆形及椭圆形阴影部分为示威者聚集区，小形方框阴影者为政府军。

大会的计划，美国强烈抗议韩国实施军事管制法；

美方最初不了解光州暴力活动的影响范围，意识到局势严重性后便敦促韩军方与示威者对话；

美方向韩国对峙双方提出进行"对话"的建议，韩国军方表示接受并同意通过广播晓谕民众，但后来并未落实，相反却通过官方广播播报了"美国已同意派遣特种作战部队（Special Warfare Command Troops）入城"的消息。全斗焕当时在光州部署的军事力量没有一支是直接隶属于美国的，美国对韩国特种作战部队在光州进行部署及其活动既不知晓也不负责。

从整体上看，美国方面对事件的爆发确实感到突然，而且即便在事件发生后其信息渠道也并非十分通畅。由于韩国媒体都在军事管制法限制范围，对于事件的报道几乎为零。美国大使馆只是从文化中心主任戴维德·米勒（David Miller）那里获取了零散信息才对19—20日的光州局势有了一些了解。驻韩大使格里斯汀和助理国务卿瓦伦·克里斯托弗（Warren Christopher）都表示支持韩国采取应急方案维持法律与秩序，他们都不是直接针对"光州事件"至少没有直接提到，但也能表明美国事先知道韩国方面准备要进行大规模镇压活动。5月19日，回国述职的维克汉姆重返汉城，他打算了解"光州事件"的严重程度到底怎样，但并未完全达到目的。驻韩大使格里斯汀也敦促韩国总统、总理及其他相关政府官员保持克制，通过与光州市民进行接触的方式缓和紧张局面，韩国有关方面应正式考虑就滥用军事力量问题进行道歉。同时，格里斯汀还联系韩国天主教会负责人共同进行斡旋——后者与格里斯汀持有类似观点。

从具体历史事实看，美方支持在"光州事件"最后阶段使用暴力的做法，美国国务院就这一问题表态指出，"我们并不否认我们支持军事调动行动，目前我们的主要任务就是恢复（韩国）法律与秩序；既然我们承认光州没有法制的局面不应再拖延下去，就不能建议韩国政府不采取军事行动"[①]。5月20

---

① （1）Telegram from Gleysteen to Muskie, Possible ROK Domestic Reaction to U. S. Position, 23 May 1980. （2）Telegram from Gleysteen to Muskie, May 26 Meeting with Blue House SYG Choi, 26 May 1980. 转引自：James Fowler, "The United States and South Korean Democratization", *Political Science Quarterly*, Vol. 114, No. 2, Summer, 1999.

日，美方了解到韩国打算在光州使用第 20 师，这支军队在弹压骚乱方面训练有素是为数不多的一支正规军——而其"过激反应（overreaction）是造成悲剧的根本原因（basic cause of the tragedy）。"① 维克汉姆提出，如果动用这支部队必须将其重炮保留在汉城附近以防朝鲜发动进攻，韩国方面接受了该建议。5月 21 日，美国派出 3 架 E—3A 预警飞机观察朝鲜的动向，海军也进行了相应调动。次日格里斯汀代表美国政府发表公开声明，主要表达了两层意思：其一，警告朝鲜不要进攻南部；其二，继续呼吁光州对立双方进行对话。这个声明又通过"美国之音"进行了播报，但在韩国媒体中却没有出现。格里斯汀和维克汉姆得到韩国军方的保证，将此声明通过广播传布出去并用空投形式投至光州。后来美国发现含有"5.22 声明"的小册子既没有被空投至光州也没有发放下去，相反当地广播却播报了美国支持向光州地区派遣特种部队的消息。格里斯汀指斥韩方不当做法并要求正式道歉，但此要求确如泥牛入海。

图 8—2　"光州事件"时期的城市街道

图片来源：《韩国先驱报》（*Korean Herald*）：http://www.koreaherald.com/view.php?ud=20130813000989&mod=skb.

---

① 美国驻韩大使格里斯汀（Greysteen）表示，美国已经同意韩方调动第 20 师；美国国防部新闻发言人在 1980 年 5 月 23 日的声明中也证实此事——"从国家主权角度考虑，如果韩国政府认为合适则有权调动第 20 师……不必考虑美国政府的观点（regardless of the views of USG）。"详见"美国驻韩国大使馆"网站：South Korea Current Issue, Embassy of the United States（Korea），https://seoul.usembassy.gov/backgrounder.html.

面对韩国国内的严峻局面，美国国务卿主持召开一次高规格会议商讨办法并最终形成应急政策：

建议韩国政府通过对话及最小限度地动用武力等方式恢复光州正常秩序；

光州事件后，继续施压促使韩国尽快建立一个高效的和具有广泛基础的文官政府；

明确提出保护韩国免受朝鲜进攻的立场。[1]

韩国外交部在5月25日要求所有外国人离开光州，这个消息又给外界造成了"韩国国内局势再趋紧张"的印象。美国政府感到光州局势似乎在朝着失控方向发展，美国和其他主要相关国家驻韩使馆开始收集各国尚在光州的公民名单。美国驻光州空军基地尚可与光州市内进行电话联系，总计有91名美加意英及南非等国公民取得联系并最终集中在美国空军基地，其中23人于次日撤离，余者暂避该基地，包括和平部队志愿者及传教士在内的几名美国人和其他国家公民表示愿意继续留在光州。26日，韩国总统府通告驻韩大使格里斯汀，光州附近的军方已被授权再入光州。格里斯汀指出，必须在所有非军事手段都无效的情况下才能诉诸军事手段。他还指出，命令此前引发光州危机的特种部队（SWC）再度介入此事件将是一个错误。美国中情局在5月27日的报告中称，韩国"争取民主与统一全国联盟"在26日发表声明，斥责全斗焕贪权行为，批评他对光州示威活动采取过火行为并在国内造成恶劣影响。[2] 5月27日，韩国军方没有调用特种部队（SWC）而是利用来自第20师的军事力量占领光州。但据美国方面掌握的情况，特种部队着装成正规军参与占领光州市政大楼及其他建筑的行动，在近尾声之际将责任转给第20师。28日，格里斯汀在给华盛顿的一份评估报告中指出，"一批军官已逐渐接管了政权，军事占领气氛遍及整个国家"，"美国很明显未能阻止他们（军事集团）指定其

---

[1] South Korea Current Issue, Embassy of the United States（Korea），https：//seoul.usembassy.gov/backgrounder.html.

[2] Situation Report（South Korea），May 27.1980，CIA.

领导人的行为,甚至没能延缓这一进程。这些人不在意(discounted)美国的反应,因为他们认为华盛顿除了默许(acquiesce)以外别无选择。全斗焕一派将继续其做法,韩国绝对可能出现长期动荡局面"①。

在"光州事件"上,美国的态度大体上是一致的,反对利用军事手段来解决国内政治混乱问题,对韩国相关各方表现出"克制"态度。尽管美方指出,独裁政治及不稳定局面会导致美国国会和民众对韩国的支持度下降,但对韩方多次言行不一的做法并未做出大的举动,其原因在于美国不打算使韩美关系破裂。卡特总统在5月31日电视讲话中指出,美国对韩政策基础有两个主要内容:一是安全问题;二是人权问题,对韩安全承诺始终未动摇,但韩国民主化进程已受挫,美国已敦促其尽快建立一个民主政府。②

四 美国与"第五、第六共和国"时期的韩国

(一)"光州事件"后的美韩关系发展

"光州事件"逐渐平息后,美国与全斗焕集团的关系逐渐缓和。驻韩大使格里斯汀于1980年6月初会见全斗焕,美国政府对5月17日以来韩国出现的一系列事件十分关注,韩国特种部队介入"光州事件"乃为不幸之事,这支部队是用来应对朝鲜进攻的而非用来对付韩国民众的,该事件悲剧性的一面一定得让民众知晓。全斗焕的态度也缓和下来,他认为不该调用特种部队参与行动,但这支力量确实是控制局势的最后手段。格里斯汀与全斗焕的会晤中表明了美国政府的观点,美方认为韩国必须朝政治自由化方向发展,否则美韩间的经济与安全关系则难以维系。格里斯汀向韩国抱怨由于信息传递错误导致许多韩国人认为美国政府在"光州事件"中出现失误。全斗焕力图缓解美方的这种担心,他说反美主义在韩国只存在于那些只图一己之利的少数人当中。格里

---

① South Korea Current Issue, Embassy of the United States (Korea), https://seoul.usembassy.gov/backgrounder.html.

② South Korea Current Issue, Embassy of the United States (Korea), https://seoul.usembassy.gov/backgrounder.html.

斯汀在7月8日与全斗焕的对话中再次指责其行为损害了美韩安全关系，要想延续双边安全关系需要韩国政府获得国内大多数民众的支持。

国内示威活动逐渐退潮后，全斗焕进一步着手巩固其政权。与朴正熙的做法相同，全斗焕于1980年8月辞退军职为参加总统选举做好准备。与此同时，崔载圭总统"辞职"，根据朴正熙时期的"维新宪法"全斗焕当选总统并于9月1日正式宣誓就职。次日，美国总统卡特在密苏里州的独立城召开记者招待会，期间表明了对韩政策的基本立场。他说，美国与盟国之间的关系存在波动和起伏，"我们认为韩国政府应尽快给韩国人民以完全自由、给予媒体自由表达观点的自由，革除监禁政治反对派的做法，尽快完全实现民主政治"[①]。卡特政府对韩国国内政治纷乱状况表示不满，但对韩国总体政策是持支持态度的。卡特还表示，"新总统"（全斗焕）非常明确美国这一立场，而且应制定一部新宪法以便引导韩国走向政治自由和更加民主的阶段，美国"希望当前韩国政治领导人的承诺能够实现"，而且"将继续发挥影响以实现这一预期目标"，同时还将"保持与韩国的密切友好关系和共同安全条约中所规定的义务，这将对东北亚地区的稳定大有裨益"。[②] 全斗焕的确对宪法进行了修订，但似乎是朝着有利于强化其个人权力的方向在发展。他正式就职后便着手修订"维新宪法"，其中关于总统选举过程的规定得以保留，并增加了"总统任期"条款，规定总统选举不实行全国普选。据此修订宪法，全斗焕于1981年2月再次"当选"，从而开启了韩国"第五共和国"时期。

全斗焕就任总统后便着手处理国内经济问题，并取得一些成绩。在两年左右时间里韩国经济开始稳定下来，并在重工业、造船、汽车以及高技术产业方面有了长足进展。20世纪80年代韩国经济的快速发展有赖于对美贸易，从60年代初到整个80年代其国内生产总值（GNP）年增长率一直保持着10%左右的水平；人均国内生产总值由1961年的88美元增加到1988年的4040美元，

[①] *Independence, Missouri Remarks and a Question-and-Answer Session at a Townhall Meeting*. APP (Carter), September 2, 1980, http://www.presidency.ucsb.edu/ws/index.php?pid=44975&st=korea&st1=south+korea.

[②] *Independence, Missouri Remarks and a Question-and-Answer Session at a Townhall Meeting*. APP (Carter), September 2, 1980, http://www.presidency.ucsb.edu/ws/index.php?pid=44975&st=korea&st1=south+korea.

韩国成为美国第七大贸易伙伴、美国第二大农产品市场。[1] 韩国经济发展得到国际社会认可，而且还获得了1988年奥运会主办权。

全斗焕时期依然实行高压政策，严格控制新闻媒体，150多家期刊被禁并有大量新闻记者遭到解职。全斗焕还在全国范围内发起了"净化运动"，压制持不同政见者、打击贪污腐化官员和其他各类犯罪，同时也采取一些缓和局势的做法，如缓和"国家安全法"执行力度，取消后半夜宵禁等。全斗焕的措施总体上看发挥了缓和社会紧张局面的作用，但通过"军事政变夺权"的举动以及"光州事件"的不良影响始终是其政权合法化过程中的巨大障碍。

美国此间并没有过多干预全斗焕的活动，因为情报分析结果显示韩国政局不会像此前一样再度发生骚乱。美国情报部门评估显示，导致社会发生激进变化的主体——学生、教会、劳工组织以及政治反对派——已失去广泛的支持……对朝鲜军事活动的恐惧深深扎根在民众心中，这增加了军队在政府中的分量（或许在很大程度上缓解了韩国民众对军队、对军事政权的厌恶程度——笔者），已被视为稳定局势的要素之一。[2] 基于这种分析，接受全斗焕政权成为美国政府的一个政治选择。

（二）美国对全斗焕政权的认可

里根政府给全斗焕以极大支持，这是该政权得以维系的重要外部因素。应里根的邀请，全斗焕于1981年2月初访美——这是里根上台后在白宫会见的第一位外国领导人。除了两国总统外，韩方代表主要有副总理申秉铉（Shin Byong Hyun）、外长卢信永（Lho Shin Yong）、国防部长周永福（Choo Yong Bock）以及驻美大使金永植（Kim Yong Shik），美方代表主要有白宫事务副主任米歇尔·戴维尔（Michael Keith Deaver）、美国驻韩大使威廉姆·格里斯汀（William Gleysteen）参加了会晤。里根表示美国将致力于寻求东北亚地区的和平与稳定的目标，全斗焕则表示"完全支持"（full support）美国这一政策，他还强调美国应持续努力以保持其"在世界事务中的坚强的领导地位"（firm leadership in world affairs）。里根在这次会谈中还明确表态，美国没有从朝鲜半

---

[1] Chae-Jin Lee. *A Troubled Peace*：*U. S. Policy and the Two Koreas*，JHU Press，2006：3.
[2] South Korea：Factors for Political Stability，December，1980，National Foreign Assessment Center，CIA.

岛撤出作战部队的计划。另外,美韩双方在经济关系发展成果方面也比较满意,双边贸易额从 1970 年的 5.31 亿美元猛增到 1980 年的 100 亿美元左右,韩国成为美国第 12 个贸易伙伴,是美国第 5 大农产品市场。① 里根在谈到美韩关系时指出,美韩两国在维护自由和保持特殊友谊关系方面的信心如同 30 年前一样坚强,美韩两国"年轻人曾肩并肩地在朝鲜半岛和越南地区为自由事业而战",双方此后仍将"继续在朝鲜半岛、太平洋地区以及整个世界为持久和平局面而做出共同努力"。② 里根和全斗焕在 1981 年 2 月初的会晤中在很多方面都达成了一致,美韩关系新时代也随之来临。

图 8—3　1981 年 2 月 2 日美国总统里根与韩国总统全斗焕在白宫椭圆形办公室举行会谈。与会者还有副总统乔治·布什、参谋长联席会议主席詹姆斯·贝克三世（James A. Baker III）及国务卿亚历山大·黑格

图片来源:Robert Wampler, Seeing Human Rights in the "Proper Manner": The Reagon-Chun Summit of February 1981. National Security Electronic Briefing Book No. 306, February 2, 2012. http://www.gwu.edu/~nsarchiv/NSAEBB/NSAEBB306/index.htm.

---

①　双方还同意要在 1981 年春天恢复美韩双边安全磋商会议,计划恢复美韩年度经济协商会议,负责经济事务的副国务卿将率代表团在年中赴韩进行启动会议,年内还将开启美韩政策制定方面的对话。文化合作、能源合作和贸易问题也是会晤内容,其中在文化合作方面,双方同意尽早建立一个由两国政府共同资助的"韩美文化交流委员会"。美韩首脑会晤的细节内容可见于:"Joint Communique Following Discussions With President Chun Doo Hwan of the Republic of Korea", February 2, 1981, APP (Reagan), http://www.presidency.ucsb.edu/ws/index.php?pid=44223&st=Korea&st1=south+korea.

②　"Toasts of the President and President Chun Doo Hwan of the Republic of Korea", February 2, 1981, APP (Reagan), http://www.presidency.ucsb.edu/ws/index.php?pid=44201&st=korea&st1=south.

图 8—4　1983 年 11 月 13 日，里根与全斗焕在汉城会晤

图片来源：http：//www.gettyimages.com.au/pictures/chun-doo-hwan-2603115#ronald-reagan-in-south-korea-on-november-13-1983-ronald-reagan-and-picture-id110837660.

图 8—5　1985 年 4 月 26 日，里根与全斗焕在华盛顿会晤

图片来源：http：//www.alamy.com/stock-photo/doo-hwan.html.

美韩关系在卡特时期连续多年紧张，全斗焕访美不但是里根政府支持韩国的具体表现，而且也是美韩紧张关系得以缓解的重要标志，也正是这次访问解救了韩国未来的一位总统——金大中。美国斡旋下，作为韩国政治反对派领袖金大中的死罪得以豁免，但全斗焕也提出了一个交换条件——里根访韩，这种交换在两年后兑现了。2月3日的《美韩联合公报》指出，美国将继续保持驻韩美军的存在并将为其配备新式武器。里根在回访韩国时也重申了此立场。

里根时期，美国对韩军援及财援总量迅速上升。1982财政年度美国国会批准了1.66亿美元援助计划，后来又额外追加2900万美元，1983财政年度的援助增至2.1亿美元。① 里根邀请全斗焕访美，加强了后者在国内和国外的地位和声誉，结束了长期以来美韩关系紧张的局面，同时也说明新上任的里根政府十分重视维护韩国安全与稳定对美国的战略意义。国务卿黑格表示，加强美韩关系是他向里根总统进行政策建议的"关键内容"之一。② 尽管韩美双方在政治、民主及人权问题上的分歧依然明显，但相比之下安全问题是首要的，两国在这一点上的利益是一致的。卡特时期的撤军政策及人权政策造成韩国官方和民众都非常反感，当全斗焕访美消息公布后，有韩国媒体称这是韩美关系发展的新篇章。这种局面加强了全斗焕的个人地位与影响，因为他在1981年2月总统选举前的身份还是"临时总统"，里根到访韩国时他已经扶正。

里根政府与韩国第五共和国在时间段上大体相当，韩美关系特点之一就是双方围绕人权和公民自由问题出现很大纠结。美国通过"静默外交"（quiet diplomacy）③ 促使全斗焕政府发展国内民主，但他对此反应缓慢。在对韩政策大方向上，美国依然是持支持态度。里根政府关于驻韩美军去留问题在1981年年初做出明确表示不会继续执行卡特时期撤军政策，刚被任命为国务卿的亚历山大·黑格也认为并未发现任何理由来削减驻韩美军。80年代上半期，朝鲜半岛南北军事对立局面依然严峻，双方利用多种方式不断强化各自的军事实力。1983年，美苏对峙再度升级，美国在亚太地区的军事力量再度膨胀。据苏联方面统计，大约有140艘各类美国军舰集结在西太平洋地区——主要是在日韩海岸附近地区，其中包括3艘航母、30艘核潜艇、80余艘各类舰只以及

---

① Current History, April 1982, p. 184. 转引自 Valentin Petukhov, "The US-Japan-South Korea: NATO's Double in the Pacific", *Asia and Africa Today*, No. 2, 1984: 12.

② Takashi Oka, "Reagan's Invitation to Chun Melts Chill with S. Korea", *The Christian Science Monitor*, January 23, 1981.

③ Tae-Hwan, Seong Hyong Lee, *Forty Years of Korea-U. S. Relations, 1948—1988*, Kyung Hee University Press, 1990: 12.

550多架飞机。①苏联在很多地区都驻有军事力量：阿富汗约有11.8万军队、柬埔寨有14万苏联支持的越南军事力量、埃塞俄比亚1700名苏联军事顾问、古巴有2500人的苏联作战部队、安哥拉有1200名苏联军事顾问和3.5万名古巴军事力量、尼加拉瓜有8000人左右的苏联集团的人员。②里根在其讲话中提到了这些数字，苏军大量驻扎世界各地的情况令其十分不安。但美国有"55万人的部队及军事人员驻扎在32个国家的大约1500个海外军事基地"③的事实也必然是苏联制定对外政策时所重点考虑的因素，美苏之间的这种矛盾在冷战环境下是不可避免的。

时任美国副总统乔治·布什和国务卿舒尔茨在1983年2月分别访问欧亚相关国家，对中、日、韩亚洲三国的访问是由舒尔茨完成的。舒尔茨访韩期间除与韩国政府官员会晤以外还到非军事区视察了驻韩美军，以此表明美国"与韩国人民站在一起的坚强决心和保护韩国不受外来入侵威胁的坚定承诺"④。里根政府加紧巩固其与东亚盟国之间的关系，就是否撤军问题再度明确表态。他在同年11月接受韩国KBS记者李贞淑（Jung-suk Lee）采访时说，即便是在作为一个普通公民和作为总统候选人时他就反对撤军政策，"现在也没有变化的必要，一个美军师的规模是合适的，如果半岛紧张局势发展到需要我们进一步采取措施的时候我们必有对应举动"⑤。里根的这种表态是在韩国军事实力不断增强的条件下做出的，驻韩美军此前的战争机器作用相对下降而其威慑作用凸显出来，这与当今驻韩美军的主要作用是一致的。里根在1983

---

① Georgy Kim, "The Soviet Union and Problem of Peace and Security in Asia", *Asia and Africa Today*, No. 2, 1983: 4.

② "Address to the 40th Session of the United Nations General Assembly in New York, New York", October 24, 1985, APP (Reagan), http://www.presidency.ucsb.edu/ws/index.php?pid=37963&st=Korea&st1=south+korea.

③ "Remarks in an Interview With Representatives of Soviet News Organizations", *Together With Written Responses to Questions*, October 31, 1985, APP (Reagan), http://www.presidency.ucsb.edu/ws/index.php?pid=38015&st=Korea&st1=south+korea.

④ "Statement on the Vice President's Trip to Europe and the Secretary of State's Trip to the Far East", February 11, 1983, APP (Reagan), http://www.presidency.ucsb.edu/ws/index.php?pid=40922&st=korea&st1=.

⑤ *Interview With Jung-suk Lee of the Korean Broadcasting System on the President's Trip to the Republic of Korea* November 7, 1983, APP (Reagan), http://www.presidency.ucsb.edu/ws/index.php?pid=40735&st=Korea&st1=south+korea.

年11月中旬访韩时还专门视察了"三八线"附近的驻韩美军第二步兵师,对其进行打气。① 在朝鲜半岛保持美国军事力量的存在已成为里根政府的一项长期对韩政策。

在1984年年末,朝鲜半岛南北双方重启对话之门。对话中双方明显存在着疑虑、猜忌和不信任,尽管到1985年年末对话产生了一些积极结果,但次年对话中断。这主要是由于80年代上半期双方在"三八线"附近军事对峙局面而导致的,尽管没有大规模的冲突但小规模越境军事摩擦时有发生。美国密切关注着局势的发展,半岛南北双方关系由对话转为对峙又使里根政府开始重新巩固对韩关系。里根与全斗焕在1985年4月下旬举行了会晤,两人在会谈中探讨了共同关心的国际问题和双边关系问题。里根指出,保持美韩关系的纽带有很多而且很稳固,两国安全关系依然是保持东北亚和平的"关键"(linchpin),美韩之间具有共同的价值观和对共产主义更清晰的认识,这是世界其他任何地区无法与之相比的。② 里根的反共立场非常明确,他对于朝鲜的若干做法非常不满,将其称为"国际恐怖主义"活动,③ 这是里根时期美国对朝敌视态度的明显体现,也体现了它极力加强对韩关系的必然性。

在韩国第五共和国时期,全斗焕和国内反对派围绕总统任期及总统产生办法的问题矛盾依然尖锐。全斗焕在1986年组成"宪法修正特别委员会",打算与反对派就上述问题进行协商,但他在1987年4月中旬突然宣布中止协商,其理由是"宪法修正任务在1987年12月总统选举前无法完成",他还坚持要求在1988年韩国主办奥运会后组建一个新机构来继续审议宪法修正问题。④

---

① 里根视察驻韩美军讲话的原文参见:"Remarks to American Troops at Camp Liberty Bell", *Republic of Korea*, November 15, 1983, APP (Reagan), http://www.presidency.ucsb.edu/ws/index.php?pid=40763&st=Korea&st1=south+korea.

② 此言出自里根在与全斗焕会晤后所作的评论。里根回想起他"17个月前视察朝鲜半岛非军事区"时的经历有感而发。他还同时向全斗焕表示要全力支持(complete support)1988年汉城奥运会,提出可与韩国方面共同分享1984年洛杉矶奥运会的经验。参见:Remarks Following Discussions with President Chun Doo Hwan of the Republic of Korea, April 26, 1985, APP (Reagan), http://presidency.proxied.lsit.ucsb.edu/ws/index.php?pid=38554&st=korea&st1=south+korea.

③ 在里根讲话中还有"朝鲜与国际恐怖组织有着广泛联系"等说法,这些以及对朝鲜的抨击见于:Remarks at the Annual Convention of the American Bar Association, APP (Reagan), July 8, 1985, http://www.presidency.ucsb.edu/ws/index.php?pid=38854&st=Korea&st1=south+korea.

④ Uk Heo, Terence Roehrig, *South Korea since 1980*, Cambridge University Press, 2010: 37.

使局势更糟的是，全斗焕还任命心腹卢泰愚担任执政党"民政党"① 党首，这种做法不仅中断了政治改革步伐且对卢泰愚的任命有指定接班人的味道。

塞缪尔·亨廷顿曾提到，20 世纪七八十年代有 30 多个国家转向了民主制度，除经济发展原因外美欧大国及国际机构发挥了作用，② 但从 80 年代韩国民众的反应来看，他们对于美国在韩国民主发展过程中的角色并不满意。随着修宪和选举办法改革被从日程表中删除，韩国反对派的抗议活动到 1987 年春夏再度高涨，示威游行活动的重新涌现以及参与者范围扩大令全斗焕不安。李承晚时期以来一直存在的示威活动主体主要是学生群体，但发展到全斗焕时期的这种运动其参与者扩大到韩国中产阶层，他们越来越明显地支持学生和个人活动。

这时韩国国内虽存在再度出现政治运动的可能性但并未变成现实，究其原因主要有以下几方面：其一，1988 年 9 月即将召开汉城奥运会。从一个国家和民族角度而言，韩国举国上下都希望能够成功举办奥运会，这不但可以向世界展示其在过去的几十年里国家经济发展状况，更是在国际舞台上展示其国家和民族形象的绝好时机。全斗焕本人也不会忽视这一点，必然主动采取缓和措施。全斗焕和卢泰愚意识到国内反对派的力量，打算采取妥协办法来保证执政党的利益，以便保证他们这一派在即将到来的总统选举中获胜。其二，美国积极发挥其影响促使全斗焕政权采取缓和措施。"光州事件"以来，美国方面备受韩国民众指责——指责美国军方及政府官员没做出应做努力来推动韩国民主政治发展。为了减少这种印象，美国采取了一些补救做法。里根直接写信给全斗焕要求其保持克制，又先后派遣副国务卿爱德华·德文斯基（Edward Derwinski）、助理国务卿加斯顿·西格尔（Gaston Sigur）等政府要员访韩进行"斡旋"和"协商"，要求全斗焕不要使用暴力手段解决问题。

(三) 美国对韩国第六共和国的政策变化

贸易问题是美国对韩政策中重要问题之一，在不同时期各有侧重。美韩关

---

① 全名为"民主正义党"，成立于 1981 年年初，存续到 1990 年年初。掌握实际权力的军事力量为基础形成的政党，全斗焕和卢泰愚政权前半期的在朝党，主要是大邱和庆尚北道的势力代表。

② Samuel P. Huntington, *The Clash of Civilizations and the Remaking of World Order*, Penguin Books India, 1997: 192. 中文版，新华出版社 1988 年版，第 211 页。

系经常可以通过双边的安全关系与贸易关系来界定,这是美韩双边关系特点之一。有学者就此进行过统计:韩国媒体关于"美韩关系"的报道内容中有60%是关于安全问题的、15%是关于经济与贸易问题的,而美国媒体同比比例分别为33.77%和45.47%。① 里根时期正在处于美苏"第二次"冷战时期,韩国的安全问题不但是其自身关注焦点,同时也是美国特别重视的问题。美韩贸易特点是经常性存在赤字问题,韩国对美贸易在1961—1981年的21年间有17年处于赤字状态,但从1982年开始情况发生逆转。1983—1987年美国对韩贸易赤字达到471%,韩国进而成为美国第五大贸易赤字对象国——98亿美元(1987年)。韩国设置的贸易壁垒使之获得大量贸易盈余,这给美国政策决策者很大压力,力图建立一种平衡的贸易关系,而这又并非单纯经济问题,在冷战环境中这很容易和政治问题相关联。宏观来看,美国在发展与韩国的贸易关系时以下几点是重点考虑的:敦促韩国开放市场,要求其加强知识产权保护,进一步扩大美国服务业进入韩国的渠道,韩元升值、削减进口关税以及改善韩国境内的外资投资环境等。美国批评韩国的对美贸易政策,但同时也受到韩国方面的舆论谴责:"美国不能,也不愿意触及富裕的和具有抵制能力的日本,它只能带有歧视性地将其受到的挫折转嫁到亚洲一些小国身上,尤其是韩国","脆弱的韩国是比较容易捕捉的对象并已成为'替罪羊'(scapegoat)"。②

全斗焕在1987年4月中止了宪法改革活动,他提名退役将军卢泰愚在原宪法基础上接任总统职位,这种做法立即招致汉城数千民众的激烈反对。全斗焕还有意动用军队来解决危机,美国政府立即派助理国务卿加斯顿·斯格(Gaston Sigur)赴韩与全斗焕进行洽谈,力促其不要动用武力。这次美国的行动没像其在"光州事件"时那么迟缓。在美国压力下全斗焕放弃了军事手段解决危机的方式并做出政治让步,客观上为即将到来的民主转型提供了更加便利的条件。6月26日,卢泰愚宣称将满足反对派的要求,其中重要的一项就是同意实行公开的直接总统选举。全斗焕的这种举动在很大程度上也是吸收"光州事件"的教训而做出的选择,美国驻韩使馆负责政治事务林恩·特克

---

① Gilbert Rozman, *U. S. Leadership, History, and Bilateral Relations in Northeast Asia*, Cambridge University Press, 2011 (Note 2).

② Tae-Hwan, Seong Hyong Lee, *Forty Years of Korea-U. S. Relations, 1948—1988*, Kyung Hee University Press, 1990: 30.

（Lynn Turk）对此持认同观点。

图8—6 金大中、金泳三和全斗焕（2006年10月10日）

图片来源：http：//www. gettyimages. com. au/pictures/chun-doo-hwan-2603115 # south-korean-president-roh-moohyun-walks-into-a-room-with-his-kim-picture-id72129707.

1987—1988年间的韩国民主运动促成了新宪法的产生——第六共和国宪法。1987年10月，韩国国民大会通过了新宪法，随后通过全民公决以93%的赞成票获得批准并于次年2月生效。1987年12月16日，韩国民众开始在新宪法框架下选举新的韩国总统。这次选举采取直选形式，而且军事力量只被赋予保卫国家和领土安全的"使命"，并且要保持政治中立。最大反对派领袖人物金大中和金泳三也参加了竞选，得票率不足30%，选举的最终结果是卢泰愚获胜。如果反对派的"二金"联合起来，则会出现另一个结果，但他们之间并未达成妥协。

表8—1　　　　　　　　　1987年韩国总统选举结果

竞选人	得票率（%）
卢泰愚（民主正义党）	36.6
金泳三（统一民主党）	28.0
金大中（和平民主党）	27.0
金钟泌（新民主共和党）	8.1

里根将1987年韩国的政治变化称之韩国民主进程中的"第二次胜利"，[①]

[①] Remarks at a White House Luncheon for Members of the Volunteer International Council of the United States Information Agency, October 9, 1987, APP (Reagan), http：//www. presidency. ucsb. edu/ws/index. php？pid = 33537&st = Korea&st1 = south + korea.

美国对这种变化表现出非常满意的态度。他在1987年12月表达了对韩国即将发生的政治变化的乐观态度，韩国形成了一种"新的更加开放的政治体制"，"看其经济成就可知韩国人民是个能干的民族（can-do-people），他们同样能在政治领域取得成功"。[1] 韩国民主政治发展到1988年又进入了一个新的阶段，卢泰愚于1988年2月25日宣誓就职，从而开始了韩国第六共和国时期。反对派逐渐扩大了在国民大会中的影响，并在1988年汉城奥运会以后发起一系列关于调查全斗焕的听证会。后来局势越来越严重，全斗焕在1988年11月23日通过电视向韩国国民正式公开道歉。

这一时期美国对韩国国内政治发展状况确比较满意。卢泰愚当选韩国总统标志着自从1948年以来韩国首次实现政权和平过渡，里根就此表达了自己的观点："在过去几十年里韩国创造了经济奇迹且在国际社会留下深刻印象，1987年总统民主选举标志着公开的民主政治体系在韩国出现了，其积极的政治发展势头与其经济奇迹相吻合。韩美两国是长期盟友，这种关系历经多年发展而变得更加密切、更加稳固且更加全面（closer, stronger, and more complex）。"[2] 上述内容充分表明里根政府对韩国的支持态度，此时与卡特时期相比，韩美关系发展过程中的不和谐声音明显呈现出力衰势弱之状。

五　20世纪80年代韩国反美主义运动的发展

韩国反美主义是一个至今依然存在的问题，因而也是韩美关系的重要内容之一。里根时期采取了支持韩国的政策但并没有完全消除韩国国内的反美主义声音。美国驻韩大使理查德·沃克（Rechard L. Walker）在1982年南加州接

---

[1] Written Responses to Questions Submitted by Asia-Pacific News Organizations, December 4, 1987, APP (Reagan), http://www.presidency.ucsb.edu/ws/index.php?pid=33786&st=Korea&st1=south+korea.

[2] 1988年2月24日，里根总统在接受韩国《东亚日报》采访时就韩国相关问题做了表态，他所谈论的问题包括"韩国民主问题""韩美贸易问题""半岛关系紧张""韩国与东欧国家关系问题"以及"韩美（政治）关系问题"五个方面作出解释。参见：Written Responses to Questions Submitted by the South Korean Newspaper Dong-A Ilbo, February 24, 1988, APP (Reagan), http://www.presidency.ucsb.edu/ws/index.php?pid=35481&st=korea&st1=south+korea.

受记者采访时说,韩国的学生和知识分子是"被宠坏的调皮捣蛋的孩子"(spoiled brats),"韩国工人不同情他们";驻韩美军及联合国军司令小约翰·维克汉姆(John A Wickham, Jr)也在同年指出,韩国人就是一群可以盲目地追随任何一个领导人的"盲从者"(leemings)。① 正是这些"捣蛋的孩子"和"盲从者"在80年代开始掀起一股反美浪潮。

美国官员在多种场合告诫全斗焕以及韩国军方人员避免使用武力,但美国提出这种要求并不十分明确,这使全斗焕等人将其理解为美国对他们行为的一种默许,于是对示威活动进行弹压。随着局势的升级及伤亡事件的出现,全斗焕力图建立合法统治的可能性不复存在。在其掌权过程中,韩国国内不满情绪一直存在着。"光州事件"前,很多韩国人将美国当作其盟友,认为是美国帮助他们从日本殖民统治中解放出来、帮助韩国挡住了共产主义的进攻,即便韩国反对派人士也将美国视为争取国内民主的战略盟友。在"光州事件"过程中,韩国人的这种印象大打折扣。有韩国学者将美国称作光州流血惨案的"合谋者"(complicity),② 对这种"合谋"的指斥以及由此而引发的反美情绪的高涨毫无疑问是美国政策决策者必然注意的问题。美国也重新调整其对韩政策,表现之一就是在危机过后开始频繁与韩国反对派进行接触,而这种情况至少在"光州事件"前后是比较罕见的。在"光州事件"后连续几年时间里韩国国内反美主义运动时有出现:

美国新闻处(USIS-United States Information Service)驻光州和釜山办事处接连遭到纵火袭击;

1983年9月,设在大邱的美国文化中心门前发生炸弹爆炸事件;

1985年5月23日,驻汉城美国新闻处图书馆被学生占领并致73名学生被逮捕;

1986年5月,仁川骚乱事件具有明显的反美色彩;

1987年6月,大规模群众性事件提出"美国佬滚回家"的口号。

---

① Georgy Katsiaficas, Neoliberalisim and Gwangju Uprising, http://www.eroseffect.com/articles/neoliberalismgwangju.htm#_ednref71.

② Gi-Wook Shin, Kyung Moon Hwang, *Contentious Kwangju: The May 18 Uprising in Korea's Past and Present.* Rowman & Littlefield, 2003: XXV.

美韩两国军方间的不和谐关系也在这时候表现出来，在"光州事件"上主要涉及韩国"第20师"的问题。根据美韩双方的协定，这支部队的军事调动需事先取得"美韩军事联合司令部"的同意。第20师的部分军事力量在从"三八线"附近向光州调动的前几日也确实履行了程序，当时驻韩美军司令四星上将约翰·维克汉姆（Hohn Wickham）返美参会，韩方调动军事力量的请求在其后发生，代理司令接受了这个请求。尽管美国官员认为他们没有更好的办法挽救危机局面，其具体做法实质上是默许了全斗焕的活动，可美国方面并不赞成向光州地区集结军队。根据美韩联合军事协定规定，韩国方面在进行军事调动时通知美方即可，并没有规定必须获得美方批准，因此全斗焕在采取措施时并未寻求也未得到美国的支持和认可。况且，全斗焕的一些军事调动活动甚至没有事先通知"美韩联合司令部"。韩国民众认为，美方应对未能阻止全斗焕军事调动活动以及利用军事力量弹压示威游行活动而负有责任，在普通民众当中尤其是在学生群体中的反美主义情绪迅速上扬。

美国在"光州事件"上的反应表现出来明显的矛盾性——在"渐进实现韩国政治自由化"和"冒险恶化安全局势来支持示威者"之间，美国方面是矛盾的，其最终抉择是支持韩国先实现国内秩序，而后再逐步实现政治自由化的目标。它认为韩国这种情况还"不能将韩国带到危机边缘"，"农民更关注的是'春播'而非'宪法修订'问题；工人的愤怒被引向那些'出卖工厂的'劳工联盟领导人；学生们被卷入群众有幸活动中去，认为这是自己承担'历史事件当事人角色'的机会。所以，危机局面当然并未达到很严重程度"。[①] 随着时间的推移，韩国官方和民众对"光州事件"的态度也在变化：

1987年11月到次年2月期间韩国国民大会举行公众听证会，对该事件进行辩论；

1988年夏，"5.18光州民主运动特别调查委员会"成立，美国合作调查；

1990年韩国政府公布"光州事件遭难者及家属补偿法"；

1994年"5.18纪念基金会"成立并主持若干纪念活动的项目；

---

① South Korea: Factors for Political Stability, December, 1980, National Foreign Assessment Center, CIA, p.3.

1995年国民大会颁布"5.18特别法案"并由此引发对全斗焕和卢泰愚的审判活动。

目前,"5.18"已成为韩国全国性民主活动纪念日,而在光州也经常举行一些大型纪念活动,这个日子及这个地方在韩国民众当中已经具有了更多的积极含义。

结　　论

　　二战以来的国际政治与此前的有很大不同，冷战的出现开启了新的世界政治格局并进而成为 20 世纪下半期国际政治的主旋律。以美苏为首的两支力量激烈角逐，并导致全球性国际关系的深刻变化，美韩军事同盟关系即形成于此间。韩国较之美国乃一小邦，但"大国之间难为其小"——因其具有重要的地缘政治意义因而成为美国东亚冷战棋局中的一粒重子，韩国也因此成为美国东亚战略的重要节点。通过对二战后尤其是冷战时期美韩关系及美国对韩政策的分析可以得出以下结论：

　　第一，美国对韩政策暨对外政策的普遍联系性和矛盾性特点得以明显体现。

　　分析某一历史问题应从"历时"和"共时"两个角度探求其本质，分析美韩关系问题也应遵循此逻辑。一方面，美国对韩政策内容纷繁复杂且常与同期美国国内政策或美国对其他国家的政策相交织，要弄清美国对韩政策的发展脉络，必须进行横向共时研究才能了解所研究对象发展变化的周围环境。另一方面，美国对韩政策具有历史延续性的特点，按编年顺序对研究目标进行纵向历时研究有助于更清晰地认识当今美韩关系的实际状况。

　　美国战争部长帕特森在 1947 年指出，美国的远东政策"不应是零散的"、"对朝政策从逻辑上看一定包括'满洲'和中国在内的整体政策不可分割的部分"。[①] 1968 年 1 月末越南民主共和国发动的"新春攻势"给美国政府极大震

[①] Memorandum by Secretary of Defense (Forrestal) to Secretary of State (George Marshall), 26 September, 1947, FRUS 1947, Vol. VI (The Far East), GPO, 1972: 626.

动，约翰逊甚至"每个小时都密切关注着越南局势"。① 在这一两个月时间里，美国在其他地区也麻烦迭出。在东北亚地区出现的"青瓦台事件"和"普韦布洛号事件"一度使之陷入外交困境，前者严重动摇了韩国对美之"信心"，后者则酿成了美国与朝鲜之间持续近一年的外交危机。在东亚面临严峻局面的同时，约翰逊政府在欧洲也有新的麻烦隐约出现——情报部门说，围绕西柏林问题很可能出现一场新的危机。美国此刻面临的财政危机等国内问题也使约翰逊备感焦虑，1967 年第四季度出现了自 1950 年以来最大的国际收支赤字问题，美元主导的国际货币体系出现危机（70 年代初爆发并导致美元大幅贬值）。约翰逊力图推行国内改革计划，他在 1968 年 1 月初向国会提交了经济报告，而后又提交了关于教育、预防犯罪和保护消费者等问题的计划。他在与国会交涉过程中不断受挫，如税法法案等改革就在国会审议过程就未获通过，国内施政不畅。约翰逊说，所有这些都是他"处理'新春攻势'问题的大背景"②。以上诸多事件都是约翰逊政府制定或执行其内外政策的依据，此间诸问题的相互联系性是非常明显的。从战略角度看，美国之所以对韩国比较重视是因为后者的战略地缘位置决定的，它是日美同盟的安全屏障；而驻日美军反过来又对韩国的防务安全意义重大。这是三国合作的基础，此状"古"今一揆。

以下再以具体事例对美国对韩政策的特点试作分析。

20 世纪 60—70 年代美韩关系发展过程中的诸多事件均可说明美国对韩政

---

① 约翰逊总统表示："在'新春攻势'爆发前两周及此后两个月时间是我任期内局势最为紧张的时期，我和我的顾问每天都密切关注该事件的进展——甚至每个小时都如此。"参见：Lyndon Baines Johnson, *The Vantage Point: Perspectives of the Presidency* (1963—1969), Holt, Rinehart and Winston (NY, Chicago, San Francisco), 1971: 385.

② Lyndon Baines Johnson, *The Vantage Point: Perspectives of the Presidency* (1963—1969), Holt, Rinehart and Winston, 1971: 385. 后来约翰逊也总结了他处理这些棘手问题的结果（参见第 552 页）。实际上，在被称为"危机之年"的 1968 年，约翰逊还经历了许多其他危机事件：从 1 月 11—12 日接连两天，美国军用飞机分别在内华达和加利福尼亚失事，前者机上 19 人全部死亡；1 月 21 日，一架携带 4 枚氢弹的 B—52 轰炸机在格陵兰岛坠毁；3 艘船只在爱琴海、罗得岛和波斯湾等地搁浅；5 月一艘载有 99 人的"天蝎号"（Scorpion）核潜艇失踪；6 月 30 日，轮驻越美军的一架载有 214 名陆军战斗队的飞机由于进入苏联领空而被苏联战斗机迫降千岛群岛；与苏联进行的一项限制武器协定由于 8 月份苏军入侵捷克斯洛伐克而终止。在国内，由于马丁路·德金·遇刺而引发大规模骚乱；参见：Edward J. Drea, *McNamara, Clifford, and the Burdens of Vietnam* (1965—1969), *Historical Office of the Secretary of Defense*, Washington, D. C., 2001: 483, 484.

策具有相互联系的特点。朴正熙军事政变后，韩国政治紊乱及经济破败之状难以短期内安适如常。朴正熙政权自身做出极大努力试图扭转这种局面，同时力主恢复日韩邦交关系以期获得必要的资金支持，美国积极发挥斡旋人作用突破重重阻力最终促成日韩实现关系正常化，韩国因此获得日本提供的大量经济援助，美国不但极大缓解了自己的压力，且可借机修补美日韩东亚战略同盟关系。同期，美国在越难问题上日呈势穷力蹙之状，因而急需盟国的援助，韩国积极响应并出兵越南。于是，美国在东北亚和东南亚地区的国际事务就密切联系起来了。以人权问题及撤军问题为例也能说明美国对韩政策的普遍联系性特点。卡特时期讲人权问题纳入美国对外政策领域，不可避免地会介入对象国内部事务。卡特政府对韩国提出了改善其国内人权状况的要求，并不时地将该问题与美国对韩军援经援挂钩以此要挟韩方。在撤军问题上，韩国担心驻韩美军撤离半岛所以采取多种措施加以阻挠，针对美国国会进行的院外集团的活动败露并引起美国政府和国会之间的矛盾，进而影响到了美国国内政治发展问题。越战期间，中苏两国都对越南进行了不同形式的援助，苏联通过中国向北越转运援助物资，在中苏分歧加剧的局面下这也算是一种难得的"合作"，显然这涉及了中苏关系的问题。朝鲜一方面在"三八线"附近不断袭扰美韩联军，同时还向北越派遣了飞行员以支持胡志明反美斗争。

  美国对韩政策暨对外政策在横纵两个维度发展过程中的矛盾性也斑斑可考。美国积极宣导"民主"与"人权"观念，但却同时坚持"只有维持强大的军事实力才可达此目标"的主张，[1] 美国在 60 年代持续向韩国提供援助以帮助其振兴经济防止其政权崩溃，但军事政权强调自由与民主的同时却坚持实行独裁政治，[2] 美国为了维护其东亚政治利益对这样的政权进行大力支持，哪怕是经常被置于非常尴尬境地时它对韩国的支持态度也没有本质的变化。美国对外政策的矛盾性还体现在多个方面：它宣扬民主但却又支持李承晚和朴正熙的集权统治；它曾受到日本的军事打击却又在战后极力对其加以扶持；它宣称不侵犯他国主权、尊重民族自决及倡导不干涉内政原则，但却积极介入越南问

---

  [1]　卡特指出："美国代表着自由、人权、民主与和平，但代表这么多人类重要的价值观如果没有强大的军事力量是难以实现的。"参见：Nimitz Battle Group in the Indian Ocean Remarks on Board the U. S. S. Nimitz on the Battle Group's Return to the United States. May 26, 1980. APP（Carter）：http：//www. presidency. ucsb. edu/ws/index. php? pid = 44679&st = human + rights&st1 = .

  [2]　A Dictator Premier, "The Plain Dealer", June 20, 1962（14）.

题,等等。不仅如此,美国对外政策的这种矛盾性还通过美国总统之口公之于众:美国"为了维持和平必须为保持庞大的军事力量而埋单;为了维持和平就必须愿意承担盟国之负担;为了维持和平必须态度坚决地持续反抗我们的敌人……"①假如按照这种思维逻辑来制定和执行一国之对外政策,争取和维护世界和平之代价何以可估! 美国主张以"民主原则"推进韩国政治发展,但在具体方式方法上往往与其"民主原则"相悖。

第二,国家利益至上原则是美国对韩政策的出发点和归宿。

美国对外政策变幻无常,有一条主线即美国国家利益贯通其中,这一点是很明晰的。美韩联盟背后隐藏的两国各取所需的国家利益是维系联盟存在的纽带,"美国外交决策中最重要的指导思想就是务实"。②战后初期,美国为获取更大的"势力范围"以经济军事援助方式来为自己拓展国际空间。美国的此类做法始终没有脱离其国家利益,它"在决定是否援助某国时把该国是否对美国国家安全具有重要意义"作为评判标准。③朝鲜半岛是美苏冷战对峙前沿,因而也就成为美国整体战略的重要内容。美国常常表现出"重日轻韩"之态度,支持韩国的动机背后是保日。美国情报部门在1949年讨论从朝鲜半岛撤军问题时指出,"尽管韩国武装力量在训练及后勤补给方面完全依赖美国,但仍对美国具有重大战略意义——这支军事力量(强大以后)可以保证韩国的安全,美国驻日军事基地的安全问题也有了保障,同时还可以减轻美国的人力负担。"④美国国务院一针见血地表明了美国政府的立场:"占领南朝鲜的军事意义应从美国军事安全角度加以考虑"⑤,美国积极介入朝鲜战争也是"基于国家利益的

---

① 美国总统福特在谋求连任时的广播讲话。参见:Radio Address on Peace. October 28, 1976. APP (Ford): http://www.presidency.ucsb.edu/ws/index.php? pid = 6559&st = south + korea&st1 = .

② 潘一禾:《文化与国际关系》,浙江大学出版社2005年版,第127页。

③ United States Assistance to Other Countries from the Standpoint of the National Security (Report by the Joint Strategic Survey Committee). April 29, 1947, FRUS 1947, Vol. I (General; The United Nations), GPO, 1973: 739.

④ Consequences of US Troops Withdrawal from Korea in Spring, 1949, ORE 3—49, CIA. February 1949: 6.

⑤ 这是美国国务院、战争部和海军部联合委员会在1947年9月讨论撤军问题时指出的政策要求。参见:Memorandum by the State-War-Navy Coordination Committee to the Secretary, Joint Chiefs of Staff [Washington]. 15 September, 1947, FRUS, 1947 Vol. VI (The Far East), GPO, 1972: 789.

传统因素考虑的"。① 韩国国民大会外务委员会主席崔荣夏（Choi Young-Hi）也指出，驻韩美军的存在"为维护美国国家利益做出了贡献"②。

尽管美国在名义上宣称是为了某某国家或某某民族，③ 而且自认为得到了"认可"，④ 但并未远离其国家利益这条主线。对于朴正熙军事政变的"违宪"情况，美国国务卿切斯特·鲍尔斯认为是"并不重要"（of no importance）的事情，重要的是要认识到这个军事政权具有"反共亲美"的立场。⑤ 有韩国学者指出，若不涉及国家利益，美国几乎什么都不会去做。⑥ 此评言简意赅且能明了地阐明了一个问题——尽管美国对外政策林林总总、实施过程千头万绪，但其落脚点尽可归结为美国之国家利益。美国对许多国家进行了大量援助，因为它认为这些国家都是其防护体系的关键环节因而都值得投入。⑦ 在"五一六

---

① 语出基辛格。参见亨利·基辛格《大外交》，海南出版社2001年版，第453页。

② 他列举了六点来支撑这个观点，详见：Choi Young-hi. "US Troop Withdrawal from Korea". *Asian Affairs*, Vol. 5, 1978.

③ 美国所认可的与之存在"亲密联盟关系"的国家到1961年达40多个。参见：Remarks at the President's Birthday Dinner in Boston. May 29, 1961. APP (Kennedy)：http：//www. presidency. ucsb. edu/ws/index. php? pid = 8159&st = south + korea&st1 = . 肯尼迪总统指出，美国"在海外服役人员达百万以上，历史上没有哪个国家承担过如此重任……我们在韩国有两个师，他们并非为控制韩国而是为了保护它，在南越也有许多美国人……我们这一百多万人正在尽力保卫这些国家……"参见：Television and Radio Interview：After Two Years - a Conversation with the President. December 17, 1962. APP (Kennedy)：http：//www. presidency. ucsb. edu/ws/index. php? pid = 9060&st = south + korea&st1 = .

④ 约翰逊认为，他在1966年对菲律宾、泰国、马来西亚和韩国的访问给他留下了极为深刻的印象，因为到处都能听见"感谢美国人民的声音——感谢美国人民在建设他们的新国家时所给与的帮助；感谢美国人民在实现亚洲新梦想过程中所做的合作；感谢美国人民对自由所做的承诺，而且这一点已经取得了极大进步"。参见：Lyndon Baines Johnson, *The Vantage Point*：*Perspectives of the Presidency* (1963—1969), Holt, Rinehart and Winston, 1971：363.

⑤ V. Dalnov, "Report on South Korea", *New Times*, No. 4, January 24, 1962. 8.

⑥ Kim Hyung-A, *Korea's Development Under Park Chung Hee*：*Rapid Industrialization* (1961—1979), Routledge Curzon Taylor & Fancies, 2004：195.

⑦ 约翰逊认为，当美国已经完全卷入越南地面战斗时应更加不遗余力地维护东亚战略网。他在关于1967年财政年度美国对老挝、韩国和泰国等国的援助问题作了上述讲话。参见：Department of State Bulletin, February 28, 1966, Vol. LIV, No. 1392, 1966. 325；福特也指出，韩国是美国"整个亚太战略中非常关键的一环，美韩之间有着很好的合作计划和良好的军事关系。就我而言，我们将继续保持这种稳固的关系，因为这是我们整个太平洋战略的一部分"。参见：The President's News Conference of May 3, 1976. APP (Ford)：http：//www. presidency. ucsb. edu/ws/index. php? pid = 5931&st = south + korea&st1 = .

军事政变"后不到半年时间里,美国便完成了从"观望"到"认可"态度的转变,这反映了美国对韩政策"国家利益至上"的原则。美国在国际社会极力宣扬反对以军事政变手段方式获取国家政权,但朴正熙一派这样做了,美国非但没有激烈反对反而很快承认了该军事政权,因为朴正熙军事集团上台后的言行符合美国东北亚地区的政治利益。《洛杉矶时报》国际事务高级记者卡罗·威廉姆斯在其采访报道中提到"在何种情况下美国才可能向外部冲突地区派出军事力量"的问题,得到的答案是"政策决策者应判定必须得有我们重要的利益(important interest)"。[①] 还有一些看似并无关联的国际问题在美方看来也都是"道义和政治实践的综合体,虽然很难将这些问题放在一起(very hard to tie these things together),但这对美国国家利益十分必要(crucial for our own Nation's good)"。[②] 卡特在1978年4月研究"撤出驻韩美军问题"时候明确表态,"东北亚地区的和平与稳定是美国国家利益的关键所在",为了在实施"撤军"计划后也能够达到这一目的,他敦促国会批准"向韩国提供2.75亿美元援助"。[③] 很明显,美国是否执行撤军政策完全取决于此项政策是否符合其国家利益,这数亿美元援助也绝非主要为受援国政治经济发展服务。

第三,反映了国际关系行为主体在非对称性联盟中的基本活动形式。

国际关系行为主体具有"趋利避害"的这种与生俱来的本能,为增强实力以保证其国家利益,安全问题是一个国家始终要考虑的重大问题。基于此,相关国家必须在以下方面作出努力:一是保持较高军备水平;二是寻找利益趋同或趋近的对象国并结盟共保。通常情况下,联盟关系中各成员的实力应大体相当——20世纪初的"日英同盟"及一战前夕的"同盟国"和"协约国"集团等均属此类。与此相反,冷战时期美韩同盟体系中的双方实力则大相径庭。实力不对等则话语权不同,强势方在一些具体问题上便会拥有绝对的"表决

[①] Carol J. Williams, Vietnam Lesson Endures, 40 Years Later, Los Angeles Times, April 30, 2015, http://www.latimes.com/world/asia/la-fg-saigon-fall-20150430-story.html.

[②] Presidential Scholars Remarks to High School Students Selected as Presidential Scholars of 1977, June 9, 1977. APP (Carter): http://www.presidency.ucsb.edu/ws/index.php?pid=7648&st=human+rights&st1=.

[③] Withdrawal of U.S. Ground Combat Forces From the Republic of Korea Statement by the President. April 21, 1978. APP (Carter): http://www.presidency.ucsb.edu/ws/index.php?pid=30694&st=south+korea&st1=.

权"，因而也就自然会在联盟关系中发挥主导作用。同盟关系可以分为"搭便车型"和"谈判交涉型"两大类，在第一种类型中，弱势方为尽可能地满足强势方的要求的同时从中获取经济军事援助等好处，而一旦当自身强大起来后就转而与强势方就某些问题进行谈判交涉，从而使己方获利并可借此拓展外交空间。

美国是冷战时期的超级大国之一，与之结盟的盟国在实力上均无法与之同日而语，但出于对苏争夺的需要，美国还必须与一些实力非常弱小的对象国结盟，美韩联盟便是其中典例。由于韩国处于美苏东亚冷战前沿地带，所以处理对韩关系必然是其对外政策的重要内容。上述两种联盟形式在美韩同盟关系发展过程中都曾经存在过，美国对韩政策也是在此框架中发展变化的。韩国在经济腾飞之前，它与美国的联盟关系多体现为"搭便车"的特点，后来"谈判交涉"活动逐渐增多。朝鲜战争以后，韩国防务开支大部分由美国承担，在60年代中后期美国甚至担负了三分之二的比例。韩国借出兵越南之机向美国索要了大量经济军事援助，就此论之，"主雇关系"可以说是美韩关系的一种表现。上述变化并非单纯韩美两国某一方单边政策变化的结果，这主要是因为双方在地区利益上有交集：韩国在朝鲜半岛面临严峻的安全问题，而美国可缓其忧；另一方面，韩国的存在有助于美国维护其东北亚战略防御网。在冷战环境中韩国对美的"依赖"明显大于美国对韩之"求取"，因为美国的东北亚政策涵盖了整个朝鲜半岛，韩国的安全问题必然为美国所关注，在此基础上可以更容易地理解韩国在美韩联盟关系中"搭便车"的特点。

第四，展现了东西方文化之间的差异性和矛盾性。

东西方文化之间存在差异，这是世界文化多样性的正常表现形式。不同文化背景下的国际关系行为主体在推行其对外政策时难免与对象国之间产生矛盾，这可以从近代以来美国对朝政策及冷战时期的对韩政策中略见一斑。

朝鲜是东方古老民族之一，具有很强的"种族同质性"（racial homogeneity）、"丰富的文化遗产"（rich cultural heritage）和"久远的政治认同"（long political identity）。① 朝鲜属于儒家文化圈，长期处于东方文化影响之下，在与西方文化接触时难免发生矛盾。例言之，20世纪初朝鲜人移民夏威夷过程中

---

① James Morley, *Japan and Korea: America's Allies in the Pacific*, Walker and Company (NY), 1965: 54.

就体现了东西方文化的较量。朝鲜移民要突破传统东方文化的影响移民夏威夷的做法在当时并非易事,"父母在不远游"等孝悌思想束缚着朝鲜人向海外移民,在交通条件落后的 20 世纪初,身处万里之遥的海岛怎能很好地尽到孝道?的确有很多朝鲜人移民中俄两国,但这与向浩瀚的大洋孤岛移民有着极大差别。当时朝鲜官方大都反对海外移民,高宗曾就此指出,假如这些人离家而去——也许是永远离开了,那么由谁来照看其宗庙和祖坟呢?[1] 儒教思想强调家庭观念及长幼尊卑的理念,而西方基督教思想则强调平等和普世原则。因此,朝鲜人在接受基督教初期,其儒教思想的背景经常与基督教思想发生矛盾,许多移民在突破这种思想时会遇到困难。朝鲜移民在赴夏威夷前要对其发式及装束加以改变,男子须去高发髻着西装,这些"改头换面"的举动是强制"西化"的表现,与朝鲜时俗完全相悖。19 世纪末的朝鲜社会对女子的要求更多,她们几乎与家庭外的世界处于隔绝状态,但在移民过程中却不得不与陌生男性移民共同完成旅程,且在种植园还要为这些人当中的单身者做饭洗衣服等,这些举动绝非寻常。同时,朝鲜国内保守势力及公众对移民活动普遍持消极态度。然而,尽管阻力重重但移民夏威夷的目标还是最终实现了。这个事件本身展现了东西方文化冲突的实际情况,同时也说明当时处于强势地位的西方文化对东方文化的冲击。与此同时,西方宗教的传入以及西方自由主义思想传播使得传统文化与外来文化之间产生矛盾。美国中央情报局在做情报分析时也提到儒家思想及佛教价值观对韩国人的深刻影响,"在这种思想体系中强调忠诚(loyalty)、孝道(filial piety)、家庭制度(family system)、服从权威(subservience to authority)和对不平等的忍耐(tolerence for inequality)"。[2]

二战末期开始,美苏围绕朝鲜半岛问题的较量日益尖锐。在半岛分裂前的两三年时间里,美苏在各自占领区加紧"经营"。美国战争部部长帕特森在 1946 年 1 月为研究撤军问题过程中到访朝鲜半岛,这个美国人依然认为这里是一片"奇怪的土地"、有着"相貌奇异的"国民、是"落后的"和"不守

---

[1] Wayne Patterson, *The Korean Frontier in America: Immigration to Hawaii 1896—1910*, University of Hawaii Press, 1988: 39.

[2] South Korea: Factors for Political Stability, December 1980, National Foreign Assessment Center, CIA, p. 3.

规矩和难以驾驭的"。① 美国政府在1947年研究朝鲜问题时也指出，"从文化角度也从政治角度已做出努力来实现'朝鲜化'的目标，以期待一个自由独立朝鲜的出现。"② 当朝鲜半岛出现两个独立政权以后，美国与"大韩民国"之间的磨合过程也随之开启，即开始了"民主试验"的进程——这个过程也是"传统政治文化与西方模式的磨合"。③

进入冷战时期，美国对外政策与他国之间在文化层面的矛盾十分明显。从多位美国总统的演说声明中可清晰地看出，美国是以"普世观"来指导其国际行为的。乔治·华盛顿在1794年11月就曾经两度指出，他希望新政府成立后能成为"人权卫士"（a safeguard of human rights）。④ 威尔逊曾在1914年7月谈及此问题，他说其梦想是美国将来可以发展到这样一种程度：所有人都认识到其他所有权力都在人权之下，人权是美国的旗帜同时也应是人类人道主义的旗帜。⑤ "人权"思想对美国对外政策的影响在卡特时期表现特别明显，成为美国对外政策的重要内容。美国认为其天职就是在世界范围内推行美国式的自由与民主，在外交上则表现为一种强烈的"普世主义"思想，其外交文化的根源在其赖以形成和发展的教俗传统文化之中，并随着实力的增长而得到强化，这种四面出击的"普世主义"指导下的外交政策必然会在多样性的世界中遇到诸多对立面。

不同文化之间存在差异，东西方文化差异性导致美国对韩政策在实施过程

---

① 转引自：Seung-young Kim, *American Diplomacy and Strategy toward Korea and North Korea and Northeast Asia, 1882—1950 and After: Perception of Polarity and US Commitment to a Periphery*, Palgrave Macmillan, 2009: 152.

② 原文为 "Culturally, as well as politically, efforts have been made to carry out a process of 'Koreanization' looking toward a free and independent Korea." 参见：Report to the President on China-Korea, September 1947, Submitted by Lieutenant General A. C. Wedemyer, FRUS 1947, Vol. VI (The Far East), GPO, 1972: 796-803 (此原文位于第800页)。

③ 见龚克瑜《演进与超越：当代韩国政治》（知识产权出版社2014年版），第一章第一节："'民主试验'：传统政治文化与西方模式的磨合"。

④ Sixth Annual Message. November 19, 1794. APP (Washington): http://www.presidency.ucsb.edu/ws/index.php?pid=29436&st=human+rights&st1=，或见于：Message in Reply to the House of Representatives. November 29, 1794, APP (Washington): http://www.presidency.ucsb.edu/ws/index.php?pid=65481&st=human+rights&st1=.

⑤ Address at Independence Hall: The Meaning of Liberty. July 4, 1914. APP (Wilson): http://www.presidency.ucsb.edu/ws/index.php?pid=65381&st=human+rights&st1=.

中不时出现矛盾，这种矛盾在政治文化方面表现尤为突出。美国在20世纪60—70年代叩关朝鲜频频受挫之际，驻华公使娄斐迪就此与美国国务卿菲斯交换意见时指出，应该从东方（文化）角度去对当时的局势加以分析，"更先进的"基督教文明不适于此地；《江华条约》签订后，美参议员阿隆·萨根特（Aaron A. Sargent）提出："现代文明的福祉也应给与勇敢勤劳的朝鲜人民，他们现在正遭受着与半野蛮主义密切相连的政治思想的压迫，基督教或许应取代这个隐士国家的佛教。"① 他的这种表态明显带有"文化优越论"的味道，而诸如"半野蛮主义"等表述则是赤裸裸的"民族优越论"的表现，美方带着这种思想与东方国家打交道必然会产生一种文化上的矛盾与冲突。

朴正熙是韩国首位完全没有西方文化背景的最高领导人，美国乔治敦大学国际战略与研究中心的罗伯特·斯卡拉皮诺（Robert A. Scalapino）教授指出，朴正熙没有西式教育背景也没有基督耶稣的影响，其理念"主要来源于日本明治维新而非来自19世纪西方的自由主义"，他对明治维新时期诸多人物所取得的成就感到"非常敬佩"（deep respect），其主要目标是建立一个强大的国家以便能在当时东北亚险峻的国际环境中得以生存。② 的确如此，"五一六军事政变"发生时美国再次表明了这种东西文化矛盾状况的存在——美国情报部门指出，朴正熙"拥有一种近乎残酷无情的权力欲，而且经常在政治问题上拒绝美国的建议，当我们反对其行为或违背其意愿而做出反应时，敏感的极端民族主义及毫不掩饰的反美情绪就会表现出来"。③ 美国的亚洲问题专家塞利格·哈里逊就"撤军"问题也承认了美军和亚洲国家之间具有"文化殊异"的特点；④ 民主化运动在70年代末80年代初的韩国也表现出东西文化的差异，"历史及文化方面的因素造就了这样一个族群——他们很有耐力忍受来自政权的高压，尽管工业化进程在韩国已削弱了原有的思想态度及价值观，但

---

① John Edward Wilz, *United States Policy Vis-a-Vis Korea, 1850—1950*, USAFA Harmon Memorial Lecture #351992.

② Robert A. Scalapino, *The United States and Korea: Looking Ahead*, SAGE Publications, 1979: 15, 17.

③ Telegram from the Embassy in Korea to the Department of State Seoul, July 15, 1963, FRUS 1961—1963. Volume XXII. Doc. 311.

④ ［美］塞利格·哈里逊：《扩大中的鸿沟》，中国社会科学出版社1984年版，第157页。

尚未达到能使大多数韩国人直面强权政府并与之对抗的程度"①。有国外学者指出，"理解韩美关系特别重要的一点是应该理解两国领导人的个性特点，因为他们各自的人格特点是在两种不同的文化传统中塑造而成的"。② 由于韩国政治经济社会文化的特异性，"很难称之'近代国家'"（近代国家と呼び難い），它"保持了很大的文化独立性"（かつては高い文化と独立性を保ち）。③ 我国学者也曾就此指出，从文化层面上看，韩国现代政治史是传统政治文化与西方政治文化相互碰撞、相互渗透的过程。④ 笔者以之为然，美国在二战后煞费苦心"设计"韩国民主政治的过程中也是如此。

从以上分析可以看出，作为非对称关系框架中的美韩两国在冷战背景下进行了非对称性的合作，尽管矛盾重重但双方均不同程度地达到了各自目标。美国"对韩政策"是一例个案，但却能反映其整体对外政策的普遍联系性及其运行过程中的矛盾之处。冷战时期的美韩两国为了各自的国家利益结成联盟关系但双方分歧远未弥合，在对韩政策制定和执行过程中明显表现出广义文化差异。笔者所述虽管窥所及，但亦可旁证美国对外政策之整体特点。

---

① South Korea：Factors for Political Stability，December 1980，National Foreign Assessment Center，CIA.

② Jongsuk Chay，*Unequal Partners in Peace and War：The Republic of Korea and the United States*，*1948—1953*，Praeger，2002：2.

③ 崔基鎬：《韓国堕落の2000年史：日本に大差をつけられた理由》，祥伝社2006年版，前言。

④ 赵虎吉：《揭开韩国神秘的面纱》，民族出版社2003年版，第11页。

参考文献

(一) 中文资料

中文专著及论文

王箫轲:《美国对外经济援助研究》,社会科学文献出版社2015年版。

朴钟锦:《韩国政治经济与外交》,知识产权出版社2013年版。

沈志华:《冷战五书》,九州出版社2012年版。

梁志:《冷战与"民族国家构建":韩国政治经济发展中的美国因素(1945—1987)》,社会科学文献出版社2011年版。

陈波:《冷战同盟及其困境——李承晚时期美韩同盟关系研究》,上海人民出版社2008年版。

陈波:《美韩同盟与1954年日内瓦会议》,《史学集刊》2010年第4期。

梁志、孙艳姝:《冷战时期美韩同盟信任危机析论:以1968年美韩外交政治为中心》,《东北师大学报》2013年第3期。

梁志:《协调与猜忌:1969年EC—121时间前后的美韩关系》,《华东师范大学学报》2014年第5期。

梁志:《20世纪70年代驻韩联合国军司令部存废问题:以美国决策为中心的考察》,《世界历史》2014年第3期。

陈波:《"威慑"与"禁忌":艾森豪威尔政府在韩国的核武部署》,《历史研究》2012年第2期。

冯东兴:《1968年朝鲜半岛危机与美韩关系》,《辽东学院学报》2012年第4期。

冯东兴:《美韩关系中的驻韩美军地位问题》,《当代韩国》2011年第2期。

梁志:《"同盟"视野下的美韩中立国监察委员会争端(1954—1956)》,《华东师范大学学报》2011年第6期。

陈波:《"威慑"与"禁忌":艾森豪威尔政府在韩国的核部署》,《历史研究》2012年第2期。

李东明、阚道远:《美国对朝政策的霸权逻辑——东方主义文化的影响与启示》,《学术探索》2015年第5期。

陈波:《国家安全委员会第8号系列文件与朝鲜战争前美国对朝政策》,《史林》2015年第3期。

冯东兴:《美韩越南军事合作析论》,《当代韩国》2013年第3期。

冯东兴:《论卡特政府的对韩政策》,《史学月刊》2016年第4期。

冯东兴:《尼克松政府撤退驻韩美军问题述论》,《军事历史研究》2015年第4期。

邓峰:《1976年板门店事件的缘起与美国的反应》,《世界历史》2015年第6期。

王菲易:《韩国政治发展中的美国因素》,《当代韩国》2016年第2期。

中文译著

[美]阿兰·米勒特:《朝鲜战争》,秦洪刚译,作家出版社2015年版。

[韩]丁满燮:《朴正熙:经济神话缔造者的争议人生》,王艳丽、金勇译,民族出版社2016年版。

[英]丹尼尔·图德:《太极虎韩国》,丁至堂、江月译,重庆出版社2015年版。

[日]儿岛襄:《日本人眼中的朝鲜战争》,周晓音、宫彬彬、张敬译,重庆出版社2015年版。

[美]史蒂文·胡克、约翰·斯帕尼尔:《二战后的美国对外政策》,白云真、李巧英、贾启辰译,金城出版社2015年版。

[美]约瑟夫·古尔登:《朝鲜战争——未曾透露的真相》,于滨、谈锋、蒋伟明译,北京联合出版公司2014年版。

[韩]赵甲济:《总统:朴正熙传》,李圣权译,江苏文艺出版社2013年版。

（二）外文资料

英文档案资料

FRUS 美国外交关系文件集。
DDRS 美国解密档案参考系统。
CIA 美国中央情报局解密档案。
GPO 华盛顿政府出版局美国政府公告。
CWIHP 冷战国际史项目公告。
APP 美国总统研究项目。
NEWSPAPERS 报刊数据库。
RAND 美国兰德公司。
HEITAGE 美国传统文化遗产基金会。
FAS 美国科学家自由联盟。
JSTOR 英文期刊全文资料库。
BROOKINGS 美国布鲁金斯研究所。
CATO 美国凯托研究所。

英文网站

http：//koreanhistory. info/.

http：//www. koreatimes. co. kr/www/index. asp.

http：//english. chosun. com/.

http：//digitalarchive. wilsoncenter. org/.

http：//www. koreatimes. co. kr/www/index. asp.

http：//www. koreaherald. com/.

http：//www. koreanwaronline. com/history/mlr. htm.

http：//www. koreanwararchives. com/index. html.

http：//nsarchive. gwu. edu/index. html.

http：//news. bbc. co. uk/onthisday/hi/dates/stories/may/1/newsid_2479000/2479867. stm.

英文著作

Jack Cheevers, *Act of War: Lyndon Johnson, North Korea, and the Capture of the Spy Ship Pueblo*, NAL, 2013.

Hyung-A Kim, Clark W. Sorensen. *Reassessing the Park Chung Hee Era, 1961—1979: Development, Political Thought, Democracy, and Cultural Influence.* University of Washington Press, 2012.

Chong-Sik Lee. *Park Chung-hee: From Poverty to Power.* KHU Press, 2012.

Charles Holcombe. *A History of East Asia: From the Origins of Civilization to the Twenty-First Century.* Cambridge University Press, 2011.

Byung-Kook Kim. *The Park Chung Hee Era: The Transformation of South Korea.* Harvard University Press, 2011.

Jones, Matthew. *After Hiroshima: The United States, Race and Nuclear Weapons in Asia, 1945—1965.* Cambridge University Press, 2010.

Scott Snyder. "Pursuing a Comprehensive Vision for the U. S. -South Korea Alliance". *Center for Strategic International Studies,* 2009.

Seung-young Kim. American Diplomacy and Strategy toward Korea and North Korea and Northeast Asia, 1882—1950 and After: Perception of Polarity and US Commitment to a Periphery. Palgrave Macmillan, 2009.

Bae Kichan. *Korea at the Crossroad: The History and Future of East Asia.* Happy Reading Books, Seoul, Korea, 2007.

Gregg Brazinsky. *Nation Building in South Korea: Koreans, Americans, and the Making of A Democracy.* UNC Press, 2007.

Chae-Jin Lee. *A Troubled Peace: U. S. Policy and the Two Koreas.* JHU Press, 2006.

Lee Byeong-cheon. *Developmental Dictatorship and the Park Chung-Hee Era: The Shaping of Modernity in the Republic of Korea.* Home & Sekey Books, 2006.

Samuel S. Kim. *The Two Koreas and the Great Powers*, Columbia University Press, 2006.

Charles K. Armstrong, Samuel S. Kim, Stephen Kotkin. *Korea at the Center: Dynamics of Regionalism in Northeast Asia.* M. E. Sharpe, Inc. 2006.

Charles Wolf, Jr., Kamil Akramov. *North Korean Paradoxes: Circumstances,*

Costs, and Consequences of Korean Unification, RAND Corporation, 2005.

David I. Steinberg. *Korean Attitudes Towards The United States*. M. E. Sharpe Armonk, New York: London, 2005.

Kazuhiko Togo. *Japan's Foreign Policy 1945—2003*. Brill Leiden Boston, 2005.

Charles M. Perry. *Alliance Diversification and the Future of the US-Korea Security Relationship*. Brassy Inc, 2004.

Ted Galen Carpenter, Doug Bandow. *The Korean Conundrum—America's Troubled Relations with North and South Korea*. Palgrave Macmillan, 2004.

Kim Hyung-A. *Korea's Development Under Park Chung Hee: Rapid Industrialization (1961—1979)*. Routledge Curzon Taylor and Fancies. London and New York, 2004.

Michael H. Armacost, Daniel I. *The Future of America's Alliances in Northeast Asia*. Asia-Pacific Research Center, Okimoto, 2004.

Debra Liang-Fenton. *Implementing U. S. Human Rights Policy: Agendas, Policies, And Practices*. US Institute of Peace Press, 2004.

Samuel S. Kim. *The International Relations of Northeast Asia*. Rowman & Littlefield Publishers, Inc. 2004.

Michael H. Armacost. *The Future of America's Alliances in Northeast Asia*. Asia Pacific Research Center, 2004.

T'ae-hyo Kim, Brad Glosserman. *The Future of U. S. -Korea-Japan Relations: Balancing Values and Interest*. Center for Strategic and International Studies (CSIS), 2004.

Gi-Wook Shin. *Kyung Moon Hwang, Contentious Kwangju: The May 18 Uprising in Korea's Past and Present*. Rowman & Littlefield, 2003.

Donald N. Clark, *Living Dangerously in Korea: The Western Experience, 1900—1950*, Norwalk, CT: EastBridge, 2003.

Jongsuk Chay. *Unequal Partners in Peace and War: The Republic of Korea and the United States, 1948—1953*. Praeger, 2002.

Malkasian, Carter. *The Korean War, 1950—1953*. Essential History Series, Osprey Publishing, 2001.

David M. Lampton. *Major Power Relations in Northeast Asia; Win-Win or Zero-Sum*

Game. 日本国際交流センター, 2001.

Catchpole, Brian. *The Korean War, 1950—1953*. Carroll and Graf, 2000.

Robert D. Blackwill, Paul Dibb. *America's Asian Alliances*. MIT Press, 2000.

Kaiser, David. *American Tragedy: Kennedy, Johnson and the Origins of the Vietnam War*. The Belknap Press of Harvard University Press, 2000.

Robert H. Scales, Larry M. Vortzel. *The Future U. S. Military Presence in Asia: Landpower and the Geostrategy of American Commitment*. Strategic Studies Institute (U. S. Army War College), 1999.

McNamara, Robert S. with James G. Blight and Robert Brigham. *Argument Without End: In Search of Answers to the Vietnam Tragedy*. Public Affairs, 1999.

Moss, George Donelson. *Vietnam: An American Ordeal*. Prentice Hall, 3rd ed., 1998.

Bird, Kai. *The Color of Truth: McGeorge Bundy and William Bundy, Brothers in Arms*. Simon and Schuster, 1998.

William Stueck. *Korean War: An International History*, Princeton University Press, 1997.

B. Cumings, *Korea's Place in the Sun: A Modern History*. NY: W. W. Norton, 1997.

Doug Bandow. *Tripwire: Korea and U. S. Foreign Policy in a Changed World*, Cato Institute, 1996.

Stueck, William. *The Korean War: An International History*. Princeton University Press, 1995.

Peter Duus. *The Abacus and the Sword: The Japanese Penetration of Korea, 1895—1910*, University of California Press, 1995.

Robert E. Bedeski, *The Transformation of South Korea: Reform and Reconstitution in the Sixth Republic under Roh Tae Woo, 1987—1992*, Routledge, 1994.

Khong, Yuen Foong. *Korea, Munich, Dien Bien Phu and the Vietnam Decisions of 1965*. Princeton University Press, 1992.

Halberstam, David. *The Best and the Brightest*. Ballantine Books, 1992.

Clifford, Clark. *Counsel to the President: A Memoir*. Random House, 1991.

Lou Cannon. "President Reagan: The Role of a Lifetime", Public Affairs,

1991. Tae-Hwan, Seong Hyong Lee. *Forty Years of Korea-U. S. Relations*, *1948—1988*. Kyung Hee University Press, 1990.

Rusk, Dean, edited by Daniel S. Papp. *As I Saw It*. W. W. Norton and Company, 1990.

Mosher, Steven W. *China Misperceived: American Illusions and Chinese Reality*. New Republic Books, 1990.

Maurer, Harry. *Strange Ground: Americans in Vietnam 1945—1975*, An Oral History. Henry Holt and Company, 1989.

Sohn Hak-Kyu. *Authoritarianism and Opposition in South Korea*, Routledge, 1989.

Lee Manwoo, Ronald D. McLaurin, and Moon Chung-in, *Alliance Under Tension: The Evolution of Korean-U. S. Relations*, Westview, 1988.

Stokesbury, James L. A, *Short History of the Korean War*, Quill/William Morrow, 1988.

Kwangju Uprising—Shadow over the Chun Doo Hwan Regime, Westview Press, 1987.

Kahin, George McTurner. *Intervention: How America Became Involved in Vietnam*. Alfred Knopf, 1986.

Claude A. Buss. *The United States and Korea: Background for Policy*. Hoover Institution, 1982.

Sharp, U. S. Grant. *Strategy for Defeat: Vietnam in Retrospect*. Presidio Press, 1978.

Westmoreland, William C. *A Soldier Reports*. Doubleday and Company, 1976.

Simmons, Robert R. *The Strained Alliance: Peking, Pyongyang, Moscow and the Politics of the Korean Civil War*. The Free Press, 1975.

Rostow, W. W. *The Diffusion of Power: An Essay in Recent History*. MacMillan Company, 1972.

Taylor. Maxwell. *Swords and Plowshares*. W. W. Norton and Company, 1972.

Johnson. Lyndon B. *The Vantage Point: Perspectives of the Presidency*. Holt, Rinehart, and Winston, 1971.

Ridgway, Matthew B. *The Korean War*. DaCapo Press, in conjunction with Doubleday, 1967.

Stebbins, Richard B. *The United States in World Affairs 1965*. Harper and Row, 1966.

Kim, Myung-Ki. *Territorial Sovereignty over Dokdo and International Law*. Claremont, CA: Paige Press, 2000.

Arnold, Dean Alexander. *American Economic Enterprises in Korea 1893—1939*. New York: Arno Press, 1976.

Olson, Lawrence. *Japan in Postwar Asia*. New York: Praeger Publishers, 1970.

英文论文

Dyreson, Mark. "Constructing the Marathon Nation: US Perspectives on Korean National Identity from the 1930s to the 1950s." *International Journal of the History of Sport* 27: 8, May 2010.

Jong-Yun Bae. "South Korean Strategic Thinking toward North Korea: The Evolution of the Engagement Policy and Its Impact upon U. S. -ROK Relations." *Asian Survey*, Vol. 50, No. 2, March/April 2010.

Kim, Hong Nack. "U. S. and the Territorial Dispute on Dokdo/Takeshima between Japan and Korea, 1945—1954." *International Journal of Korean Studies* 13: 2, Fall-Winter 2009.

Kim, Mi-Yeon, Tai-Young Kim, Chang Beom Park. "Treatment of Western Wooden Roof Trusses in Early 20th Century Korea." *Journal of Asian Architecture and Building Engineering* 8: 1, May 2009.

Alon Levkowitz. "The Seventh Withdrawal: Has the US Forces' Journey back Home from Korea Begun?" *International Relations of the Asia-Pacific*, Vol. 8, 2008.

Rebecca K. C. Hersman and Robert Peters. "Nuclear U-Turns-Learning from South Korean and Taiwanese Rollback", *Nonproliferation Review*, Vol. 13, No. 3, November 2006.

Akifumi Nagata. "American Missionaries in Korea and U. S. -Japan Relations 1910 - 1920", *The Japanese Journal of American Studies*, No. 16, 2005.

John M. Carland. "Winning the Vietnam War: Westmoreland's Approach in Two". *The Journal of Military History*, Vol. 68, No. 2, April 2004.

Merle L. Pribbenow. "The 'Ology War: Technology and Ideology in the Vietnamese Defense of Hanoi, 1967", *The Journal of Military History*, Vol. 67, No. 1, January 2003.

Doug Bandow. "Bring the Troops Home Ending the Obsolete Korean Commitment". *Policy Analysis*, No. 474, May 7, 2003.

"The Quiet War: Combat Operations Along The Korean Demilitarized Zone (1966—1969)." *The Journal of Military History*. April 2000.

James Fowler, "The United States and South Korean Democratization." *Political Science Quarterly*, Vol. 114, No. 2, Summer 1999.

Robert S. Norris, William N. Arkin and William Burr. "Where They Were." *The Bulletin of the Atomic Scientists*, Vol. 55, No. 6, November/December 1999.

Kim, Ki-Jung. "Officials in the State Department and U. S. Korea Policy (1903—1905)." *Korea Observer* 27: 1, Spring 1996. Uncle Sam's young opponents: South Korea. The Economist, V331 N7866, June 4, 1994.

Kim, Ki-Jung. "Theodore Roosevelt's Image of the World and United States Foreign Policy toward Korea, 1901—1905." *Korea Journal* 35: 4, Winter 1995.

Backstrom, Jane T. "An Arkansas Lawyer in the Land of the Morning Calm." *Korean Culture* 14: 1, Spring 1993.

William J. Taylor, Jr., Michael J. Mazarr. "ROK-US. Security Relations", *Korea and World Affairs*, Vol. 13, No. 2, Summer 1989.

Chung-in Moon. "Complex Interdependence and Transnational Lobbying: South Korea in the United States", *International Studies Quarterly*, Vol. 32, No. 1, March 1988.

Kim, Hyung-chan. "George C. Foulk in Korea: A Sailor on Horseback." *Korea Journal* 26: 12, December 1986.

Kim, Hyung-chan. "The Korean Kaleidoscope: American Views of Korea, 1882—1979." *Korea Journal* 24: 6, June 1984.

Bark, Dong Sung. "The American-Educated Elite in Korean Society." In Young-nok Koo and Dae-Sook Suh, eds. *Korea and the United States: A Century of Cooperation*. Honolulu: University of Hawaii Press, 1984.

Larry A. Niksch. "US Troop Withdrawal from South Korea: Past Shortcomings and Future Prospects". *Asian Survey*, Vol. 21, No. 3, March 1981.

B. C. Koh. "Inter-Korean Relations: Seoul's Perspective." *Asian Survey*, Vol. 20, No. 11, Nov. 1980.

Han Sungjoo. "South Korea and the United States: The Alliance Survives." *Asian Survey*, Vol. 20, No. 11, November 1980.

C. I. Eugene Kim. "Emergency, Development, and Human Rights: South Korea." *Asian Survey*, Vol. 18, No. 4, April 1978.

Young Sun Ha. "Nuclearization of Small States and World Order: The Case of Korea." *Asian Survey*, Vol. 18, No. 11, November 1978.

Lim, Ki-Yop. "The Issue of Territorial Sovereignty over Tok-do." *Korea and World Affairs* 1: 1, Spring 1977.

Chang Jin Park. "The Influence of Small States Upon the Superpowers: United States-South Korean Relations as a Case Study, 1950—53". *World Politics*, Vol. 28, No. 1, October 1975.

Lee, Byung Joe. "Title to Dokdo' in International Law." *Korean Journal of Comparative Law* 2, December 1974.

Se Jin Kim. "South Korea's Involvement In South Vietnam And Its Economic And Political Impact." *Asian Survey*, Vol. 10, No. 6, June 1970.

John Kie-Chiang Oh. "Role of the United States in South Korea's Democratization." *Pacific Affairs*, Vol. 42, No. 2, Summer 1969.

"U. S. Strategy in Vietnam." *New Times*, May 22, 1968.

Mark Mobius. "The Japan-Korea Normalization Process And Korean Anti-Americanism." *Asian Survey*, Vol. 6, No. 4, April 1966.

Ikematsu, Fumio. "The ROK-Japan Treaty and Political Parties." *Contemporary Japan* 28: 3 (May 1966).

Pyoung-Hoon Kim. "Korea-Japan Rapprochement." *Korean Affairs*, IV, I, May 1965.

V. Dalnov. "Not Across the River." *New Times*, June 23, 1965.

"Korea's Twenty Year." *New Times*, August 25, 1965.

Usatov, D. "South Korea: Behind the Seoul Deal." *International Affairs* 4, April 1965.

Korotkov, V. "Japan-South Korea: A Hopeless Deal." *International Affairs* 9, September 1965.

C. I. Eugene Kim. "Significance of the 1963 Korean Elections." *Asian Survey*,

Vol. 4, No. 3, May 1964.

Lee, Chong-sik. "Japanese-South Korean Relations in Perspective." *Pacific Affairs* 35, Winter 1962—1963.

Donald C. Hellmann. "Basic Problems of Japanese-South Korea Relations." *Asian Survey*, Vol. 2, No. 3, 1962.

Hellman, David. "Basic Problems of Japanese-South Korean Relations." *Asian Survey* 2: 5 (May 1962).

Vladimir Socolovo. "Sino-KoreanHydro-power Project." *New Times*, No. 14, April 14, 1961.

Yamashita, Yasuo. "Title Claim to Japanese Property in Korea." *The Japanese Annual of International Law* 2, 1958.

英文博士论文

Christos G. Frentzos. "From Seoul To Saigon: US-Korea Relations and the Vietnam War." Houston University, 2004.

Katherine Hyunjoo Lee Ahn. "Pioneer American Women Missionaries to Korea, 1884—1907." Pasadean, California, 2004.

Midori Yoshii. "Reducing the American Burden: Kennedy's Policy Toward Northeast Asia." Boston University, 2003.

Ilsu Kim. "The President and International Security: Korea." Miami University, 1998.

Junkab Chang. "United States Mediation In South Korean-Japanese Negotiations (1951—1965): A Case Study in the Limitations of Embassy Diplomacy." Mississippi State University, 1998.

Bong J. Kim. "Democracy and Human Rights: US-South Korea Relations 1945—1979." University of Toledo, 1994.

日文著作

河野康子、渡邊昭夫:《安全保障政策と戦後日本 1972—1994 —記憶と記録の中の日米安保》, 千倉書房, 2016。

菅英輝：《冷戦と「アメリカの世紀」——アジアにおける「非公式帝国」の秩序形成》，岩波書店，2016。

石平：《韓民族こそ歴史の加害者である》，飛鳥新社，2016。

栗山尚一：《戦後日本外交 軌跡と課題》，岩波書店，2016。

増田弘：《戦後日本首相の外交思想：吉田茂から小泉純一郎まで》，ミネルヴァ書房，2016。

文京洙：《新・韓国現代史》，岩波書店，2015。

宋炳巻：《東アジア地域主義と韓日米関係》，クレイン，2015。

西尾幹二、呉善花：《日韓 悲劇の深層》，祥伝社，2015。

水野直樹、文京洙：《在日朝鮮人 歴史と現在》，岩波新書，2015。

木宮正史、李元德：《日韓関係史 1965—2015（Ⅰ 政治）》，東京大学出版会，2015。

安倍誠、金都亨：《日韓関係史 1965—2015（Ⅱ 経済）》，東京大学出版会，2015。

磯崎典世、李鍾久：《日韓関係史 1965—2015（Ⅲ 社会・文化）》，東京大学出版会，2015。

石井修：《覇権の翳り—米国のアジア政策とは何だったのか》，柏書房，2015。

趙世瑛、姜喜代：《日韓外交史：対立と協力の50年》，平凡社，2015。

池上大祐：《アメリカの太平洋戦略と国際信託統治：米国務省の戦後構想 1942—1947》，法律文化社，2013。

斎藤直樹：《北朝鮮危機の歴史的構造 1945-2000》，論創社，2013。

水間政憲：《ひと目でわかる「日韓併合」時代の真実》，PHP研究所，2013。

崔基鎬：《韓国がタブーにする日韓併合の真実》，ビジネス社，2013。

木村幹：《日韓歴史認識問題とは何か》，ミネルヴァ書房，2014。

趙甲濟：《韓国の自衛的核武装論》，統一日報社，2014。

李春根：《米国に堂々と対した大韓民国の大統領たち》，統一日報社，2014。

久保文明：《アメリカにとって同盟とはなにか》，中央公論新社，2013。

《日韓国交正常化問題資料（全9巻）》，現代史料出版，2010。

斎藤眞、古矢旬：《アメリカ政治外交史》，東京大学出版会，2012。

坂元一哉：《日米同盟の難問》，PHP研究所，2012。

和田春樹:《北朝鮮現代史》,岩波書店,2012。

趙景達:《近代朝鮮と日本》,岩波書店,2012。

姜尚中: 《朝鮮半島問題と日本の未来—沖縄から考える》,芙蓉書房出版,2012。

《アメリカの外交政策—歴史・アクター・メカニズム》,ミネルヴァ書房,2010。

金錬鐵:《冷戦の追憶—南北朝鮮交流秘史》,平凡社,2010。

鄭勋燮: 《現代韓米関係史—在韓米軍撤退の歴史的変遷過程 1945～2008年》,朝日出版社,2010。

崔章集:《民主化以後の韓国民主主義—起源と危機》,岩波書店,2012。

呉善花:《韓国併合への道》,文藝春秋,2012。

浅川公紀:《戦後米国の国際関係》,武蔵野大学出版会,2010。

太田文雄:《同盟国としての米国》,芙蓉書房出版,2009。

趙利済: 《朴正熙の時代—韓国の近代化と経済発展》,東京大学出版会,2009。

木村幹:《民主化の韓国政治——樸正熙と野党政治家たち》,名古屋大学出版社,2008。

木村幹:《韓国現代史—大統領たちの栄光と蹉跌》,中央公論新社,2008。

李昊宰、長澤裕子:《韓国外交政策の理想と現実—李承晩外交と米国の対韓政策に対する反省》,法政大学出版局,2008。

崔基鎬:《歴史再検証 日韓併合—韓民族を救った「日帝36年」の真実》,祥伝社,2007。

中野亜里:《現代ベトナムの政治と外交—国際社会参入への道》,暁印書館,2007。

猪口孝:《国際関係論の系譜》,東京大学出版会,2007。

水野俊平、李景珉:《韓国の歴史》,河出書房新社,2007。

崔基鎬:《韓国堕落の2000年史——日本に大差をつけられた理由》,祥伝社,2006。

石井修、我部政明、宮里政玄.アメリカ合眾國對日政策文書集成(第16期)——日米外交防務問題[日本編,1971年].柏書房,2005。

下斗米伸夫:《アジア冷戦史》,中央公論新社,2004。

梅林宏道：《在日米軍》，岩波書店，2002。
有賀夏紀：《アメリカの20世紀〈上、下〉1890年—1945年》，中央公論新社，2002。
渡辺昭夫：《戰後日本の宰相たち》，中央公論新社，2001。
白善燁：《朝鮮半島對話の限界》，草思社，2003。
姜尚中：《日朝关系の克服》，集英社，2003。
梅林宏道：《在日米軍》，岩波書店，2002。
高崎宗司：《檢証日韓會談》，岩波書店，1996。
李鍾元：《東アジア冷戦と韓米日関係 ハードカバー》，東京大学出版会，1996。
神谷不二：《朝鮮半島論》，PHP研究所，1994。
有賀貞：《アメリカ外交と人権 現代アメリカ》，日本国際問題研究所，1992。
韓桂玉：《韓国軍—駐韓米軍》，かや書房，1989。
前天康博：《朝鮮半島を讀む》，教育社，1987。
佐藤達也：《最新朝鮮半島の軍事地図—日米韓の危険な関係を読む》，社会評論社，1985。
五百旗頭真：《米国の日本占領政策—戰後日本の設計図（上、下）》，中央公論社，1985。
渡边昭夫：《戰後日本の對外政策》，有斐閣選書，昭和六十年。

大　事　记

1882年，韩美建交。

1883年，朝鲜外交代表团赴美。

1902年12月，首批移民夏威夷的朝鲜人启程。

1903年1月，首批移民抵达夏威夷。

1910年，日韩合并，朝鲜王朝时代结束。

1945年8月，朝鲜从日本殖民统治中解放，美苏分别占领半岛南北两地；12月，大国莫斯科外长会议决定对朝鲜实施"托管"政策。

1946年1月，为落实对朝"托管"政策，"美苏联合委员会"成立。

1947年10月，美国将朝鲜问题提交联合国安理会，联合国决定在朝鲜通过选举成立一个联合政府，并最终从半岛撤出外国军事力量，联合国工作委员会成立以便监督大选活动。

1948年5月，联合国监督下朝鲜南部进行大选，朝鲜北部拒绝联合国工作委员会进入；7月，南部朝鲜"国民大会"召开，李承晚当选"大韩民国"总统。8月，"大韩民国政府"正式成立。9月，以金日成为首的"朝鲜民主主义人民共和国"成立；12月，苏联宣布从朝鲜半岛撤军。

1949年1月，美国正式承认"大韩民国"；3月，苏联与朝鲜民主主义人民共和国签署"经济文化合作"协定；6月，美国军事力量撤出；10月，中华人民共和国成立；11月中朝建交。

1950年1月，美韩签署"共同安全援助协定（Amutual Security Assistance Agreement）"；6月，朝鲜战争爆发；联合国安理会要求朝鲜军队撤回三八线以北；安理会批准对韩国进行军事援助，美国向朝鲜半岛派兵，杜鲁门宣布对韩进行海空援助，朝鲜军事力量占领汉城；7月，"联合国军司令部（UNC）"

成立并在朝鲜执行联合国军事行动；9月，联合国军在仁川登陆，美军夺占汉城，朝鲜军队撤退；10月，联合国军越过"三八线"并直抵中朝边界地区，平壤被占领，中国人民志愿军入朝；11月，联合国军从北部地区撤退；12月初，中国人民志愿军夺占平壤。

1951年6月，苏联在联合国提议在朝鲜半岛停火；7月，停火谈判在开城进行；9月，《旧金山对日和约》签署；10月，朝鲜半岛停火谈判在板门店进行。

1952年1月　韩国单方面宣布"李承晚线"，日本在毗邻日本水域的渔业活动被禁止；2月，日韩关系正常化谈判第一轮会议召开；8月，李承晚再次当选韩国总统；12月，艾森豪威尔视察朝鲜战争前线。

1953年4月，日韩关系正常化谈判第二轮会议召开；6月，《交换战俘协定》在板门店签署；7月，《朝鲜停战协定》签署；8月，《美韩共同安全条约》签署（10月正式签约）；9月，苏朝签署经济援助协定用于战后恢复；10月，日韩关系正常化谈判第三轮会议召开；11月，中朝签署经济文化合作协定。

1954年4月，关于朝鲜和印度支那问题的日内瓦会议召开，越南南北分裂；5月，李承晚向美国提出向南越派遣韩国军事力量，美国国务院拒绝。

1956年5月，李承晚第三次当选韩国总统，但反对党领袖张勉当选为副总统。

1958年4月，日韩谈判恢复。

1959年8月，朝日双方同意，滞留日本的朝鲜人可以自愿回归朝鲜。

1960年1月，《新日美安全条约》签署；3月，李承晚第四次当选总统，次月被罢黜，政治逃亡至夏威夷；6月，韩国国民大会通过新宪法确定了国民大会制度，艾森豪威尔总统访问汉城；7月，韩国大选，民主党成为第一大党；8月，尹潽善当选韩国总统，张勉为政府总理；10月，日韩关系正常化谈判第五轮会议召开；11月，朝鲜提议在半岛实行"联邦制"。

1961年5月，韩国发生"五一六军事政变"，张勉政府被推翻，朴正熙组建军人政权，宪法被中止；5月，肯尼迪政府决定介入越南问题，发动"特种战争"，朴正熙访美并提出出兵越南，肯尼迪拒绝；7月，中朝、苏朝分别签署友好互助条约；9月，朝鲜宣布实施"七年经济发展计划"；10月，日韩关系正常化谈判第六轮会议召开。

1962年美国在南越的军事顾问数量达到1.2万人；1月，韩国宣布实施五年经济发展计划；3月，尹潽善辞职，朴正熙代理总统之职；12月，韩国全民公决通过新宪法，确立了强大的总统体制。

1963年10—11月，朴正熙当选韩国总统；11月，越南共和国总统吴庭艳在美国支持的军事政变中死亡。

1964年，美国国会批准在越南采取军事行动；3月，韩国大规模示威游行反对日韩关系正常化谈判、反对朴正熙政权；4月，日韩会谈中断；5月，约翰逊总统向韩国提出韩军出兵越南之要求；6月，汉城实施军事管制；8月，"北部湾事件"爆发，美国在越南实施"滚雷计划"，对越南北方地区进行大规模空袭；9月，韩国非作战部队抵越。

1965年1月，韩国政府宣布向南越派兵的决定；2月，日韩签署两国基本关系草约；3月，美军登陆越南，越战升级为局部战争；4月，日韩两国就"渔业问题""财产请求权问题"以及"在日朝鲜人身份"等焦点问题达成协议，同时韩国国内出现大规模示威游行；5月，朴正熙访美；6月，日韩关系正常化条约签订；10月，韩国"青龙"（第二海军陆战队）和"白虎"师团（首都卫戍师）两支作战部队抵达越南。

1966年10月，朝鲜劳动党做出向越南派遣一个战斗机中队的决定。

1967年朝鲜向北越派遣一个战斗机中队用以支援北越的第921和第923战斗机中队，主要任务是保护河内。

1968年1月，"青瓦台事件"和"普韦布洛号事件"；在越南战场的韩国军队总量达到5万人的最高峰值。

1969年尼克松主义出笼，韩美围绕驻韩美军撤留问题进行外交交涉。

1970年美国和越南在巴黎开始谈判。

1971年朴正熙以微弱多数票击败金大中再度当选韩国总统。

1972年朴正熙宣布实行"维新宪法"；朝鲜通过宪法修正案，确认（统一后）"平壤"为首都，而非"汉城"。

1973年1月，《关于在越南战争结束恢复和平的协定》，即《巴黎停战和平协定》签署，美军于3月末撤出越南，韩军撤出；韩国金大中在东京遭到朝鲜绑架。

1974年，朝鲜刺杀朴正熙企图失败，但其夫人在此次事件中身亡。

1975年4月末，北越军队进入西贡，统一越南。

1979年10月26日，朴正熙被韩国中央情报局局长金载圭刺杀，崔圭夏接管政权；12月12日，全斗焕军事政变夺取政权。

1980年，全斗焕出动军队镇压光州示威民众；金大中被逮捕。

1981年，全斗焕访美；汉城被授权主办1988年奥运会。

1983年，全斗焕仰光遇刺，17名韩国官员及3名缅甸官员死亡。

1984年，朝鲜在韩国遭水灾后对其进行援助；韩国国民大会选举中反对派席位增加。

1985年，朝鲜加入核不扩散条约（NPT）；半岛南北离散家属首次见面。

1986年，汉城主办亚运会。

1987年，卢泰愚当选韩国总统，韩国民主化宣言；韩国客机事件（KAL007）。

1988年，韩国主办奥运会；韩国用"国家统一教育"取代"反共教育"。